稅務會計

田麗珠、邱垂昌、魏吉民　編著

全華圖書股份有限公司

序 >>

稅務會計乃是一門應用會計，係探討如何以一般財務會計準則規範作為基礎，再依據稅法之規定，將納稅義務人的交易事項，予以適當記載，藉以產生課稅所得。因此，稅務會計者需要會計、所得及租稅法的概念。

稅務會計與財務會計之差異在於，財務會計完全依照一般財務會計準則規範處理交易事項，而稅務會計則將財務會計的處理方式，再依據租稅法之規定，調整為報稅使用的課稅所得。

本書之特點乃是使用化繁為簡方式，教授學習者了解如何以財務會計為基礎，並依據租稅法之規定，進行會計調整之處理，將一般交易所得調整成課稅所得，並說明租稅法規範及調整之理由。

另外，再以簡單的實務例子輔以說明，並探討實務報稅流程及相關罰則，讓學生了解如何進行實務報稅及違法租稅法之罰則。最後，再以概念圖作為輔助，讓學生能從圖形中快速記憶所學的概念。

因此，學習者除了能學習到財務會計之知識外，也能學習到租稅法觀念，並學習如何將財務所得利用租稅法規定轉換成課稅所得，以及租稅法及報稅相關實務概念。

本書共分為十三章。第一二兩章為租稅法概念、稅務會計概論，探討租稅法及稅務會計之基本概念。

其他章節則包含實務營利事業帳簿憑證之管理、統一發票之管理、營業稅及營利事業所得稅申報處理實務、暫繳與扣繳、租稅減免、兩稅合一等實務規範及會計處理之介紹。

另外，一般會計處理問題包含營業收入、營業費用、非營業費用、營業成本、製造業營業成本等稅務規範及會計處理之介紹。

各章節順序及結構性強，可以幫助學習者了解稅務會計及租稅實務概念，每個章節並有概念圖作為總結，可幫助學習者加深記憶。

本書是由會計系教授及實務界會計師共同撰寫，因此除了理論基礎堅強外，也具有實務應用價值。可讓學習者能從理論去了解稅務會計及租稅法，並搭配業界實務碰到的相關稅務經驗與問題，藉以讓讀者熟悉稅務會計理論與實務。

本書除了可做為學校教科書外，也能作為實務自修者極佳的參考書籍。

目錄 >>

Chapter 01 >> 稅務會計基本概念

Chapter 02 >> 營利事業設立登記與帳簿管理

Chapter 03 >> 加值型與非加值型營業稅與統一發票

Chapter 04 加值型與非加值型營業稅計算與申報

Chapter 05 營業收入

Chapter 06 營業成本

Chapter 07 營業費用（一）

Chapter 08 營業費用（二）

Chapter 09 營利事業所得稅

Chapter 10 營利事業所得稅申報

Chapter 11 兩稅合一

Chapter 12 最低稅負制與特種貨物及勞務稅

Chapter 13 >> 稅捐稽徵程序與行政救濟

Chapter 01 稅務會計基本概念

學習目標

1.1 稅務會計基本概念
1.2 稅務會計之特徵
1.3 稅務會計與租稅法的關係
1.4 稅務會計與財務會計之關係
1.5 租稅架構
1.6 稅務行政組織與財政收支劃分

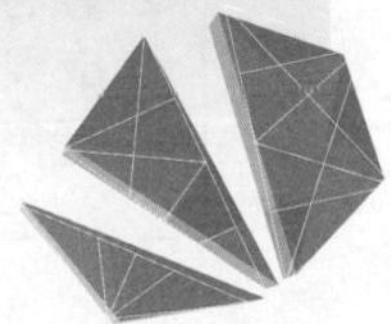

稅務新聞 News

台灣企業俗稱內帳，即為企業真實的營業結果，其會計程序必須根據會計事項發生經過之原始憑證予以分類與彙總，進而產生其財務報表；而企業所稱外帳，是指其帳載事項是以符合稅法的憑證列帳，並依稅法規定加以課稅申報。

王建煊：「稅務會計係近幾年來始受重視的一種應用會計，稅務會計係研究如何根據稅法規定，運用會計原則與方法，將納稅義務人之交易事項，予以適當記載，藉以產生課稅所得額之學問」，依據以上的定義可知稅務會計是讓會計人員學習如何在平時交易事項完成會計程序產生課稅所得，產生課稅所得之後如何申報等等有關稅法與財務會計之帳務處理。

1.1 稅務會計基本概念

稅務會計係以探討租稅法對課稅所得計算之規定為重心，營利事業平時各項交易事項之合法憑證，平時加以整理、紀錄、彙總，到了年終必須將平時帳載的紀錄加以結算、編表、申報與繳納稅款。有關營利事業的帳載紀錄應參照商業會計法、商業會計處理準則與財務會計準則之規定，我國商業會計法第 3 條及查核準則第 2 條規定「企業平常應依一般公認會計原則記帳，申報所得稅時再另行依稅法規定加以調整即可」。故稅務會計在實務上營利事業所得稅申報書格式一欄為依商業會計法及財務會計原則記載之金額；另一欄為依稅法規定調整之金額。因此，綜合以上稅務會計處理流程是：「平常有關交易事項是以一般公認會計準則記載、分類、彙總及編表，到了年終根據查核準則及相關稅法做帳外調整，不須要另設一本帳簿」。因此，綜合上述之，稅務會計者需要有會計的觀念、所得的觀念、租稅法的觀念。

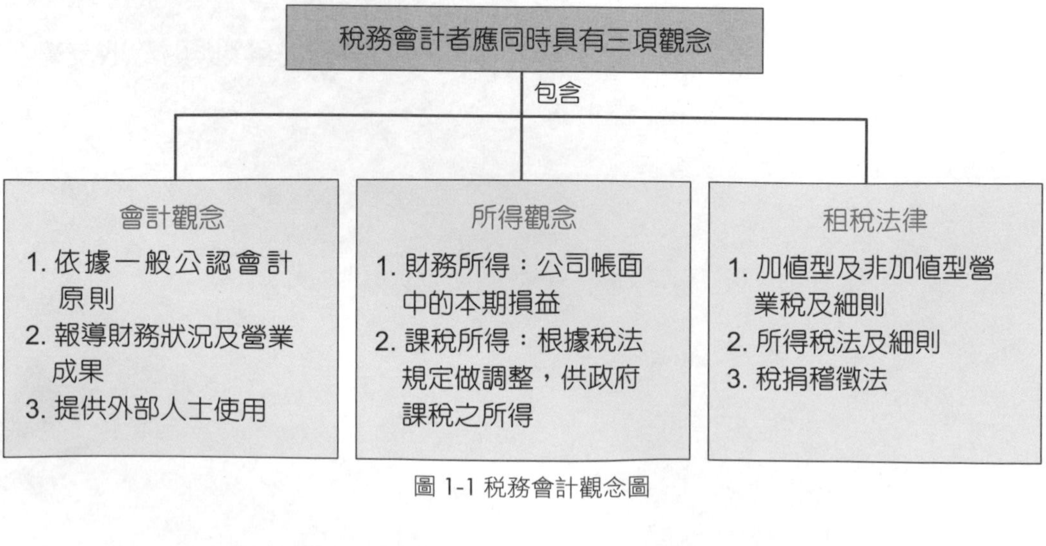

稅務會計者應同時具有三項觀念

包含

會計觀念	所得觀念	租稅法律
1. 依據一般公認會計原則 2. 報導財務狀況及營業成果 3. 提供外部人士使用	1. 財務所得：公司帳面中的本期損益 2. 課稅所得：根據稅法規定做調整，供政府課稅之所得	1. 加值型及非加值型營業稅及細則 2. 所得稅法及細則 3. 稅捐稽徵法

圖 1-1 稅務會計觀念圖

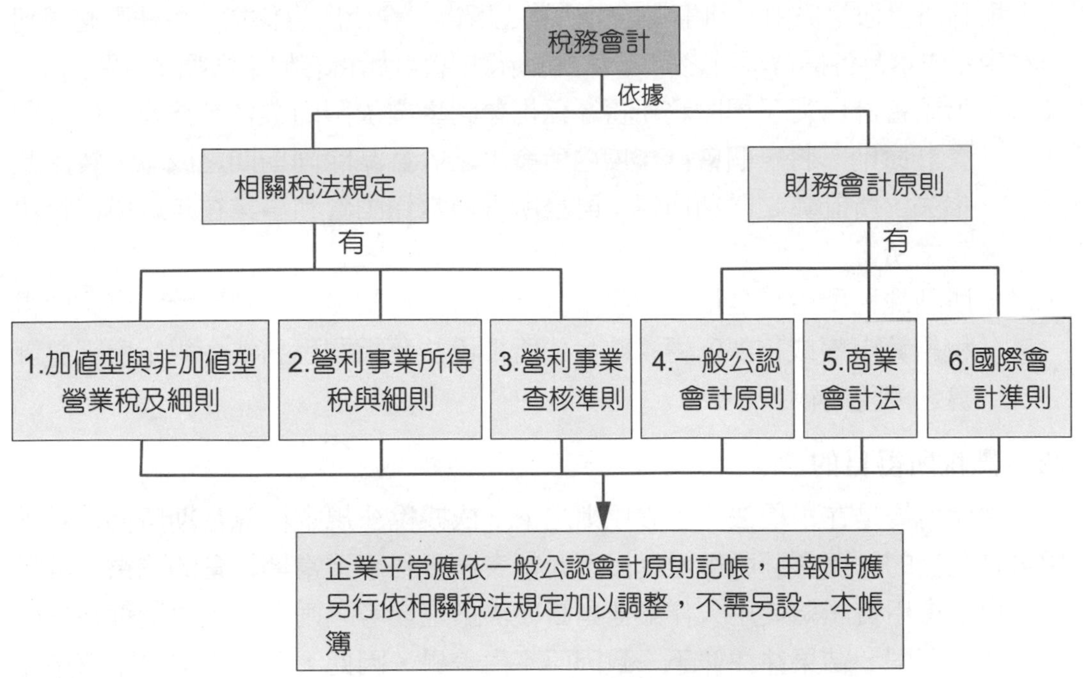

圖 1-2 稅務會計基本概念圖

1.2 稅務會計之特徵

稅務會計之特徵在於探討所得稅相關法令與課稅所得之決定，而所得之決定亦有賴會計原則及處理，故「稅務會計」有以下特徵：

一、遵守稅法之規定

如營利事業所得稅及加值型及非加值型營業稅法、稅捐稽徵法、應備之帳簿、憑證與申報繳納程序等等之規定。

二、遵守財務會計原則與假設處理

例如借貸法則、成本原則、進、銷項稅額如何計算及記載，可扣抵稅額帳戶如何處理。

三、課稅所得調整

課稅所得與會計所得這兩者因其依據法令不同，產生了差異。當課稅所得與會計所得不一致時，依據查核準則第二條規定：「營利事業之會計事項，應參照商業會計法、商業會計處理準則及財務會計準則公報、金融監督管理委員會認可之國際財務報導準則、國際會計準則、解釋及解釋公告（以下簡稱國際財務報導準則）等據實記載，產生其財務報表。至辦理所得稅結算申報或核課所得稅時，其帳載事項與所得稅法及有關法令之規定未符者均應依據所得稅法規定辦理作帳外調整方式」。

財務所得通常係由營利事業自行決算之所得，課稅所得係指依稅法調整營利事業申報成本及各損益項目之結果。課稅所得與會計所得有何不同呢？說明如下：

（一）所謂會計所得又稱財務所得，係指營利事業依照商業會計法及一般公認會計原則，將一個會計年度內所發生之收益減除同期間之成本、費用及損失，所計算之財務所得。財務所得通常係由營利事業在年終所自行決算之所得。

（二）所謂課稅所得，是指營利事業以財務所得為基礎，在辦理營利事業所得稅結算申報或核課所得稅時，依所得稅法及相關稅務法令規定所調整計算之課稅所得。

四、課稅所得目的

課稅所得是在租稅法律主義原則之下，依據稅法規定核算當期所得作為課稅事宜為目的；而會計所得是以公正允當表達營利事業當期經營的成果，其目的在提供有用資訊給使用人作最佳判斷與決策之參考，兩者之差異關鍵在於所依據法令不同，結果往往並不一致因而產生差異。因此，營利事業於結算申報時，未符合會計事項與稅法規定者，應於申報書內自行調整之。

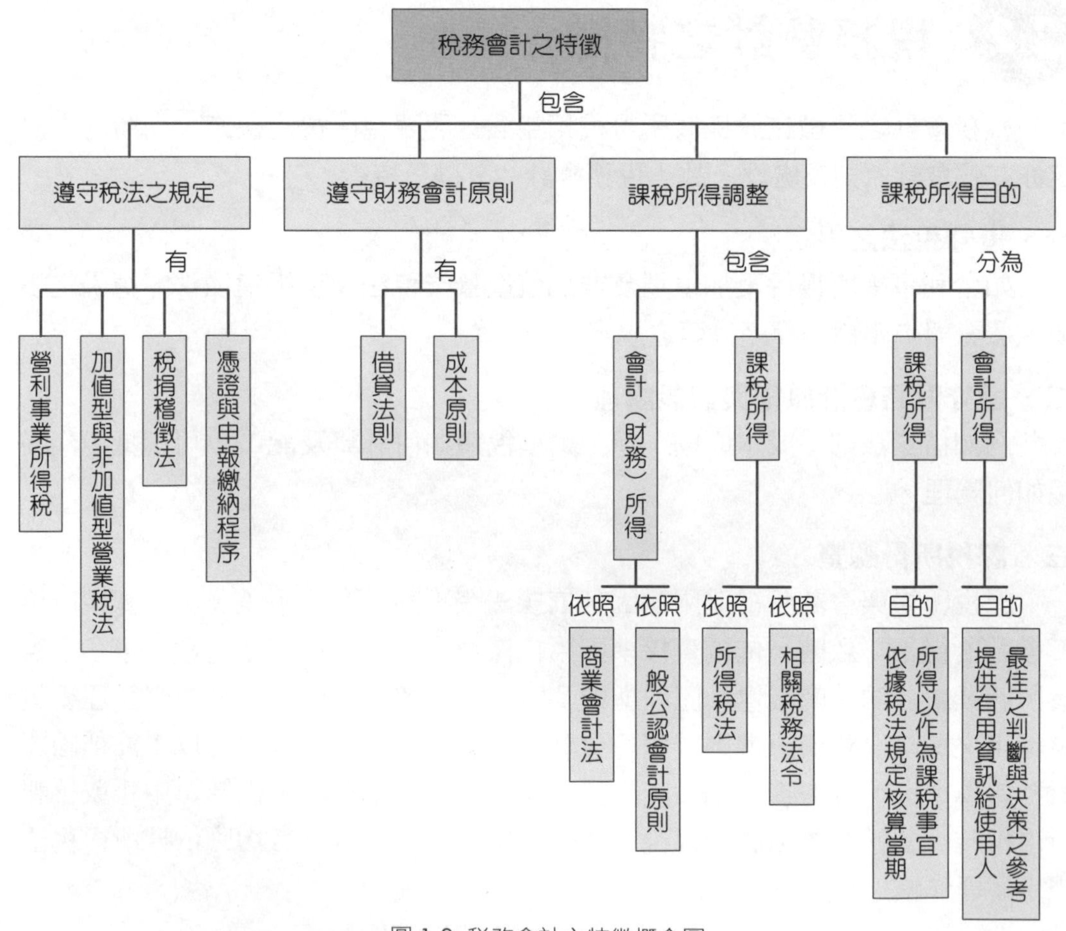

圖 1-3 稅務會計之特徵概念圖

稅務新聞 News

會計新知／導入 IFRS 稅務議題須早因應

金管會已於 98 年 5 月 14 日發布我國採用 IFRS 的時程表，IFRS 的導入不僅是衝擊企業的財務報表，也對企業的稅務面產生重大影響，衍生出的稅務議題須及早因應。本文以「首次適用 IFRS 對期初保留盈餘之影響為例」，提出 IFRS 導入時於稅務面可能產生的議題。如未分配盈餘稅及稅額扣抵比率：

而自 87 年度起，營利事業當年度的盈餘未作分配者，應就該未分配盈餘加徵 10% 的營利事業所得稅，前揭所稱未分配盈餘自 94 年度起係指營利事業當年度依商業會計法規定處理的稅後純益，減除稅法規定項目後之餘額。在首次適用 IFRS 時，無論期初盈餘因而增加或減少，以前年度的未分配盈餘申報及股東可扣抵稅額是否須逐年配合辦理更正，抑或是歸屬首次適用年度辦理，也有待稅務主管機關儘快考量做出決定，甚或就是否取消加徵未分配盈餘稅納入下一階段之稅制改革議案。

再者，若公司已於以前年度股東會依採用 IFRS 前計算之盈餘全數分配股利給股東，帳上已無累積盈餘，而公司採用 IFRS 後使期初保留盈餘減少，減少的部分在稅法適用上應視作累積虧損或是資本之退回，股東可扣抵稅額若有超額分配之情形時，又當如何處理？

全球稅務規劃導入 IFRS，對立足台灣的跨國企業，其稅務影響不僅僅只限於台灣，企業還必須以集團著眼，分析海外子公司導入 IFRS 時程，除了對台灣母公司的合併財務報表盈餘影響外，也應考量對各地子公司首次適用 IFRS 對期初保留盈餘的稅務影響。海外子公司可發放的現金股利通常係依當地法定財務報表的盈餘為計算基礎。若當地法定財務報表改採用 IFRS，則財務報表中的盈餘也會受影響，包括初次採用對過渡性時期之期初保留盈餘及後續每一會計期間的盈餘。是故企業須根據衡量改採用 IFRS 對海外子公司可供匯回盈餘的變化，以及考量子公司發放之盈餘究竟為股利或股本匯回，進而及早調整現金匯回策略、妥善規劃現金流量及減少可能不利的稅負影響。

（作者是勤業眾信稅務部會計師郭雨萍，李嘉雯副理、徐景弘研究員協助整理）【2009/08/06 經濟日報】

資料來源網址 http://www.listencpa.com/news/topics-ifrs/5-100002.html

1.3 稅務會計與租稅法的關係

稅務會計與一般稅務法規之最大不同，在於稅務會計討論之重點在於「如何產生課稅所得」，而所得之決定亦有賴會計原則與處理以及稅務相關法令，故學習「稅務會計」之重心有三點：

一、了解相關稅法之規定，如營利事業所得稅及細則、加值型及非加值型營業稅法及細則、稅捐稽徵法之規定與營利事業所得稅查核準則，以及相關之衡量準則、申報繳納程序、應備之帳簿、憑證等。

二、營利事業之交易事項在會計帳簿上如何處理，例如進、銷項稅額如何記錄，可扣抵稅額帳戶如何處理及當一般公認會計原則與稅法規定不一致時，會計記錄及稅務申報時如何做記錄與調節等。依據查核準則第二條規定：「營利事業之會計事項，應參照商業會計法、商業會計處理準則及財務會計準則公報等據實記載，產生其財務報表。至辦理所得稅結算申報或核課所得稅時，其帳載事項與所得稅法、……本準則暨有關法令之規定未符者，均應於申報書內自行調整之」。

三、會計所得與課稅所得之差異調整

財務所得通常係由營利事業自行決算之所得；而課稅所得則為依法調整損益項目之結果，說明如下：

（一）會計所得：又稱財務所得，係指營利事業依照商業會計法及一般公認會計原則，將一個會計年度內所發生之收益，減除同期間之成本、費用及損失，所計算之財務所得。

（二）課稅所得：是指營利事業以財務所得為基礎，在辦理營利事業所得稅結算申報或核課所得稅時，依所得稅法及相關稅務法令規定所調整計算之課稅所得。王建煊：「根據稅法規定，利用會計方法，將納稅義務人之交易事項，予以適當記載，藉以產生課稅所得額」。

（三）兩者之差異：兩者之差異在於，因其依據法令不同，其結果往往並不一致，而發生差異。其會計所得是以公正允當表達營利事業當期經營的成果，目的在提供有用資訊給使用人作最佳之判斷與決策之參考，但課稅所得是在租稅法律主義原則之下，依據稅法規定核算當期所得以作為課稅事宜為目的。所以，營利事業於結算申報時，其財務所得之會計事項與課稅規定未符者，仍應依據所得稅法規定辦理作帳外調整。

本書之內容是以營利事業所得稅與加值型與非加值型營業稅為主，探討營利事業營業登記、課徵對象、課徵範圍、所得額計算、應納稅額計算、加值型與非加值型營業稅與營利事業所得稅之申報等。

1.4 稅務會計與財務會計之關係

1.4.1 財務會計

一、財務會計意義

財務會計係商業上共同訊息溝通的語言，依據一般公認會計原則予以記載、分類、調整、彙總後，產生財務報表供投資人與債權人等外部有關人士使用。外部人士包括股東、債權人、投資人、供應商、顧客、員工、政府機關等所需之會計資訊，報表可提供使用者進行投資、融資及其他活動等之決策用途。

二、財務會計原則

財務會計原則是根據一般公認會計原則（Generally Accepted Accounting Principal），簡稱為 GAAP 所編製。而一般公認會計原則是由專業的會計機構所制定，目的在規範企業使用之會計方法與企業財務報表的比較標準及會計資訊的可靠性與一致性。故專業權威機構主要職責是在制定與修改財務會計準則公報，提供從事會計工作的會計人員有明確準則遵循。目前我國專業的會計機構為「財團法人中華民國會計研究基金會」；而國際上的會計權威組織為國際會計準則委員會（International Accounting Standards Board, IASB）其所發布的國際財務報導準則（International Financial Reporting Standards, IFRS），簡稱國際會計準則。國際會計準則已逐漸成為全世界所普遍接受的會計準則，我國金融監督管理委員會宣布上市櫃公司自 2013 年度財務報表的編製全面採用國際會計準則。為何會計準則要統一化呢？主要原因如下：

1. 因跨國企業的崛起，如果各國採用相同的會計準則，對於合併報表的編製頗有助益。
2. 因我國市場國際化的需要，市場國際化的投資人及債權人會要求企業提供真實、公允、可比較的會計資訊。
3. 購併活動日益頻繁，對於採用相同的會計準則對跨國購併有利。
4. 資本市場國際化，全球資金在資本市場流動，企業也尋求跨國掛牌，會計準則統一有助於跨國掛牌。
5. 為投資者提供真實可靠的會計資料，不同的會計準則所產生的財務資料是不同的，當會計準則不一樣時，則投資者無法比較判斷作出正確決策，因此需要為投資者採用相同會計準則提供真實可靠的會計資料，方便他們作出投資選擇。

1.4.2 稅務會計與財務會計差異

稅務新聞 News

台灣自1998年以來發生了許多起上市、上櫃公司的財務危機事件，包括東隆五金、順大裕、國產汽車、國揚實業、廣三集團、大中鋼鐵、中央票券、海山集團、宏福集團等，到近來年則有茂德、力霸、臺開、尖美等上市櫃公司。同時國際上如安隆、世界通訊（World Com）等，因會計弊案的發生而導致財務危機的公司。根據紐約時報在2003年2月13日的報導指出，安隆公司在申請倒閉前的五個會計年度，有四個年度是沒有繳納任何聯邦所得稅，可顯示其課稅所得的比重相當低。從1990年初期至2000年間，美國上市公司的財稅差異呈現逐年擴大的情勢（Plesko，2002）。1998年美國企業的財稅所得差異金額約為1，590億美元，大約佔美國全年課稅所得金額的24.4%。反映出美國企業的財稅所得差異有逐步上升的趨勢。我國上市櫃公司的財稅所得差異占會計所得比例之平均數值，也從2000年的0.21上升至2004年的0.33。因此，有關財稅差異的討論議題便逐漸受到重視及成為各方學者們研究的方向。

資料來源：黃劭彥等（2013）財稅差異與財務危機之關聯性研究。會計審計論叢。

稅務會計與財務會計由於會計原則目的不同、或認定收入與費用的時間與計算方式不同、或對於未實現項目、提列折舊的估計金額…等事項不一致時所造成所得結果不同，以下分別說明之：

一、目的不同

財務會計以公正表達企業財務狀況及經營結果為目的，而稅務會計以財政收入、經濟政策及社會政策為目的。

二、會計記帳基礎不同

會計記帳基礎指收入、費用之認列，係以收付現金或權利義務發生之時間點為基礎，可分為現金基礎及應計基礎二種。

（一）現金基礎：又稱為現金收付制，係指營利事業之交易事項對於收入或費用認列是採取收付現金的時點認定為收入已實現或費用已發生，從而決定當期之損益。

（二）權責基礎：又稱為應計基礎，係指營利事業所發生之交易，對於收入或費用認列是以權利義務發生之時點為準，不論有無收付現金均應入帳。

企業的會計記帳基礎可採用現金基礎（收付實現制）與權責基礎（應計基礎）。但稅法規定，公司組織者其會計基礎應採用權責發生制；非公司組織或小規模之營利事業得採用現金收付制，經確定仍可變更但需於各會計年度開始前三個月向該主管機關申報（所 §22）。

三、收益或費損認列時點不同

一般公認會計原則與稅法規定不同，因此會造成兩者之認列時點不一，例如一般公認會計原則規定，出售器材或設備之保證修理費用應於銷貨收入認列時，但稅法則規定應於費用實現時認列，導致財務會計與稅務會計認列損益之時點不同因而產生差異，這兩者的差異可分為永久性差異及暫時性差異。

（一）永久性差異：財務會計或稅務會計對於某一交易事項一方認列為收益或費用，而另一方不予認列所發生的差異或二者對於收益或費用所記錄金額不同所產生的差異，其差異於未來年度不會迴轉者於當期認列為所得稅費用之增減不作跨期間所得稅分攤謂之永久性差異，永久性差異事項有：

1. 土地交易所得、證券（期貨）交易所得、個人贈與之所得、獎勵減免所得等之減免所得稅額。
2. 短期票券利息所得、國內轉投資收益等不計入課稅之所得額。
3. 營利事業未收取利息之設算所得額。
4. 營利事業當符合一定條件時，其前 10 個年度經稽徵機關核定之虧損數，可自本年度所得額項下減除計算課稅所得額。
5. 應報備但未報備之商品盤損及商品報廢損失等。
6. 交際費、職工福利列支金額超限經調減之數額等成本損費項目因超過規定標準未准列支者。
7. 滯報金、怠報金、滯納金，以及各種行政法規所科處之罰鍰等之不得認列之損費項目。
8. 營利事業依同業利潤標準核定之所得額、依擴大書審純益率標準自行調整之所得額、或依所得額標準調整申報之所得額，與其帳載所得之差異數。

範 例

台中公司廠長 104 年 6 月 1 日到台北出差 5 天，列報膳雜費 5,000 元
限額計算 =700 元 ×5 ＝ 3,500 元
帳外調整數＝ 5,000 元－ 3,500 元＝ 1,500 元
因稅法上對於員工差旅費支出有限額規定，不超過下列標準：
國內出差膳雜費
(A) 營利事業之董事長、總經理、經理、廠長每人每日 700 元。
(B) 其他職員，每人每日 600 元。
國外出差膳雜費
派員至大陸地區：比照國外出差旅費報支要點所定，依中央政府各機關派赴大陸地區出差人員生活日支數額表之日支額認定之。

暫時性差異：財務會計或稅務會計皆認列為收益或費用，但其歸屬期間不同而產生之差異，基於費用與收入配合原則應作跨期間所得稅分攤並且於下年度可迴轉者，謂之暫時性差異。
暫時性差異事項有：
(a) 會計方法之差異，如折舊計算方法
(b) 認列時點之差異。
(c) 資本支出與費用支出劃分之差異。
(d) 產品售後服務保證之費用

範 例

會計上的產品售後服務保證之費用是於於銷貨時預估。而稅法規定，實際發生修理費用才可認列，以台中公司說明如下：
台中公司為專售 LCD-TV 家電用品，並提供 1 年保證免費服務，根據公司經驗，平均每件送修費用為 1,500 元，估計送修比例為出售台數的 10％ ，104 年銷售 500 台，實際發生送修為 30 台。104 年估計產品售後服務保證之費用為多少？稅法應認列多少？

【解析】

104 年估計產品售後服務保證之費用＝ 1,500 元 ×500×10％ ＝ 75,000 元
稅法應認列費用＝ 1,500 元 ×30 ＝ 45,000 元

四、會計年度不同

公司在繼續經營的假設下，應予劃分期間，便以了解財務狀況及營業成果。通常其期間為一年，稱為會計年度，公司會計可採曆年制以及非曆年制。

但稅法規定，營利事業會計年度應為每年 1 月 1 日起至 12 月 31 日止（所§23），此即曆年制會計年度。但營利事業得因原有習慣或營業季節之特殊情形，得申請該管稽徵機關核准變更會計年度之起訖日期。

五、原則不同

稅務會計為租稅法律主義原則、租稅公平原則及實質課稅原則，稅捐法律主義可分為課稅要件法定主義、明確主義及合法性原則等三項。財務會計則採一般公認會計原則與商業會計法。

六、稅法所規定的限額

財務所得與課稅所得兩者記帳爭議最主要是因為財務會計使用了許多的估計數額，而估計金額容易引起徵納雙方之爭議。因此，為了減少此爭議，稅法便訂定估計之標準或限制，如未實現項目、提列折舊的估計數額。如交際費、旅費、加班費、職工福利、利息支出等，若營利事業所支付之費用超過稅法所規定的限額、其支出不予認定。

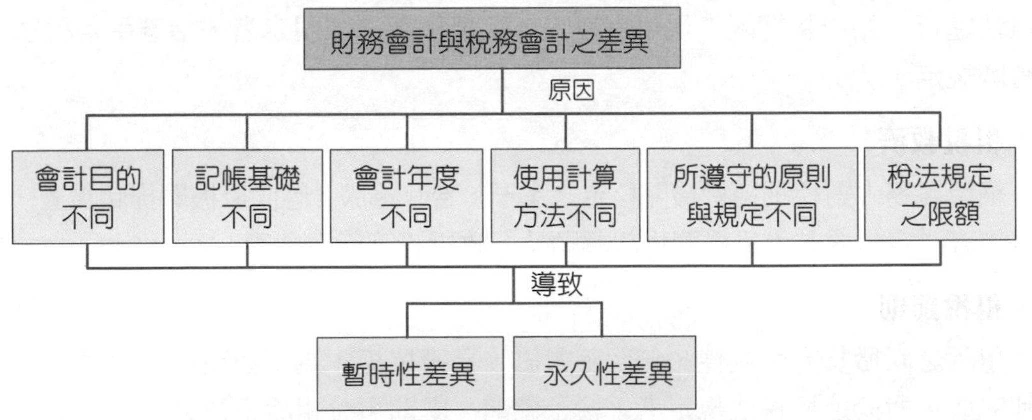

圖 1-4 比較稅務會計與財務會計的差異概念圖

1.5 租稅架構

1.5.1 租稅架構

一、租稅主體

係指租稅納稅義務人，也就是應申報或繳納之人，此所謂人為自然人、法人及非法人之團體及事業均可稱為「人」。如贈與稅之主體為贈與人。

二、租稅課體

課稅之標的物、行為或事實為對象之為物的要件。

三、減免範圍

稅法對課徵範圍有例外規定，亦即對於合乎標準或條件者給予減免之待遇。

四、稅率

稅率主要是為計算應納稅額之用，計算稅額會直接影響應納稅額的大小。

五、稽徵程序

稽徵程序係規定租稅徵收之各種程序，租稅的課徵若無稽徵程序之規定則將無法進行。如申報期限、稅單寄發等，稅捐稽徵法未規定者，始適用各稅法之有關規定。

六、租稅救濟

納稅義務人對稅捐稽徵機關核定之案子，若有不服，應向原機關提起復查，不服復查決定者向其上級機關提起訴願及行政訴訟等行政救濟。

七、租稅罰則

租稅之課徵具有強制性，無明確對價，易遭抗拒，為了使租稅之課徵得以順利完成，對於違反稅法規定者，給予懲罰。處罰可分租稅行政罰及租稅刑事罰兩種。

（一）租稅行政罰：是指納稅義務人不論是故意或過失違反法律所規範義務之規定均應處罰可分為「行為罰」及「漏稅罰」。

1. 行為罰：指納稅義務人無確實執行義務，如設置帳簿或開立發票等納稅義務人未盡應盡的義務便會受處罰。

2. 漏稅罰：因納稅義務人故意或過失產生了短漏稅捐的發生，導致納稅人被處以漏稅罰。租稅行政罰主要以課處罰鍰、滯納金等方式。

（二）「租稅刑事罰」：以故意為要件可分為：

1. 納稅義務人以詐術或其他不正當方法逃漏稅捐。
2. 代徵人或扣繳義務人以詐術或其他不正當方法匿報、短報、短徵或不為代徵或扣繳稅捐者。
3. 代徵人或扣繳義務人侵占已代徵或已扣繳之稅捐。

八、租稅附則：

各項規定未納入或不易歸列其他各章之非原則性之規定者，皆於附則中規定，如施行日期、施行細則等事項。

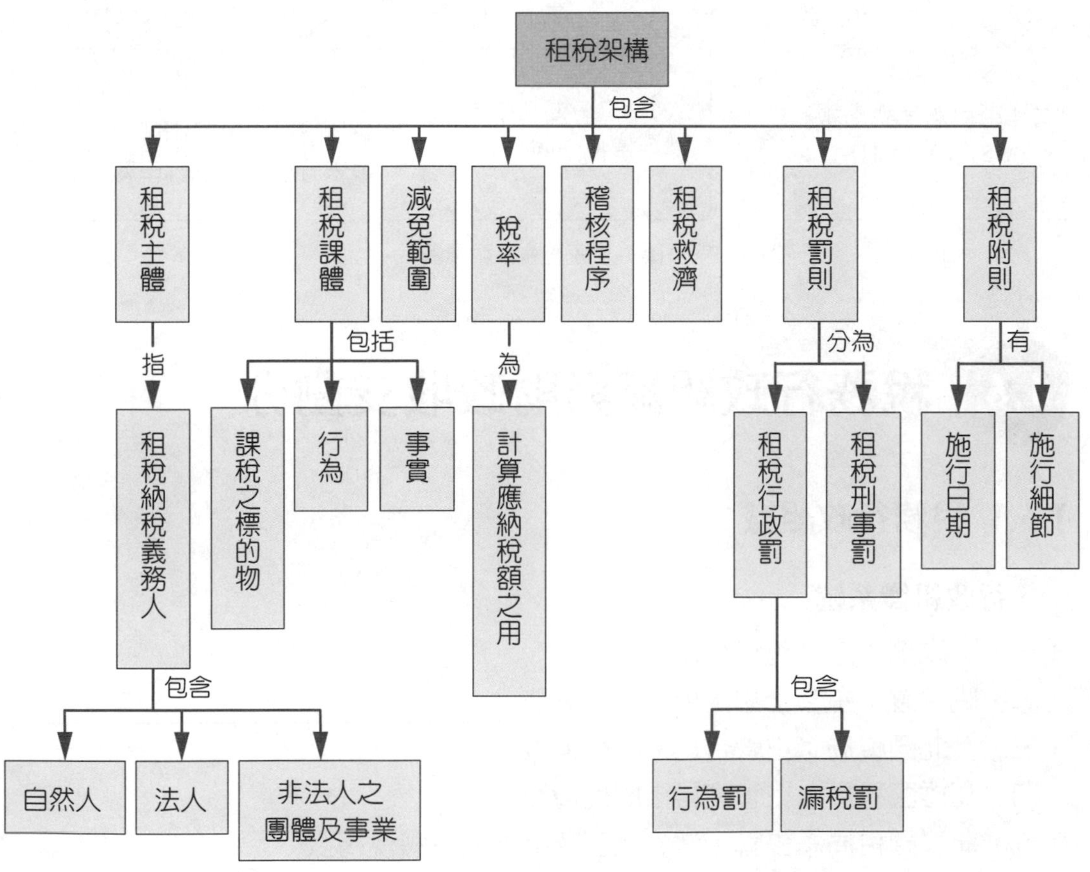

圖 1-5 租稅架構圖

1.5.2 稅務會計循環

稅務會計除了會計循環如交易事項的分析、紀錄、分類、試算、調整、編表及結帳的流程之外，尚需配合稅法規定在特定期間應行使所規定的特定作業程序，如圖 1-6。

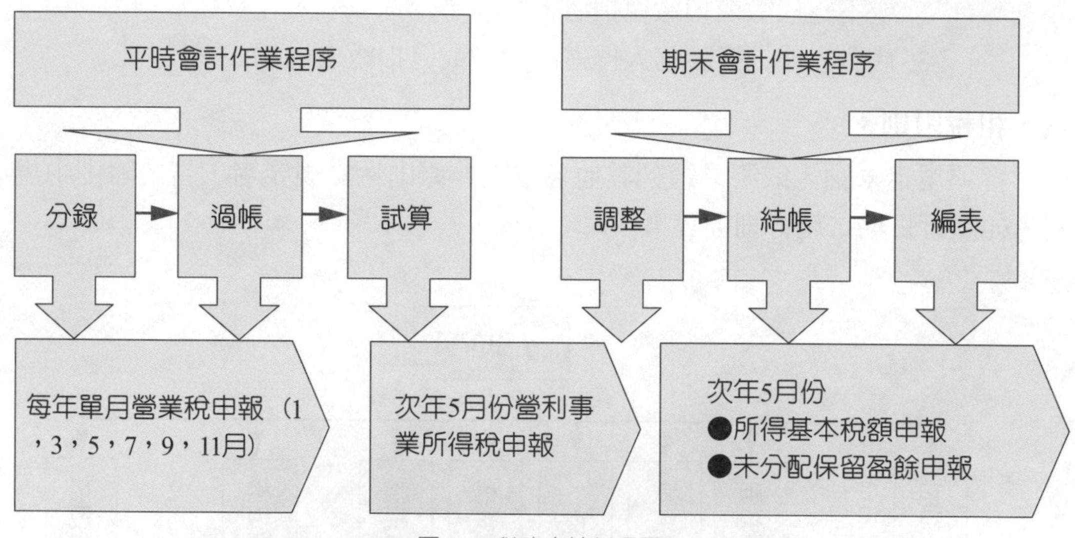

圖 1-6 稅務會計循環圖

1.6 稅務行政組織與財政收支劃分

1.6.1 稅務行政組織

一、行政組織系統

（一）財政部：最高稅務行政機關

（二）賦稅署：主管全國內地稅行政業務

（三）台北國稅局：主管台北市國稅稽徵

（四）高雄國稅局：主管高雄市國稅稽徵

（五）北區國稅局：主管台灣省北區及金馬地區國稅稽徵

（六）中區國稅局：主管台灣省中區國稅稽徵

（七）南區國稅局：主管台灣省南區國稅稽徵

（八）關政司：主管全國關稅行政業務

（九）關稅總局：主管關稅稽徵業務

（ 十 ）稅制委員會：主管稅制稅政研究發展業務

（十一）財稅資料中心：主管全國財稅資料處理業務

（十二）財稅人員訓練所：主管心晉級在職財稅人員訓練業務

（十三）台北市、高雄市、新北市、台中市與台南市等之政府財政局下設稅捐稽徵處，負責稽徵直轄市稅

（十四）各縣市政府下設稅捐稽徵處，負責稽徵縣市稅 賦稅署主要職掌為賦稅法規之擬訂、修改及解答；國稅稽徵業務之規劃、指揮、監督及考核；地方稅稽徵業務之規劃、督導及考核；各級稅捐稽徵機關監察業務之指揮、監督及考核；重大逃漏稅案件之稽核，及各稅捐稽徵機關稽核業務之監督與考核；有關賦稅行政、稅務資訊之規劃、考核及租稅教育與宣傳等之推動。

二、我國現行較為特殊賦稅制度

（一）土地增值稅為我國較為特殊之稅目，現行稅法將其列於土地稅法中定義為財產稅。但此稅之租稅客體為資本利得（capital gains），屬於財產交易所得，本應列入綜合所得總額計徵所得稅，然我國為了實現國父「漲價歸公」的社會公平正義理想，特別將土地增值利得由財產交易所得中獨立出來，採取分離課稅的方式課徵，也因此「所得稅法」第 4 條第 16 款規定個人及營利事業出售土地交易所得免徵所得稅。

（二）菸酒稅的徵收，是隨菸品買賣另行徵收「健康福利捐」，亦於 91 年度開始徵收。

但其收入目前仍屬於指定用途稅與其他稅賦採取統收統支的方式有所不同。據現行「菸酒稅法」第 22 條第 3 項規定，該收入應用於全民健康保險安全準備、中央與地方之菸害防制、衛生保健及社會福利等。

（三）特種貨物及勞務稅條例又稱為奢侈稅於 2011 年 4 月 15 日在我國立法院三讀通過，並於 6 月 1 日開始實施。

奢侈稅課稅範圍：

1. 針對 300 萬元以上的私人飛機、遊艇、汽車等高價貨物，以及 50 萬元以上的高爾夫球證、俱樂部會員證等課徵 10% 的奢侈稅。
2. 非自用住宅如果在一年內轉手，則課徵 15% 的奢侈稅；在一至兩年間轉手，則課徵 10% 的奢侈稅。

1.6.2 財政收支劃分之分類

依財政收支劃分法規定有些稅收須歸屬於中央政府，有些需要歸屬於地方政府，以及那些是需要中央統籌分配，稅款分配辦法是依「財政收支劃分法」第 16 條之 1 第 2 項之規定訂定的，如表 1-1 所示：

表 1-1 財務收支劃分表

稅目	層級	中央政府		地方政府				
		中央	中央統籌	直轄市	省轄市	縣	縣統籌	鄉鎮市
國稅	關　稅	100						
	所得稅	90	10					
	遺產贈與稅	50 20		50	80			80
	貨物稅	90	10					
	營業稅	60	40					
	菸酒稅	80	18(2)*					
	證券交易稅	100						
	期貨交易稅	100						
	礦區稅	100						
直轄市及縣市稅	印花稅			100	100	100		
	使用牌照稅			100	100	100		
	地價稅			100	100	50	20	30
	田　賦			100	100	0		100
	土地增值稅		20	100	80	80		
	房屋稅			100	100	40	20	40
	契　稅			100	100	0	20	80
	娛樂稅			100	100			100

依財政收支劃分法，我國稅收分成之規定可整理如上表

現行條款中，遺產及贈與稅由目前直轄市分得 50%、市及鄉（鎮、市）分得 80%，修正為直轄市、市及鄉（鎮、市）均分得 60%。原本土地增值稅目前在縣（市）徵起收入之 20% 應繳由中央統籌分配縣（市）部分，修正條文第八條第三項及第九項修正為全歸地方。

1.6.3 逃稅、避稅與節稅之差異

一、節稅

納稅義務人取得合乎稅法規定之醫療收據、保險費收據、捐贈收據等支出憑證，申報列舉扣除額，以達到合法節稅之效果。

二、避稅

納稅義務人為逃避自己或家屬之遺產稅，於生前利用躉繳保費的方式，把自己的現金資產透過繳交高額的保險費來減少遺產稅稅負，日後透過保險給付免遺產稅的方式規避遺產稅的課徵。

三、逃稅

例如房屋買賣為規避奢侈稅之課徵，透過假信託真買賣之方式來移轉房屋所有權，藉以規避奢侈稅之課徵。

（一）是否符合法律規定。

（二）是否為社會道德觀念所容許。

	是否合法	是否合乎道德標準
逃稅（Tax Evasion）	不合法	不符道德
避稅（Tax Avoidance）	合 法	不符道德
節稅（Tax Savings）	合 法	符合道德

學習評量

一、解釋名詞

1. 直接稅
2. 何謂稅務會計
3. 何謂權責發生制
4. 間接稅
5. 永久性差異
6. 暫時性差異

二、選擇題

( ) 1. 有關財務會計的交際費、廣告費、捐贈等費用之認列與稅務會計不同，報稅時
(A) 將帳載依稅法規定調整使之相符
(B) 將財務會計所認列費用與稅法規定限額之差額帳外減除或追認
(C) 只要將財務會計認列之費用超出稅法規定限額部分帳外追認
(D) 只要將財務會計認列之費用超出稅法規定限額部分帳外減除。

( ) 2. 營利事業之會計事項，財務報表之產生應參照商業會計法，至辦理所得稅結算申報時，其帳載事項與有關稅務及其他法令之規定未符者，營利事業應於何處自行調整之？
(A) 營利事業所得稅結算申報書內
(B) 財務報表內
(C) 營利事業所得稅結算申報書及財務報表內
(D) 不須調整 【96 記帳士】

( ) 3. 依所得稅法規定，營利事業應採下列何種會計基礎？
(A) 現金收付制
(B) 權責發生制
(C) 公司組織採權責發生制；非公司組織經核准後得申報採現金收付制
(D) 聯合基礎制 【96 記帳士】

學習評量

( ) 4. 下列何項差異原因將造成會計所得大於課稅所得？
(A) 備抵呆帳超限剔除
(B) 公司組織之轉投資收益
(C) 原料超耗剔除
(D) 逾 8 萬元之修繕支出資本化

( ) 5. 下列何者並非會計所得與課稅所得之差異型態？
(A) 永久性差異 (C) 性質的差異
(B) 形式上的差異 (D) 時間性差異

( ) 6. 所得稅由那個機關徵收？
(A) 國稅局 (C) 財政部
(B) 稅捐稽徵處 (D) 賦稅署。

( ) 7. 我國現行租稅之行政罰，由那一機關辦理？
(A) 地方法院民事庭 (C) 地方法院刑事庭
(B) 主管稽徵機關 (D) 行政法院。

( ) 8. 甲公司以不正當方法逃漏稅，被判處徒刑時，處罰之對象為何？
(A) 公司之負責人 (C) 公司之業務主管
(B) 公司之會計主管 (D) 公司之財務主管。

( ) 9. 依財政收支劃分法之規定，中央政府應將所得稅總收入百分之多少由中央統籌分配直轄市、縣（市）及鄉（鎮、市）？
(A) 10 (C) 40
(B) 20 (D) 50

【102 財稅行政】

( ) 10. 依財政收支劃分法規定，下列國稅何者無須依法定比例分配給地方政府？
(A) 所得稅 (C) 關稅
(B) 遺產稅 (D) 營業稅

【100 高等考試】

三、問答題

（一）何謂永久性差異與暫時性差異？兩者有何不同？

（二）何謂會計所得？何謂課稅所得？

學習評量

（三）何謂現金收付制與權責發生制？稅法對於會計基礎有何規定？
（四）一般公認會計原則與稅法之規定不同，造成兩者之認列時點不一時，應如何處理？
（五）我國金融監督管理委員會宣布上市櫃公司自 2013 年全面採用國際會計準則，主要原因為何？
（六）請指出下列何者為永久性差異？何者為時間性差異？或無差異？
（七）請指出我國現行國稅與地方稅之劃分依據與標準為何？又屬於直轄市及縣（市）稅捐有哪些？

【95 地方特考四等】

四、計算題

假設明道公司在民國 103 年度有以下交易事項，請指出交易事項為永久性差異或時間性差異並說明是否造成 103 年課稅所得增加或減少。

（一）廣告費超限被稽徵主管機關剔除 10 萬元。
（二）維修房屋支出 15 萬元，可延長壽命年限 2 年。
（三）投資台中公司獲配股票股利 50 萬元。
（四）捐贈私立學校 100 萬元，主管機關僅認定 80 萬元。
（五）捐贈運動衫價值 50 萬元給予台中市政府。
（六）本年度出售家電用品，並提供 1 年保證免費服務，根據經驗送修比例為出售台數的 5%，平均每件送修費用為 1,000 元，104 年銷售 200 台，實際發生送修為 8 台。

Chapter 02 營利事業設立登記與帳簿管理

學習目標

2.1 營利事業設立登記
2.2 營業登記事項
2.3 變更登記
2.4 帳簿設置與記載規定
2.5 會計憑證
2.6 憑證保存
2.7 違反憑證管理與帳簿憑證之處罰

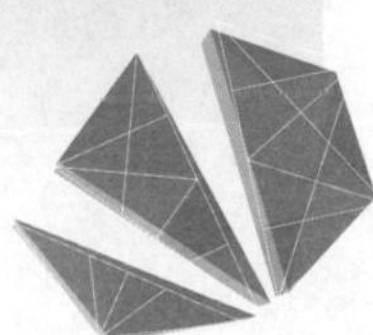

何謂營利事業？依所得稅法第 11 條係指公營、私營或公私合營，以營利為目的，具備營業牌號或場所之獨資、合夥、公司，及其他組織方式之工、商、農、林、漁、牧、礦、冶等營利組織，以下小節將說明營利事業之相關營業登記與變更規定以及帳簿憑證管理。

稅務新聞 News

為維護租稅公平及防杜逃漏稅，首度自 103 年 4 月 1 日起針對網路交易日趨頻繁情形，清查於網路上銷售貨物的賣家是否辦理營業登記，其執行營業稅稅籍清查人員，將前往營業場所逐家實地查察，如發現有未依規定辦理營業登記、或營業內容與登記事項不符情形，除發函通知補辦，並通報目的事業主管機關查處。查定課徵營業人將覈實查定其銷售額，倘每月銷售額達 20 萬元以上，已達使用統一發票標準者，則將加強輔導並核定使用統一發票。

資料來源網站：財政部南區國稅局新聞稿 2014/03/14

2.1 營利事業設立登記

營利事業未經設立登記，不得以公司名義經營業務或為其他法律行為，且公司非經設立登記也不得發行股票，但公開發行股票之公司，證券管理機關另有規定者，不在此限。違反上述規定發行股票者，其股票無效，但持有人得向發行股票人請求損害賠償。我國對於營利事業設立登記是採取「嚴格準則主義」，針對公司設立之要件加以嚴格規定，藉以加重發起人之責任防止公司之濫設及以假公司名義之詐欺弊端。

設立登記對象係以營利為目的之獨資、合夥、公司及其他組織型態，在設立前應依商業登記法、公司法或其他相關法律之規定辦理登記。

設立登記為公司之成立要件，因此公司須經中央主管機關（經濟部）；財團法人應得主管機關之許可，始得以設立。設立完成後，應於營業前將營利事業之總機構、各分支機構及固定營業場所，依照規定格式，將名稱、組織、地址、負責人、營業項目、資本額、股東、合夥人、或資本主出資額等，向主管稽徵機關申請營業登記，由主管機關發給登記證後才得營業，否則不得營業。但下列各款小規模營業人，得免申請登記（登 § 5）：

（一）肩挑負販沿街流動販賣者。

（二）家庭農、林、漁、牧業者。

（三）家庭手工業者。
（四）民宿經營者。
（五）每月銷售額未達營業稅起徵點者。
（六）合於中央主管機關所定之其他小規模營業標準者。
（七）外國營利事業在我國境內設立之聯絡處或分公司，僅為其總機構辦理採購、驗貨、聯絡管理等工作而無對外營業者。

一、設立登記之主管機關

所稱之主管機關在中央為經濟部；在直轄市為直轄市政府：在縣為縣（市）政府。必要時得報經經濟部核定，將部分業務委任或委辦區鄉（鎮、市、區）公所或委任直轄市、縣（市）之商業會辦理。

二、公司之負責人

（一）無限公司、兩合公司為執行業務或代表公司之股東。
（二）有限公司、股份有限公司為董事。
（三）公司之經理人或清算人。
（四）股份有限公司之發起人、監察人、檢查人、重整人。
（五）重整監督人，在執行職務範圍內，亦為公司負責人。

三、公司型態

現行公司法將公司分為無限公司、有限公司、兩合公司、股份有限公司等四種。此項分類是依據股東責任而加予區分。

（一）公司的種類：

1. 無限公司：為由二人以上的股東所組織，其全體股東就公司的債務，直接對公司債權人負連帶無限清償責任。
2. 有限公司：為一人以上的股東所組織，其全體股東僅就其出資額對公司負其責任，而對公司債權人並不負直接責任。
3. 兩合公司：此為由一人以上的無限責任股東與一人以上的有限責任股東所組織，其無限責任股東就公司的債務，直接對公司債權人負連帶無限清償責任，而有限責任股東僅就其出資額為限，就公司的債務對公司債權人負其責任。
4. 股份有限公司：由二人以上的股東所組織，全部資本分為股份，股東就其所認股份，對公司負其責任，而對公司債權人並不負直接責任。

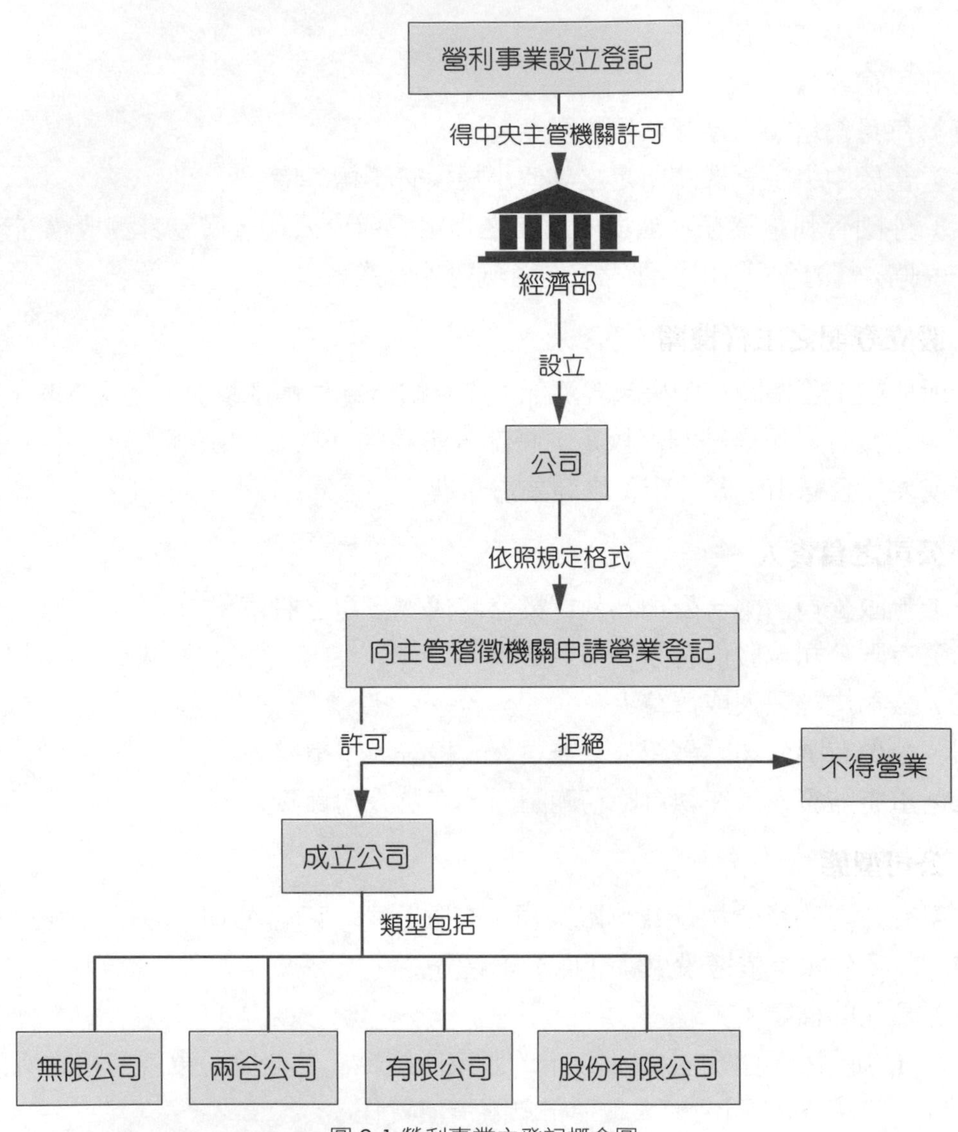

圖 2-1 營利事業之登記概念圖

2.2 營業登記事項

公司開業前應依公司法規定登記；而獨資、合夥依商業登記法規定登記，應填具申請書，載明下列登記事項，申請營業登記（登 §5）

2.2.1 公司營業登記

一、公司登記事項

（一）公司名稱。
（二）營業種類。
（三）公司所在地。
（四）執行業務或代表公司之股東。
（五）董事、監察人姓名及持股。
（六）經理人姓名。
（七）資本總額或實收資本額。
（八）公司章程。

二、公司合併登記

公司為合併時，應於實行後十五日內，向主管機關分別依下列各款申請登記：

（一）存續之公司為變更之登記。
（二）消滅之公司為解散之登記。
（三）另立之公司為設立之登記。

但經目的事業主管機關核准應於合併基準日核准合併登記者，不在此限。

三、設立分公司登記

應於設立後十五日內，將下列事項，向主管機關申請登記：

（一）分公司名稱。
（二）分公司所在地。
（三）分公司經理人姓名、住所或居所、身分證統一編號或其他經政府核發之身分證明文件字號。

四、公司設立登記之規定

1. 無限、兩合，有限公司及股份有限公司發起設立者，代表公司之負責人應 於章程訂立後十五日內，向主管機關申請為設立之登記。

2. 公司設立登記後如未於六個月內開始營業，應於上開期限內向主管機關申請延展開業登記，每次最長不得超過一年。

但上述規定經目的事業主管機關核准，應於特定基準日核准設立登記者，不在此限。

2.2.2 商業營業登記

一、商業登記事項

非公司組織者或小規模營業人商業開業前，如獨資、合夥營利事業者，應將下列事項，向主管機關申請登記：

（一）營利事業名稱及地址。

（二）負責人姓名、出生年月日、身分證統一編號及戶籍所在地地址。

（三）組織種類

（四）資本額

（五）營業種類

（六）有總機構之固定營業場所，其總機構之名稱、地址及其營利事業統一編號。

商業之名稱，得以其負責人姓名或其他名稱充之。但不得使用易於使人誤認為與政府機關或公益團體有關之名稱。如以合夥人之姓或姓名為商業名稱者，該合夥人退夥，仍用其姓或姓名為商業名稱時，須得其同意。

二、商業變更登記

凡商業登記事項有所變更者，除依其他有關法令登記外，應依下列規定辦理變更登記。

（一）獨資或合夥之商業登記與營業登記，應自事實發生之日起十五日內，填具變更登記申請書檢具有關證件，向原登記機關申請變更登記。（登§8）。

（二）公司登記之事項如有變更時，應由公司負責人於變更後十五日內向主管機關申請變更登記（營 §3；登 §8）。營業人申請變更登記，尚有欠稅或違章未結，需先繳清稅款或提供擔保後，始可辦理營業變更登記。

（三）商業遷移於原登記機關之管轄區域以外營業時，其商業遷移地址之變更登記，應向遷入地之稽徵機關申請變更登記（登 §16 ）。其商業名稱不可與遷入地登記有案之商號相同或類似時。

（四）繼承登記應自繼承開始後六個月內為之。

商業設立登記後，有應登記之事項而不登記，或已登記之事項有變更而不為變更之登記者，不得以其事項對抗第三人。（登 §12）

依據上述公司法與商業登記法之有關事項的組織型態、法律依據、主管機關、負責人彙總，如表 2-1。

表 2-1 登記相關事項彙總表

組織型態	法律依據	主管機關	負責人
獨資	商業登記法	縣市政府	資本主或其法定代理人。
合夥	商業登記法	縣市政府	執行業務之合夥人
股份有限及有限公司	公司法	經濟部	董事長
無限及兩合公司	公司法	經濟部	執行業務股東或代表公司股東
財團法人	民法	各部會及縣市政府（各地法院登記）	代表人或管理人
社團法人	人民團體法	內政部	代表人或管理人
醫療社團法人	醫療法	衛生署	代表人或管理人
合作社	合作社法	縣市政府（中央為內政部）	代表人或管理人

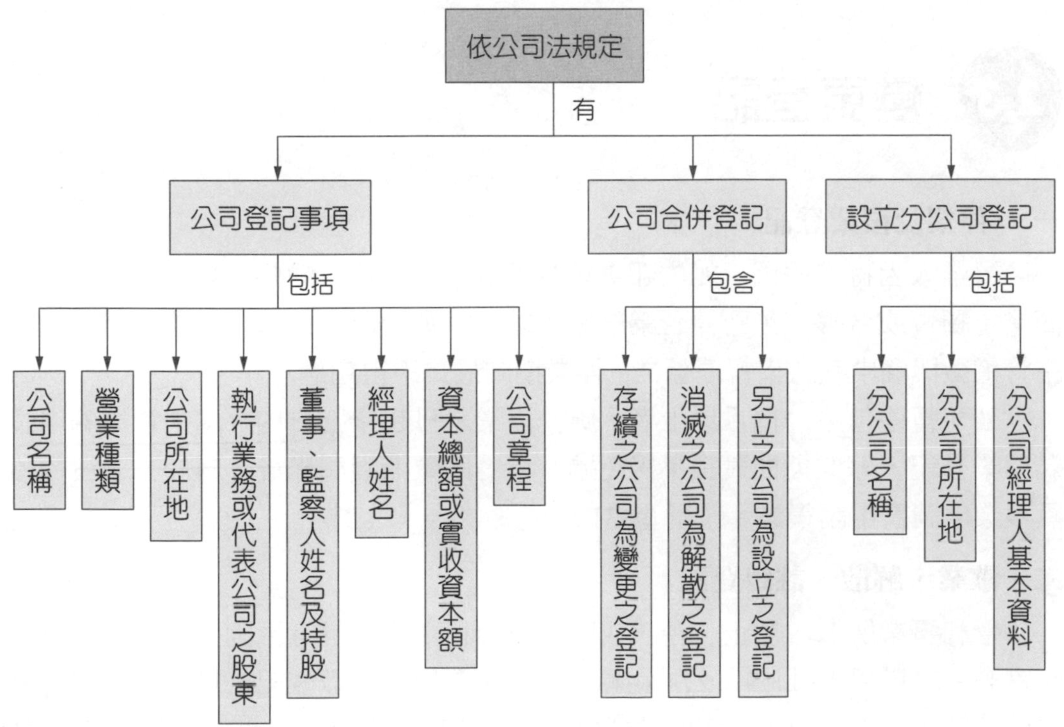

圖 2-2 公司法應登記有關事項概念圖

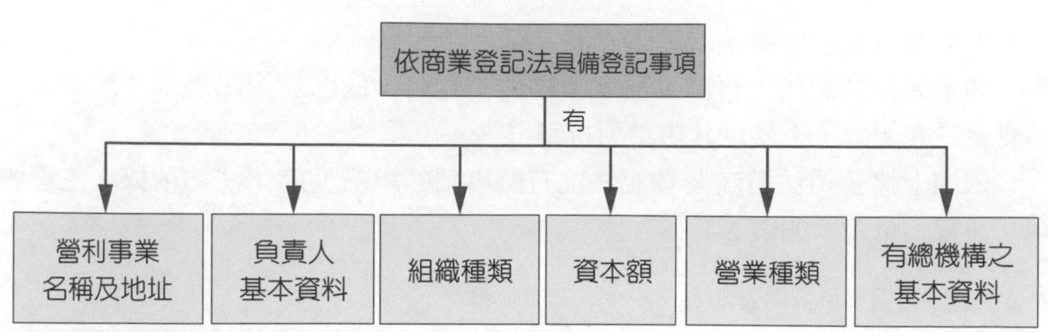

圖 2-3 商業登記法應登記有關事項概念圖

稅務常識 News

由於稅籍管理工作是營業稅的基礎工程，不僅攸關營業稅稽徵業務正確性，更牽涉租稅公平，營業人申請營業登記事項如有變更時，亦應於事實發生之日起 15 日內辦理變更登記。因此，在清查過程中，如發現營業人有未辦營業登記、登記事項與現況不符、擅自歇業他遷不明、暫停營業未依規定申報核備或已註銷而未依規定申請註銷登記情事，除發函通知補辦，並將通報目的事業主管機關查處；至於查定課徵小規模營業人，如發現營業費用、營業類別、面積有異動者，將按實際營業情形覈實查定銷售額，

資料來源網站：財政部南區國稅局新聞稿 2014/03/07

2.3 變更登記

一、停業及復業登記

營業人因特殊原因，如內部重新裝潢整修或因景氣蕭條須短暫停止營業。商業（獨資或合夥）須暫停營業一個月以上，應於停業前填具停業申請書，向主管稽徵機關申報核備暫停營業，停業期間最長不得超過一年。

公司暫停營業一個月以上者，應於停業之日起十五日內，向主管機關申請為停業登記，停業期間最長不得超過一年，停業期限屆滿後，應於十五日內填具復業申請書申請復業。（營 § 31）。

二、歇業、解散、註銷登記

營利事業解散、廢止、轉讓或與其他營利事業合併等原因而消滅者，應自事實發生之日起 15 日內（公司組織之營利事業應自解散登記之日起 15 日內），填具註銷登記申請書，向該管轄稽徵機關申請註銷登記（營 §30；登 §9）。

三、撤銷登記

商業行為有下列情事者，主管機關得依職權或利害關係人申請撤銷登記或部分登記事項：

（一）登記事項有虛偽不實情事，經法院判決確定者。

（二）營業行為有違反法令、公共秩序或善良風俗，受勒令歇業處分者。

（三）登記後滿六個月尚未開始營業，或開始營業後自行停止營業六個月以上者，如有正當事由，得申請准予延展。

（四）遷離原址，逾六個月未申請變更登記，經主管機關通知仍不辦理者。

（五）登記後經有關機關實地調查，發現無營業跡象，並經房屋所有權人證明無租借房屋情事者。

四、註銷登記之申請

（一）營業人申請註銷登記應填具營業人註銷登記申請書，向營業所在地主管稽徵機關提出申請。

（二）應具備文件

1. 使用統一發票營業人用之統一發票購票證。（送請主管稽徵機關截廢後得攜回保管）。
2. 自動報繳營業人，當期營業人銷售額與稅額申報書及營業稅繳款書影本或申報聯。
3. 適用公司或商業登記之營業人經主管機關核准解散（含合併）、歇業、依法廢止或撤銷登記證明文件。
4. 合夥組織非經商業登記機關依法廢止或撤銷者，應加附合夥同意書。

五、違反營業登記之處罰

（一）依規定申請營業登記者，除通知限期補辦外，處 1,000 元以上 10,000 元以下罰鍰，逾期仍未補辦者，得連續處罰（營 §45）。

（二）註銷登記、申請營業、變更或註銷登記之事項不依規定申報暫停營業、復業者，除通知限期改正或補辦外，處 500 元以上 5,000 元以下罰鍰；逾期仍未改正或補辦者，得連續處罰（營 §46）。

（三）未辦理設立登記，處 1,000~10,000 元罰鍰，得續處罰（營 §45）

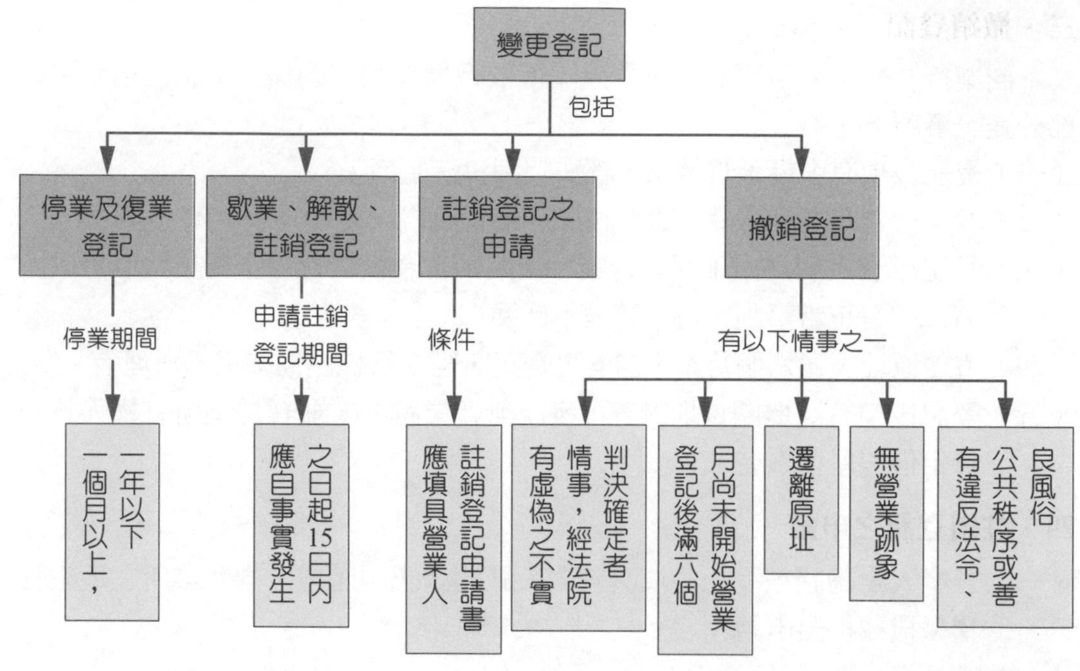

圖 2-4 變更登記事項概念圖

2.4 帳簿設置與記載規定

一、營利事業之帳簿設置

營業事業有關帳簿憑證及會計記錄之設置、取得、使用、保管應依據商業會計法及稅捐稽徵機關管理營利事業會計帳簿憑證辦法管理。其帳簿憑證管理辦法規定對於營利事業帳簿之設置，應分以下四種標準，如表 2-4

（一）實施商業會計法之營利事業帳簿設置。

（二）不實施商業會計法而使用統一發票之營利事業帳簿設置。

（三）營利事業總機構以外之其他固定營業場所而未採取獨立會計制度者；若採獨立會計制度者應依上面 1~2 項之規定設置帳簿。

（四）免用統一發票之小規模營利事業。如攤販。

依照上述帳簿憑證管理之四種標準，其在不同營業形態中，營利事業應需設置帳簿種類說明如下：

表 2-4 營利事業應設置帳簿彙總表

業別及設置帳簿 / 組織型態	買賣業	製造業	營建業	勞務業及其他業
實施商業會計法之營利事業	1. 日記簿 2. 特種日記簿 現金簿 銷貨簿 進貨簿 3. 總分類簿 4. 存貨簿 5. 其他補助簿	1. 日記簿 2. 特種日記簿 現金簿 銷貨簿 進貨簿 3. 總分類簿 4. 原物料明細簿 5. 在製品明細簿 6. 製成品明細簿 7. 生產日報表 8. 其他補助簿	1. 日記簿 2. 特種日記簿 現金簿 銷貨簿 進貨簿 3. 總分類簿 4. 在建工程明細簿 5. 施工日記簿 6. 其他補助簿	1. 日記簿 2. 特種日記簿 現金簿 銷貨簿 進貨簿 3. 總分類簿 4. 營運量記錄簿
不實施商業會計法而使用統一發票之營利事業	1. 日記簿 2. 總分類簿 3. 存貨明細簿或存貨計數簿	1. 日記簿 2. 總分類簿 3. 原物料或材料明細簿 4. 生產記錄簿		1. 日記簿 2. 總分類簿 3. 營運量記錄簿
營利事業總機構以外之其他固定營業場所	1. 零用金或週轉金登記簿 2. 存貨明細簿	1. 零用金或週轉金登記簿 2. 原物料料明細簿 3. 製成品明細簿 4. 生產日報表	1. 零用金或週轉金登記簿 2. 在建工程明細簿 3. 施工日記簿	1. 零用金或週轉金登記簿 2. 營運量記錄簿
免用統一發票之小規模營利事業	簡易日記簿	簡易日記簿	簡易日記簿	簡易日記簿

營利事業設置日記簿及總分類帳兩種帳簿中，應有一本帳簿為訂本式，但採用電子計算機處理帳務者除外。會計組織健全者，得以分類帳替代日記簿。

二、會計帳簿記載之規定

（一）營利事業設置的帳簿，應按會計事項發生之次序逐日登帳，最遲不得超過二個月。其期限應自其他固定營業場所報表或憑證送達之日起算（帳§17）。

（二）營利事業所設置帳簿應按其頁數順序編號，不得撕毀。

（三）帳簿設置後應填具使用帳簿報告書，載明帳簿名稱、冊數及頁數及使用日期。因故不能繼續使用或於記載至有缺漏頁數前，發現有缺漏頁數者，應向該管稽徵機關報備。

（四）營利事業所設置帳簿應載明帳簿名稱、性質、啟用、停用日期與相關人員簽章以示負責。

（五）會計帳簿所記載之人名或住所應載明真實的人名或住所。

三、帳簿登載時限

依商業會計法第九條及第 50 條第 1 項，規定帳簿登載時限如下：

（一）序時帳簿應按會計事項發生之次序逐日登載，除現金簿及銀行往來簿者應每日營業終了結算餘額外，其餘最遲不得超過三日。

（二）分類帳簿之登載時限，最遲不得超過十日。其登載時限係自會計事項發生之次日起算。

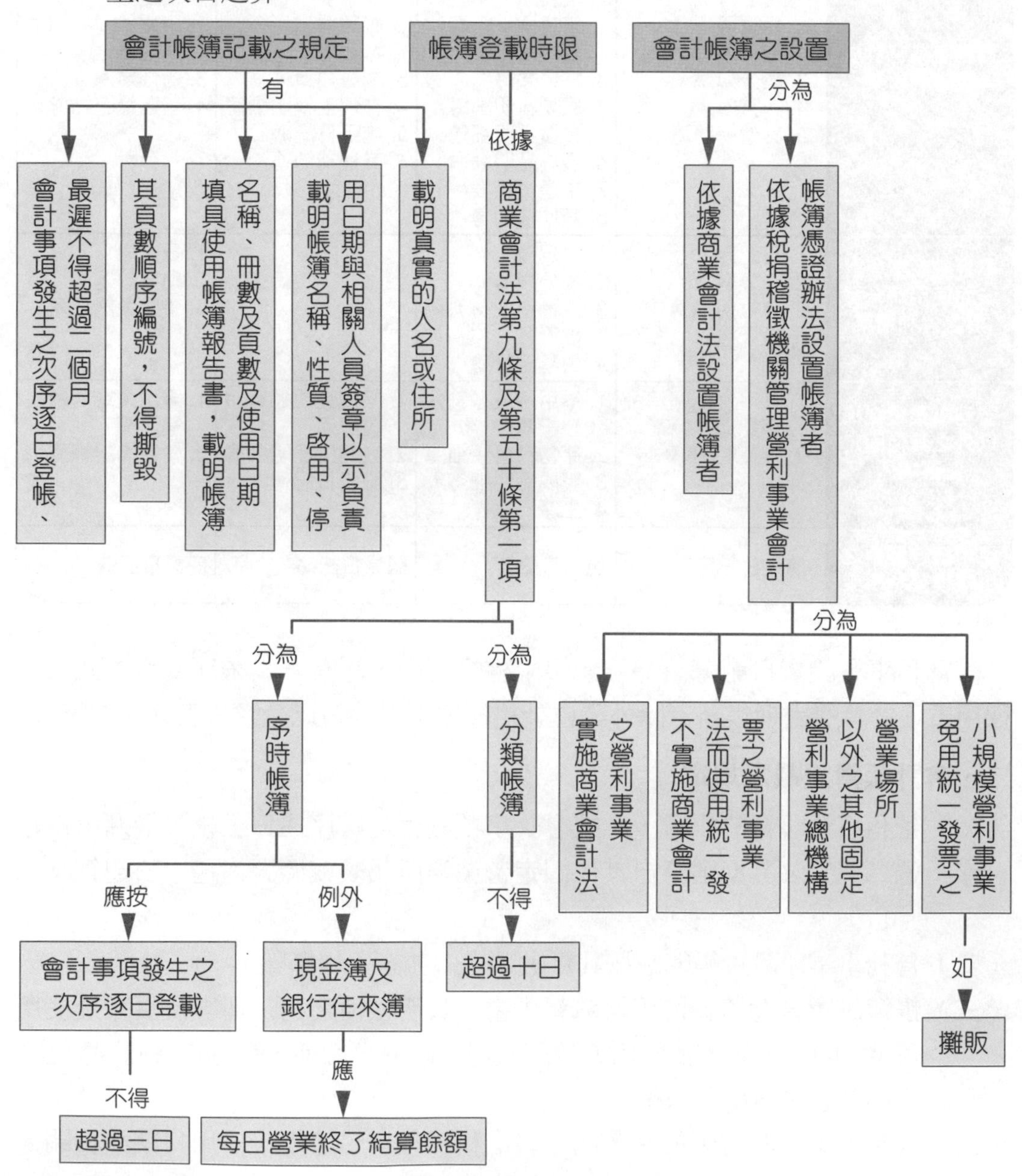

圖 2-5 帳簿設置與記載規定概念圖

2.5 會計憑證

稅務常識 News

台中營利事業於民國 104 年 7 月 1 日購進貨物、資產、勞務，除此之外也在同時間或出售貨物、資產、勞務等交易事項，依規定應於何時自他人取得原始憑證或給予他人原始憑證？

解析

1. 應於對外營業事項發生時，自他人取得原始憑證
   台中營利事業應於民國 104 年 7 月 1 日購進貨物、資產、勞務等交易事項貨物時取得進貨發票或收據
2. 應於對外營業事項發生時，給於他人銷貨發票或收據
   台中營利事業應於民國 104 年 7 月 1 日銷售資產、勞務時，應給予他人銷貨發票或收據。若以網際網路或其他電子方式開立、傳輸或接收之原始憑證，應儲存於媒體。（統一發票使用辦法第 2 條）

會計憑證可分成原始憑證及記帳憑證兩種。原始憑證指證明事項之經過所造具之憑證。原始憑證的來源可分為下列三種：

一、外來憑證

來自企業本身以外之廠商所取得者，例如，郵電費、進貨發票。

二、對外憑證

給予企業本身以外之廠商者，例如銷貨發票。

三、內部憑證

企業本身自行製存者。

各項外來憑證或對外憑證應載內容有：

（一）外來憑證：交易雙方之名稱、地址、統一編號、交易日期、品名、數量、單價、金額、銷售額及營業稅額並加蓋印章。

（二）外來憑證屬個人出具之收據，並應載明出據人之身分證統一編號（帳§22）。應有載明事項、金額、立據日期及立據人簽章之內部 憑證，以資證明。但期末調整及結帳與結帳後轉入次期之帳目，得不檢附原始憑證（帳 §21）。

會計人員再根據上述憑證做記錄稱為記帳憑證，我國記帳憑證通常稱為「傳票」，傳票種類分為收入傳票、支出傳票、現金轉帳傳票及分錄轉帳傳票。

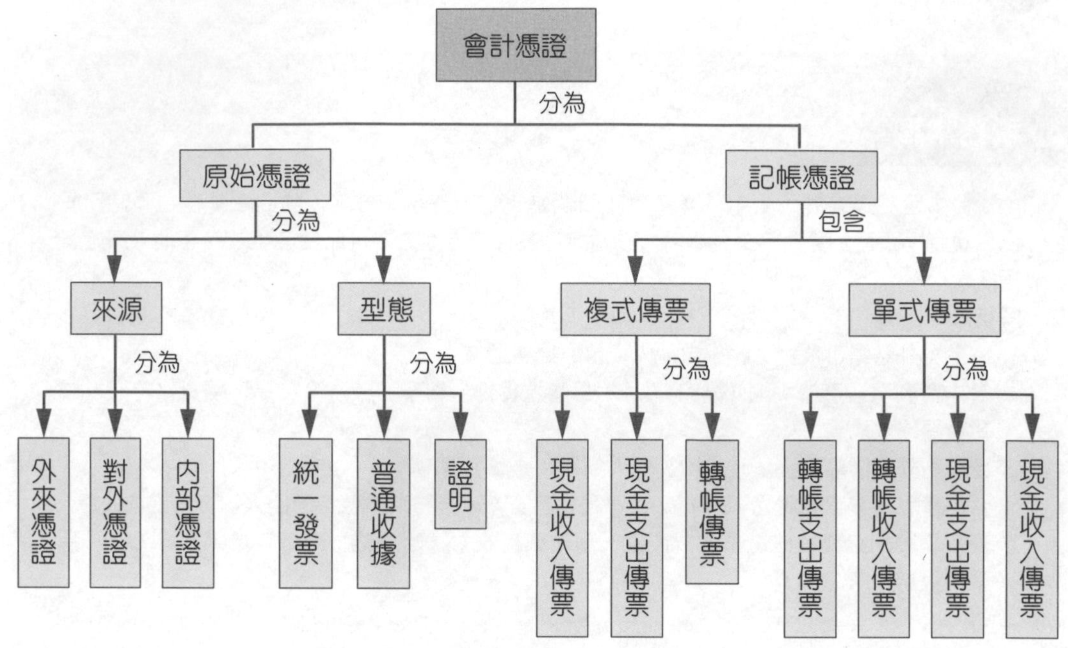

圖 2-6 會計帳簿與憑證概念圖

2.6 憑證保存

一、保存方法

各項會計憑證，除應永久保存或有關未結會計事項者應另行保管外，營利事業須依事項發生之時序或按其事項之種類，依次編號黏貼或裝訂成冊。其給予他人之憑證如有誤寫或收回作廢者，應黏附於原號存根或副本之上（帳 §24）。

當年度營利事業所得稅結算申報經主管稽徵機關調查核定後，得報經主管稽徵機關核准以縮影機或電子計算機媒體，按序縮影或儲存後依規定年限保存，其帳簿與原始憑證得予銷毀。

二、保管年限

（一）憑證：原始憑證及記帳憑證，除應永久保存或有關未結會計事項者外之各項會計憑證，應於年度決算程序辦理終了後，至少保存五年。

（二）帳簿：資產負債表、損益表、現金流量表、日記簿、總分類帳、存貨簿、其他補助帳等，應於年度決算程序辦理終了後，至少保存十年。

（三）商業決算：指會計人員完成會計報表之編製，會計人員依法應於會計年度終了後二個月內辦理完竣，可延長一個半月。何謂決算程序，係會計人員完成會計報表之編製必須經過股東會或資本主、合夥人通過才算完成。

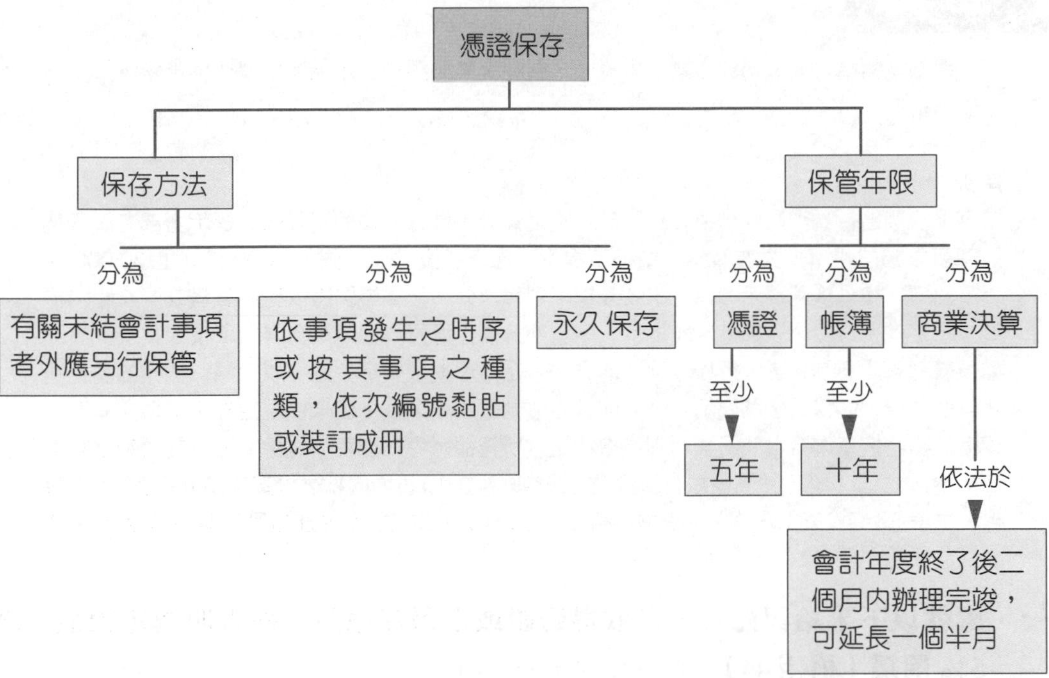

圖 2-7 憑證保存概念圖

稅務常識 News

營利事業的會計憑證依規定應載明那些事項？

解析

營利事業各項外來憑證或對外憑證，應記載交易雙方之名稱、地址、統一編號、交易日期、品名、數量、單價、金額、銷售額、營業稅額，並且加蓋印章。外來憑證如果是個人出具的收據，除了應載明上述事項外，並應載明出據人之身分證統一編號。但對外憑證如開立給非營利事業者，除法令另有規定或買受人要求以外，可以不必填載買受人名稱、地址及統一編號。前項外來憑證或對外憑證屬使用電子計算機統一發票或以網際網路或其他電子方式開立、傳輸之電子發票者，開立人得列印其名稱、地址及統一編號於「營業人蓋用統一發票專用章」欄內，免加蓋印章。至於營利事業發生內部會計事項，應有載明事實、金額、立據日期，及立據人簽章之內部憑證。但是期末調整及結帳事項，以及結帳後轉入次期的帳目，可以不檢附原始憑證。（稅捐稽徵機關管理營利事業會計帳簿憑證辦法第 22 條、第 21 條）

【資料來源：財政部稅務入口網】

2.7 違反憑證管理與帳簿憑證之處罰

稅務常識 News

稽徵機關進行調查營利事業所得稅時，營利事業如果未提示帳簿文據以供查核，會受到什麼處罰？

解析

當稽徵機關進行調查時，納稅義務人於接到通知後，應在通知的期限內，提示全部有關各種證明所得額的帳簿、文據備查，如拒不提示，應處新臺幣（下同）3,000 元以上 30,000 元以下罰鍰，如未依限提示，處 1,500 元以下罰鍰以外，稽徵機關將依查得資料或同業利潤標準，核定其所得額，若部分未能提示，則該部分依查得資料或同業利潤標準核定其所得額。如果營利事業及其負責人遷移地址，而未依規定辦理地址變更登記，以致稽徵機關的調查通知無法送達，經稽徵機關公示送達（即公告並刊登報紙）後，仍未依規定提示帳簿文據者，稽徵機關將按查得資料或同業利潤標準核定其所得額，會增加稅額負擔。因此當營利事業之名稱、地址、負責人、業務種類有所變更，都應確實在15日內向稽徵機關申請變更登記。（所得稅法第 83 條、第 107 條）（稅捐稽徵法第 46 條）（加值型及非加值型營業稅法第 30 條）

一、應就以下未給與憑證、未取得憑證或未保存憑證，經查明認定總額，處 5% 罰鍰（稽 §44）

（一）營利事業依法應給與他人憑證而未給與。

所謂未依法給予他人憑證，係指交易事項發生時，未依法令規定給予他人憑證，如銷貨時漏開、短開或遲開等皆是。

（二）應自他人取得憑證而未取得。

（三）應保存憑證而未保存者。

二、營利事業在稽徵機關進行調查或復查時，不按規定時間提送各種帳簿、文據者，稽徵機關除得依查得之資料或同業利潤標準核定其所得額外，並應處 1,500 元以下之罰鍰（所 §107）

營利事業在稽徵機關調閱帳簿、文據時不能如期提示，而在規定送交調查時間以內申請延期提示者，但該延長之期限最長不得超過 1 個月，並以一次為限（查準 §6）。

三、營利事業未依法設置帳簿並記載者，有下列之處罰

（一）未依法設置帳簿並記載者**將處以新臺幣 3,000 元以上 7,500 元以下之罰鍰**。並通知限於 1 個月內依規定設置或記載。

（二）1 個月期滿，仍未依照規定設置或記載者，處 7,500 元以上 15,000 元以下之罰鍰，並再通知於 1 個月內依規定設置或記載。

（三）再通知 1 個月期滿後仍未依照規定設置或記載者，應予停業處分，至依規定設置或記載帳簿時，才予以復業（稽 §45）。

四、營利事業未依規定保存帳簿或無正當理由而不將帳簿留置於營業場所者，處新台幣 15,000 元以上 60,000 元以下罰鍰

五、有下列情事者商業負責人、主辦及經辦會計人員或依法受託代他人處理會計事務之人員，應處 5 年以下有期徒刑、拘役或科或併科新臺幣 60 萬元以下罰金（商 §71）

（一）以明知為不實之事項，而填製會計憑證或記入帳冊者。

（二）故意使應保存之會計憑證、會計帳簿報表滅失毀損者。

（三）偽造或變造會計憑證、會計帳簿報表內容或毀損頁數者。

（四）故意遺漏會計事項不為記錄，致使財務報表發生不實之結果者 。

（五）其他利用不正當方法，致使會計事項或財務報表發生不實之結果

六、營利事業未依規定設置股東可扣抵稅額帳戶或不依規定記載者，應處以下之處分

（一）經通知於一個月內依規定設置或記載者，處 3,000 元以上 7,500 百元以下罰鍰。

（二）一個月期滿仍未依照規定設置或記載者，處 7,500 百元以上 15,000 元以下罰鍰，並再通知於一個月內依規定設置或記載。

（三）再通知期滿後仍未依照規定設置或記載者，得按月連續處罰，至依規定設置或記載時為止。（所 § 114-1）

七、使用電子方式處理會計資料之商業，其商業負責人、主辦及經辦會計人員或依法受託代他人處理會計事務之人員或以電子方式處理會計資料之有關人員有下列情事之一者，處五年以下有期徒刑、拘役或科或併科新臺幣 60 萬元以下罰金（商 § 72）

（一）故意登錄或輸入不實資料。

（二）故意毀損、滅失、塗改貯存體之會計資料，致使財務報表發生不實之結果。

（三）故意遺漏會計事項不為登錄，致使財務報表發生不實之結果。

（四）其他利用不正當方法，致使會計事項或財務報表發生不實之結果。

範例

台中企業行未辦理營業登記即自 102 年 9 月起營業，案經所在地主管稽徵機關於 102 年 12 月查獲，其每月銷售額 100 萬元至 120 萬元不等，已達使用統一發票標準，且查獲有未依法取得進貨憑證與未給予他人憑證情事

【解析】

所犯錯誤：台中企業行未於開始營業前辦理營業登記，違反加值型及非加值型營業稅法第 28 條及第 35 條之規定，應依同法第 45 條、51 條第 1 項第 1 款及稅捐稽徵法第 44 條（未給予憑證）之規定擇一從重處罰；又進貨未依規定取得進項憑證部分違反稅捐稽徵機關管理營利事業會計帳簿憑證辦法第 21 條之規定，應依稅捐稽徵法第 44 條規定處罰。處分如下：

營利事業依法規定應給予他人憑證而未給予、應自他人取得憑證而未取得、或應保存憑證而未保存者，應就未給予憑證、未取得憑證或未保存憑證，經查明認定之總額，處 5 % 罰鍰，前項處罰金額最高不得超過新臺幣 100 萬元。

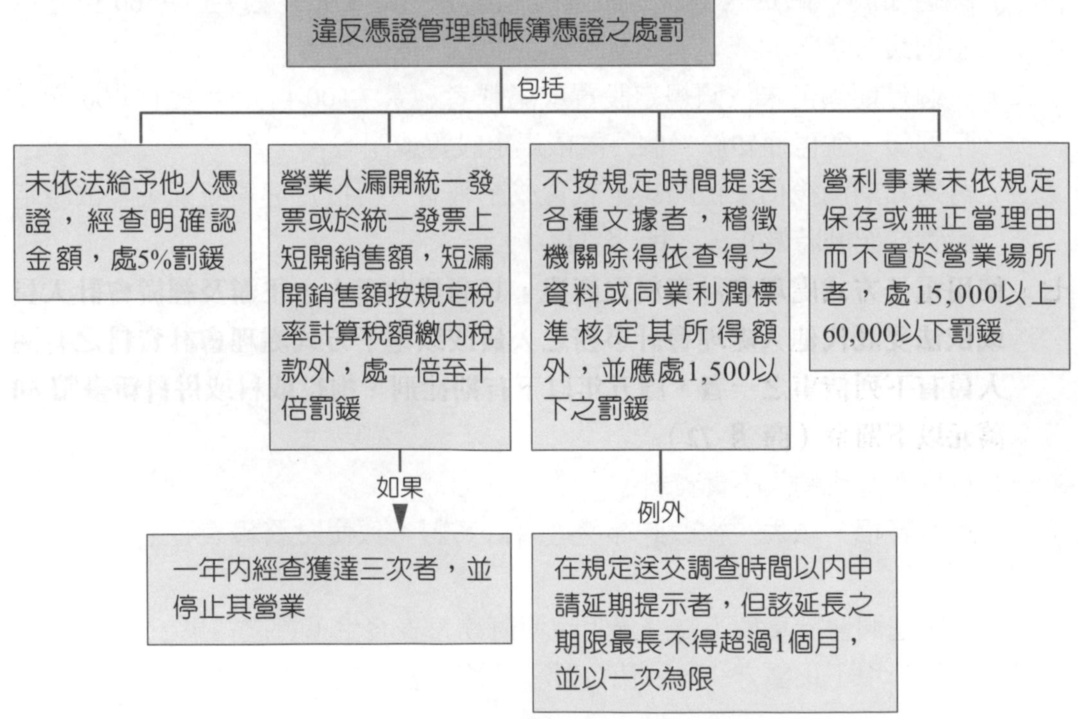

圖 2-8 違反憑證管理與帳簿憑證之處罰

學習評量

一、選擇題

( ) 1. 營利事業未依規定取得憑證，應依憑證總額處？

(A) 1%　(C) 5%

(B) 2%　(D) 10% 之罰鍰

( ) 2. 小規模營利事業應設置何種帳簿？

(A) 存貨計數帳

(B) 總分類帳

(C) 收入明細帳

(D) 簡易日記簿

( ) 3. 依稅法規定應自他人取得之憑證及應給予他人憑證之存根或副本，應保存的年限為：

(A) 一年　(C) 五年

(B) 二年　(D) 十年

【94 年記帳士考試】

( ) 4. 營利事業因特殊原因必須停止營業時，停業期間最長以多久為限？

(A) 1 個月　(C) 半年

(B) 1 年　(D) 3 年

( ) 5. 依規定保存帳簿或無正當理由不將帳簿設置於營業場所者，應處新台幣多少元之罰鍰？

(A) 3 千元以上，7 千 5 百元以下

(B) 7 千 5 百元以上，1 萬 5 千元以下

(C) 1 萬 5 千元以上，6 萬元以下

(D) 6 萬元以上，10 萬元以下

【94 會計師】

( ) 6. 營利事業設置之帳簿，應按會計事項發生之次序逐日登帳，至遲不得超過多久？

(A) 1 個月　(C) 3 個月

(B) 4 個月　(D) 2 個月

學習評量

( ) 7. 商業自辦員工午餐，因向市場小販購買蔬果無法取得外來憑證。若採用經手人開立之內部憑證作為證明時，其效力如何？
(A) 內部憑證可作為記帳之依據
(B) 內部憑證不可作為記帳之依據
(C) 需經市場小販簽章後，才可作為記帳依據
(D) 由會計人員自行決定

( ) 8. 依據稅捐稽徵法規定，依稅法規定應自他人取得之憑證及給與他人憑證之存根或副本，應保存幾年？
(A) 3 年　(C) 7 年
(B) 5 年　(D) 10 年
【97 特考四等】

( ) 9. 給與企業本身以外之人的憑證，為何種憑證？
(A) 外來憑證　(C) 內部憑證
(B) 對外憑證　(D) 政府憑證

( ) 10. 營利事業原始憑證未依規定保存，如已取得買受人簽章證明與其所持憑證相符之影本，或經原出具憑證之營利事業簽章證明與其自之存根聯相符之影本，依法應如何處 ？
(A) 該項收入或支出准予認定，但應依稅捐稽徵法第 44 條規定處 5 % 罰鍰
(B) 該項收入或支出不准認定，並應依稅捐稽徵法第 44 條規定處 5 % 罰鍰
(C) 該項收入或支出准予認定，免依稅捐稽徵法第 44 條規定處 5 % 罰鍰
(D) 該項收入或支出不准認定，免依稅捐稽徵法第 44 條規定處 5 % 罰鍰
【95 年記帳士考試】

( ) 11. 張三購買文具用品的發票時其皮包被人搶走，導致該發票遺失，應如何處理？
(A) 可由商業負責人與承辦人簽章，據以記帳
(B) 不必記帳
(C) 沒有發票亦可逕行記帳
(D) 請原購買公司重新開立一張發票

學習評量

(　　) 12. 商業會計法對於會計憑證之敘述，下列那一項錯誤？
(A) 用物品清單為內部憑證
(B) 退貨單為對外憑證
(C) 支給出差運費表單為外部憑證
(D) 請購單為內部憑證

【95 記帳士】

(　　) 13. 下 那一項不屬於商業會計法規定之原始憑證？
(A) 保險公司理賠給付通知書
(B) 員工薪資扣繳憑單
(C) 典當業當票簿副聯
(D) 銀行存款證明

【99 記帳士】

(　　) 14. 外國公司擬在中華民國境內營業者應先經認許，並於認許後幾日內向主管機關申請分公司設立登記？
(A) 十日內　(C) 二十日內
(B) 十五日內　(D) 三十日內

【101 記帳士】

(　　) 15. 公司設立登記事項有變更而不為變更登記者，其變更事項之效力如何？
(A) 無效　(C) 不得對抗第三人
(B) 得撤銷　(D) 應負損害賠償責任

(　　) 16. 公司組織停止經營業務時，依公司法規定應辦理何種登記？
(A) 解散登記　(C) 停業登記
(B) 註銷登記　(D) 歇業登記

【96 記帳士】

(　　) 17. 公司停復業有關申請規定為：
(A) 公司暫停營業期間每次最長不得超過半年。
(B) 公司暫停營業一年以上者，應於停止營業前申請停業登記 。
(C) 公司停業後欲復業時，應於復業後三十日內申請復業登記 。
(D) 公司停復業雖未向商業主管機關申請，惟已依稅法規定核備者亦為適法。

【96 記帳士】

學習評量

(　)18. 彰化公司為存續之公司應辦理下列何項登記？
(A) 設立登記　(C) 變更登記
(B) 解散登記　(D) 只要向主管機關備案即可

(　)19. 台中公司要申請停業或延展開業期間，最長不得超過多久？
(A) 3 個月　(C) 1 年
(B) 6 個月　(D) 3 年

(　)20. 關於公司登記之電子簽章規定，下列敘述何者正確？
(A) 公司登記之申請書件，皆應經公司與公司負責人電子簽章 。
(B) 公司登記之申請書件，皆應經公司之電子簽章 。
(C) 公司電子簽章之憑證，係由經濟部或內政部簽發 。
(D) 公司電子簽章之憑證，係由經濟部簽發。

【98 記帳士】

二、問答題

（一）營業登記事項有哪些？
（二）會計帳簿及憑證之保存方法及保管期限如何？
（三）違反憑證管理與帳簿憑證之處罰如何？
（四）註銷登記如何申請？應準備哪些申請文件？
（五）營利事業應設置那些帳簿？
（六）營利事業發生會計事項，應於何時登入帳簿？最遲不可超過何時？
（七）營利事業未依規定設置帳簿並記載，會受到什麼處罰？
（八）營利事業依規定應於何時自他人取得原始憑證或給予他人原始憑證？
（九）營利事業銷貨未給予他人憑證或未保存憑證，稽徵機關如何處理？
（十）股東可扣抵稅額帳戶及其憑證應保存多少年？

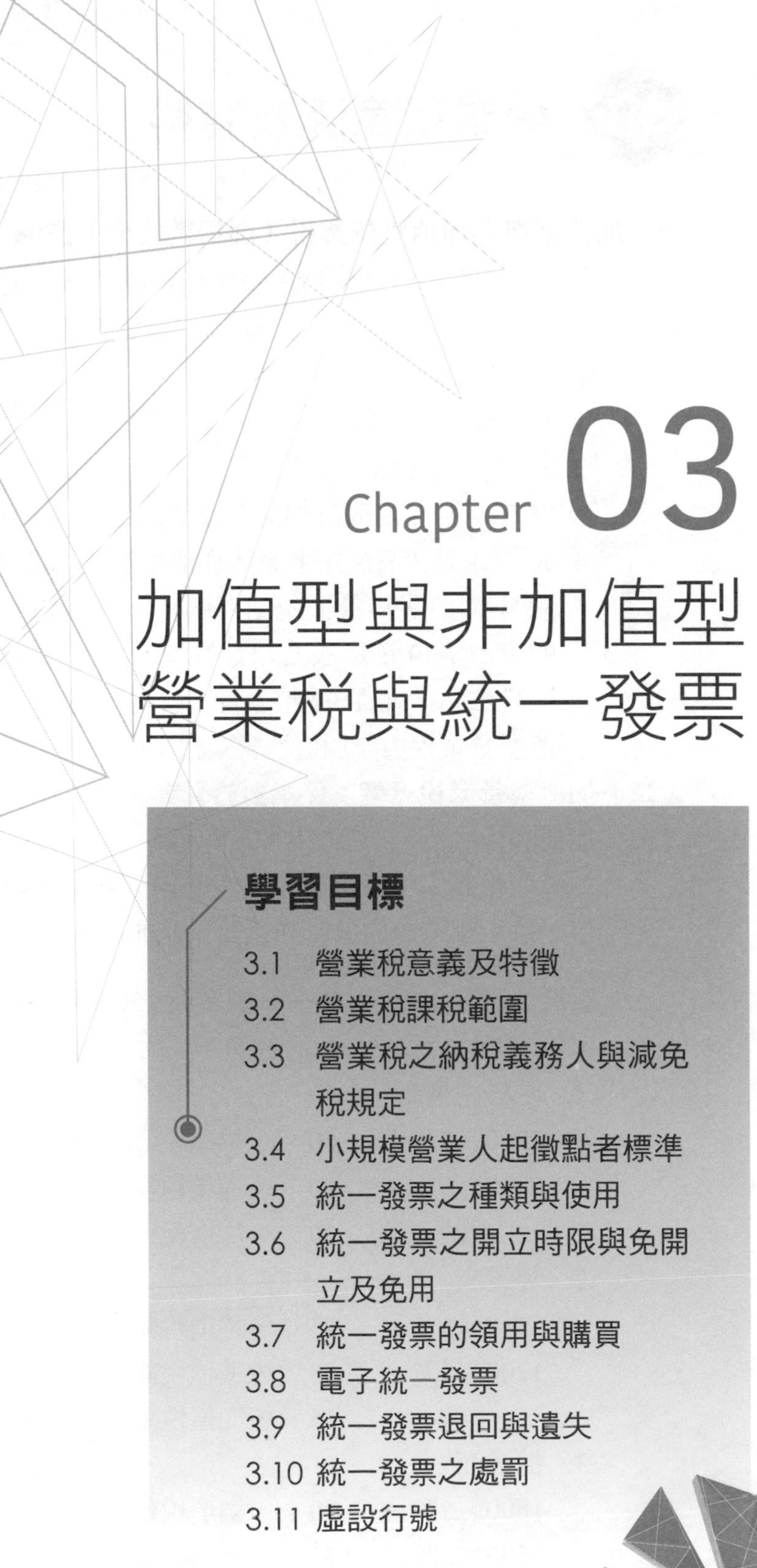

Chapter 03 加值型與非加值型營業稅與統一發票

學習目標

3.1 營業稅意義及特徵
3.2 營業稅課稅範圍
3.3 營業稅之納稅義務人與減免稅規定
3.4 小規模營業人起徵點者標準
3.5 統一發票之種類與使用
3.6 統一發票之開立時限與免開立及免用
3.7 統一發票的領用與購買
3.8 電子統一發票
3.9 統一發票退回與遺失
3.10 統一發票之處罰
3.11 虛設行號

3.1 營業稅意義及特徵

一、加值型與非加值型營業稅（簡稱營業稅）意義

係對營業人在中華民國境內銷售貨物或勞務及進口貨物行為均應課徵的一種稅。

（一）營業稅之緣起：

1. 3 年為特種營業稅
2. 20 年 6 月實施營業稅
3. 75 年 4 月 1 日改為加值型營業稅制
4. 90 年 1 月 1 日起正名為「加值型及非加值型營業稅法」
5. 92 年進口貨物營業稅由海關代徵營業稅（business tax），營業稅自 90 年 7 月 9 日修法公布營業稅法名稱更正為「加值型及非加值型營業稅法」，並從 92 年 1 月 1 日從地方稅改為國稅，課徵內容分為加值型營業稅與非加值型營業稅兩種。

（二）加值型營業稅意義：係指對於營業人於貨物或勞務在銷售過程中，僅對加值課稅。

加值型稅制：係指企業在整個產銷活動中所創造出來的財貨價值稱為加值，以所創造的加值為課稅對象並加以課稅。

原料供應商 1200 元 ⟶ 製造商 1500 元 ⟶ 批發商 1800 元
零售商 2000 元 ⟶ 消費者

1. 原料供應商

1200×5%＝	60	…銷項稅額
0×5%＝	0	…進項稅額
	60	…加值稅

2. 製造商

1500×5%＝	75	…銷項稅額
1200×5%＝	60	…進項稅額
	15	…加值稅

3. 批發商

1800×5%＝	90	…銷項稅額
1500×5%＝	75	…進項稅額
	15	…加值稅

4. 零售商

2000×5%＝	100	…銷項稅額
1800×5%＝	90	…進項稅額
	10	…加值稅

	加值額	加值稅
供應商	$1200	$60
製造商	300	15
批發商	300	15
零售商	200	10
	$2000	$100

（三）非加值型稅制意義（毛額型營業稅）：係指對各產銷階段營業人銷售貨物或勞務時課徵，由最後消費者負擔的一種間接稅。

我國現行之營業稅制度，即是以加值型為主，並兼採轉手型之多階段銷售稅（multiple-stage sales tax），而其與目前世界各國通行之加值稅制度性質是相通。

二、營業稅的特徵

（一）營業稅係消費稅：依營業稅法第 1 條規定，營業稅係針對我國境內銷售貨物或勞務及進口貨物加以課稅。因此，營業稅係對營業人銷售貨物或勞務行為所課徵之一種零售稅。目前我國主要的零售稅除營業稅外，尚有關稅、印花及貨物稅。

（二）營業稅係間接稅：所謂的間接稅（Indirect Taxes）者，係納稅義務人將稅款加諸在物價上或用其他方法轉嫁給消費者負擔其稅額，則完納稅捐與負擔稅款者不同一人。如關稅、營業稅。

三、營業稅的種類

（一）單一階段銷售稅（Single-stage SalesTaxes）：若有一個階段以上的銷售行為者，僅對於某一階段銷售行為課稅稱為單一階段銷售稅。

（二）多階段銷售稅（Multiple-stage Sales Taxes）：若對交易過程中，製造、批發及零售各階段銷售行為皆課稅者，稱為多階段銷售稅。一般常見多階段銷售行為可分為製造稅、批發稅及零售稅。

四、毛額型營業稅之特性

（一）多階段總額課稅方式：係自製造、批發、至零售商所有經過之各階段發生之銷售行為的課稅方式採多階段營業總額課稅，也就是說凡物品轉手一次，就必須按營業總額課一次稅。

範例

1. 多階段總額課稅計算方式

原料供應商 1200 元 ⟶ 製造商 1500 元 ⟶ 批發商 1800 元

（1200×5%）60 元稅額　　75 元　　90 元

零售商 2000 元 ⟶ 消費者

100 元

60+75+90+100=325

2. 加值型課稅計算方式

原料供應商 1200 元 ⟶ 零售商 2000 元 ⟶ 消費者

（1200×5%）60 元　　100 元

60+100=160

3. 兩者差異

325-160=165………多階段計算方式之課稅金額多出 165 元

（二）違反中立性原則：除了為達成某種政策目的外，租稅之課徵應盡可能保持中性。各種經濟行為不因租稅之課徵而有不同的影響，謂之中立性原則。但毛額營業稅課稅方式是貨物每轉手一次即多一次營業稅，前手之營業稅因含於貨價中，成為次手之稅基再被課稅，這種重複課稅、稅上加稅的情形，對於小規模分工專業經營者不利，對大規模一貫作業者有利，亦即鼓勵企業從事垂直合併，干擾企業對經營方式的選擇，違反中立性原則的要求。

（三）重複課稅：重複課稅，指相同稅基被課二次以上之稅。

（四）稅上加稅：係指前手所付之稅含於稅基中，再被課一次稅。

範例

1. 分工經營型態

2. 一貫作業經營型態

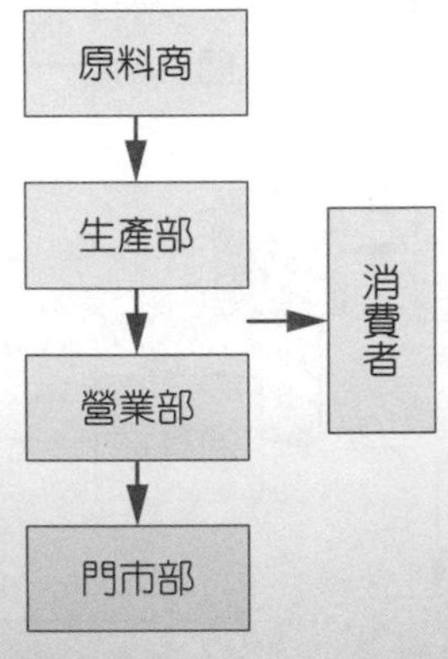

範例

原料供應 1200（1200+60）製造商 1500（1200+60+240+75） 批發商

60 元稅額　　　　75 元

1800（1200+60+240 ＋ 75 ＋ 225 ＋ 90 ） 零售商

90 元

2000（1200+60+240 ＋ 75 ＋ 225 ＋ 90 ＋ 110 ＋ 100） 消費者

100 元

（五）量能原則：依納稅義務人之租稅負擔能力為依據，負擔其應負擔之稅額。而營業稅的納稅義務人是營業人，可將其所預納之營業稅，透過轉嫁等機制，轉給消費者會造成重複課稅、稅上加稅等結果，造成消費者負擔過度之課稅，違反量能原則。

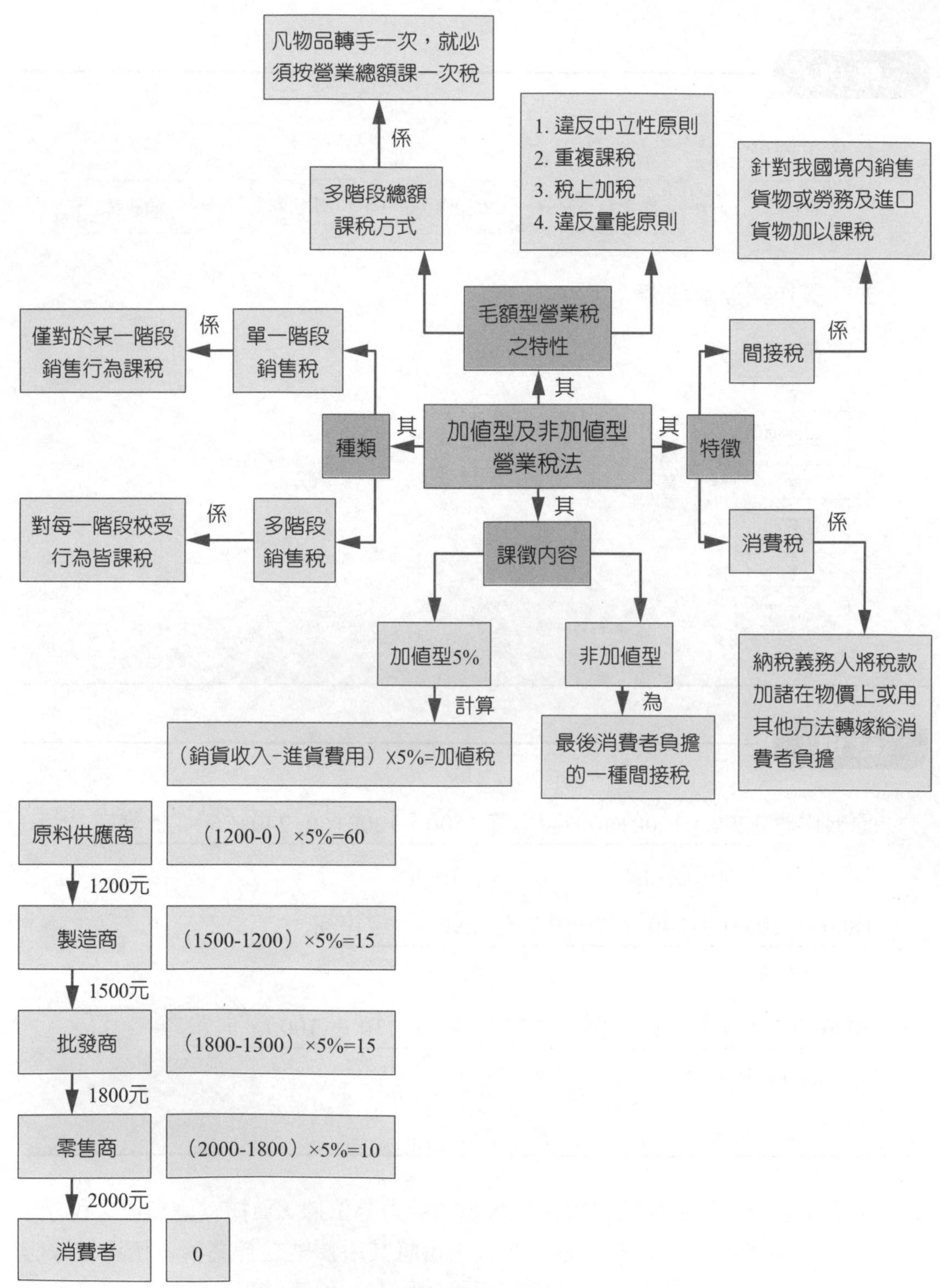

圖 3-1 加值型與非加值型營業稅

稅務新聞 News

台中月子中心於100年開始營業，100年至101年間未申請營業登記，台中月子中心未依「護理機構分類設置標準」經營坐月子中心業務，該年度銷售額合計4,680,000元，台中月子中心認為其所設立之產後護理之家，屬醫療勞務，應適用營業稅法第8條規定，免納營業稅，因此未申報與繳納營業稅，事後經國稅局查獲，核定補徵營業稅額234,000元（4,680,000元×5%）及處罰鍰234,000元。國稅局指出，台中月子中心從事產婦膳食服務及初生嬰兒看護之業務，並向產婦或嬰兒家長收取膳食或服務報酬，係屬營業稅法規定之銷售貨物或勞務（營 §1），現行營業稅法並無免稅規定，應依法辦理營業登記，課徵營業稅。

若產後護理機構依「護理機構分類設置標準」設置，其所提供之產後護理服務，「屬醫療勞務」，得准依營業稅法規定免徵營業稅（營 §8-1）

資料來源：2014/04/28 財政部北區國稅局

3.2 營業稅課稅範圍

依據營業稅法第1條規定：「在中華民國境內銷售貨物或勞務及進口貨物，均應依本法規定課徵加值型或非加值型營業稅」。依上述可知，營業稅僅對中華民國境內銷售貨物或勞務及進口貨物課徵營業稅，係我國營業稅採屬地主義，其課稅範圍為以下說明（營 § 4）：

一、在中華民國境內銷售貨物

何謂銷售貨物，是將貨物之所有權移轉與他人，以取得代價者。下列情形之行為視為在中華民國境內銷售貨物：

（一）銷售貨物之交付須移運者，其所在地在中華民國境內。

（二）銷售貨物之交付不須移運者，其起運點在中華民國境內。

（三）視為銷售貨物或勞務：下列情形視為銷售貨物有予以課徵營業稅：（營 §3）

1. 營業人以其產製、進口、購買供銷售之貨物，轉供營業人自用，或以其產製、進口、購買供銷貨之貨物，無償移轉他人所有者，以時價開立發票。
2. 營業人解散或廢止營業時所餘存之貨物，或將貨物抵償債務、分配給與股東或出資者，以時價開立發票。

3. 營業人以自己名義代為購買貨物交付與委託者，以實際代購價格開立發票
4. 營業人委託他人代銷貨物者，以約定銷貨價格開立發票。
5. 營業人銷售代銷貨物者，以約定受託代銷價格開立發票。

範 例

1. 營業人以其產製、進口、購買供銷貨之貨物，轉供營業人自用，或以其產製、進口、購買供銷貨之貨物，無償移轉他人所有者。

   實例：台中公司從庫存提用商品一件成本 5,000 元，市價 6,000 元送給員工慶生。

   【解析】

   職工福利　5,300
   　　存　貨　　　5,000
   　　銷項稅額　　300

   ※ 不得扣抵銷項稅額，應依規定按時價開立統一發票。

2. 營業人解散或廢止營業時所餘存之貨物，或將貨物抵償債務、分配與股東或出資者。

   台中公司從庫存提用商品一件成本 5000 元，市價 6000 元、抵償債物【短期借款】

   【解析】

   短期借款　6,300
   　　銷貨收入　　6,000
   　　銷項稅額　　300
   銷貨成本　5,000
   　　存　貨　　　5,000

3. 營業人委託他人代銷貨物者

   102 年 8 月 1 日台中公司委託台北公司代銷電腦 20 台，每台成本 5,000 元，市價 6,000 元，佣金以銷售額 10%計算，台北公司於 102 年 8 月 20 日共銷售了 10 台，其會計處理為？

【解析】

台中公司會計處理：

		借	貸
8/1	寄銷存貨	100,000	
	應收寄銷稅款	6,000	
	存　貨		100,000
	銷項稅額		6,000

※ 應依規定按時價開立統一發票。

4. 營業人銷售代銷貨物者。

實例：同上

【解析】

		借	貸
8/20	現　金	63,000	
	承　銷		60,000
	銷項稅額		3,000

5. 臺北公司因經營不善而結束營業，把庫存化妝品送給員工，其化妝品要不要繳稅？

【解析】

要繳稅，此商品視為銷售貨物開立統一發票

二、在中華民國境內銷售勞務

銷售勞務則指在中華民國境內提供勞務或貨物予他人使用，以取得代價者。但執行業務者提供其專業性之勞務，不包括在內（營 § 4）。

下列情形之行為為在中華民國境內銷售勞務

（一）外國保險業自中華民國境內保險業承保再保險者。

（二）銷售之勞務係在中華民國境內提供或使用者。

（三）國際運輸事業自中華民國境內載運客、貨出境者。

機關、團體向在我國境內無固定營業場所之外國營業人購買勞務，且其勞務之提供或使用地在中華民國境內者，均應就其給付額依規定稅率計算營業稅額。

三、進口貨物

下列情形之一為進口貨物：

（一）貨物自國外進入中華民國境內者。但進入保稅區之保稅貨物，不包括在內。

（二）貨物自保稅區進入中華民國境內之其他地區者。

1. **保稅區：**指政府核定之加工出口區、科學工業園區、農業科技園區、自由貿易港區及海關管理之保稅工廠、保稅倉庫、物流中心或其他經目的事業主管機關核准設立且由海關監管之專區。
2. **保稅區營業人：**指政府核定之加工出口區內之區內事業、科學工業園區內之園區事業、農業科技園區內之園區事業、自由貿易港區內之自由港區事業及海關管理之保稅工廠、保稅倉庫、物流中心或其他經目的事業主管機關核准設立且由海關監管之專區事業。
3. **課稅區營業人：**指保稅區營業人以外之營業人。

範 例

1. 外國公司派技師來我國修理機器，要不要繳稅？

【解析】

(1) 外國公司派技師來我國修理機器，為在中華民國境內銷售勞務，

(2) 買受人於次期開始 15 日內就給付額申報繳納（營 § 2）

四、但下列情形不列為營業課徵範圍之列

（一）執行業務提供勞務者：如律師、會計師、建築師、代書者、醫師、經紀人、及其他技藝自力營生者的執業收入者。

（二）個人受雇提供勞務者。

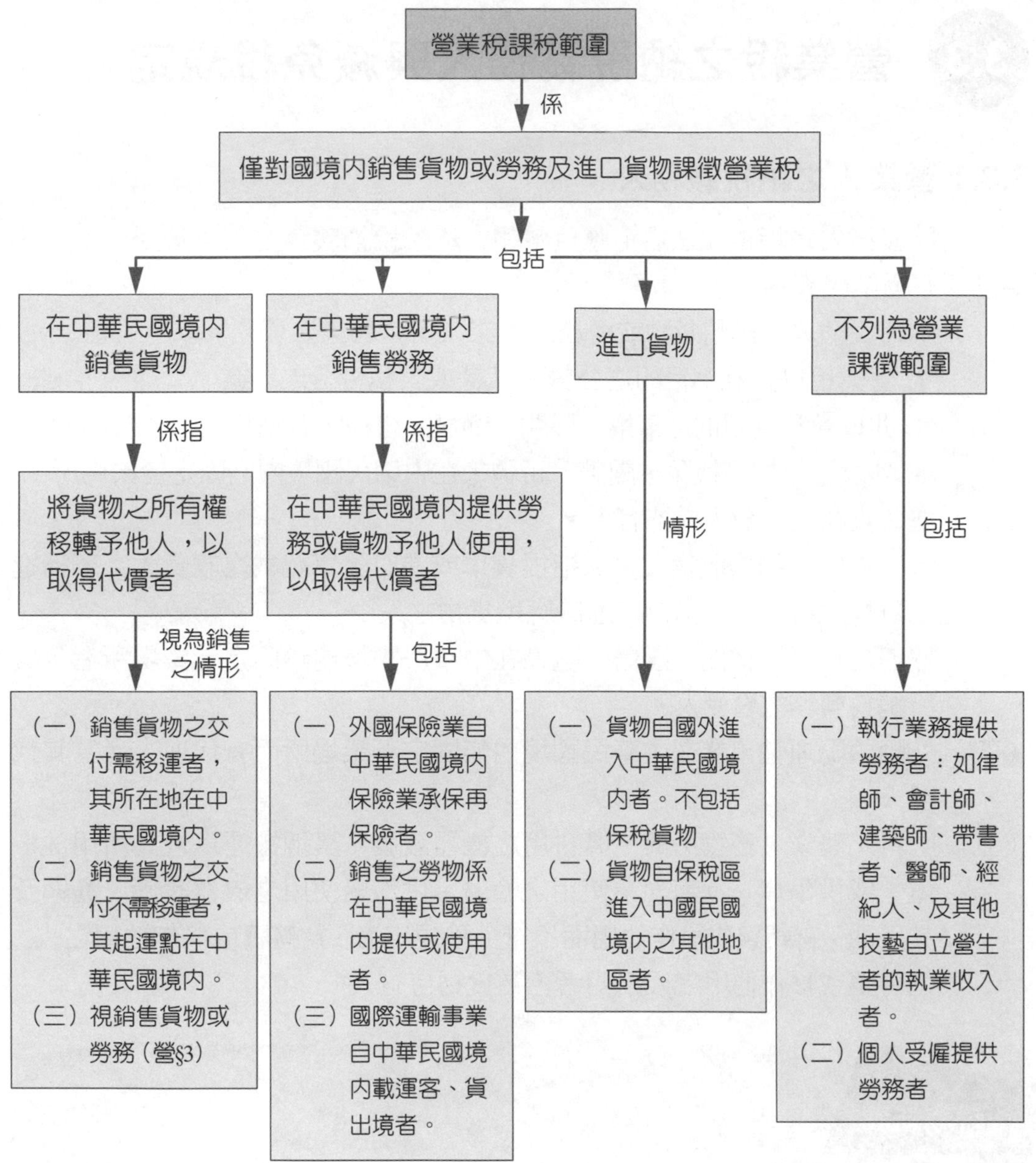

圖 3-2 加值型與非加值型營業稅課稅範圍之概念圖

3.3 營業稅之納稅義務人與減免稅規定

3.3.1 營業人之納稅義務人

納稅義務人是指依稅法規定應負申報並繳納稅捐義務之人（營 § 2）。分為以下五種納稅義務人：

（一）中華民國境內銷售貨物或勞務之營業人，其營業人可分為以下三種：

1. 營業稅以營利為目的之公營、私營或公私合營之事業。
2. 非以營利為目的之事業、機關、團體、組織，有銷售貨物或勞務者。
3. 外國之事業、機關、團體、組織，在中華民國境內之固定營業場所。

（二）進口貨物之收貨人或持有人。

所稱進口貨物之收貨人，係指提貨單或進口艙單記載之收貨人；所稱進口貨物之持有人，指持有進口應稅貨物之人。

（三）外國之事業、機關、團體、組織在中華民國境內無固定營業場所者，其所銷售勞務之買受人。

（四）外國國際運輸事業在中華民國境內無固定營業場所而有代理人者為其代理人。

（五）肥料、農業、畜牧用藥、農耕用之機器設備、農地搬運車及其所用油、電，或供沿岸、近海漁業使用之漁船、供漁船使用之機器設備、漁網及其用油。有轉讓或移作他用而不符免稅規定者，為轉讓或移作他用之人。但轉讓或移作他用之人不明者，為貨物持有人。

稅務新聞 News

營業人申報適用零稅率，如檢附證明之文件不符規定，除不能退還溢付營業稅，尚應補稅

高雄營業人於 103 年申報零稅率案件，該案件申報適用非經海關出口金額 200,000 元，當期應退稅額 10,000 元。經國稅局審核所檢附之證明文件發現有 2 筆委託快遞業者出口金額計 150,000 元，每筆離岸價格均超過新臺幣 5 萬元，又未報經海關出口，所檢附之證明文件與規定不符，無法適用零稅率退還溢付稅額外，尚應按 5% 課徵營業稅。

本局表示，營業人外銷貨物適用零稅率，如係委由郵政機構或依快遞貨物通關辦法規定，經海關核准登記之快遞業者出口者，其離岸價格在新臺幣 5 萬元以下，應檢附郵政機構或快遞業者掣發之執據影本；其離岸價格超過新臺幣 5 萬元，應報經海關出口，惟免檢附證明文件。

資料來源：2013/12/04 財政部北區國稅局

3.3.2 減免稅範圍規定

對於應稅行為或納稅義務人給予鼓勵或照顧的一種租稅優惠。依照稅法規定加值型營業稅之減免範圍可分為零稅率與免稅兩類，說明如下：

一、適用零稅率之銷售貨物或勞務：

為了鼓勵營利事業外銷貨物以賺取外匯，故我國訂有外銷貨物或勞務，得適用營業稅率為零之規定。

（一）適用零稅率之銷售貨物或勞務範圍如下：

1. 外銷貨物。
2. 與外銷有關之勞務，或在國內提供而在國外使用之勞務。
3. 依法設立之免稅商店銷售與過境或出境旅客之貨物。
4. 銷售與保稅區營業人供營運之貨物或勞務。所稱供營運之貨物或勞務，指供經核准在保稅區內從事保稅貨物之貿易、倉儲、物流、貨櫃（物）之集散、轉口、轉運、承攬運送、報關服務、組裝、重整、包裝、修理、裝配、加工、製造、檢驗、測試、展覽、技術服務及其他經核准經營業務所使用，或供外銷使用之貨物或勞務。
5. 國際間之運輸，但外國運輸事業在中華民國境內經營國際運輸業者，應以各該國對中華民國國際運輸事業予以相等待遇或免徵類似稅捐者為限。該款但書增加互惠條件之限制，俾保障我國運輸事業在國外享受同等之免稅優惠。
6. 國際運輸用之船舶、航空器及遠洋漁船。該款對國際運輸工具船規定適用零稅率，有助於降低國際運輸成本，發展我國遠洋漁業船及航空事業。
7. 銷售與國際運輸用之船舶、航空器及遠洋漁船所使用之貨物或勞務。該款因屬類似外銷，予以適用零稅。
8. 保稅區營業人銷售與課稅區營業人未輸往課稅區而直接出口之貨物。
9. 保稅區營業人銷售與課稅區營業人存入自由港區事業或海關管理之保稅倉庫、物流中心以供外銷之貨物。

（二）適用零稅率者，應具備之文件如下（營細 §11）：

1. 外銷貨物除報經海關出口，免檢附證明文件
2. 委由郵政機構或依快遞貨物通關辦法規定經海關核准登記之快遞業者出口者，其離岸價格在新臺幣 5 萬元以下，為郵政機構或快遞業者掣發之執據影本；其離岸價格超過新臺幣 5 萬元，仍應報經海關出口，免檢附證明文件。

3. 與外銷有關之勞務，或在國內提供而在國外使用之勞務。分為結匯或尚未結匯，以下說明之：
   (1) 取得外匯結售或存入政府指定之銀行者，為政府指定外匯銀行掣發之外匯證明文件。
   (2) 取得外匯未經結售或存入政府指定之銀行者，為原始外匯收入款憑證影本。
4. 依法設立之免稅商店銷售貨物與過境或出境旅客者，為經監管海關核准以電子媒體儲存載有過境或出境旅客護照或旅行證件號碼之售貨單。
5. 銷售貨物或勞務與保稅區營業人供營運使用者，除報經海關視同出口之貨物，免檢附證明文件外，為各該保稅區營業人簽署之統一發票扣抵聯。
6. 經營國際間之運輸者，為載運國外客貨收入清單。
7. 銷售國際運輸用之船舶、航空器及遠洋漁船者，為銷售契約影本。
8. 銷售貨物或提供修繕勞務與國際運輸用之船舶、航空器及遠洋漁船者，除報經海關出口之貨物，免檢附證明文件外，為海關核發已交付使用之證明文件或修繕契約影本。
9. 保稅區營業人銷售貨物與課稅區營業人未輸往課稅區而直接出口者，為銷售契約影本、海關核發之課稅區營業人報關出口證明文件。
10. 保稅區營業人銷售貨物與課稅區營業人存入自由港區事業或海關管理之保稅倉庫、物流中心以供外銷者，為銷售契約影本、海關核發之視同出口或進口證明文件。
11. 其他經財政部核定之證明文件。

二、免徵營業稅適用範圍

係指政府為了獎勵或鼓勵營利事業從事社會福利或提昇文化及教育水準等等之營業人所銷售貨物或勞務，可依法規定免徵營業稅（營 §8）。免徵營業稅項目如下

（一）出售之土地。

（二）供應之農田灌溉用水。

（三）醫院、診所、療養院提供之醫療勞務、藥品、病房之住宿及膳食。

（四）依法經主管機關許可設立之社會福利團體、機構及勞工團體，提供之社會福利勞務及政府委託代辦之社會福利勞務。

（五）學校、幼稚園與其他教育文化機構提供之教育勞務及政府委託代辦之文化勞務。

（六）出版業發行經主管教育行政機關審定之各級學校所用教科書及經政府依法獎勵之重要學術專門著作。

（七）職業學校不對外營業之實習商店銷售之貨物或勞務。

（八）依法登記之報社、雜誌社、通訊社、電視臺與廣播電臺銷售其本事業之報紙、出版品、通訊稿、廣告、節目播映及節目播出。但報社銷售之廣告及電視臺之廣告播映不包括在內。

（九）合作社依法經營銷售與社員之貨物或勞務及政府委託其代辦之業務。

（十）農會、漁會、工會、商業會、工業會依法經營銷售與會員之貨物或勞務及政府委託其代辦之業務，或依農產品市場交易法設立且農會、漁會、合作社、政府之投資比例合計占 70% 以上之農產品批發市場，依同法第 27 條規定收取之管理費。

（十一）依法組織之慈善救濟事業標售或義賣之貨物與舉辦之義演，其收入除支付標售、義賣及義演之必要費用外，全部供作該事業本身之用者。

（十二）政府機構、公營事業及社會團體，依有關法令組設經營不對外營業之員工福利機構，銷售之貨物或勞務。

（十三）監獄工廠及其作業成品售賣所銷售之貨物或勞務。

（十四）郵政、電信機關依法經營之業務及政府核定之代辦業務。

（十五）政府專賣事業銷售之專賣品及經許可銷售專賣品之營業人，依照規定價格銷售之專賣品。

（十六）代銷印花稅票或郵票之勞務。

（十七）肩挑負販沿街叫賣者銷售之貨物或勞務。

（十八）飼料及未經加工之生鮮農、林、漁、牧產物、副產物；農、漁民銷售其收穫、捕獲之農、林、漁、牧產物、副產物。

（十九）漁民銷售其捕獲之魚介。

（二十）稻米、麵粉之銷售及碾米加工。

（二十一）依第四章第二節規定計算稅額之營業人，銷售其非經常買進、賣出而持有之固定資產。

（二十二）保險業承辦政府推行之軍公教人員與其眷屬保險、勞工保險、學生保險、農、漁民保險、輸出保險及強制汽車第三人責任保險，以及其自保費收入中扣除之再保分出保費、人壽保險提存之責任準備金、年金保險提存之責任準備金及健康保險提存之責任準備金。但人壽保險、年金保險、健康保險退保收益及退保收回之責任準備金，不包括在內。

（二十三）各級政府發行之債券及依法應課徵證券交易稅之證券。

（二十四）各級政府機關標售賸餘或廢棄之物資。

（二十五）銷售與國防單位使用之武器、艦艇、飛機、戰車及與作戰有關之偵訊、通訊器材。

（二十六）肥料、農業、畜牧用藥、農耕用之機器設備、農地搬運車及其所用油、電。

（二十七）供沿岸、近海漁業使用之漁船、供漁船使用之機器設備、漁網及其用油。

（二十八）銀行業總、分行往來之利息、信託投資業運用委託人指定用途而盈虧歸委託人負擔之信託資金收入及典當業銷售不超過應收本息之流當品。

（二十九）金條、金塊、金片、金幣及純金之金飾或飾金。但加工費不在此限。

（ 三十 ）經主管機關核准設立之學術、科技研究機構提供之研究勞務。

（三十一）經營衍生性金融商品、公司債、金融債券、新臺幣拆款及外幣拆款之銷售額。但佣金及手續費不包括在內。

適用免徵營業稅之貨物與勞務，其進項不得扣抵或退還稅額。營業人得申請財政部核准放棄適用免稅規定，但核准後 3 年內不得變更銷售前項免稅貨物或勞務之營業人。

三、進口貨物免徵營業稅：

依營業稅法第 9 條規定，下列進口貨物免徵營業稅：

（一）國際運輸用之船舶、航空器及遠洋漁船及金條、金塊、金片、金錠、金幣及純金之金飾或飾金。但加工費不在此限。

（二）下列各款進口貨物，免稅（關 §49 條）：

1. 總統、副總統應用物品。
2. 駐在中華民國之各國使領館外交官、領事官與其他享有外交待遇之機關及人員，進口之公用或自用物品。但以各該國對中華民國給予同樣待遇者為限。
3. 外交機關進口之外交郵袋、政府派駐國外機構人員任滿調回攜帶自用物品。

4. 軍事機關、部隊進口之軍用武器、裝備、車輛、艦艇、航空器與其附屬品，及專供軍用之物資。
5. 辦理救濟事業之政府機構、公益、慈善團體進口或受贈之救濟物資。
6. 公私立各級學校、教育或研究機關，依其設立性質，進口用於教育、研究或實驗之必需品與參加國際比賽之體育團體訓練及比賽用之必需體育器材。但以成品為限。
7. 外國政府或機關、團體贈送之勳章、徽章及其類似之獎品。
8. 公私文件及其類似物品。
9. 廣告品及貨樣，無商業價值或其價值在限額以下者。
10. 中華民國漁船在海外捕獲之水產品；或經政府核准由中華民國人民前往國外投資國外公司，以其所屬原為中華民國漁船在海外捕獲之水產品運回數量合於財政部規定者。
11. 經撈獲之沈沒船舶、航空器及其器材。
12. 經營貿易屆滿二年之中華民國船舶，因逾齡或其他原因，核准解體者。但不屬船身固定設備之各種船用物品、工具、備用之外貨、存煤、存油等，不包括在內。
13. 經營國際貿易之船舶、航空器或其他運輸工具專用之燃料、物料。但外國籍者，以各該國對中華民國給予同樣待遇者為限。
14. 旅客攜帶之自用行李、物品。
15. 進口之郵包物品數量零星在限額以下者。
16. 政府機關自行進口或受贈防疫用之藥品或醫療器材。
17. 政府機關為緊急救難自行進口或受贈之器材與物品及外國救難隊人員為緊急救難攜帶進口之裝備、器材、救難動物與用品。
18. 中華民國籍船員在國內設有戶籍者，自國外回航或調岸攜帶之自用行李物品。

但因轉讓或變更用途依照同法第 55 條規定補繳關稅者，應補繳營業稅。

四、本國之古物：

依營業稅法施行細則第 17 條對古物之定義為，係指可供鑑賞、研究、發展、宣揚而具有歷史及藝術價值或經教育部指定之器物。

五、受託人因公益信託而標售或義賣之貨物與舉辦之義演，其收入除支付標售、義賣及義演之必要費用外，全部供作該公益事業之用者，免徵營業稅。

六、離島地區免稅規定澎湖、金門及馬祖地區之營業人，於當地銷售並交付使用之貨物或於當地提供之勞務，免徵營業稅。

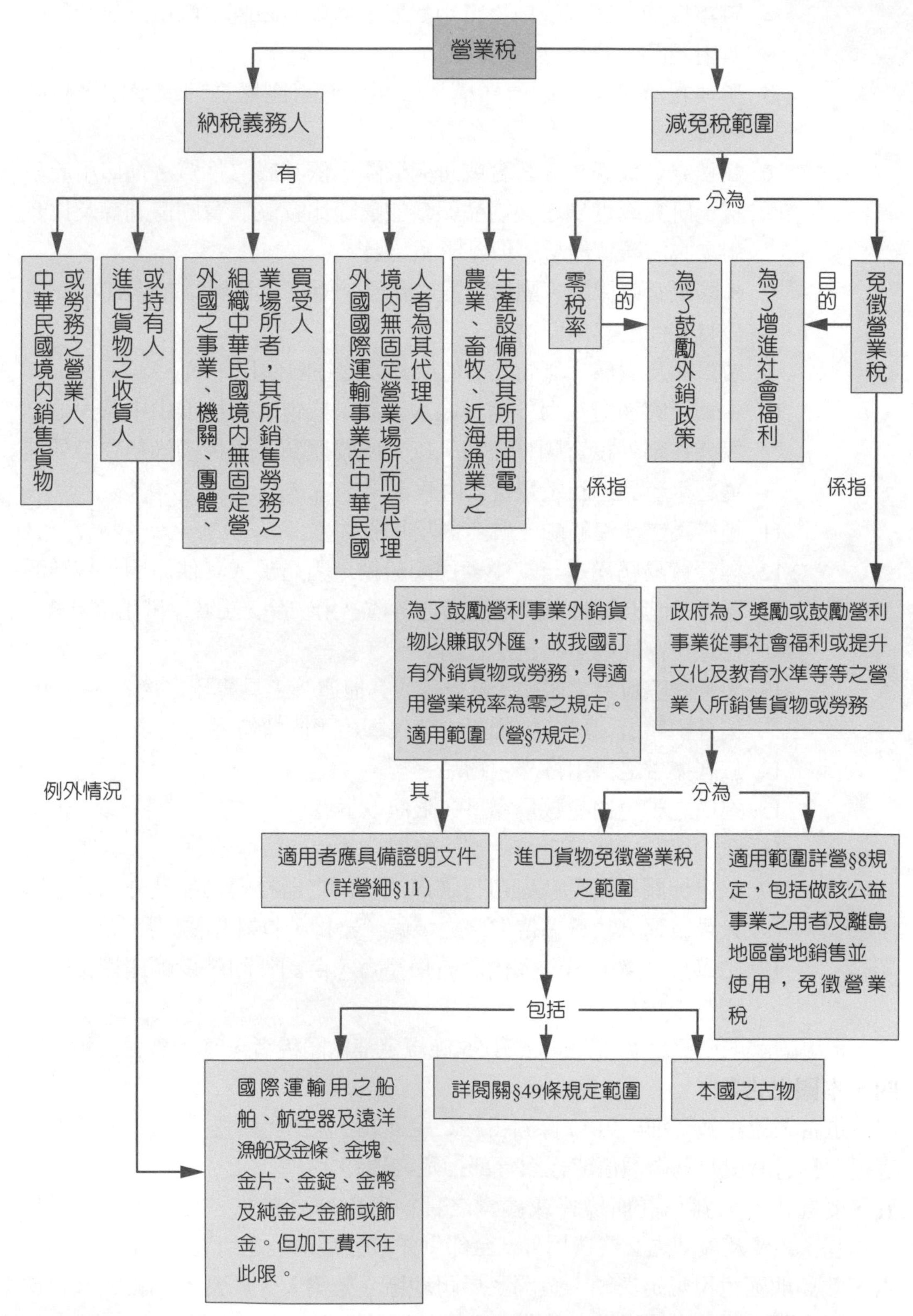

圖 3-3 營業稅之納稅義務人與減免稅規定

3.3.3 零稅與免稅之比較

零稅是為了鼓勵外銷政策目的，營業人外銷貨物、或與外銷有關之勞務及貨物、或在國內提供而在國外使用之勞務者，適用零稅率（營 §39），其進項稅額可以扣抵銷項稅額或退還稅額。

而免稅是為了增進社會福利、提升教育文化而對於某些特定貨物或勞務之銷售免稅，因免稅所以其進項稅額不得扣抵或退還稅額，對於營利事業者不見得有利，因此，營業人得申請放棄適用免稅規定，但核准後三年內不得變更（營 § 8）。以下比較兩者之差異：

表 3-1 零稅率與免稅之比較表

零稅率與免稅之比較	零稅	免稅
1. 適用對象不同	適用於外銷或與外銷有關之貨物或勞務	適用於國內某些特定貨物或勞務之銷售。
2. 課稅與否不同	仍須課稅，只是稅率為零	不予課稅
3. 扣抵與否不同	進項稅額可以扣抵，銷項稅額為零，因此可以退稅。	進項稅額不得扣抵，不能退稅，不需繳稅。
4. 政策不同	獎勵外銷，以增進國內廠商的國際競爭力。	則在增進社會福利、提升教育文化或避免重複課稅。
5. 權利之拋棄與否不同	對營業人有利無弊，營業人無須拋棄適用，因此法律無拋棄適用之明文規定。	對營業人未必有利，因此營業稅法第八條明文規定，營業人得申請放棄適用免稅規定，但核准後三年內不得變更。
6. 效果不同	其進項稅額可以扣抵，故各前手所繳納的營業稅可以完全退稅，故效果較有利。	本進項稅額不得扣抵，其效果不如零稅率佳。

3.4 小規模營業人起徵點者標準

小規模營業人是指規模狹小，其營業額平均每月銷售額未達新臺幣 20 萬元者，如早餐店、麵攤、點心及泡沫紅茶店等，應辦理營業登記，並按稽徵主管所查定課徵，但查定稅額未達起徵點者，則當期免徵營業稅。

起徵點者標準如下：

表 3-2 起徵點標準表

各行業別	起徵點（每月銷售額）
1. 買賣業 2. 製造業 3. 手工業 4. 新聞業 5. 出版業 6. 農林業 7. 畜牧業 8. 水產業 9. 礦冶業 10. 包作業 11. 印刷業 12. 照相業 13. 公用事業 14. 娛樂業 15. 運輸業 16. 一般飲食業	$ 80,000
1. 裝潢業 2. 廣告業 3. 修理業 4. 加工業 5. 旅宿業 6. 理髮業 7. 沐浴業 8. 勞務承攬業 9. 倉庫業 10. 租賃業 11. 代辦業 12. 行紀業 13. 技術及設計業 14. 公證業	$ 40,000

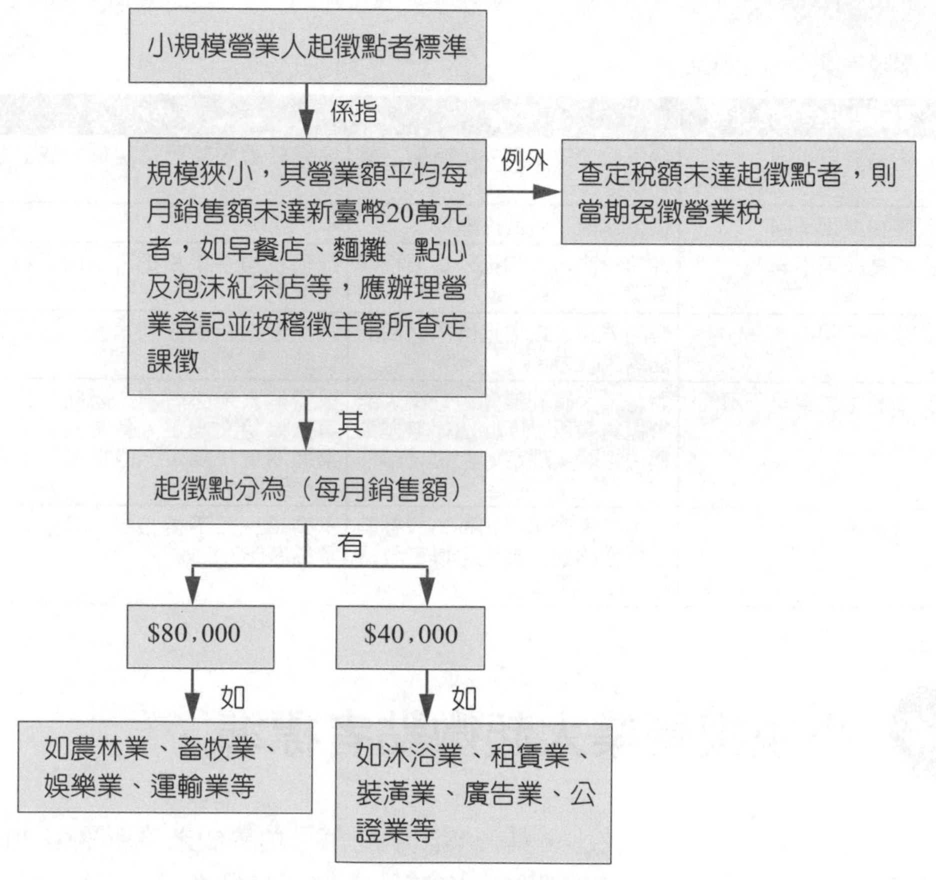

圖 3-4 小規模營業人起徵點者標準之概念圖

3.5 統一發票種類與使用

3.5.1 統一發票之種類

民國 39 年底台灣省改革營業稅稅制，實施統一發票制度，台灣省政府並制定「台灣省營利事業統一發貨票辦法」，並明定自民國 40 年 1 月 1 日起施行，統一發票制度目的，係將一般民間商場交易所使用不同格式的憑證，就其應行記載之內容及格式予以一致化、賦予編號，並訂定印製、配售、書立、申報等作業規定由政府印製發售，或核定由營業人自行印製；其格式、記載事項與使用辦法，財政部定之。以便營業人作為交易憑證及政府課稅之依據。其種類可分為：

一、三聯式統一發票

專供加值稅之營業人銷售貨物或勞務給與營業人時使用，並依一般稅額計算。第一聯為存根聯，由開立人保存；第二聯為扣抵聯，交付買受人作為申報扣抵稅額之用，不做兌獎之用；第三聯為收執聯，交付買受人作為記帳憑證。格式如下。

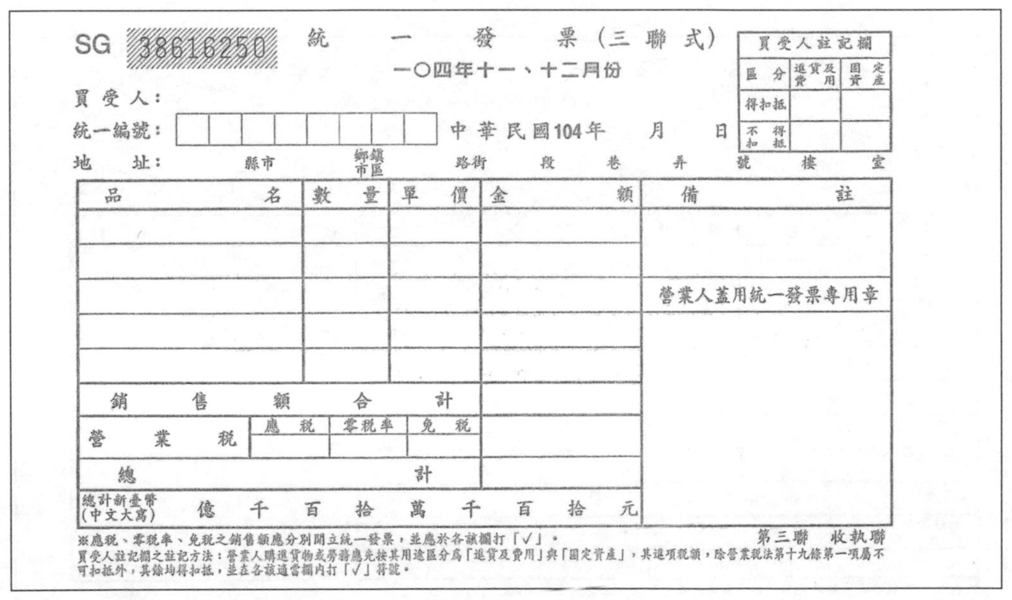

SG 38616250　統一發票（三聯式）

一〇四年十一、十二月份

買受人：

統一編號：　　　中華民國104年　月　日

地址：　縣市　鄉鎮市區　路街　段　巷　弄　號　樓　室

買受人註記欄		
區分	進貨及費用	固定資產
得扣抵		
不得扣抵		

品名	數量	單價	金額	備註
				營業人蓋用統一發票專用章
銷售額合計				
營業稅	應稅	零稅率	免稅	
總計				
總計新臺幣（中文大寫）	億 千 百 拾 萬 千 百 拾 元			

※應稅、零稅率、免稅之銷售額應分別開立統一發票，並應於各該欄打「√」。　第三聯　收執聯

買受人註記欄之註記方法：營業人購進貨物或勞務應先按其用途區分為「進貨及費用」與「固定資產」，其進項稅額，除營業稅法第十九條第一項屬不可扣抵外，其餘均得扣抵，並在各該適當欄內打「√」符號。

圖 3-5 三聯式統一發票圖

範例

台中公司於 3 月 10 日銷售予營業人，開立發票總額為 6,000,000 元，試問該公司的銷項稅額為多少？

【解析】

一般稅率為 5%

銷項稅額 = 6,000,000 × 5% = 300,000

現 金　　6,300,000

　　銷項稅額　　　　300,000

　　銷貨收入　　　6,000,000

二、二聯式統一發票

專供加值稅之營業人銷售貨物或勞務給與非營業人時使用，並依一般稅額計算。第一聯為存根聯，由開立人保存；第二聯為收執聯，交付買受人收執，可做兌獎之用。格式如下。

SN 28244750　　統　一　發　票（二聯式）

一〇四年十一、十二月份

中華民國104年　月　日

買受人：

地　址：　縣市　鄉鎮市區　路街　段　巷　弄　號　樓　室

品名	數量	單價	金額	備註
				營業人蓋用統一發票專用章
總計				
總計新臺幣（中文大寫） 億 千 百 拾 萬 千 百 拾 元				
課稅別 應稅	零稅率	免稅		

※應稅、零稅率、免稅之銷售額應分別開立統一發票，並應於各該欄打「√」。　　第二聯　收執聯

圖 3-6 二聯式統一發票圖

範例

彰化公司本期銷售予非營業人所開立發票總額為 210,000 元

試問該公司的銷項稅額為多少？

【解析】

一般稅率為 5%

銷售額 = 210,000 /（1 + 5%）= 200,000

銷項稅額 =200,000×5% = 10,000

現 金　210,000

　銷項稅額　10,000

　銷貨收入　210,000

三、特種統一發票

專供營業人銷售貨物或勞務並依特種稅額計算時使用。第一聯為存根聯，由開立人保存，第二聯為收執聯，交付買受人收執。

四、收銀機統一發票

依一般稅額計算以收銀機開立統一發票之營業人銷售貨物或勞務時使用。其使用與申報依「營業人使用收銀機辦法」之規定辦理。格式如下。

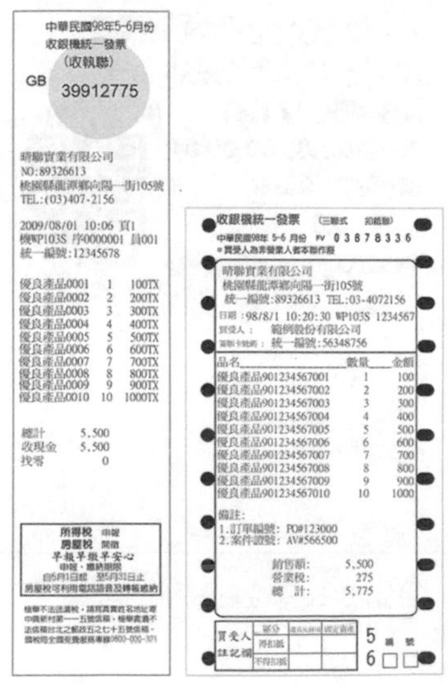

中華民國98年5-6月份
收銀機統一發票
（收執聯）
GB 39912775

晴聯實業有限公司
NO:89326613
桃園縣龍潭鄉向陽一街105號
TEL:(03)407-2156

2009/08/01 10:06 頁1
機WP103S 序0000001 員001
統一編號:12345678

品名	數量	金額
優良產品0001	1	100TX
優良產品0002	2	200TX
優良產品0003	3	300TX
優良產品0004	4	400TX
優良產品0005	5	500TX
優良產品0006	6	600TX
優良產品0007	7	700TX
優良產品0008	8	800TX
優良產品0009	9	900TX
優良產品0010	10	1000TX

總計 5,500
收現金 5,500
找零 0

所得稅 申報
房屋稅 開徵
早報早繳早安心

收銀機統一發票（三聯式 扣抵聯）
中華民國98年 5-6 月份 FV 03878336

晴聯實業有限公司
桃園縣龍潭鄉向陽一街105號
統一編號:89326613 TEL:03-4072156
日期:98/8/1 10:20:30 WP103S 1234567
買受人: 範例股份有限公司
統一編號:56348756

品名	數量	金額
優良產品901234567001	1	100
優良產品901234567002	2	200
優良產品901234567003	3	300
優良產品901234567004	4	400
優良產品901234567005	5	500
優良產品901234567006	6	600
優良產品901234567007	7	700
優良產品901234567008	8	800
優良產品901234567009	9	900
優良產品901234567010	10	1000

備註:
1.訂單編號: PO#123000
2.案件證號: AV#566500

銷售額: 5,500
營業稅: 275
總 計: 5,775

買受人註記欄

圖 3-7 收銀機統一發票圖

五、電子計算機統一發票

（一）供一般營業人銷售貨物或勞務之使用：依一般稅額計算以電子計算機開立三聯統一發票給予營業者，其第一聯為存根聯，由開立人保存，第二聯為扣抵聯交付買受人作為申報扣抵或扣減稅額之用。

但買受人為非營業人時，由開立人自行銷燬，第三聯為收執聯，交付買受人作為記帳憑證。

（二）供特種營業人銷售貨物或勞務之使用：是以特種稅率計算稅額而開立二聯式發票，其第一聯為存根聯，由開立人保存，第二聯為收執聯，交付買受人收執。

（三）營業人遇有機器故障，致不能開立電子計算機統一發票或第七條第三項規定之統一發票時，應以人工依照規定開立，並於填報明細表時註明。

六、電子發票

指營業人銷售貨物或勞務與買受人時，以網際網路或其他電子方式開立、傳輸或接收之統一發票；其存根檔由開立人自行保存；收執檔交付買受人收執，買受人為營業人者，作為記帳憑證及依本法規定申報扣抵或扣減稅額之用；存證檔由開立人傳輸至財政部電子發票整合服務平台（以下簡稱平台）存證。格式如下：

（一）買受人為非營業人

1. 買受人有載具

圖 3-8 有載具式統一發票

2. 買受人無載具

營業人企業識別標章
101年01-02月紙本電子發票
AB-45627120 (收執聯)
2012-02-03 00:00:04
隨機碼：9999
金額：20
營業人統編：99999999
門市：河東門市(999999)
序號：999999
垃圾袋 10 TX
電池 10 TX
合計 2項 金額 $20
現金$100 找零 $80

圖 3-9 無載具式統一發票

（二）買受人為營業人

營業人企業識別標章
101年01-02月紙本電子發票
AB-45627120 (收執聯)
2012-02-03 00:00:04
隨機碼：9999
金額：20
買受人統編：11111111 格式：21
營業人統編：99999999
統一超商(股)桃園縣第216分公司
營業人地址：新竹縣竹東鎮東東路31號1樓
門市：河東門市(999999)
序號：999999
垃圾袋 10 TX
電池 10 TX
銷售額 19
稅額 1
合計 2項 金額 $20
現金$100 找零 $80

圖 3-10 營業人企業統一發票

3.5.2 統一發票的使用

一、使用統一發票有關規定

營業人開立統一發票，應依財政部所公布之「統一發票使用辦法」規定，分別說明如下：

（一）營業人使用統一發票，應按時序開立，若未按時序開立統一發票有逃漏稅捐之嫌疑。

（二）當期之統一發票，應於當期使用；當期未使用部分，應予截角作廢保存。

（三）應於扣抵聯及收執聯加蓋統一發票專用章。

（四）使用統一發票時，營業人應按課稅別，分別將每筆銷售額區分為應稅、零稅率或免稅，以便分別開立統一發票。

（五）營業人使用三聯式統一發票或電子計算機統一發票者，並應載明買受人名稱及統一編號。

（六）營業人使用電子計算機開立統一發票者，其統一發票明細表應分別依電子計算機或特種統一發票明細表格式，以電子計算機套版列印申報。

（七）營業人使用電子計算機開立統一發票，應於首次使用前三十日，估計當年度各期使用數量，並於以後每年十二月一日前，估計次年度各期使用數量，向主管稽徵機關申請起訖號碼依序開立，如有不足，應於五日前，向主管稽徵機關申請增加其配號。

（八）製造業或經營進口貿易之營業人，銷售貨物或勞務與非營業人所開立之統一發票，應載明買受人名稱及地址，或身分證統一編號。

（九）營業人受託代收轉付款項，於收取轉付之間無差額，其轉付款項取得之憑證買受人載明為委託人者，得以該憑證交付委託人，免另開立統一發票，並免列入銷售額。

（十）飲食、旅宿業及旅行社等，代他人支付之雜項費用（例如車費、郵政、電信等費），得於統一發票「備註」欄註明其代收代付項目與金額，免予列入統一發票之銷售額及總計金額。

二、使用統一發票之步驟：

（一）應載明買受人名稱及地址，

（二）統一編號、日期

（三）加蓋統一發票專用章

（四）品名書寫，例如文具用品；銷售額載明，例如 10,000 元

（五）在應稅、零稅率或免稅之課稅別應稅欄打勾（v），填入稅額 500 元

（六）撕第 2 及 3 聯給買受人做為扣抵聯及收執聯之用

範例

案例一：假設台中公司 在民國 103 年 12 月 5 日開立二聯式收銀機統一發票 PO22334466 號，發票金額 1,200 元，未蓋統一發票專用章即交付予買受人彰化公司，該張發票經對獎獲致三獎，檢據領取中獎獎金時，代發統一發票獎金單位發現上情，由財政部印刷廠轉交台中公司所在地主管稽徵機關處新臺幣 1,500 元之罰鍰。

【解析】

台中公司開立之統一發票漏未蓋統一發票專用章，違反統一發票使用辦法第 8 條第 1 項規定。

依加值型及非加值型營業稅法第 48 條第 1 項規定，應按統一發票所載銷售額處 1 % 罰鍰，其金額最低不得少於新臺幣 1,500 元，最高不得超過新臺幣 15,000 元。

案例二：高雄實業公司銷貨予北港公司，林美美會計小姐開立三聯式統一發票予北港公司時，未填寫買受人名稱及營利事業統一編號。

【解析】

高雄實業公司違反統一發票使用辦法第 9 條第 1 項第 1 款營業人使用三聯式統一發票，應載明買受人名稱及統一編號之規定。

應依加值型及非加值型營業稅法第 48 條規定處罰。

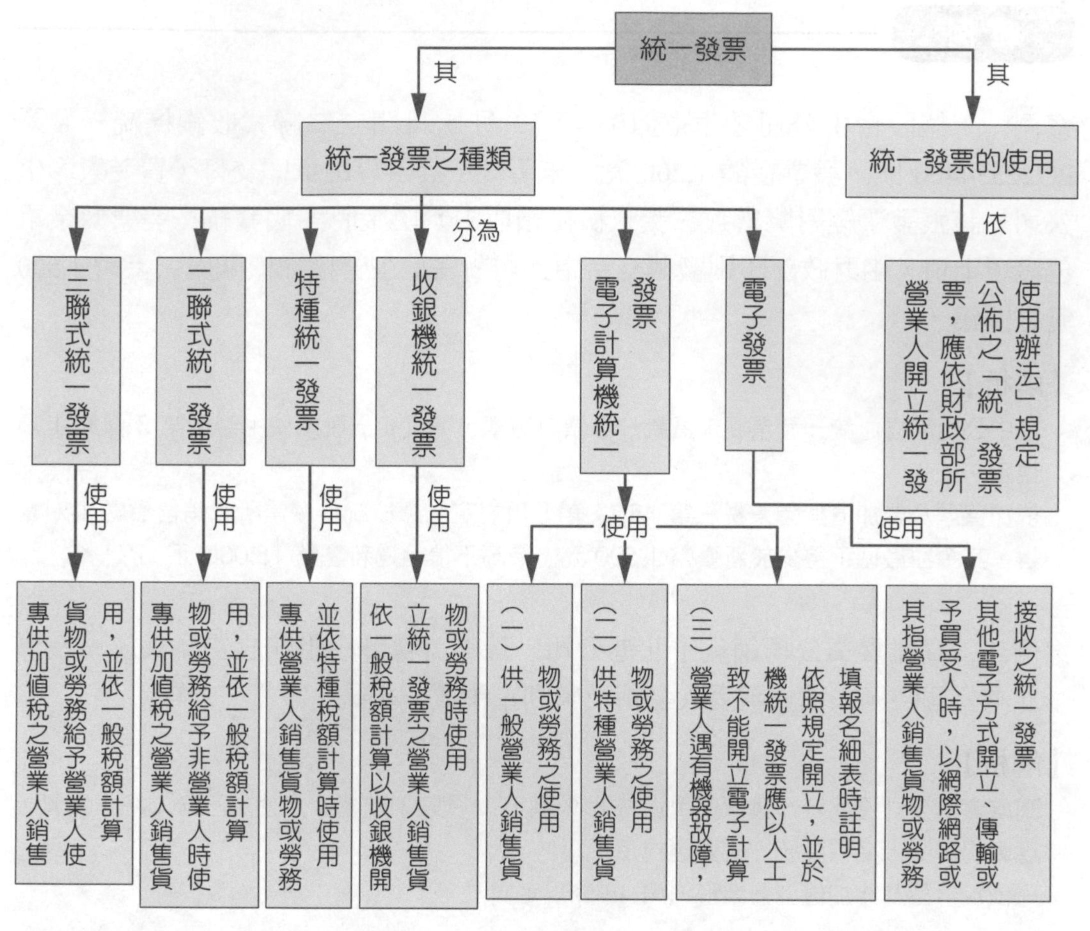

圖 3-11 統一發票種類與使用之概念圖

3.6 統一發票之開立時限與免開立及免用

3.6.1 開立銷售憑證時限

營業人銷售貨物或勞務，應依法開立銷售憑證時限表規定之時限開立統一發票交付買受人，營業人因其經營行業不同，其開立銷貨憑證時限亦不同（營§32-1），開立銷貨憑證時限分為一般原則與例外原則：

開立銷貨憑證時限之一般原則：彙總如表 3-3

表 3-3 開立銷貨憑證時限之一般原則表

開立銷貨憑證時限	行業別
以發貨時為限。	買賣業、製造業、手工業、出版業、農林業、新聞業、畜牧業、水產業、礦冶業、飲食業（售券或送出時，未售券者結算時）、特種飲食業（售券或送出時，未售券者結算時）
以交件時為限。 但交件前已收之價款部分，應先行開立	印刷業、新聞業印刷費、照相業（銷售器材比照買賣業）、修理業、加工業
以收款時為限。	公用事業、運輸業、廣告業、勞務承攬、倉庫、租賃、銀行保險、信託投資、證券、期貨、票券、典當
以結算時為限。	娛樂、旅宿、理髮、沐浴
按約定應收帳款時	包作業、代辦、行紀、技術及設計、公證

二、開立銷貨憑證時限之例外原則：

營業人應依上列規定時限開立統一發票外，如有下列情形，應依下面時限開立統一發票說明如下：

（一）交換貨物或勞務時：營業人以貨物或勞務與他人交換貨物或勞務時，應於換出時，開立統一發票（統用 §12）。

（二）發貨前已收之貨款部分，應先行開立。

（三）以書面約定銷售之貨物，必須買受人承認買賣契約始生效力者，以買受人承認時為限。

（四）發行禮券：禮券有分商品禮券及現金禮券兩種

1. 商品禮券：禮券上已載明憑券兌付一定數量之貨物者，應於出售禮券時開立統一發票。
2. 現金禮券：禮券上僅載明金額，由持有人按禮券上所載金額，憑以兌購 物者，應於兌付貨物時開立統一發票 （統用 §14）。訂明與其他特定之營業人約定憑券兌換貨物者，由承兌之營業人於兌付貨物時開立統一發票。

範 例

明道百貨公司於 104 年 5 月 20 日售出現金禮券 8,000 元、商品禮券 6,000 元，現金禮券於 105 年 4 月 10 日被兌換，商品禮券則於 105 年 7 月 1 日被兌換，試問 該公司應於何時開立發票及其發票金額為多少？

【解析】

明道百貨公司應開立發票之日期如下：

商品禮券：104 年 5 月 20 日開立 6,000 元之發票

現金禮券：105 年 4 月 10 日開立 8,000 元之發票

（五）分期付款銷貨：營業人以分期付款方式銷售貨物，除於約定收取第一期價款時一次全額開立外，應於約定收取各期價款時開立統一發票（統用§18）。

（六）自動販賣機售貨者：營業人以自動販賣機銷售貨物：應於收款時按實際收款金額彙總開立統一發票（統用 §18）。

（七）彙總於當月月底開立統一發票：營業人具備下列條件者得向所在地主管稽徵機關申請核准後，就其對其他營業人銷貨之貨物或勞務，按月彙總於當月月底開立統一發票：

1. 無積欠已確定之營業稅及罰鍰、營利事業所得稅及罰緩
2. 最近二年度之營利事業所得稅係委託會計師查核簽證或經核准使用藍色申報書者。

營業人依規定申請按月彙總開立統一發票與其他營業人時應檢附列有各該買受營業人之名稱、地址及統一編號之名冊，報送所在地主管稽徵機關，並由該主管稽徵機關於核准時覆知各買受人所在地主管稽徵機關。

3.6.2 免開及免用統一發票之範圍

合於下列規定之一者，得免用或免開統一發票：

一、小規模營業人。

二、依法取得從事按摩資格之視覺功能障礙者經營，且全部由視覺功能障礙者提供按摩勞務之按摩業。

三、計程車業及其他交通運輸事業客票收入部分。

四、依法設立之免稅商店及離島免稅購物商店。

五、供應之農田灌溉用水。
六、醫院、診所、療養院提供之醫療勞務、藥品、病房之住宿及膳食。
七、依法經主管機關許可設立之社會福利團體、機構及勞工團體，提供之社會福利勞務及政府委託代辦之社會福利勞務。
八、學校、幼稚園及其他教育文化機構提供之教育勞務，及政府委託代辦之文化勞務。
九、職業學校不對外營業之實習商店。
十、政府機關、公營事業及社會團體依有關法令組設經營，不對外營業之員工福利機構。
十一、監獄工廠及其作業成品售賣所。
十二、郵政、電信機關依法經營之業務及政府核定代辦之業務，政府專賣事業銷售之專賣品。但經營本業以外之部分，不包括在內。
十三、經核准登記之攤販。
十四、公用事業。但經營本業以外之部分，不包括在內。
十五、理髮業及沐浴業。
十六、按查定課徵之特種飲食業。
十七、依法登記之報社、雜誌社、通訊社、電視臺及廣播電臺銷售其本事業之報紙、出版品、通訊稿、廣告、節目播映、節目播出。但報社銷售之廣告及電視臺之廣告播映，不包括在內。
十八、代銷印花稅票或郵票之勞務。
十九、合作社、農會、漁會、工會、商業會、工業會依法經營銷售與社員、會員之貨物或勞務及政府委託其代辦之業務。
二十、各級政府發行之債券及依法應課徵證券交易稅之證券。
二十一、各級政府機關標售賸餘或廢棄之物資。
二十二、法院、海關及其他機關拍賣沒入或查封之財產、貨物或抵押品。
二十三、銀行業。
二十四、保險業。
二十五、信託投資業、證券業、期貨業及短期票券業。
二十六、典當業之利息收入及典物孳生之租金。
二十七、娛樂業之門票收入、說書場、遊藝場、撞球場、桌球場、釣魚場及兒童樂園等收入。
二十八、外國國際運輸事業在中華民國境內無固定營業場所，而由代理人收取自國外載運客貨進入中華民國境內之運費收入。

二十九、營業人取得之賠償收入。

三十、依法組織之慈善救濟事業標售或義賣之貨物與舉辦之義演，其收入除支付標售、義賣及義演之必要費用外，全部供作該事業本身之用者。

三十一、經主管機關核准設立之學術、科技研究機構提供之研究勞務。

三十二、農產品批發市場之承銷人。

三十三、營業人外銷貨物、與外銷有關之勞務或在國內提供而在國外使用之勞務。

三十四、保稅區營業人銷售與課稅區營業人未輸往課稅區而直接出口之貨物。

三十五、其他經財政部核定免用或免開統一發票者。

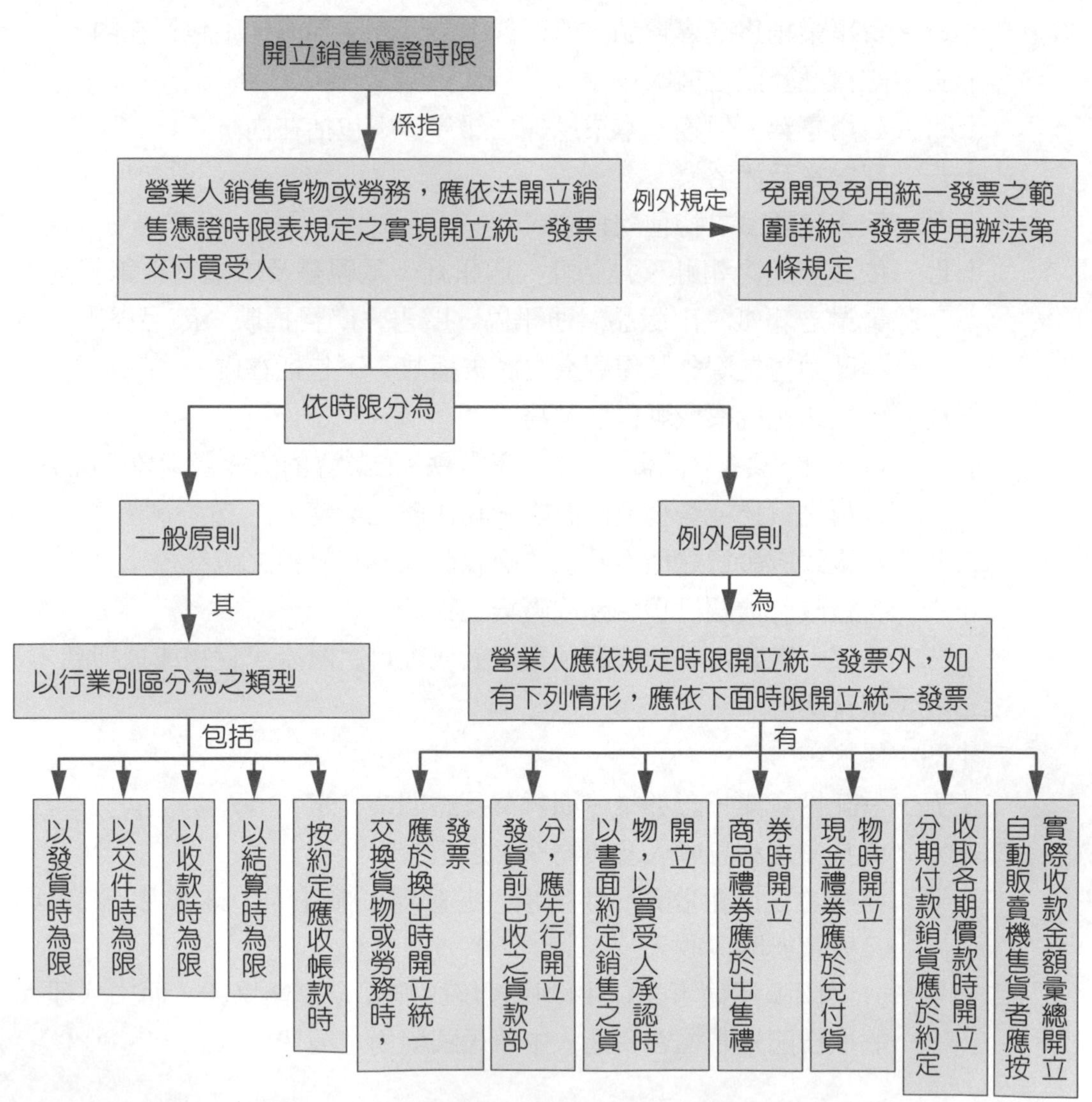

圖 3-12 統一發票之開立時限與免開立及免用之概念圖

3.7 統一發票的領用與購買

一、統一發票的領用

使用統一發票之營業人於首次或年度開始領用統一發票時，應向主管稽徵機關申請核發統一發票購票證，加蓋統一發票專用章之印鑑，以憑購用統一發票（統 §5）。

使用統一發票營業人，應於月底前，估計次月份所需各種統一發票之本數，填具統一發票請購單一式兩份，蓋妥統一發票專用章及負責人印章，連同統一發票購票證及購買統一發票之工本費，向主管稽徵機關或其指定處所，購買次月份使用之統一發票。

二、統一發票專用章

統一發票專用章的內容應刊明營業人名稱、統一編號、地址及「統一發票專用章」字樣，統一編號應使用標準 5 號黑體字之阿拉伯數字。（統 §5）。

三、統一發票購票證與專用章變更或遺失

（一）營業人名稱、統一編號、地址、負責人或統一發票專用章印鑑變更者，應持原領統一發票購票證向主管稽徵機關申請換發（統 §6-1）。

（二）遺失統一發票購票證者，應即日將該購票證號碼申報主管稽徵機關核備，並請領新證（統 §6-3）。

（三）營業人遇有合併、轉讓、解散或廢止者，應將原領統一發票購票證送交主管稽徵機關註銷（統 §6-2）。惟營業人解散或廢止營業時，於清算期間需處理餘存貨物或勞務者，仍應向主管稽徵機關申請領用統一發票，並依規定申報應納或溢付之營業稅額。

將上述之統一發票的領用、購買、變更與廢止之規定，如表 3-4：

表 3-4 統一發票使用規定表

營業人於首次或年度開始領用統一發票時	應向主管稽徵機關申請核發統一發票購票證，加蓋統一發票專用章之印鑑，以憑購用統一發票。
變更名稱、統一編號、地址、負責人或專用章印鑑	應持原領統一發票購票證向主管稽徵機關申請換發。
遺失購票證者	應即日將該購票證號碼申報主管稽徵機關核備，並請領新證。
營業人有合併、轉讓、解散或廢止者	應將原領統一發票購票證送交主管稽徵機關註銷。

稅務實務 News

應於規定期限內申報銷售額，並繳納營業稅；未購發票或無營業稅額亦需申報。

◎ 台中貿易公司於 102 年 5 月 20 日申請設立登記，並經所在地稽徵機關核准自 5 月份起使用統一發票，公司因剛開業未接到訂單，故 5 月份並未申購發票，公司會計張小姐於接獲主管稽徵機關查詢電話及通知公文後，始自 102 年 6 月份起購買發票，而 5 、 6 月間公司因仍無營業情事，張小姐以為無銷售額自不須繳稅也不必申報銷售額及統一發票明細表，案經主管稽徵機關查獲發現未申報之情事而被處罰滯怠報金。

◎ 台中貿易公司依據加值型及非加值型營業稅法第 35 條之規定，不論有無銷售額應申報繳納。

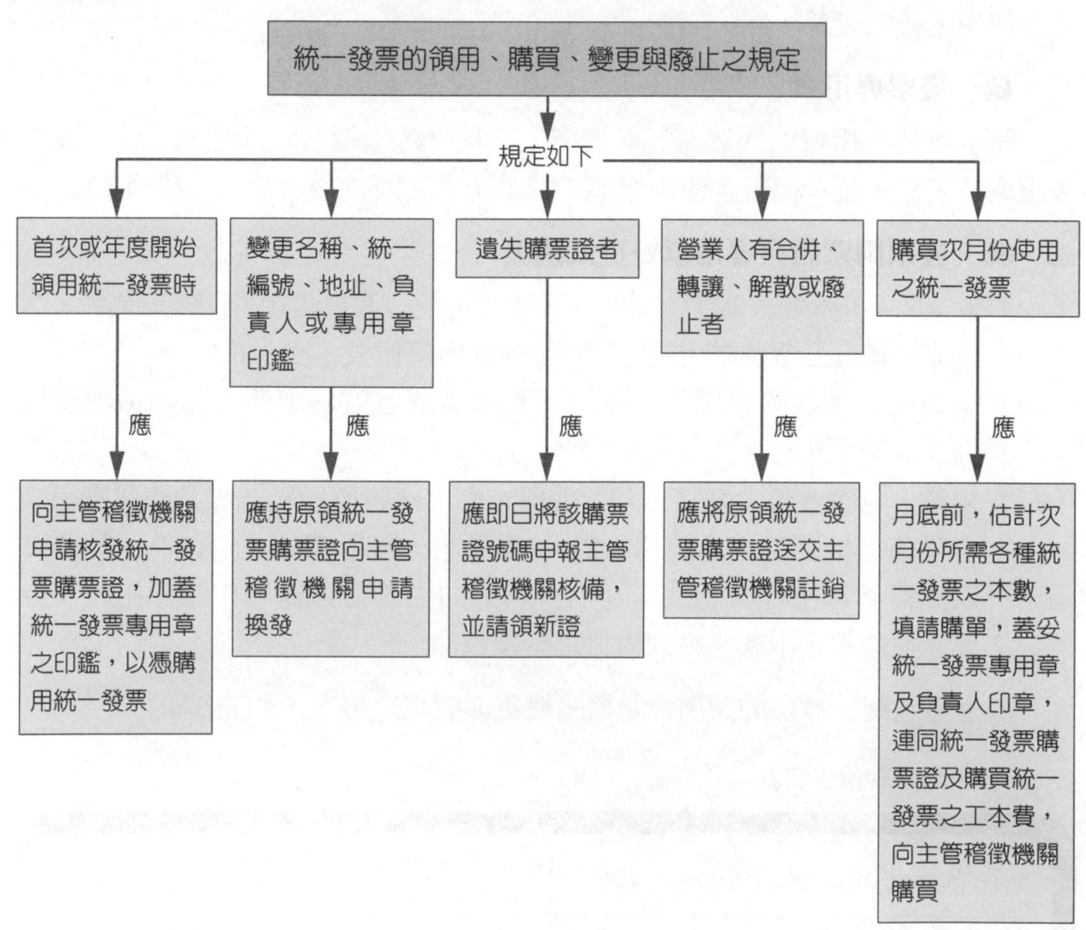

圖 3-13 統一發票的領用、購買與廢止之概念圖

3.8 電子統一發票

電子發票：指以網際網路或其他電子方式開立、傳輸或接收之統一發票。

一、營業人使用電子發票之規定

營業人開立電子發票，應依下列各款規定於電子發票系統輸入字軌號碼：

（一）經核准使用電子計算機統一發票或經核准自行印製三聯式收銀機統一發者，應以其當期未使用之電子計算機統一發票或三聯式收銀機統一發票之字軌號碼作為電子發票之字軌號碼。

（二）非屬經核准使用電子計算機統一發票且非屬經核准自行印製三聯式收銀機統一發票者，得依下列方式為之：

1. 以當期購買未使用之三聯式或三聯式收銀機或特種統一發票之字軌號碼替代之，且應於該發票及統一發票明細表上註記已使用網際網路或其他電子方式傳輸。
2. 營業人向所在地主管稽徵機關申請核准後，可於整合服務平台取得電子發票專用字軌號碼。但若其未將電子發票專用字軌號碼使用於整合服務平台、加值服務中心或轉以其他方式開立電子發票者，主管稽徵機關得取消配賦其專用字軌號碼。
3. 營業人與政府機關交易使用電子發票者，以當期購買未使用之二聯式統一發票（含二聯式及三聯式收銀機統一發票）之字軌號碼或於整合服務平台取得電子發票專用字軌號碼。

（三）前項第一款特種發票及第三款於整合服務平台取得電子發票專用字軌，自中華民國 100 年 1 月 1 日起實施。

基於稅務調查之需要，營業人或加值服務中心應配合稅捐稽徵機關對電子發票之查核，並免費提供營業人或買賣雙方交易之媒體檔案予稅捐稽徵機關。

二、營業人與營業人或政府機關交易使用之電子發票

經所在地主管稽徵機關核准營業登記之營業人，即取得使用電子發票之資格，得以第四點憑證於整合服務平台進行身分認證，或向獨立第三者加值服務中心申請身分認證後，使用電子發票。

前項使用整合服務平台電子發票系統之營業人，得於整合服務平台開立或傳輸電子發票予政府機關。營業人使用及接收電子發票，除使用整合服務平台者外，應由加值服務中心將電子發票即時交換予整合服務平台。惟買方及賣方

使用同一加值服務中心系統時，加值服務中心應將電子發票上傳至整合服務平台留存。已開立之電子發票如有作廢、銷貨退回或銷貨折讓之情形，若其資訊以電子文件形式作成，應將相關資訊即時交換予整合服務平台。

三、營業人銷售貨物或勞務予非營業人

（一）營業人符合下列條件者，得向所在地主管稽徵機關申請使用電子發票：

1. 無積欠已確定之營業稅及罰鍰、營利事業所得稅及罰鍰。
2. 同意於開立電子發票後四十八小時內上傳整合服務平台留存。
3. 可正確掌握非營業人之買受人基本資訊。

前項第三款可正確掌握非營業人之買受人基本資訊，係指營業人對該非營業人之姓名、手機號碼或電子郵件帳號等聯絡方式及寄送地址等基本資料，均全面建檔並可即時更新。

（二）營業人銷售貨物或勞務並開立電子發票予買受人者，應依下列各款規定辦理：

1. 買受人有捐贈發票行為者，營業人應確認受贈對象地址，並以每 2 月為一期，於次期開始 15 日內，將買受人所捐贈之前期統一發票明細資料通知各該受贈對象，並經受贈對象確認，且有寄送中獎發票之義務。
2. 於統一發票開獎日翌日起五日內，將前期已開立之統一發票中獎明細資料，依獎別分別錄製成媒體檔案遞送營業登記所在地主管稽徵機關。
3. 除已應買受人要求寄送統一發票收執聯者或買受人於購買時已選擇捐贈電子發票外，於統一發票開獎日翌日起 3 日內，透過電腦系統統一寄發簡訊或電子郵件予各中獎發票之買受人，請求買受人於 3 日內回覆中獎統一發票之寄送地址。至遲應於開獎日翌日起 10 日內將前期中獎之統一發票收執聯以掛號郵遞方式寄送買受人，以供兌獎；如經退回且買受人於兌獎期限前要求再予寄送時，營業人應依買受人指示，再次寄送中獎統一發票至其指定地址，且將上開作業於銷售網站、型錄、電視購物節目畫面或以其他明顯方式公示。

買受人未於領獎期限內收到中獎發票致無法領獎，或有誤領、重複領獎等情事，該未能領取、誤領或溢領獎金應由該營業人於 15 日內辦理賠償或償還。

營業人與營業人交易使用電子發票申請書（B2B）

<table>
<tr><td>受理機關</td><td colspan="3">財政部 ＿＿＿＿＿ 國稅局 ＿＿＿＿＿ 分局（稽徵所、服務處）</td></tr>
<tr><td>使用日期</td><td colspan="3">中華民國 ＿＿＿ 年 ＿＿＿ 月 ＿＿＿ 日</td></tr>
<tr><td>申請資格</td><td colspan="3">□無積欠已確定之營業稅及罰鍰、營利事業所得稅及罰鍰</td></tr>
<tr><td rowspan="6">申請人</td><td>營業人名稱</td><td></td><td rowspan="8">公司章</td></tr>
<tr><td>統一編號</td><td></td></tr>
<tr><td>稅籍編號</td><td></td></tr>
<tr><td>營業地址</td><td></td></tr>
<tr><td>負責人</td><td></td></tr>
<tr><td>身分證字號</td><td></td></tr>
<tr><td rowspan="6">聯絡方式</td><td>聯絡人姓名</td><td></td></tr>
<tr><td>聯絡人電話</td><td></td></tr>
<tr><td>傳真號碼（可免填）</td><td></td><td rowspan="8">負責人章</td></tr>
<tr><td>手機號碼（可免填）</td><td></td></tr>
<tr><td>通訊地址</td><td></td></tr>
<tr><td>E-mail Address</td><td></td></tr>
<tr><td rowspan="4">事務所
（可免填）</td><td>事務所名稱</td><td></td></tr>
<tr><td>統一編號 / 身分證字號</td><td></td></tr>
<tr><td>承辦人</td><td></td></tr>
<tr><td>事務所電話</td><td></td></tr>
<tr><td>填表說明</td><td colspan="3">1. 本申請書僅提供申請使用電子發票資格，營業人須於主管稽徵機關核准後自行加入電子發票整合服務平台或獨立第三者加值服務中心之電子發票系統，始可使用電子發票。
2. 營業人經主管稽徵機關核准使用電子發票後，整合服務平台會配發帳號密碼，以E-mail 方式寄至申請書所填寫之 E-mail Address。營業人於收到帳號密碼後，若需要使用整合服務平台之電子發票系統等相關功能，請啟用該帳號即可。
3. 凡取得營業人對營業人交易使用電子發票資格且使用整合服務平台電子發票系統之營業人，得於整合服務平台開立或傳輸電子發票予政府機關。</td></tr>
<tr><td>依據</td><td colspan="3">依「電子發票實施作業要點」辦理。</td></tr>
<tr><td>申請日期</td><td colspan="3">中華民國 ＿＿＿ 年 ＿＿＿ 月 ＿＿＿ 日</td></tr>
</table>

圖 3-14 電子發票申請書

3.9 統一發票退回與遺失

稅務實務 News

作廢發票之收執聯及扣抵聯，要訂在同張發票存根聯上，以避免發生漏報有效發票之銷售額。

◎ 台北實業公司李姓會計小姐開立之 104 年 6 月份 UF12345678 號統一發票，因書寫錯誤致遭買受人甲公司退回並要求另行開立。

但李姓會計小姐卻因疏忽而將該張作廢發票之收執聯及扣抵聯，訂在 UF12345677 號（即作廢發票之前一張有效發票 ）上，致在申報統一發票明細表時，漏報該張有效發票銷售額 200,000 元，營業稅額 10,000 元，案經主管稽徵機關依據營業人進銷項憑證交查異常查核清單發現有漏報銷售額情事。

3.9.1 統一發票退回

營業人銷售貨物或勞務，於開立統一發票後，掉換貨物者，應按掉換貨物之金額，另行開立統一發票交付買受人。但為發生銷貨退回或折讓等情事，應於事實發生時，依左列各款規定辦理：

一、買受人為營業人者

（一）開立統一發票之銷售額尚未申報者：應收回收執聯（營業人之收執、扣抵聯）黏貼於原存根聯上並註明「作廢」。但買受人為營業人，且原統一發票載有買受人之名稱及統一編號者，得以買受人出具之銷貨退回、進貨退出或折讓證明單代之。

（二）開立統一發票之銷售額已申報者：應取得買受人出具之銷貨退回、進貨退出或折讓證明單，但以原統一發票載明買受人名稱、統一編號者為限。

二、買受人為非營業人者

（一）開立統一發票之銷售額尚未申報者：應收回原開立統一發票收執聯，黏貼於原統一發票存根聯上，並註明「作 廢」字樣。

（二）開立統一發票之銷售額已申報者：除應取得買受人出具之銷貨退回、進貨退出或折讓證明單外，並應收回原開立統一發票收執聯。如收執聯無法收回，得以收執聯影本替代。但雙方訂有買賣合約，且原開立統一發票載有買受人名稱及地址者，可免收回原開立統一發票收執聯。

營業人銷貨退回、進貨退出或折讓證明單格式如下：

原開立銷貨	發票單位	
	名稱	
	營利事業統一編號	
	營業所在地址	

營業人銷貨退回進貨退出或折讓證明單

中華民國　年　月　日

開立發票						退貨或折讓內容					(打V處)		
									退出或折讓		備註		
聯式	年	月	日	字軌	號碼	品名	數量	單價	金額(不含稅之進貨額)	營業稅額	應稅	零稅率	免稅
合						計							

第一聯：交付原銷貨人作爲銷項稅額之扣減憑證。

本證明單所列銷貨退回進貨退出或折讓，確屬事實，特此證明。

原進貨營業人名稱：　(蓋章)　地址：　縣/市　鄉/鎮/區　村/里　街/路

(或原買受人)　段　巷　弄　號　樓/室

營利事業統一編號：

圖 3-15 營業人銷貨退回、進貨退出或折讓證明單

3.9.2 統一發票遺失

營業人將存根聯、扣抵聯、收執聯或空白未使用之統一發票遺失，應如何應如何補救？以下說明之：

一、 遺失空白發票

應即日敘明原因及遺失發票種類、字軌號碼，向主管稽徵機 關報核。

二、 遺失存根聯

取得買受人蓋章證明之原收執聯影本代替。

三、 遺失扣抵聯或收執聯

取得原銷售營業人蓋章證明之存根聯影本或以未遺失聯之影本自行蓋章證明者，得以影本替代扣抵聯或收執聯作為進項稅額扣抵憑證或記帳憑證。

範例

明道公司會計小姐於搭乘計程車時，遺失已開立之三聯式發票存根聯一本，總計 1050 萬（含稅），請問：

(1) 其補救方法為何？

(2) 未保存發票存根聯應處罰多少？

(3) 未尋求補救，是否向主管稽徵機關報備即可免罰？

【解析】

(1) 應取得買受人簽章證明與其所持有之憑證相符之影本。

法源依據：依據營利事業所得稅查核準則第 14 條規定「原始憑證未依規定保存者，除本準則另有規定外，應依稅捐稽徵法第 44 條規定處罰。但取得買受人簽章證明與其所持有之憑證相符之影本者……免予處罰，並准予認定」。

(2) 依據稅捐稽徵法第 44 條規定「營利事業依法規定應給與他人憑證而未給與，應自他人取得憑證而未取得，或應保存憑證而未保存者，應就其未給與憑證、未取得憑證或未保存憑證，經查明認定之總額，處 5% 罰鍰」。因此應處罰金額為 1050 萬 ÷1.05×5% =50 萬

(3) 未尋求補救措施，僅向國稅局報備遺失發票存根聯，依據財政部 84/7/26 台財稅第 841637712 號函釋，因仍未取具與原應保存憑證相當之證明，故尚不得適用稅捐稽徵法第 48 條之 1 規定免予處罰。

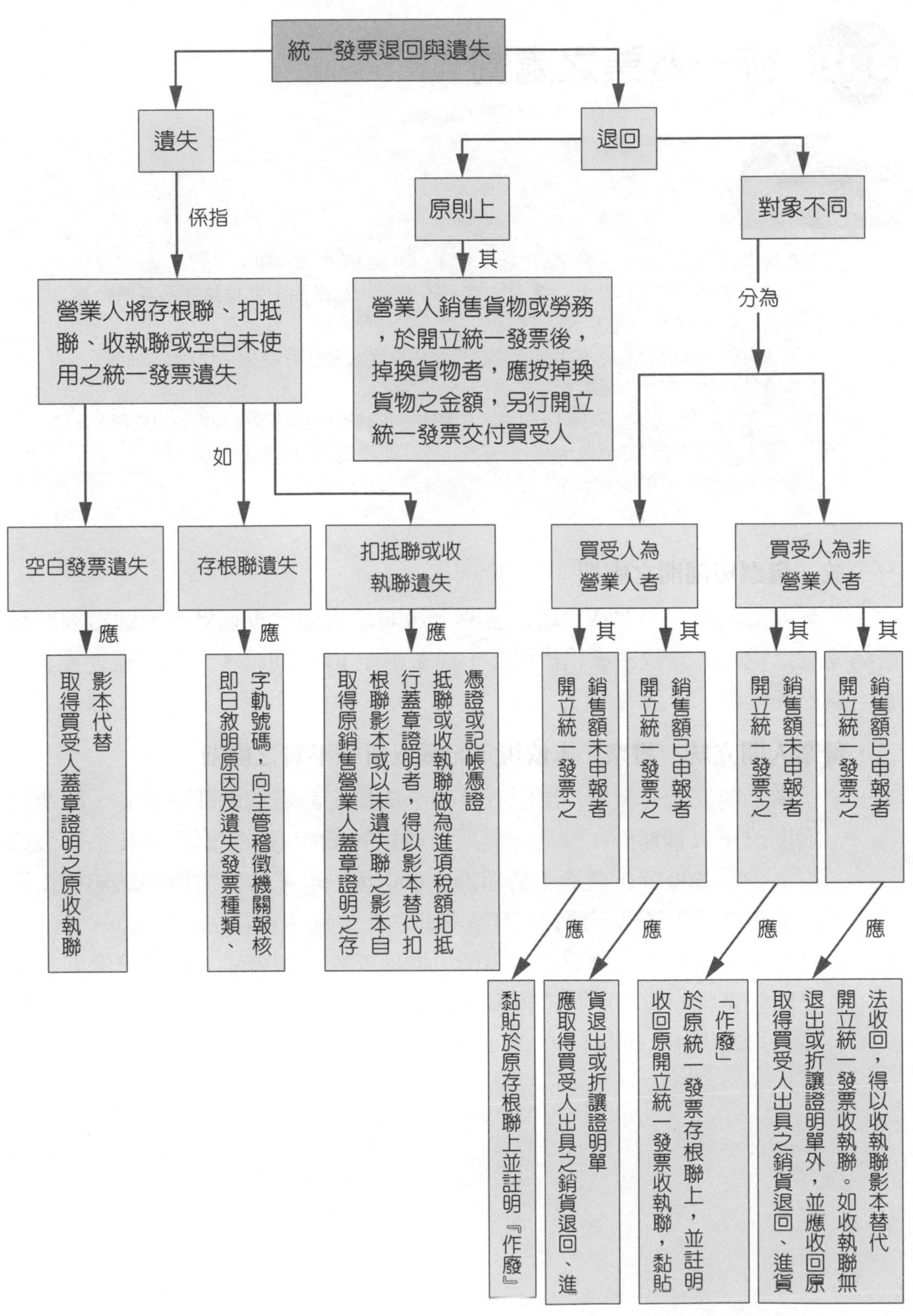

圖 3-16 統一發票退回與遺失之概念圖

3.10 統一發票之處罰

稅務實務 News

有進貨退出或折讓情事，應於發生之「當期」申報扣減進項稅額。

台北實業公司於 104 年 5 月 3 日向甲公司進貨一批商品，取得該商品發票銷售額 300,000 元，稅額 15,000 元。

此筆進貨有一部份商品於 104 年 6 月 2 日發生進貨退出金額 為 40,000 元，稅額 2,000 元，並開立進貨退出或折讓證明單。

台北實業公司於 104 年 7 月 15 日向所在地主管稽徵機關全數申報扣抵銷項稅額，未將上述已扣減進貨稅額 2,000 元做申報，造成重複申報進項憑證扣抵銷項稅額。

經稽徵機關查核清單發現營業人進銷項憑證異常，致遭受罰。

一、統一發票短漏開之處罰

營業人漏開統一發票或於統一發票上短開銷售額經查獲者，應就短漏開銷售額按規定稅率計算稅額繳納稅款外，處 1 倍至 10 倍罰鍰。一年內經查獲 3 次者，禁止其營業。（營 §52）

二、營業人開立統一發票，未依規定記載或所載不實之處罰

（一）營業人開立統一發票，應記載事項未依規定記載或所載不實者，除通知限期改正或補辦外，按統一發票所載銷售額，處 1% 罰鍰，其金額最低不得少於 500 元，最高不得超過 5,000 元。經主管稽徵機關通知補正而未補正或補正後仍不實者，連續處罰之。（營 §48-I）

（二）未依規定記載事項為買受人名稱、地址或統一編號者，其連續處罰部分之罰鍰為統一發票所載銷售額之 2%，其金額最低不得少於 1,000 元，最高不得超過 10,000 元。（營 §48-II）

範例

台中公司於 98 年間銷售貨物予乙公司，銷售額為新台幣 1,000 萬元、營業稅額為 50 萬元，台中公司未依規定開立統一發票給乙公司。而後，乙公司將該貨物以 1,155 萬元（含營業稅 55 萬元），轉售給丙客戶，亦未依規定開立統一發票給丙客戶，而由統一公司直接開立統一發票給丙，也就是一般所謂的「跳開發票」情形。統一公司、乙公司及丙客戶分別違反規定應受補稅並處罰。

【解析】

台中公司：

該公司雖已開立發票，惟未依規定給予實際交易對象（乙公司），仍應依稅捐稽徵法第 44 條規定，按銷售額 1,000 萬元之 5 %論處，即處以 50 萬元罰鍰。

乙公司：

(1) 進貨未依規定取得進項憑證（即統一公司開立之發票），應依稅捐稽徵法第 44 條規定，按進貨總額 1,000 萬元之 5 %論處，即處以 50 萬元罰鍰。

(2) 銷貨給丙客戶時，未依規定開立統一發票則應依營業稅法第 51 條規定，按所漏稅額 55 萬元處 1 倍至 5 倍罰鍰，或依稅捐稽徵法第 44 條規定未給與憑證總額 1,100 萬處 5 %罰鍰，擇一從重處罰。

丙客戶：

(3) 當丙為一營業人時，向乙公司進貨未依規定取得進項憑證（即乙公司開立之發票），應依稅捐稽徵法第 44 條規定，按進貨總額 1,100 萬元之 5 %論處，即處以 55 萬元罰鍰。另外如果丙將統一公司開給他的發票申報扣抵營業稅的話，還將涉及以非實際交易對象之發票申報扣抵營業稅，應依規定補稅及處罰問題。

（三）申報銷售額前，應逐筆檢查有無已開立之發票，誤予截角，以免發生漏報銷售額、稅額情事。

◎ 案例 1：C 商號於申報 100 年 11 、 12 月份統一發票明細表時，誤將 100 年 11 月 8 日 XT12334566 號之有效發票截角，致漏填該筆銷售額 365,000 元，營業稅額 18,250 元，案經主管稽徵機關依據營業人進銷項憑證交查異常查核清單發現，除應補稅外，並應再處所漏稅額 5 倍以下罰鍰。

◎ 所犯錯誤：C 商號會計小姐於申報 100 年 11 月份統一發票明細表時，將 XT 12334566 號有效發票誤予截角，明細表並註明為空白，實際為漏報銷售額，涉嫌違反加值型及非加值型營業稅第 35 條規定。

（四）進項憑證若以影本申報扣抵時，應檢查是否有重複扣抵情事。

◎ 案例 2： D 實業公司於申報 100 年 9 、 10 月份銷售額時，已將 100 年 9 月份進貨統一發票號碼 WP 12334456 銷售額 508,000 元，稅額 25,400 元，於 100 年 11 月 15 日申報扣抵銷項稅額，但該公司會計小姐因作業疏忽，誤以為尚未申報扣抵，而向銷貨公司再取得該張發票影本，並於申報 100 年 11 、 12 月份銷售額時，重複申報扣抵銷項稅額，案經營業人進銷項憑證交查異常查核清單發現，除應補稅外，尚須按所漏稅額處 5 倍以下罰鍰。

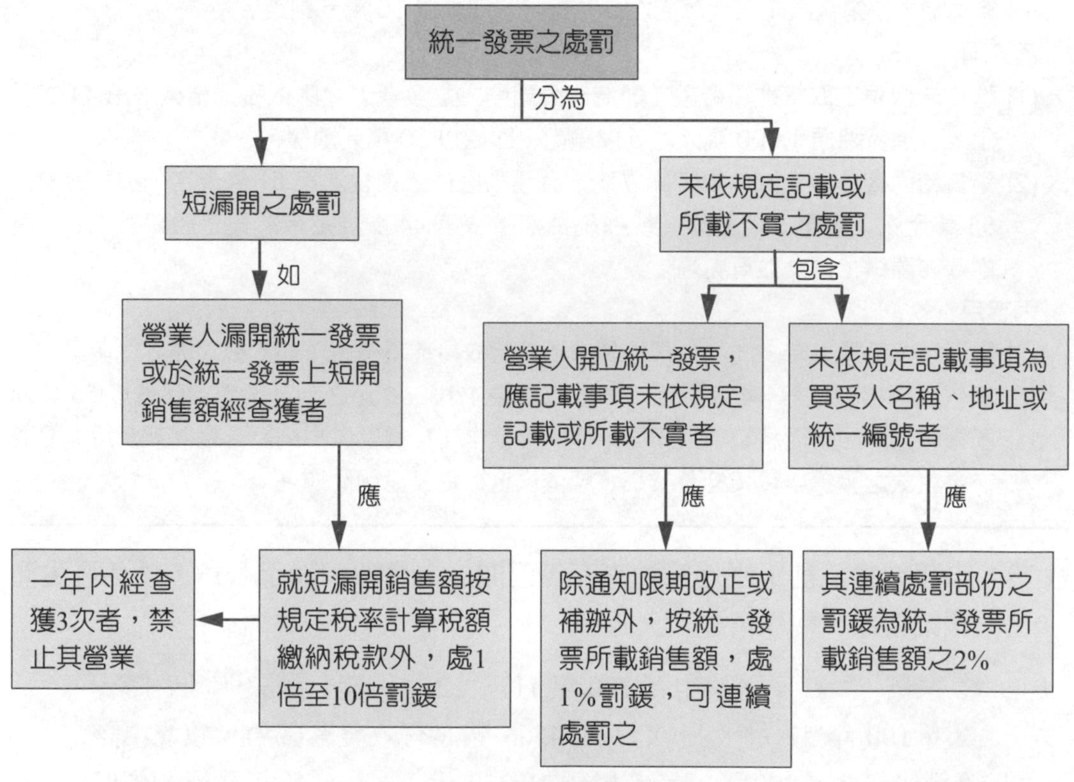

圖 3-17　統一發票處罰之概念圖

3.11 虛設行號

稅務實務 News

取得虛設行號販賣不實之發票如何處罰

台中公司營業人無進貨的事實，為了貪圖一時不法利益，台北公司為虛設行號，取得台北公司所兜售之統一發票，台中公司將所取發票之進項稅額扣抵銷項稅額後申報少繳了營業稅，少繳了新台幣 100,000 元。經稽徵機關查無進貨事實，致造成逃漏營業稅，除了追繳稅款外按所漏稅額處一至十倍罰鍰，嚴重時並涉及違反稅捐稽徵法第 41 條規定，以詐術或其他故意不正當方法逃漏稅捐者，處五年以下有期徒刑、拘役或科或併科新臺幣六萬元以下罰金。因此依稅法規定台中公司應處 1,000,000 元，所罰甚重，不得不慎。

一、虛設行號

虛設行號：係指先依相關法令規定取得營利事業登記證，後向國稅局申請使用統一發票，等申請獲准後即開始不法行為，其本身通常並不從事營業行為，而從事販賣發票藉以賺取不法所得。虛設行號一般可分為：

（一）人頭型虛設行號：虛設行號會雇用一些目不識丁、年長者、經濟狀況欠佳急需用錢者，向各縣市政府建管單位辦理營業設立登記，取得營業事業登記證後，再向稅捐機關請領統一發票開立不實發票。被雇用的人頭往往並不知道幕後的主事者是誰。

（二）冒名型虛設行號：虛設行號利用他人遺失的身份證或利用不法手段取得身份證件，經過變照將其照片換貼上去，再辦理營業登記。

營業人因欠缺進項憑證申報扣抵營業稅於是與無實際交易之虛設行號營業人購買發票，藉以逃漏營業稅及營利事業所得稅。

二、虛設行號與進貨者與銷貨者之間關係：

（一）直接將發票售與進貨商

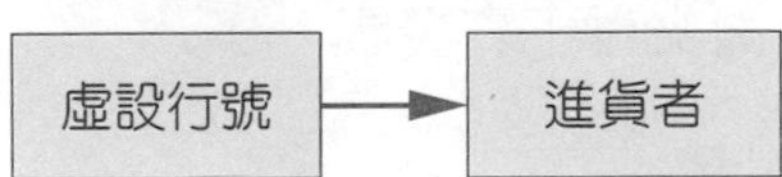

（二）將發票售與銷貨商轉交進貨商

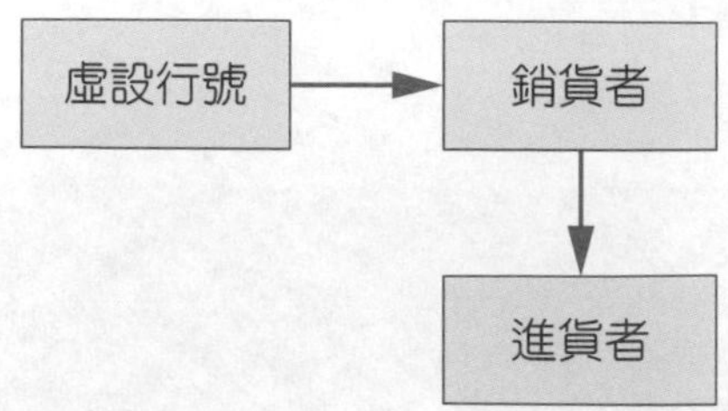

三、進貨者與虛設行號之間關係

（一）無進貨事實而取得虛設行號發票

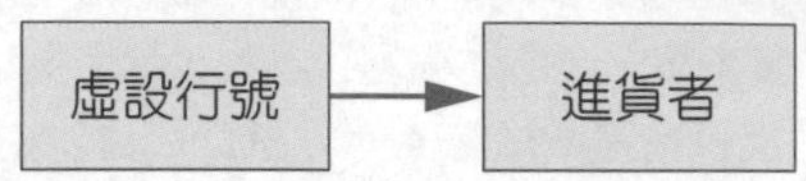

（二）有進貨事實而取得銷貨商交付虛設行號發票

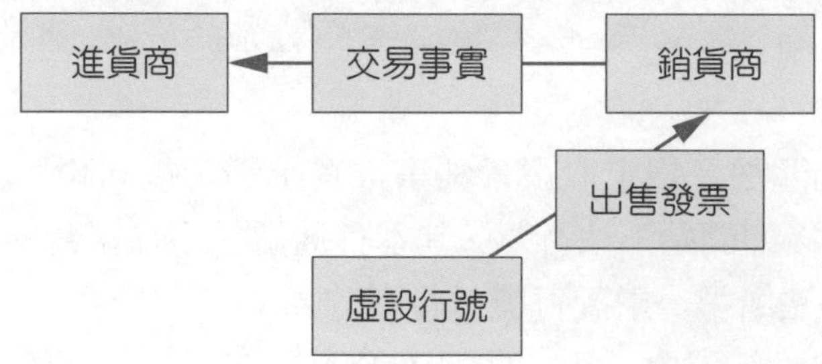

（三）進貨商自行購買取得虛設行號發票

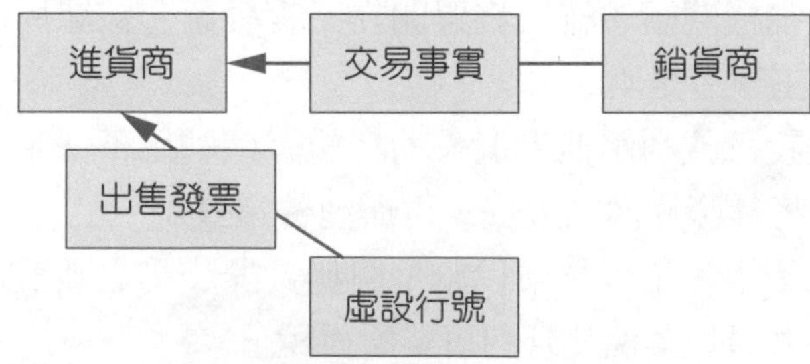

四、銷貨者與虛設行號之間關係

已辦理營業登記，有銷貨未開立憑證，而交付不實發票。

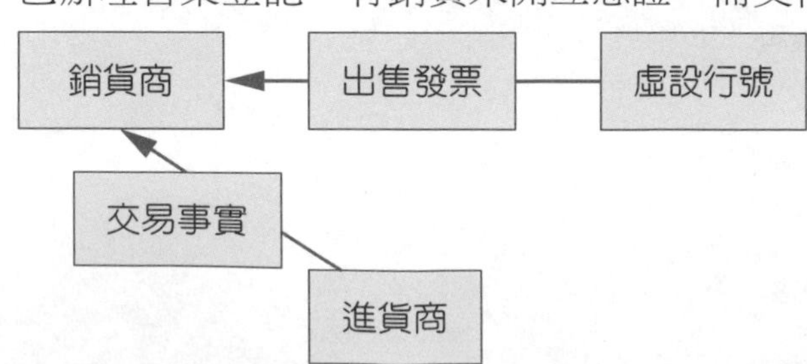

五、如何避免取得非實際交易對象憑證申報扣抵

為避免取得非實際交易對象開立之統一發票，營業人於收受統一發票時，應注意下列各點：

（一）進貨收受統一發票應確認是否為實際交易銷貨營業人所開立之統一發票。

（二）進貨付款時，如收款對象，與開立發票之營業人不符時，應暫緩付款，並先查對銷貨營業人是否真實，俟查對確實，並取得名稱相符之統一發票再行付款。

（三）進貨付款時，最好均能以劃線並書有抬頭之支票付款，尤其鉅額付款，更應以簽發支票付款，支票上抬頭與開立發票之廠商名稱必須相符（最好簽註禁止背書轉讓字樣）。如貨款金額較小以現金支付者，應請領款人在現金付款簽收單上簽名蓋章，並註明身分證統一編號、地址等資料，以利事後查證時，作為佐證資料。

（四）儘量避免向來路不明之營業人或外務員進貨，應確認銷貨人之身分，對接洽業務人員之名片妥為保存或提示之資料加以影印備查，並做好徵信工作，對所交付之統一發票予以查證相符後，再依前述付款方式支付貨款。

（五）請妥為保存交易過程之有關憑證，如運送貨物之託運單、送貨單、訂貨之估價單、收貨之驗收單、過磅之磅單、卡車路單 .... 等，以便事後相關單位查證時，作為進貨事實之佐證。

（六）對於平時往來之廠商應有往來廠商名冊，不但可以便利雙方交易來往連繫，萬一取得不實的統一發票時，亦可供作佐證之資料，證明發票來源。

（七）販賣不實統一發票者，常見其登記名稱為「 ×× 企業社」、「 ×× 企業行」、「 ×× 實業社」、「 ×× 實業行」、「 ×× 工業社」等，從字義上無法辨認係經營何種行業，如銷貨人交付該類發票時，應特別注意，並隨時向主管稽徵機關查詢。

營業人虛報進項稅額者，除追繳稅款外，按所漏稅額處 5 倍以下罰鍰，並得停止其營業（營 §51 -1- 5 ）。

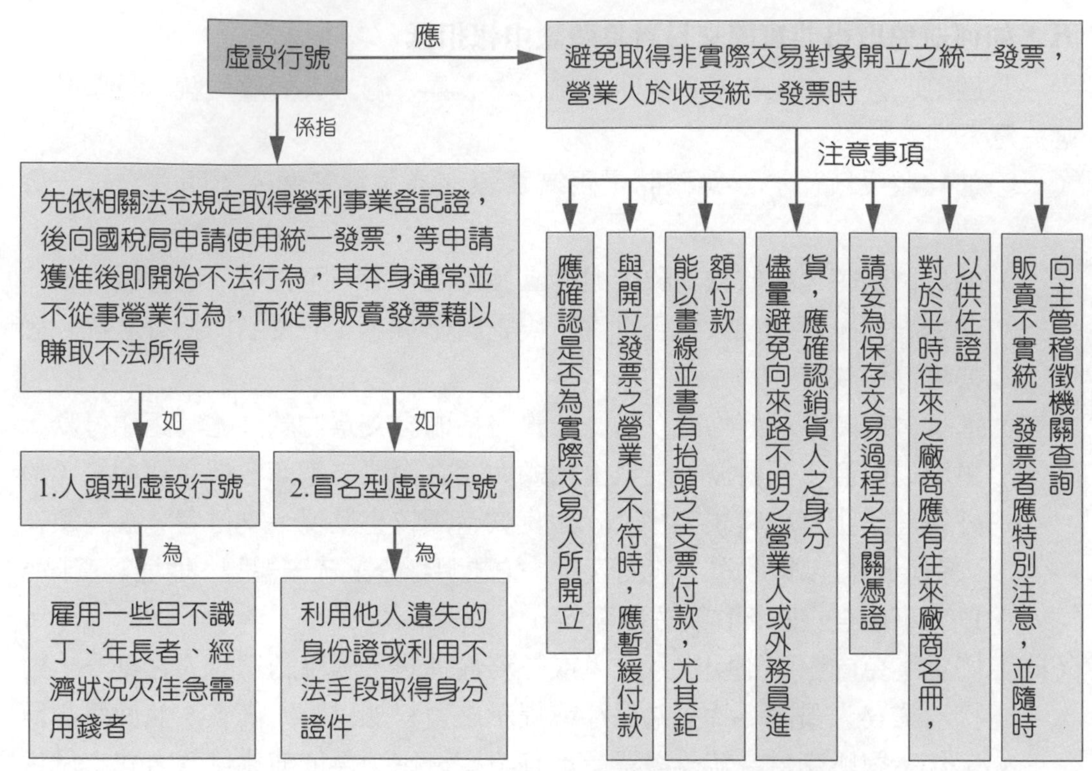

圖 3-18 虛設行號之概念圖

學習評量

一、選擇題

(　) 1. 依加值型及非加值型營業稅法第 8 條，下列何者應課徵營業稅？
(A) 個人肩挑沿街叫賣燒肉粽
(B) 供應之農田灌溉用水
(C) 自來水公司之民生用水
(D) 漁民銷售其捕獲之鮮魚
【101. 普考】

(　) 2. 現行營業稅所規定之「在中華民國境內銷售勞務」，下列敘述何者正確？
(A) 外國國際運輸業自境外載運貨物入境所取得之運費收入
(B) 本國國際運輸業自境外載運貨物入境所取得之運費收入
(C) 外國保險業自我國境內保險業承保再保險者
(D) 外國保險業自我國境外保險業承保再保險者
【101. 會計師】

(　) 3. 下列何項銷售行為，其進項稅額可以扣抵銷項稅額？
(A) 有娛樂節目之餐飲店
(B) 飼料之銷售
(C) 非加值型營業人銷售其長期持有的固定資產
(D) 貨物外銷
【101. 會計師】

(　) 4. 下列何者不須課徵營業稅？
(A) 非加值型營業人將其使用多年的固定資產出售
(B) 營業人將供銷售之貨品轉供自用
(C) 營業人委託他人代銷貨物
(D) 營業人銷售代銷貨物
【101. 記帳士】

(　) 5. 下列各項貨物之進口，何者應課徵營業稅？
(A) 國際運輸用之飛機　(C) 我國之古物
(B) 肥料　(D) 黃豆及玉米
【101. 記帳士】

學習評量

( ) 6. 依我國加值型及非加值型營業稅法之規定，下列何者不包括在課稅範圍內？
(A) 銷售貨物
(B) 律師提供之訴訟上服務
(C) 營業人以自己名義代為購買貨物交付與委託人者
(D) 進口貨物

【101. 記帳士】

( ) 7. 依我國加值型及非加值型營業稅法之規定，下列敘述何者正確？
(A) 非以營利為目的之事業而有銷售貨物者仍須課徵營業稅
(B) 夜總會之營業稅稅率為百分之二十五
(C) 金融業之營業稅計算方式非依其銷售額計算
(D) 目前銀行業本業之營業稅率為百分之五

【101. 記帳士】

( ) 8. 李先生於某年 5 月 1 日向某百貨公司購買商品禮券計新臺幣 20,000 元，並於當月 10 日及 20 日持券各兌付新臺幣 10,000 元之東西，該百貨公司應於何時開立統一發票？
(A) 5 月 31 日　(C) 5 月 20 日
(B) 5 月 10 日　(D) 5 月 1 日

【96 年會計師考試】

( ) 9. 勞務承攬業，其發票開立時限為何？
(A) 簽約時　(C) 依合約所載每期應收價款時
(B) 結算時　(D) 收款時

( ) 10. 張三將一包裹交付天榮貨運公司運送至高雄，天榮貨運公司之此項交易行應於何時開立統一發票？
(A) 包裹交付託運時　(C) 向張三收款時
(B) 包裹送至高雄時　(D) 交付託運當月底

【96 年會計師考試】

( ) 11. 依規定，下列之貨物或勞務，何者非免開及免用統一發票？
(A) 合作社依法經營銷售與社員之貨物或勞務
(B) 肩挑負販沿街叫賣者銷售之貨物或勞務
(C) 職業學校對外營業之實習商店銷售之貨物或勞務
(D) 海關拍賣沒入或查封之財產、貨物或抵押品

學習評量

( )12. 營業人下列何種進項稅額，不得扣抵銷項稅額？
(A) 專營營業稅法第 8 條免稅貨物或勞務之營業人
(B) 購置用於推廣業務用之餽贈貨物
(C) 購置用於捐獻予政府之貨物
(D) 購置供銷售用之乘人小汽車 【95 年記帳士】

( )13. 依營業人開立銷售憑證時限表規定，關於開立銷售憑證時限，下列何者錯誤？
(A) 買賣業銷售貨物以發貨時為限
(B) 雜誌社有關印刷費之營業以交件時為限
(C) 以娛樂設備或演技供人視聽玩賞以娛身心之營業以結算時為限
(D) 報社有關廣告費之營業以交件時為限 【100 年記帳士】

( )14. 依據我國加值型及非加值型營業稅法第 48 條之規定，營業人開立統一發票，應行記載事項未依規定記載或所載不實者，除通知限期改正或補辦外，應按統一發票所載銷售額，處多少罰鍰，其金額最低不得少於新臺幣 1,500 元，最高不得超過新臺幣 15,000 元
(A) 1% (C) 5%
(B) 2% (D) 10% 【100 年記帳士】

( )15. 營業稅免稅權之拋棄，經財政部核准後，幾年內不得變更？
(A) 1 年 (C) 3 年
(B) 2 年 (D) 5 年 【95 年地方特考 3 等】

( )16. 營業人漏開統一發票經查獲者，除就漏開銷售額按規定稅率計算營業稅稅額繳納稅款外，應處幾倍罰鍰？
(A) 3 倍以下 (C) 2 倍至 5 倍
(B) 5 倍以下 (D) 1 倍至 10 倍 【102. 四等稅務特考】

( )17. 依現行加值型及非加值型營業稅法規定，營業人未依規定期限申報銷售額或統一發票明細表者，稅捐稽徵機關依法可處下列何種處罰？
(A) 滯報金及滯納金 (C) 怠報金及滯納金
(B) 滯報金及怠報金 (D) 滯納金及罰鍰 【102. 會計師】

學習評量

( )18. 營利事業以產製、進口、購買供銷售之貨物，轉供自用或無償移轉他人所有者，應如何處理？
(A) 按時價轉列資產或費用
(B) 按其產製、進口、購買之實際成本，轉列資產或費用
(C) 按其產製、進口、購買之實際成本，開立統一發票
(D) 按時價認列其收入
【95 年記帳士】

( )19. 小規模營業人、依法取得從事按摩資格之視覺功能障礙者經營，且全部由視覺功能障礙者提供按摩勞務之按摩業，及其他經財政部規定免予申報銷售額之營業人，其營業稅稅率為多少？
(A) 1% (C) 5%
(B) 2% (D) 0.1%
【100 年記帳士】

( )20. 依加值型及非加值型營業稅法第 41 條規定，貨物進口時，應徵之營業稅，由誰代徵之？
(A) 海關
(B) 國稅局
(C) 稅捐稽徵處
(D) 進口人
【100 年記帳士】

( )21. 下列何者之進項稅額，依加值型及非加值型營業稅法第 19 條規定，可扣抵銷項稅額？
(A) 酬勞員工個人之貨物
(B) 交際應酬用之貨物
(C) 購進之貨物未依規定取得並保存憑證
(D) 供勞軍用之非供本業使用貨物
【100 年記帳士】

( )22. 依據我國加值型及非加值型營業稅法第 32 條之規定，營業人對於應稅貨物或勞務之定價，下列何者正確？
(A) 開出未稅價，營業稅外加
(B) 定價應內含營業稅
(C) 對消費者及營業人皆開未稅價
(D) 應視其為專營或兼營之營業人而有不同
【100 年記帳士】

學習評量

(　　)23. 下列何者非屬加值型及非加值型營業稅法第 5 條所稱之「進口」？
(A) 貨物自國外進入中華民國境內者。
(B) 貨物自國外進入中華民國境內之保稅區。
(C) 保稅貨物自保稅區進入中華民國境內之其他地區者。
(D) 保稅貨物自政府核定之加工出口區進入中華民國境內之其他地區者

(　　)24. 下列何者非屬免徵營業稅之情形？
(A) 金條、金塊
(B) 稻米、麵粉之銷售
(C) 非加值型營業人，銷售其非經常買進、賣出而持有之固定資產
(D) 國際運輸用之船舶、航空器及遠洋漁船
【102. 五等身障人員】

(　　)25. 依我國加值型及非加值型營業稅法之規定，下列那一進項稅額可以扣抵銷項稅額？
(A) 為協助國防建設、慰勞軍隊而購進貨物，其所支付之進項稅額
(B) 交際應酬用之貨物或勞務
(C) 酬勞員工個人之貨物或勞務
(D) 購進自用乘人小客車 【102. 初等考】

二、問答題

（一）免開及免用統一發票之範圍之項目有哪些？
（二）請說明統一發票之種類及使用情況。
（三）統一發票開立後，銷貨退回時，其加值及非加值型營業人應如何處理？
（四）營業人發行禮券者，如何開立統一發票？
（五）統一發票遺失，應如何辦理？
（六）請說明加值及非加值型營業人如何領用與購買統一發票。
（七）何謂虛設行號？取得虛設行號所販賣之發票如何處罰之？
（八）加值型及非加值型營業稅法中，有關統一發票之下列事項如何規定？

學習評量

（九）請就所得稅與加值型及非加值型營業稅法之規定，說明滯報金如何處罰？

（十）經營外銷業務者應否開立統一發票，其銷售額應如何計算及申報？

三、計算與分錄

（一）台中公司於 104 年 5 月 20 日售出現金禮券 6,000 元、商品禮券 5,000 元，現金禮券於 105 年 2 月 4 日被兌換，商品禮券則於 105 年 5 月 5 日被兌換，試問該公司應於何時開立發票及其發票金額為多少？

（二）下列為台中公司委託彰化公司代購貨物事項：

1/5 彰化公司代購貨物 1,500,000 元，並取得進貨發票。

2/10 彰化公司交付代購貨物，並開立發票予台中公司。

2/10 彰化公司收取佣金 5%，並開立發票予台中公司。

（1）試作彰化公司相關分錄。

（2）試作台中公司相關分錄。

（三）雲林公司委託彰化公司代銷貨物事項，如下：

1/5 雲林公司委託貨物 3,000,000 元（成本 1,200,000 元）予彰化公司，請彰化公司代為銷售。

3/1 彰化公司售出雲林公司貨物 1,200,000 元（成本 800,000 元），並開立票予買受人。

6/1 雙方結帳，雲林公司並付給彰化公司代銷佣金 5%，彰化公司開立發票予雲林公司。

（1）試作彰化公司相關分錄。

（2）試作雲林公司相關分錄。

Chapter 04

加值型與非加值型營業稅計算與申報

學習目標

4.1 營業稅稅率
4.2 加值型營業稅之會計處理
4.3 進項稅額之會計處理
4.4 零稅率與免稅之會計處理
4.5 非加值型營業稅之會計處理
4.6 兼營稅額計算及會計處理
4.7 銷貨退回或折讓及進貨退出或折讓之會計處理
4.8 加值型與非加值型之營業稅申報
4.9 營業稅申報期限
4.10 加值與非加值型營業稅之處罰

4.1 營業稅稅率

根據加值型及非加值型營業稅法規定，加值型與非加值型營業稅（簡稱營業稅）稅率可歸納為下列：

一、外銷營業稅率

外銷貨物或勞務其營業稅率為零。

二、加值型營業稅稅率（一般營業稅稅率）

加值型及非加值型營業稅法第十條規定營業稅稅率，除本法另有規定外，最低不得少於百分之五，最高不得超過百分之十；其徵收率由行政院定之，目前所定之徵收率為百分之五。

三、非加值型營業稅稅率（特種稅額）

課稅範圍包含銀行業、保險業、信託投資業、證券業、期貨業、票券業、典當業、特種飲食業、農產品批發市場之承銷人、銷售農產品之小規模營業人、小規模營業人及財政部規定免予申報銷售額之營業人等，按其銷售總額課稅。非專屬本業之銷售額申請應按加值型課徵營業稅率，其進項稅額不能申報扣抵或申請退還；農產品批發市場之承銷人、銷售農產品之小規模營業人、小規模營業人及財政部規定免予申報銷售額之營業人，除申請改按加值型課徵營業稅者外，得就申報取得載有營業稅額之憑證，由主管稽徵機關按其進項稅額10%，在查定稅額內扣減，非加值型營業稅稅率稅率，如圖 4-1：

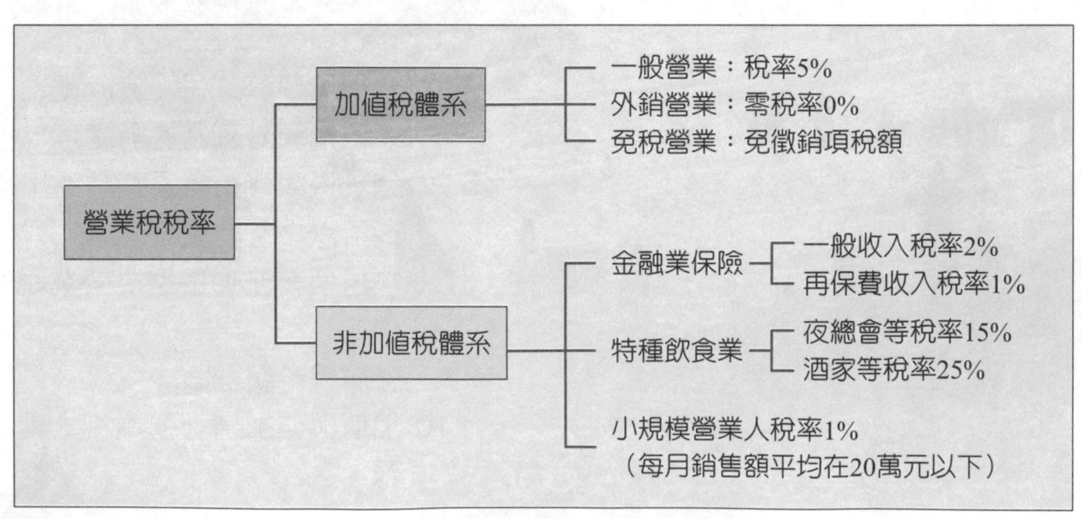

圖 4-1 營業稅稅率

針對加值型營業稅與非加值型營業稅作比較，如表 4-1。

表 4-1 我國加值型及非加值型營業稅比較表

計算方式	加值型	非加值型		
營業人種類	一般營業人	金融業	特種飲食業	1. 小規模營業人 2. 農產品承銷人 3. 視覺功能障礙者之按摩業
稅率	5% ～ 10%	2%、1%	15%、25%	1%、0.1%
稅額計算	銷項稅額減進項稅額 = 應納（溢付）稅額	銷貨額 × 稅率＝應納稅額 （小規模營業人其進項稅額 10% 可抵扣應納稅額）		
申報方式	申報繳納	申報繳納 （典當業查定課徵）	申報繳納 （查定課稅）	查定課稅 （申報繳納）

稅務實務 News

應開立免稅發票誤開立為應稅發票該如何處理？

台中公司為銷售免稅貨物或勞務之營業人，未依加值型及非加值型營業稅法第 8 條第 2 項規定申請核准放棄適用免稅，而開立應稅統一發票交付買受人，買賣雙方並據以申報營業稅，如買受人取具符合同法第 33 條規定之合法進項憑證且無同法第 19 條規定不可扣抵之情形，則買受人已持該進項憑證申報扣抵之進項稅額，免予補徵；至銷貨人銷售免稅貨物或勞務應開立免稅統一發票，而誤開立應稅統一發票，該銷售額應列入免稅銷售額，於年終計算調整當年度不得扣抵比例，就其已多扣抵之進項稅額，補繳營業稅。

（財政部 101/01/17 台財稅字第 10000476150 號令）

4.2 加值型營業稅之會計處理

一、一般加值型稅額計算

在加值營業稅制度下，營業人銷售貨物或勞務時，除了收取銷售金額外，需按規定稅率代收營業稅（銷項稅額），而購入貨物或勞務時應規定繳納營業稅（進項稅額），其所繳納進項稅額可以於繳納銷項營業稅時扣抵。

（一）銷項稅額：係指營業人銷售貨物或勞務時，依規定應收取之營業稅額。

（二）進貨稅額：指營業人購買貨物及勞務時，依規定支付之營業稅額。

（三）留抵（溢付）稅額營業人申報當期進項稅額大於銷項稅額之溢付稅額。
（四）銷售額：指營業人銷售貨物或勞務所獲得之全部代價。

二、計算方法與會計處理

一般稅額基本計算公式（內含稅額）
銷售額＝售價或非營業人所開立內含稅額發票之總金額 ÷（1 ＋ 5%）
銷項稅額＝銷售額 ×5%
銷項稅額＞進項稅額＝當期應納稅額
銷項稅額＜進項稅額＝留抵（溢付）稅額
進項稅額＝進貨 ×5%

範 例

台中公司以 $10,000 元商品銷售給予非營業人王美珠，該商品當期進貨 $8,000，則台中公司應納多少營業稅額？

一般營業稅率 5%
10,500÷（1 ＋ 5%）＝ 10,000 元 ………銷售額
10,000×5%＝ 500 元 ………銷項稅額
8,000×5%＝ 400 元 ………進項稅額
500 － 400 ＝ 100 元 ………當期應納稅額

科目	借方	貸方
現金（應收帳款）	10,500	
銷貨收入		10,000
銷項稅額		500
進　貨	8,000	
進項稅額	400	
現金（應付帳款）		8,400
銷項稅額	500	
應納稅額		100
進項稅額		400

台中公司為加值型營業人其銷售之營業稅額不在銷售額內為外加，故營業人銷售貨物給予營業人直接按銷售額乘上 5%計算銷項稅額開立統一發票；上列交易，如果銷售對象為非營業人，因須將銷售額與銷項稅額合計開立統一發票，則應按上列公式將當期開立統一發票總額換算銷售額以計算銷項稅額

上述交易購入貨物時所繳納之進項稅額，實質上是為預付營業稅；而銷售貨物時所加收之銷項稅額，實質上是為代收營業稅，故「進項稅額」性質上屬資產，而「銷項稅額」則屬負債。如進項稅額大於銷項稅額，則列為流動資產；如銷項稅額大於進項稅額，則列為流動負債。

會計項目之「進項稅額」僅對可用以抵減銷項稅額之「進項稅額」，凡是可扣抵之進項稅額不管是來自進貨、支付各項費用或取得固定資產，皆借記「進項稅額」。但進項稅額無法用以扣抵銷項稅額時，其進項稅額則列為取得貨物或勞務之成本。

範 例

1. 逢甲公司現購一台生產機器 , 進價為 $60,000 另加營業稅額 $3,000，支付現金 $63,000 其會計分錄如下：

機器設備	$60,000	
進項稅額	3,000	
現金		63,000

2. 建國公司賒購一輛自用小汽車，進價為 $100,000 另加營業稅額 $5,000, 共付出 $105,000, 其會計分錄如下 :

運輸設備	$105,000	
應付帳款		105,000

上述 1. 以現金 $63,000, 購入機器，其進項稅額 $3,000 可扣抵銷項稅額。依營業稅法第 19 條之規定，故作上述 1. 分錄。

上述 2. 營業稅法第 19 條之規定 , 自用乘人小汽車非供本業及附屬業務使用之貨物或勞務不得扣抵銷項稅額，因上述 2. 的例子非供本業務使用，故其進項稅額皆不得扣抵銷項稅額，故將進項稅額作為運輸設備之附加成本。

依營業稅法第 19 條之規定，非供本業及附屬業務使用之貨物或勞務、交際應酬用之貨物或勞務及酬勞員工個人之貨物或勞務，其進項稅額皆不得扣抵銷項稅額，應列為「捐贈費用」、「交際費」及「職工福利」等項目之加項。但為協助國防建設、慰勞軍隊及對政府捐獻者，其進項稅額可扣抵銷項稅額。

範 例

3. 建國公司現金購買一台跑步機價格為 $20,000，其進項稅額 $1,000，捐給慈善團體時，因為所付進項稅額不得用以扣抵銷項稅額，其分錄為如下：（營§19）

捐贈費用　　$21,000
　　現金　　　　　21,000

4. 如將跑步機捐給政府或勞軍，因為進項稅額可用以扣抵銷項稅額，其分錄為：

捐贈費用　　$20,000
進項稅額　　　1,000
　　現金　　　　　21,000

5. 八月一日初公司為員工慶生其費用為 $7,000 元，其進項稅額為 350 元，因為依第 19 條之規定非供本業及附屬業務使用之貨物或勞務、交際應酬用之貨物或勞務及酬勞員工個人之貨物或勞務，其進項稅額皆不得扣抵銷項稅額，應列為「捐贈費用」、「交際費」及「職工福利」等項目之加項。所付進項稅額不得用以扣抵銷項稅額，其分錄為如下：

職工福利　　$7,350
　　現金　　　　　7,350

6. 建國公司於 3/1 舉辦高階主管業務會議之會議支出的場地租賃費為 $3,000 元。因屬於業務會議其營業稅額可作扣抵銷項稅額，其業者為大大商行開立二聯式發票，故其 $3,000 元為售價不是銷售額，故須利用下列公式先求出銷售額再求出進項稅額。

銷售額＝售價或非營業人所開立內含稅額發票之總金額 ÷（1 ＋ 5%）

3,000÷（1 ＋ 5%）＝ 2,857

2,857×5%＝ 143

交際費用　　$2,857
進項稅額　　　143
　　現金　　　　　3,000

上述銷售額尾數不滿 1 元者，按四捨五入計算

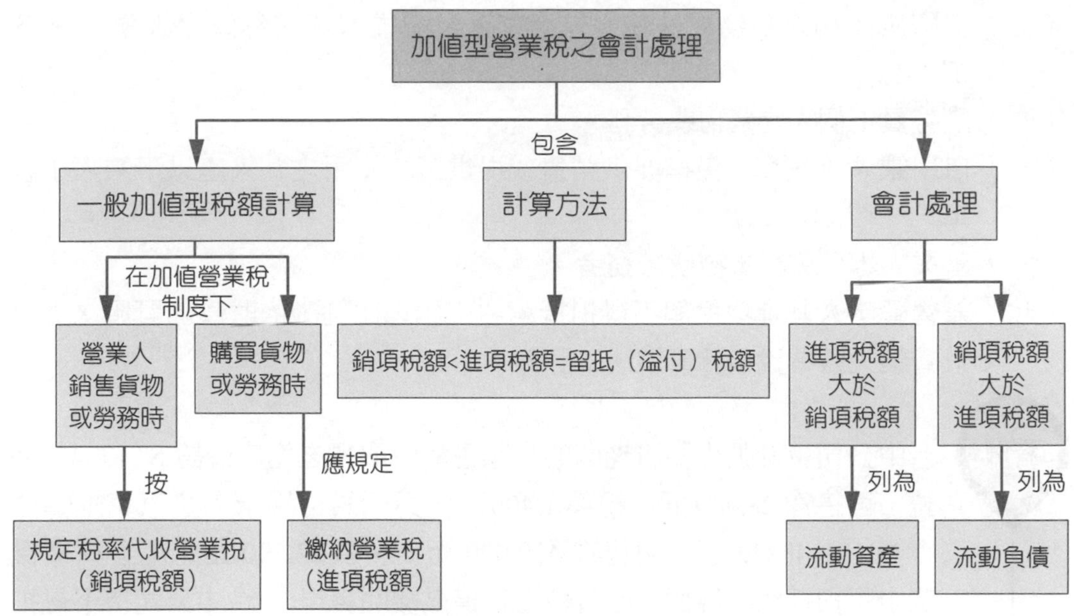

圖 4-2 加值型營業稅之會計處理概念圖

4.3 進項稅額之會計處理

進項稅額分為可扣抵進項稅額及不得扣抵進項稅額。

一、可扣抵進項稅額

指營業人購買貨物或勞務時，依規定支付之營業稅額。營業人以進項稅額扣抵銷項稅額者，應具有載明其名稱及統一編號之下列憑證：

（一）購買貨物或勞務時，所取得載有營業稅額之統一發票。

（二）視為銷售貨物或勞務所自行開立載有營業稅額之統一發票。

（三）其他經財政部核定載有營業稅額之憑證。

二、不可扣抵進項稅額

依加值型營業稅法第 15-1 條對營業人所銷售的貨物或勞務之加值課徵營業稅。但營業人有下列原因所支付之進項稅額，不得扣抵銷項稅額（營 §19）

（一）購進之貨物或勞務未依規定取得並保存相關憑證。

（二）非供本業及附屬業務使用之貨物或勞務。但為協助國防建設、慰勞軍隊及對政府捐獻者，不在此限。

（三）交際應酬用之貨物或勞務。包括宴客及與推廣業務無關之餽贈（營 § 細 6-1）。
（四）酬勞員工個人之貨物或勞務。
（五）自用乘人小汽車，係指非供銷售或提供勞務使用之九人座以下乘人小客車。
（六）營業人專營免稅貨物或勞務者。
（七）兼營營業人其進項稅額不得扣抵銷項稅額之比例，依財政部訂頒之「兼營營業人營業稅額計算辦法」計算。

台中公司會計張小禎將老闆的交際應酬所取得之進項憑證 ST12345566 號，銷售額 28,000 元，稅額 1,400 元，與所購自用乘人小汽車進項憑證 DH12348899 號，銷售額 450,000 元，稅額 22,500 元向主管稽徵機關申報扣抵銷項稅額，經所轄主管稽徵機關發現該 台中公司持不得扣抵之進項費用及固定資產憑證虛報進項稅額，涉嫌違章。

所犯錯誤：台中公司所持不得扣抵進項憑證向主管稽徵機關虛報進項稅額，違反加值型及非加值型營業稅法第 19 條第 1 項第 3、5 款之規定，應依加值型及非加值型營業稅法第 51 條第 1 項第 5 款規定處罰。

三、溢付稅額之處理

營業人申報當期進項稅額大於銷項稅額之溢付稅額，除下列原因應由主管稽徵機關查明後退還外，應由營業人留抵次期應納營業稅：

（一）因銷售適用零稅率貨物或勞務而溢付之營業稅。
（二）因取得固定資產而溢付之營業稅。
（三）因合併、轉讓、解散或廢止申請註銷登記者，其溢付之營業稅。
（四）情形特殊報經財政部核准者。

範 例

台中公司在 2013 年 1 月和 2 月之營運情形如下：

進貨 1,000,000 元（不含稅），有進項稅額 50,000 元。其中 200,000 元（不含稅）係購買固定資產（非屬自用乘人小汽車），60,000 元（不含稅）係交際費。

內銷金額 600,000 元（不含稅），有銷項稅額 30,000 元。

外銷金額 100,000 元。

【解析】

銷項稅額 = 600,000 × 5% = 30,000

可扣抵進項稅額 = 1,000,000 × 5% – 60,000 × 5% = 47,000

溢付稅額 = 30,000 – 47,000 = (17,000)

得退稅限額 = 100,000 × 5% + 200,000 × 5% = 15,000

應退稅額 = 15,000

留抵稅額 = 17,000 – 15,000 = 2,000

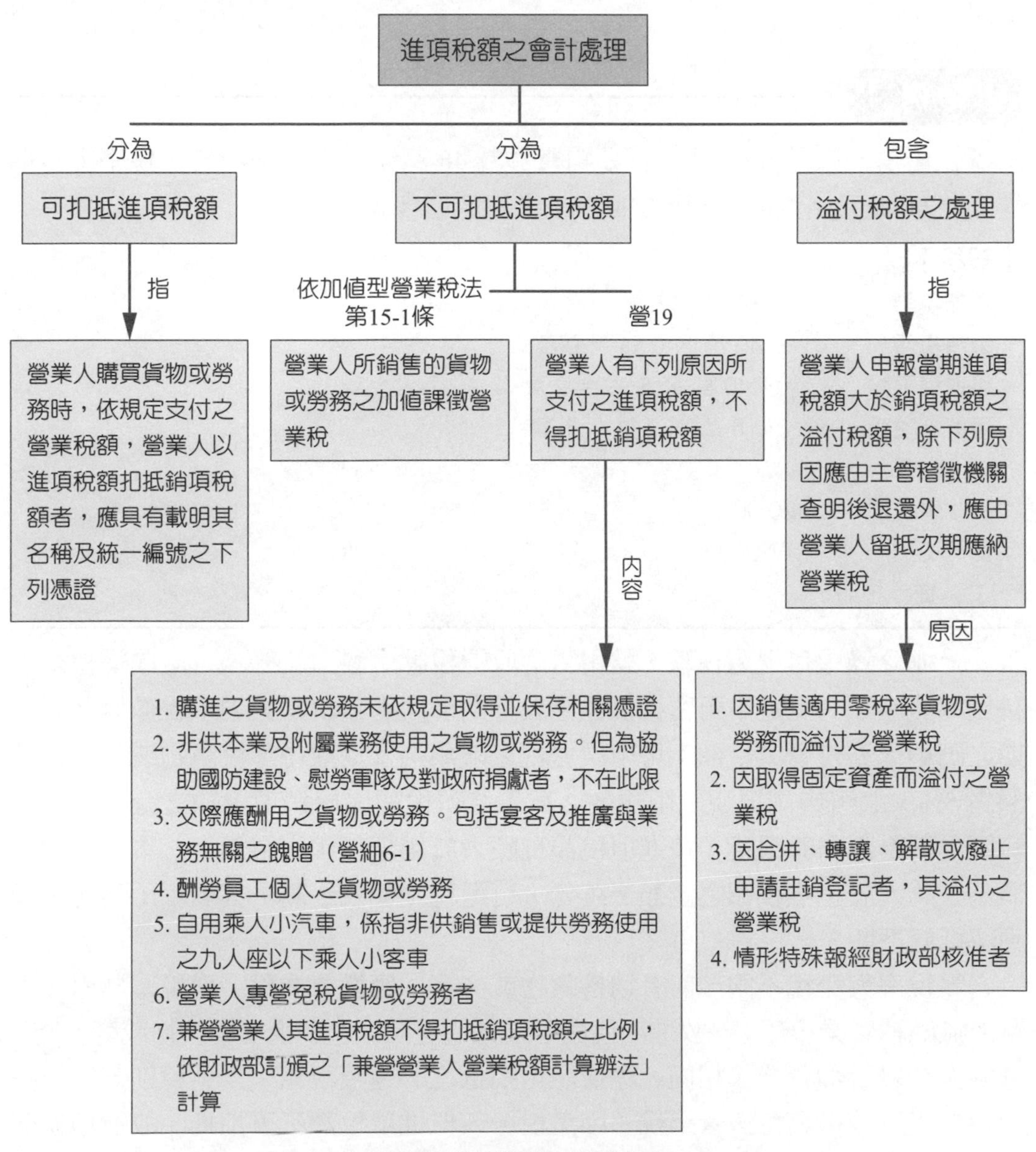

圖 4-3 進項稅額之會計處理

4.4 零稅率與免稅之會計處理

一、零稅率

指營業人銷售貨物或勞務仍須課稅，惟其稅率為零，而供其銷售而購買之貨物或勞務所繳納之稅額可以扣抵，並且可以退稅。

二、免稅

營業人銷售某特定貨物或勞務，免課營業稅，惟其進項稅額亦不得扣抵或退還。

範例

勤益公司是一家外銷公司， 當期銷貨額為 40 萬元，全部適用於零稅率，當期進貨為 60 萬元，則該公司可退回多少？可留抵多少？

【解析】

進項稅額 ……… 60 萬 × 5 % = 3 萬
銷項稅額 ……… 40 萬 × 0 % = 0 萬
可退稅限額 ……… 40 萬 × 5 % = 2 萬
可留抵稅額 ……… 3 萬 − 2 萬 = 1 萬

	借	貸
應收退稅額	20,000	
留抵稅額	10,000	
進項稅額		30,000

上述分錄中可退還稅款，就用「應收退稅款」科目紀錄，「應收退稅款」科目為資產類。上述中可留抵稅額應於下期併同進項稅額與銷項稅額以計算下期之應納或溢付營業稅額；可申請退稅之限額為當期取得零稅貨物或勞務銷售額之 5%，故可申請退稅之限額為 2 萬。進項稅額大於銷項稅額之金額在 2 萬範圍內可全額申請退稅（按進項稅額實際大於銷項稅額之金額）。本例進項稅額為 3 萬大於銷項稅額之金額 2 萬元，可退稅金額為 2 萬，其剩下 1 萬元稅額應留抵於下期。

零稅率與免稅不同，前者銷售貨物或勞務，應徵營業稅，但稅率為零（實質上無應納營業稅額），故進項稅額可扣抵或退回。當零稅率銷售物或勞務時，分錄與一般稅額營業人相同，應借記可扣抵之「進項稅額」；免稅則不同，雖然銷售貨物或勞務免徵營業稅（因免稅），但進項稅額不可扣抵。故進項稅額不可借記「進項稅額」，而應作為購入貨物或勞務之成本。

稅務實務 News

社區大樓管理委員會將大樓外牆、頂樓平台出租予公司行號懸掛廣告物或供電信業者作基地台使用並收取租金，應繳稅，避免違反逃漏稅。

大樓管理委員會向住戶收取管理費以支應各項管理支出，僅須依規定於支付管理員薪資時辦理扣繳及每年 1 月底向國稅局申報扣免繳憑單資料外，無需繳納營業稅。惟如將大樓外牆、甚至頂樓平台出租予公司行號懸掛廣告物或供電信業者作基地台，其收取之租金收入歸入管理委員會基金部分，係屬在中華民國境內銷售勞務，管理委員會依規定申請營業登記，設籍課稅（營 §1），課徵營業稅。其相關收入不會歸課負責人（即主任委員）之綜合所得稅，

如每月租金收入在新臺幣 20 萬元以下，可申請免用統一發票，由稽徵機關按查定銷售額方式課徵營業稅。其承租之公司行號於給付租金時除應取得管理委員會開立之收據外，及依規定扣繳稅款，並於次年 1 月底前向國稅局申報扣免繳憑單資料。

如每月租金收入在 4 萬元以下，則因未達起徵點，依法免課營業稅。資料來源：財政部台北國稅局新聞稿

範 例

104 年 2 月份明道公司有下列交易事項 , 請試作分錄 :

(1) 內銷銷售 400,000 元，開立三聯式發票；190,000 元以及開立二聯式發票 210,000 元，外銷開立發票 250,000 元。

(2) 進口一批貨物，完稅價格 200,000 元，進口稅捐（不含營業稅）300,000 元。

(3) 將公司生產之產品用於酬勞員工，成本 10,000 元，售價 20,000 元。

(4) 將公司之辦公室出租，每月租金 100,000 元

(5) 購買乘人小汽車 1 部 800,000 元，稅額 40,000 元。

【解析】

		借	貸
(1)	現　金	659,500	
	銷貨——應稅		390,000
	銷貨——零稅率		250,000
	銷項稅額		19,500
(2)	進　貨	200,000	
	進項稅額	50,000	
	現金		250,000
(3)	職工福利	11,000	
	存貨		10,000

	借	貸
銷項稅額		1,000
(4) 現　金	105,000	
租金收入		100,000
銷項稅額		5,000
(5) 運輸設備	840,000	
現金		840,000

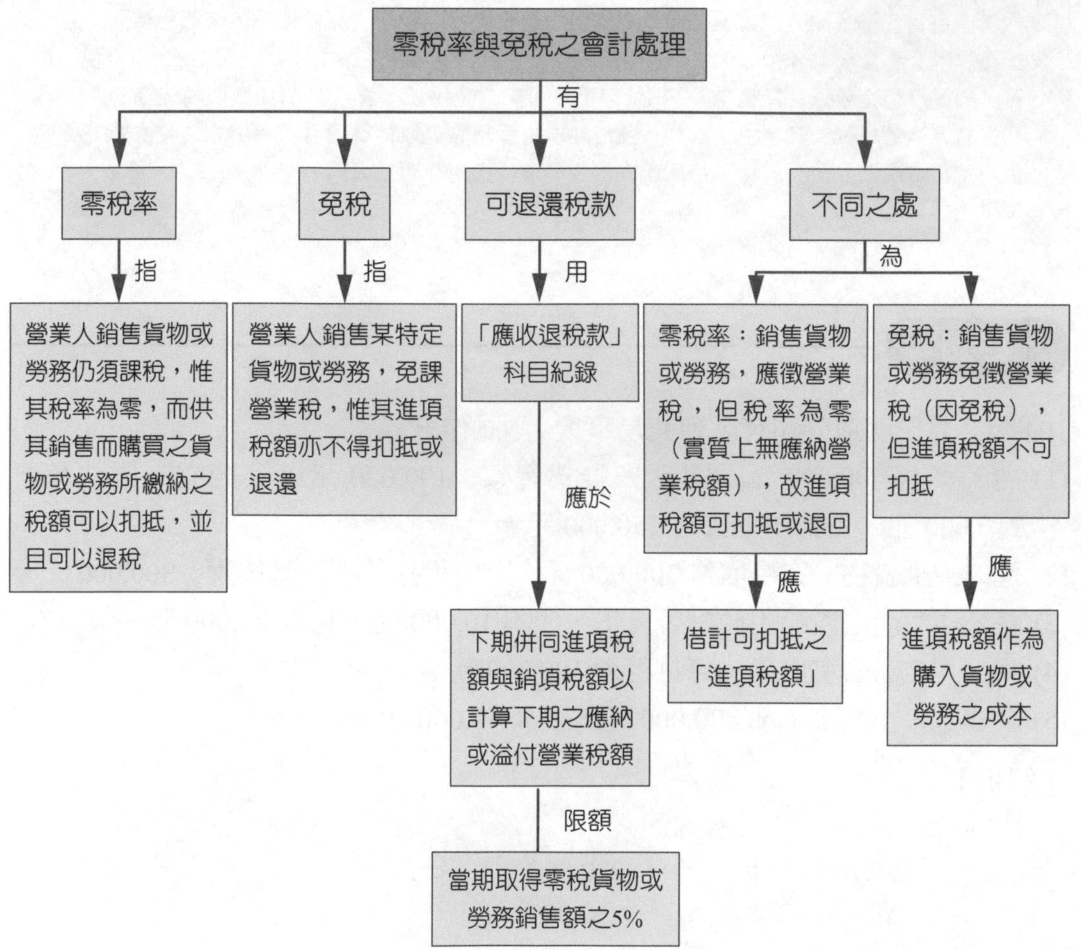

圖 4-4 零稅率與免稅之會計處理概念圖

4.5 非加值型營業稅之會計處理

一、金融保險業

金融保險業係指銀行業、保險業、信託投資業、證券業、期貨業、票券業、典當業，採非加值型營業稅，其營業稅稅率為 2%，而其經營非屬於專屬本業部分，則按一般稅額之營業稅率 5% 計算；但保險業之再保費收入之稅率為 1%。此外其對典當業，得依查定之銷售額計算營業稅。

範 例

台中銀行專屬業務收入為 1,000 萬元，非專屬銀行業務之收入為 60 萬元，問其應納稅額若干？

非專屬銀行業務之收入適用於加值型一般稅額計算 5%；而專屬業務收入適用非加值型營業稅，其營業稅稅率為 2%，故應納稅額計算及分錄如下：

60 萬 × 5 % ＝ 3 萬元………適用於一般稅額應納稅額

1,000 萬 × 2% ＝ 20 萬元………適用專屬業務收入應納稅額

科目	借	貸
稅 捐	$30,000	
應納稅額		30,000
稅 捐	$200,000	
應納稅額		200,000

二、特種飲食業

1. 夜總會、有娛樂節目之餐飲店之營業稅稅率為 15%。
2. 酒家及有陪侍之茶室、咖啡廳、酒吧等營業稅稅率則為期 25%。

勤益夜總會銷售額為1,000萬元，其應納稅額若干？

因夜總會之營業稅稅率為15%故計算及分錄如下：

1,000萬 × 15% ＝ 150萬元………應納稅額

稅　捐	$ 1,500,000	
應納稅額		1,500,000

因金融保險業及特種飲食業為非加值型營業稅，其進項稅額不可扣抵應納營業稅額。故其進項稅額不可借記「進項稅額」，而應作為購入商品或勞務之附加成本。每期之營業稅，應列為「稅捐費用」。

三、小規模營業人

規模狹小，平均每月銷售額未達新台幣20萬元者，未使用統一發票，以主管稽徵機關所查定之銷售額，申報繳納營業稅。一般所稱小規模營業人為下列：

（一）農產品批發市場之承銷人及銷售農產品之小規模營業人，其稅率為百分之零點一，但進項稅額可扣抵百分之十。

（二）財政部規定免予申報銷售額之營業人，係指計程車業、娛樂業之說書、遊藝場、撞球場、釣魚場、兒童樂園、動物園、花園暨其他經財政部核定之營業人。其稅率為百分之一。

（三）小規模營業人，依法取得從事按摩資格之視覺功能障礙者經營，且全部由視覺功能障礙者提供按摩勞務之按摩業，及其他經財政部規定免予申報銷售額之營業人，其營業稅稅率為百分之一。

（四）其他經財政部規定免予申報銷售額之營業人。

建國商店為一家小規模免予申報之營業人其查定銷售額為150,000元，其進項稅額為$ 50,000，其應納稅額若干？

150,000 × 1% ＝ 1,500元

50,000× 10% ＝ 5,000元

進項稅額＞銷項稅額

上述釋例因為進項稅額超過查定銷項稅額者，當期免繳納稅額而超過稅額得以留抵次期繼續扣減。

為鼓勵小規模營業人取具載有營業稅額之憑證，營業稅法規定，查定計算營業稅額之營業人，購買營業上使用貨物或勞務，取得載有營業稅額之憑證，並依規定申報者，主管稽徵機關應按其進項稅額 10%，在查定稅額內扣減。若前項稅額 10% 超過查定稅額者，次期得繼續抵扣。其目的在鼓勵小規模營業人索取進項憑證，以強化勾稽作用。

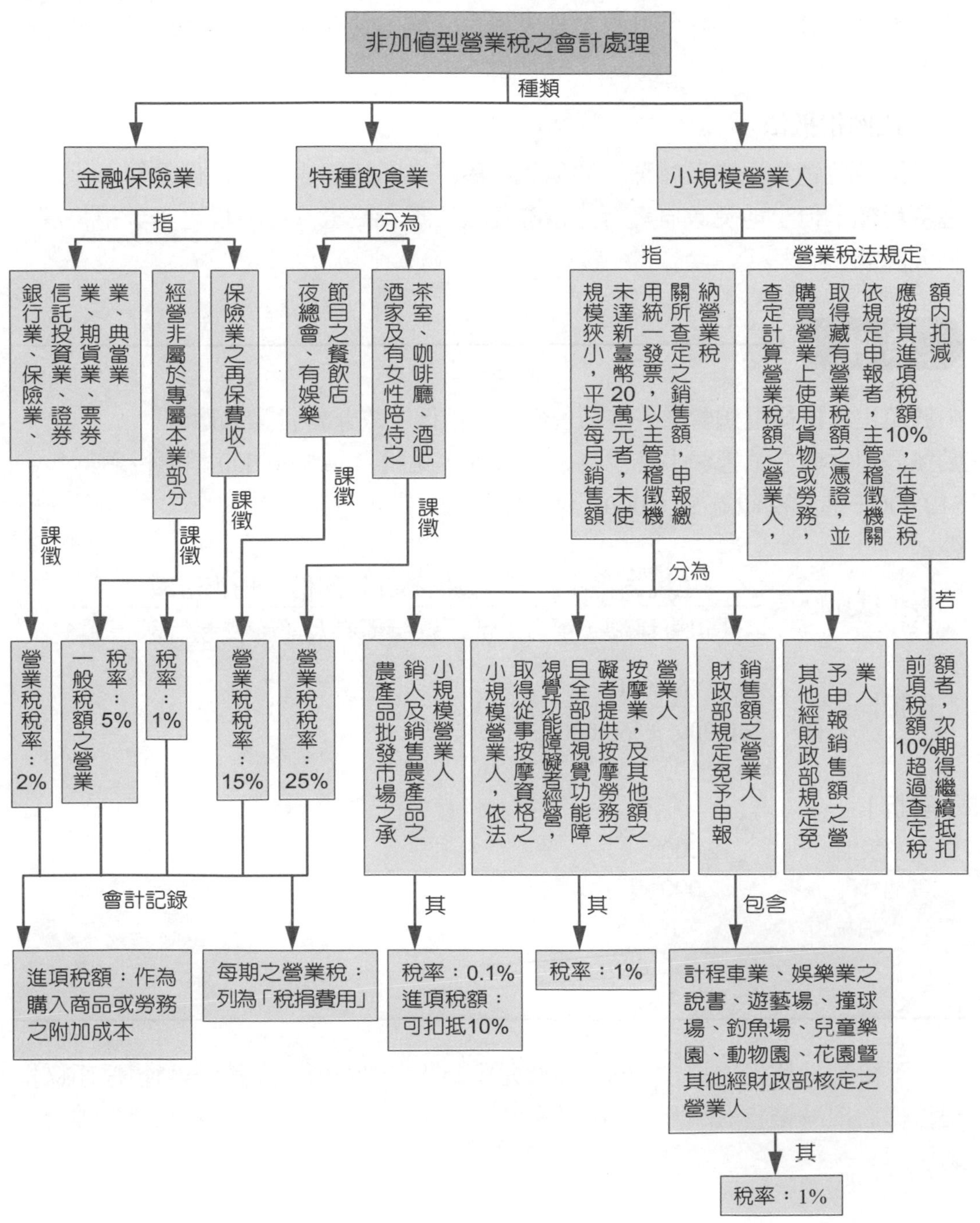

圖 4-5 非加值型營業稅之會計處理概念圖

4.6 兼營稅額計算及會計處理

兼營營業人係指營業人同時兼營應稅、免稅或特種稅額計算之營業人，依營業稅法規定凡是兼營營業人，其進項稅額不得扣抵銷項稅額之比例，每期應依「兼營營業人營業稅額計算辦法」規定計算，其計算方法分為比例扣抵法與直接扣抵法

一、比例扣抵法

按免稅銷售淨額及特種稅率銷售淨額佔全部銷售淨額之比例計算不可扣抵進項稅額。但土地及政府發行之債券及依法應課徵證券交易稅之證券銷售額不列入計算。

範 例

由於免稅及特種稅額營業人進項稅額不得扣抵，故兼營營業人應按

勤益公司當期之銷售額中應稅為 $ 240,000，免稅者為 $ 60,000 銷項稅額為 $12,000，進項稅額為 $ 10,000，則不得扣抵之進項稅額為若干？

公式：

$$\text{不得扣抵比例}=\frac{\text{免稅銷售淨額}+\text{特種稅額計算部份之銷售淨額}}{\text{全部銷售淨額（不含土地、政府債券及證券交易等銷售額）}}$$

$$\text{不得扣抵比例}=\frac{60{,}000}{240{,}000+60{,}000}=20\%$$

【解析】

銷項稅額	12,000	
其他費用	2,000	
進項稅額		10,000
現　金		4,000

不得扣抵比例之進項稅額 2,000 元列為「其他費用」科目，銷售淨額係指銷售總額扣減銷貨退回及折讓後之餘額，但不含土地、政府債券及證券交易等銷售額。

算出不得扣抵比例後由下列公式便可得出應納稅額

應納或溢付稅額＝銷項稅額－（進項稅額－不得扣抵之進項稅額）×（1-當期不得扣抵比例）

範 例

建國公司同時兼營應稅及免稅之營業人，當期購進商品 12,000,000 元，進項稅額為 600,000（含自用乘人小汽車進項稅額 80,000），銷售應稅商品為 16,000,000 元銷項稅額為 800,000 元；銷售免稅商品為 14,000,000 元（含土地價格為 10,000,000 元），其應納稅額若干？

【解析】

$$\text{不得扣抵比例} = \frac{14,000,000 - 10,000,000}{16,000,000 + 14,000,000 - 10,000,000} = 20\%$$

$$\begin{aligned}\text{應納稅額} &= 800,000 - (600,000 - 80,000) \times (1 - 20\%) \\ &= 384,000\end{aligned}$$

二、直接扣抵法

係指按貨物之實際用途計算進項稅額可扣抵銷項稅額之金額，兼營營業人符合下列條件，得向稽徵機關申請核准採用直接扣抵法，經核准後 3 年內不得申請變更。

1. 帳簿記載完備，能明確區分所購買貨物、勞務或進口貨物之實際用途者，得採用直接扣抵。
2. 兼營營業人應將購買貨物、勞務或進口貨物、購買國外之勞務之用途，區分為下 三種，並於帳簿上明確記載：
   (1) 專供經營規定應稅含稅率營業用（以下簡稱專供應稅營業用者）。
   (2) 專供經營免稅及依本法第四章第二節規定計算稅額營業用（以下簡稱專供免稅營業用）者。
   (3) 供共同使用（以下簡稱共同使用）者。

公式：
應納或溢付稅額＝銷項稅額－（進項稅額－不得扣抵之進項稅額 －專供經營免稅營業用貨物或勞務之進項稅額 －共同使用貨物或勞務之進項稅額 × 當期不得扣抵比）

釋例

台中公司當期銷售額為 \$2,000,000 元（其中含有免稅銷售額為 \$400,000），銷項稅額為 80,000 元，當期商品進價為 \$1,290,000 元（其中含有進口免稅價格為 \$90,000 進項稅額為 4,500 元），進項稅額為 64,500 元，進口共同使用之設備為 100,000 元稅額為 5,000 元，其應納稅額為多少？

＝ 80,000 －（64,500 － 0 － 4,500 － 5,000 × 20%）
＝ 80,000 －（64,500 － 0 － 4,500 － 1,000）
＝ 80,000 － 59,000
＝ 21,000

範例

台中公司 102 年 1 至 2 月營業稅資料如下：
1. 進口應稅 A 產品 100 萬，屬專供應稅銷售。
2. 進口應稅 B 產品 10 萬，屬專供免稅銷售。
3. 進口免稅 C 產品 20 萬，屬專供免稅銷售。
4. 國內進貨應稅 D 產品 50 萬，進項稅額 25,000，應稅銷售。
5. 進口 E 設備 10 萬，供應稅銷售及免稅銷售共同使用。

102 年 1 至 2 月共銷售 A 產品 150 萬、B 產品 15 萬、C 產品 25 萬及 D 產品 70 萬。試以直接扣抵法計算其當期應納稅額。

【解析】

1. 先計算全部進項稅額：
   A 產品 1,000,000 × 5%＝ 50,000
   B 產品 100,000 × 5%＝ 5,000
   C 產品 免稅
   D 產品 500,000 × 5%＝ 25,000
   E 設備 100,000 × 5%＝ 5,000
   全部進項稅額合計： 50,000+5,000+25,000+5,000 ＝ 85,000
2. 計算當期不得扣抵比例： 免稅銷售額 ÷ 全部銷售額
   （15 萬 +25 萬）÷（150 萬 +15 萬 +25 萬 +70 萬）＝ 15.38%
   當期銷項稅額＝應稅銷售額 × 5%＝（150 萬 +70 萬）× 5%＝ 11 萬
3. 依照公式，當期應納稅額＝ 110,000-（85,000-5,000-5,000×15.38%）＝ 30,769

三、兼營營業人於當年度最後一期報繳營業稅時之調整

兼營營業人於報繳當年度最後一期營業稅時，應按當年度不得扣抵比例調整稅額後，併同最後一期營業稅額辦理申報繳納，其計算公式如下：（兼營§7）

（一）採用比例扣抵法之兼營營業人：

調整稅額＝當年度已扣抵之進項稅額－（當年度進項稅額－當年度依法規定不得扣抵之進項稅額）×（1－當年度不得扣抵比例）

（二）採用直接扣抵法之兼營營業人：

凡經核准採用直接扣抵法之兼營營業人，於報繳當年度最後一期營業稅時，仍應按當年度不得扣抵比例調整稅額後，併同最後一期營業稅額辦理申報繳納，計算公式如下：（兼營§8-2）

調整稅額＝當年度已扣抵之進項稅額－（當年度進項稅額－當年度不得扣抵之進項稅額－當年度專供免稅營業用之貨物或勞務之進項稅額－當年度共同使用之貨物或勞務之進項稅額）×當年度不得扣抵比例

範例

台中公司係經核准採用直接扣抵法之兼營營業人，應按當年度不得扣抵比例調整稅額後，併同最後一期營業稅額辦理申報繳納，相關資料如下：

1. 當年度已扣抵之進項稅額 2,000 萬元；
2. 當年度進項稅額 3,500 萬元；
3. 當年度依法不得扣抵之進項稅額 400 萬元；
4. 當年度專供免稅營業用之貨物或勞務之進項稅額 500 萬元；
5. 當年度共同使用之貨物或勞務之進項稅額 700 萬元；
6. 當年度不得扣抵比例 40%；

請計算台中公司當年度最後一期報繳營業稅時，調整稅額為若干？

【解析】

經核准採用直接扣抵法之兼營營業人：

調整稅額＝當年度已扣抵之進項稅額－（當年度進項稅額－當年度不得扣抵之進項稅額－當年度專供免稅營業用之貨物或勞務之進項稅額－當年度共同使用之貨物或勞務之進項稅額）×當年度不得扣抵比例

調整稅額＝ 2,000 萬－（3,500 萬－ 400 萬－ 500 萬－ 700 萬 ×40%）＝－ 320 萬

所以應調整稅額為留抵 320 萬

（三）購買國外勞務：依下列公式計算調整

調整稅額＝（當年度購買專供免稅營業用勞務給付額＋當年度購買供共同使用勞務給付額 × 當年度不得扣抵比例）× 5%－當年度購買國外勞務已納營業稅額兼營營業人於年度中開始營業，其當年度實際營業期間未滿 9 個月者，當年度免辦調整，次年度最後一期比照公式調整。

（四）應經會計師或稅務代理人查核簽證

採用直接扣抵法之兼營營業人於調整報繳當年度最後一期之營業稅，具有下情形之一者，應經會計師或稅務代理人查核簽證。

1. 經營製造業者。
2. 當年度銷售金額合計逾新臺幣 10 億元者。
3. 當年度申報扣抵之進項稅額合計逾新臺幣 2 千萬元者

稅務新聞 News

營利事業取得股利收入應列入當年度營業稅最後一期之免稅銷售額申報，按不得扣抵比例計算調整稅額

台中公司為兼營投資業務之營業人在年度中所收取之現金股利或未分配盈餘轉增資股票股利，台中公司為簡化報繳手續，於年度結束，再將全年股利收入淨額，彙總加入當年度最後一期之免稅銷售額申報計算應納或溢付稅額並繳納稅款。並依「兼營營業人營業稅額計算辦法」之規定，按當年度不得扣抵比例計算調整稅額，併同繳納。

依規定（兼營 §7），除了上述之外，如有下列事項者，其兼營營業人於報繳當年度最後一期營業稅時，應按當年度不得扣抵比例調整稅額後，併同最後一期營業稅額辦理申報繳納：1. 兼營營業人申請註銷登記者；2. 年度中辦理停業者；3. 改採直接扣抵法者；4. 合併（撤銷）總繳之當期者；5. 購買國外勞務者。

實務上常發現營業人疏忽未將年度內收取之股利收入併計免稅銷售額申報，或年終最後一期時未予計算調整，致產生虛報進項稅額情形。

資料來源：財政部中區國稅局

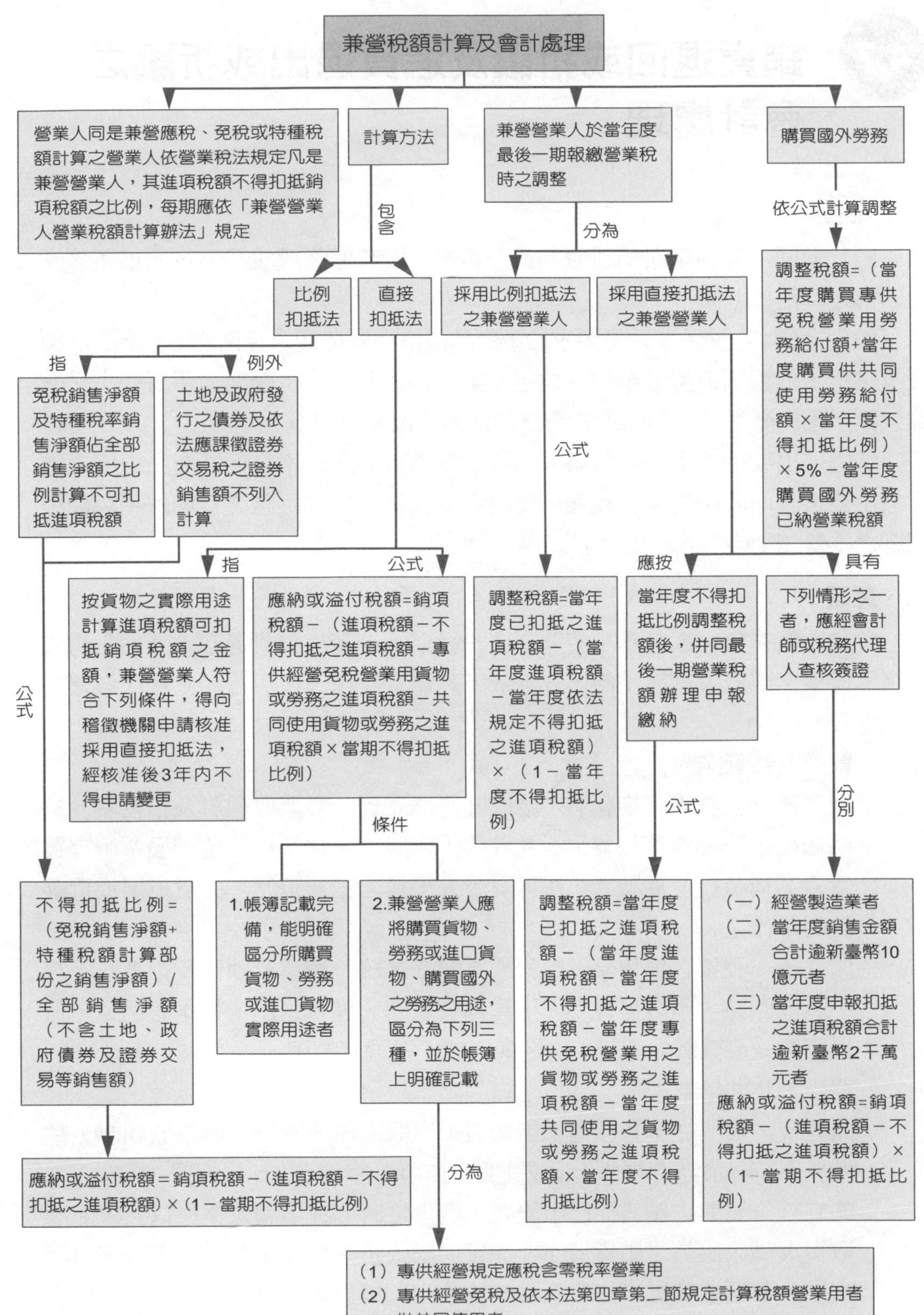

圖 4-6　兼營稅額計算及會計處理概念圖

銷貨退回或折讓及進貨退出或折讓之會計處理

一、定義

銷貨退回：營利事業銷售貨物或勞務後，因有瑕疵或規格不符而被買售人退回稱之「銷貨退回」。

銷貨折讓：若買受人只是要求給予商品價格得減免而未退回商品則稱為「銷貨折讓」。依據加值型營業稅法規定營業人銷貨退回或折讓而退還買受人之營業稅額，應於發生銷貨退回或折讓之當期銷項稅額中扣減之。

進貨退出或折讓：係指營業人因購買商品有瑕疵、不良而將商品退回之進貨退出或折讓而收回之營業稅額，應於發生進貨退出或折讓之當期進項稅額中扣減之（營 §15-2）。

二、憑證

營業人銷售貨物或勞務，於開立統一發票後，發生銷貨退回、調換貨物或折讓等情事，應於事實發生時，分別依下列規定辦理，並另行開立統一發票交付買受人。

（一）買受人為營業人

開立統一發票尚未申報者，應收回原開立統一發票收執聯及扣抵聯，黏貼於原統一發票存根聯上，並註明「作廢」字樣。但原統一發票載有買受之名稱及統一編號者，得以買受人出具之銷貨退回、進貨退出或折讓證明單代之。

開立統一發票之銷售額已申報或原開立之統一發票收執聯及扣抵聯因故不能收回時，應取得買受人出具銷貨退回、進貨退出或折讓證明單。但以原統一發票載有買受人之名稱、統一編號者為限。

（二）買受人為非營業人

開立統一發票之銷售額尚未申報者，應收回原開立統一發票收執聯，黏貼於原統一發票存根聯上，並註明「作廢」字樣。

開立統一發票之銷售額已申報者，發生之時間在申報營業稅以後，除應取得買受人出具之銷貨退回、進貨退出或折讓證明單外，並應收回原開立統一發票收執聯。如收執聯無法收回，得以收執聯影本替代。但雙方訂有買賣契約，且原開立統一發票載有買受人名稱及地址者，可免收回原開立統一發票收執聯。

在稅務上，銷貨退回與折讓應於實現時認列。如，某一營利事業民國 101 年之銷貨於 102 年度發生退回或折讓，應認列為 102 年度退回或折讓處理。

三、會計處理

範例

1. 勤益公司現銷貨物一批總價為 20,000 元，另加收之營業稅額為 1,000 元，共計支付 21,000 元，其分錄如下：

	借	貸
現　金	21,000	
銷貨收入		20,000
銷項稅額		1,000

2. 若該筆銷貨因商品不良而要求全部退回，原借記「現金」，貸記「銷貨收入」及「銷項稅額」。退回時在會計上須借記「銷貨退回」、「銷項稅額」科目及貸計「現金」科目。在損益表上「銷貨退回」作為「銷貨收入」科目之減項，不可直接借記為「銷貨收入」。分錄如下：

	借	貸
銷貨退回	20,000	
銷項稅額	1,000	
現　金		21,000

3. 若該筆銷貨因商品有部分瑕疵，買方要求退回瑕疵 5,000 元，勤益公司同意即退還現金其分錄如下：

	借	貸
銷貨折讓	5 ,000	
銷項稅額	250	
現　金		5,250

營業人前期之銷貨（進貨）於本期發生之退回或折讓（退出或折讓），其因而退還（收回）之營業稅額，應自本期銷項稅額（進項稅額）中扣減之。因為銷項稅額是係屬負債類，故扣減不受跨年度之影響。

4. 因進貨商品有瑕疵、不良或品質不佳時，營業人因進貨退回或折讓而收回營業稅額，應於發生進貨退回及折讓之進項稅額中扣減之。

假如建國公司向勤益公司賒購一批商品，進價為 10,000 元，營業稅額為 500 元，因品質不佳，遭全部退回，其兩家公司分錄如下：

建國公司

科目	借	貸
進　貨	$ 10,000	
進項稅額	500	
應付帳款		10,500
應付帳款	10,500	
進貨退回		10,000
進項稅額		500

勤益公司

科目	借	貸
應收帳款	$ 10,500	
銷項稅額		500
銷貨收入		10,000
銷貨退回	10,000	
銷項稅額	500	
應收帳款		10,500

四、營業人銷貨退回、進貨退出或折讓證明單格式如下

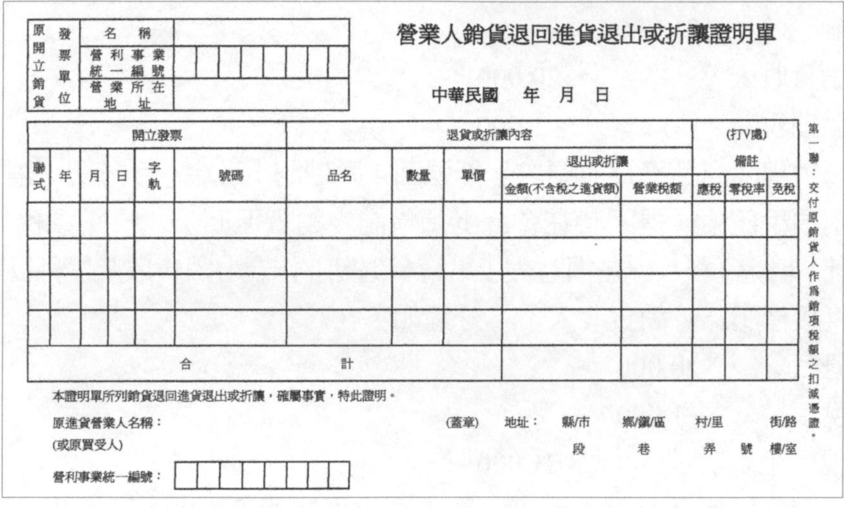

營業人銷貨退回進貨退出或折讓證明單

原開立銷貨發票單位	
名　稱	
營利事業統一編號	
營業所在地址	

中華民國　年　月　日

開立發票						退貨或折讓內容					(打V處) 備註		
聯式	年	月	日	字軌	號碼	品名	數量	單價	退出或折讓 金額(不含稅之進貨額)	營業稅額	應稅	零稅率	免稅
合　計													

本證明單所列銷貨退回進貨退出或折讓，確屬事實，特此證明。

原進貨營業人名稱：　(蓋章)　地址：　縣/市　鄉/鎮/區　村/里　街/路

(或原買受人)　段　巷　弄　號　樓/室

營利事業統一編號：

第一聯：交付原銷貨人作爲銷項稅額之扣減憑證。

圖 4-7 營業人銷貨退回、進貨退出或折讓證明單

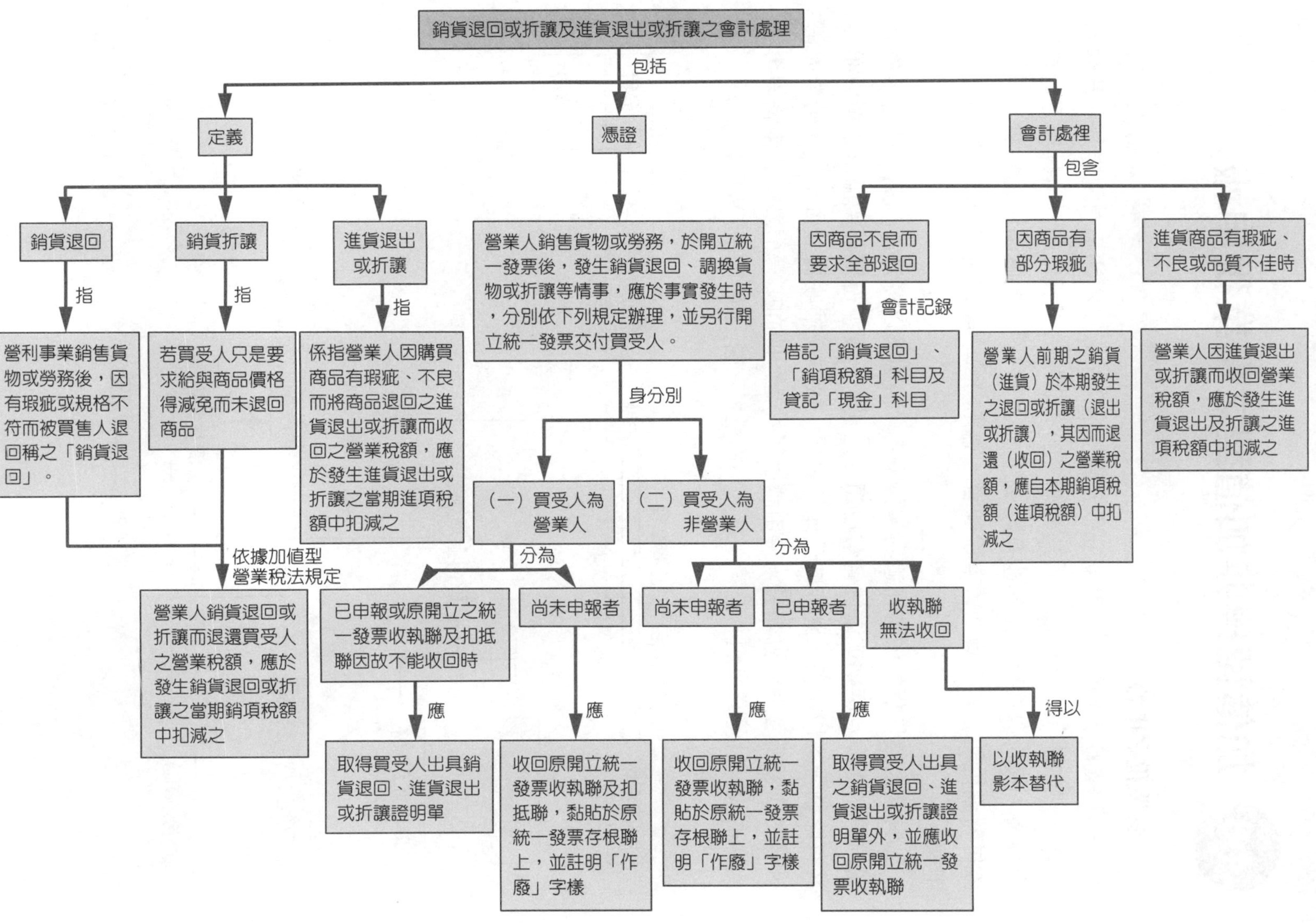

圖 4-8 銷貨退回或折讓及進貨退出或折讓之會計處理概念圖

4.8 加值型與非加值型之營業稅申報

一、營業稅之申報

納稅義務人應依營業稅第三十五條規定營業人除本法另有規定外，營業人不論有無銷售額，應以每二月為一期，於次期開始十五日內，填具規定格式之申報書，檢附退抵稅款及其他有關文件，向主管稽徵機關申報銷售額、應納或溢付營業稅額。其有應納營業稅額者，應先向公庫繳納後，檢同繳納收據一併申報。

營業人銷售貨物或勞務適用零稅率者，得申請以每月為一期向主管稽徵機關申報銷售額及應納或溢付營業稅額，但同一年度不得變更或溢付營業稅額。其有應納營業稅額者，應先向公庫繳納後，檢同繳納收據一併申報。營業人銷售貨物或勞務適用零稅率者，得申請以每月為一期向主管稽徵機關申報銷售額及應納或溢付營業稅額，但同一年度不得變更，營業稅申報流程圖如下：

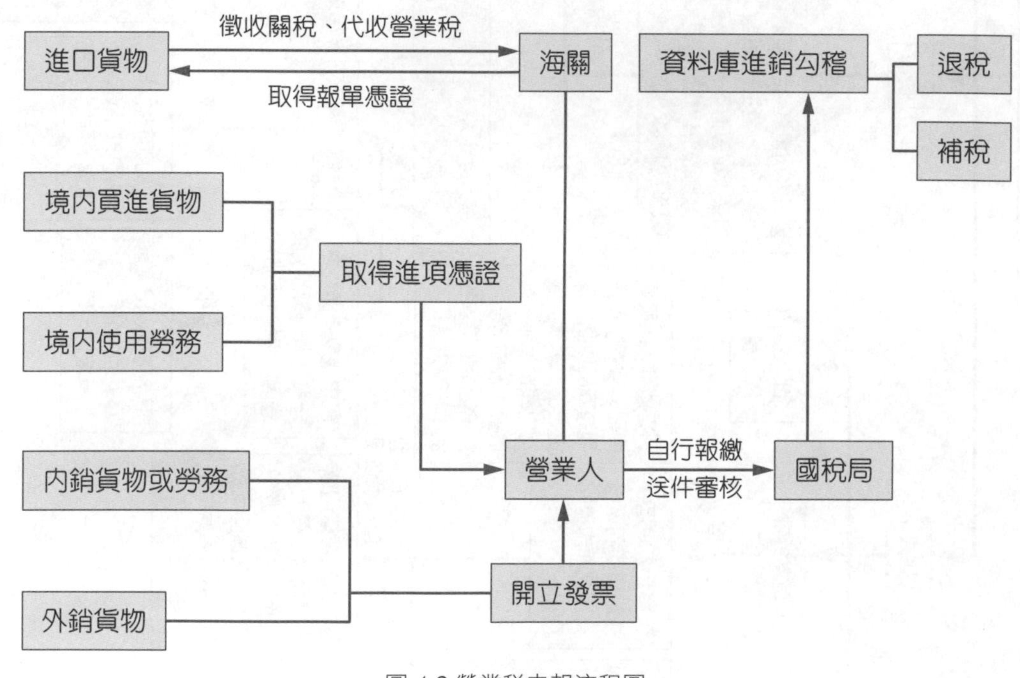

圖 4-9 營業稅申報流程圖

4.8.1 傳統申報

傳統申報方式之種類及應檢附文件如下：

一、傳統申報方式

書寫統一發票明細表、進項憑證封面（依類別訂成冊附上發票扣抵聯），連同營業稅申報書，至國稅局辦理申報。

（一）營業稅傳統人工之進銷憑證須依類別訂成冊申報，進項憑證先區分可扣抵及不可扣抵進項憑證，不可扣抵進項憑證不得扣抵銷項稅額且不需申報。

（二）可扣抵部分應再區分為每張稅額5佰元以下（含5佰元）及5佰元以上，5佰元以上進項憑證依「三聯式發票」及「載有稅額其他憑證」予以區別後，再分別按「進項及費用」及「固定資產」逐一歸類，每1百張以白色進項憑證封面裝訂成冊，並在每張右下角依順序編號，號碼00至99，其他憑證之裝訂亦同。另外，每張稅額5佰元以下（含5佰元）之進項憑證，亦應比照上開方式分類，對於不同月份之每張稅額5佰元以下（含5佰元）進項憑證可裝訂成1冊，惟應按交易月份先後順序裝訂，每1百張使用每張稅額5佰及5佰元以下專用進項憑證封面（藍色）裝訂成冊。

（三）銷項憑證：依銷項發票之類別分別填寫銷項發票明細表，並蓋上統一發票專用章。

（四）營業稅申報書：依據進、銷項憑證之類別及金額填列營業稅申報書，並蓋上統一發票專用章。

二、申請人應備文件有

（一）營業人銷售額及稅額申報書。

（二）營業稅繳款書。

（三）統一發票明細表。

（四）退抵款稅及其他有關文件：

1. 載有營業稅額之統一發票扣抵聯。
2. 載有營業人統一編號之收銀機統一發票收執聯影本。
3. 經財政部核定載有營業稅額憑證之影本。
4. 銷貨退回、進貨退出折讓證明書。
5. 零稅率文件。
6. 國防單位出具之證明文件。

（五）購票證。
（六）當期申購統一發票。

4.8.2 媒體申報

將所有銷貨發票與可扣抵之進項發票的字軌號碼與金額與稅額以及對方統編資料鍵入在電腦營業稅申報媒體檔上，然後在將資料轉檔在磁片裡面，另外要在列印媒體檔案遞送單及稅額申報書（401 表），有免稅者要印（403 表），再填寫繳款書，繳完稅後連同以上遞送單與磁片和 401 表（403 表）一起送到所屬國稅局或地方稅務局申報

一、媒體申報方式

（一）營業人首次採用電磁紀錄媒體申報營業稅、變更申報代理人、聯絡電話、傳真等聯絡資訊、媒體種類等資料異動者，應於該次申報送件時，填具營業人或代理申報人之聯絡資料並載明採用之媒體種類，一併向稽徵機關申報核備。

（二）營業人之總機構得向所在地稽徵機關，申請由總機構彙總以電磁紀錄媒體辦理申報其所有其他固定營業場所之進、銷項營業資料。申請時，應檢附「營業人申請由總機構申報進銷項媒體資料所屬單位明細表」，分支機構新增或註銷時亦同。總機構所在地稽徵機關應於核准時覆知分支機構所在地稽徵機關。

（三）經財政部核准由總機構合併申報銷售額、應納或溢付營業稅額者，總機構應將本身及其合併申報之營業人銷售額與稅額申報書錄製於同一媒體檔案。

（四）營業人以網際網路辦理營業稅申報完成者，視同已向稽徵機關核備以電磁紀錄媒體申報。

二、電磁紀錄媒體繳稅流程

申報資料（進、銷項營業資料或營業人銷售額與稅額申報書、直接扣抵法相關附表及零稅率銷售額清單）媒體化，以磁片、光碟等媒體錄製檔案辦理申報；如有應納稅額者，應先向公庫繳納或利用網際網路繳納，檢同金融機構加蓋收款戳章之繳納收據或自行列印網際網路繳稅完成之繳稅交易資料替代前項繳納收據，一併申報。

三、進（銷）項媒體申報流程

（一）進項憑證：進項憑證區分可扣抵及不可扣抵進項憑證

不可扣抵進項憑證不得扣抵銷項稅額且不需申報。

可扣抵部分再依據其憑證類別區分為「三聯式發票」、「三聯式收銀機發票」、「載有稅額之其他憑證」、「海關代徵營業稅繳納證」及「退出、折讓及海關退還溢繳稅款」予以區別後，再分別按「進項及費用」及「固定資產」逐一歸類登打至電腦。

（二）銷項憑證：依銷項發票之類別分別登打至電腦。

進項憑證按月分類裝訂。而統一發票空白未使用部分自行截角作廢；收銀機統一發票空白未使用部分繳回稽徵機關銷毀，申請書向各分局免費洽取。

四、申請人應備文件有

（一）營業人銷售額及稅額申報書。

（二）營業稅繳款書。

（三）進（銷）項媒體。

（四）媒體檔案遞送單。

（五）空白未使用收銀機統一發票。

（六）作廢及空白未使用之統一發票字軌及號碼資料，但於電磁紀錄媒體檔案內註明者免附。

（七）其他證明文件。

4.8.3 網路申報

網路申報是將要申報之銷貨發票與進項可扣抵發票之字軌號碼與金額與稅額與對方統一編號等資料全部鍵在電腦營業稅申報媒體檔上（到這裡程序與媒體相似），唯一不同的是，將以上資料全部鍵好之後，只要在自家就可以把銷貨發票資料與進項發票資料，利用電腦網路上傳到國稅局，等國稅局收到之後，就會回傳收件完成的編號，收到編號就算完成報稅申報的動作，事後再自行開立繳款單去金融機構或農會繳稅就可以。

一、網路申報流程

營業人經取具身分憑證或於報稅網站自訂密碼，得以同時載有進、銷項、營業人銷售額與稅額申報書、直接扣抵法相關附表、零稅率銷售額清單及特定營業人辦理外籍旅客現場小額退稅代墊稅款及代為繳納稅款相關附表等電子資料，以電子傳輸方式辦理申報。

二、網路申報檢核之電子資料

電子資料係指經財政部電子申報繳稅系統之檢核程式，執行前端審核作業完成之下列資料：

（一）營業人銷售額與稅額申報書。

（二）進項營業資料：

1. 統一發票扣抵聯。
2. 載有營業人統一編號之三聯式收銀機統一發票收執聯影本。
3. 進貨退出或進貨折讓證明單。
4. 海關代徵營業稅繳納證扣抵聯。
5. 海關退還溢繳營業稅申報單。
6. 營業人購買舊乘人小汽車及機車進項憑證明細表資料。購入時係屬加值 型及非加值型營業稅法，第十九條第一項第五款規定不得扣抵者，不得列入。
7. 載有買受人名稱、地址及統一編號之水、電、瓦斯等公用事業開立之收據 扣抵聯。
8. 營業人須與他人共同分攤之水、電、瓦斯等費用所支付之進項稅額，為水、電、瓦斯等憑證之影本及分攤費用稅額證明單。
9. 員工出差取得運輸事業開立之火（汽）車、高鐵、船舶、飛機等收據或票根之影本。
10. 海關拍賣或變賣貨物填發之貨物清單扣抵聯；法院及法務部行政執行署所屬行政執行處拍賣或變賣貨物，由稽徵機關填發之營業稅繳款書扣抵聯。
11. 其他經財政部核定載有營業稅額之憑證或影本。

（三）銷項營業資料

1. 發票明細表（含作廢、空白未使用之統一發票字軌及號碼資料、申購當期發票及經稽徵機關核准使用非當期發票均須申報）。
2. 銷貨退回或銷貨折讓證明單。
3. 免用統一發票。

（四）直接扣抵法相關附表資料（不包括兼營營業人採用直接扣抵法營業稅額調整計算表）：

1. 營業人採用直接扣抵法進項稅額分攤明細表。
2. 營業人採用直接扣抵法購買國外勞務應納營業稅額計算表。

（五）營業人申報適用零稅率銷售額清單資料。

（六）特定營業人辦理外籍旅客現場小額退稅代墊稅款及代為繳納稅款相關附表資料：

1. 辦理外籍旅客現場小額退稅代墊稅款及代為繳納稅款彙總表。
2. 辦理外籍旅客現場小額退稅之代墊稅款申報扣減清冊。
3. 為外籍旅客代為繳納稅款清冊。

三、繳納稅款

營業人有應納稅額者，得使用晶片金融卡、信用卡（限獨資、合夥組織之營業人，使用負責人本人持有之信用卡，且係採用網際網路方式申報者）繳納稅款。說明如下：

（一）現金繳稅

1. 金融機構繳稅：營業人持以營業稅電子申報繳稅系統或財政部稅務入口網列印附條碼之繳款書至各代收稅款金融機構以現金或票據繳納稅款。
2. 便利商店繳稅：營業人持以營業稅電子申報繳稅系統或財政部稅務入口網列印附條碼之繳款書，其應自行繳納稅額在新臺幣二萬元以下案件，得以現金至便利商店繳納稅款。作業細節請參閱「稽徵機關委託便利商店代收稅款作業要點」。

（二）晶片金融卡繳稅

1. 營業人持已參與晶片金融卡繳稅作業金融機構所核發之晶片金融卡，透過網際網路即時扣款轉帳繳稅。
2. 營業人採網際網路繳納營業稅稅款而未採網際網路申報者，應列印網際網路繳稅完成之交易紀錄明細表代替繳納收據辦理營業稅申報。

（三）信用卡繳稅：以電子申報繳稅系統申報營業稅之獨資、合夥組織之營業人，僅限使用負責人本人持有已參加信用卡繳稅之發卡機構所核發之信用卡繳納稅款，作業細節請參閱「信用卡繳納申報自繳稅款作業要點」。

四、申請人應備文件

（一）營業人申報適用零稅率銷售額清單及證明文件，但僅經海關出口者免附。

（二）兼營營業人營業稅額調整計算表或兼營營業人採用直接扣抵法營業稅額調整計算表。

（三）旅行業開立之代收轉付收據明細表。

（四）空白未使用收銀機統一發票及銷燬清冊。（自 99 年 2 月 1 日起可自行銷毀者免付）

（五）作廢及空白未使用之統一發票字軌及號碼資料，但於網際網路傳輸檔案內註明者免附。

（六）其他依營業稅法相關規定應檢附之文件。

網路申報營業稅相關事項申請書

申請日期：　年　月　日

營利事業統一編號	
稅籍編號	

營業人名稱			
負責人姓名		身分證統一編號	
營業地址	縣（市）（區）村 路 段 巷 弄 號 樓 市（鎮）（鄉）里 街 室		
聯絡人姓名			
聯絡方式 傳真		聯絡電話	
聯絡方式 Email		行動電話	

申辦項目（請於☐勾選欲申辦項目）	說明（請在適當☐內打「ˇ」）
☐由總機構彙總申報進銷項媒體資料（網路申報專用）	本公司（行號）於 ____ 年 ____ 月 ____ 日經財政部核准合併總繳（申辦要件）。 申請自 ____ 年 ____ 月 ____ 日起由總機構彙總申報進銷項媒體資料。 檢附營業人申請由總機構彙總申報進銷項媒體資料所屬單位明細表 1 份。
☐代理所屬分支機構網路整批申報營業稅（總機構營業人專用）	申請自申報 ____ 年 ____ 月（期）營業稅資料起，由本公司（總機構）代理所屬分支機構辦理整批網際網路申報營業稅。 檢附分支機構營業人委託總機構代理申請營業稅網路整批申報委託人明細表 1 份。 本公司及所代理之分支機構，如未依規定期限辦理申報或申報不實，致違反稅法規定，本公司及分支機構願承擔一切責任。
☐委任代理人辦理網路整批申報營業稅	1. 自 ____ 年 ____ 月 ____ 日起委任 ________________（受任人名稱），以其身分代為辦理網際網路申報營業稅，受任人如未依規定期限辦理申報或申報不實，致違反稅法規定，委任人願承擔一切責任。 2. 檢附委任書 1 份。

營利事業蓋章	負責人蓋章	備註

圖 4-10 網路申報營業稅相關事項申請書

4.8.4 填寫營業稅申報書

加值型營業稅之營業人於每期辦理營業稅申報時，應填寫專供應稅營業人使 用之銷售額與稅額申報書（簡稱 401 申報書）；填寫範例如下（如表二）：

台中公司於民國 97 年 1 月份發生營業稅相關交易如下：

（一）開立三聯式統一發票 100 份，合計應稅銷售額 6,000,000 元，稅額 300,000 元。

（二）開立二聯式統一發票 120 份，合計應稅金額 2,100,000 元。

（三）零稅率銷售額 3,000,000 元。

（四）前期銷貨及折讓 300,000 元，稅額 15,000 元於本期發生退回。

（五）三聯式統一發票扣抵聯中，進貨及費用合計金額 5,000,000 元，稅額 250,000 元。

（六）二聯式統一發票之進貨及費用合計金額 52,000 元，其中含稅額 2,600 元。

（七）上期進貨於本期發生退出及折讓 100,000 元，稅額 5,000 元。

（八）統一發票扣抵聯中，取得固定資產合計金額 1,000,000 元，稅額 100,000 元。

（九）取得固定資產，已由海關代徵營業稅金額為 400,000 元，稅額 20,000 元。

（十）上期累積留抵稅額 37,400 元。

附件 5-4-2-1

第一聯：申報聯　營業人持向稽徵機關申報。
第二聯：收執聯　營業人於申報時併同申報聯交由稽徵機關核章後作為申報憑證。

(機關全銜)營業人銷售額與稅額申報書（401）

（一般稅額計算－專營應稅營業人使用）

所屬年月份：　年　－　月　　金額單位：新臺幣元

統一編號	
營業人名稱	
稅籍編號	

註記欄	核准按月申報	
	核准合併總繳單位：總機構彙總報繳	
	核准合併總繳單位：各單位分別申報	

負責人姓名		營業地址	縣市　鄉鎮市區　路街　段　巷　弄　號　樓　室	使用發票份數	份

銷項

項目 ＼ 區分	應稅 銷售額	應稅 稅額	零稅率銷售額
三聯式發票、電子計算機發票	1	2	3(非經海關出口應附證明文件者)
收銀機發票(三聯式)及電子發票	5	6	7
二聯式發票、收銀機發票（二聯式）	9	10	11(經海關出口免附證明文件者)
免用發票	13	14	15
減：退回及折讓	17	18	19
合計	21①	22②	23③
銷售額總計 ①＋③	25⑦　元（內含銷售固定資產 27　元）		

稅額計算

代號	項目		稅額
1	本期(月)銷項稅額合計	② 101	
7	得扣抵進項稅額合計	⑨＋⑩ 107	
8	上期(月)累積留抵稅額	108	
10	小計（7＋8）	110	
11	本期(月)應實繳稅額(1－10)	111	
12	本期(月)申報留抵稅額(10-1)	112	
13	得退稅限額合計	③ ×5%＋⑩ 113	
14	本期(月)應退稅額(如12>13,則為13;13>12,則為12)	114	
15	本期(月)累積留抵稅額(12-14)	115	

本期（月）應退稅額處理方式：□ 利用存款帳戶劃撥　□ 領取退稅支票

進項

項目 ＼ 區分		得扣抵進項稅額 金額	得扣抵進項稅額 稅額
統一發票扣抵聯（包括一般稅額計算之電子計算機發票扣抵聯）	進貨及費用	28	29
	固定資產	30	31
三聯式收銀機發票扣抵聯及一般稅額計算之電子發票	進貨及費用	32	33
	固定資產	34	35
載有稅額之其他憑證（包括二聯式收銀機發票）	進貨及費用	36	37
	固定資產	38	39
海關代徵營業稅繳納證扣抵聯	進貨及費用	78	79
	固定資產	80	81
減：退出、折讓及海關退還溢繳稅款	進貨及費用	40	41
	固定資產	42	43
合計	進貨及費用	44	45⑨
	固定資產	46	47⑩
進項總金額（包括不得扣抵憑證及普通收據）	進貨及費用	48　元	
	固定資產	49　元	
進口免稅貨物		73　元	
購買國外勞務		74　元	

保稅區營業人按進口報關程序銷售貨物至我國境內課稅區之免開立統一發票銷售額　82　元

申報單位蓋章處（統一發票專用章）	核收機關及人員蓋章處
附 1.統一發票明細表　份 2.進項憑證　冊　份 3.海關代徵營業稅繳納證　份 4.退回(出)及折讓證明單、海關退還溢繳營業稅申報單　份 5.營業稅繳款書申報聯　份 6.零稅率銷售額清單　份 申報日期：　年　月　日	核收日期：　年　月　日

申辦情形	姓名	身分證統一編號	電話	登錄文（字）號
自行申報				
委任申報				

說明
一、本申報書適用專營應稅及零稅率之營業人填報。
二、如營業人申報當期（月）之銷售額包括有免稅、特種稅額計算銷售額者，或經稽徵機關核准辦理現場小額退稅之特定營業人，請改用（403）申報書申報。

紙張尺度(250 x350)公厘

圖 4-11 營業稅額申報書

4.9 營業稅申報期限

一、自動報繳期限

除經財政部規定免予申報銷售額之營業人或營業稅法另有規定外，應填具規定格式之申報書及其他有關文件，向主管稽徵機關申報，其課稅方法、適用範圍及報繳期限如下：

課稅方法

- 一、自動報繳方法
  - 1. 一般營業人 —報繳期限→ 以每二個月為一期於次期單月15日前報繳
  - 2. 適用零稅率之營業人 —報繳期限→ 以每月為一期，次月15日前報繳
  - 3. 國外勞務買受人 —報繳期限→ 給付報酬之次期15日內
  - 4. 外國國際運輸事業代理人 —報繳期限→ 載運客、貨出境之次期15日前。
  - 5. 國外技藝表演業 —報繳期限→ 演出結束後15日內或離境前
- 二、查定課稅方法
  - 1. 典當業及小規模營業人之期限
    - A. 應於1、4、7、10月5日前申報扣減之進項稅額。
    - B. 稽徵機關於1、4、7、10月底前核定銷售額及應納稅額。
    - C. 應於稅單送達之次日起10日內繳納稅款。
  - 2. 特種飲食業之期限
    - A. 每月月底前查定
    - B. 稅單送達之次日起10日繳納
- 三、海關代徵範圍：貨物進口時即應課營業稅者
  海關報繳期限：自海關填發稅款繳納證之14日起內繳納
- 四、逕行核定範圍：營業人有逾期未申報銷售額等情形者
  報繳期限：稅單送達之10日起內繳納

圖 4-12 報繳期限、課稅方法及適用範圍申請流程圖

二、一般申報營業稅應檢附之證明文件

營業人應依本法不論有無銷售額，應以 2 個月為一期，並於次期開始 15 日內，填具規定格式申請書，檢附退抵稅款及其他有關文件，向主管機關申報銷售額、應納或溢付營業稅額。其有應納或溢納營業稅額者，應先向公庫繳納後，檢同繳納收據一併申報（營 §35），應付有關文件如下：

（一）載有營業稅額之統一發票扣抵聯。

（二）載有營業稅額之海關代徵營業稅繳納證扣抵聯。

（三）載有營業人統一編號之收銀機統一發票收執聯影本。

（四）經財政部核定載有營業稅額憑證之影本。

（五）銷貨退回、進貨退出或折讓證明。

（六）第 11 條規定適用零稅率應具備之文件。

（七）第 14 條規定之證明。

三、經申請核准者，進、銷項資料得以磁帶或磁片媒體代替應檢附之證明文件

（一）營利事業所得稅委託會計師查核簽證申報者。

（二）經核准使用藍色申報書申報營利事業所得稅者。

（三）股份有限公司組織，且股票已上市者。

（四）連續營業三年以上，每年營業額達 1 億元以上，且申報無虧損者。

（五）進項憑證扣抵聯數量龐大者。

四、適用零稅率應檢附之證明文件（營細 §11）

（一）外銷貨物除報經海關出口，免檢附證明文件外，委由郵政機構或依快遞貨物通關辦法規定經海關核准登記之快遞業者出口者，其離岸價格在新臺幣五萬元以下，為郵政機構或快遞業者掣發之執據影本；其離岸價格超過新臺幣五萬元，仍應報經海關出口，免檢附證明文件。

（二）與外銷有關之勞務，或在國內提供而在國外使用之勞務，取得外匯結售或存入政府指定之銀行者，為政府指定外匯銀行掣發之外匯證明文件；取得外匯未經結售或存入政府指定之銀行者，為原始外匯收入款憑證影本。

（三）依法設立之免稅商店銷售貨物與過境或出境旅客者，為經監管海關核准以電子媒體儲存載有過境或出境旅客護照或旅行證件號碼之售貨單。但設在國際機場、港口管制區內之免稅商店，其售貨單得免填列過境或出境旅客護照或旅行證件號碼。

（四）銷售貨物或勞務與保稅區營業人供營運使用者，除報經海關視同出口之貨物，免檢附證明文件外，為各該保稅區營業人簽署之統一發票扣抵聯。
（五）經營國際間之運輸者，為載運國外客貨收入清單。
（六）銷售國際運輸用之船舶、航空器及遠洋漁船者，為銷售契約影本。
（七）銷售貨物或提供修繕勞務與國際運輸用之船舶、航空器及遠洋漁船者，除報經海關出口之貨物，免檢附證明文件外，為海關核發已交付使用之證明文件或修繕契約影本。
（八）保稅區營業人銷售貨物與課稅區營業人未輸往課稅區而直接出口者，為銷售契約影本、海關核發之課稅區營業人報關出口證明文件。
（九）保稅區營業人銷售貨物與課稅區營業人存入自由港區事業或海關管理之保稅倉庫、物流中心以供外銷者，為銷售契約影本、海關核發之視同出口或進口證明文件。
（十）其他經財政部核定之證明文件。

五、應申報繳款之機構

（一）營業人之總機構及其他固定營業場所，設於中華民國境內各地區者，原則上應分別向主管稽徵機關申報銷售額、應納或溢付營業稅額（營 38-1）。
（二）本法第四章第一節規定計算稅額之營業人，得向財政部申請核准，就總機構及所有營業場所銷售之貨物或勞務，由總機構合併向所在地主管稽徵機關申報銷售額或溢付營業稅額（營 §38-2）。
（三）其所有其他固定營業場所有註銷登記時，該固定營業場所溢付之營業稅，應由總機構留抵應納營業稅所（營細 §40）。

六、營業人之申報事項、時間及適用範圍

將營業人之事項、時間、適用範圍做個彙總，如表 4-2：

表 4-2 營業人之事項、時間、適用範圍

事項	時間	行為者	適用對象
申請營業登記	開業前	營業人	營業人
變更營業登記	變更日起 15 日內	營業人	營業人
註銷營業登記	合併、轉讓、解散或廢止之日起 15 日內	營業人	營業人
停業復業申報核備	停業復業前	營業人	營業人
清算營業登記	清算期間屆滿之日起 15 日內	營業人	營業人
設帳	平時	營業人	營業人
登帳	平時	營業人	營業人
給予憑證	平時	營業人	營業人
申報銷售額	次期 15 日前	營業人	申報課稅之營業人
繳納稅款	次期 15 日前	營業人	申報課稅之營業人
退還稅款	次期 15 日前	稽徵機關	申報課稅之營業人
申報進項憑證	1、4、7、10 月 5 日前	查定課稅之小規模營業人等	查定課稅之小規模營業人等
核定銷售額及稅額	1、4、7、10 月底	稽徵機關	查定課稅之小規模營業人等及查定課稅之典當業
核定銷售額及稅額	每月月底前	稽徵機關	查定課稅之特種飲食業
繳納稅款	稅單送達後 10 日內	查定課稅之營業人	查定課稅之營業人
核課期間內	核定銷售額及稅額	稽徵機關	納稅義務人
徵收稅額	徵收期間內	稽徵機關	納稅義務人

4.10 加值與非加值型營業稅之處罰

有關加值型及非加值型營業稅法所規定罰則如下：

一、未根據規定申請營業登記者之處罰營業人未依規定申請營業登記者，除通知限期補辦外，處 1,000 元以上 10,000 元以下罰鍰；逾期仍未補辦者，得連續處罰。（營 §45）

二、未依法辦理變更註銷、暫停營業、復業等登記或登記事項之處罰依法辦理申請變更、註銷登記或申報暫停營業、復業者，除通知限期改正或補辦外，應處 500 元以上 5,000 元以下罰鍰；逾期仍未改正或補辦者，得連續處罰，並得停止其營業。（營 §46）

三、 未依規定設置帳簿或記載者或保存憑證者之處罰

（一）未依規定設置帳簿或不依規定記載者處新台幣 3,000 元以上 7,500 元以下罰鍰，應於 1 個月內依規定設置或記載；期滿仍未依規定設置或記載者，處新台幣 7,500 元以上 15,000 元以下罰鍰，並再通知於 1 個月內依規定設置或記載，期滿未依規定設置或記載者，應予停業處分，至依規定設置或記載帳簿時，始予復業。（稽 §45）

（二）不依規定保存憑證者，經查明認定之總額處 5% 罰鍰。（稽 §44）

四、申報滯報怠報之處罰

營業人應於規定期限內申報；若未依規定期限申報銷售額或統一發票票明細表者有下列之處罰：（營 §49）

（一）未逾 30 日者，每逾 2 日按應納稅額加徵 1% 滯報金，金額不得少於 400 元，最高不得多於 4,000 元。

（二）逾 30 日者，按核定應納稅額加徵 30% 怠報金，金額不得少於 1,000 元最高不得多於 10,000 元。

（三）無應納稅額者，滯報金為 400 元，怠報金為 1,000 元。

五、繳納稅款或滯報金、怠報金逾期者之處罰

納稅義務人，逾期繳納稅款或滯報金、怠報金者，應自繳納期限屆滿之次日起，每逾 2 日按滯納之金額加徵 1% 滯納金；逾 30 日仍未繳納者，除移送法院強制執行外，並得停止其營業。（營 §50-1）

六、漏稅之處罰

納稅義務人，有下列情形之一者，除追繳稅款外，按所漏稅額處五倍以下罰鍰，並得停止其營業：（營 §51）

（一）未依規定申請營業登記而營業者。

（二）逾規定期限三十日未申報銷售額或統一發票明細表，亦未按應納稅額繳納營業稅者。

（三）短報或漏報銷售額者。

（四）申請註銷登記後，或經主管稽徵機關依本法規定停止其營業後，仍繼續營業者。

（五）虛報進項稅額者。

（六）逾規定期限三十日未依第三十六條第一項規定繳納營業稅者。

（七）其他有漏稅事實者：納稅義務人有前項第五款情形，如其取得非實際交易對象所開立之憑證，經查明確有進貨事實及該項憑證確由實際銷貨之營利事業所交付，且實際銷貨之營利事業已依法補稅處罰者，免依前項規定處罰。

七、減免處罰標準

（一）漏稅金額在一定標準以下者，免予處罰（違減 §15-1）

1. 每期所漏稅額在新台幣 2,000 元以下者。
2. 海關代徵營業稅之進口貨物，其所漏稅額在新台幣 5,000 元以下者。

（二）情節輕微者，減輕或免予處罰（違減 §15-2、§16）

1. 使用電磁紀錄媒體申報營業稅之營業人，因登錄錯誤，其多報之進項稅額占該期全部進項稅額之比率及少報之銷項稅額占該期全部銷項稅額之比率，均在百分之五以下者。
2. 使用網際網路申報營業稅之營業人，因登錄錯誤，其多報之進項稅額占該期全部進項稅額之比率及少報之銷項稅額占該期全部銷項稅額之比率，均在百分之七以下者。
3. 開立電子發票之份數占該期申報開立統一發票總份數之比率在百分之五以上之營業人，其少報之銷項稅額占該期全部銷項稅額之比率在百分之七以下者。
4. 接收電子發票之份數占該期申報進項統一發票總份數之比率在百分之五以上之營業人，其多報之進項稅額占該期全部進項稅額之比率在百分之五以下者。
5. 申報進口貨物短報或漏報完稅價格，致短報或漏報營業稅額，而申報進口時依規定檢附之相關文件並無錯誤，且報關人主動向海關申報以文件審核或貨物查驗通關方式進口貨物之案件。

學習評量

一、選擇題

(　) 1. 依查定計算營業稅額之營業人購買營業上使用之貨物或勞務，若取得載有營業稅額之憑證並依規定申報者，主管稽徵機關應按其進項稅額百分之幾，在查定稅額內扣減？
(A) 百分之零點一　(C) 百分之五
(B) 百分之一　(D) 百分之十　【103 年初等考】

(　) 2. 依加值型及非加值型營業稅法規定，下列何者不適用零稅率之規定？
(A) 外銷貨物
(B) 在國外提供及使用之勞務
(C) 與外銷有關之勞務
(D) 銷售與保稅區營業人供營運之貨物或勞務　【103 年初等考】

(　) 3. 下列何者須課徵娛樂稅？
(A) 勞軍活動晚會
(B) 學校舉辦不收費的耶誕舞會
(C) 學校舉辦不收費的演唱會
(D) 高爾夫球　【103 年初等考】

(　) 4. 依我國加值型及非加值型營業稅法之規定，下列那一進項稅額可以扣抵銷項稅額？
(A) 為協助國防建設、慰勞軍隊而購進貨物，其所支付之進項稅額
(B) 交際應酬用之貨物或勞務
(C) 酬勞員工個人之貨物或勞務
(D) 購進自用乘人小客車　【102 初等考】

(　) 5. 依加值型及非加值型營業稅法規定，下列何者之進項稅額得扣抵銷項稅額？
(A) 慰勞軍隊但非供本業使用之貨物或勞務
(B) 酬勞員工個人之貨物或勞務
(C) 交際應酬用之貨物或勞務
(D) 自用乘人小客車　【102 高考三級】

學習評量

( ) 6. 依規定設置帳簿而不依規定記載者，經通知限於一個月內依規定記載，期滿仍未依照規定記載者，應有的處罰為：
(A) 處新台幣 3,000 元以上 7,500 元以下罰鍰
(B) 處新台幣 7,500 元以上 15,000 元以下罰鍰
(C) 處新台幣 15,000 元以上 3 萬元以下罰鍰
(D) 處停業處分 【94 年記帳士】

( ) 7. 下列何項銷售行為，其進項稅額可以扣抵銷項稅額？
(A) 有娛樂節目之餐飲店
(B) 飼料之銷售
(C) 非加值型營業人銷售其長期持有的固定資產
(D) 貨物外銷 【101 會計師考試】

( ) 8. 查定課稅之小規模營業人，營業稅幾個月繳納一次？
(A) 一個月 (C) 三個月
(B) 二個月 (D) 四個月 【92 年特考】

( ) 9. 營業人何時申報上期營業稅？
(A) 每個月 10 日 (C) 每一單月 15 日
(B) 每個月 15 日 (D) 每一雙月 10 日 【92 年特考】

( ) 10. 營業人一、二月份之營業稅應於何時申報？
(A) 二月底前 (C) 三月底前
(B) 三月十五日前 (D) 四月十五日前 【93 年初等考】

( ) 11. 營業人申報之溢付稅額，下列何項應由稽徵機關查明後退還現金？
(A) 進貨 (C) 勞務
(B) 費用 (D) 固定資產 【94 年初等考】

( ) 12. 銀行業經營非專屬本業之銷售額部分，得申請依營業稅法第四章第一節規定計算營業稅額，但經核准後幾年內，不得申請變更？
(A) 1 年 (C) 3 年
(B) 2 年 (D) 5 年 【95 年記帳士試題】

學習評量

( )13. 下列何種情形產生之溢付營業稅，除報經核准退還外，應由營業人留抵應納營業稅？
(A) 銷售適用零稅率之貨物
(B) 取得固定資產
(C) 因合併申請註銷登記者
(D) 購置原、物料

( )14. 依加值型及非加值型營業稅法，經主管機關核准設立之學術、科技研究機構提供之研究勞務的營業稅為：
(A) 免稅　(C) 稅率 3%
(B) 稅率 1%　(D) 稅率 5%　【101 初等考試】

( )15. 瓜瓜麵館為小規模營業人，其銷售額係由稽徵機關核定，若核定每月營業額為 100,000 元，則當期應繳納營業稅額為多少？
(A) 1,000 元　(C) 3,000 元
(B) 1,500 元　(D) 5,000 元　【101 初等考試】

( )16. 丁公司係採查定課稅之小店戶，經查定 1 個月銷售額為 8 萬元，3 個月發單一次，其應納營業稅為多少？
(A) 800 元　(C) 2,400 元
(B) 1,600 元　(D) 4,800 元　【101 初等考試】

( )17. 有關加值型營業稅之「免稅」與「零稅率」的規定，下列敘述何者正確？
(A) 免稅之進項稅額可扣抵，故可獲得完全退稅
(B) 外銷貨物適用零稅率規定，且進項稅額可扣抵，故可獲得完全退稅
(C) 零稅率的銷項稅額為零，但進項稅額不可扣抵
(D) 外銷貨物適用免稅規定，且進項稅額可扣抵，故可獲得完全退稅
【101 普考】

學習評量

(　)18. 甲公司為適用一般稅額計算之營業人，民國 101 年 5、6 月申報銷售額 200,000 元，銷項稅額 10,000 元；銷貨退回 10,000 元，銷項稅額 500 元；零稅率銷售額 100,000 元；進貨及費用 180,000 元，可扣抵進項稅額 9,000 元；上期累 積留抵稅額 1,000 元，試問甲公司該期申報之營業稅額為何？

(A) 應納 0 元　(C) 退稅 500 元

(B) 應納 500 元　(D) 留抵 500 元　【101 普考】

二、問答題

（一）營業人取得虛設行號販賣不實之發票如何處罰？

（二）營業人之漏稅金額在多少標準以下者，免予處罰？

（三）未依法辦理營業變更註銷、暫停營業、復業等登記或登記事項者，應如何處罰？

（四）營業人申報營業稅應檢附之證明文件於何時繳納？

（五）營業稅申報方式之種類有哪些？請詳細說明。

（六）使用收銀機開立統一發票之營業人，應記載未依規定記載事項或所載不實者，應如何處罰？

三、計算與分錄題

（一）假設國泰公司係屬課徵加值型營業稅之營業人，該公司今年 7、8 月份之有關交易資料包括：

(1) 在國內銷售貨物 400 萬元，銷項稅額 20 萬元；

(2) 購買機器設備 360 萬元，進項稅額 18 萬元；

(3) 購買乘人小汽車 80 萬元，進項稅額 4 萬元；

(4) 交際費用 20 萬元，進項稅額 1 萬元；

(5) 員工薪資 120 萬元；

(6) 進貨及其他營業費用 480 萬元，進項稅額 24 萬元。

1. 請問依據上述交易資料，國泰公司申報 7、8 月份當期營業稅之稅負為何？（應列出計算式）

2. 若國泰公司除上述交易資料以外，7、8 月份尚有外銷貨物 180 萬元，則申報當期營業稅之稅負為何？

【91 年會計師】

學習評量

（二）文山商行係小規模營業人，92 年 4 至 6 月經主管稽徵機關查定之銷售額為 $300,000，同期間文山商行向一般稅額營業人買進貨物 $120,000，進項稅額 $6,000，均取有憑證，請問：文山商行 92 年第二季應納營業稅額若干？

【92 年會計師】

（三）試依據我國加值型及非加值型營業稅法（以下簡稱為營業稅法）之相關規定，回答下列問題。

1. 乙商店係小規模營業人（稅率適用營業稅法第 13 條第 1 項之規定），民國 94 年 7、8、9 月份經主管稽徵機關查定每月銷售額為新台幣 $100,000，經按其申報符合規定之可扣抵進項稅額合計為 $15,000，試問小規模營業人之稅率為何？該期之應納稅額為若干？
2. 丙公司為兼營營業人，某期之交易資料如下：
   (1) 銷售額為 $13,000,000，其中，應稅部分為 $5,000,000，免稅部分為 $8,000,000，含出售土地一筆售價 $3,000,000。
   (2) 購進貨物金額共 $5,000,000，其中，免稅部分為 $2,000,000，應稅部分為 $3,000,000，應稅部分包括支付交際應酬費用 $200,000，進項稅額 $10,000，及購買自用乘人小汽車 $800,000，進項稅額 $40,000。

   在不考慮其他情形下，當期進項稅額不得扣抵銷項稅額之比例（當期不得扣抵比例）為何？以比例扣抵法計算該期應納或溢付營業稅額為何？

【94 年記帳士】

（四）大大公司為兼營營業人，95 年 1、2 月之交易資料如下：

1. 銷售額為 230 萬元，其中應稅部分為 140 萬元，免稅部份為 90 萬元；銷貨退回應稅部分為 20 萬元（不含稅），免稅部份為 10 萬元。
2. 當期發生進項支出如下：
   (1) 支付水電費 31,500 元（含稅），取得收據。
   (2) 向小規模營業人佳佳商行購入沙發一組 33,000 元，取得收據。
   (3) 購入應稅商品 630,000 元（含稅），取得三聯式發票。
   (4) 購入免稅商品 462,000 元，取得三聯式發票。
   (5) 支付交際費 21,000 元（含稅），取得收銀機發票。
   (6) 購買自用乘人小汽車 525,000 元（含稅），取得三聯式發票。

學習評量

請正確回答下列各子題之問題：
(1) 採比例扣抵法下，本期之不可扣抵比例為何？
(2) 本期之銷項稅額為何？
(3) 本期可扣抵之進項稅額為何？
(4) 本期之應納或溢付稅額為何？

【96 年中華財政學會實用級營利事業申報實務證照】

（五）台中公司與台北公司於 103 年 1 月 1 日簽訂委託代銷合約，約定代銷之佣金比率為 3%，結帳期間為每個月底，1 月 1 日台中公司將商品運交台北公司代銷，每件成本 60,000 元，約定每件代銷價格 84,000 元 ，大鵬公司 1 月底經結算，共計銷售代銷商品 7 件，請計算下列金額
1. 台北公司當期代銷商品銷售額為多少？
2. 台北公司當期代銷佣金收入銷售額為多少？

（六）乙公司本期銷售額 300,000 元，銷項稅額 15,000 元；銷貨退回 20,000 元，銷項稅額 1,000 元；進貨 180,000 元，進項稅額 9,000 元；進貨退出 10,000 元，進項稅額 500 元，則本期應納營業稅為多少？（95 年初等）

（七）加值型營業人甲公司適用 401 申報書，某期申報銷項稅額 400,000 元，該期申報零稅率銷售額為 7,000,000 元，進項稅額 900,000 元，其中內含固定資產的進項稅額為 200,000 元，甲公司無留抵稅額，則甲公司該期可退還之稅額為多少？

（八）台中公司 104 年 3 月銷售額 5,000,000 元，開立三聯式發票，當期進貨及費用 42,00,000 元，進項稅額 210,000 元，其中交際費 20,000 元，稅額 1,000 元，當期另購機器設備 1,000,000 元，稅額 50,000 元；購買乘人小汽車 200,000 元，稅額 10,000 元；銷貨退回 15,000 元，稅額 750 元；進貨退出 8,000 元，稅額 400 元。試作：
(1) 請計算當期銷項稅額。
(2) 請計算當期可扣抵進項稅額。
(3) 請計算當期應納或溢付稅額。
(4) 若有溢付稅額，請說明其留抵稅額及可退稅金額若干？

隨堂筆記

Chapter 05 營業收入

學習目標

5.1 營業收入
5.2 內銷銷貨收入之會計處理
5.3 寄銷銷貨收入
5.4 分期付款銷貨收入
5.5 禮券收入
5.6 各項休閒育樂收入
5.7 租賃收入
5.8 外銷收入
5.9 三角貿易及多角貿易
5.10 工程收入
5.11 營業收入之調整

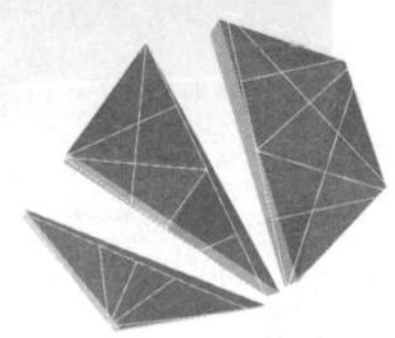

稅務新聞 News

近年來國內旅遊風氣盛行，遇連續假期，飯店或旅館更是一房難求，使得許多具便利性及隱密性之汽車旅館大受歡迎，實務上汽車旅館業者提供顧客住宿或休息，若為公司行號需要報帳，才會依法開立統一發票；但是如果是個人，往往以索取統一發票需加收額外5%營業稅為由，導致個人消費者無意願索取統一發票，以達其逃漏稅的目的。

國稅局查核時，常發現汽車旅館業者將漏報之營業收入存放於外圍銀行帳戶，藉以規避稽徵機關之查核。國稅局也不是省油的燈，國稅局可透過追查銀行存款資金，並配合當期使用之礦泉水耗用「瓶數」及被單洗滌「件數」等方式，查核有無涉及短、漏報之情事。

南區國稅局呼籲，汽車旅館業者已違反稅法之規避稅捐情事規定及社會正義，除稽徵機關主動查核外，民眾若發現不法逃漏稅事證，可向轄內各分局、稽徵所舉發，以遏止逃漏，維護租稅公平與正義。

資料來源網站：2014/02/11 財政部南區國稅局新聞稿

5.1 營業收入

凡經濟活動行為會使業主權益增加者，稱之收入。收入分為營業收入與非營業收入（或稱之為營業外收入）。營業收入係指營利事業從事主要的、經常性的貨物或勞務所賺取之報酬所得；而非營業收入則指非因主要營業活動及非經常性所產生之收入。

一、會計上對於營業收入時點之認列

收入之認列依財務會計準則公報第32號規定，收入通常於已實現或可實現且已賺得時認列。全部符合下列四條個條件時，方宜認列為收入已實現或可實現，而且已賺得：

（一）具有說服力之證據證明交易雙方交易存在。

（二）商品已交付且風險及報酬已移轉、勞務已提供或資產已提供他人使用。

（三）價款係屬固定或可決定。

（四）價款收現性可合理決定。

依商業會計法規定，權責發生制是指「收益」可以確定已實現且金額明確時就應入帳，即使未收到現金仍應以「應收收入」或「應收帳款」記入帳簿；同樣「費用」於已發生且金額確定時應以「應付費用」入帳，縱使尚未支付現金也應記入帳簿。

另外，預收科目是指尚未發生先行收入現金則以「預收收入」記入；或預先付出現金時應以「預付費用」入帳。收益或費用依應歸屬本年度之金額作入帳或調整分錄。

二、稅法上對於營業收入時點之認列

所得稅法第 22 條規定公司組織的營業收入之認列應採權責發生制即應收應付制，是指在會計期間內已確定發生之收入及費用，不論有無現金收付均應入帳。但非公司組織、或未達使用統一發票之小規模營利事業、或經申報該管稽徵機關之營利事業者，得採用現金收付制。營業收入依稅法規定應認列時點如下：

（一）外銷銷貨收入：

1. 報關日所屬會計年度
2. 郵寄貨物以郵戳日期。依營利事業所得稅查核準則第 15 條之 2 規定經由海關出口者，為報關日之年度；以郵政及快遞事業之郵政快捷郵件或陸空聯運包裹寄送貨物外銷者，為戳記日年度。

（二）外銷佣金收入：

1. 以交易完成日為準（自由外匯）。
2. 政府核准之日（外匯管制）。

（三）外銷退稅收入：成品外銷時。營利事業繳納之稅捐原以費用列帳者，如於繳納年度收到退稅款時，應以原科目沖回，如於以後年度始收到退稅款者，應列為收到年度之非營業收入。（查準 §33）

（四）建設公司售屋收入：

1. 所有權移轉登記日。
2. 實際交付日期（所有權未移轉）。
3. 買賣契約或查得資料認定（無資料時）。

查核準則第 24 條規定營利事業出售不動產，其所得歸屬年度之認定，應以所有權移轉登記日期為準，但所有權未移轉登記予買受人以前，已實際交付者，應以實際交付日期為準。如兩者皆無從查考時，依其買賣契約或查得資料認定。

若實際交屋及所有權移轉登記日期，皆無從查考，則以下列日期參考推定為交易完成日：

(1) 買賣契約上尾款收取日。
(2) 發票開立以收取尾款日期。

(3) 辦妥銀行貸款日期。因申請銀行貸款時，通常建設公司已收取尾款。

(4) 向稽徵機關申報完納契稅之日期。

（五）外銷勞務收入：提供完成日。銷售與外銷有關之勞務或在國內提供而在國外使用之勞務，應列為勞務提供完成日年度（查準 §15）。

（六）分期付款銷貨：

1. 全部毛利法：銷貨時。
2. 毛利百分比法：按當年度收款額依約載分期付款毛利率攤計。
3. 普通銷貨法：現銷利益部份列銷貨年度。

（七）長期工程收入：

1. 全部完工法：實際完工日。
2. 完工比例法：該年度實際完工比例攤計收入。
3. 成本回收法：在已發生工程成本之可回收範圍內認列收入。

（八）合建分屋：以實際換入土地（公司提供房屋），若換入房屋時則俟房地出售時。 合建分售為地主出售土地，建商出售房屋，消費者購買合建分售之建物需跟地主簽土地預定買賣契約書；跟建商簽訂房屋預定買賣契約書，故土地之賣方與房屋之賣方不同，此種建物即為合建分售。

（九）兌換盈餘：實際發生時。

以實際發生之收益為準，其僅係因應匯率調整而發生之帳面差額，免列為當年度之收益。但其利用此項帳面增值轉作增資者，仍應併計其辦理增資年度之損益，予以課徵所得稅。

（十）跨年度銷貨退回：退回年度。

銷貨於次年度發生退回，應列為次年度之銷貨退回處理。

（十一）出售現金禮券：提貨時。

（十二）隨貨附送優待折價券：收回時。

（十三）高爾夫球場：入會費或保證金。

1. 不退還或依約屆滿一定期間後退會始准退還者。
2. 承認收入分五年攤計收益，退會時按退貨處理。

（十四）納骨塔：

1. 未完工出售塔位—啟用日。
2. 竣工出售塔位—實際出售日。
3. 管理費（一次收足）—分年認列最長 20 年攤。

（十五）殯葬業：

1. 一次收取全部價款，不退款項，簽約日第15日列收入，餘按履約年度列收入（除不退還款項）。
2. 採分期收款
   收款＞不退還款項應就不予退還之款項按上述簽約日第15日列收入。
   收款＜不退還款項，收款部份，僅收款依簽約日第15日列收入，餘依收款年度列收入。

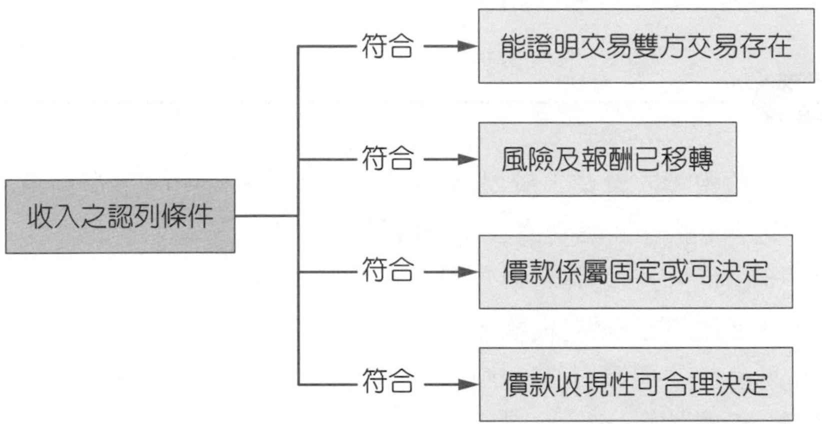

圖 5-1 符合收入認列條件之概念圖

稅務實務 News

營業人辦理職業訓練，收取訓練課程收入，屬於提供勞務予他人，以取得代價者，為銷售勞務，應依法課稅，尚無加值型及非加值型營業稅法第8條第1項第5款規定，免徵營業稅之適用。

某甲協會於96至100年間，辦理企業員工在職教育訓練，並收取訓練課程收入，為銷售勞務，應依法課稅。但甲協會認為是為了推動國內企業之發展，致有接受政府委託及自動自發舉辦教學服務，向學員收取教學費用，符合營業稅法第8條第1項第5款規定，學校、幼稚園與其他教育文化機構提供之教育勞務及政府委託代辦之文化勞務，免徵營業稅，

財政部依據第7545342號函釋「教育勞務」，包括各級私立學校、幼稚園、補習班辦理教學、實習、研究暨必要之設備提供學生使用，以及科學館、博物館辦理展覽、表演等活動。該協會辦理在職教育訓練，均與上述規定之教育文化機構及教育勞務不同，因此財政部認為甲協會應依法開立統一發票並於規定期限內向主管稽徵機關申報銷售額、應納或溢付營業稅額。

資料來源網站：財政部台北國稅局新聞稿 2014/01/08

5.2 內銷銷貨收入之會計處理

營業人雙方均在中華民國境內從事買賣交易所獲取收入者。其營業人可分為一般營業人、特種稅額營業人、兼營營業人，收款方式可分為：預銷、現銷及賒銷三種。其中預銷之會計處理依據權責基礎不得認列收入，但必須將預收貨款開立統一發票。以下分別說明內銷銷貨收入之會計處理：

5.2.1 一般稅額營業人之銷貨收入

範 例

彰化公司為一般稅額之營業人於民國 104 年 5 月至 6 月所發生交易事項如下；

1. 5 月 5 日現銷商品一批與明道公司，售價 50,000 元。
2. 5 月 12 日賒銷商品一批與台中公司，售價 150,000 元。
3. 5 月 20 日收到台中公司之貨款。
4. 6 月 5 日與台北公司簽訂 200,000 元之銷售合約，預收 50,000 元貨款，等交貨時收取全部尾款。
5. 6 月 15 日收到台北公司之尾款。
6. 彰化公司當期銷售商品所開立之二聯式統一發票金額為 5,250,000 元（含稅）

試作：民國 104 年 5 月至 6 月之會計分錄。

【解析】

	借	貸
104/5/5		
現　金	52,500	
銷貨收入		50,000
銷項稅額		2,500
104/5/12		
應收帳款	157,500	
銷貨收入		150,000
銷項稅額		7,500
104/5/20		
現　金	157,500	
應收帳款		157,500

104/6/5

現　金	52,500	
預收貨款		50,000
銷項稅額		2,500

104/6/15

現　金	157,500	
預收貨款	50,000	
銷貨收入		200,000
銷項稅額		7,500

104/6/30

銷貨收入	250,000	
銷項稅額		250,000

銷售給予非營業人之交易，所開二聯式統一發票之銷售額為內含營業稅，故於每期期末應將內含稅之銷售額換算為不含稅之銷售額，並將所計算的稅額結轉至「銷項稅額」。稅額計算流程應先求出「銷售額」，再算出「銷項稅額」如（5,250,000÷1.05）×5% = 250,000

5.2.2 特種稅額營業人之營業收入

特種稅額為非加值型體系之營業人如金融保險業、特種飲食業與小規模營業人之營業收入。

一、金融保險業之營業收入

金融保險業如銀行業、保險業、信託投資業、證券業、期貨業、票券業、典當業之專屬本業的營業收入，其稅率為 2%。

範例

彰化銀行於民國 104 年 5 月 5 日收到台中公司所放款的利息共計 30,000 元，營業稅 600 元，試做會計分錄：

【解析】

104/5/5

收取利息收入時	現　金	30,600	
	營業收入		30,000
	銷項稅額		600

二、特種飲食業之營業收入

特種飲食業可分有陪侍之夜總會、有娛樂節目之餐飲店、酒家、茶室、咖啡廳、酒吧與無陪侍之夜總會、有娛樂節目之餐飲店的專屬本業營業收入。其稅率有所不同，無陪侍之稅率為 15%；有陪侍之茶室、咖啡廳、酒吧及酒家其為稅率 25%。

範 例

台中酒吧為有陪侍之特種稅額計稅營業人，在民國 104 年 2 月 1 日營業額為 50,000 元，營業稅 12,500 元，試做會計分錄：

【解析】

104/2/1		
現　金	62,500	
營業收入		50,000
銷項稅額		12,500

三、小規模營業人之營業收入

小規模營業人指規模狹小、交易零星、每月銷售額未達使用統一發票標準之營業人。

範 例

明道商店係小規模營業人，在民國 104 年 6 月 1 日營業額為 5,000 元，未達起徵點，故免課徵免申報營業稅，試做會計分錄：

【解析】

104/6/1		
現　金	5,000	
營業收入		5,000

四、兼營營業人之銷貨收入

係指營業人同時兼營應稅、免稅或特種稅額計算之營業人。

範例

明道公司為應稅及免稅之兼營營業人，當期明道公司免稅銷售額為 150,000 元，應稅銷售額為 200,000 元，其相關會計分錄如下：

【解析】

1. 為免稅銷售額會計分錄

	借	貸
現　金	150,000	
銷貨收入		150,000

2. 為應稅銷售額會計分錄

	借	貸
現　金	210,000	
銷貨收入		200,000
銷項稅額		10,000

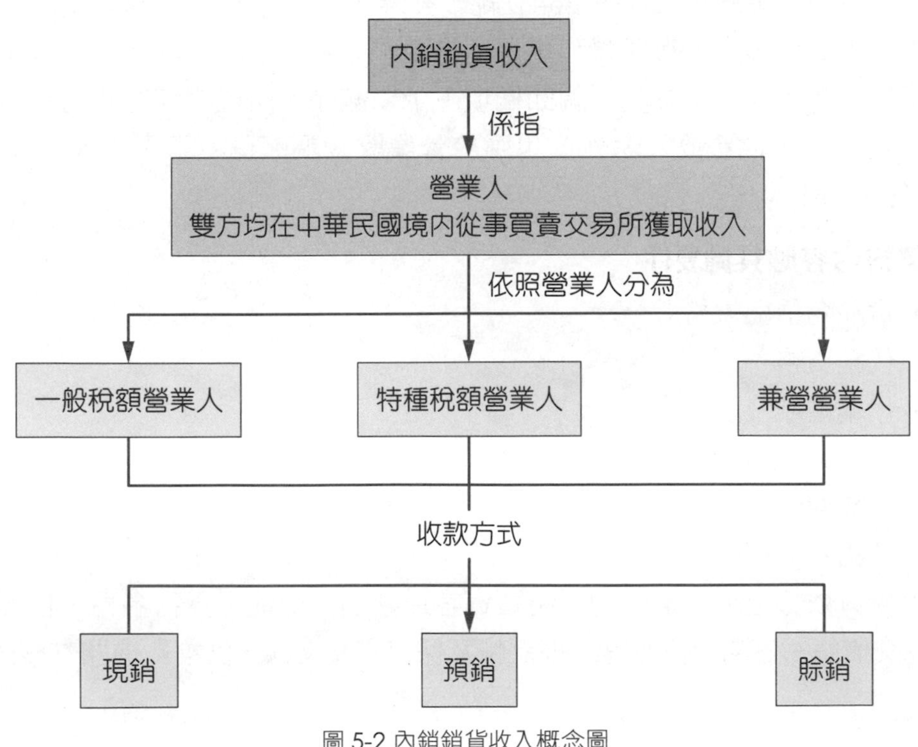

圖 5-2 內銷銷貨收入概念圖

5.3 寄銷銷貨收入

寄銷銷貨收入係指寄銷人將貨品運交承銷人，委託承銷人代為銷售並支付佣金給予承銷人之營業行為。故寄銷人所寄放在承銷人處的貨品稱為「寄銷品」；承銷人代為承銷之貨品就稱為「承銷品」，承銷品未賣出前其所有權仍屬於寄銷人，而承銷人負有保管及向請求寄銷人支付銷售佣金之責。

稅法上之寄銷銷貨係指委託其它營利事業買賣貨物，應由雙方書立契約，並憑其契約及有關帳據核實認定，但未依規定辦理，且無法證明其確有委託關係存在者，應分別認定為自銷貨自購（查 § 26）。

一、開立統一發票之規定

營業稅法規定，寄銷營利事業人委託他人代銷貨物者，均應視為銷售貨物，需要開立統一發票，並於發票應註明「委託代銷」字樣；而承銷營利事業人在受託代銷貨物，應於銷售時在所開立統一發票處，應註明「受託代銷」字樣。

委託人與代銷商於辦理營利事業所得稅申報時，委託人應將當年度未經代銷之貨物金額，應於營業收入調節欄項下予以減除。而代銷商應將當年度全部代銷貨物金額（佣金收入除外）也應於營業收入調節欄項下予以減除（營 § 3-3；查 §15-1）。

二、契約內容應具備要件

（一）貨品名稱與規格

（二）代銷價格

（三）代銷區域及限制

（四）佣金或手續費

（五）結算期限（二個月為限）

（六）契約有效期間

由雙方依據上列訂定契約並將買賣客戶姓名、地址、貨物名稱、種類、數量、成交價格、日期及佣金等詳細記帳及保存有關文據，供稽徵機關查核認定。

三、寄銷銷貨之會計處理

範例

假設兩家公司雙方訂有委託銷售合約，104/1/1 台中公司賒購入 20 台電腦委託台北公司銷售，每台購入成本 30,000，約定售價每台 50,000 元，台北公司可按銷售價格抽取 5% 佣金，帳款及佣金每月結算一次。104/3/1 由台北公司代墊運費 2,500 元（發票抬頭記載台中公司）。1 月份台北公司經結算，共銷售 15 台電腦。下列有關台中、台北公司會計處理如下：

【解析】

台中公司			台北公司		
1. 104/1/1 進貨時					
存　貨	600,000				
進項稅額	30,000		無分錄		
應付帳款		630,000			
2. 貨物交付台北公司					
寄銷品－台北公司	600,000		進項稅額	50,000	
應收寄銷稅款	50,000		承銷品－台北公司		50,000
存　貨		600,000			
銷項稅額		50,000			

台中公司將貨物運交台北代銷商時，收益尚未實現時，將商品由「存貨」科目轉至「寄銷品」科目，以示區別，並將視為銷售開立發票所含之營業稅額，借記「應收寄銷稅款」，貸記「銷項稅額」，記載之營業稅結算向代銷商收取之營業稅。

台中公司			台北公司		
3. 代墊運費 2,500 元					
104/3/1					
無分錄			承銷品－台中公司	2,500	
			現　金		2,500
4. 結清價款及佣金					
現　金	745,500				
寄銷品－台北公司	2,500		承銷品－台中公司	784,875	
佣金支出	37,500		佣金收入		37,500
進項稅額	2,000		銷項稅額		1,875
應收寄銷稅款		37,500	現　金		745,500
寄銷銷貨收入		750,000			

結算時，台北公司應將當期所售代銷商品貨款，加計應外加之營業稅，減代墊費用與應收取之佣金支付台中公司。在會計上處理，台北承銷商從台中寄銷商處取得之統一發票時，應將所含稅款借記「進項稅額」，貸記「承銷」，記載可扣抵之營業稅及將來應支付委託人之營業稅；而對於銷售代銷商品所收貨款，應借記「銀行存款」，貸記「承銷」與「銷項稅額」，以記載應付委託人之貨款及應付之營業稅。代銷商對於受託銷售之商品支付代墊費用，其取得之發票抬頭若記載委託人者，則屬代收代付款項性質所付費用及營業稅金額借記「承銷」科目，以扣減應付委託人之款項。

範 例

台中公司接受甲公司之委託代購原料一批計 200,000 元，約定代購佣金 15%，營業稅外加；其分錄為何？

【解析】

（一）代購時

代購貨物	200,000	
進項稅額	10,000	
現　金		210,000

（二）將貨物交付委託人時

應收代購帳款	210,000	
代購貨物		200,000
銷項稅額		10,000

註：委託人以一般進貨分錄入帳

（三）結帳時

現　金	241,500	
應收代購帳款		210,000
佣金收入		30,000
銷項稅額		1,500

（200,000 × 15% × 5%＝ 1,500）

四、承、寄銷商之結算期限

統一發票使用辦法第十七條規定其最長不得超過 2 個月，寄銷商於每期結算時應出具結帳單，載明銷售貨物之品名、數量、單價、總價、日期及所開立承銷貨物之統一發票號碼，連同承銷佣金統一發票，一併交付委託人，供稽徵機關查核（統 §17-3）

委託人應於委託承銷合約約定之結算時間，按結算內代銷商實際銷貨金額認列銷貨收入，承銷商則應於委託代銷合約約定之期間依約認列佣金收入，因此，結算期間之長短影響委託人與承銷商每期應認收益金額甚鉅。

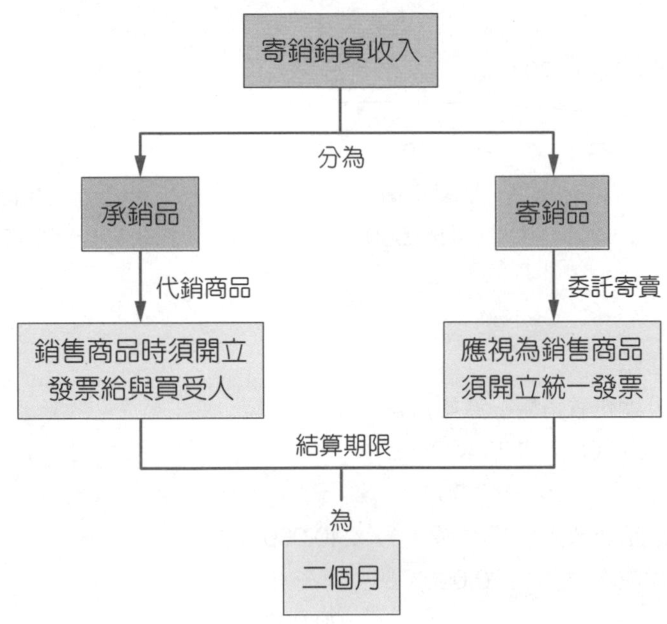

圖 5-3 寄銷銷貨收入相關稅法規定之概念圖

5.4 分期付款銷貨收入

分期付款銷貨，係指商品貨款採分期付款方式收取，因此貨款在未到期前所有權仍屬於銷售者，其收入之認列與一般之銷貨收入同。其計算損益方式依查核準則第 16 條規定營利事業分期付款之銷貨，其當期損益得依下列方法擇一計算：全部毛利法；毛利百分比法；普通銷貨法。下列分別依上述的三種方式說明之：

一、全部毛利法

全部毛利法，係將依出售年度內全部銷貨總價格與銷貨成本之差額於銷售年度全數認列當期損益。

範 例

明道公司於民國 104 年 5 月 1 日分期銷售一台機器給與台中公司，為期兩年共 24 期每期 10,000 現銷價格為 150,000 元，原始成本價為 120,000 元則在全部毛利法 104 年度應認列多少利益？

【解析】

1. 分期付款銷售銷售

   銷貨毛利＝分期付款銷售－原始成本

   240,000 － 120,000 ＝ 120,000

應收分期帳款	240,000	
分期付款銷貨收入		240,000
分期付款銷貨成本	120,000	
存 貨		120,000

2. 收現時

現　　金	10,000	
應收分期帳款		10,000

3. 認列收益時

分期付款銷貨收入	240,000	
分期付款銷貨成本		120,000
本期損益		120,000

二、毛利百分比法

毛利百分比法係依出售年度約載分期付款之銷貨價格及成本，計算分期付款銷貨毛利率，以後各期收取之分期價款，並按此項比率計算其利益及應攤計之成本。即為將分期價格與成本之差價，依分期收款比例認列損益。

分期付款銷貨利益，按下列公式計算：

$$\text{分期付款銷貨毛利}=\frac{\text{分期付款銷貨收款總額}\times\text{分期付款銷貨未實現毛利年初餘額}+\text{本年度分期付款銷貨毛利}}{\text{分期付款銷貨應收帳款年初餘款}+\text{本年度分期付款銷貨總額}}$$

範例

承上題，採毛利百分比法，104 年應認列多少利益？其會計分錄之銷貨及收款與上述全部毛利法相同

【解析】

$$104\text{ 年應認列毛益}=80{,}000\times\frac{120{,}000}{240{,}000}$$

$$=40{,}000$$

科目	借	貸
分期付款銷貨收入	240,000	
分期付款銷貨成本		120,000
未實現銷貨毛利		120,000
未實現銷貨毛利	40,000	
已實現銷貨毛利		40,000

三、普通銷貨法

普通銷貨法是除依現銷價格及成本，核計其當年度損益外，其約載分期付款售價高於現銷價格部分，為未實現之利息收入，之後分期按利息法認列利息收入。

範例

台中公司於民國 104 年 12 月 31 日將成本 $1,200,000 之汽車乙部售予明道公司，交易條件如下：

(1) 頭期款 $600,000，餘款分 10 期平均收取，每半年一期（第一期自 104 年 6 月 30 日起），每期收 $190,215。

(2) 該車現銷價格為 $2,000,000，分期付款價係加計年息 12% 之利息。

試作相關分錄：（參考林有志、黃娟娟，初級會計，蒼海出版）

1. 採普通銷貨法作 104 年 12 月 31 日及 105 年之相關分錄。
2. 採分期付款法作 104 年 12 月 31 日及 105 年之相關分錄。

【解析】

1. 普通銷貨法：

104/12/31

現　金	600,000	
應收分期帳款	1,902,150	
未實現利息收入		502,150
分期付款銷貨收入		2,000,000
分期付款銷貨成本	1,200,000	
存 貨		1,200,000

105/6/30

現　金	190,215	
應收分期帳款		190,215
未實現利息收入	84,000	
利息收入		84,000

2. 分期付款法：

104/12/31

現　金	600,000	
應收分期帳款	1,902,150	
未實現利息收入		502,150
分期付款銷貨收入		2,000,000
分期付款銷貨成本	1,200,000	
存貨		1,200,000

分期付款銷貨收入	2,000,000	
分期付款銷貨成本		1,200,000
未實現銷貨毛利		800,000
未實現銷貨毛利	240,000	
已實現銷貨毛利		240,000
105/6/30		
現　金	190,215	
應收分期帳款		190,215
未實現利息收入	84,000	
利息收入		84,000
未實現銷貨毛利	42,486	
已實現銷貨毛利		42,486

四、開立發票方式

分期付款銷貨，依查核準則第 16 條及統一發票使用辦法第 18 條規定開立發票方式如下：

（一）自銷商：依據統一發票使用辦法第 18 條規定，自銷商有關分期付款銷售時開立發票有二種可任選一種

1. 於約定收取第一期價款時一次全額開立。
2. 於約定收取各期價款時開立統一發票。

有關加值型及非加值型營業稅款之計算與報繳，依據加值型及非加值型營業稅法施行細則規定，分期付款不論有無收到價款，均應按約依期開立統一發票，報繳營業稅。

（二）代銷：委託代銷貨物時，依統一發票使用辦法第 17 條營業稅法施行細則規定

1. 委託商應於送貨時依約定價格開立統一發票，註明委託代銷，報繳營業稅。
2. 代銷商，則應於銷售該代銷貨物時，依約定價格開立統一發票，並註明受託代銷，報繳營業稅。

3. 現銷情況下，受委託營利事業之營業稅進銷項稅額扣抵會相等，即無差額問題存在。
4. 賒銷，其分期付款方式代銷之收入與現銷價格所發生之差價，委託商得於結帳時就其差額部分開立統一發票，並註明某年某月份委託分期付款代銷差價，交付代銷商，作為進項憑證。

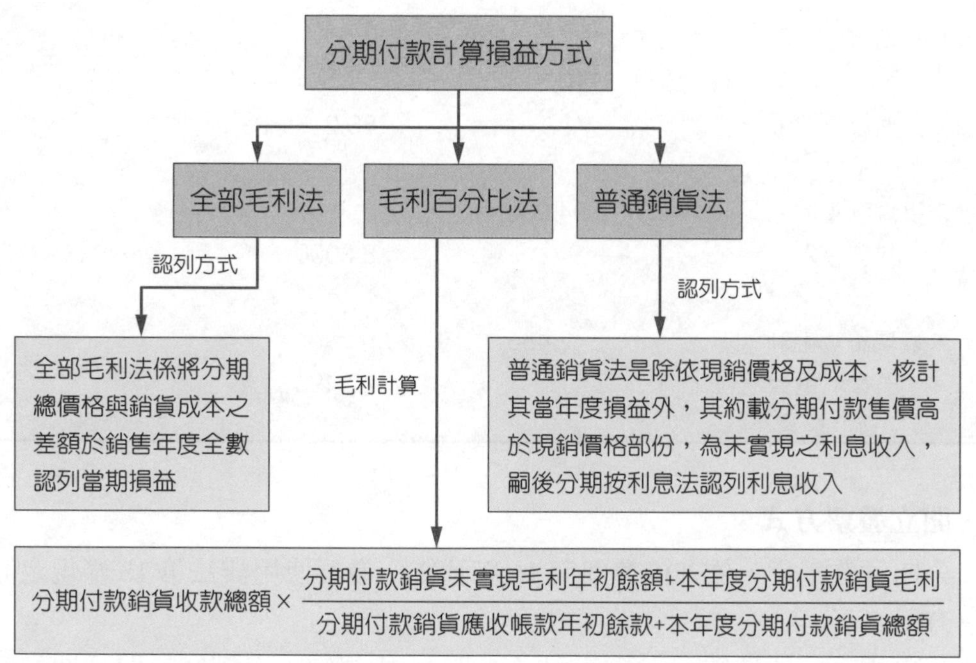

圖 5-4 分期付款銷貨收入的損益計算與認列方法之概念圖

5.5 禮券收入

禮券可分現金禮券及商品禮券，營利事業發售禮券若為現金禮券係載明金額，由持有人按禮券上所載金額憑以兌付貨物之，並應於兌付貨物時開立統一發票；如為商品禮券如係已載明憑券兌付一定數量貨物之實物禮券，應於出售禮券時開立統一發票。

現金禮券銷售時，應借記「現金」，貸記「預收貨款」; 禮券商品，即已有該項存貨者，應於銷售禮券時認列收入，否則列為預收款。此外其貨品不確定者，亦宜列為預收款。至於印製及發行費用，應列為當期費用。

範 例

明道百貨公司於民國 104 年 6 月 1 日銷售現金禮券 1,000 張，每張 100 元，於隔天 6 月 2 日已兌換商品為 200 張。試做會計分錄：

【解析】

6/1 銷售現金禮券

現　金	100,000	
預收貨款		100,000

6/2 兌換商品

預收貨款	20,000	
銷售禮券收入		20,000

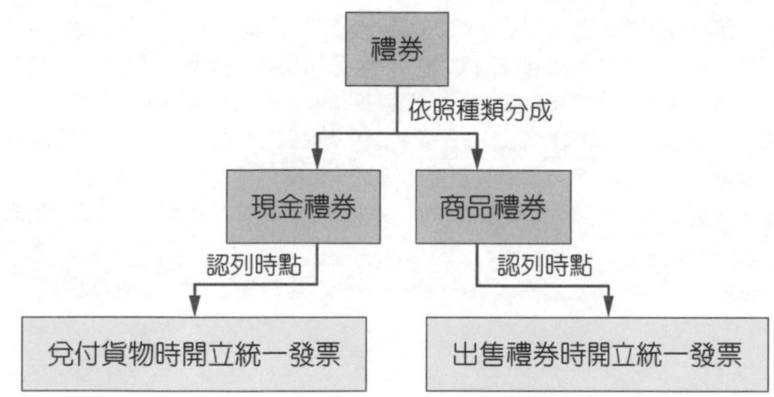

圖 5-5 禮券銷貨收入概念圖

5.6 各項休閒育樂收入

稅務實務 News

台中公司是一家育樂事業者，經營一鄉村渡假村，其渡假村設有小木屋、游泳池、健身房、遊樂場、購物及餐飲中心等，其消費對象除一般遊客外，並設有會員制，會員入會時必須繳交不可退還入會費及可退還保證金各半，當團體會員至該俱樂部消費時，享有一定折扣優待，消費金額必須於次月份付清完畢，若未能於次月份付清款項，該公司得就保證金逕予扣抵。該會員制是以出售會員證方式招攬會員，凡該會員購買會員證並繳納入會費後，可享有高爾夫球場（俱樂部）或聯誼社、購物及餐飲折扣優惠等休閒活動。

依據所得稅法第二十四條規定，有關高爾夫球場（俱樂部）或聯誼社等休閒、育（娛）樂事業向入會會員收取具有遞延性質之入會費或保證金攤計收益年限相關規定：高爾夫球場（俱樂部）或聯誼社等休閒、育（娛）樂事業向入會會員收取具有遞延性質之入會費或保證金之收入，其屬一律不退還者或於契約訂定屆滿一定期間後退會始准予退還者，應於開始提供勞務時認列收入，並按預計服務年限攤銷，分年認列收益，最長以二十年為限。嗣後如於屆滿一定期間實際發生入會會員退會而退還入會費或保證金時，其已攤計之收入部分，可按銷貨退回處理。但上述具有遞延性質之入會費或保證金之收入，已依規定按五年攤計收益者，其尚未攤計之收入部分，可繼續按原攤計基礎分年認列收益；亦得按預計之剩餘服務年限攤計，分年認列收益，惟預計之剩餘服務年限加計原已攤計收益之年數，最長仍以二十年為限。

一、意義

休閒渡假之觀念近年來非常盛行，各種休閒育樂事業興起，如養生溫泉、游泳池、SPA 美容、渡假俱樂部、聯誼社、等會員制林立，其收費方式亦不同。

二、收入認列

育樂事業所收之入會費，若日後必須提供服務者，則其會計處理，應視未來期間因提供服務所取得之收入，是否足以支付其相關之服務成本而定，若足以支付，則入會費可全數於取得當年度，作為收入處理；若不足以支付，則相當於差額部分之入會費應加以遞延，並按其預計服務年限攤銷，分期認列收益，最長以二十年為限。凡按提供服務收費者，其服務認列收入之時點如下：

（一）按期間收費者：應於該期間攤計收入。

（二）一次收取：

1. 不需退還入會費：得於開始提供勞務時認列收入，並可按 5 年攤計收益課徵營利事業所得稅。屆滿一定期間實際發生入會會員退會而退還入會費或保證金時，按銷貨退回辦理。

2. 需退還入會費：按銷貨退回辦理。

無須退還入會費者之入會費與保證金先行認列收入，退還時再以銷貨退回處理。

範 例

台南公司申請加入一渡假俱樂部，入會時須一次繳納入會費，依入會約定書約定，會員得享之會員權益包括：

1. 法人會員，自加入會員起算 20 年，每年合計得享有 21 天免費使用會員尊貴客房。
2. 會員免費使用休閒中心設施。
3. 會員使用館內餐飲、會議、商店等須付費措施及服務，享優惠折扣。
4. 會員享有自加入會員起算 20 年，免海洋公園入園門票。
5. 會員之住宿權利，可與渡假俱樂部關係企業陸續開設之其他渡假飯店之會員交換使用。

會員入會滿三年後，會籍並得申請轉讓或退會。申請轉讓者，一經轉讓完成後，各項會員權利及義務亦轉讓予受讓人；申請退會者，俱樂部得無息退回會員入會時繳交入會費之 70%，且須依 20 年年限之比例再扣除已使用之年度之入會費，未滿一年以一年計（退會當年，視為已使用之年限）。另會員入會滿 20 年，會員資格自動終止。

【解析】

甲公司申請加入一渡假俱樂部，入會時須一次繳納之入會費應列為預付費用。依 20 年或預期享有會員權利有效期限，二者較短者逐期攤銷列為費用。日後如發生轉讓或退會時，應將其帳面價值與所得款項之差額列為轉讓損益或退會損益。但如有會員權益遭受重大減損之情況時，應即認列損失。

三、高爾夫球場（俱樂部）

向入會會員收取具有遞延性質之入會費或保證金之收入，其屬一律不退還者或於契約訂定屆滿一定期間後退會始准予退還者，應於開始提供勞務時認列收入，並按預計服務年限攤銷，分年認列收益，最長以二十年為限。嗣後如於屆滿一定期間實際發生入會會員退會而退還入會費或保證金時，其已攤計之收入部分，可按銷貨退回處理。上述具有遞延性質之入會費或保證金之收入，原已依首揭函釋規定按五年攤計收益者，其尚未攤計之收入部分，可繼續按原攤計基礎分年認列收益；亦得按預計之剩餘服務年限攤計，分年認列收益，惟預計之剩餘服務年限加計原已攤計收益之年數，最長仍以二十年為限。

範 例

台中公司係育樂公司，從事「會員制渡假旅館」業務，每名會員入會時必需繳交 40 萬元可退回之保證金及不可退回之 20 萬元入會費，所收取之保證金主要有四項用途：

1. 付予數家特約高爾夫球場作為「保證金」，會員至特約高爾夫球場可免費打球。
2. 擴建休閒渡假中心。
3. 從事與育樂事業無關之土地開發。
4. 購買短期票券、基金或定存單。

【解析】

一般而言，存入保證金無須設算利息費用入帳。惟若完全以保證金方式收取，或所收取之會費或以後所收取之服務收入顯然偏低時，則應按其正常之孳息利率設算收入。借記「利息費用」，貸記「服務收入」。若有設算時，應將前項設算之收入列入因提供服務所取得之收入，但相關之服務成本則不包括其設算之利息費用。

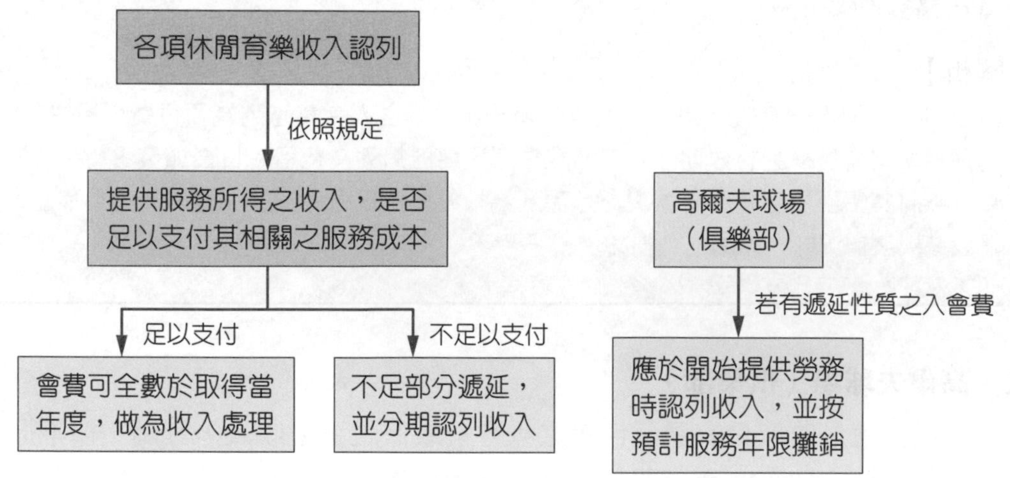

圖 5-6 各項休閒育樂收入概念圖

5.7 租賃收入

租賃收入係指出租人將設備、機器、房屋或土地等資產給予承租人使用所取得之收入。租賃可分為營業租賃與融資租賃。依查核準則第 36 條之 2 附合下列條件之一者，營利事業出租資產應採融資租賃：

一、租賃期間屆滿時，租賃物所有權無條件移轉承租人。

二、承租人享有優惠承購權。

三、租賃期間達租賃物法定耐用年數 3 /4 以上。

四、租賃開始時按各期租金及優惠承購價格，扣除應由出租人負擔之履約成本折算之現值總額，達租賃資產帳面價值 90% 以上。

一、稅務處理原則

依財政部頒「融資租賃稅務處理注意事項」規定如下：

（一）對出租人之租賃稅務處理：

1. 購買租賃物時，應以「出租資產」項目處理，出租簽訂時，應以「應收租賃款」項目列帳，其金額包括出租資產之成本、未實現之利息收入及手續費收入，故應將「應收租賃款」中之利息及手續費總額貸記「未實現收入」項目。
2. 租金收取標準，除償還租賃物成本外，利息收入部分以不超過當年度向非金融業借款利率之最高標準為原則，超過部分則以「手續費收入」項目列報。
3. 每期收取租賃款時，應沖轉「應收租賃款」，並將「未實現利息收入」轉為「利息收入」及「手續費收入」。
4. 租期屆滿移轉出租資產所有權時，所收之優惠承購價款應與「應收租賃款」沖轉。
5. 中途解約收回資產時，應將原列「應收租賃款」及「未實現利息收入」沖銷，將收回之資產按帳面價值轉列「出租資產」項目。此與會計上應按公平市價轉列「出租資產」項目，並承認收回資產損益之規定不同。

（二）對承租人之租賃稅務處理：

1. 應於租賃開始日分別設置「租賃資產」及「應付租賃款」項目處理。
2. 每期支付租賃款時，利息費用以不超過當年度向非金融業借款利率之最高標準為原則，超過部分則以「手續費支出」項目列報。當期支付租金總額減除利息費用及手續費支出後之餘額，為當期償還之「應付租賃款」。

3. 對於所承租之資產，得依照規定之耐用年數逐年提列折舊。
4. 租期屆滿取得租賃資產所有權時，應按其性質轉入相當之固定資產項目，其累計折舊亦同。

範例

假設台北公司於民國 105 年 1/1 向台中公司承租機器設備，租期 10 年，約定每年 1/1 給予租金 20,000 元。租約期滿可以取得優惠價格為 50,000，當時該機器設備為 129,103 元，耐用年現為 12 年，估計殘值 20,104 其利率為 12%，則非金融借款之最高利率水準為 15% 會計處理分錄如下：

【解析】

台中公司			台北公司		
105/1/1					
應收租賃款	250,000		租賃資產	129,103	
出租資產		129,103	應付租賃款		129,103
未實現利息收入		120,897			
現 金	21,000		應付租賃款	20,000	
應收租賃款		20,000	進項稅額	1,000	
銷項稅額		1,000	現 金		21,000
105/12/31					
未實現利息收＊	15,492		利息費用	15,492	
利息收入		15,492	應付租賃款		15,492
			折 舊＊＊	9,931	
			累計折舊 - 租賃資產		9,931

＊ 129,103×12%＝ 15,492

＊＊折 舊採平均法按照稅法規定提列，其金額應為：$129,103/（12+1）= $9,931

台中公司			台北公司		
106/1/1					
現 金	21,000		應付租賃款	20,000	
應收租賃款		20,000	進項稅額	1,000	
銷項稅額		1,000	現 金		21,000
106/12/31					
未實現利息收＊	14,951		利息費用	14,951	
利息收入		14,951	應付租賃款		14,951
			折 舊	9,931	
			累計折舊 - 租賃資產		9,931

＊（129,103 － 4,508）×12%＝ 14,951

二、資產售後租回

資產售後租回係指營利事業將資產出售後再將資產租回公司使用，其出售時實際出售價格與資產未折減餘額之金額，應列為「未實現出售損益」，予以遞延以後年度，分別以租回之條件為融資租賃或營業租賃性質而調整折舊或租金支出。

範 例

台北公司於民國 105 年 1 月 1 日將機器設備成本 2,200,000 元（耐用年數 10 年，已使用 5 年設備），以 1,500,000 元的價格售與台中公司之後，再向台中公司簽約租回使用 3 年，每年約定租金 30 萬元則台北公司分錄如下：

【解析】

現　金	1,575,000	
累計折舊－設備＊	1,000,000	
機器設備		2,200,000
銷項稅額		75,000
未實現售後租回利益		300,000

＊ 2,200,000÷11×5 ＝ 1,000,000

機器設備帳面價值為 2,200,000 元－ 1,000,000 ＝ 1,200,000 元

公司出售該設備之利益為 300,000 元，故售後租回利益，未實現售後租回利益，應遞延以後年度，並於租賃期間調整每期租金支出。

三、憑証

營利事業出租人出租資產是以融資租賃方式者，應於收取各期租賃款（包含利息及手續費）時開立統一發票，並於所開立之統一發票品名欄，分別書明各期應攤之本金，利息收入及手續費收入金額，由承租人據此列報利息支出及手續費支出。

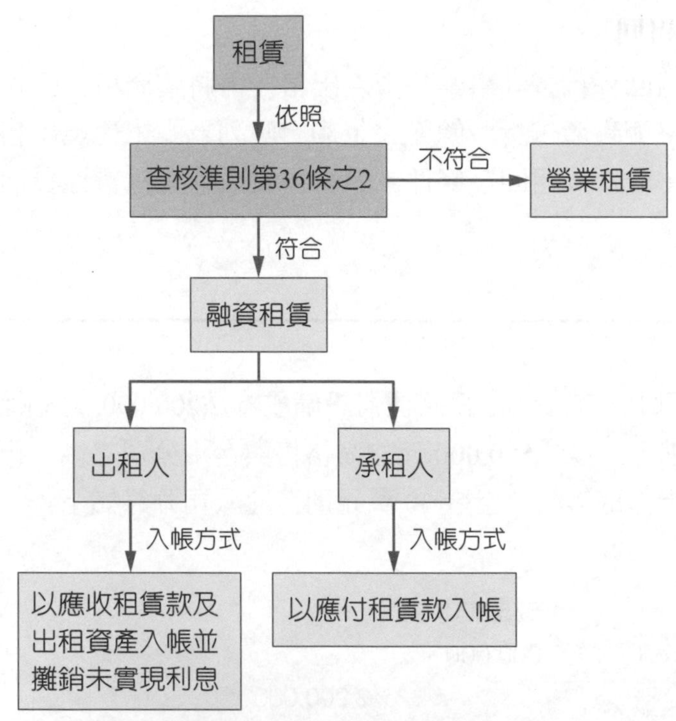

圖 5-7 租賃收入概念圖

5.8 外銷收入

營利事業銷售方式是以對外銷售商品或勞務的方式，其營業稅可適用零稅率，認列時點如下：

一、所屬年度

依據查核準則第 15 條之 2 規定營利事業外銷貨物或勞務之銷貨收入歸屬年度如下：

（一）外銷銷貨收入之認列，應以外銷貨物報關日所屬之會計年度。但以郵政及快遞事業之郵政快捷郵件或陸空聯運包裹寄送貨物外銷者，則應歸屬郵政或快遞事業掣發執據蓋用戳記日所屬之會計年度。

（二）銷售與外銷有關之勞務或在國內提供而在國外使用之勞務，其收入則應歸屬勞務提供完成日所屬之會計年度。

二、收款方式有

（一）信用狀（開立即期信用狀或遠期信用狀）。

（二）付款交單（Documents Against Payment，簡稱 D/P）或承兌交單（Documents Against Acceptance，簡稱 D/A）。

（三）預收外匯（電匯（T/T）、信匯（M /T）或票匯（D/D））。

三、會計處理

營業人外銷貨物或勞務，無須開立二聯式統一發票。又外銷貨物或勞務因可適用零稅率，故不影響營業稅額之計算。

（一）信用狀銷貨之會計處理方式：信用狀銷貨交易係指出口商收到銀行所開之信用狀後，出口商依約將貨物裝船取得貨物提單，連同信用狀及有關單據向當地銀行辦理出口押匯取得貨款，並由當地銀行將有關單據寄交國外進口商之開狀銀行，由開狀銀行通知進口商付款贖單，完成之國際貿易程序。

信用狀辦理貨物外銷須支付之費用條件如下：

1. FOB：內陸運費、報關費、銀行手續費、郵電費。
2. CIF：海運費、保險費。
3. C&F：內陸運費、報關費、銀行手續費、郵電費、海運費。

範 例

台中公司於民國 104/5/1 收到國外進口商開來信用狀，購買商品，價格為 20,000 美元，貿易條件為 CIF。5/5 將貨物運至港口關，支付內陸運費 8,000 元，當日匯率為 34：1，5/8 支付海運費 24,000 元並領取提單；5/10 貨物裝船後，將提單連同信用狀等文件向銀行辦理押匯，銀行手續費 600 元、郵電費 400 元、保險費 6,000 元，當日匯率為 34.5，5/15 收到報關行請款單，共發生報關費 3,000 元。試作有關台中公司會計分錄：

【解析】

台中公司

		借	貸
(1) 5/1 收到國外進口商開來信用狀		無分錄	
(2) 5/5 支付內陸運費及銷售時	運　費	8,000	
	進項稅額	400	
	現 金		8,400
	應收帳款	680,000	
	銷貨收入		680,000

		借	貸
(3) 5/8 支付海運費	運　費	24,000	
	進項稅額	1,200	
	現 金		25,200
(4) 5/10 結匯時	銀行存款	683,000	
（所有費用以出口費用彙總）	出口費用	7,000	
	兌換盈益		10,000
	應收帳款		680,000
(5)5/15 收到報關行請款單	報 關 費	3,000	
	現 金		3,000

外銷貨物應於報關日按當日即期買進匯率，記載應收帳款及銷貨收入到了辦理押匯時，其因匯率變動所發生之差額，則以兌換損益科目處理。

（二）付款交單（D/P）或承兌交單（D/A）銷貨之會計處理方式：付款交單（D/P）係指必須於實際付款後才可取的單據提貨；承兌交單（D/A）係指進口商在匯票上承兌付款後，即可取得單據提貨。

係指出口商於收到國外訂單後，開出跟單匯票連同提單、訂單等文件向當地銀行申請託收，由當地銀行將相關單據寄交進口商之銀行後，通知進口商付款（採 D/P 方式者）或在匯票上承兌付款（採 D/A 方式者）以取得單據提貨所完成之國際貿易程序。

範 例

台中公司於民國 104/5/1 收到國外進口商開來信用狀，購買商品，價格為 20,000 美元，貿易條件為 CIF。5/5 將貨物運至港口關，支付內陸運費 8,000 元，當日匯率為 34：1，5/8 支付海運費 24,000 元並領取提單；5/10 貨物裝船後，將提單連同信用狀等文件向銀行辦理押匯，銀行手續費 600 元、郵電費 400 元、保險費 6,000 元，當日匯率為 34.5，5/15 收到報關行請款單，共發生報關費 3,000 元。試作台中公司有關下列會計分錄：

1. 信用狀銷貨
2. 付款交單（D/P）
3. 承兌交單（D/A）

【解析】

D/P 或 D/A 之支付運費、保險費、報關費與 L/C 的分錄相同，茲不贅述。

信用狀銷貨		付款交單（D/P）	承兌交單（D/A）
(1) 結匯時或銀行通知收款時	銀行存款 683,000 出口費用 7,000 兌換盈益 10,000 應收帳款 680,000	分錄同左	
(2) 銀行通知承兌時			應收承兌票據 680,000 應收帳款 680,000
(3) 實際收款			銀行存款 683,000 出口費用 7,000 兌換盈益 10,000 應收承兌票據 680,000

（三）預收外匯（電匯（T/T）、信匯（M T）或票匯（D/D））會計處理：係指國外進口商將外匯以預繳方式結售出口商當地銀行所完成之國際貿易程序。

範 例

台中公司在 100/5/1 收到國外進口商訂單，價格為 20,000 美元，條件為 FOB，同日並接獲銀行通知預收到 20,000 美元，另支付銀行手續費 1000 元當日匯率為 33.5：1，5/7 將貨物運至港口辦理報關，當日匯率為 34：1，5/12 貨品裝船後，將提單即有關單據寄交進口商，則台中公司有關會計分錄：

【解析】

台中公司

(1) 預收外匯

	借	貸
銀行存款	669,000	
手續費	1,000	
預收貨款		670,000

(2) 貨品出口日　預收貨款　670,000
　　　　　　　　兌換損失　10,000
　　　　　　　　　　銷貨收入　　680,000

四、兌換盈益

兌換損益在民國 98 年 9 月 14 日前是以實際結匯變動所發生的損益而入帳。但在 98.09.14 修正兌換盈益應已實現者為準認列。其修正兌換盈益內容如下：（查 §29）

（一）兌換盈益應以已實現者列為收益，其僅係因匯率調整而產生之帳面差額，免列為當年度之收益。

（二）兌換盈益應有明細計算表以資核對。有關兌換盈虧之計算，得以先進先出法或移動平均法之方式處理。

（三）營利事業國外進、銷貨，其入帳匯率與結匯匯率變動所產生之收益，應列為當年度兌換盈益，免再調整其外銷收入或進料、進貨成本。

五、外銷貨退回與折讓

（一）意義：何謂外銷貨退回是指商品已出售並將所有權已移轉與顧客後，因商品的品質不良或規格不符而遭顧客退回之商品，係銷貨收入之抵減項目。依查核準則第十九條外銷貨物或勞務之折讓能提示海關之退貨資料等有關證明文件者，經查明後應予核實認定。

何謂外銷貨折讓係指商品移轉後因物品有瑕疵、污損經顧客請求給予減低價款。依查核準則第二十條外銷貨物或勞務之折讓，其能提示國外廠商出具註明折讓原因、折讓金額及折讓方式（如減收外匯或抵減其他貨款等）之證明文件，經查明屬實者應予認定。

貨物外銷無法依統一發票使用辦法規定取得國外買受人出具之銷貨退回、進貨退出或折讓證明單，因此，外銷貨物之退回，其能提示海關之退貨資料等有關證明文件者，准予核實認定。而外銷貨物或勞務之折讓，其能提示國外廠商出具註明折讓原因、折讓金額及折讓方式之證明文件，亦准於核實認定。

範 例

假設台中公司民國 104 年度部份交易資料如下：

1. 8 月 10 日外銷予國外甲公司電視機 10 台，每台美金 500 元（報關日匯率 1：30）
2. 9 月 20 日國外甲公司出具證明，因貨物瑕疵予以折讓貨款美金 500 元
3. 9 月 30 日收到國外甲公司之外匯款美金 4500 元（當日匯率 1：29.5）

就上述交易試做台中公司之必要分錄：

【解析】

(1) 8 月 10 日報關日

應收帳款　150,000　（10×500×30）
　銷貨收入　150,000

(2) 9 月 20 日貨物瑕疵折讓

銷貨折讓　15,000　（500×30）
　應收帳款　15,000

(3) 9 月 30 日收到外匯款

銀行存款　132,750　（4,500×29.5）
兌換損失　2,250
　應收帳款　135,000

六、外銷品原料退稅之會計處理

廠商自國外進口原料須依規定完納稅捐，但政府為鼓勵廠商外銷， 產品製成後其外銷部分可沖退原料進口稅捐，以降低外銷品生產成本，提升外銷市場上競爭能力，故給予免稅優惠。其會計處理有二種方法

（一）先記帳後沖退稅：為了外銷商品而進口原料時，其有關稅捐僅記帳而未付現，等到完成品外銷時予以沖抵。依據查核準則第 41 條外銷品原料經核准記帳之稅捐，應以備忘科目列帳，不列成本並於核准退稅時，以原科目沖銷之。其因轉為內銷或逾期出口而補繳上述經核准記帳之稅捐者，如與進口日期屬同一會計年度，應根據海關通知文件列為成本，如補繳年度與進口日期不屬同一年度，除會計基礎經核准採用現金收付制者外，應於內銷或逾期出口之年度先行估計應補稅款列為成本。

（二）先繳稅後再退稅：購進原料時，先行繳納有關稅捐，等到製成品外銷後申請退還稅額，此即所謂外銷「退稅」。依據查核準則第 33 條營利事業繳納外銷品進口原料之稅捐，應以成本列帳，其商品於當年外銷並收到海關退稅款者應自成本項下沖減。如當年度未收到退稅款，應估列應收退稅款列為成本減項，其商品於次年度始外銷者，不論是否收到海關退稅款，均應於該次年度就收到之退稅款或估列應收退稅款，列為成本減項。

範 例

外銷品進口原料稅捐之會計處理有下列二種方式，茲說明如下：

	先記帳後沖退稅	先繳稅後再退稅
1. 購進原料：		
	原料記帳稅款 ×××	原　料 ×××
	應付記帳稅款 ×××	現　金 ×××
2. 沖抵時：	應付記帳稅款 ×××	
	原料記帳稅款 ×××	－
3. 收到退稅	－	銀行存款 ×××
		銷貨成本 ×××
4. 應補（收）尚未補（退）估列稅款	銷貨成本 ×××	應收退稅款 ×××
	應納稅款 ×××	銷貨成本 ×××
	應付記帳稅款 ×××	
	原料記帳稅款 ×××	
5. 接獲補稅通知		
	銷貨成本 ×××	
	銀行存款 ×××	－
6. 收到上年度所估列應補（退）通知		
(1) 補（退）通知大於原估列金額	應納稅款 ×××	銀行存款 ×××
	稅　捐 ×××	應收退稅款 ×××
	銀行存款 ×××	其他收入 ×××
(2) 補（退）通知小於原估列金額	應納稅款 ×××	銀行存款 ×××
	銀行存款 ×××	稅　捐 ×××
	其他收入 ×××	應收退稅款 ×××

先記帳後沖退稅於外銷購進原料時，應以備忘科目列帳，借記「原料記帳稅款」、貸記「應付記帳稅款」不列入成本計算，並於外銷商品經核准沖抵時，以原科目沖銷之。如進口原料轉為內銷貨逾期出口而須補繳者應以通知文件應列入成本。

先繳稅後再退稅於外銷購進原料時，以先繳納稅捐者，應做為該原料之取得成本，如以收到退稅通知者，應自成本項下沖減。期末如有外銷並已申請退稅，但尚未收到退稅應將「應收退稅款」估計入帳。

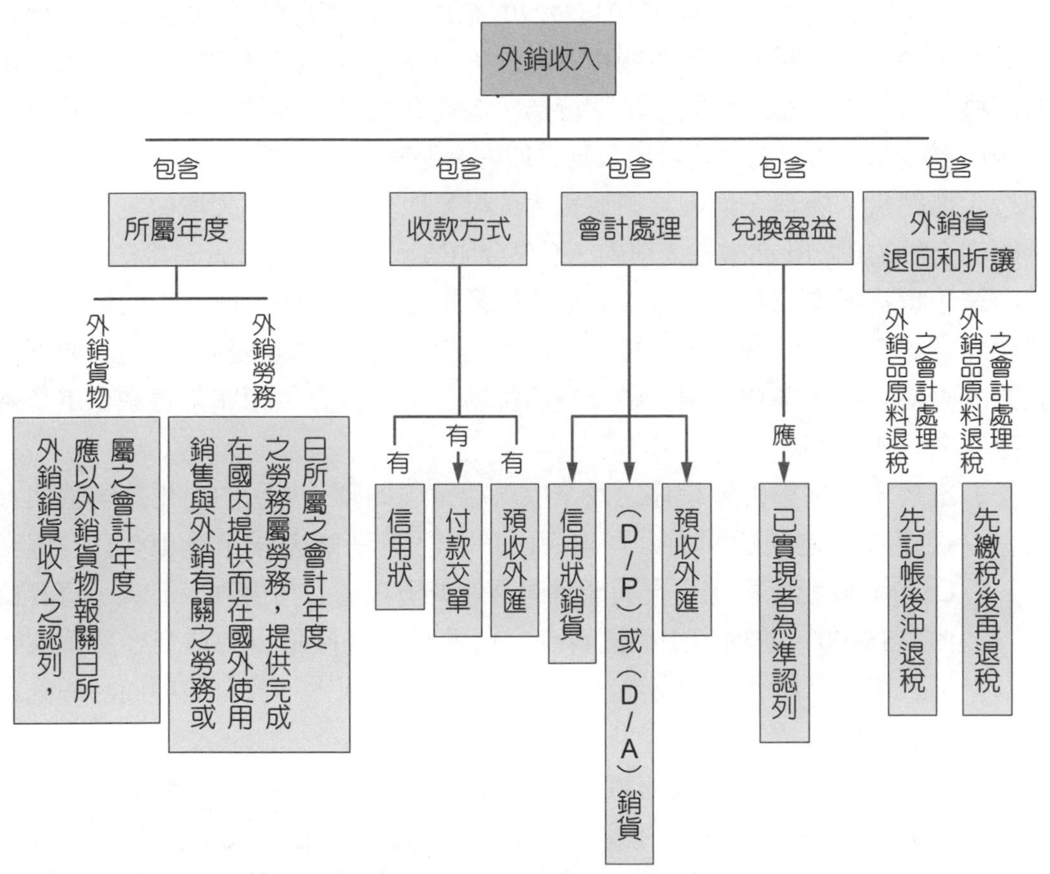

圖 5-8 外銷收入概念圖

5.9 三角貿易及多角貿易

隨著國際貿易多元化其貿易型態也有所不同，有的營利事業接獲國外客戶訂單直接委由國外第三國供應商直接交貨予國外買受人或直接向國外供應商訂購商品進口但不通關立即辦理轉運給予國外買受人，營業收入認列方式有二：

一、以佣金收入會計處理

以 93/09/03 台財稅字第 09304525270 號函，對三角貿易營收認列之觀念影響最大，該函補充規定不經通關程序之三角貿易型態，如台灣公司不負擔貨物瑕疵擔保責任者，屬「居間」法律行為，按其進銷貨差額視為佣金或手續費收入適用零稅率；如台灣公司負擔貨物之瑕疵擔保責任者，屬「買賣」法律行為，應按「進銷貨」處理，惟因其銷售貨物，起運地非在中華民國境內，且第三國供應商交付的貨物，亦未進入境內，不符合加值型及非加值型營業稅法所稱「在境內銷售貨物或進口貨物」定義，故非屬營業稅課稅範圍，自九十四年一月一日起無外銷零稅率的適用。依據該函可將三角貿易之基本交易型態列表如下，並由該表逐一推演各類三角貿易及多角貿易之交易型態，相關銷售額認定及會計處理之方式：

（一）貨物未經進口通關程序之營業收入認定：如圖 5-9 國內彰化公司營業人接獲國外之美國明道公司客戶訂單，訂購高爾夫球用具 100 套，每套 US$1,000 元，彰化公司隨即轉向國外英國青島公司供應商訂貨，每套買價 US$900，並約定由英國青島公司供應商直接將貨物運交客戶美國明道公司。若彰化公司營業人僅為「居間」介紹，不負有該項商品瑕疵之擔保責任。

貨品因未進入中華民國境內，無報關提貨憑證是屬於勞務提供性質，因此在會計處理應按進銷貨差價認列為「佣金收入」或「手續費收入」。申報營業稅時，應以佣金收入金額 US$100 元列入營業稅申報書中直接外銷勞務欄內，並檢具銷貨及進貨訂單、商業發票（Commercial Invoice）、提貨單（B / L 等）、信用狀影本、匯入及匯出之結匯證實書等相關證明文件向主管稽徵機關申報。

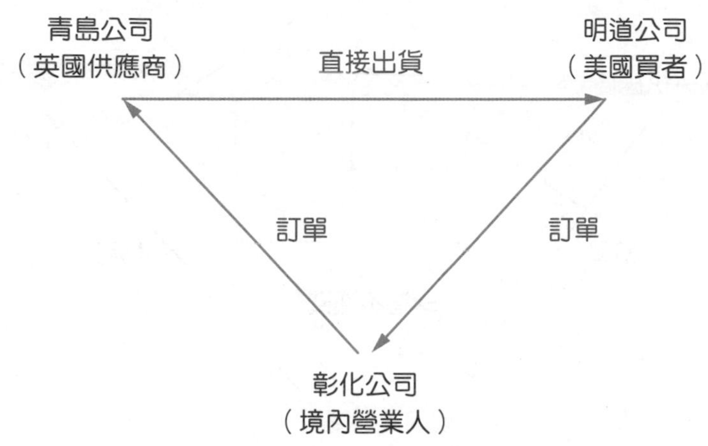

圖 5-9 貨物未經進口通關程序之營業收入認定圖

範例

彰化公司於 105/1/1 接獲國外台中公司訂購機器 100 台，每台 1,200 美元，轉向國外逢甲公司訂購，每台 1,000 美元，貨物由逢甲公司直接運交明道公司，並支付開狀手續費 3,000 元；100/2/1 由逢甲公司出口後， 彰化公司於同日向銀行辦理結匯並支付供應商貨款，當日匯率為 33：1 並支付結匯手續費 3,000 元，則相關會計分錄如下：

【解析】

105/1/1	銀行手續費	3,000	
	現 金		3,000
105/2/1	銀行存款	657,000	
	銀行手續費	3,000	
	佣金收入		660,000

該營業人得按收付信用狀之差額，其差額為 660,000，視為佣金或手續費收入列帳後開立統一發票，並依照營業稅法第七條第二款規定，適用零稅率。

（二）貨物經過國境但不經通關程序：營業人接受國外客戶訂購貨物後，向第三國供應商購貨，並由第三國供應商將貨物逕運送國外客戶或雖經過我國境，但不經過通關程序即轉運國外客戶之貿易型態，如圖 5-10。

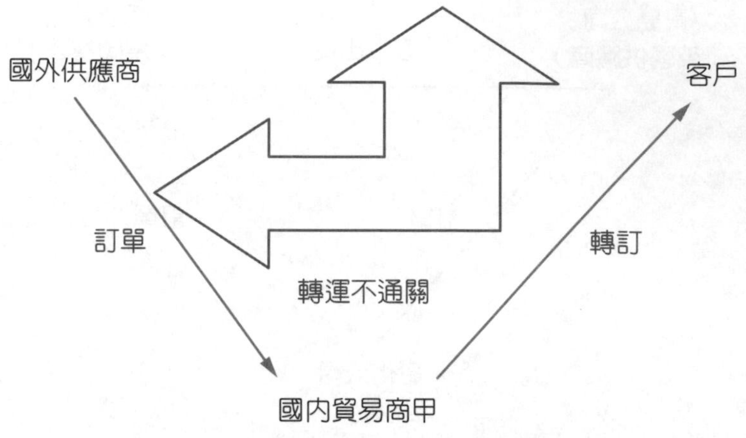

圖 5-10 貨物經過國境但不經通關程序圖

（三）以「銷貨」與「進貨」處理：國內公司接受國外客戶訂購貨物後，以自已的名義向第三國供應商將貨物逕運送國外客戶或雖經我國但不經過通關程序即轉運國外客戶之貿易型態，如經由國內公司與國外公司及另與一家或數家第三國供應商分別簽訂獨立買賣合約，且其貨款係按進銷貨全額匯出及匯入者，則其列帳方式得按進銷貨處理；三角貿易起運地、交付地均在境外者，列帳方式得按進銷貨處理，如圖 5-11。

若國內台中營業人分別與美國大大公司及英國明道公司簽訂獨立買賣合約，負擔貨物之瑕疵擔保責任，且貨款係按進銷貨全額匯出及匯入者，則甲公司列帳方式得按進銷貨處理，亦即認列「進貨或存貨（成本）US$900 元」及「銷貨收入 US$1,000 元。台中公司申報營業稅時，應檢具銷貨及進貨訂單、商業發票（Commercial Invoice）、提貨單（B / L 等）、信用狀影本、匯入及匯出之結匯證實書等相關證明文件。因該項交易非屬營業稅課稅範圍，免開發票亦免申報銷售額，亦即營業稅申報書中無該筆銷項金額，亦不適用零稅率。

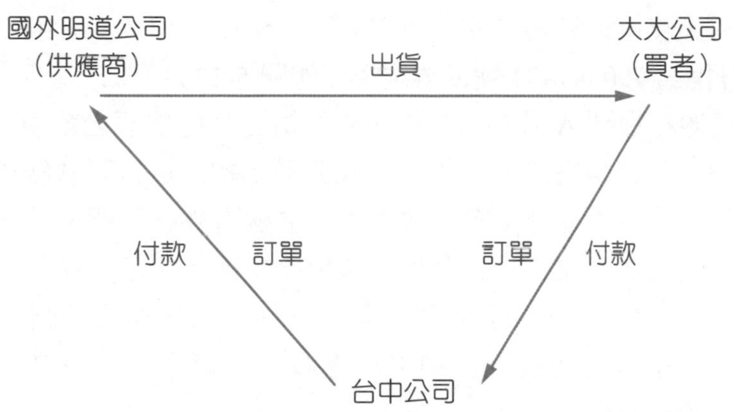

圖 5-11 以「銷貨」與「進貨」處理程序圖

範 例

如前例，按進、銷貨處理會計分錄如下：

【解析】

日期	會計科目	借方	貸方
105/1/1	銀行手續費	3,000	
	現 金		3,000
105/2/1	銀行存款	657,000	
	銀行手續費	3,000	
	銷貨成本	3,300,000	
	銷貨收入		3,960,000

銷售國外每每公司訂購機器 100 台，每台 1,200 美元，結匯當日匯率為 33：1 故銷貨收入新台幣為 3,960,000 元；銷貨成本為轉向國外逢甲公司訂購機器成本每台 1,000 美元轉訂為機器 100 台，結匯當日匯率為 33：1 故共計新台幣 3,300,000 元。

由於勤益公司銷售之貨物，其起運地非在中華民國境內，且供應商丙公司交付之貨物，未進入中華民國境內， 非屬營業稅法所稱在中華民國境內銷售貨物或進口貨物，故非屬營業稅課稅範圍，因此不須申報營業稅銷售額。

二、多角貿易 - 作為佣金收入

國內甲公司營業人接獲國外客戶 A 公司訂單後，轉向國內營業人乙公司下單，乙公司又向第三地國外製造商 B 公司，含工帶料直接製成成品訂貨，並由 B 公司直接運交國外客戶 A 公司。依據 81/09/18 台財稅第 810326956 號函及 79/06/30 台財稅第 790647491 號函規定：（如圖 5-12）

（一）甲公司應按收到 A 公司貨款後，支付給乙公司款項之差額，作為佣金收入（銷售勞務銷售額），開立以 A 公司為抬頭之二聯式統一發票（目前直接外銷勞務得免開立統一發票），並檢附外匯證明文件、甲公司開立給乙公司之訂貨文件，及其他有關證明文件（如乙公司開立給甲公司之商業發票（Inv.）、甲公司付款證明文件及第三國製造商 B 公司交給國外客戶 A 公司之提貨單（B/L 等）影本、送貨單（P/L）影本等文件），申報適用零稅率。

（二）乙公司應按收到甲公司款項後，支付給國外製造商 B 公司之差額，列為佣金收入（銷售勞務銷售額），並至遲於收到 B 公司出貨單據影本（如提貨單影本、送貨單影本等）之日起 3 日內，開立以 B 公司為抬頭之二聯式統一發票（目前直接外銷勞務得免開立統一發票），並檢附甲公司之訂貨文件、B 公司開立給乙公司之商業發票暨乙公司給付 B 公司款項證明文件，及 B 公司交給 A 公司之提貨單影本、送貨單影本等證明文件，申報適用零稅率。

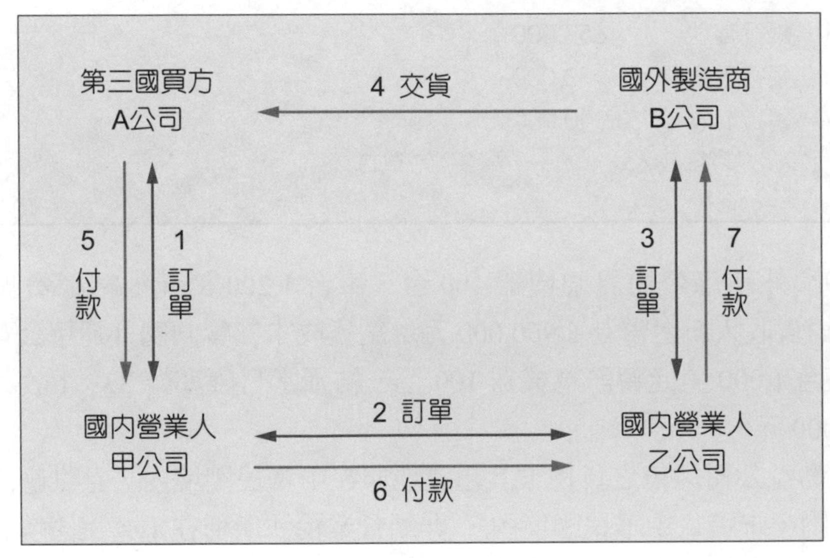

圖 5-12 多角貿易流程圖

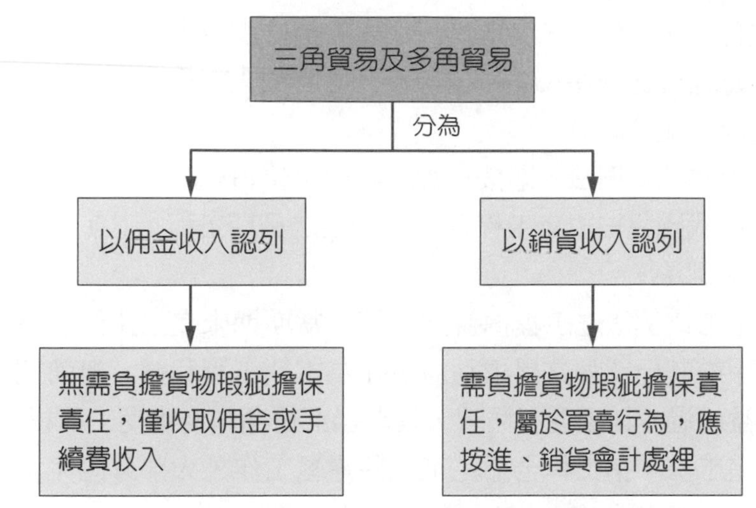

圖 5-13 三角貿易及多角貿易收入認列概念圖

5.10 工程收入

一、意義

營利事業承包工程達一年以上之長期工程合約，簽訂合約時已具有可實現之收益，長期工程隨著成本投入收益也已賺得，原則上應採取完工比例法。

二、開立發票規定

根據營業稅法規定營業人開立銷售憑證時限表規定，凡承包土木建築工程、水電煤氣裝置工程及建築物之油漆粉刷工程，而以自備之材料或由出包人作價供售材料施工者之營業，包括營造業、建築業、土木包作業、路面鋪設業、鑿井業、水電工程業、油漆承包業、屬包作業，應依其工程合約所載每期應收價款時為限，開立統一發票。

三、會計處理

營利事業承包工程完工期間有一年以下的短期工程；也有一年以上之長期工程，長期工程認列損益方法有三種，說明如下：

（一）完工比例法：係指工程利益按工程完工比例認列之方法。當長期工程合約之工程損益能可靠估計時，應採用完工百分比法。完工百分比法之計算損益方法（查核 § 24）：

1. 工程成本比例法，即按投入成本占估計總成本之比例計算。
2. 工時進度比例法，即按工程投入工時或人工成本占估計總工時或總人工成本比例計算。
3. 產出單位比例法，即按工程之產出單位占契約總單位之比例計算。

根據我國稅法規定工程在一年以上之長期工程，其工程損益應採用完工比例法。

採用完工比例法之工程損益之計算為當期期末完工比例計算累積工程利益減除前其已認列之累積利益後作為本期工程利益。但前期已認列之累積利益超過本期認列利益時，其超過部份應作為本期工程損失。

（二）全部完工法：指工程全部完工或除零星工作外大部分已完工時，才認列工程收益的方法。

適用採取全部完工法：

1. 各期應收工程價款無法估計。
2. 履行契約所須投入成本與期末完工程度均無法估計。
3. 歸屬於契約之成本無法辨認。

稅務上的全部完工法之完工日期認定，是指承造工程實際完成交由委建人受領之日期為準，如該日期無法查考時，其屬承造建築物工程，應以主管機關核發使用執照日期為準，其屬承造非建築物之工程，以委建人驗收日期為準。

範 例

明道公司本年度 1 月 1 日承包台中大學禮堂工程。合約總價 950,000 元，當日簽約並收取頭期款 300,000 元，餘款約定於 3 月 1 日及 4 月 1 日分別收取 325,000 元。購入並投入材料金額 210,000 元，人工成本 100,000 元，每月 5 日發放薪資。3 月 1 日收取第二期款 325,000 元。4 月 1 日收取第三期款 325,000 元,5 月 10 日完工並完成驗收。

【解析】

1. 1月1日 （當日簽約並收款）

科目	借方	貸方
現　金	315,000	
預收工程款		300,000
銷項稅額		15,000

2. 購入並投入材料

科目	借方	貸方
在建工程—材料	210,000	
進項稅額	10,500	
現　金		220,500

3. 人工成本

科目	借方	貸方
在建工程—薪工	100,000	
應付薪工		100,000

4. 發放薪資

科目	借方	貸方
應付薪工	100,000	
現　金		100,000

5. 3月1日

收取第二期款

科目	借方	貸方
現　金	341,250	
預收工程款		325,000
銷項稅額		16,250

6. 4月1日

收取第三期款

科目	借方	貸方
現　金	341,250	
預收工程款		325,000
銷項稅額		16,250

7. 5月10日

認列工程收入

科目	借方	貸方
預收工程款	950,000	
工程收入		950,000

範例

假設台中營造公司工程承包一處工程，該公司採用完工比例法與全部完工法，其 102 年至 105 年之資料如表：

(1) 計算完工比例法與全部完工法之損益

(2) 試做完工比例法與全部完工法之分錄

	102 年	103 年	104 年	105 年	合計
工程承包價					6,000,000
每年實際工程成本	1,000,000	1,500,000	1,500,000	1,500,000	5,500,000
估計尚須投入成本	3,000,000	1,500,000	1,000,000	0	
估計總工程總成本	4,000,000	4,000,000	5000,000	5,500,000	
工程成本比例	25%	62.5%	80%	100%	
完工比例法之本期應認列工程損益	500,000	750,000	（450,000）	300,000	500,000
每年分期請款數	1,000,000	2,000,000	1,500,000	1,500,000	6,000,000
全部完工法之本期應認列工程損益	0	0	0	500,000	500,000

【解析】

(1) 計算完工比例法與全部完工法之損益計算如下：

	102 年	103 年	104 年	105 年
至本期認列工程收入	1,500,000	3,750,000	4,800,000	6,000,000
前期已認列工程收入	0	1,500,000	3,750,000	4,800,000
本期應認列工程收入	1,500,000	2,250,000	1,050,000	1,200,000
至本期認列工程成本	1,000,000	2,500,000	4,500,000	5,500,000
前期已認列累積成本	0	1,000,000	2,500,000	4,000,000
本期應認列工程成本	1,000,000	1,500,000	1,500,000	1,500,000
本期應列工程損益	$500,000	$750,000	$(450,000)	$(300,000)

(2) 完工比例法與全部完工法之分錄：

會計事項		1. 認列應收工程款	2. 投入工程成本：	3. 認列工程損益：
102 年	完工比例法	應收工程款 1,050,000 預收工程款 1,000,000 銷項稅額 50,000	在建工程 1,000,000 各類貸項 1,000,000 各類貸項（包含材料、人工、其他費用）	在建工程 500,000 工程成本 1,000,000 工程收入 1,500,000
	全部完工法	同　上	同　上	無分錄
103 年	完工比例法	應收工程款 2,100,000 預收工程款 2,000,000 銷項稅額 100,000	在建工程 1,500,000 各類貸項 1,500,000 各類貸項（包含材料、人工、其他費用）	在建工程 750,000 工程成本 1,500,000 工程收入 2,250,000
	全部完工法	同　上	同　上	無分錄
104 年	完工比例法	應收工程款 1,575,000 預收工程款 1,500,000 銷項稅額 75,000	在建工程 1,500,000 各類貸項 1,500,000 各類貸項（包含材料、人工、其他費用）	工程成本 1,500,000 工程收入 1,050,000 在建工程 450,000
	全部完工法	同　上	同　上	無分錄
105 年	完工比例法	應收工程款 1,575,000 預收工程款 1,500,000 銷項稅額 75,000	在建工程 1,500,000 各類貸項 1,500,000 各類貸項（包含材料、人工、其他費用）	工程成本 1,500,000 工程收入 1,200,000 在建工程 300,000
	全部完工法	同　上	同　上	無分錄

（三）成本回收法：在已發生工程成本之可回收範圍內認列收入，計算工程損益，得採用成本回收法。

1. 適用會計方法之條件：

   凡工程損益無法可靠估計之情況，應採成本回收法處理。

2. 計算可回收成本損益之認列：

   預期可回收成本 > 至期末實際發生成本→不可承認工程利益。

   預期可回收成本 < 至期末實際發生成本→其差額必須承認工程損失。

3. 會計處理：

   (1) 發生成本：

   在建工程　×××
   　現金　×××

   (2) 請款時：

應收工程款 ×××
　預收工程款 ×××

(3) 收到工程款：

現 金 ×××
　應收工程款 ×××

(4) 全部完工時：

預收工程款 ×××
　在建工程 ×××

(5) 期末認列工程損益：

(a) 工程利益

在建工程（利益）×××
工程費用 ×××
　工程收入 ×××

(b) 工程損失

工程費用 ×××
　在建工程（損失）×××
　工程收入 ×××

範例

假設台中公司承攬一項工程，合約價款 30,000，估計在三年內完工，有關資料如下：

	101 年	102 年	103 年
當年實際發生成本	10,000	11,500	7,000
估計尚需投入成本	15,000	6,500	0
已開列帳單	9,000	9,500	11,150
實收現金	8,500	9,000	12,500

假設建造合約的成果不能可靠估計，擬採可回收成本法，假設可回收金額為 29,000。因此可得知，該項工程的總利益為 1,500，但是若依可回收成本法處理，則只有 500。

總利益＝ 30,000 －（10,000 ＋ 11,500 ＋ 7,000）＝ 1,500

可回收成本法利益＝ 29,000 －（10,000 ＋ 11,500 ＋ 7,000）＝ 500

101 年底預計工程利益＝ 29,000 －（10,000 ＋ 15,000）＝ 400

102 年底預計工程利益＝ 29,000 －（10,000 ＋ 11,500 ＋ 6,500）＝ 1,000

分 錄	101 年		102 年		103 年	
投入建材：						
借：在建工程	10,000		11,500		7,000	
貸：應付帳款		10,000		11,500		7,000
開列帳單：						
借：應收帳款	9,000		9,500		11,500	
貸：預收工程款		9,000		9,500		11,500
收取帳款：						
借：現 金	8,500		9,000		12,500	
貸：應收帳款		8,500		9,000		12,500
年底應作分錄：						
借：工程成本（費用）	10,000		11,500		7,000	
在建工程					1,500	
貸：工程收入		10,000		11,500		8,500
借：預收工程款					30,000	
貸：在建工程						30,000

5.11 營業收入之調整

營業收入之認列時點與營業人銷售時依營業稅法「營業人開立銷售憑證時限表」規定處理之認列時點，這兩者之認列時點可能未盡相同，因此納稅義務人須編列「開立統一發票金額與結算申報營業收入總額調節表」加以調節。上述結算申報營業收入總額之差異，可分為「本期已列營業收入但未開立統一發票」及「本期已開立統一發票但未列營業收入」兩大類，說明如下：

一、本期已列營業收入但未開立統一發票

本年度租金應收未收金額為 30,000 元按權責發生制應列營業收入，但依營業人開立銷售憑證時限表規定，得於收款時開立統一發票者故列入「本期已列營業收入但未開立統一發票」之加項。

上期預收款，係因上期商品或勞務尚未提供而收取報酬故按權責發生制未認列為營業收入但依營業人開立銷售憑證時限表規定，已於收款時開立統一發票。

因此，其轉列收入時，不再開立統一發票故列入「本期已列營業收入但未開立統一發票」之加項。

二、本期已開立統一發票但未列營業收入

佣金收入、租金收入、出售下腳廢料、出售資產，已開立統一發票但非屬營業收入是屬於非營業收入項目等。故應在「本期已開立統一發票但未列營業收入」項目下扣除。

本期預收款係指本期收款時已開立統一發票但未提供商品或勞務而未認列為本期營業收入者；故應在「本期已開立統一發票但未列營業收入」項目下扣除，才能與結算申報營業收入總額相等。

範 例

台中公司民國 105 年申報營業稅銷售額為 1,500,000 元 ,105 年度交易事項如下：

1. 上期預收貨款為 200,000 元；本期預收貨款為 300,000 元
2. 運輸設備出租，全年租金收入為 150,000 元
3. 提供勞務並收取佣金 20,000 元
4. 出售下腳收入 50,000 元
5. 出售資產 80,000 元
6. 年底發現有租金應收未收金額為 30,00 元

【解析】

調節明細表

開立統一發票金額		$ 1,500,000
加：「本期已列營業收入但未開立統一發票」		
上期預收款	$ 200,000	
本期應收未開立發票金額	30,000	
其他		230,000
減：「本期已開立統一發票但未列營業收入」		
本期預收款	$ 300,000	
本期應收本期開立發票金額	–	
視為銷貨開立發票金額	–	
佣金收入	20,000	
租金收入	150,000	
出售下腳廢料	50,000	
出售資產	80,000	
代收款	–	(600,000)
結算申報營業收入總額		$ 1,130,000

範例

台中公司全年度申報資料：

1. 營業稅銷售總額 6,200,000 元
2. 上期結轉本期預收款（上年度已開立發票） 100,000 元
3. 本期應收未開立發票款（本年度認列收入） 300,000 元
4. 本期預收款（已開立發票） 120,000 元
5. 購入供銷售之貨物轉為餽贈（視為銷貨）開立發票 60,000 元
6. 租金收入並開立發票 240,000 元
7. 出售固定資產開立發票 150,000 元

請編製營業收入調節表

【解析】

營業稅銷售額	6,200,000 元
上期結轉本期預收款	100,000 元
本期應收未開立發票款	300,000 元
本期預收款	（120,000）元
購入供銷售之貨物轉為餽贈	（60,000）元
租金收入	（240,000）元
出售固定資產	（150,000）元
本期應認列之營業收入總額	6,030,000 元

範例

政逢股份有限公司從事工具機生產銷售，是使用統一發票自動報繳營業稅之營利事業，公司所有營業收入均開立統一發票。98 年度總分支機構申報營業稅銷售額 $100,000,000，營利事業所得稅結算申報損益表上須編製營業收入調節說明表，本期應調節項目包括 (1) 上期預收款 $15,000,000 (2) 本期預收款 $16,000,000 (3) 上期應收本期開立發票金額 $8,500,000 (4) 本期應收未開立發票金額 $8,000,000 (5) 視為銷售開立發票金額 $5,000,000 (6) 租金收入 $4,000,000，出售下腳廢料收入 $3,000,000，出售資產收入 $2,000,000，其他（勝訴違約收入）$1,000,000。租金收入、出售下腳廢料收入、出租資產收入、勝訴違約收入公司已開立發票，列記非營業收入。【98 年記帳士】

試問：

(一) 公司 98 年度營利事業所得稅申報營業收入總額為若干？

(二) 請編製營利事業所得稅申報之開立統一發票金額與結算申報營業收入總額調節說明表。

(三) 營業稅法第 3 條「視為銷售貨物」之規定為何？營利事業所得稅申報是否列記營業收入？

【解析】

(一) 本年度申報營業收入總額為 83,500,000 元。

100,000,000 ＋ 15,000,000 ＋ 8,000,000 － 16,000,000 － 8,500,000 － 5,000,000 － 4,000,000 － 3,000,000 － 2,000,000 － 1,000,000 ＝ 83,500,000

(二)

政逢股份有限公司		
開立統一發票金額與申報營業收入總額調節說明表		
民國 98 年度		
開立統一發票金額		100,000,000
加：		
上期預收款	15,000,000	
本期應收尚未開立發票數	8,000,000	23,000,000
減：		
本期預收款	(16,000,000)	
上期應收本期開立發票數	(8,500,000)	
視為銷售開立發票數	(5,000,000)	
租金收入	(4,000,000)	
出售下腳廢料收入	(3,000,000)	
出售資產收入	(2,000,000)	
其他收入	(1,000,000)	(39,500,000)
本期營業收入		$ 83,500,000

學習評量

一、選擇題

( ) 1. 依規定營業人應於何時認列外銷貨物收入？
(A) 報關日 (C) 發貨日
(B) 交貨日 (D) 驗收日

( ) 2. 依規定休閒育樂收入，應於何時認列收入？
(A) 提供服務日 (C) 購買日
(B) 收現日 (D) 入會日

( ) 3. 下列各種分期付款銷貨認列方法中，何者最近一般公認會計原則：
(A) 全部毛利法 (C) 差價攤計法
(B) 毛利百分比法 (D) 普通銷貨法

( ) 4. 寄銷銷貨存貨之所有權應歸屬於
(A) 承銷人 (C) 以上皆是
(B) 寄銷人 (D) 以上皆非

( ) 5. 營利事業平時帳務處理對於營業收入之認列，應依據：
(A) 所得稅法
(B) 營利事業所得稅查核準則
(C) 一般公認會計原則
(D) 促進產業升級條例

( ) 6. 下列分期付款銷貨之損益計算於 98 年以後，非稅法規定之方法？
(A) 差價攤計法
(B) 毛利百分比法
(C) 全部毛利法
(D) 普通銷貨法

( ) 7. 營利事業編營業收入與申報營業稅銷售額之調節表，下列項目何者通常不會列入調節表？
(A) 出租押金設算租金收入
(B) 國外佣金收入
(C) 期末國外預收款
(D) 期初國內預收款

學習評量

(　) 8. 營利事業外銷貨物或勞務其銷貨收入之歸屬年度認定，依下列規定辦理？
(A) 外銷貨物應以實際裝船日所屬會計年度認列銷貨收入。
(B) 銷售與外銷有關之勞務或在國內提供而在國外使用之勞務，應以收款日所屬會計年度認列銷貨收入。
(C) 營利事業將原料或半成品運往國外加工後，直接運銷第三國買受人者須俟該外銷貨物運銷第三國買受人時，始認列銷貨收入
(D) 以上皆非

(　) 9. 營利事業出租資產，依營利事業所得稅查核準則規定，在何種條件下，應採取融資租賃會計處理？
(A) 租賃現值總額達租賃資產帳面價值 95% 以上
(B) 租賃期間屆滿時，租賃物所有權屬出租人
(C) 承租人未享有優惠承購權
(D) 租賃期間達租賃物法定耐用年數四分之三以上者

(　) 10. 銷貨退回與折讓下列敘述何者正確？
(A) 銷貨退回時原存貨成本應不予轉回
(B) 銷貨退回與折讓之帳務處理完全不相同
(C) 銷貨退回或折讓與原銷貨分屬相同交易
(D) 買受人為營業人者，開立統一發票之銷售額已申報時，應取得買受人出具之銷貨退回、進貨退出或折讓證明單

(　) 11. 營利事業承包工程，有關工程損益之計算，下列何者應採完工比例法？
(A) 各期應收工程價款無法估計
(B) 工期在一年以上
(C) 履行合約所須投入成本與期末完工程度均無法估計
(D) 歸屬於合約之成本無法辨認

(　) 12. 台中公司出售商品給予台北公司，台北公司進貨點收後發現貨品有瑕疵及汙損，經雙方協議減收價款 10,000（營業稅 500），則台中公司分錄為？
(A) 借：銷貨退回 10,000 銷項稅額 500 貸：應收帳款 10,500
(B) 借：銷貨退回 10,500 貸：應收帳款 10,500

(C) 借：銷貨折讓 10,000，銷項稅額 500 貸：應收帳款 10,500
(D) 借：銷貨折讓 10,500 貸：應收帳款 10,500

(　)13. 台中公司本日收到顧客雲林公司所退回之商品，銷售額共計 20,000 元，營業稅為 1000 則台中公司之分錄為何？
(A) 借：銷貨退回 20,000，銷項稅額 1,000 貸：應收帳款 21,000
(B) 借：銷貨退回 21,000，貸：應收帳款 21,000
(C) 借：銷貨折讓 20,000，銷項稅額 1,000 貸：應收帳款 21,000
(D) 借：銷貨折讓 21,000，貸：應收帳款 21,000

二、問答題

（一）依一般公認會計原則之規定，收入之認列應符合要件為何？
（二）何謂分期付款銷貨？其損益計算方式種類有哪些？
（三）公司發行禮券，應如何開立發票？已出售禮券若逾兩年未向公司請求兌付，是否應比照應付費用轉列其他收入？
（四）何謂三角貿易？多角貿易？
（五）何謂完工比例法？何謂全部完工法？
（六）請描述外銷銷貨收入之收款方式有哪些？
（七）營業人接受國外客戶訂購貨物後，向第三國供應商進口（不經通關程序）貨物，即行辦理轉運國外客戶之交易型態，其營業稅究應如何課徵？

三、綜合題

（一）台中公司開立統一發票，其佣金及出售下腳皆開立統一發票，預收款於收款時開立統一發票，應收款則於收現時開立統一發票，各項收入之相關資料如下：

1. 本期開立統一發票金額 $45,000,000
2. 上期期末應收款 $250,000
3. 本期期末應收款 $350,000
4. 佣金收入 $450,000
5. 出售下腳廢料 $95,000
6. 上期期末預收款 $250,000（本期已列營業收入但未開立統一發票）

學習評量

7. 本期期末預收款 $350,000
8. 代收款 $1,000,000（已開立統一發票）

試計算大正公司本期申報營業（銷貨）收入金額，並編制「開立統一發票金額與結算申報營業收入總額調節表」。

（二）台北公司 104 年 7 月 1 日以分期付款方式，銷售機器一部予台中公司，9 月 1 日先付現金 $100,000，其後每半年付款 $45,000，為期兩年；該機器成本為 $250,000，隱含利率為 12%，假設台北公司採毛利百分比法，試作 104 年度相關分錄。

（三）高雄公司於 103 年 1 月 1 日出售汽車一部，售價 $2,800,000，收取頭期款 $800,000，餘款 $2,000,000 附加利率 10%，分五年平均攤還本息，每年 12 月 31 日收取現金，該汽車成本為 $2,400,000。104 年 12 月 31 日高雄公司未收到第二期款而收回汽車，預估當時淨變現價值 $1,500,000。

試作：

1. 採普通銷貨法，試作高雄汽車公司於 103 年及 104 年相關分錄。

（四）台中營造公司於民國 2014 年初承包興建道路工程，預計三年完工，總造價 6,000,000 元，其他有關資料如下：

	2014 年	2015 年	2016 年
實際發生成本	1,800,000	960,000	1,640,000
估計尚須投入成本	2,200,000	1,840,000	———
分期請款金額	1,600,000	2,400,000	2,000,000
實際收款金額	1,200,000	1,200,000	3,600,000

該公司採完工百分比法，試計算各年應認列之工程損益並作必要分錄。

Chapter 06 營業成本

學習目標

6.1 買賣業之營業成本

6.2 期末存貨之會計處理

6.3 製造業之營業成本

6.4 原物料超耗之會計處理

6.5 下腳及廢料之處理

6.6 營造業之營業成本

6.7 建築業之營業成本

6.8 換約及違約

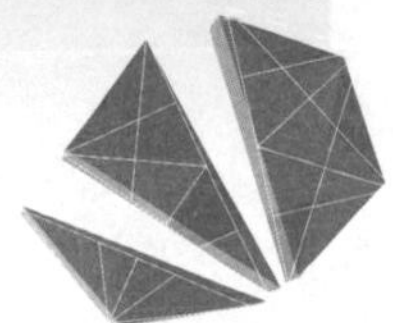

稅務新聞 News

各公司、行號列報成本費用，應具交易事實並取具合法憑證，勿虛列成本費用

台中公司為降低帳上獲利，以減少應納之營利事業所得稅，於是向股東開立之關係企業取得大量進項憑證，以關係企業名義開立統一發票給予台中公司，台中公司藉以虛增營業成本、費用，隱匿獲利以減少應納之營利事業所得稅。而關係企業之營業規模不大，所取得之進項憑證核有不足之情形，其營業額為 3000 萬元以下，帳簿及憑證資料不齊全，適用免予送帳之擴大書審方式申報營利事業所得稅，以規避稽徵機關查核。

目前此案件經國稅局查核後發現該營利事業為隱匿獲利，涉嫌以取得股東開立之關係企業統一發票虛報營業成本、費用，惟實際係為股東盈餘分配，全案補稅約 600 餘萬元。

資料來源：2013/03/07 稅務入口網

6.1 買賣業之營業成本

一、意義

是指營利事業是以購入商品並轉售他人，而賺取營業收入之營業型態，其所投入之成本支出稱之買賣業營業成本。在稅務上須取得各種支出之合法原始憑證。

二、買賣業計算公式

1. 進貨淨額：本期進貨－（進貨退出＋進貨折讓）＋進貨費用
2. 可售出商品總額＝期初存貨＋〔進貨－（進貨退出＋進貨折讓）＋進貨費用〕
3. 銷貨成本＝期初存貨＋〔進貨－（進貨退出＋進貨折讓）＋進貨費用〕－期末存貨。

範例

假設台中公司在民國 104 年度的資料如下：

1. 期初商品為 $70,000。
2. 運費 $1,000。
3. 進貨 $150,000。
4. 商品退回 $12,000。
5. 期末存貨 $50,000。

【解析】

可售出商品總額＝ 70,000 ＋（150,000 ＋ 1,000 － 12,000）＝ 209,000

銷貨成本＝ 70,000 ＋（150,000 ＋ 1,000 － 12,000）－ 50,000 ＝ 159,000

三、可供售出商品總額

可供售出商品總額是指期初存貨加上進貨成本為當期可提供出售商品總額。其稅法對營業成本認定如下：

（一）期初存貨：依查核準則第四十六條期初存貨之貨品、原料、在製品、製成品及副產品等之申報數量及金額，應與上年度稽徵機關核定數量及金額相符，其不符者應予調整。其申報數量及金額之認定方法有下列四種方法：

1. 本期期初存貨應以上年度稽徵機關核定存貨數額相符：
期初盤存之貨品、原料、物料、在製品、製成品及副產品之申報數量及金額，應與上年度稽徵機關核定數量及金額相符合，其不符者，應予調整。但上期因耗用原料、物料等與耗用率不符，而調整之金額，不得列為次年之期初存貨（查準 §46）。
2. 依查得資料或同業利潤標準核定數為期初存貨：
上年度未依法申報，或於年度中途設帳，或雖經申報，但無法提示有關證明所得額之帳簿文據，經依查得資料或同業利潤標準核定為期初存貨數額。
3. 應以上年度申報之期末盤存核定數為期初存貨：
上年度雖辦理結算申報，然而未經查帳核定，其原因與貨品、原料、物料、在製品、製成品或副產品之價格及數量無關者，應就上年度申報之期末盤存，核定本期之期初存貨（查準 §48）。

4. 漏報者，應以稽徵機關查定之結存數額為本期期初存貨：上年度已辦理結算申報，但經查帳核定貨品、原料、物料、在製品、製成品或副產品，有漏、匿報者，應依稽徵機關查定之結存數量、金額為本期期初盤存（查準 §49）。

四、進貨成本

依據查核準則第 37 及 38 條規定，原料、物料及商品之進貨成本應以實際成本為準。實際成本包括取得之代價及因取得並為適於營業使用而支付之一切必要費用。

營利事業取得購料發生所支付一切之必要費用應記載於進貨成本，營利事業取得購料時所支付的費用，若未取得憑證、未將取得憑證保存、憑證不符或未能提供證明文件者，稽徵機關得按當年度當地該項貨品之最低價格核定其進貨成本。其必要費用項目如下說明：

（一）保險費：在購料運輸中可能發生損失或其他意外事故，為預防損失發生，便向保險公司投保，其所支出之保險費應列為「進貨成本」。

（二）運輸費用：運費條件可分為：一、起運點交貨；二、目的地交貨，若是以起運點交貨應由買方支付運費，列為「進貨成本」。

起運點交貨之運費，係指由賣方營業所運至買方營業場所的人工搬運費、輪船、飛機運輸費用等，

（三）稅捐：非加值型營業稅營業人由國外進貨、進料所繳納之關稅及貨物稅；特種營業人進口進貨、進料之營業稅或向國內廠商進貨或進料之營業稅，應列為「進貨成本」。

（四）其他費用：進貨佣金、郵電費、報關費、推廣服務費、暫儲費、銀行結匯手續費等均應列為「進貨成本」。

有下列事項之進料發生損失，且有証明依據並查核屬實得以費用認列，不得列入進貨成本：

1. 因進料所發生利息費用應以利息費用列支，不得列入進貨成本。
2. 進料過程所發生損失，不得列為費用或損失。

五、會計處理

存貨之盤存可採定期盤存制或永續盤存制，以下分別說明這兩者制度：

（一）定期盤存制：採定期盤存制者，於進貨時應記入「進貨」科目，在平時及出售時皆不記載，等到期末時才將成本結轉至銷貨成本或期末存貨。其會計處理較為簡易、成本費用節省，但對存貨控管之功能較差。

（二）永續盤存制：採永續盤存制者，平時對於商品的購進或銷售與結存之數量以及金額，在帳面上均有記載。會計處理上，在進貨時應以「 存貨」科目記帳，進貨退出與折讓則直接作為「 存貨」科目之減少，隨時可由帳面得知「存貨」盤存數。永續盤存制之會計處理較為繁複，但對控管之功能較佳。

採用永續盤存制者，每年仍應實地盤存一次，如果實地盤存數額與帳面數額不符，應以實地盤存數為準調整帳面記錄，實地盤存數額大於帳面數額其會計科目為「存貨盤盈」；或實地盤存數額小於帳面數額其會計科目為「存貨盤損」。

範例

彰化食品公司於民國 104 年 5 月 1 日向明明公司賒購食品為 40,000 元，5 月 5 日付清貨款，5 月 6 日因品質不佳要求退回收現金 6,000。請說明永續盤存制及實地盤存制應有之分錄：

【解析】

日期	永續盤存制			實地盤存制		
104/5/1	**進貨時**					
	存　貨	40,000		進　貨	40,000	
	進項稅額	2,000		進項稅額	2,000	
	應付帳款		42,000	應付帳款		42,000
104/5/5	**付清貨款**					
	應付帳款	42,000		應付帳款	42,000	
	現 金		42,000	現 金		42,000
104/5/6	退回商品					
	現　金	6,300		現　金	6,300	
	進項稅額		300	進項稅額		300
	存　貨		6,000	進貨退出		6,000

六、進貨折扣、進貨退出與折讓

（一）進貨退出與折讓：係指原物料購進後發現貨品瑕疵、毀損、品質不佳而要求退出或要求減價。

（二）進貨折扣：因提前支付貨款而取得折扣之金額，稱為進貨折扣。

進貨退出與折讓應自進貨成本總額扣除，其營業稅額也應由進項稅額中扣減，並出具「進貨退出或折讓證明單」作為扣減之憑證。

稅務新聞 News

營利事業取具憑證如有成本與損費混淆入帳，稽徵機關應視其性質審定並轉正

某公司藥品總售價為 1800 餘萬元而實際收到藥價為 900 萬元，該公司將其差額為 900 萬元列為營業成本項下，故某公司在 x 年度結算申報，帳上列報營業成本加項金額為 900 萬元，其憑證收據是取自 x 醫院所開立 900 萬元（為該公司販售藥品至醫院開立發票金額與實際收到藥價之差額），依其性質，該項金額係公司捐贈予醫院之款項，非屬營業成本性質，應依其性質轉正至捐贈，且 900 萬元之捐贈費用已超過捐贈限額，計超限 500 餘萬元，不符稅法規定，因此經剔除後該公司應補徵稅額 100 餘萬元。

資料來源：2013/04/01 稅務入口網

七、申報及處罰

營利事業購進商品時未取得憑證或憑證未保存好或憑證未符合規定，除了按最低價格核定其進貨成本之外，應處以進貨額 5%（稽 § 44）。

依據查核準則第四十五條規定，營利事業應取得以下之合法憑證：

（一）向國外營利事業購進商品之憑證：

1. 指國外廠商之發票、單據、各種報關提貨費用單據或其他相關證明文件。

   已辦理結匯者，應取得結匯文件。未辦理結匯者，應取得銀行匯支或轉付之證明文件。其運費及保險費如由買方負擔者，則買方應取得運費及保險費之憑證。

2. 向科學園區或加工出口區事業進貨，其應按進口貨物報關程序向海關申報者，比照前述規定辦理。

（二）向國內營利事業購進商品之憑證：

1. 營利事業進貨或進料，應取得書有買受人名稱、地址及統一編號之統一發票。
2. 向公會配購或機關團體採購或標購者，應取得配售或標售者之證明文件。
3. 向農、漁民直接生產者及肩挑負販進貨或進料，應取得農、漁民直接生產者及肩挑負販書立載有姓名、住址、身分證統一編號、品名、單價、數量、金額及年月日，並經簽名或蓋章之普通收據或商用標準表單之出貨單作為原始憑證；其因無法取得該收據或出貨單者，當年度該項進貨進料價格，應按當時地同一貨品最低價格核定；其產品耗用原物料數量，並得按查核準則第五十八條第二項、第三項及第四項規定辦理。
4. 委託代購商品或原料，應取得受託商號書有抬頭之佣金及依代購貨物之實際價格開立，並註明「代購」字樣之統一發票。
5. 向舊貨商購進廢料、舊貨或羽毛者，應依規定取得統一發票或其他外來憑證作為進貨憑證。
6. 營利事業購進雞、鴨、魚、肉等，應依規定取得統一發票或取得出售人書有姓名或名稱及地址，並經簽名或蓋章之收據。
7. 向應依法辦理營業登記而未辦理者進貨或進料，應取得書有品名、數量、單價、總價、日期、出售人姓名或名稱、地址、身分證統一編號及蓋章之收據及其通報歸戶清單（申報書）存根。
8. 聯合標購之進貨進料，應有報經稽徵機關發給之分割證明，其僅以一事業之名義代表標購者，應有報經稽徵機關核備之合約。
9. 營利事業向免用統一發票商號購進貨品、原料而取得普通收據者，稽徵機關得根據普通收據所載進貨、進料資料，按址查對其銷售對方之銷貨是否相符，銷貨能力是否確當，核實認定；如按址查對不符而有進貨之事實者，應依所得稅法第二十七條規定核定其進貨成本，並依稅捐稽徵法第四十四條規定辦理；若按址查對不符亦無進貨之事實者，除進貨不予認定外，應按所得稅法第一百十條規定處罰。

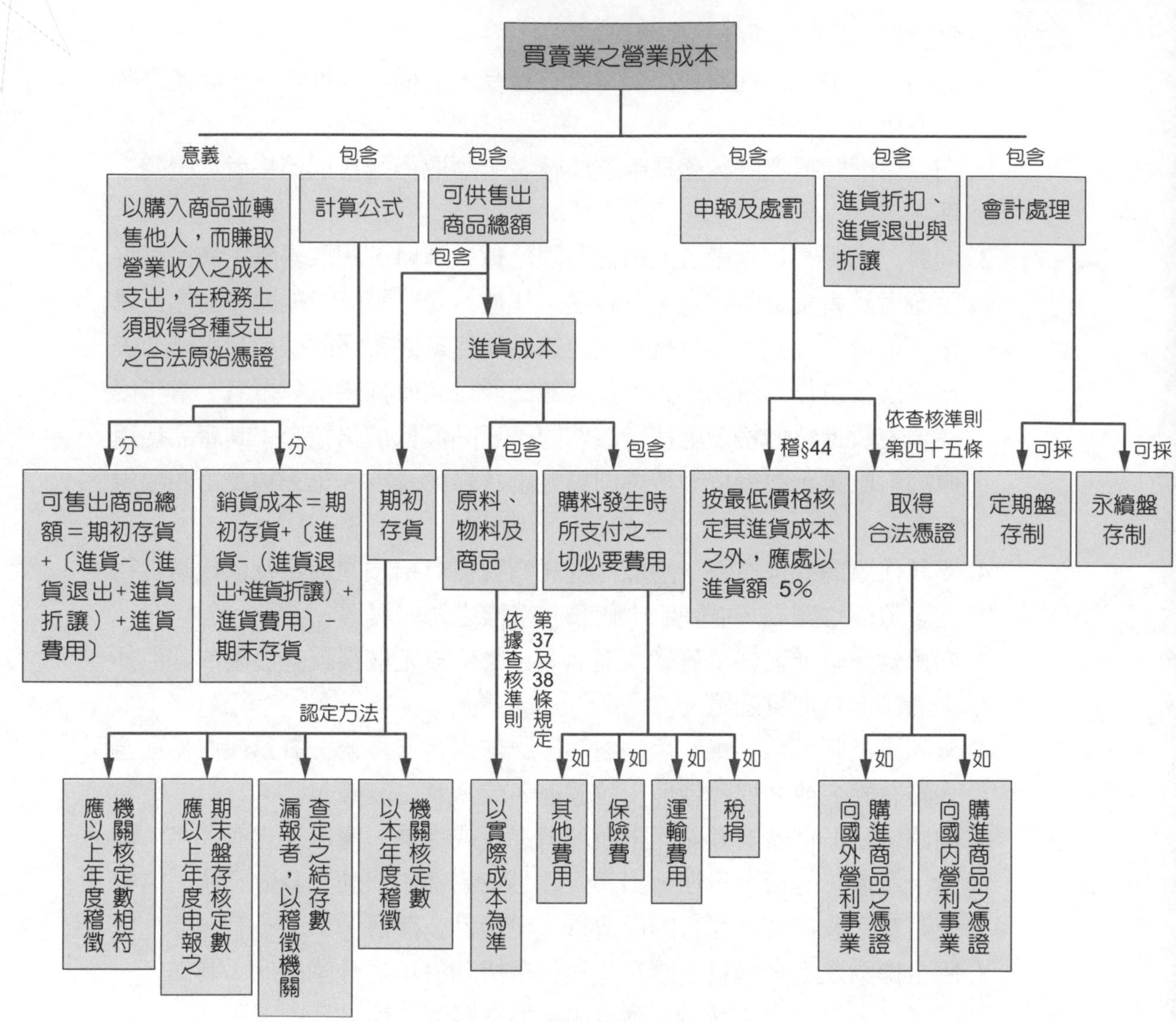

圖 6-1 買賣業營業成本概念圖

6.2 期末存貨之會計處理

稅法對於期末存貨價值之估價方法計有：「實際成本法」、「零售價法」、「成本與淨變現價值孰低法」，分別說明：

6.2.1 實際成本法

依查核準則第五十一條規定期末存貨成本得採實際成本法，實際成本法包含有：個別辨認法、先進先出法、加權平均法、移動平均法或其他經主管機關核定之方法計算之，若屬於按月結算其成本者，得按月加權平均計算存貨價值。

營利事業在同一會計年度內，對於同一種類或性質之存貨不得採用不同估價方法。

一、期末存貨成本計算方法

存貨成本計算方法之採用，應於每年申報暫繳所得稅時，報經該管稽徵機關核准。其因正當理由須變更原採用之計算方法者，亦同。若未經申請者，則視為採用加權平均法。未經申請變換計算方法者，視為沿用原方法。（所 § 44-3；查準 § 51）。在 98 年修正存貨計價方法或固定資產折舊方法之採用或變更，免再申報稽徵機關核准，以簡化稽徵實務處理程序。

（一）先進先出法：係指屬於同種類、同性質之資產，分別依照取得次序以其最先進貨之商品先賣出，故期末存貨為最近市價成本。

（二）加權平均法：加權平均法適用定期盤存制，一年或定期計算一次，計算方式為單位成本＝商品總成本除以總數量。

（三）移動平均法：適用於永續盤存制，每次購進商品時須重新計算加權平均單價一次。

（四）個別辨認法：係指個別商品的單位成本可以辨認，如汽車、珠寶可以查出其單位成本計算存貨價值。

範例

彰化公司民國 104 年度資料如下：

日期	交易項目	數量	單價	總價
1/1	期初存貨	100	10	1,000
2/1	進貨	200	11	2,200
3/10	銷貨	150	13	1,950
5/20	銷貨	100	14	1,400
8/31	進貨	100	12	1,200

請根據上述資料試作定期盤存制及永續盤存制分錄以及按先進先出法、移動平均法、加權平均法等方法計算期末存貨成本：

【解析】

1. 定期盤存制及永續盤存制分錄：

日期	定期盤存制	永續盤存制
2/1	進 貨 2,200 現 金 2,200	存 貨 2,200 現金 2,200
3/10	現 金 1,950 銷 貨 1,950	現 金 1,950 銷 貨 1,950
5/20	現 金 1,400 銷 貨 1,400	現 金 1,400 銷 貨 1,400
8/31	進 貨 1,200 現 金 1,200	存 貨 1,200 現 金 1,200

2. 先進先出法：

104 年	摘要	收入			發出			結存		
		數量	單價	金額	數量	單價	金額	數量	單價	金額
1/1	期初存貨							100	10	1,000
2/1	進貨	200	11	2,200				100 200	10 11	1,000 2,200
3/10	銷貨				100 50	10 11	1,550	150	11	1,650
5/20	銷貨				100	11	1,100	50	11	550
8/31	進貨	100	12	1,200				50 100	11 12	550 1,200

3. 移動平均法：

104 年	摘要	收入			發出			結存		
		數量	單價	金額	數量	單價	金額	數量	單價	金額
1/1	期初存貨							100	10	1,000
2/1	進貨	200	11	2,200				300	10.67	3,200
3/10	銷貨				150	10.67	1,600	150	10.67	1,600
5/20	銷貨				100	10.67	1,067	50	10.67	534
8/31	進貨	100	12	1,200				150	11.56	1,734

4. 加權平均法

單位成本＝$\frac{\text{商品總成本}}{\text{總數量}}$

$$\frac{100 \times 10 + 200 \times 11 + 100 \times 12}{100 + 200 + 100} = 11$$

期末存貨＝ 150×11 ＝ 1,650 元

銷貨成本＝ 2,750 元

5. 前述三種存貨計價方法之比較如下表：

	先進先出法	移動平均法	加權平均法
期末存貨	1,750	1,734	1,650
銷貨成本	2,650	2,666	2,750

二、期末存貨認列 - 例外

（一）存貨數量核算不符有正當理由應予認定短少數量：期末存貨數量，經按進貨、銷貨、原物料耗用、存貨數量核算不符，而有漏報、短報所得額情事者，依所得稅法第一百十條規定辦理。但如係由倉儲損耗、氣候影響或其他原因，經提出正當理由及證明文件，足資認定其短少數量者應予認定。

（二）期末存貨數量經盤點不符：期末存貨數量於必要時，經稽徵機關首長核准，得實地盤點，經盤點逆算不符，足以證明在申報年度有漏報、短報所得額者，應依所得稅法第一百十條規定辦理。但如係由於倉儲損耗、氣候影響或其他原因，經提出正當理由或證明文件，並經稽徵機關查核屬實者不在此限。

（三）成本會計制度不健全，不能提供有關各項成本紀錄，以供計算單位生產成本者，關於在製品及製成品之存貨估價，准按其完工程度核計製造成本，並依成本與時價孰低原則，計算其存貨價格。

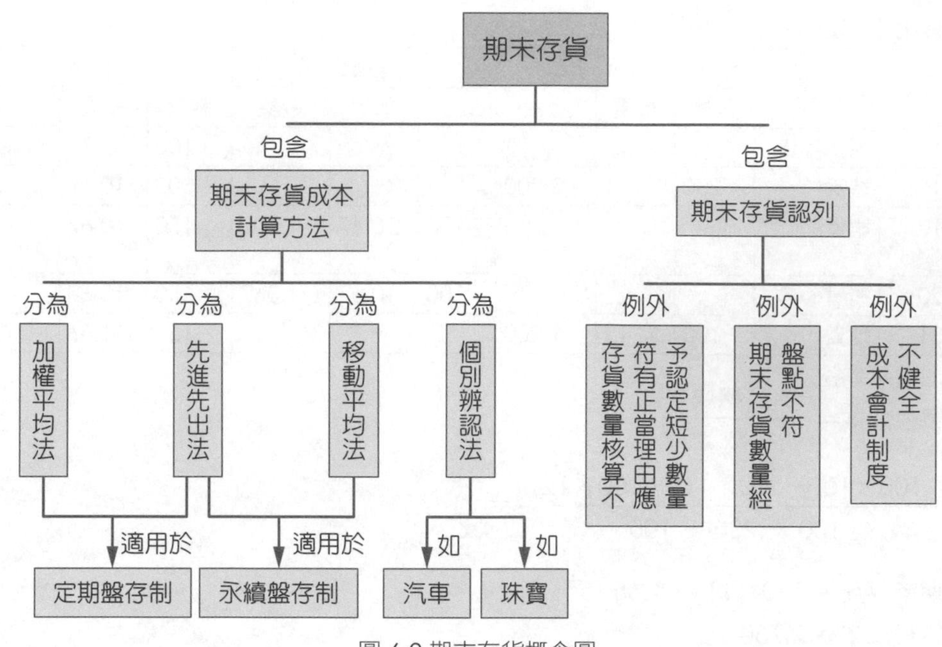

圖 6-2 期末存貨概念圖

6.2.2 零售價法

一、零售價法意義

所謂零售價法，指商品種類事先訂定價格與進貨成本並求得其成本率，再將期末存貨零售價乘以其成本率作為存貨成本。

二、採零售價法者應具備條件

其經營零售業者或商品種類繁多、盤點不易之量販店、批發商，依財政部規定其存貨之估價得申請採用零售價法。申請採用零售價法者應具備條件如下：

（一）應為股份有限公司組織者。

（二）經營零售業務並使用收銀機或電子計算機開立統一發票者。

（三）訂有健全之會計制度，其對內部會計控制制度有明文規定，並經出具「評估會計制度內部控制是否有效報告書」者。

（四）貨品須經編號標價（零售價）並按標價出售者。

（五）最近三年未發生違反所得稅法第 110 條規定逃漏營利事業所得稅者。

（六）營利事業所得稅結算申報，須委託稅務代理人查核簽證申報者。

採零售價法之營利事業者，應依商品性質分類，進貨時應同時記載商品之成本價及零售價，對於商品之加價、減價、折讓、退回之金額，除禮券、提貨單之折讓外，不得採用分攤方式，若商品分類原則有變動時，應於每月底向稽徵機關核備報請。

在一般公認會計原則之流動成本假設下可採用先進先出法、加權平均法，並可與「成本與時價孰低法」並用，但依稅務規定，採零售價法估定存貨者，計算方式可選擇有：1. 加權平均零售價法；2. 傳統零售價法即加權平均成本與市價孰低法（依財務會計準則第 10 號公報市價僅能用淨變現值法衡量），但經選用後即不得變更，若營利事業需要變更應事先申請。

三、會計處理

公式：

成本率包含加價與減價之計算（加權平均零售價法）：

可供銷售商品總零售價＝期初存貨總零售價＋本期進貨淨零售價＋本期增高總零售價－本期降低總零售價

成本率＝可供銷售商品成本 ÷ 可供銷售商品總零售價

期末存貨之總零售價＝可供銷售商品總零售價－本期銷貨淨額

期末存貨估計成本＝期末存貨之總零售價 × 成本率

範例

假設明道公司採用零售價法估計期末存貨，其民國 104 年度資料如下：

	成本	零售價
期初存貨	150,000	200,000
本期進貨	700,000	1,000,000
進貨運費	10,000	
進貨折讓與退回	20,000	
增高總零售價		50,000
降低總零售價		100,000
銷貨淨額		1,000,000

【解析】

	成本	零售價
期初存貨	150,000	200,000
本期進貨淨額	690,000	1,000,000

增高總零售價		50,000
降低總零售價		（100,000）
可銷售商品	840,000	1,150,000
銷貨淨額		（1,000,000）
期末零售價		150,000

成本率＝840,000÷1,150,000＝73%

期末存貨＝150,000×73%＝109,500

6.2.3 成本與淨變現價值孰低法

一、稅法對成本與淨變現價值孰低法之規定

依所得稅法第四十四條及查核準則第五十、五十一條規定，商品、原料、物料在製品、製成品、副產品等存貨之估價，以實際成本為準，成本高於淨變現價值者，得以淨變現價值為準，存貨跌價損失應予核實認定，但以成本與淨變現價值孰低為準估價者，一經採用不得變更。成本或淨變現價值無法合理預期時，由該管稽徵機關用鑑定或估定方法決定之。

二、淨變現價值

指在正常情況下之估計售價減除至完工尚需投入之成本及銷售費用後之餘額。

計算公式如下：
淨變現價值＝預計正常售價－銷貨折扣－尚須投入成本－推銷、銷售、運費

三、會計處理

成本與淨變現價值孰低法之下，在期末存貨評價時，若有跌價損失其會計分錄處理有：直接沖銷法與備抵法兩種方法，說明如下：

（一）直接沖銷法：當時期末存貨時價低於成本之差額，其差額直接沖減期末存貨金額，會計分錄應借記「銷貨成本」、貸記「存貨」。

（二）備抵法：將期末存貨時價低於成本之差額，借記「存貨跌價損失」、貸記「備抵存貨跌價損失」，「存貨跌價損失」為非營業損失或銷貨成本之加項，「備抵存貨跌價損失」為存貨之減項。

範例

假設台中公司民國自 102 至 104 年各年度期末存貨之成本與價資料如下：

	成本	時價
102 年度	45,000	50,000
103 年度	80,000	72,000
104 年度	90,000	85,000

依據上述資料，請說明直接沖銷法與備抵法之會計分錄（各自獨立年度）。

【解析】

	直接沖銷法	備抵法
102 年	不做分錄	不做分錄
103 年	銷貨成本 8,000 存 貨 8,000	存貨跌價損失 8,000 備低存貨跌價損失 8,000
104 年	銷貨成本 5,000 存 貨 5,000	存貨跌價損失 5,000 備低存貨跌價損失 5,000

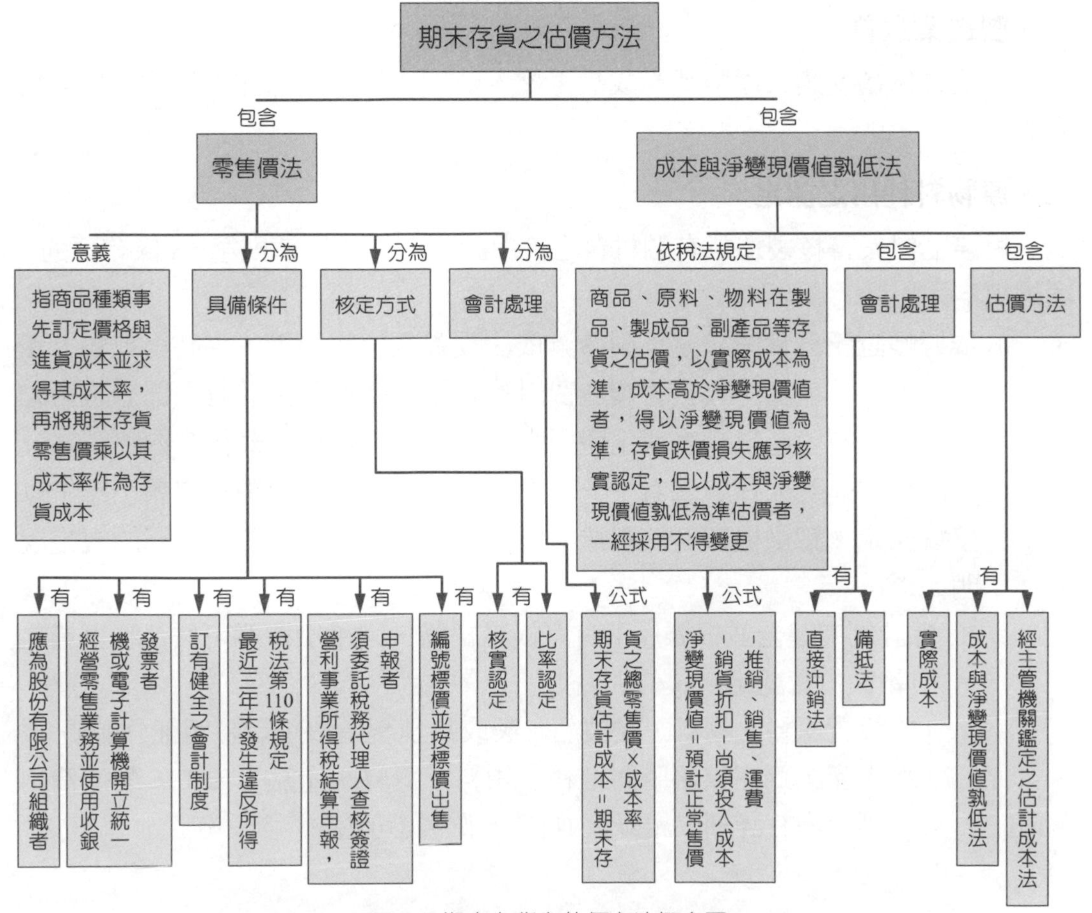

圖 6-3 期末存貨之估價方法概念圖

稅務新聞 News

營利事業應提示有關各種證明所得額之帳簿、文據，其帳載成本與存貨進銷存表及存貨盤點結果應可勾稽查核；其未提示者，稽徵機關得依查得之資料或同業利潤標準，核定其所得額。

某砂石批發公司 X 年度營利事業所得稅結算申報，存貨進銷存表依「石」及「砂石」兩類商品編製，惟其期末存貨盤點表存貨卻分為四類商品：「高級細川砂」、「礦砂」、「一般粗砂」及「6 分石」；且商品存貨明細分類帳所載存貨數量大部分無計量單位或者為砂石一式，並無明確數量，其帳載成本與存貨進銷存表及存貨盤點結果無法勾稽核對，於是國稅局遂按該業之同業利潤標準毛利率核算其營業成本，予以補徵稅額 188 萬餘元。

資料來源：2013/12/24 北區國稅局

6.3 製造業之營業成本

一、製造業意義

製造業係指從購入原料或半成品再投入勞工及生產設備加工後才予以銷售完成品。

二、原物料耗用之認定

稅務上對於審核製造業有關材料之耗用認定，依查核準則第 58 條有下列 5 項的規定：

（一）依據帳證記錄實際核定：製造業依法設置憑證與帳簿，平時對進料、領料、退料、產品、人工、製造費用等均作成完整記錄並有內部憑證可勾稽，也編有生產日報表或生產通知單及成本計算表，最後經內部製造及會計部門負責人員簽章者，營利事業之製品原料耗用數量申報，應予以核實認定。稽徵機關對於製造業所耗用之原物料核實認定相關的規定說明如下：

1. 會計制度健全並根據以下有關帳證紀錄，則稽徵機關可按營利事業之申報數核實認定。
   (1) 設置原料、物料、在製品、製成品及製造費用等各明細分類帳。
   (2) 生產紀錄完整平時對進料、領料、退料、產品、人工、製造費用等，均有詳細之紀錄，並有內部憑證可稽。

(3) 編有生產日報表或生產通知單及分批、分步，按月編製成本表單，經內部製造、會計、管理及稽核或控制部門負責人簽章者。

2. 會計制度不健全、不合乎前項之規定，營利事業所認列之耗用原料超過各該業通常水準，但能對超過部分能提出正當理由，經查明屬實，準以核實認定。

（二）依據同業通常水準核定：所稱耗用原料之通常水準，係由主管稽徵機關實地調查，並洽詢各該業同業公會及有關機關擬定，報請財政部核定。

1. 成本會計制度不健全，不合乎前項第 1 款之規定。
2. 耗用原料超過通常水準，不能提出正當理由。
3. 同業標準核定：
   (1) 耗用之原料無財政部訂定之通常水準者。
   (2) 按同業標準核定。

（三）得比照機器、設備、製造程序、原料品質等相當之該同業原料耗用核定：不合第一項規定者，且所生產之項目未經財政部核定該通常水準之情況下適用。

（四）按上年度核定情形核定。（但上年度適用擴大書面審核者除外）：

1. 帳簿上所認列耗用之原物料，稽徵機關認定不正常者。
2. 無財政部核定之同業標準。
3. 無機器、設備、製造程序、原料品質相當之同業耗用情形可資比較。

不合上述第一項規定者，且無同業標準及同業原料耗用情形可資比照者，營利事業適用於按上年度核定情形核定。

（五）按最近年度核定情形核定：若無上年度核定情形，則應按最近年度核定情形核定之。

1. 新興事業：指我國過去尚未創辦之事業。
2. 新產品：指我國工商業，過去尚未製造之產品。
3. 耗用原料不正常。
4. 無財政部核定之同業標準。
5. 無相當之同業可資比較。
6. 該事業上年度或最近年度尚無核定該產品之標準。

汽車運輸業、出租遊覽車業、海運業、漁撈業、煤礦業、窯業所需材料，營建業之營建材料及畜牧業之飼料等耗用數量，得比照前述規定之原則辦理。（查準 § 59）

（六）由稽徵機關調查核定。

（七）按同業利潤標準之毛利率核定成本。

三、製造業報表及計算公式

製造業之營利事業對於產品的購買、領用、耗用或結存基於成本的規劃及控制應設計各種成本帳冊詳細記載所投入之原物料、再製品、製成品等產出的數量與成本。稅務上基於課稅之需要也強制營利事業應設置成本帳簿之規定，製造業應設成本帳簿如下：

（一）製造業之報表：

1. 原物料進耗存明細表
（表一）：用以查核勾稽其進出與結存數量、金額。
2. 直接原料明細表
（表二）：用以查核勾稽其進出與結存數量、金額。
3. 單位成本分析表
（表三）：用以查核分析本期產出成本相關材料、人工與製造費用之結構。
4. 製成品產銷存明細表：用以查核原料之投入與產出數量與成本。
5. 期末原物料明細表
6. 期末在製品明細表
7. 期末製成品明細表

表 6-1 製造業之報表

表一 原料進領存明細表

年　　月　　日

名稱	單位	上期結存			本期進料			本期領料			本期結存		
		數量	單價	金額	數量	單價	金額	數量	單價	金額	數量	單價	金額

表二 直接原料明細表

年　　月　　日

名稱	生產數量	單位	直接材料					單位成品平均用量及金額	
			名稱	數量	單價	單位	金額	數量	金額

表三 單位成本分析表

中華民國　年　月　日　至　年　月　日　止										
名稱	生產數量	單位	直接材料	%	直接人工	%	製造費用	%	合計	單位成本

（二）計算公式

製造成本＝（期初存料＋進料－期末存料）＋直接人工＋製造費用

製成品成本＝期初在製品盤存＋製造成本－期末在製品盤存

銷貨成本＝期初製成品盤存＋製成品成本－期末製成品盤存

製造業之製造成本構成要素有三：直接原料、直接人工及製造費用等。

1. 直接材料（Direct Material）：將成本直接歸屬至產品之主要原料成本，稱為直接材料。
2. 直接人工（Direct Labor）：凡直接從事於產品的製造，或直接操作機器製造產品的第一線生產人員的工資，謂之直接人工。
3. 製造費用（Manufacturing Overhead）：係指在生產過程中所投入間接材料、間接人工、廠房設備與維護費用及工廠所發生其他各項費用等。

4. 在製品：係指已投入製造還未完工的產品成本。

5. 製成品：已製造完成尚未出售之產品成本。

（三）會計處理：製造業必須按分批成本制、分步成本制、作業基礎成本制及其他合理方法計算在製品及製品之成本。

表 6-2 分批成本制之分錄

分批成本制下會計分錄如下：	直接材料	直接人工	製造費用
購料或發生時	材料 ××× 應付帳款 ×××	薪工 ××× 應付薪工 ×××	
支付時	應付帳款 ××× 現金 ×××	應付薪工 ××× 現金 ×××	
預估製造費用			在製品 ××× 已分攤製造費用 ×××
歸屬成本	在製品 ××× 材料 ×××	在製品 ××× 薪工 ×××	製造費用 ××× 材料或人工 ×××
在製品結轉製成品	製成品 ××× 在製品 ×××	製成品 ××× 在製品 ×××	製成品 ××× 在製品 ×××
年底調整製造費用			已分攤製造費用 ××× 製造費用 ××× 多分攤製造費用 ××× 多分攤製造費用 ××× 銷貨成本 ×××

年底調整製造費用時，應將預計分攤製造費用和實際發生製造費用作比較，不相等時會產生多或少分攤製造費用。多分攤製造費用為已分攤製造費用多於實際發生數，少分攤製造費用則相反，其處理方式有二：一、將餘額結轉至銷貨成本；二、按期末在製品、期末製成品、銷貨成本比例來進行分攤。

範例

台中公司民國 104 年度資料如下：

(1) 賒購材料 $40,000。其中直接材料 $30,000；間接材料 $30,000

(2) 薪資費用總額 $100,000。其中直接人工 $40,000；間接人工 $60,000

(3) 預計製造費用 $120,000

(4) 實際發生之製造費用為 $100,000。

(5) 實際製造費用總額轉入在製品帳戶。

請試作台中公司 104 年有關會計分錄

【解析】

交易事項	直接材料	直接人工	製造費用
購料或發生時	材料 $40,000 應付帳款 $40,000	薪工 $100,000 應付薪工 $100,000	
支付時	應付帳款 $40,000 現金 $40,000	應付薪工 $100,000 現金 $100,000	
預估製造費用			在製品 $120,000 已分攤製造費用 $120,000
歸屬成本	在製品 $30,000 材料 $30,000	在製品 $40,000 薪工 $40,000	製造費用 $100,000 材料或人工 $100,000
在製品結轉至製成品	製成品 $30,000 在製品 $30,000	製成品 $40,000 在製品 $40,000	製成品 $100,000 在製品 $100,000
年底調整製造費用			已分攤製造費 $120,000 製造費用 $100,000 多分攤製造費用 20,000 多分攤製造費用 $20,000 銷貨成本 $20,000

範例

台中公司是一家化妝品製造廠採用分批、正常成本制，民國 104 年 6 月份交易資料如下：（預計製造費用分攤率：每機器小時 $25）

(1) 賒購材料 $350,000。

(2) 領用材料 $200,000；其中直接材料 $150,000，間接材料 $50,000。

(3) 本月份薪工總額：$600,000；其中直接人工 $400,000，間接人工 $100,000；銷管人員薪資 $100,000。

(4) 廠房折舊 $140,000，機器設備折舊 $60,000，電費 $40,000，修理費 $22,000，保險費 $30,000，雜費 $8,000。

(5) 本月共使用 20,000 機器小時。

(6) 本月共完成三張訂單，製造成本 $550,000。

(7) 本月銷貨收入 $850,000，銷貨成本 $550,000。

(8) 多或少分攤製造費用結轉銷貨成本。

請試作台中公司會計分錄：

【解析】

(1) 台中公司賒購材料 $350,000。

材料 350,000

　　應付帳款 350,000

(2) 當領用材料 $200,000 時；其中包含了直接材料 $150,000，間接材料 $50,000。

在製品　150,000

製造費用　50,000

　材料　200,000

(3) 本月份薪工總額：$600,000；其中直接人工 $400,000，間接人工 $100,000；銷管人員薪資 $100,000。

在製品　400,000

製造費用　100,000

行銷費用　100,000

　薪工　600,000

(4) 廠房折舊 $140,000，機器設備折舊 $60,000，電費 $40,000，修理費 $22,000，保險費 $30,000，雜費 $8,000。

製造費用—折舊　200,000

製造費用—電費　40,000

製造費用—修理費　22,000

製造費用—保險費　30,000

製造費用—雜費　8,000

　累計折舊　200,000

　預付保險費　30,000

　應付帳款或現金　70,000

(5) 本月共使用 20,000 機器小時；20,000 X 25 = 500,000

在製品　500,000

　已分攤製造費用　500,000

(6) 本月共完成三張訂單，製造成本 $550,000。

製成品　550,000

　在製品　550,000

(7) 本月銷貨收入 $850,000，銷貨成本 $550,000。

應收帳款　850,000

　銷貨收入　850,000

銷貨成本　550,000

　製成品　550,000

(8) 多或少分攤製造費用結轉銷貨成本。

已分攤製造費用　500,000

　製造費用　450,000

　多分攤製造費用　50,000

多分攤製造費用　50,000

　銷貨成本　50,000

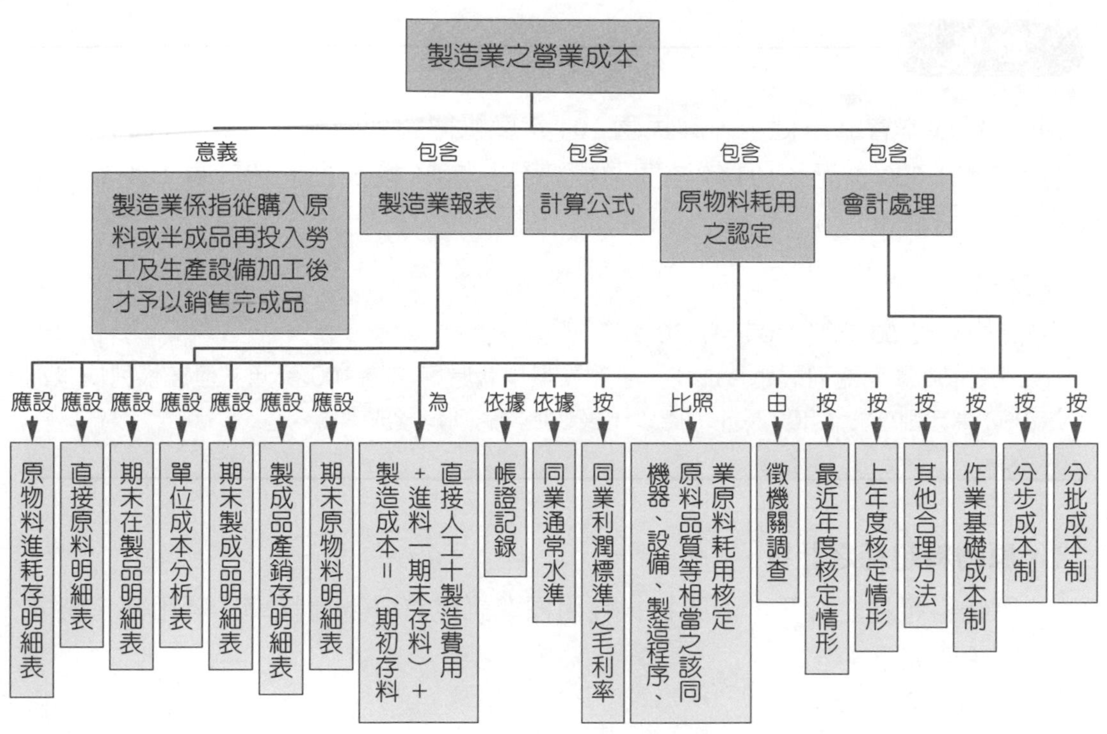

圖 6-4 製造業之營業成本概念圖

6.4 原物料超耗之會計處理

一、製成品耗用原料核定

製成品耗用原料可根據下列三項做為帳證記錄認定：

（一）符合查核準則第 58 條規定，成本會計制度健全、帳簿及憑證齊全、成本記錄完備者適用。

（二）不合前項之規定，耗用原料超過各該業通常水準，而對超過部分能夠提出正當理由，經查明屬實者適用。

（三）合乎查核準則第五十八條第一項規定，但其原料耗用數量已超過各該業通常水準者適用。

範例

台北公司成本會計不健全，其民國 104 年度帳簿認列銷貨收入為 2,000 萬元；銷貨成本 1,500 萬元，104 年該同業標準訂為 70% 核定之。請計算 104 年度應認列之銷貨成本：

【解析】

銷貨成本 =2,000 萬 ×70%=1,400 萬元

應於 1,400 萬元認列之銷貨成本，營利事業申報時應剔除 100 萬元。但若帳列成本為 1,300 萬元則低於 1,400 萬元，應以 1,300 萬元認列銷貨成本。

二、原物料超耗之計算

原物料超耗之計算，依原物料耗用標準訂定有分為損耗率、耗用率、製成率分別說明如下：

（一）損耗率

公式：

損耗率＝損耗量 ÷ 原料耗用量 ×100%

應耗原料數量＝申報製成數量 ÷（1 －損耗率）

超耗數量＝申報原料耗用量－應耗原料數量

超耗數量 × 原料單價＝原料超耗金額

範例

彰化公司生產黃金，本年度提煉 300 公噸純金，計耗用 350 噸金礦，已知損耗率為 7.8%，金礦每噸為 14,000 元則金礦超耗金額為多少？

【解析】

300÷（1 － 7.8%）＝ 325.38 噸

350 － 325.38 ＝ 24.62 噸

24.62×14,000 ＝ 344,680……超耗金額

（二）耗用率：以每單位製成品應使用若干單位原料計算原料耗用數量。

公式：

應耗原物料量＝成品生產量 × 單位耗料標準
超耗數量＝申報原料耗用數量一應耗原料數量
原料超耗金額＝超耗原料數量 × 原料單價

範 例

台北公司本年度生產衛生紙 100 公噸紙漿，耗用了 150 噸紙漿，耗用量為比例為通常水準為 1.3 ： 1，紙漿每噸為 4,000 元則紙漿超耗金額為多少？

【解析】

100×1.3 ＝ 130 噸
150 － 130 ＝ 20 噸
20×4,000 ＝ 80,000

（三）製成率法：係以每單位原料之使用可產生製成品之比率求得應耗及超耗原料數量。

公式：

產品生產數量 ÷ 製成率＝應耗原料數量
申報原料耗用數量－應耗原料數量＝超耗數量
超耗原料數量 × 原料單價＝原料超耗金額

範 例

明道公司本年度生產麵筋罐頭 3,000 箱，每箱 36 罐，每罐 0.3 公斤，耗用麵筋 200,000 公斤，每公斤 1.5 元，已知麵筋罐頭製成率 20％則損耗金額為多？

【解析】

3,000×36×0.3 ＝ 32,400 公斤
32,400÷20％＝ 162,000 公斤
200,000 － 162,000 ＝ 38,000
38,000×1.5 ＝ 57,000 元

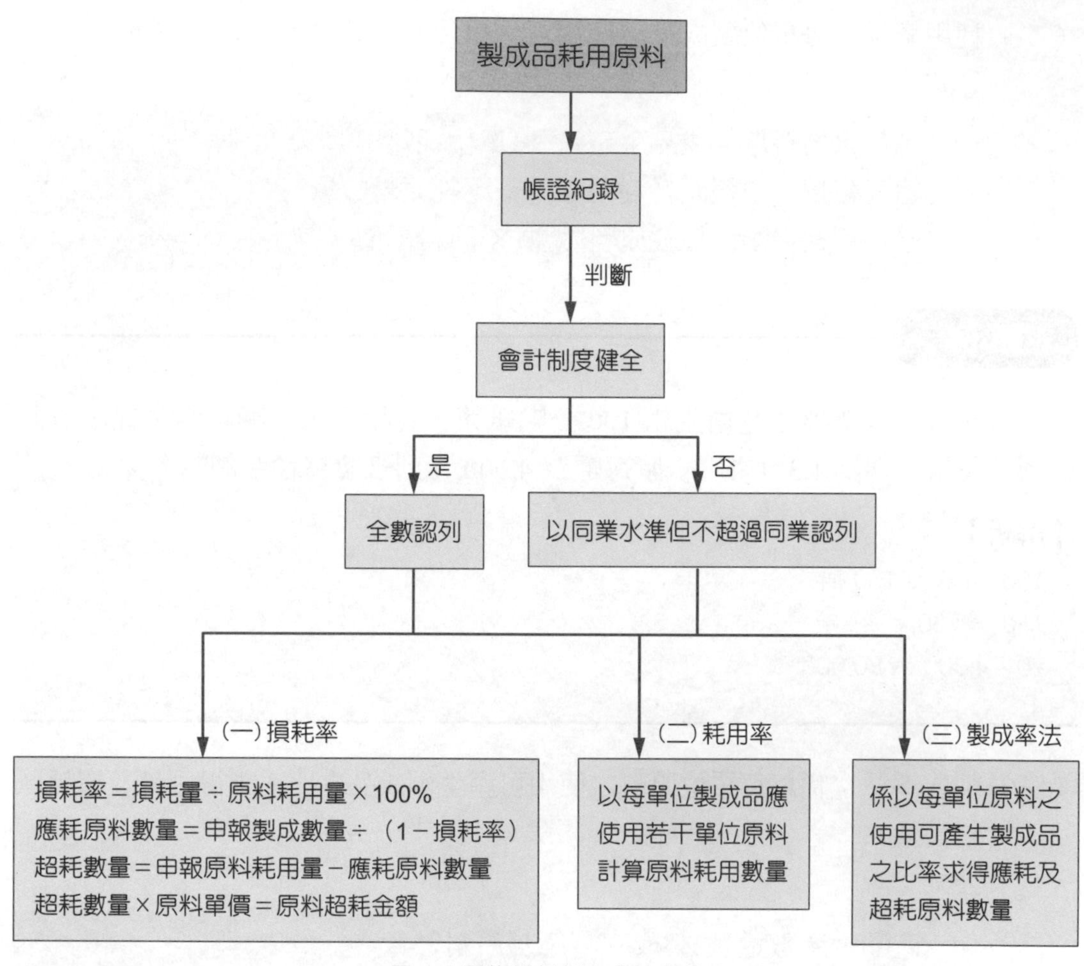

圖 6-5 原物料超耗之會計處理

6.5 下腳及廢料之處理

依查核準則第三十六條銷售下腳及廢料之收入，應列為收入或成本之減項，其未依規定申報致短漏報所得稅者，應依所得稅法第一百一十條之規定辦理，其下腳及廢料出售者應盤存列帳，其未列帳處理者得依查得之資料調整之。

一、超耗計算公式

應耗量＝原料成品淨重 ÷（1－損耗率）
超耗量＝實耗量－應耗量

二、下腳量計算公式

1. 原料實耗量 > 應耗量
   應耗量－原料成品淨重＝下腳重量
2. 原料實耗量 < 應耗量
   實耗量－原料成品淨重＝下腳重量

範例

高雄公司以廢鐵製造鋼筋，其製程為廢鐵→鋼錠→鋼筋。經查鋼筋 1 噸應耗鋼錠 1 噸，鋼錠 1 噸應耗廢鐵 1.5 噸。本年申報全年製造鋼筋 25,000 噸，耗用廢鐵 35,000 噸，每噸 500 元，請問超耗為多少？

【解析】

應耗用原料數量 37,500 噸＝申報製成品數量 25,000 噸 ×1×1.5
原料超耗數量 2,500 噸＝申報耗用原料數量 37,500 噸－應耗用原料數量 35,000 噸
原料超耗金額 1,250,000 元＝原料超耗數量 2,500 噸 × 單位成本 500 元

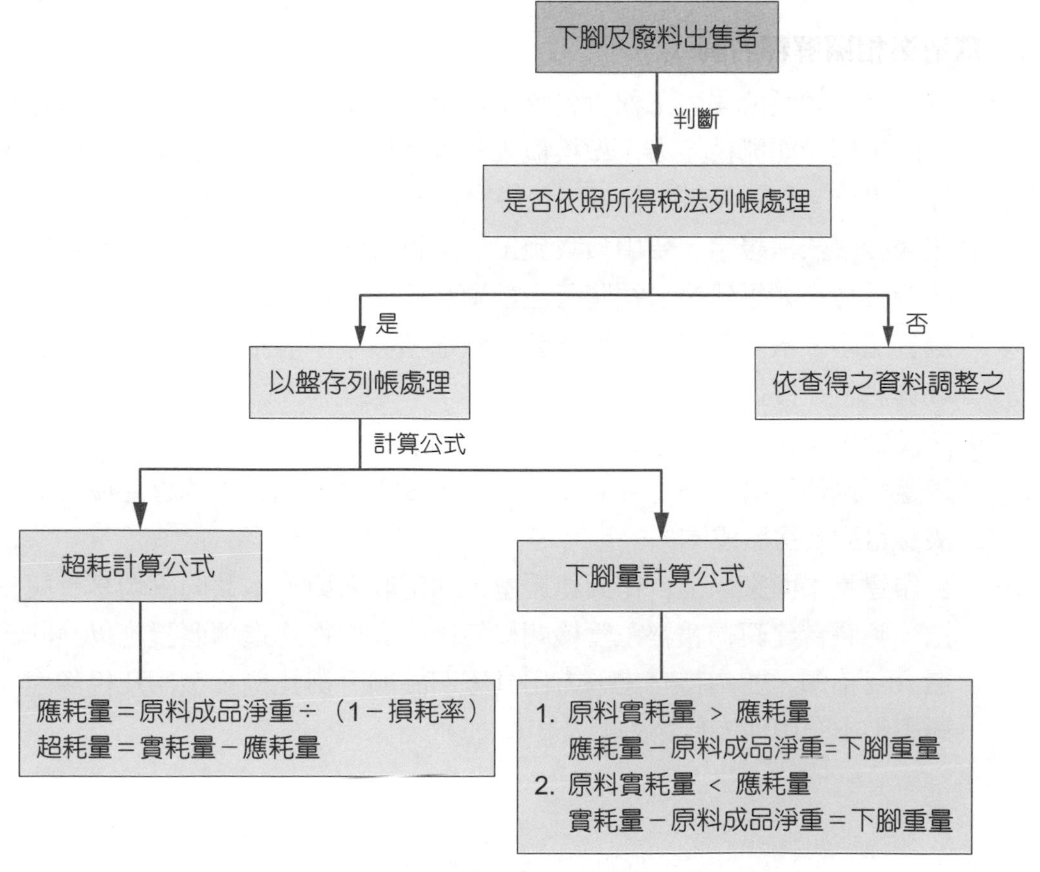

圖 6-6 下腳及廢料之處理

6.6 營造業之營業成本

一、營造業意義

係指承攬營繕工程之營造廠商，其營業項目為經營建築及土木工程之經營，營造業之經營方式可分：

（一）包工包料：係指由承包之營造商購買材料並且負責興建，建設公司只要按契約工程款付款，其成本內容包含人工成本、工程費用、外包工程及材料成本。

（二）包工不包料：係指由建設公司採購原料，營造廠派員施工，其成本內容包含人工成本、工程費用、外包工程，依稅法之分類標準，屬於勞務承攬業。

營造業在同一年度承包兩個以上工程者，其成本應詳細記載材料內容，若營造商無法做到，致稽徵機關無法查帳核定所得額時，得依同業毛利率標準核定營業成本。

二、營造業相關解釋名詞

（一）發小包：建設公司將工程發包給予營造商，營造商自行找工程行發包較小的工程，如開挖土方、做模板工等等這種方式稱之為發小包。帳務處理上可分為包工包料、包工不包料二種方式。

開立發票依法規定，要由負責施工的工程行開給營造廠，營造廠再開給建設公司。如果建設公司將營造款項直接開立發票給予小包工程行，跳過營造廠，被查獲者，除取自營造廠進項發票不能扣抵，尚須按進貨未取具憑證，按進項罰 5%。

（二）裝潢費用：預售樣品屋之裝潢費用應列為廣告費，其中冷氣、家具結案後還可以使用者，應沖減廣告費或轉列收入，但已完工的實品屋，其裝潢費可列為房屋成本。

（三）合作建屋：兩家以上合作興建房屋，約定收入與成本共同平均享受與負擔，應將合建契約報經主管機關核備後，其取得之進項憑證應以共同起造人為抬頭，並由持有之一方出具證明註明分攤比例、金額及稅額連同憑證影本交由他方作為列帳及扣抵之。

三、營造業帳冊之設置（主要帳冊）

（一）日記簿：得視實際需要加設特種日記簿。

（二）總分類帳：得視實際需要加設明細分類帳。

（三）在建工程明細帳：得視實際需要加設材料、物料明細帳及待售房地明細帳。

（四）施工日報表：記載工程每日有關進料、領料、退料、工時及工作紀錄等資料。

（五）其他必要之補助帳簿。

四、會計處理

（一）營造業支付各項工程成本之會計處裡如下

1. 購進並領用材料時：

在建工程－材料	XXX	
進項稅額	XXX	
現金（應付帳款）		XXX

2. 支付工程工人工資時：

在建工程－人工	XXX	
現金		XXX

3. 發生外包工程款時：

在建工程－外包工程	XXX	
現金		XXX

4. 發生工程（建造）費用時：

在建工程－費用	XXX	
現金		XXX

範例

台中營造公司於民國 104 年度之工程交易資料如下：

1. 1/1 支付營造工程款 2,000,000 元不含稅。
2. 5/1 購買材料 1,500,000 元。
3. 6/30 支付工地監工人員薪資 300,000 元，工地水電費 35,000 元，郵電費 55,000 元，伙食費 60,000 元，其他費用 20,000 元不含稅。

請試作台中營造公司之 104 年度會計分錄：

【解析】

分錄	借方	貸方
1. 在建工程 - 工程款	2,000,000	
進項稅額	100,000	
現 金		2,100,000
2. 在建工程 - 材料	1,500,000	
進項稅額	75,000	
現 金		1,575,000
3. 在建工程 - 建造費用	470,000	
進項稅額	5,500*	
現 金		475,500

※（35,000+55,000+20,000）×5% ＝ 5,500

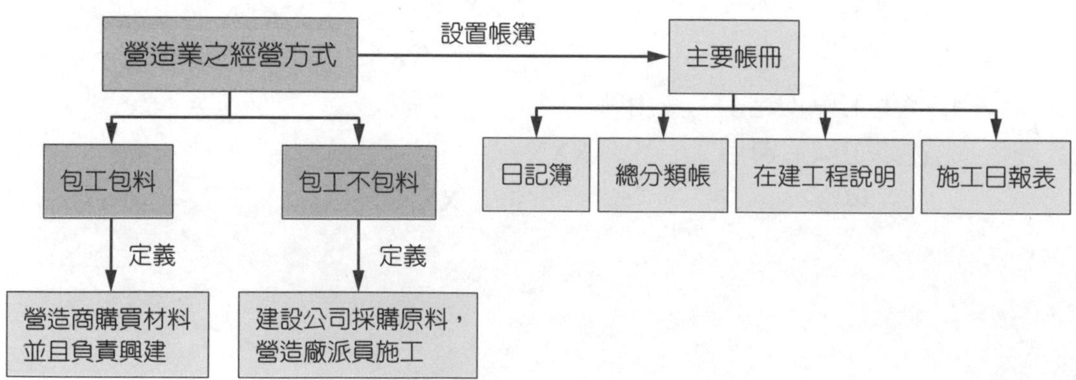

圖 6-7 營造業營業成本概念圖

稅務實務 News

建設公司在「合建分屋」型態下，取得土地成本之決定，在「合建分屋」型態下，取得土地之成本，依據財政部 78 年 12 月 14 日台財稅第 781147710 號函規定，「建設公司與地主合建分屋，於房地交換時，其帳列土地成本金額，應以換出房屋所分攤之建造成本為準，暫免按因交換而開立之統一發票金額計算交換損益，俟房地出售時再計算其損益並依法核課所得稅。」

該局進一步說明，例如 A 建設股份有限公司以合建分屋方式與地主興建房屋，約定完工後依公司 60%、地主 40% 之比例分配房屋，假設建設公司實際投入建造成本為 10 億元，而房屋與土地互換時，係按土地時價 5 億元開立統一發票，則 A 公司換入土地之入帳成本應為 4 億元（10 億 ×40%）而非開立統一發票之金額 5 億元。亦即，在合建分屋下之帳列土地成本，應以實際投入之建造成本決定，而非以換入土地之價值或開立發票之金額決定。

資料來源：2012/04/24 稅務入口網

6.7 建築業之營業成本

一、建築業意義

建設公司係從事興建一般住宅及商業大樓供出售或出租經營之行業，建築業經營方式可分：

（一）自地自建：係指自行購買土地自行建造，其優點產權清楚，但須龐大資金。

（二）合建分屋：指建築公司提供建造房屋的資金，而地主提供土地，雙方合作建屋，等到房屋興建完成後，再按當初約定比例交換土地及建築物。

（三）合建分售：房屋興建完成後將建築公司的房屋及地主的土地分別銷售給客戶，分別收取現金、分別簽訂契約。合建分售的優點為可避免建設公司與地主在房屋興建完成後須辦理產權移轉登記手續被重複課徵契稅。

（四）合建分成：建設公司提供資金，地主提供土地，合作建屋，雙方以共同名義與購買者簽定房地買賣契約，並依雙方約定百分比分配其出售之房屋及土地價款。

（五）共同投資：兩家或兩家以上建設公司共同出資興建房屋，共同支付工程成本及共同費用。

二、建築業收入及預收之認列

收入認列根據查核準則第二十四條之二，營利事業出售不動產，其所得歸屬年度之認定，應以所有權移轉登記日期為準，但所有權未移轉登記予買受人以前已實際交付者，應以實際交付日期為準，二兩者皆無從查考時，稽徵機關應依其買賣契約或查得資料認定之。但建設公司是屬於包工包料方式預售房屋，得以完工比例法認列售屋利益（查準 §24-1），並需要符合下列全部條件：

（一）工程之進度已逾籌劃階段工程，工程之建造可隨時進行。

（二）預售契約總額已達估計工程總成本。

（三）買方支付之價款已達契約總價 15%。

（四）應收契約款之收現性可合理估計。

（五）履行合約所須投入之工程總成本與期末完工程度均可合理估計。

（六）歸屬於售屋契約之成本可合理辨認。

三、交易完成日期之認定

（一）有資料可查考時

1. 實際交屋日期查核客戶簽章之交屋證明單，或客戶設籍遷入日期，或營利事業辦理營業登記日等資料，均可作為推定建設公司實際交屋之參考。
2. 所有權移轉登記日期至地政事務所調閱不動產謄本，以查明所有權移轉日期。
3. 買賣契約約定或查得資料。

（二）無資料可查考時：若實際交屋及所有權移轉登記日期，皆無從查考，則以下列日期參考推定為交易完成日。

1. 買賣契約上尾款收取日。
2. 發票開立以收取尾款日期。
3. 辦妥銀行貸款日期。因申請銀行貸款時，通常建設公司已收取尾款。
4. 向稽徵機關申報完納契稅之日期。

四、開立發票

（一）發票金額：依據查核準則 32 條規定房屋及其座落土地合併銷售時，應房地銷售價格已於買賣契約分別載明，依所載房屋價格開立統一發票報繳營業稅外，除依房屋評定標準價格占土地公告現值及房屋評定標準價格總額之比例計算房屋部分之銷售額，開立統一發票報繳營業稅。

（二）發票開立時點：建設公司銷售之房屋與土地應開立統一發票，其應開立時間為何？以下分別說明之：

1. 房屋銷售

(1) 房屋完工銷售

應於交屋時開立統一發票。購屋者為個人時，應開立二聯式發票；若為營利事業者時，則應開立三聯式發票。

(2) 合建分屋

以合建分屋方式興建房屋，其於房屋興建完成後以房屋交換土地者，應於換出房屋時開立統一發票（統 §12）。

(3) 房屋預售

建設公司以預售方式者銷售，每期預收之價款應於收款時開立統一發票。其向銀行貸款以繳交尾款者，應於取得銀行貸款撥款後 3 日內開立發票，且最遲不得超過所有權狀核發日起 3 個月開立發票。

2. 土地銷售：土地屬於免課徵營業稅及營利事業所得稅，得免開立發票。

五、建築業之相關費用

（一）土地：依查核準則第 97 條購買土地之借款利息，應列為資本支出；經辦妥過戶手續後之借款利息，可作費用列支。但非屬固定資產之土地其借款利息應以遞延費用列帳，於土地出售時，再轉作其收入之減項。因土地以外進貨借款所支付之利息，應以財務費用列支，不得併入成本計算。土地成本常見有：

1. 買價
2. 介紹人佣金
3. 過戶代書費
4. 登記規費
5. 拆除舊屋之費用
6. 遷讓補助費

（二）廣告費：依查核準則第 78 條廣告費之認列有如下：

1. 營建業樣品屋之成本，其有處分價值者，應於處分年度列作收益處理。

2. 營建業合建分售（或分成）之廣告費，應由地主與建主按其售價比例分攤。
3. 樣品屋之成本應列為廣告費，樣品屋有殘值應列為處分年度收益。
4. 採合建分成或分售之廣告費，應由地主與建主按其售價比例分攤，不能全部列為建主費用。
5. 合建分屋，分得之房屋其銷售費用亦不得列為建設公司費用。若建築物 其建造期間超過一年，採收益與費用配合，銷售費用應與收益同時認列。

（三）會計處理：建設公司所從事的宣傳廣告費以及樣品屋之費用是在建屋前所發生的，基於售屋收入與廣告費之配合原則與所得稅法規定預售房屋在未完成交屋前所發生與預售房屋有關的推銷費用應按「遞延費用」列帳。廣告費之會計處理分為包銷與代銷方式分別說明：

1. 包銷方式：包銷公司應負擔全部費用（含廣告費）只向建設公司收取佣金收入。

範例

建築公司自地自建，其房屋是採包銷方式，台北公司為包銷商於民國 1/1 支付全部廣告費 35,000 元及 1/5 樣品屋 500,000 元，5/31 銷售結案後銷售佣金為 1,500,000 元，其分錄如下：

【解析】

科目	借方	貸方
銷售費用	1,500,000	
進項稅額	75,000	
現　金		1,575,000

2. 代銷方式：

範 例

如上題，分錄如下：

【解析】

1/1			
	遞延費用一 廣告費	35,000	
	進項稅額	1,750	
	現　金		36,750
1/5			
	遞延費用一 樣品屋	500,000	
	進項稅額	25,000	
	現　金		525,000
5/31			
	遞延費用一銷售佣金	1,500,000	
	進項稅額	75,000	
	現　金		1,575,000
5/31	銷售費用	2,035,000	
	遞延費用一 廣告費		35,000
	遞延費用一 樣品屋		500,000
	遞延費用一銷售佣金		1,500,000

若採合建分售則按地主、建築商契約所佔比例分擔費用，若房屋占售價 40%則地主應分擔 60%費用，建築商結案分錄如下：

銷售費用	814,000	
遞延費用一 廣告費		14,000
遞延費用一 樣品屋		200,000
遞延費用一銷售佣金		600,000

2,035,000×40%＝814,000

六、佣金支出

銷售房屋方式有包銷、代銷及自銷三種；建築業房屋銷售一般交給代銷公司處理，代銷公司根據銷售契約向建築公司收取佣金。

（一）包銷：即銷售公司保證銷售一定成數，不到約定成數佣金不收，如果達到規定成數，則按銷售金額比例收取佣金，此外售價若超過底價其差價可按約定條件或對分，其廣告、樣品屋及銷售人員薪資全部由代銷公司負擔，建築公司不必付其他廣告費。

（二）代銷：由銷售公司代銷，代銷公司依銷售數量收取佣金。

範例

彰化建設公司於民國 104 年 1/1 購買土地金額為 1,000,000 元；4/1 支付代書費 6,000 元；規費 10,000 元；6/1 支付仲介佣金 1%；7/1 付給地上占用違章戶遷讓費 30,000 元，其分錄如下：

【解析】

日期	科目	借方	貸方
1/1	土　地	1,000,000	
	現　金		1,000,000
4/1	土　地	16,000	
	現　金		15,400
	收稅款		600
代收代書費 10%所得稅			
6/1	土　地	10,000	
	現　金		9,000
	代收稅款		1,000
代收佣金 10%所得稅			
7/1	土　地	30,000	
	現　金		30,000
繳納稅款時			
	代收稅款	1,600	
	現　金		1,600

應於次月繳納所代收之稅款，建設公司採自地自建方式之所購買土地，其成本包括買價、介紹人佣金、過戶代書費、登記規費，但貸款之規費及代書費，可列為當期費用。若現有土地上面已有舊房子，房屋及土地購進後，拆除舊屋之費用均列為土地成本。若現有土地上面有住戶，建築公司請求搬遷之遷讓補助費亦屬土地成本。

範 例

工程完工時房屋總建造成本為1,500,000元，共五樓以其中三樓分給地主，換出房屋，其土地公告評定價值為600,000元，土地採建坪法分攤成本為900,000元，則房屋及土地交換之分錄為：

【解析】

土　地　　945,000
　在建工程　　　　900,000
　銷項稅額　　　　45,000

採建坪法分攤成本：1,500,000×3/5=900,000元，則換出房屋成本為900,000元。而房屋與土地交換，是以房屋及土地市價較高者認定交換金額者，故以900,000元成本外加5%營業稅。開立發票金額為900,000元，稅額為45,000元，其計算為900,000×5%營業稅。

七、預收房屋收入之會計處理

範 例

民國104年度台中公司推出預售工地，有關交易事項如下：

4/01 預收土地款200,000元
4/05 預收土地款2,000,000元
50/1 預收客戶房屋款1,050,000元
5/31 預收客戶房屋款3,150,000元
7/01 暫收代書費30,000元
8/01 付契稅20,000元
9/15 交屋，銀行貸款未入帳，土地為25,000,000元，房屋為15,000,000元
9/30 貸款撥下

請試作104年度台中公司分錄：

【解析】

4/1　現　金　　200,000
　　　預收土地款　　　200,000

		借	貸
4/5			
	現　金	2,000,000	
	預收土地款		2,000,000
5/1	現　金	1,050,000	
	預收房屋款		1,000,000
	銷項稅額		50,000
	1,050,000÷1.05 = 1,000,000		
5/31			
	現　金	3,150,000	
	預收房屋款		3,000,000
	銷項稅額		150,000
7/1			
	現　金	30,000	
	暫收款		30,000
8/1			
	暫收款	20,000	
	現　金		20,000
9/15	預收土地款	2,200,000	
	預收房屋款	4,000,000	
	應收帳款 - 銀行貸款	40,000,000	
	銷貨收入 - 土地		27,200,000
	銷貨收入 - 房屋		19,000,000

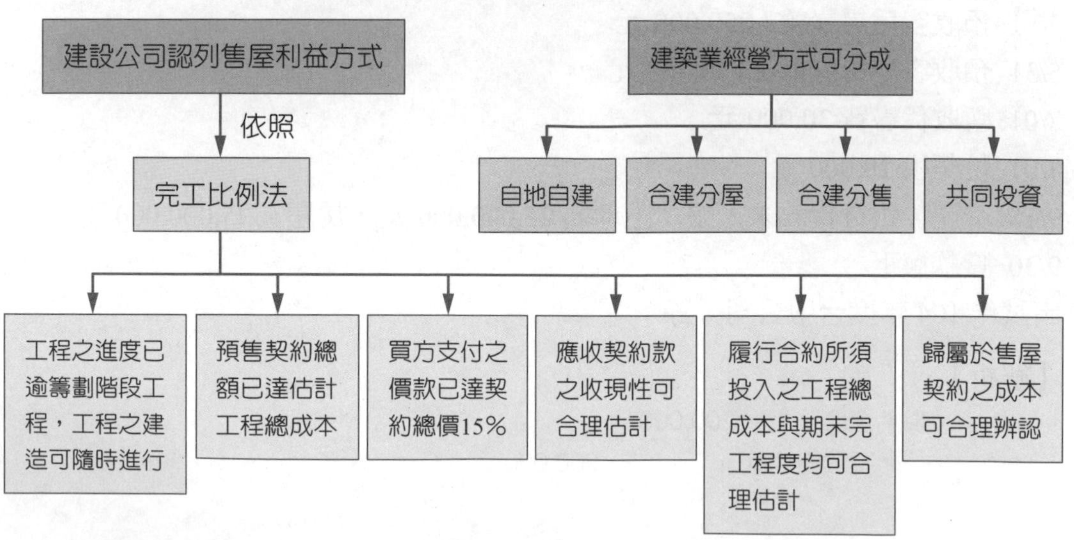

圖 6-8 建築業之營業成本概念圖

6.8 換約及違約

一、換約

購屋者購買預售屋後將預售屋轉賣，其換約須經建設公司同意並一同至建設公司辦理讓受契約手續，辦理銷貨退回，再由建設公司與新買主重新簽訂預定買賣契約並就已收預收款開立發票予新買主， 換約手續費應開發票收取，列為營業外收入。

二、違約

購屋者不按規定繳納款項，為違約，應照合約規定，經過催繳後未繳，可將已繳款項沒收，沒收款項列為其他收入。若景氣不好，銷售率不高，為免開工後發生公司鉅額損失，其建設公司可與客戶要求解約，並賠償一倍違約金，此項違約金列為營業外損失。

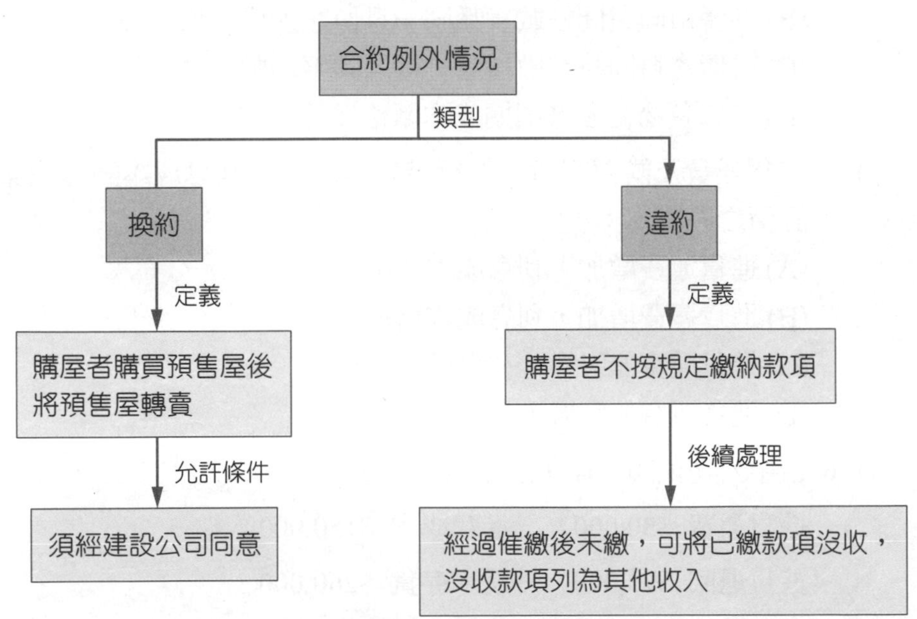

圖 6-9 換約及違約概念圖

學習評量

一、選擇題

(　) 1. 期初存貨 10 萬元、本期進貨 90 萬元，期末存貨 12 萬元，運費 3 萬元，則當期銷貨成本金額為：
(A) 88 萬元　(C) 85 萬元
(B) 91 萬元　(D) 90 萬元

(　) 2. 下列何者非進口貨物營業稅之稅基？
(A) 進口貨物之貨物稅　(C) 關稅
(B) 關稅完稅價　(D) 商港建設費

(　) 3. 下列何者非稅法認可之存貨計價方法？
(A) 先進先出法　(C) 移動平均法
(B) 後進先出法　(D) 零售價法

(　) 4. 下列非當地市場價格所參酌情況之認定：
(A) 報章雜誌所載市場價格
(B) 各縣市同業間帳載貨品同一月份之加權平均售價
(C) 時價資料同時有數種者，得以其平均數為當月份時價
(D) 進口貨物得參考同期成本價格換算時價

(　) 5. 進貨運費及購買存貨向銀行借款所產生的利息成本對零售業存貨評價之影響為：
(A) 進貨運費增加，利息成本無影響
(B) 進貨運費增加，利息成本增加
(C) 進貨運費無影響，利息成本增加
(D) 進貨運費無影響，利息成本無影響

(　) 6. 台中公司民國 104 年之相關資訊如下：
進貨運費 $30,000　進費成本 $150,000
進貨退回 $75,000　期末存貨 $260,000，
試問該公司 88 年可供銷售商品之成本為若干？
(A) $100,000　(C) $105,000
(B) $115,000　(D) $90,000

學習評量

(　) 7. 營利事業之進貨未取得進貨憑證，稽徵機關得如何核定其進貨成本？
(A) 按當年度當地該項貨品之最低價格核定
(B) 按當年度當地該項貨品之平均價格核定
(C) 按企業帳載金額核定，惟需加處帳載金額 5% 之罰鍰
(D) 對該項進貨成本不予認定。

【102 四等稅務人員特考】

二、問答題

（一）進存核對不符，在何種情況下，稽徵機關可以核實認列外？

（二）其存貨之估價得申請採用零售價依財政部規定，申請採用零售價法者，應具備條件？

（三）存貨成本計算方法之採用，應於每年暫繳本年度所得稅時，申報該管稽徵機關核准，其計算方法有哪五種？請試加以說明？

（四）依查核準則第 58 條規定有關材料之耗用認定，有哪些項目？

（五）預收及收入認列根據稅法之查核準則第二十四條之二，營利事業出售不動產其之認定，應以所有權移轉登記日期為準，但所有權未移轉登記，應以實際交付日期為準，其發票如何開立？

（六）建築業之房屋與土地交換時，應以何者認定交換金額？請舉例說明？

（七）購屋者購買預售屋後，將預售屋轉賣，換約時應如何處理？如何開立發票？ 購屋者不按規定繳納款項，換約時應如何處理？其款項在會計如何處理？

（八）原物料耗用如何認定？如何核定製成品耗用原料？

三、計算與分錄題

（一）台中公司是採自地自建情況下，於 97 年度生發生下列交易事項：1/1 購買土地金額 500,000 元，4/1 支付代書費 6,000 元，規費 10,000 元，6/1 支付仲介佣金 1%，7/1 付給地上占用違章戶遷讓費 30,000 元。試作其分錄。

學習評量

（二）台北公司 100 年 1 月 1 日開始營運，100 年度成本資料如下：

假設今年度產量 1,000 單位，無期末材料、在製品存貨，期末製成品 200 單位。 產品售價 $120。

直接材料	30,000	間接材料	5,000
直接人工	50,000	直接人工	6,000
行銷費用	20,000	管理費用	10,000
工廠電費	15,000	設備折舊	9,000

試作：

1. 計算製造成本。
2. 計算期末製成品存貨。
3. 計算銷貨成本。

（三）台中公司採永續盤存制，試依下列各法，求算期末存貨及銷貨成本金額：

		單　位	單位成本
5/1	餘額	1,600	$10
5/8	進貨	1,000	12
5/18	銷貨	1,200	
5/20	進貨	800	13
5/25	銷貨	1,400	
5/31	進貨	1,200	14

1. 簡單平均法；2. 加權平均法；3. 移動平均法；4. 先進先出法。

（四）勤益公司 100 年度商品之進貨、銷貨、存貨的相關資料如下：

購貨：	2/01	賒購商品 400 件　@100
	5/31	進貨退出 100 件
銷貨：	4/2	賒銷商品 600 件　@150
	5/05	銷貨退回 200 件
存貨：	1/1	期初存貨 800 件　@110

試分別依下列兩種存貨盤點方式，作應有分錄。

（五）公司本年度申報生產產品 600,000 公斤，期末製成品存貨 5,000 公斤，申報耗用原料 610,000 公斤，原料單位成本 6 元。已知該業原料耗用通常水準為每生產一噸，耗用原料 1,000 公斤，則原料超耗金額多少？

Chapter 07 營業費用（一）

學習目標

7.1　營業費用之通則
7.2　薪資費用
7.3　租金支出
7.4　文具用品
7.5　旅費
7.6　運費
7.7　郵電費
7.8　修繕費
7.9　廣告費
7.10 水電瓦斯費
7.11 保險費
7.12 交際費
7.13 捐贈
7.14 稅捐
7.15 伙食費
7.16 外銷損失
7.17 佣金支出
7.18 訓練費
7.19 職工福利

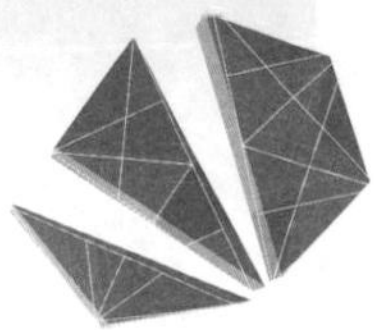

稅務新聞 News

營利事業列報交際費須與業務有關，始可認列

台中食品公司申報民國 102 年度營利事業所得稅交際費金額 2 百餘萬元，其中 50 餘萬元係取得與業務無關之憑證，以及所取得收據證明為 80 萬已超過稅法所規定之限額 65 萬，經主管機關查核交際費明細表及相關憑證資料，因不符規定遭國稅局剔除並補稅。國稅局表示，依營利事業所得稅查核準則規定，營利事業應取有憑證，並經查明與業務有關者，予以認定營業費用。國稅局更進一步說明，營業費用認列之原則，須同時符合以下規定：

一、必須與業務有關，為業務上所直接支付之費用。

二、不得超過所得稅法規定之限額標準。

三、須取得原始憑證，且憑證須有抬頭：

（一）在外宴客及招待費用，應以統一發票為憑，其為核准免用統一發票之小規模營利事業者應取得普通收據，普通收據依法規定不得超過限額。

（二）自備飯食宴客者，應有經手人註明購買菜餚名目及價格之清單為憑。

（三）購入物品作為交際性質之餽贈者，應以統一發票或普通收據為憑，其係以本身產品或商品餽贈者，應於帳簿中載明贈送物品之名稱、數量及成本金額。

（四）營業事業所支付之費用或損失必須是本年度且已實現者。

資料來源網站：財政部北區國稅局改編

7.1 營業費用之通則

營業費用係指本期內銷售商品或提供勞務等，所應負擔營業成本以外之支出。依營利事業所得稅之分類包括：薪資支出、租金支出、文具用品、運費、郵電費、修繕費、廣告費、水電瓦斯費、保險費、交通費等等，但須取得合法憑證才得以認列。

一、營業費用之認列

（一）須與經營本業務有關之費用或損失：營利事業認列費用與損失，必須是經營本業所發生的，而其經營本業之外產生的業主個人及其家庭之費用、以及稅法所處分之滯報金、怠報金、滯納金等罰鍰，不得列為企業之營業費用。

（二）須為已實現之費用或損失：營利事業所支付之費用或損失必須是本期已實現者始可列支，其屬預計為未實現費用與損失不予認定，但法令另有規定者，不在此限（查 § 63）。上述所指法令另有規定者是指下列事項：

1. 存貨跌價損失（查 §50）
2. 職工退休金準備（查 §71）
3. 備抵呆帳（查 §94）
4. 國外投資損失準備（查 §99）
5. 及其他法律另有規定或經財政部專案核准者外，不予認定。

（三）須為本年度所發生：除會計基礎經核准採用現金收付制者外，凡歸屬於本年度所發生之費用或損失，應於年度決算時估列「應付費用」入帳。但年度決算時，因特殊情形無法確知之費用或損失，得於確定之年度，得以過期帳的費用或損失處理（查 § 64）。

（四）須取具合法憑證並妥善保存：合法憑證可分為統一發票及收據之原始憑證，說明如下：

1. 統一發票：營利事業取得發票其記載事項與事實相符者。
依統一票使用辦法第九條規定記載交易日期、品名、數量、單價、金額、銷售額、課稅別、稅額及總計等。
2. 收據、證明或普通發票：營利事業取得收據、證明或普通發票者。
應載有損費之性質、金額、日期、受據（票）人或受證明人之姓名或名稱、地址及統一編號，出據人或出證明人之姓名或名稱地址及統一編號暨其他必要記載之事項。
3. 經手人之證明亦須載有損費性質、金額、日期及其他必要記載事項由經手人簽名或蓋章。

（五）取得小規模營利事業之普通收據限制：小規模營利事業係指規模小，其每月銷售額未達使用統一發票標準，營業額為平均每月新台幣 20 萬元以下，營業人所收取之普通收據，全年累計金額以不超過當年度製造費用與營業費用合計數千分之三十為限，超過部分，不予認定。但營利事業所取得之普通收據是來自自來水事業處、電力公司之收據等，不受上述之限額計算。

二、營利事業不得列支項目有

（一）土地交易損失
（二）證券交易損失
（三）期貨交易損失
（四）資本之利息
（五）災害損失

（六）家庭之費用，稅法處分之滯報金、怠報金、滯納金等及各項罰款

（七）未實現之費用及損失

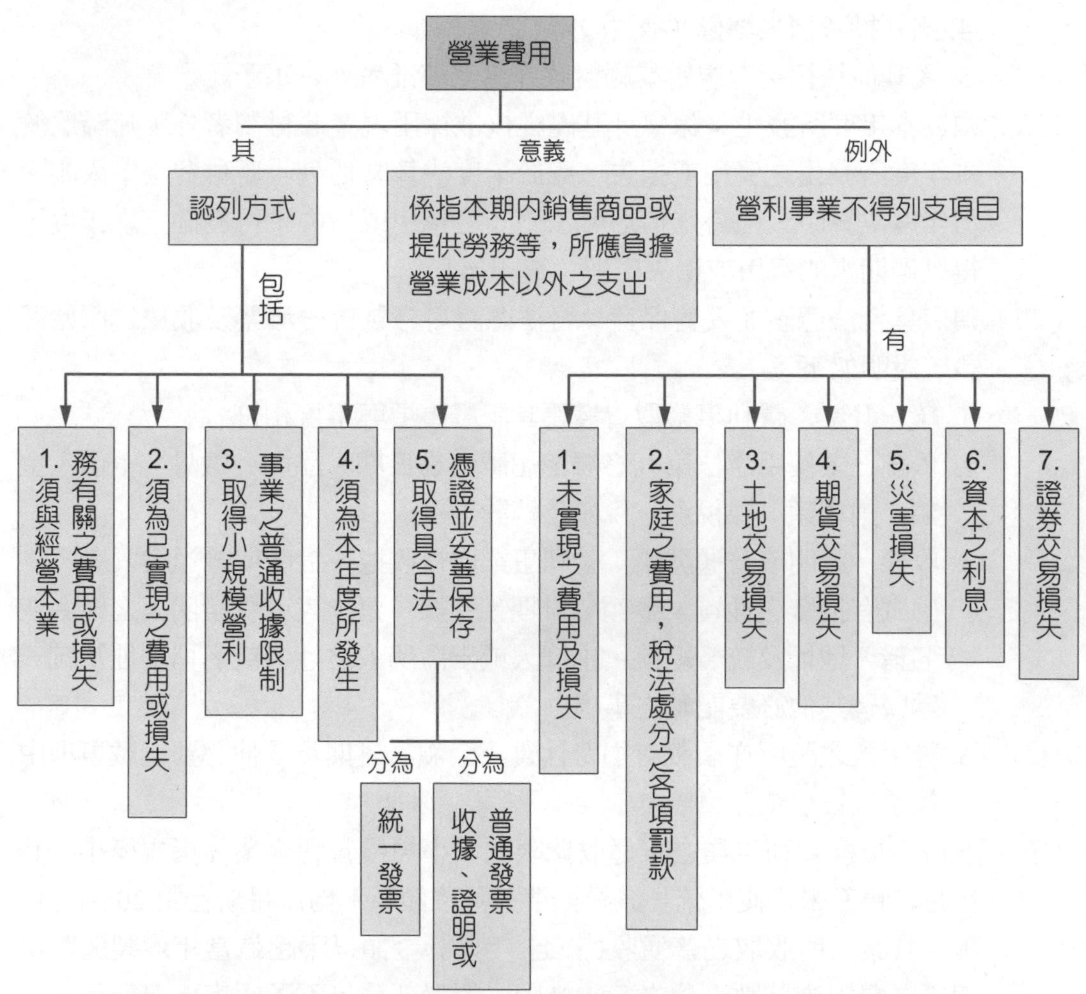

圖 7-1 營業費用之通則概念圖

稅務實務 News

梅梅就讀北部某國立大學二年級的學生，梅梅計畫利用暑假長達 3 個月的期間來打工賺取學費與零用錢。梅梅透過人力銀行找到一家食品工廠，經過漫長的一個月終於可以領薪水，到領薪日時，會計小姐告知她為了發薪作業方便，所以事先幫她一個刻印章並代為保管。年底收到雇主開立之扣繳憑單薪資表填載金額與實際領取金額不符合，懷疑有被虛報薪資時，於是向戶籍所在地國稅局提出檢舉。

南區國稅局表示近來屢接獲民眾檢舉虛報薪資案，隨後又撤銷，徒增作業困擾。探究撤銷原因，多係因檢舉人從事非固定性工作或臨時工，接洽的人多為工頭，不清楚其受僱對象之營利事業名稱，或不明瞭薪資給付方式，於接到扣繳憑單後，未經查證即向該局提出檢舉，經查詢後，才知為自己疏忽，始撤銷檢舉。因此南區國稅局特別呼籲民眾，懷疑自己被虛報薪資時，請先向開立扣繳憑單之單位查證，如確有被虛報之情事，再提供具體事證向該局提出檢舉，避免徵納雙方困擾。該局強調，民眾提出檢舉時，如檢舉內容具體，事證明確或經調查確有虛報情事者，嗣後即使檢舉人申請撤銷，該局仍會繼續依法辦理，並不因撤銷即停止處理。

資料來源：台北市國稅局

7.2 薪資費用

係指營利事業所支付職工之薪金、俸給、工資、津貼、獎金、營業盈餘之分配紅利、退休金、退職金、養老金、資遣費、按期定額給付之交通費及膳宿費、各種補助費及其他給與。

一、薪資費用之認列

營利事業給付薪資合於下列規定者，得以費用或損失列支：

（一）預先決定或約定之薪資：公司、合作社職工之薪資經預先決定或約定執行業務之股東、董事、監察人之薪資經組織章程規定或股東大會或社員大會或社員大會預先議決不論營業盈虧必須支付者。

（二）不論營業盈虧必須支付者：合夥及獨資組織之職工薪資、執行業務之合夥人及資本主之薪資，不論營業盈虧必須支付，但不得超過同業通常水準者，超過部分不予認定。

上述薪資通常水準經財政部核定項目如下：

1. 獨資合夥資本主、執行業務合夥人、經理、特聘技術人員之薪資（包括年節獎金），准核實認定。

2. 高級職員如副理、單位主管、秘書、工程師、技師月薪最高 8 萬 2 千元為限。
3. 一般職工 103 年度月薪最高以新臺幣 5 萬元為限。

至於年節獎金部分，於其併同當年度經認定之薪資數額後，不超過上述月薪標準按支薪月數，另加 2 個月為基數之累積數額者，准予核實認列。

（三）聘用外國技術人員之薪資：應有聘僱外國技術人員之契約書。

（四）因業務需要延時加班而發給加班費者：營利事業因業務需要必須延時加班而發給員工加班費得列支為薪資費用。每月超過 46 小時之加班費應同其薪資所得扣繳。

（五）員工分紅認列：97 年 1 月 1 日起公司員工分紅之金額如非由公司本身之股票或其他權益商品價格決定者，得以薪資費用認列，公司並依下列規定計算：

1. 若係依盈餘之固定比例提列者，公司應於員工提供勞務之會計期間依所訂定之固定百分比，估計員工分紅可能發放之金額，認列為薪資費用。
2. 若係由公司裁量者，公司應於員工提供勞務之會計期間依過去經驗就員工分紅可能發放之金額尋找最適當之估計，認列為薪資費用。

（六）退休金認列：營利事業認列退休金是依是否適用勞動基準法或有無設置獨立之退休基金其所認列的限度也有所不同，以下分別說明：

1. 營利事業不適用勞動基準法

(1) 無設置獨立之退休基金，但訂有職工退休辦法者：於報請稽徵機關核准後，每年得以不超過當年度已付薪資總額 4%限度內提列「職工退休金準備」，並以「薪資費用」列支。其會計分錄為：

(a) 提列時

科目	借	貸
薪資費用	XXX	
職工退休金準備		XXX

(b) 實際支付退休金時

科目	借	貸
職工退休金準備	XXX	
現　金		XXX

(2) 營利事業設置職工退休基金者：營利事業每年得以不超過當年度已付薪資總額 8%限度內提撥「職工退休基金」，並以薪資費用列支。營利事業不得同時提列「職工退休金準備」及提撥「職工退休基金」，重複列報退休金費用。其會計分錄為：

(a) 提列時
　薪資費用　　XXX
　　　現 金　　　XXX
(b) 實際支付退休金時
　　不做分錄

上述所提列職工退休金準備、提撥職工退休基金或勞工退休準備金者，之後職工退休、資遣發給的退休金或資遣費時，應儘先沖轉職工退休金準備，或由職工退休基金或依法由勞工退休準備金項下支付；不足時，始得以當年度薪資費用列支。

(3) 不適用勞動基準法之本國籍工作者或委任經理人提繳之退休金，每年度得在不超過當年度已付薪資總額 6% 限度內，以費用列支。但不得再重複列報退休金費用。

2. 適用勞動基準法之營利事業

(1) 依勞動基準法提撥之勞工退休準備金者：每年度得以不超過當年度已付薪資總額 15%限度內，以薪資費用列支。

(2) 依勞工退休金條例提繳之勞工退休金或年金保險費者：每年度得以不超過當年度已付薪資總額 15%限度內，以薪資費用列支。其會計分錄為：

提撥時：
薪資支出　　XXX
　現 金　　　XXX
實際支付時
　　不做分錄

二、憑證

（一）公司自行發放薪資之收據、或簽收之工會名冊、或合作社出具之收據應另附工人之印領清冊，職工薪資如係送交銀行分別存入各該職工帳戶，應有銀行蓋章證明存入之清單。

（二）聘用外國技術人員之薪資支出，於查帳時，應提示聘用契約，以核實認定。

（三）提列「職工退休金準備」者，應有稽徵機關核准提列之證明文件，提撥「職工退休基金」者，應有職工退休基金管理委員會出具之收據，提撥「勞工退休準備金」者，應有中央信託局出具之勞工退休準備金提撥收據，提繳「勞工退休金」或「年金保險費」者，應有勞保局或保險公司出具之收據及保險單。至於營利事業直接支付予員工之退休金，則應取得員工簽收之收據。

（四）因業務需要延長加班而發給之加班費，應有加班紀錄、收據或印領清冊。

範 例

假設台中公司於民國 104 年 12 月 31 日支付員工 12 月份薪資共計 $4,000,000 元，依「薪資所得扣繳稅額法」應扣繳所得稅款 $300,000，保費率計算及分攤，員工應負擔 $70,000 元，試作台中公司應有分錄以及下列三種情形之會計處理：

第一種情形：未設置獨立之退休基金

第二種情形：有設置獨立之退休基金

第三種情形：適用勞動基準法

【解析】

科目	借方	貸方
薪資費用	$4,000,000	
現　金		3,630,000
應付代扣所得稅		300,000
應付代扣健保費		70,000

第一種情形：未設有獨立之退休基金：

假設台中公司訂有職工退休辦法，依法規定其薪資總額應提列 4%。

提列時：

科目	借方	貸方
薪資支出	160,000	
職工退休金準備		160,000

實際支付

科目	借方	貸方
職工退休金準備	160,000	
現　金		160,000

實際支付退休金時，如帳列「職工退休金準備」累積餘額不足沖抵者，其不足數得以當年度費用列支。營利事業因解散、廢止或轉讓，其「退休金準備」之累積餘額，應轉作當年度收益處理，即借記「職工退休金準備」；貸記「其他收入」，但轉讓時，經約定全部員工均由新組織列帳並繼續承認其年資者。

第二種情形：設有獨立之退休基金

假設台中公司設有獨立之退休基金，依法規定其薪資總額應提撥 8%

提撥時：

薪資支出	320,000	
現 金		320,000

實際支付退休金時

不需做分錄

因係為職工退休基金管理委員會的職掌，而與營利事業無關，因此無需做分錄。

第三種情形：適用勞動基準法之營利事業

適用勞動基準法提撥勞工退休準備金（舊制）之勞工，應以薪資總額 15% 限度內提撥並以費用列支。

提撥時：

薪資支出	600,000	
現 金		600,000

實際支付退休金時

不需做分錄

因係為中央信託局的職掌，與營利事業無關。

實際支付退休金時如已提撥之勞工退休準備金不足支應者，其不足數應由營利事業負責填補，以當年度費用列支。

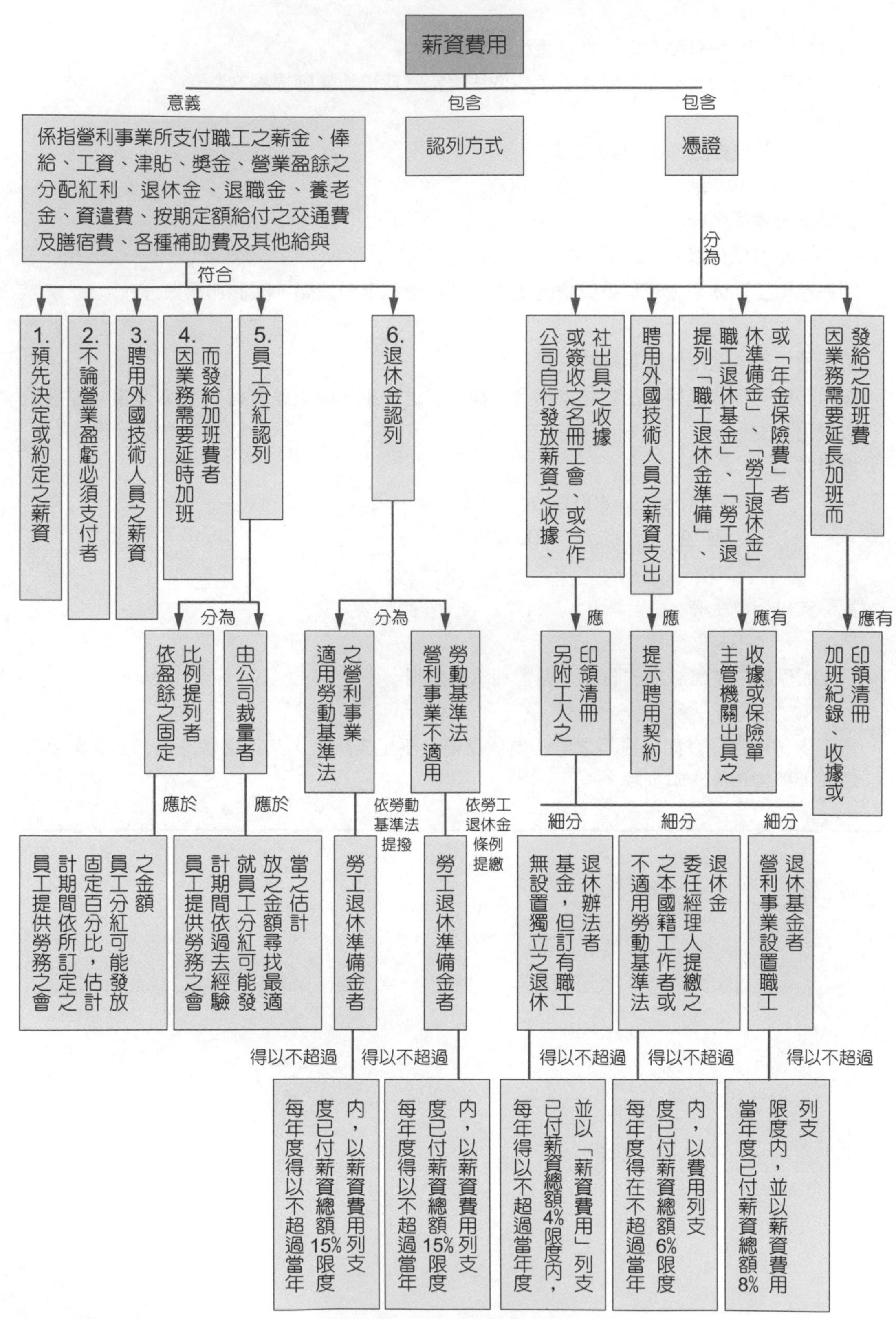
薪資費用
意義
包含
包含
係指營利事業所支付職工之薪金、俸給、工資、津貼、獎金、營業盈餘之分配紅利、退休金、退職金、養老金、資遣費、按期定額給付之交通費及膳宿費、各種補助費及其他給與
認列方式
憑證
符合
1. 預先決定或約定之薪資
2. 不論營業盈虧必須支付者
3. 聘用外國技術人員之薪資
4. 因業務需要延時加班而發給加班費者
5. 員工分紅認列
6. 退休金認列
分為
公司自行發放薪資之收據、或簽收之名冊工會、或合作社出具之收據
聘用外國技術人員之薪資支出
提列「職工退休金準備」、「職工退休基金」、「勞工退休準備金」、「勞工退休金」或「年金保險費」者
因業務需要延長加班而發給之加班費
分為
依盈餘之固定比例提列者
由公司裁量者
分為
適用勞動基準法之營利事業
營利事業不適用勞動基準法
應
另附工人之印領清冊
應
提示聘用契約
應有
主管機關出具之收據或保險單
應有
加班紀錄、收據或印領清冊
應於
應於
員工提供勞務之會計期間依所訂定之固定百分比，估計員工分紅可能發放之金額
員工提供勞務之會計期間依過去經驗就員工分紅可能發放之金額尋找最適當之估計
依勞動基準法提撥
依勞工退休金條例提繳
勞工退休準備金者
勞工退休準備金者
細分
細分
細分
無設置獨立之退休基金，但訂有職工退休辦法者
不適用勞動基準法之本國籍工作者或委任經理人提繳之退休金
營利事業設置職工退休基金者
得以不超過
得以不超過
得以不超過
得以不超過
得以不超過
每年度得以不超過當年度已付薪資總額15%限度內，以薪資費用列支
每年度得以不超過當年度已付薪資總額15%限度內，以薪資費用列支
每年得以不超過當年度已付薪資總額4%限度內，並以「薪資費用」列支
每年度得在不超過當年度已付薪資總額6%限度內，以費用列支
當年度已付薪資總額8%限度內，並以薪資費用列支

圖 7-2　薪資費用概念圖

7.3 租金支出

係指營利事業租用他人財產或設備，供本營利事業使用而支付之代價，租金支出，應查核其約定支付方法及數額，其支出數額超出部分應不予認定費用。支付租金，以實物折算者，應查明當地之市價予以核算，但給付租金其有效期間未經過部分，應列為遞延費用。

一、租金之認列

約定支付租金支出，其支出數額超出部分應不予認定。執行業務者以本人所有之房屋供其執行業務者使用者，不得列支租金支出。但二人以上合夥執行業務者，其租用合夥人自有之房屋者不在此限。

範 例

【本期認列之租金費用】

台中公司於民國 104/1/1 承租房屋一棟，每月租金為 20,000 元，租期為一年，試作台中公司分錄：（假設出租人為營利事業）

【解析】

日期	科目	借方	貸方
1/1	租金支出	20,000	
	進項稅額	1,000	
	現 金		21,000

範 例

【本期之預付租金】

彰化公司於民國 103/12/1 承租房屋一棟，並支付一年租金為 120,000 元，租期 3 年，言明於 104 年 1/1 搬進，其分錄為：（假設出租人為營利事業）

【解析】

日期	科目	借方	貸方
12/1	預付租金	120,000	
	進項稅額	6,000	
	現 金		126,000

範例

【本期應認例而未支付之租金】

明道公司於民國 104/12/1 承租房屋一棟，每月租金為 20,000 元，租期 3 年，並於 104 年 12/1 搬進，但尚未支出，其分錄為：

【解析】

12/31	租金支出	20,000	
	應付租金		20,000

二、資產租賃認列

資產租賃可分為營業租賃及資本租賃，說明如下：

（一）營業租賃於每期支出應認列為租金支出。

（二）融資租賃每期支出應認列為利息支出及負債本金之攤還。

若承租人以融資租賃方式取得資產者，其約定負擔之租賃物修繕、維護、保險、稅捐等費用，得按其支出項目列支，並免視為出租人之租金收入。

三、視同租金支出

（一）承租人代出租人履行其他債務及支付任何損費或稅捐，經約定由承租人負擔者，視同租金支出。

（二）營利事業承租土地，並於該土地以地主或他人名義自費建屋，約定租賃期間土地承租人無償使用房屋者，其房屋建造成本，視同租賃期間之租金支出。

（三）在原訂租賃期間內，如遇有解約或建物出售時，應就剩餘租賃期間應歸屬之建造成本列報租賃契約解約年度或建物出售年度之租金支出。

四、設算租金

營利事業承租財產所支付之押金，其承租人得分別以租金收入（支出）及利息支出（收入）列帳（查 § 78）。

五、不得列報租金支出有

（一）將財產借與他人使用，經查明確係無償且非供營業或執行業務者使用。

（二）所約定財產租金較當地一般租金為低。

此處所謂「他人」，依據所得稅法施行細則第 16 條第二項，係指本人、配偶及直系親屬以外之個人或法人。

六、憑證

支付租金所取得之統一發票、貼有印花之收據或簽收之簿摺；如經由金融機構撥款直接匯入出租人之金融機構存款帳戶者，應取得書有出租人姓名或名稱、金額及支付租金字樣之銀行送金單或匯款回條（查準 § 72）。

範 例

台中公司 104 年 7 月 1 日向北港公司租賃房屋供營業使用，約定租期二年，租金每月付 210,000 元（含稅），另支付押金 600,000 元。（設利率為 3%）台中公司及北港公司之分錄各為何？

【解析】

(1) 租賃開始日

出租人（北港公司）			承租人（台中公司）		
現金	810,000		租金支出	200,000	
租金收入		200,000	存出保證金	600,000	
存入保證金		600,000	進項稅額	10,000	
銷項稅額		10,000	現 金		810,000

(2) 收取各月租金及設算押金孳息時

出租人			承租人		
現 金	210,000		租金支出	200,000	
租金收入		200,000	進項稅額	10,000	
銷項稅額		10,000	現 金		210,000
利息支出	1,500*		租金支出	1,429**	
租金收入		1,429	進項稅額	71	
銷項稅額		71	利息收入		1,500

＊　600,000×3% ÷12 = 1,500

＊＊　1,500÷1.05 = 1,429

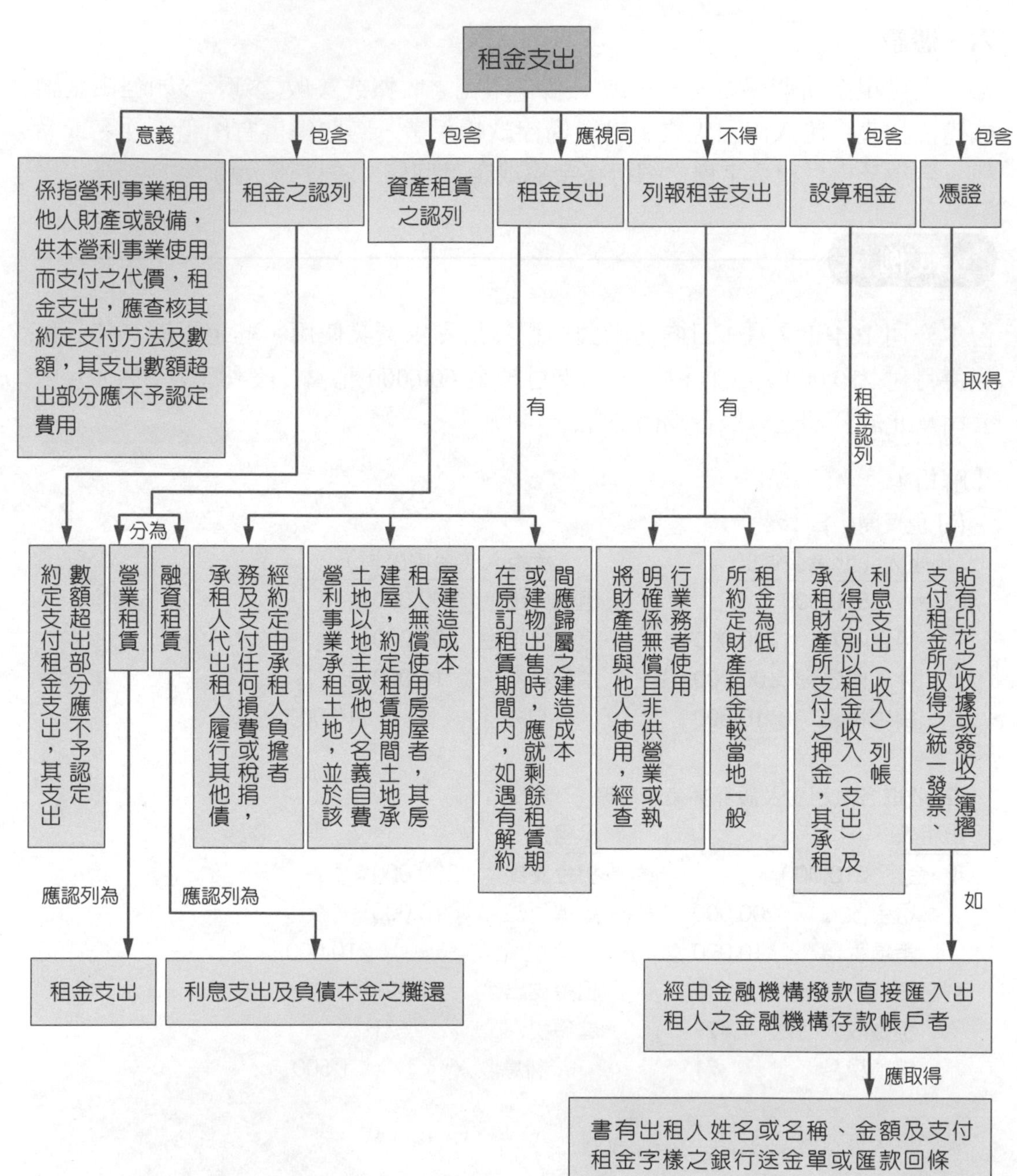

租金支出
意義
包含
包含
應視同
不得
包含
包含
係指營利事業租用他人財產或設備，供本營利事業使用而支付之代價，租金支出，應查核其約定支付方法及數額，其支出數額超出部分應不予認定費用
租金之認列
資產租賃之認列
租金支出
列報租金支出
設算租金
憑證
有
有
租金認列
取得
分為
數額超出部分應不予認定約定支付租金支出，其支出
營業租賃
融資租賃
經約定由承租人負擔者務及支付任何損費或稅捐，承租人代出租人履行其他債
屋建造成本租人無償使用房屋者，其房建屋，約定租賃期間土地承土地以地主或他人名義自費營利事業承租土地，並於該
間應歸屬之建造成本或建物出售時，應就剩餘租賃期在原訂租賃期間內，如遇有解約
行業務者使用明確係無償且非供營業或執將財產借與他人使用，經查
租金為低所約定財產租金較當地一般
利息支出（收入）列帳人得分別以租金收入（支出）及承租財產所支付之押金，其承租
貼有印花之收據或簽收之簿摺支付租金所取得之統一發票、
應認列為
應認列為
如
租金支出
利息支出及負債本金之攤還
經由金融機構撥款直接匯入出租人之金融機構存款帳戶者
應取得
書有出租人姓名或名稱、金額及支付租金字樣之銀行送金單或匯款回條

圖 7-3 租金支出概念圖

7.4 文具用品

係指營利事業耗用各項文具、紙張等所發生之支出。實際支出文具用品時，僅需取具合法之原始憑證即可列帳，當年終結帳時，應將上年度盤存數轉入，並將本期未使用之文具用品轉出，以用品盤存列帳以符實際。

一、憑證

營利事業取得文具用品之合法憑證為統一發票。營利事業若取得普通收據須經核准免用統一發票之小規模營利事業者。

二、會計處理

根據查核準則之規定營利事業文具用品之支出，在當年度未耗用之文具用品，應以「用品盤存」列帳；並將已耗用之文具用品轉為「文具用品費用」認列。

範 例

彰化公司於 104/7/1 購進文具一批為 120,000 元，於 104 年 12/31 經盤存尚存 20,000，其分錄為：

【解析】

7/1 購進文具時

	借	貸
文具用品	120,000	
進項稅額	6,000	
現 金		126,000

12/31 盤存

	借	貸
用品盤存	20,000	
文具用品		20,000

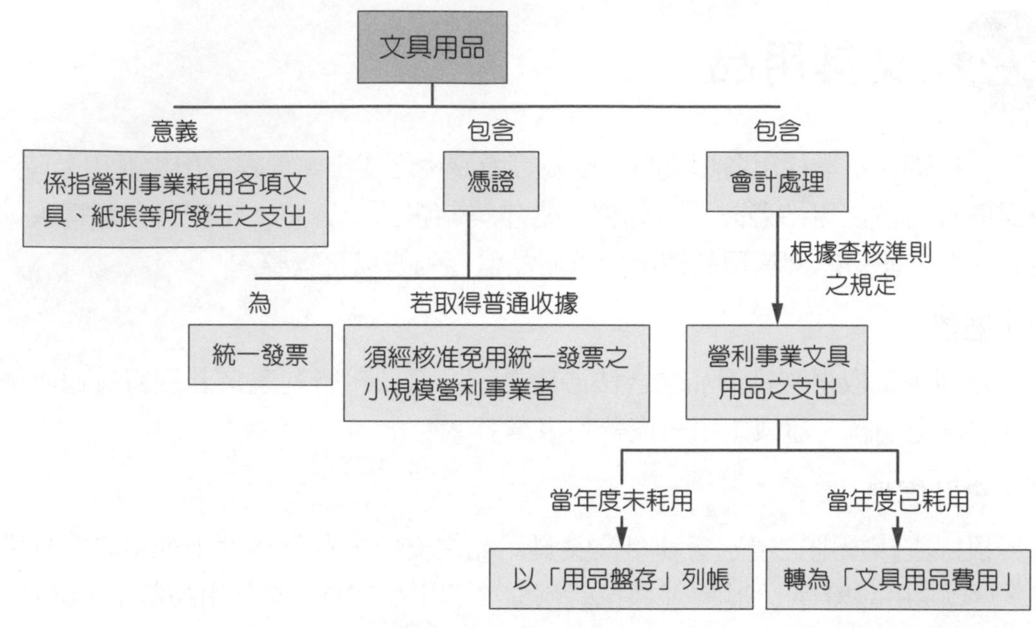

圖 7-4 文具用品概念圖

稅務新聞 News

營利事業列報國外之差旅費，必要時需提示與營業有關之業務往來證明文件

台中機械公司於民國 102 年度張三員工到大陸出差二個星期，回到台灣後申請差旅費，公司帳上列報此筆差旅費並於 102 年底結算申報。

經國稅局審查，發現該公司並未認列與大陸地區有關之收入，且未能提示與大陸地區有關之業務往來文件，尚難認定與營業有關，而予以剔除該筆差旅費用並補稅。

國稅局說明營利事業，列報旅費支出應提示詳載逐日前往地點、訪洽對象及內容之出差報告單及相關證明文件，若派員赴大陸地區出差，則其出差之膳宿雜費應比照國外出差旅費報支要點所定，依中央政府各機關派赴大陸地區出差人員生活費日支數額表之日支數額認定。倘員工出差確實與營業有關，應妥善保存業務往來文件，以免因舉證不完善遭到剔除補稅而損及權益。

資料來源網站：財政部中區國稅局新聞稿

7.5 旅費

係指員工因業務需要出差洽公所支付之各項交通費、住宿費、雜費等與營業有關之支出。營利事業應提示與業務有關之證明，包括國外出差之出入境戳記，載明出差任務、前往地點，及出差期間之出差派遣文件，以及具體詳實之出差工作報告，尚未經按實報銷者，應以「暫付款」科目列帳。

一、認列及憑證

對於旅費之認定標準，依出差地區不同而有所不同，出差地區一般可分國內、國外以及大陸地區。但旅費未能提出足資證明與業務有關者應不予認定。

（一）國內膳宿雜費：國內外出差膳宿雜費日支金額，不超過下列最高標準，准予認定，無須提供外來憑證。

1. 董事長、總經理、經理、廠長每人每日 700 元。
2. 其他職員，每人每日 600 元。

（二）國外膳宿雜費：依機關派赴出差國外及赴大陸地區之膳宿雜費，得比照「國外出差旅費報支要點」所定標準之出差人員生活日支數額認定，無須提供外來憑證。

（三）交通費

1. 乘坐國內航線飛機之旅費憑證

   應以飛機票票根、或電子機票及登機證為原始憑證。其遺失上開證明者，應取具航空公司之搭機證旅客聯或其所出具載有旅客姓名、搭乘日期、起訖地點及票價之證明代之。

2. 乘坐國際航線飛機之旅費憑證

   應以飛機票票根、或電子機票及登機證與機票購票證明單、或開立代收轉付收據為原始憑證。其遺失飛機票票根或電子機票及登機證者，應取具航空公司之證旅客聯或其所出具載有旅客姓名、搭乘日期、起訖地點之證明。

（四）火車、汽車及大眾捷運系統之車資憑證：准以經手人（出差人）之證明為準。乘坐高速鐵路應以車票票根或購票證明為原始憑證。

（五）乘坐計程車車資，准以經手人（出差人）之證明為憑。但包租計程車應取具車行證明及經手人或出差人證明。

（六）租賃之包車費應取得車公司（行）之統一發票或普通收據。

（七）乘坐輪船旅費、應以船票或輪船公司出具之證明為原始憑證。

二、會計處理

旅費支出時不得超過規定之認定標準，超過部分申報時應做帳外調整。而旅費支出尚未經按實報銷者，應以「暫付款」或「預付旅費」科目列帳。

範 例

台中公司總經理李四於民國 104 年 5 月 1 日至高雄出差 2 天，並預支 3,000 元。5 月 3 日出差返回後，填寫出差報告，辦理經費報銷計發生交通費 500 元；住宿費 1,000 元；進項稅額 50 元；膳雜費 2,000。會計分錄如下：

【解析】

5/1 預支時

暫付款	3,000	
現 金		3,000

5/5 經費報銷時

旅 費	3,500	
進項稅額	50	
暫付款		3,000
現 金		550

範 例

明道公司派遣員工出差洽談公務，該員工於民國 104 年 3 月 13 日向公司預支旅費 15,000 元，3 月 18 日該員工出差返回，填寫出差報告列明其旅費支出，並繳還餘款 1,000 元，其中 9,000 元的餘款載有進項稅額之憑證，試作該公司相關之分錄。

【解析】

3/13	暫付款	15,000	
	現金		15,000
3/18	現金	1,000	
	旅費	13,550	
	進項稅額	450	
	暫付款		15,000

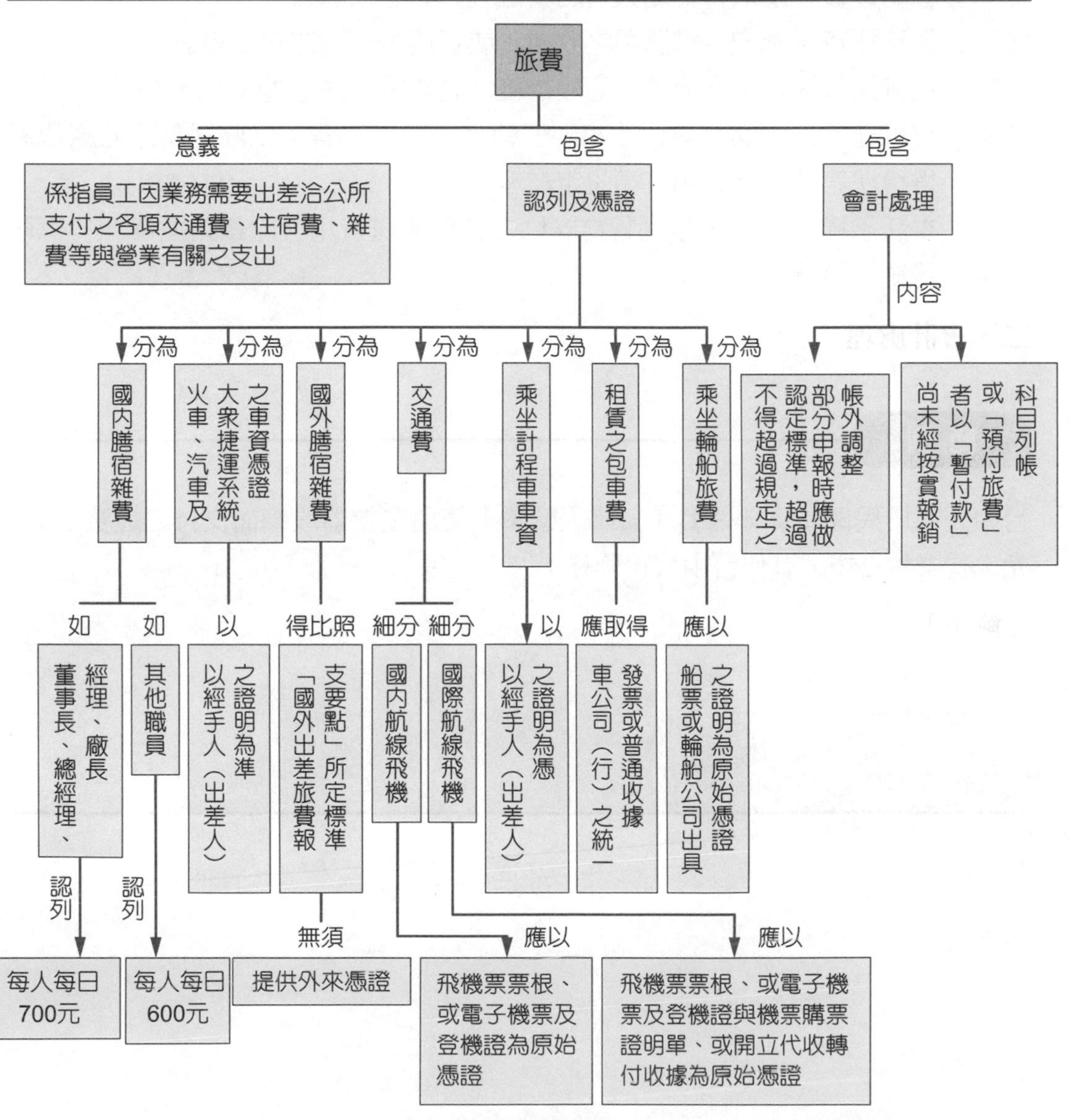

圖 7-5 旅費概念圖

7.6 運費

因進貨或取得資產而支付之運費，應記入該項資產之實際成本。因銷售貨物而支付之運費，始可列為營業費用。

一、憑證

運費應合法取得憑證如下（查 §75）：

（一）輪船運費，應取得輪船公司出具之統一發票或收據。

（二）鐵路運費，應取得鐵路局之收據，或貨運服務所之統一發票。

（三）交付民營運送業之運費，應取得統一發票或普通收據。

（四）交付非屬於營業組織之牛車、三輪車、工人運費：以收據為憑並應依所得稅法第八十九條第三項規定辦理。

（五）委託承攬運送業，運送貨物支付之各項運送費用：除鐵路運費外，應取得統一發票。

二、會計處理

範 例

台中公司於民國 104 年 3 月 1 日購入營業上使用之機器設備而支付之運費 5,000 元，營業稅 250，試作台中公司分錄：

【解析】

	借	貸
運　費	5,000	
進項稅額	250	
現金		5,250

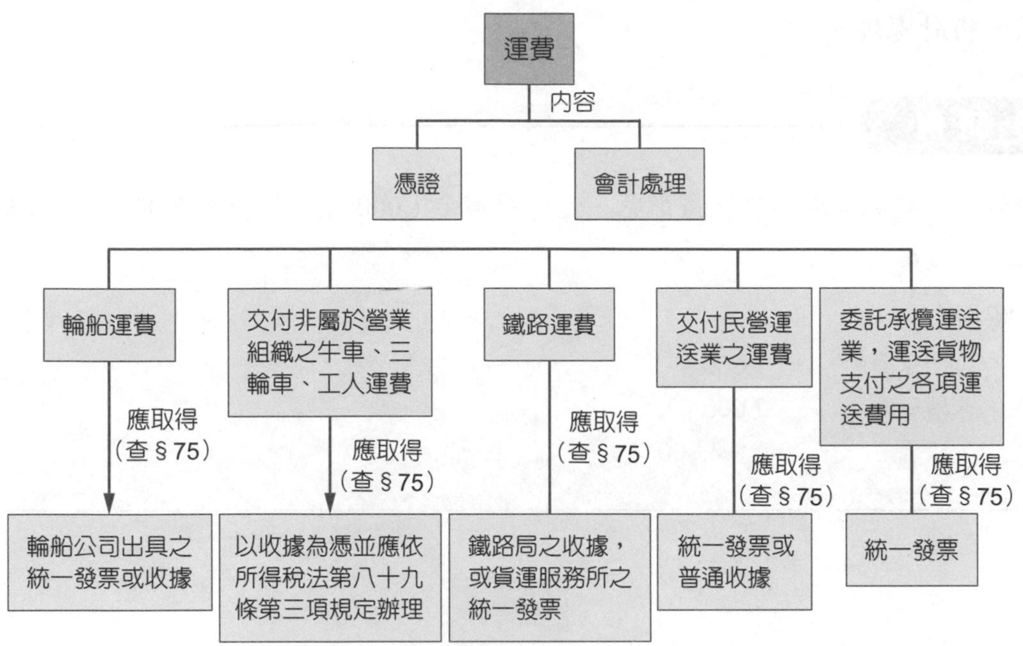

圖 7-6 運費概念圖

7.7 郵電費

係指各項郵政或電信資費支出，包含郵費、電話費、電報費等費用。

一、憑証

（一）郵費：須取得郵局之回單或證明單。

（二）電報費、電傳打字機費、傳真機使用費及其他電傳視訊系統使用費：須取得電信局書有抬頭之收據。

（三）電話費：須取得電信局書有抬頭之收據。

（四）共同使用電話機之電話費：須由持有收據之營利事業出具證明。

（五）使用其他營利事業之電傳打字機拍發電報所支付之電報費：由提供電傳打字機之營利事業出具之證明。

二、會計處理

範例

勤益公司向電信局申請裝置電話，支付保證金 1,000 元及材料費 2,000 元，請做該公司分錄：

【解析】

存出保證金	1,000	
未攤銷費用	2,000	
現金		3,000

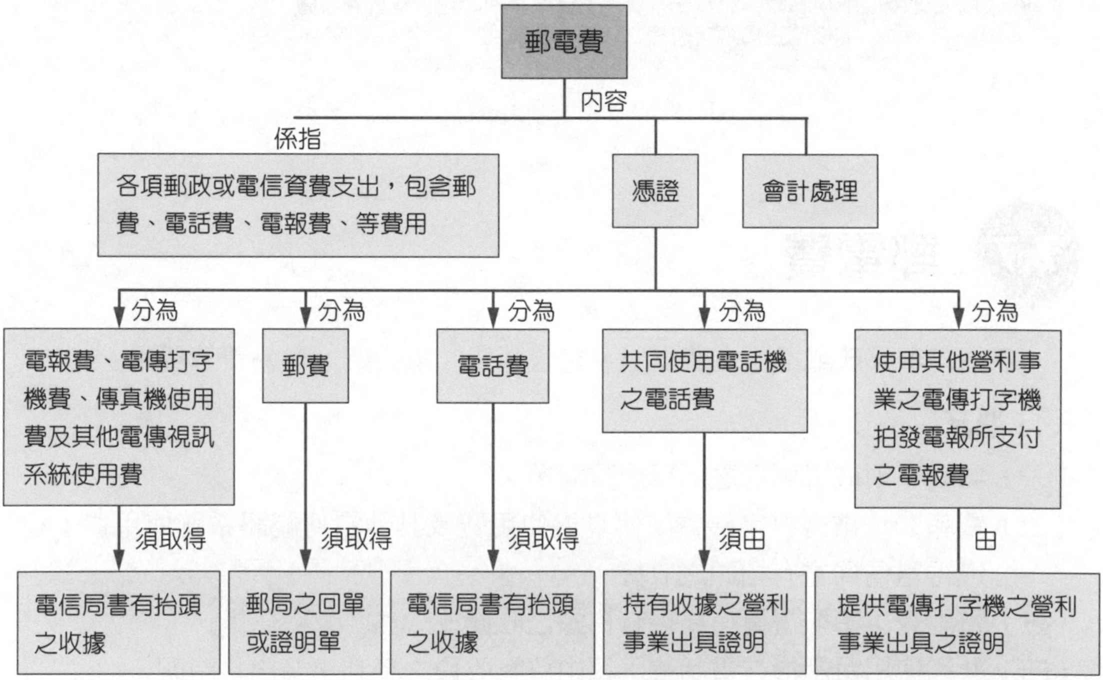

圖 7-7 郵電費概念圖

7.8 修繕費

係指資產一般性或例行性之維修、維護以及換置零件等所發生之支出。（查§ 77）

一、應認列修繕費之項目

為了維持資產之使用及防止其損壞或維持正常使用而修理或換置之支出，下列事項依稅法應認列為修繕費：

（一）油漆、粉刷牆壁、天花板或生財設備、屋頂修補、地板修補、籬笆或圍牆修補等支出。

（二）水電設備修理支出。

（三）輪船業之歲檢支出，經中國驗船中心證明屬實者。

（四）機器裝修或換置零件，其增加之效能為二年內所能耗竭者，而支出金額不超過新臺幣八萬元者，得以其成本列為當年度費用。如維護工作人員安全之各種修繕，均得作為修繕費費用列支，說明如下：

1. 為保持機器有效運轉，換置之零件使用年限短暫者。
2. 為工作人員之安全，關於機器安全裝置之換置者。
3. 地下通道、撐木（如坑木）之換置。
4. 建築物因土地下沉、傾斜所支付之支撐費用。
5. 煤礦業主坑、卸道及使用年限與主坑相同之風坑，其掘進費（含坑木）應列為資本支出，其餘支坑之掘進費及主支坑之改修費（均包括坑木）費用列支，但支坑作為主坑使用者應列為資本支出。

二、應列為資本支出項目

（一）增加原有資產之價值者：修繕費支出凡足以增加原有資產之價值者，應作為資本支出，如以下項目：

1. 屋頂、牆壁、地板、通風設備、氣溫調節、室內配電設備之換置。
2. 地下室加裝不透水設備、貯藏池槽加裝防水設備。
3. 因加開窗門將原有牆壁加強等支出。
4. 為防水加築水泥圍牆等。

（二）其效能無法在二年內所能耗者：修繕費支出其效能非二年內所能耗竭者，每件金額超過新臺幣八萬元應作為資本支出，其效能所及年限可確知者，得以其有效期間平均分攤。如以下項目：

1. 屋內添設冷暖氣設備等支出，應列為資本支出。
2. 輪船業之特檢大修支出，應依據中國驗船中心所出具之特檢證明分四年攤銷。
3. 租賃物之修繕費，租賃契約約定由承租之營利事業負擔者，得以費用列支。

其有遞延性質者，得照效用所及在租賃期限內分攤提列。

三、憑證

（一）支付國內廠商之修繕費，應取得統一發票。其為核准免用統一發票之小規模營利事業者，應取得普通收據。

（二）支付國外廠商修理費（如輪船在國外修理費用），應以修理費收據、帳單為憑。

（三）支付非營業組織之零星修理費用，得以普通收據為憑。

（四）購買物料零件自行裝修換置者，除應有外來之憑證外，並應依領料換修之紀錄予以核實認定。但裝修換置每件金額不超過新臺幣一萬元者，得免查核領料換修之紀錄。

範 例

台中公司於民國 104 年度修繕房屋之相關支出如下：

1. 修補天花板：應付 50,000 元，已付 25,000 元。
2. 空調設備：8 月初更換，預計可使用 5 年，支出現金 125,000 元。
3. 牆壁油漆：付 15,000 元。
4. 窗簾更換：付 10,000 元，統一發票遺失。

請計算依法調整申報數各為若干？

【解析】

1. 空調設備使用年限為 5 年，現金 125,000 元，應列為資本支出不得列入修繕費。
   帳列修繕費 = $50,000 + $15,000 + $10,000 = $75,000
2. 統一發票遺失 10,000 元不得申報修繕費
   故自行依法調整申報數為
   $50,000 + $15,000 = $65,000

範例

雲林公司購置鐵釘一批 3,000 元供修理之用及設備維修支付 1,000 元，另付營業稅 200 元，其耐用年限不及二年，請試作會計分錄：

【解析】

修 繕 費	4,000	
進項稅額	200	
現　金		4,200

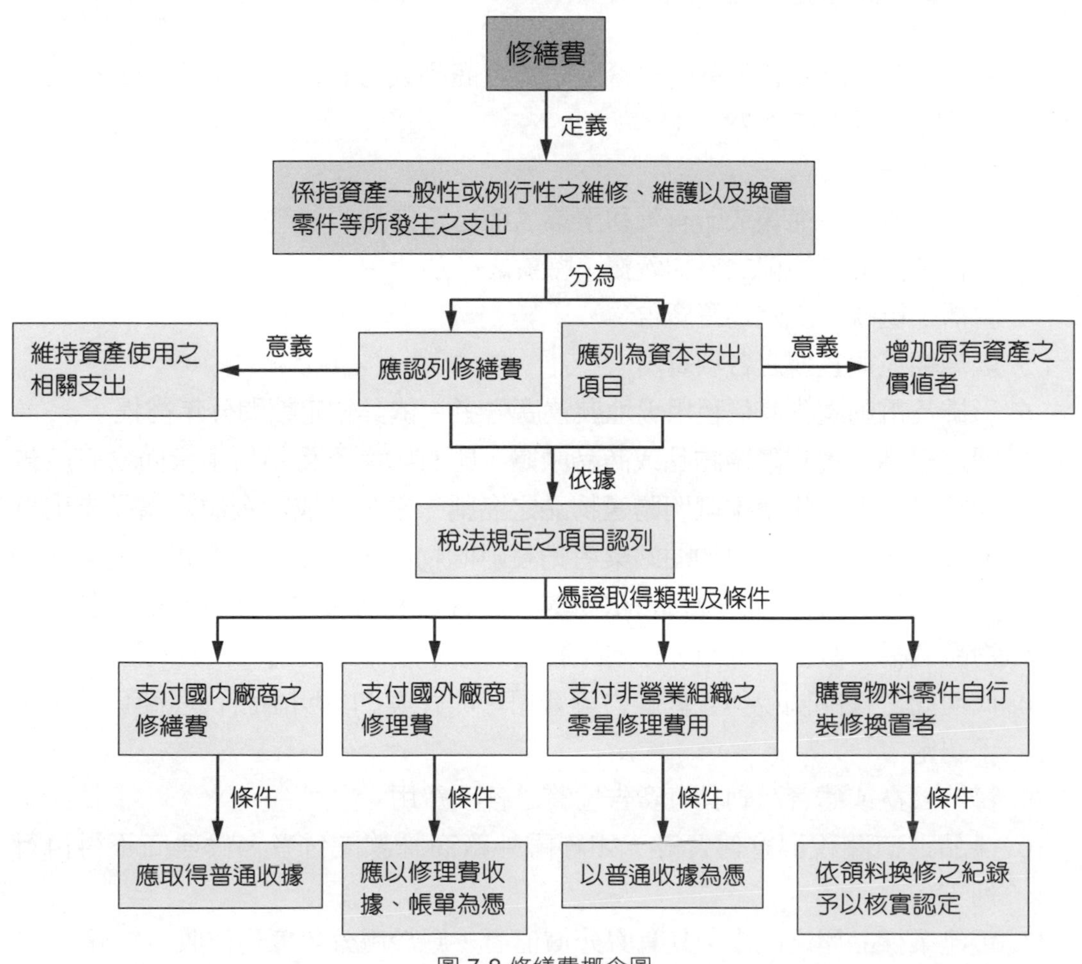

圖 7-8 修繕費概念圖

7.9 廣告費

稅務新聞 News

各大專院校所創辦的校刊、期刊等，如有對外提供廣告刊登收取廣告費，依法應課徵營業稅。

大學的校刊，除刊登校內記事相關資訊供校內學員取閱外，另外又刊登補習、訓練、駕訓班等廣告，所收取的廣告費屬加值型及非加值型營業稅法第 1 條規定，應課徵加值型及非加值型的營業稅。若未報申報則經國稅局查獲，將按營業稅法規定，除追繳稅款外並按所漏稅額處 5 倍以下罰鍰。

資料來源：北區國稅局

係指具有宣傳營利事業所經營及銷售之商品或勞務之廣告效果，所稱廣告費包括下列各項（查 §78）：

1. 報章雜誌之廣告。
2. 廣告、傳單、海報或印有營利事業名稱之廣告品。
3. 報經稽徵機關核備之參加義賣、特賣之各項費用。
4. 廣播、電視、戲院幻燈廣告。
5. 以車輛巡迴宣傳之各項費用。
6. 彩排及電動廣告其係租用場地裝置廣告者，依其約定期間分年攤提。
7. 贈送樣品、銷貨附贈物品或商品饋贈，印有贈品不得銷售字樣而含有廣告性質者，應於帳簿中載明贈送物品之名稱、數量及成本金額之贈品支出日報表，憑以認定。但加油站業者銷貨附贈物品，得以促銷海報、促銷辦法及促銷相片等證明，及每日依所開立之統一發票起訖區間，彙總編製贈送物品名稱、數量、金額，經贈品發送人簽章之贈品支出日報表為憑。
8. 代理商之樣品關稅與宣傳廣告等費用，非經契約訂明由該代理商負擔，不予認定。
9. 贊助公益或體育活動具有廣告性質之各項費用
10. 樣品進口關稅與宣傳費等，如經國外廠商匯款支付者，代理商不得再行列支。
11. 營建業樣品屋之成本；其有處分價值者，應於處分年度列作收益處理。
12. 營建業合建分售（或分成）之廣告費，應由地主與建主按其售價比例分攤。
13. 其他具有廣告性質之各項費用。

一、憑證

（一）報章雜誌之廣告費應取得收據，並檢附廣告樣張，其因檢附有困難時，得列單註刊登報社或雜誌之名稱、日期或期別及版（頁）次等。

（二）廣告、傳單、海報、日曆、月曆、紙扇、霓虹、電動廣告牌、電影及幻燈之廣告應取得統一發票。其為核准免用統一發票之小規模營利事業者，應取得普通收據。

（三）參加展覽、義賣、特賣之各項費用，應取得統一發票或其他合法憑證。

（四）廣播、電適應取得統一發票或其他合法憑證。

（五）租用車輛、巡迴宣傳之各項費用，應取得統一發票或其他合法憑證。

（六）購入樣品、物品作為贈送者，應以統一發票或普通收據為憑，其係以本身產品為樣品、贈品或獎品者，應於帳簿中載明。

（七）贈送樣品應取得受贈人書有樣品品名、數量之收據，但贈送國外廠商者，應取得運寄之證明文件及清單。

（八）銷貨附贈物品：應於銷貨發票加蓋贈品贈訖戳記，並編製書有統一發票號碼、金額、贈品名稱、數量及金額之贈品支出日報表，憑以認定。

（九）舉辦寄回銷貨包裝空盒換取贈品活動：應以買受者寄回空盒之信封及加註贈品名稱、數量及金額之贈領清冊為憑。

（十）以小包贈品、樣品分送消費者：得以載有發放人向營利事業領取贈品、樣品日期、品名、數量、單價、分送地點、實際分送數量金額及發放人簽章之贈品日報表代替收據。

（十一）給付獎金、獎品或贈品，應有贈送紀錄及具領人真實姓名、地址及簽名蓋章之收據。

（十二）贊助公益或體育活動具有廣告性質之各項費用，應取得統一發票或合法憑證，並檢附載有活動名稱及營利事業名稱之相關廣告品；其檢附困難者，得以相片替代。

（十三）其他具有廣告性質之各項費用，應取得統一發票或合法憑證，並檢附載有活動名稱及營利事業名稱之相關廣告或促銷證明文件。

二、會計處理

範 例

青島公司以本身生產之運動服 100 件送給大專院校運動會，以作為宣傳展示樣品。成本 120,000 元。試作分錄：

【解析】

廣告費　　120,000
　銷貨成本　　120,000

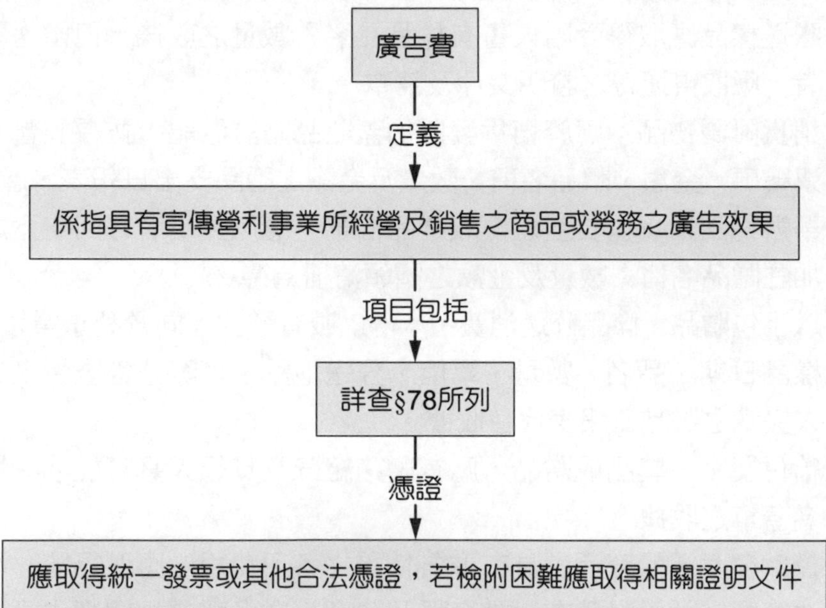

圖 7-9 廣告費概念圖

7.10 水電瓦斯費

係指營利事業支付水費、電費及瓦斯費等費用，而製造工廠之水、電、瓦斯費應作為「製造費用」攤入製造成本。

一、憑證

（一）電費為電力公司之收據。

（二）自來水費為自來水廠之收據。

（三）瓦斯費為公司行號之統一發票或收據。

二、會計處理

範例

漢口貿易公司於民國 104 年 3 月 5 日支付水費 2,000 元（另付營業稅 100 元）及支付工廠電費 10,000 元（另付營業稅 500 元），請試作其分錄：

【解析】

3/5 水、電及瓦斯費處理

	借	貸
水電費	2,000	
進項稅額	100	
現金		2,100

3/5 製造費用處理

	借	貸
製造費用 - 水電費	10,000	
進項稅額	500	
現金		10,500

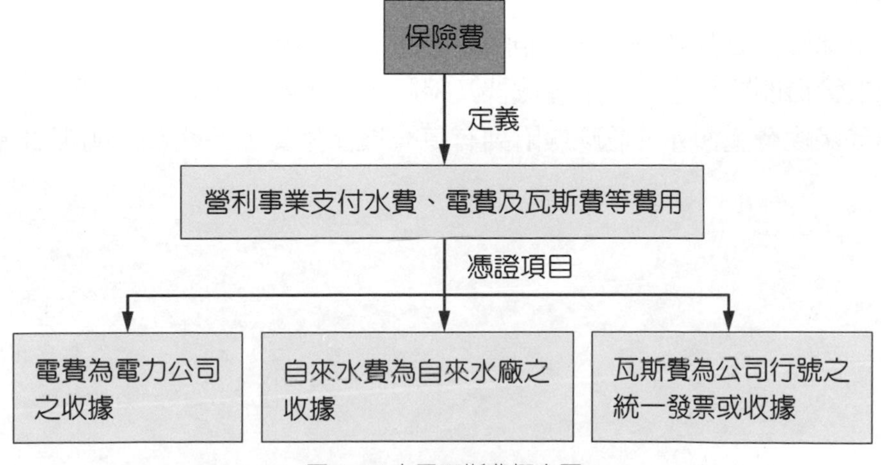

圖 7-10 水電瓦斯費概念圖

7.11 保險費

係指營利事業為本事業投保及為員工投保之團體壽險或勞健保之支出。而保險之標的，非屬於本事業所支付之保險費，不予認定。

一、保險費之認列

（一）保險費如有折扣，應以實付之數額認定。

（二）跨越年度之保險費部分，應轉列預付費用科目。

（三）勞工保險及全民健康保險：其由營利事業負擔之保險費，應予核實認定，並不視為被保險員工之薪資。

（四）營利事業為員工投保之團體壽險：其由營利事業負擔之保險費事業或被保險員工及其家屬為受益人者，准予認定。每人每月保險費在新台幣二千元以內部分，免視為被保險員工之薪資所得；超過部分，視為對員工之補助費，應轉列各該被保險員工之薪資所得。

（五）營利事業如因國內保險公司尚未經營之險種或情形特殊需要向國外保險業投保者，除下列跨國提供服務投保之保險費，經取得該保險業者之收據及保險單可核實認定外，應檢具擬投保之公司名稱、險種、保險金額、保險費及保險期間等有關資料，逐案報經保險法之主管機關核准，始得核實認定：

1. 海運及商業航空保險：包括被運送之貨物、運送貨物之運輸工具及所衍生之任何責任。
2. 國際轉運貨物保險。

二、憑證

取得保險費之原始憑證，除向國外保險業投保，依前款之規定者外，為保險法之主管機關許可之保險業者收據及保險單，其屬團體壽險之保險費收據者，除應書有保險費金額外，並應檢附列有每一被保險員工保險費之明細表。

範 例

北平公司於民國 104 年度支付薪資 200,000 元及支付勞工保險費 9,000 元 ，其中公司負擔 7,000 元；員工應負擔 2,000 元，試作北平公司分錄：

【解析】

薪資費用	200,000	
代扣保險費		2,000
現 金		198,000

保 險 費	7,000	
代扣保險費	2,000	
現 金		9,000

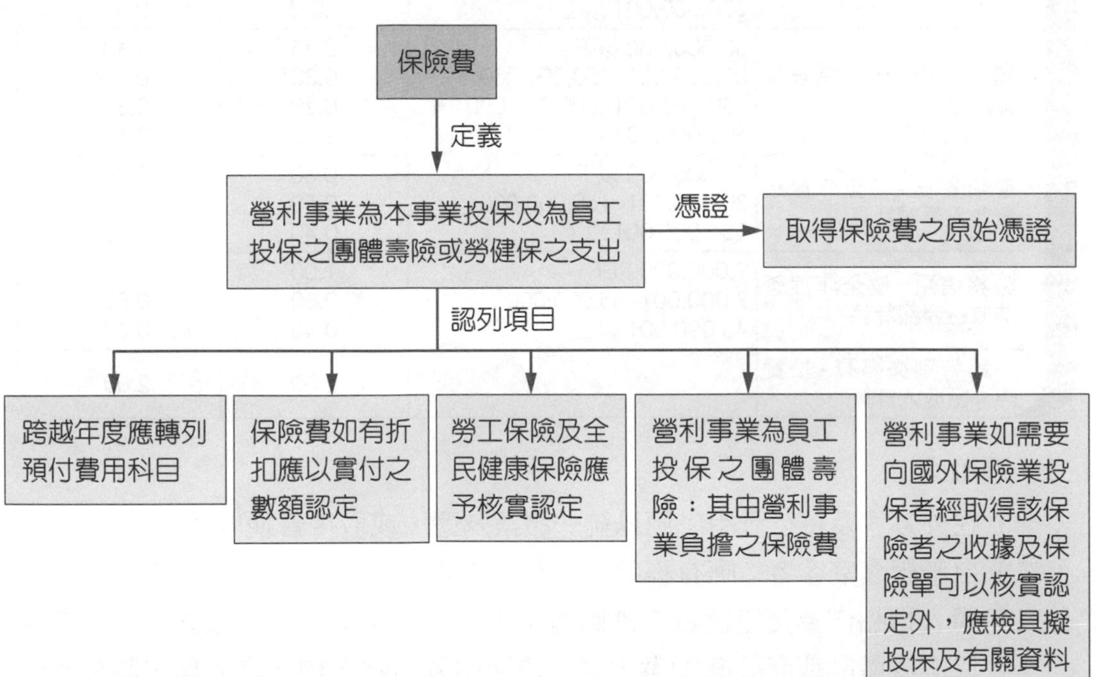

圖 7-11 保險費概念圖

7.12 交際費

係指營利事業為推廣業務而招待客戶觀光、旅遊並餽贈禮品等支出。

一、交際費之認列

交際費列支不得超出規定限額，超出時需作帳外調整，並須與業務有關，與業務無關不得以交際費列支，交際費之限額可分普通申報及藍色申報兩種，藍色申報享有較高的額度，其交際費之限額如表 7-1。

表 7-1 交際費限額表

項目	級距	普通申報%	藍色申報%
進貨 - 按全年度進貨淨額計算	30,000,000 以下 30,000,001- 150,000,000 150,000,001- 600,000,000 600,000,001 以上	0.15 0.10 0.05 0.025	0.20 0.15 0.01 0.05
銷貨 - 按全年度銷貨淨額計算	30,000,000 以下 30,000,001- 150,000,000 150,000,001- 600,000,000 600,000,001 以上	0.45 0.30 0.20 0.10	0.60 0.40 0.30 0.15
運輸貨物 - 按全年度運費收入淨額計算	30,000,000 以下 30,000,001- 150,000,000 150,000,001 以上	0.60 0.50 0.40	0.70 0.60 0.50
勞務信用 - 按全年度營業收益淨額計算	9,000,000 以下 9,000,001- 45,000,000 45,000,001 以上	1.00 0.60 0.40	1.20 0.80 0.60
外銷特別交際費 - 按實際外匯收入計算		2.00	2.00

二、憑證

（一）在外宴客及招待費用：應以統一發票為憑，或取得普通收據。

（二）自備飯食宴客者：應有經手人註明購買菜餚名目及價格之清單為憑。

（三）購入物品作為交際性質之餽贈者：應以統一發票或普通收據為憑，其係以本身產品或商品餽贈者，應於帳簿中載明贈送物品之名稱、數量及成本金額。

（四）購買現金禮券作為交際性質之餽贈者：得以銷售出具之證明書為憑。

（五）招待顧客觀光旅遊者：應以觀光旅遊之相關費用憑證核實認定。

範 例

台中公司於民國 104 年度銷貨收入為 100,000,000；進貨成本為 40,000,000 及運費收入 30,000,000；其成本為 10,000,000，是計算 104 年度台中公司之交際費為何？

	普通申報	藍色申報
1. 銷貨	30,000,000×0.45%＝ 135,000	30,000,000×0.6%＝ 180,000
	70,000,000× 0.3%＝ 210,000	70,000,000× 0.4%＝ 280,000
2. 進貨	30,000,000×0.15%＝ 45,000	30,000,000×0.2%＝ 60,000
	10,000,000× 0.10%＝ 10,000	10,000,000×0.15%＝ 15,000
3. 運費收入	30,000,000×0.60%＝ 180,000	30,000,000×0.7%＝ 210,000
4. 合計	$580,000	$745,000

故該公司如採普通申報 104 年度交際費限額為 580,000 元；若採藍色申報 104 年度交際費限額為 745,000 元。

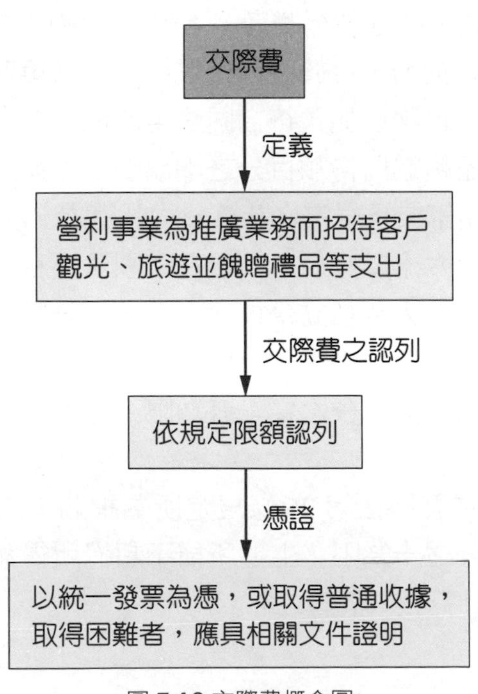

圖 7-12 交際費概念圖

7.13 捐贈

係指與業務無關之餽贈為捐贈費用。故廣告費及交際費以外之餽贈皆屬於捐贈支出。

一、認列

營利事業對於捐贈之限額，得依下列規定認列：

（一）為協助國防建設、慰勞軍隊，對各級政府之捐贈；對中小企業發展基金之捐贈；經財政部專案核准之捐贈，不受金額限制。

（二）依政治獻金法規定，對政黨、政治團體及擬參選人之捐贈，以不超過所得額10%為限，其總額並不得超過新臺幣五十萬元。

（三）擬參選人收受政治獻金後，如有未依法登記為候選人或登記後其候選人資格經撤銷之情事者，不適用捐贈規定，應即停止收受政治獻金，賸餘之政治獻金，應於申報時繳交受理申報機關辦理繳庫。

（四）對大陸地區之捐贈，應經行政院大陸委員會許可，並應透過合於所得稅法規定之機關或團體為之，且應取得該等機關團體開立之收據；其未經許可，或直接對大陸地區捐贈者，不得列為費用或損失。

（五）對合於第四目之捐贈、合於所得稅法第十一條第四項規定之機關或團體之捐贈及成立、捐贈或加入符合同法第四條之三各款規定之公益信託之財產，合計以不超過所得額百分之十為限。上述所稱不超過所得額百分之十為限，準用第二目規定之計算公式計算之。

（六）依私立學校法第六十二條規定，透過財團法人私立學校興學基金會，未指定對特定學校法人或私立學校之捐款，得全數列為費用；其指定對特定學校法人或私立學校之捐款，以不超過所得額百分之二十五為限。上述所稱不超過所得額百分之二十五為限，類推適用第二目規定之計算公式計算之。

（七）依文化創意產業發展法第26條規定所為捐贈，以不超過新臺幣一千萬元或所得額百分之十為限。上述所稱不超過所得額百分之十為限，準用第二目規定之計算公式計算之。

前述第 5、6、7 項所提計算公式為如下：
經認定之收益總額（營業毛利、分離課稅收益及非營業收益） — 各項損費（包括第 1 之捐贈及第 6 未指定對特定學校法人或私立學校之捐款，但不包括第 2、第 4、第 5 之捐贈及第 6 指定對特定學校法人或私立學校之捐款） / 1 ＋ 10％或（25％）×10％

（八）依據運動產業發展條例第 26 條規定，營利事業合於下列之捐贈，得依所得稅法 第 36 條第 1 款規定以費用列支，不受金額限制：
1. 捐贈經政府登記有案之體育團體。
2. 培養支援運動團隊或運動員。
3. 推行事業單位本身員工體育活動。
4. 捐贈政府機關及各級學校興設運動場館設施或運動器材用品。
5. 購置於國內所舉辦運動賽事門票，並經由學校或非營利性之團體捐贈學生或弱勢團體。

二、憑證

（一）購入供作贈送之物品應取得統一發票或取得普通收據，捐贈本事業之產品、商品或其他資產贈送者，應於帳簿中載明贈送物品之名稱、數量及成本金額。
（二）捐贈應取得受領機關團體之收據或證明；其為對政黨、政治團體及擬參選人之捐贈，應取得依監察院所定格式開立之受贈收據。

範 例

假設台中公司民國 104 年之營業毛利為 8,500,000 元，營業費用為 6,500,000 元，非營業收入為 320,000 元，非營業費用 500,000 元。捐贈政府 200,000 元，某一候選人 100,000 元，某政黨 240,000 元，某公益財團法人 260,000 元，其候選人及社團得票率達 2% 以上，如有超出，該超出部分於結算申報時應自行調整減除。其限額如下

【8,500,000 ＋ 320,000 －（6,500,000 － 100,000 － 240,000 － 260,000） － 500,000】÷110％ ×10％＝ 220,000

某一候選人 $100,000，某政黨 240,000 元合計 340,000 元，超過限額 220,000 元故調整減除 120,000 元；某公益財團法人 260,000 元也超過限額 220,000 元故調整減除 40,000 元，調整後捐贈費用為 640,000 元

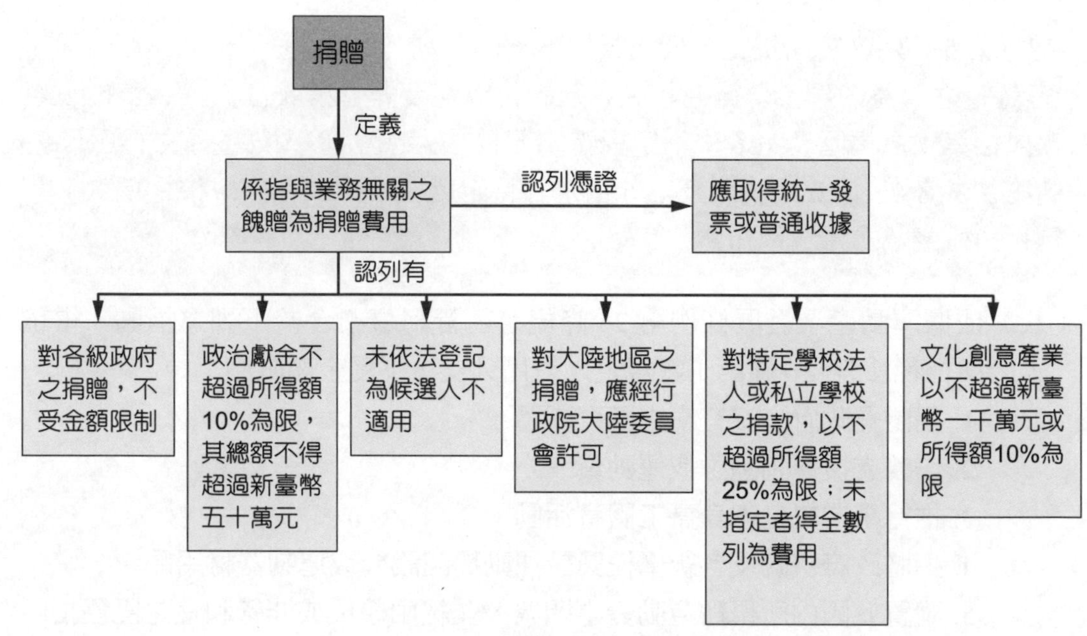

圖 7-13 捐贈概念圖

7.14 稅捐

稅捐係指營利事業所支付之各種稅捐，但各項稅捐支出性質並不相同，並非全部均以費用列支，屬取得資產成本者應併計入成本，例如購置房地所繳納之契稅、印花稅應歸屬於成本，亦有屬收益減項、盈餘分配性質或代收代付性質，均應於列支時，依其性質分別列入有關科目。

一、稅捐之認列

（一）作為費用支出：

1. 貨物稅：應納貨物稅廠商，其繳納原物料之貨物稅款，不論產品已否銷售，準併當年度進貨成本核實認定。
2. 不動產課徵之房屋稅、地價稅及教育稅等稅捐。
3. 使用牌照稅。
4. 營業稅之一，依加值型及非加值型營業稅法第三十三條規定得以扣抵銷項稅額之進項稅額及依同法第三十九條規定得以退還或留抵之溢付稅額，如自動放棄扣抵者，得就其支出性質，應列為成本或損費。

5. 營業稅之二，依加值型及非加值型營業稅法第十九條第一項及第二項規定不得扣抵之進項稅款，得就其支出之性質，按原支出科目列支。
6. 營業稅之三，依「兼營營業人營業稅額計算辦法」規定計算不得扣抵之進項稅額，得分別歸屬原支出科目或以其他費用列支。

（二）不得作為費用支出：

1. 營利事業所得稅係屬盈餘分配，不得列為費用或損失。
2. 扣繳他人之所得稅款，不得列為本事業之損費。
3. 各種稅法所規定之滯納金、滯報金、怠報金等及各種法規所科處之罰鍰，以及未依法扣繳而補繳之稅款不予認定。
4. 非屬本事業所有之運輸設備之使用牌照稅，蓋租用或借用不動產或交通 工具等之稅捐，經契約約定由承租負擔者，應視同租金支出。
5. 非屬本事業所有或取得典權之不動產房屋稅、地價稅、等財產稅捐，蓋租用或借用不動產經契約約定由承租人或借用人負擔之房屋稅地價稅等財產稅捐，應視同租金支出。

二、憑證

（一）稅捐之原始憑證為稅單收據

（二）印花稅票為購買之收據或證明單

範 例

假設台中公司支付本年度車輛使用牌照稅共計 40,000 元，房屋稅 60,000 元，其分錄如下：

【解析】

稅 捐	100,000	
現 金		100,000

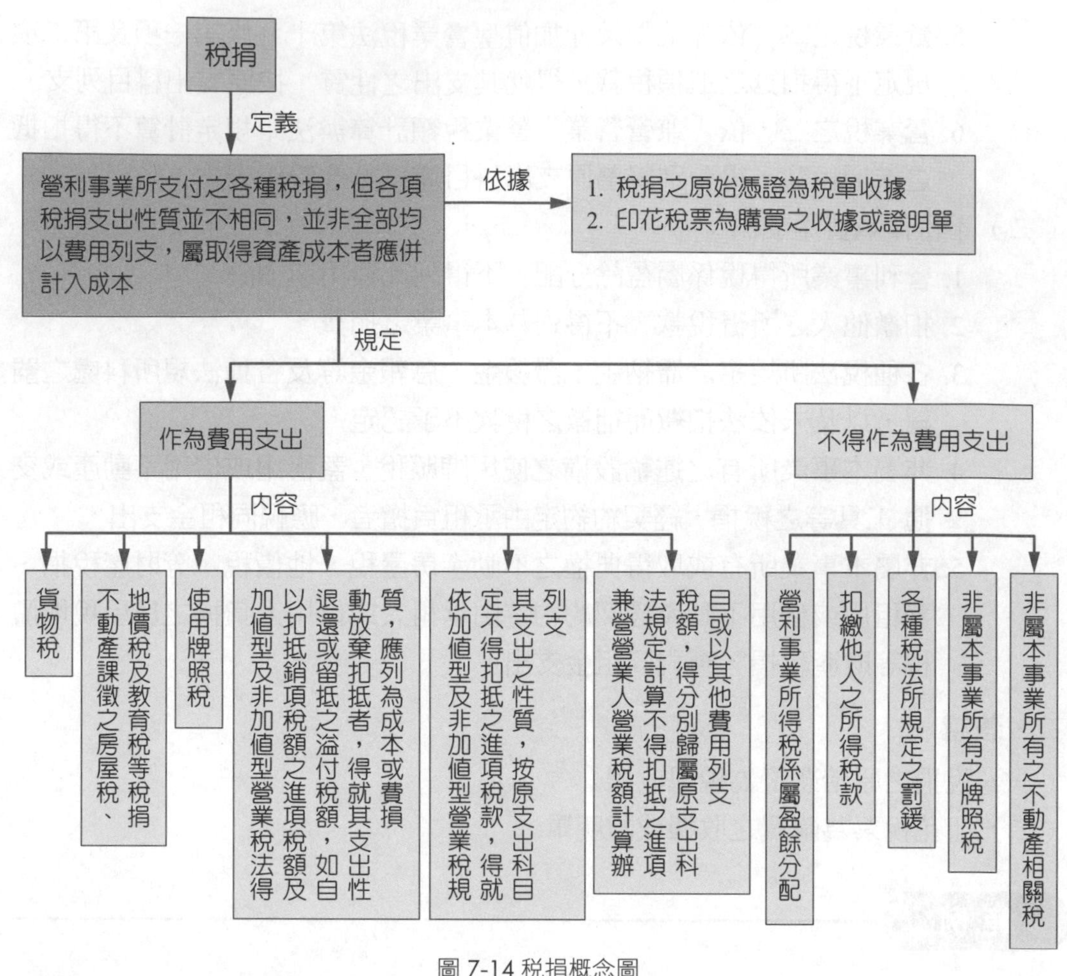

圖 7-14 稅捐概念圖

7.15 伙食費

伙食費指營利事業實際供給膳食之支出或按月定額發給員工之伙食代金。

一、伙食費認列

伙食費之列支標準規定如下：

（一）一般營利事業職工每人每月伙食費，包括加班誤餐費，最高新台幣 2,400 元為限（自 104.1.1 起）。

（二）航運業及漁撈業自 87 年 8 月 1 日起之列支標準：

1. 國際遠洋航線每日最高以新台幣 250 元為限
2. 國際近洋航線（含台灣、香港、琉球線）則每人每日最高以新台幣 210 元為限。
3. 國內航線則每人每日最新台幣 180 元為限。

二、憑證

營利事業實際供給膳食之支出或按月定額發給員工之伙食代金，除國際航運業供給船員膳食外，應提供員工簽名或蓋章之就食名單。並應取得下列憑證：

（一）主食及燃料應取具統一發票或收據。

（二）蔬菜、魚類、肉類，應由經手人出具證明。

（三）請營利事業包伙或在其他營利事業搭伙者，應取得統一發票或普通收據。

範 例

勤益公司自辦伙食團，本月購買米1,800元及水果、蔬菜、豬肉、共計4,200元，其分錄如下：

【解析】

伙食費	6,000	
現 金		6,000

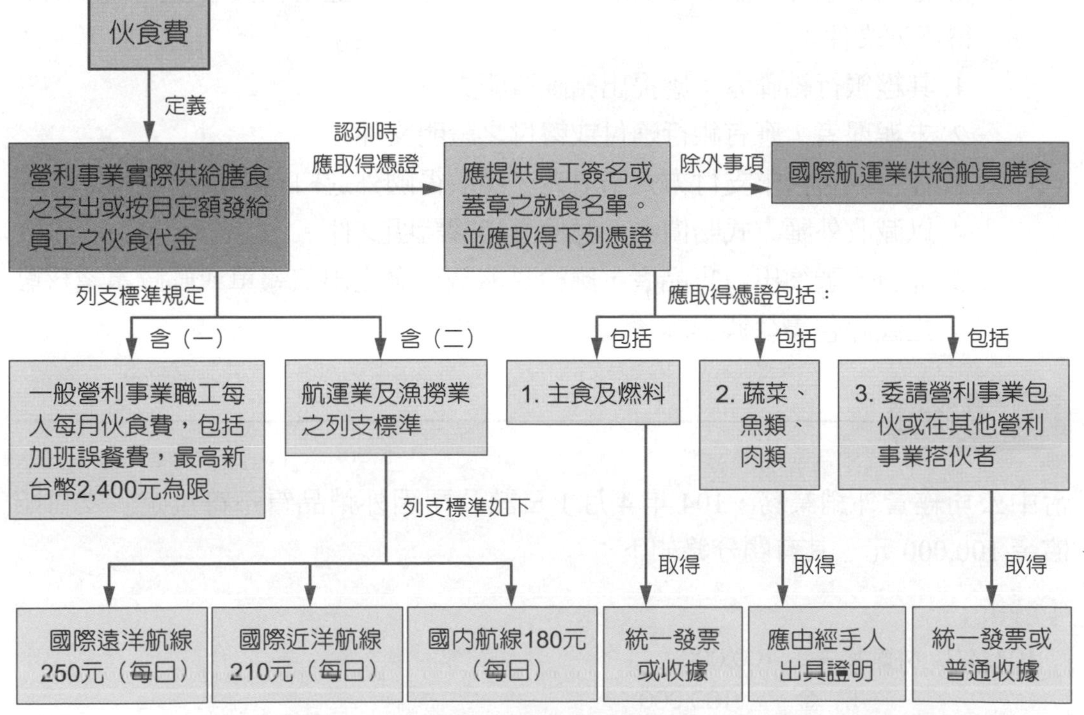

圖 7-15　伙食費概念圖

7.16 外銷損失

係指營利事業經營外銷業務所發生之損失。

一、外銷損失之認列

（一）因解除或變更買賣契約致發生損失或減少收入。

（二）因違約而給付之賠償。

（三）因不可抗力因素而遭受意外之損失。

（四）因運輸途中發生損失。

外銷損失經取有合法憑證並經稽徵機關查明屬實者，准予認定，其不應由該營利事業本身負擔，或受有保險賠償部分，則不得認列。

二、憑證

（一）應檢附買賣契約書（應有購貨條件及損失歸屬之規定）。

（二）國外進口商索賠有關文件。

（三）國外公證機構或檢驗機構所出具足以證明文件，但損失金額每筆在新台幣九十萬元以下者（103.4.9 修正），得免附，並應視其賠償方式分別取得下列文件：

1. 其經銀行結匯者：應提出結匯證明文件。
2. 未辦理者，應有銀行匯付或轉付之證明文件。
3. 在台以新台幣支付方式賠償者，應取得國外進口商出具之收據。
4. 以減收外匯方式賠償者，應檢具相關證明文件。
5. 補運或調換出口貨品者，應檢具海關核發之出口報單或郵政事業核發之國際包裹執據影本。

範例

台中公司經營外銷業務，104 年 4 月 1 日該公司因外銷品質不符規定，支付賠償金 100,000 元，其有關分錄如下：

【解析】

日期	科目	借方	貸方
104/4/1	外銷損失	100,000	
	現　金		100,000

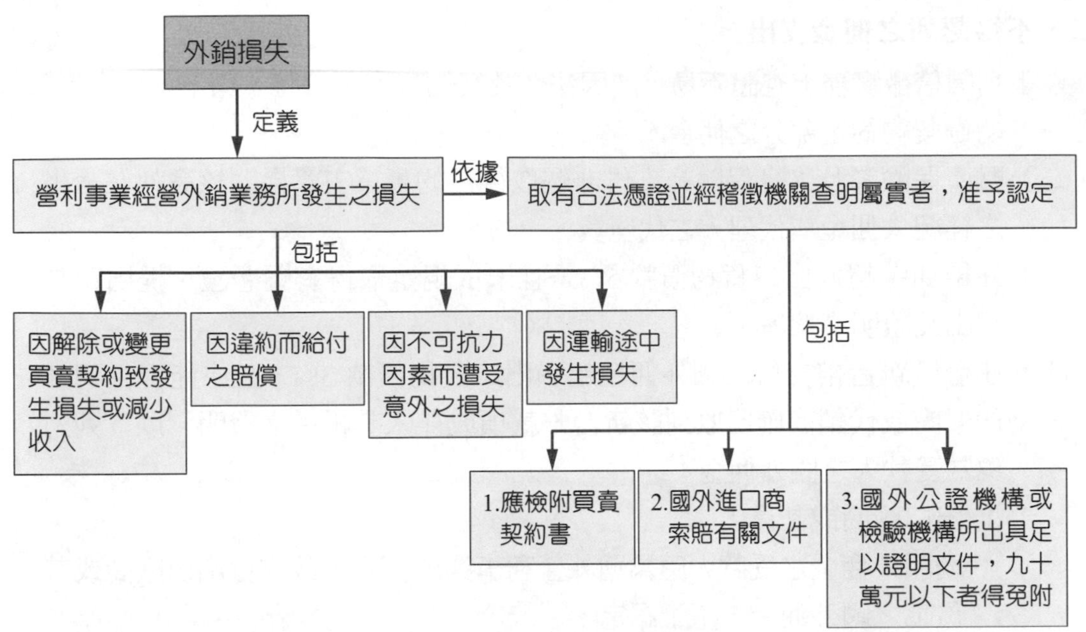

圖 7-16 外銷損失概念圖

7.17 佣金支出

係指營利事業支付委託代銷商或代理商及個人銷售貨物之佣金費用或手續費用。

一、佣金支出之認列

營利事業之佣金支出應提示具居間仲介事實之相關證明文件，並證明與營業有關，始可列為當年度之費用（查準 §92），下列項目依規定得列為佣金支出：

（一）佣金支出應依所提示之契約，或其他具居間仲介事實之相關證明文件，核實認定。

（二）佣金支出應辦理扣繳稅款而未扣繳者，除責令補繳並依法處罰外，該項佣金應予以認定。

（三）財產保險業及人身保險業支付，需取得目的事業主管機關核發執業證書之經紀人佣金，或代理人之代理費。

（四）外銷佣金超過出口貨物價款 5%，經依規定取得有關憑證，提出正當理由及證明文據並查核相符者，准予認定。

二、不得認列之佣金支出

下列因稽徵實務上查證不易，或因法令及契約規定不符時，均不予認定：

（一）超過契約約定部分之佣金。

（二）財產保險業及人身保險業支付非經取得目的事業主管機關核發執業證書之經紀人佣金或代理人之代理費。

（三）外銷佣金超過出口貨物價款 5%，且未依規定取得有關憑證、提出正當理由及證明文據者。

（四）在台以新台幣支付之國外佣金超過出口貨物價款 3%，且未能提供國外代理商或代銷商確已收到該新台幣款項或存入其帳戶之證明。以下列對象為受款人之國外佣金：

1. 出口廠商或其員工
   因國外佣金之受款人應為國外營利事業或個人，故支付出口廠商或其員工之國外佣金，不予認定。
2. 國外經銷商
   因貨物銷售與經銷商者，其所有權已移轉，故無支付佣金之依據。
3. 直接向出口廠商進貨之國外其他廠商（因所有權已移轉），但代理商或代銷商不在此限。

三、憑證

依所支付對象所在地之不同可分為國內或國外：

（一）國內佣金：

1. 支付其他營利事業：應以統一發票或普通收據為憑。
2. 支付個人之佣金：應以收據或書有受款人姓名、金額及支付佣金字樣之銀行送金單或匯款回條為憑。

（二）國外佣金：

1. 已辦理結匯者：應取得結匯銀行書明匯款人及國外受款人姓名（名稱）、地址、結匯金額、日期等之結匯證明。
2. 未辦理結匯者：應取得銀行匯付或轉付之證明文件。
3. 以票匯方式匯付者：應取得收款人確已實際收到該票匯款項或存入其帳戶之證明。
4. 在台以新台幣支付者：在不超過出口貨物價款 3% 範圍內，應取具國外代理商或代銷商名義出具之收據，其超過 3% 者，除取具國外代理商或代銷商名義出具之收據外，並應能提供國外代理商或代銷商確已收到該新台幣款項或存入其帳戶之證明。

範例

台中公司於 104 年度支付國內貿易商佣金 60,000，並取該貿易商所開立之統一發票，另加進項稅額 3,000 元，其分錄如下：

【解析】

佣金支出	60,000	
進項稅額	3,000	
現　金		63,000

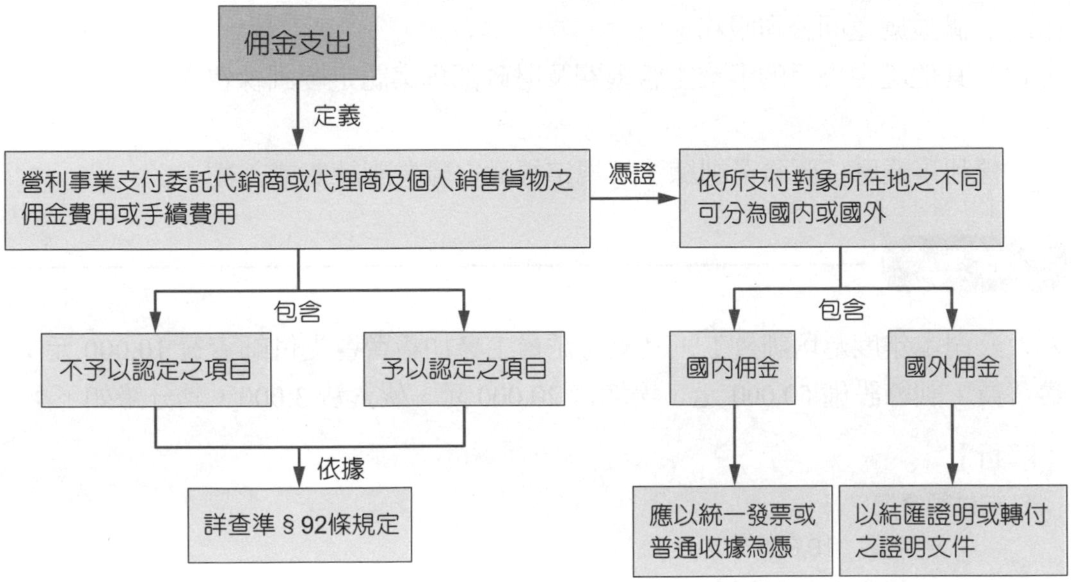

圖 7-17 佣金支出概念圖

7.18 訓練費

一、訓練費意義

係指營利事業對於人才培育受僱員工，辦理或指派參加與公司業務相關訓練活動所支付之費用。

二、認列

訓練費科目列支之費用項目，依下列七項規定認定：

（一）師資之鐘點費及旅費。

（二）受訓員工之旅費及繳交訓練單位之費用。

（三）教材費、實習材料費、文具用品費、醫療費、保險費、教學觀摩費、書籍雜誌費、訓練期間伙食費、場地費及耐用年數不及 2 年之訓練器材設備費。

（四）參加技能檢定之費用。

（五）建教合作給付該合作學校之費用或補助費，應有合作計畫或契約。

（六）選派員工赴國外進修或研習所支付費用，應訂有員工出國進修辦法，期滿並應返回公司服務。

（七）其他經中央目的事業主管機關及財政部專案認定屬訓練費。

營利事業應依照職業訓練法規規定提繳之職業訓練費或差額。

範 例

大大公司本年度為培訓員工，其支付派員工參加講習會支付師資費 10,000 元；購買員工訓練設備 50,000 元、場地費 20,000 元、伙食費 3,000，其分錄如下：

【解析】

1. 支付師資費

訓練費	10,000	
現金		10,000

2. 支付訓練設備、場地費、伙食費

訓練費	73,000	
進項稅額	3,650	
現金		76,650

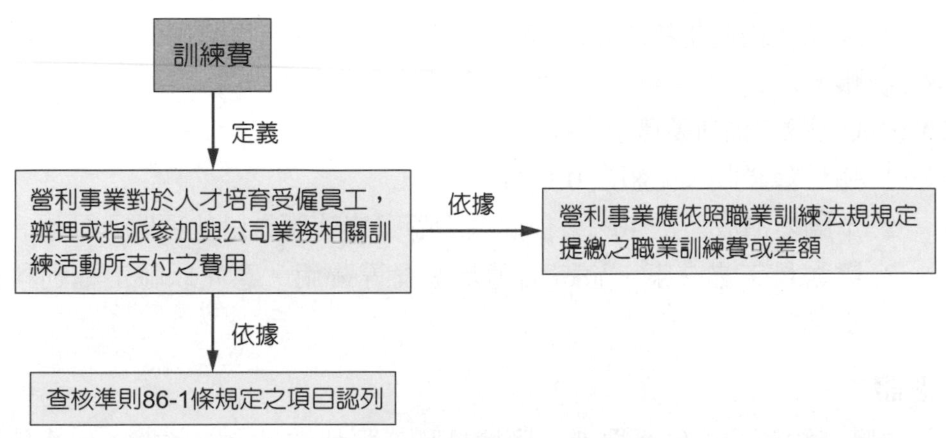

圖 7-18 訓練費概念圖

稅務實務 News

彰化食品公司於民國 103 年底為犒賞員工，感謝員工這一年來辛勤的工作，盛大舉辦尾牙宴請員工聚餐總計花費了 100 萬元，包含桌菜費用、表演活動費用與獎品、場地費等等。104 年彰化食品公司結算申報營利事業所得稅列報 100 萬元之職工福利費用。然而國稅局依據營利事業所得稅查核準則第 81 條規定，依法成立職委會並依規定提撥職工福利金者，舉辦員工文康、旅遊活動及聚餐等費用，應先在「職工福利金費用」項目下列支，不足時，再以「其他費用」列支。

7.19 職工福利

係指營利事業支付有關職工福利之各項費用，如：員工旅遊、聚餐、急難慰助、三節獎金、婚、喪、生育補助等的支出。

一、職工福利之認列

營利事業依職工福利金之提撥可區分已成立職工福利委員會及未成立職工福利委員會，核實認列。

（一）已成立職工福利委員會之認列：

1. 就創立時實收資本總額或增資時所實際增收之資本額 5% 限度內一次提撥。每年列帳分攤之金額至多以不超過 20% 為限。
2. 每月營業收入總額提撥 0.05% ～ 0.15%。

3. 下腳變價時提撥 20% ～ 40%，但此項下腳出售時應先以什項收入列帳。

（二）未成立職工福利委員會

1. 每月營業收入總額之 0.15%。
2. 下腳變價收入之 40%，但此項下腳出售時應先以什項收入列帳。
3. 舉辦員工之文康、旅遊活動及聚餐等費用，應先以職工福利科目列支。

二、憑證

（一）依職工福利金條例提撥者，應檢具職工福利委員會之收據，但直接撥入職工福利委員會在金融機構之存款帳戶，並取得該金融機構發給之存款證明，不在此限。

（二）實際支付者：

1. 職工醫藥費：應取得醫院之證明與收據，或藥房配藥書有抬頭之統一發票，其非屬營業組織之個人，提供勞務之費用，應取得收據。
2. 支付員工個人：應取得個人簽收之收據並申報扣（免）繳憑單。
3. 支付其他營利事業：應取得統一發票或收據。

範 例

彰化公司於民國 104 年成立，該公司資本額 30,000,000 元並已成立職工福利委員會，本年營業收入 10,000,000 元，按 0.15％ 提撥職工福利，下腳變賣收入 50,000 元，按 40％ 提撥職工福利，其分錄如下：

【解析】

1. 剛成立時

	借	貸
職工福利	1,500,000	
現　金		1,500,000

2. 營業收入按 0.15％ 提撥

	借	貸
職工福利	15,000	
現　金		15,000

3. 下腳變賣收，按 40％ 提撥

	借	貸
職工福利	20,000	
現　金		20,000

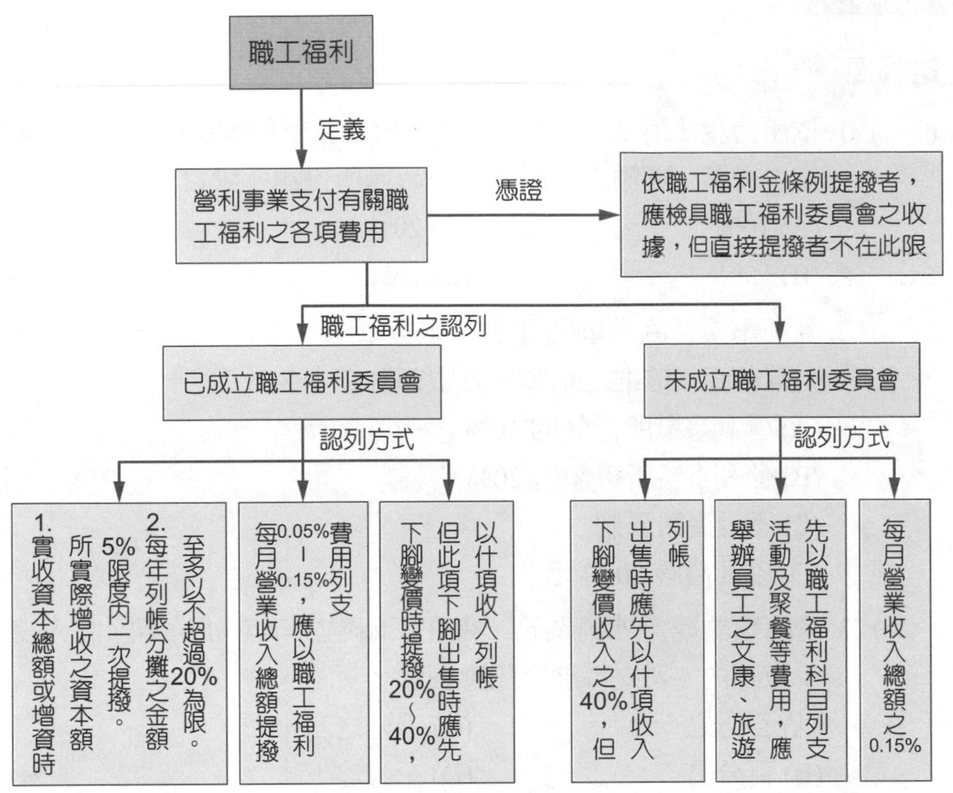

圖 7-19 職工福利概念圖

學習評量

一、選擇題

( ) 1. 依所得稅法第 36 條，營利事業對合於所得稅法第 11 條第 4 項規定之機關、團體之捐贈，以不超過所得額多少百分比為限？
(A) 10%　(C) 20%
(B) 15%　(D) 25%　【101 普通考試】

( ) 2. 營利事業為協助國防建設、慰勞軍隊、對各級政府之捐贈以及經財政部專案核准之捐贈，其限額為多少？
(A) 營利事業所得額的 10%
(B) 營利事業所得額的 20%
(C) 不受金額限制
(D) 不能超過 50 萬元　【97 年初考】

( ) 3. 營利事業經營外銷業務，得在不超過當年度外銷結匯收入總額多少範圍內，列支特別交際應酬費？
(A) 百分之一　(C) 千分之三十
(B) 百分之二　(D) 千分之五十　【96 年初考】

( ) 4. 一般營利事業實際供給膳食或按月定額發給員工伙食代金，每月每人 1,800 元，其超過部分，如屬按月定額發給員工伙食代金者，營利事業應如何處理？
(A) 應轉列員工之薪資所得
(B) 仍按伙食費列支
(C) 自行依法調整剔除
(D) 認列其他費用　【95 年記帳士】

( ) 5. 營利事業經財政部專案核准之捐贈，以不超過所得之多少為限？
(A) 百分之十　(C) 百分之二十
(B) 百分之十五　(D) 不受金額限制　【95 年初考】

( ) 6. 一般營利事業實際供給膳食或按月定額發給員工伙食代金者，每月伙食費不超過多少金額，免視為員工之薪資所得？（103.12.31 前）
(A) 1,800 元　(C) 6,300 元
(B) 5,400 元　(D) 7,500 元　【96 年初考】

學習評量

(　) 7. 營利事業依私立學校法第 51 條規定，透過財團法人私立學校興學基金會對私立學校之捐贈，以不超過所得額多少為限？
(A) 10%　(C) 20%
(B) 15%　(D) 25%　【95年記帳士】

(　) 8. 營利事業對公益、慈善、教育團體之捐贈，得列費用之數額不得超過：
(A) 營業收入百分之五　(C) 所得額百分之五
(B) 營業收入百分之十　(D) 所得額百分之十　【94年特考】

(　) 9. 稅法有關營利事業捐贈得列為當年度費用上限之規定，下列何項正確？
(A) 透過財團法人私立學校興學基金會對私立學校之捐贈，以不超過所得額 25% 為限
(B) 對中小企業發展基金之捐贈，以不超過所得額 50% 為限
(C) 對政黨之捐贈以不超過所得額 10% 為限，總額並不得超過 30 萬元
(D) 捐贈符合所得稅法規定之公益信託之財產，合計以不超過所得額 15% 為限。　【94 會計師】

(　) 10. 營利事業經財政部專案核准之捐贈，以不超過所得之多少為限？
(A) 百分之十　(C) 百分之二十
(B) 百分之十五　(D) 不受金額限制　【95年初考】

(　) 11. 依營利事業所得稅查核準則第 81 條規定，有關福利金提撥標準及費用認列規定，下列何者有誤？
(A) 增資資本額之 5%限度內一次提撥
(B) 創立時實收資本總額之 5%限度內一次提撥
(C) 每月營業收入總額內提撥百分之 0.05 至 0.15
(D) 下腳變價時，提撥 50%　【100年記帳士】

(　) 12. 營利事業之費用支出，如係取得小規模營利事業所出具之普通收據，其全年累計金額以不超過當年度稽徵機關核定之製造費用及營業費用之總額多少？
(A) 百分之三十　(C) 千分之三
(B) 千分之三十　(D) 百分之二　【95年記帳士】

學習評量

(　　)13. 適用勞動基準法之營利事業，報經該管稽徵機關核准，每年度得在不超過當年度已付薪資總額多少比例的限度內，提撥勞工退休金準備金，並以費用列支？

(A) 4%　　(C) 15%

(B) 8%　　(D) 20%　　【95年地方特考5等】

(　　)14. 營利事業為員工投保之團體壽險，由營利事業負擔之保險費，以營利事業或被保險員工及其家屬為受益人者，每人每月保險費在多少金額以內部分，免視為被保險員工之薪資所得？

(A) 1,000 元　　(C) 3,000 元

(B) 2,000 元　　(D) 5,000元　　【94年記帳士】

(　　)15. 下列何者不得列為費用或損失？

(A) 借貸款項之利息

(B) 資本之利息

(C) 交際應酬費用

(D) 捐贈　　【92年初考】

(　　)16. 營利事業設置職工退休基金，每年度得在不超過當年度已付薪資總額多少限度內提發職工退休金，並以費用列支？

(A) 15%　　(C) 8%

(B) 12%　　(D) 4%　　【92年初考】

(　　)17. 適用勞動基準法之營利事業，報經稽徵機關核准，每年度得在不超過該年度已有薪資總額若干百分比限度內，提撥勞工退休準備金，並以費用列支，其限度為：

(A) 40%　　(C) 15%

(B) 8%　　(D) 20%　　【91年初等考】

(　　)18. 下列何項支出，於申報營利事業所得稅時不得列為營利事業之費用或損失？

(A) 員工尾牙聚餐

(B) 總經理座車違規罰鍰

(C) 公司辦公儀器遭竊

(D) 公司經銷商倒帳　　【94年特考】

學習評量

(　　)19. 依照我國營利事業所得稅查核準則規定，下列營利事業未實現之費用或損失，何者不得列為當年度費用或損失？
(A) 按權益法認列之投資損失
(B) 依勞工退休金條例提繳之勞工退休金
(C) 商品存貨按成本與淨變現價值孰低為準估價之跌價損失
(D) 依職工福利金條例成立職工福利委員會提撥之職工福利金
【100 年記帳士】

(　　)20. 營利事業購置固定資產，其耐用年限超過 2 年，而支出金額不超過新臺幣多少元者，得以其成本列為當年度費用？
(A) 6 萬元　(B) 8 萬元　(C) 10 萬元　(D) 20 萬元
【100 年記帳士】

(　　)21. 營利事業對各級政府之捐贈，在何種範圍內得列為當年度之費用或損失？
(A) 以不超過收入額百分之十為限
(B) 不受金額之限制
(C) 以不超過收入額百分之二十為限
(D) 以不超過收入額百分之五為限
【101 記帳士】

(　　)22. 營利事業經營外銷業務，取得外匯收入者，除依規定列支之交際應酬費外，並得在不超過當年度外銷結匯收入總額多少範圍內，列支特別交際應酬費？
(A) 2%　(B) 3%　(C) 5%　(D) 10%
【102 四等稅務人員】

(　　)23. 關於我國營利事業交際應酬費用之認列，下列敘述何者錯誤？
(A) 依進貨、銷貨、運輸貨物等不同目的有不同之限額。
(B) 進貨、銷貨、運輸貨物等目的之交際應酬費用，其列支限額之規定採「超額累退」觀念
(C) 以進貨或銷貨貨價相比，以銷貨為目的所規定的交際費限額高於相同貨價下以進貨為目的之交際費限額
(D) 經核准使用藍色申報書者，其交際應酬費用之認列限度，高於普通申報書及會計師查核簽證申報
【102 五等身障人員】

學習評量

二、問答題

（一）如係取得小規模營利事業所出具之普通收據，其全年累計金額以不超過當年度稽徵機關核定之製造費用及營業費用之總額多少？

（二）請說明營業費用之意義？如何認列？哪些支出不得認列？

（三）由營利事業負擔之勞工保險及全民健康保險之保險，是否予可以認定員工之薪資？。

（四）修繕費為維持資產之使用，及防止其損壞或維持正常使用而修理或換置之支出，應認列費用項目有哪些？不得認列費用項目有哪些？

（五）職工福利金之提撥可區分已成立職工福利委員會及未成立職工福利委員會，二者是如何核實認列費用？

（六）訓練費科目應依哪七項規定認定？

三、分錄與計算

（一）台中公司修繕之相關支出如下：

1. 地板修補：支出 $4,000
2. 配電設備更新：七月初更換，預計可使用五年，支出現金 $55,000；
3. 油漆牆壁：支出 $5,000，統一發票遺失；
4. 更換窗簾：支出 $30,000。

試作：本期大南公司所得稅申報之修繕費若干？

（二）台中公司營利事業支付下列項目，會計上如何處理？可否列為當期損費？請說明之。

1. 支付員工薪資。
2. 滯納金。
3. 滯報金。
4. 逾期繳稅之滯納利息。
5. 代徵娛樂稅。
6. 支付本期租金。
7. 支付進口原料繳納關稅。
8. 支付出差費。
9. 專營應稅加值型營業人繳納營業稅。
10. 股東綜合所得稅。

學習評量

（三）台中公司於民國 104 年 1 月 1 日出租一棟大樓予台南公司，收到押金 $3,000,000，雙方約定，台南公司每月月初應支付租金 $200,000，租期一年，假設當年度一月一日郵政儲金匯業局之一年期定期存款利率為 1.26%，試作九十七年二月份台中公司及台南公司下列分錄（假設兩公司皆為適用一般稅額之營業人）：

1. 104 年 1 月 1 日支付押金及房租
2. 104 年 1 月 30 日設算租金之分錄

（四）台中公司本年度銷貨淨額為 330,000,000 元，外銷收入為 7,000,000 元，且取有外匯收入，進貨淨額為 130,000,000 元，適用藍色申報書。台中公司本年度之交際費總額為 1,860,000 元，請問該公司本年度之交際費是否超限？

（五）明道食品股份有限公司於 104 年度產生下列研究發展支出，其資料如下：

1. 研發部門人員為 500,000 元。
2. 研究部門之辦公室租金（不含進項稅額）200,000 元。
3. 購買研究部門之實驗材料與工具（不含進項稅額）42,000 元。
4. 聘請二位大專院校教授講習，其鐘點費為 60,000。
5. 委託大專院校研究支出為 180,000 元。
6. 購入實驗用器材設備（不含進項稅額）120,000 元，耐用年限不及 2 年。

請說明 104 年度明道公司可申報研究發展費用之最高總額為多少？。

隨堂筆記

Chapter 08 營業費用（二）

學習目標

8.1 研究發展費
8.2 呆帳損失
8.3 天然資源耗竭
8.4 無形資產攤銷
8.5 折舊
8.6 固定資產出售、報廢之處理
8.7 利息收入
8.8 利息費用
8.9 投資損益
8.10 兌換損益
8.11 出售資產損益
8.12 災害損失、其他損失
8.13 商品報廢
8.14 其他損失

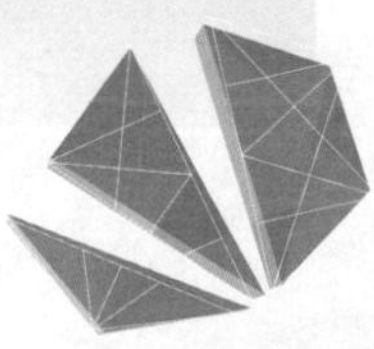

8.1 研究發展費

研究發展費係指營利事業為研究新產品或新技術、改進生產技術、改進提供勞務技術及改善製程所支出研究、實驗之費用（查 §86）：

一、研究發展費之範圍

（一）研究發展單位專門從事研究發展工作之全職人員之薪資。

（二）生產單位為改進下列生產技術或提供勞務技術之費用：

1. 提高原有機器設備效能。
2. 製造或自行設計生產機器設備。
3. 改善儀器之性能。
4. 改善現有產品之生產程序或系統。
5. 設計新產品之生產程序或系統。
6. 發展新原料或組件。
7. 提高能源使用效率或廢熱之再利用。
8. 公害防治或處理技術之設計。

（三）具有完整進、領料紀錄，並能與研究計畫及紀錄或報告相互勾稽，專供研究發展單位研究用消耗性器材、原材料及樣品之費用。

（四）專供研究發展單位研究用全新儀器設備之當年度折舊費用。

（五）專供研究發展單位用建築物之折舊費用或租金。

（六）專為研究發展購買或使用之專利權、專用技術及著作權之當年度攤折或支付之費用。

（七）委託國內大專校院或研究機構研究或聘請國內大專校院專任教師或研究機構研究人員之費用。

所稱研究機構，包括政府之研究機構、準醫學中心以上之教學醫院、經政府核准登記有案以研究為主要目的之財團法人、社團法人及其所屬研究機構。

（八）經中央目的事業主管機關及財政部專案認定，委託國外大專校院或研究機構研究，或聘請國外大專校院專任教師或研究機構研究人員之費用。

（九）其他經中央目的事業主管機關及財政部專案認定屬研究與發展之支出。

二、研究發展費之認列

（一）供研究發展、實驗用之器材設備，其耐用年數不及 2 年者，得列為當年度費用。

（二）其耐用年數在 2 年以上者，應列為資本支出，逐年提列折舊費用。
其得依中小企業發展條例第三十五條規定，按所得稅法固定資產耐用年數表所載年數，縮短二分之一計算折舊；縮短後餘數不滿一年者，不予計算。

範例

台中科技公司為一家高科技公司，內部成立了研究發展部門。該部門於民國 104 年度發生了以下之費用：

【解析】

(一) 研究員薪資 500,000 元及領用原料 100,000 元提供於研究使用，兩者費用轉入「研究發展費用」科目之分錄如下：

研究發展費　600,000
　　薪資費用　　500,000
　　原　料　　　100,000

(二) 台中科技公司購入提供研究使用之文具 5,250 元、儀器 21,000 元、工具 6,300 元均內含稅，購入之分錄如下：

研究發展費　31,000
進項稅額　　1,550
　　現　金　　32,550

(三) 台中科技公司購入房屋一棟 2,500,000 元，殘值為 100,000 元，耐用年數為 10 年，但研究發展部門僅佔總面積之 20%，則當期屬於研究發展部門之折舊費用轉列入「研究發展費用」科目之分錄如下：

研究發展費　48,000
　　折舊費用 - 房屋　　48,000*

$$* \frac{2{,}500{,}000-100{,}000}{10} \times 20\% = 48{,}000$$

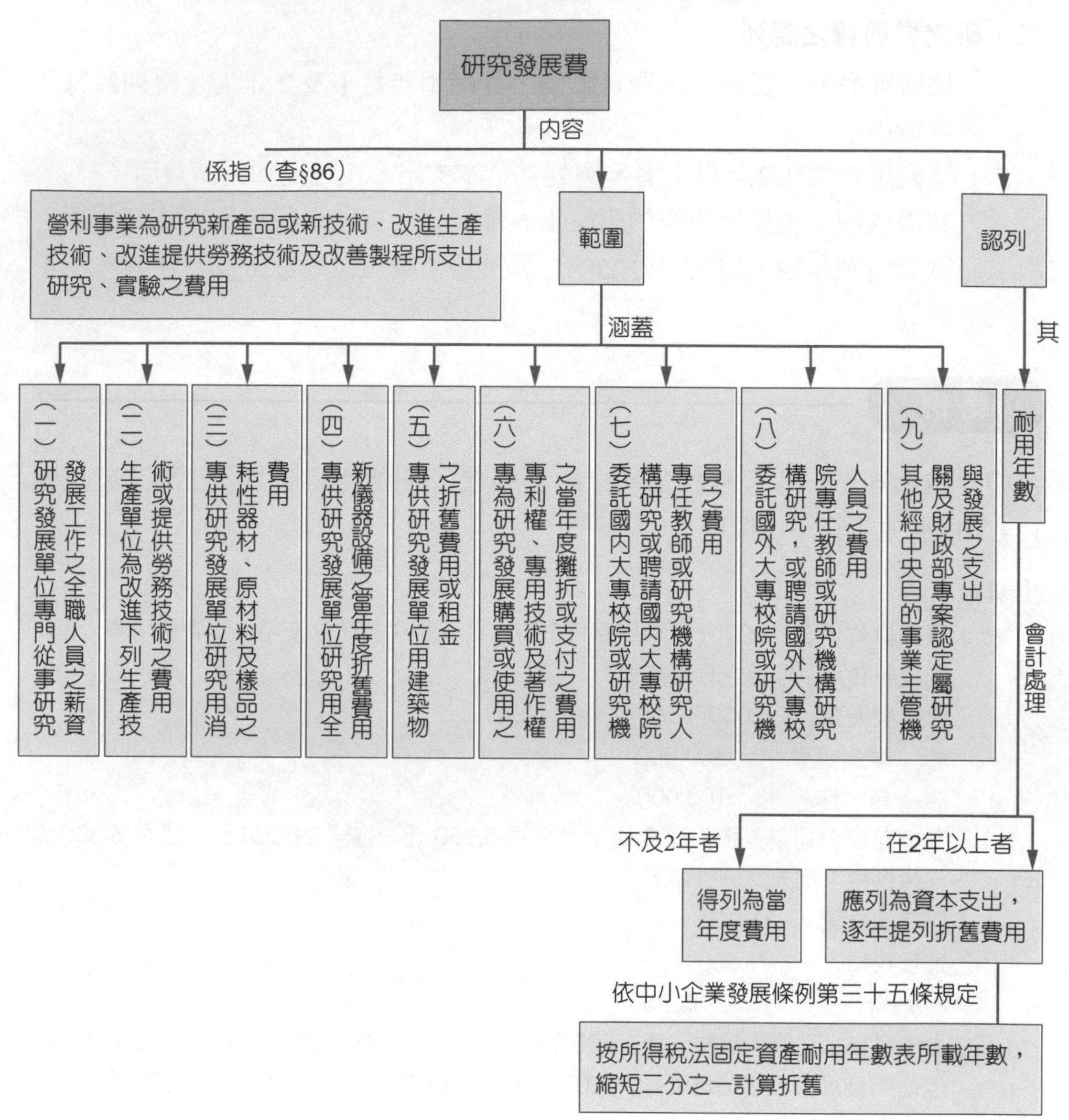

圖 8-1 研究發展費之概念圖

8.2 呆帳損失

呆帳損失：係指營利事業對於營業行為所發生之應收帳款、應收票據及其他欠款債權，基於收入配合原則，必須預估可能無法收回的可能損失。

一、不得提列呆帳損失之項目

依稅法規定，應收帳款、應收票據有下列三點不得提列備抵呆帳（查準94；所細47）。

（一）已貼現之票據：依據查核準則第94條提列備抵呆帳，以應收帳款及應收票據為限，不包括已貼現之票據。但該票據到期不獲兌現經執票人依法行使追索權而由該營利事業付款時，得視實際情形提列備抵呆帳或以呆帳損失列支。

（二）營利事業分期付款銷貨採毛利百分比法計算損益者，其應收債權。

（三）採普通銷貨法者，其約載分期付款售價與現銷價格之差額部分之債權，不得提列備抵呆帳。

（四）受託代銷商品：其代銷應收貨款屬代收代付性質不得提列呆帳。

二、呆帳損失之認列條件及憑據

依據101.01.04修正查準第94條規定，將其內容彙整如下：

表8-1 修正查準94條證明文件主要增列表

（一）101.01.04修正查準94條證明文件主要增列哪些規定？

實際發生呆帳情形		證明文件
不能回收（1）	屬債務人倒閉、逃匿，致債權不能收回者	＊無法送達之存證函 ＊（及）登記或確實營業地址證明文件
不能回收（2）	屬和解者	＊法院之和解一和解筆錄或裁定書 ＊（或）商、工業會之和解一和解筆錄
	屬破產宣告或重整者	＊法院之裁定書
	屬申請法院強制執行	＊法院發給之債權憑證
	屬債務人依國外法令進行清算者	＊清算完結之證明
尚位收回	屬逾期二年經債權人催收未能收取本金或利息者	＊已送達之存證函 ＊（或）退回之存證函（拒收或已亡故） ＊（或）向法院訴追之催收證明

表 8-2 登記或確實營業地址之證明文件

（二）登記或確實營業地址之證明文件為何？

	登記營業地址	確實營業地址
債務人在台	債務人為營利事業，存證函應書有該營利事業倒閉或他遷不明前之確實營業地址；所稱確實營業地址以催收日於主管機關依法登記之營業所在地為準	與債務人確實營業地址不符者，如經債權人提出債務人另有確實營業地址之證明文件並經查明屬實者，不在此限。
債務人居住國外者	債務人居住國外者，應取得債務人所在地主管機關核發債務人倒閉、逃匿前登記營業地址之證明文件，並經我國駐外使領館、商務代表或外貿機構驗證屬實	與債務人確實營業地址不符者，債權人得提出經濟部駐外商務人員查證債務人倒閉、逃匿前之確實營業地址之復函，或其他足資證明債務人另有確實營業地址之文件並經稽徵機關查明屬實。
債務人居住大陸	債務人居住大陸地區者，應取得債務人所在地主管機關核發債務人倒閉、逃匿前登記營業地址之證明文件，並經行政院大陸委員會委託處理臺灣地區與大陸地區人民往來有關事務之機構或團體驗證	；登記營業地址與債務人確實營業地址不符者，債權人得提出其他足資證明債務人另有確實營業地址之文件並經稽徵機關查明屬實

表 8-3 發生呆帳證明文件之效果

（三）退回之存證函之退回理由（拒收、亡故、尋覓無著、人已他往、地址不全、無人領取、試投不成、出外旅行），在呆帳損失認定上各具何種效果？

郵件無法投遞退回理由	作為實際發生呆帳證明文件之效果
拒收	逾期二年債權人之催收證明文件（＝已經催收證明文件）
人已亡故	
尋覓無著	屬倒閉逃匿情形之證明文件（＝無法催收之證明文件）
人已他往	
地址無全	
無人領取－屬拒收情形	同於拒收之效果
無人領取－非屬拒收情形	僅能證明本次無法送達，無法作為證明文件
試投不成	
出外旅行	

範例

甲公司之債務人乙公司所在地在台灣，99 年度甲有一筆應收帳款無法收回 ,100 年取具無法送達而退回之存證函，存證函並書有經濟部公司登記之營業地址，但經國稅局查對債務人乙公司之營業稅稅籍主檔異動事項為「停業展延」。問其呆帳損失認定之年度為何？

(A) 99 年度；(B)100 年度；(C)101 年度；(D) 尚不能承認

【解析】

(D) 尚不能承認。

範 例

甲公司之債務人乙公司所在地在大陸，99 年度甲有一筆應收帳款無法收回，99 年取具無法送達而退回之存證函，100 年始取具海基會驗證之確實營業地址之證明文件。問其呆帳損失認定之年度為何？

(A)99 年度；(B)100 年度；(C)101 年度；(D) 尚不能承認。

【解析】

(A)99 年度

範 例

甲公司之債務人乙公司所在地在台灣，99 年度甲有一筆應收帳款無法收回，100 年取具已送達之存證函，102 年取具拒收為由退回之存證函，甲提示債權證明經查屬實。問其呆帳損失認定之年度為何？

(A)99 年度；(B)100 年度；(C)101 年度；(D)102 年度；(E) 尚不能承認。

【解析】

(D)102 年度

三、呆帳損失之提列方法

財務會計上計算呆帳損失之方法有二：

（一）銷貨淨額百分比法（又稱損益比法）。

（二）應收帳款餘額百分比法（又稱資產負債表法）。

稅法對於呆帳提列規定，其備抵呆帳餘額，最高不得超過應收帳款及應收票據餘額之 1%；其金融業者，應就其債權餘額按上述限度估列之。

營利事業依法得列報實際發生呆帳之比率超過前款標準者，得在其以前三個年度依法得列報實際發生呆帳之比率平均數限度內估列之。

公式：

備抵呆帳金額 =（應收帳款餘額 + 應收票據餘額）× 1%。

實際發生呆帳之比率超過前項標準時，得於前三年度實際發生呆帳比率平均數限額內估列之，其計算公式為：

$$\frac{\text{前三年度經核定實際發生呆帳之合計數}}{\text{前三年應收帳款及應收票據餘額合計數}}$$

範例

台中公司於民國 104 年度其期末應收帳款餘額為 300 萬元，應收票據餘額為 100 萬，104 年度內並無實際發生呆帳，試作 104 年度期末提列備抵呆帳分錄。

【解析】

104 年底

呆帳損失	$40,000	
備抵呆帳		40,000

備抵呆帳金額 =（3,000,000 ＋ 1,000,000）× 1% = 40,000

範例

承上題，假設台中公司在民國 105 年度 6 月 1 日實際呆帳損失為 2 萬，105 年 12 月 31 日之應收帳款餘額為 300 萬元，請試作台中公司之分錄：

【解析】

105/6/1

備抵呆帳	$20,000	
應收帳款		20,000

105/12/31

呆帳損失	$10,000	
備抵呆帳		10,000

3,000,000× 1% －（40,000 － 20,000）= 10,000

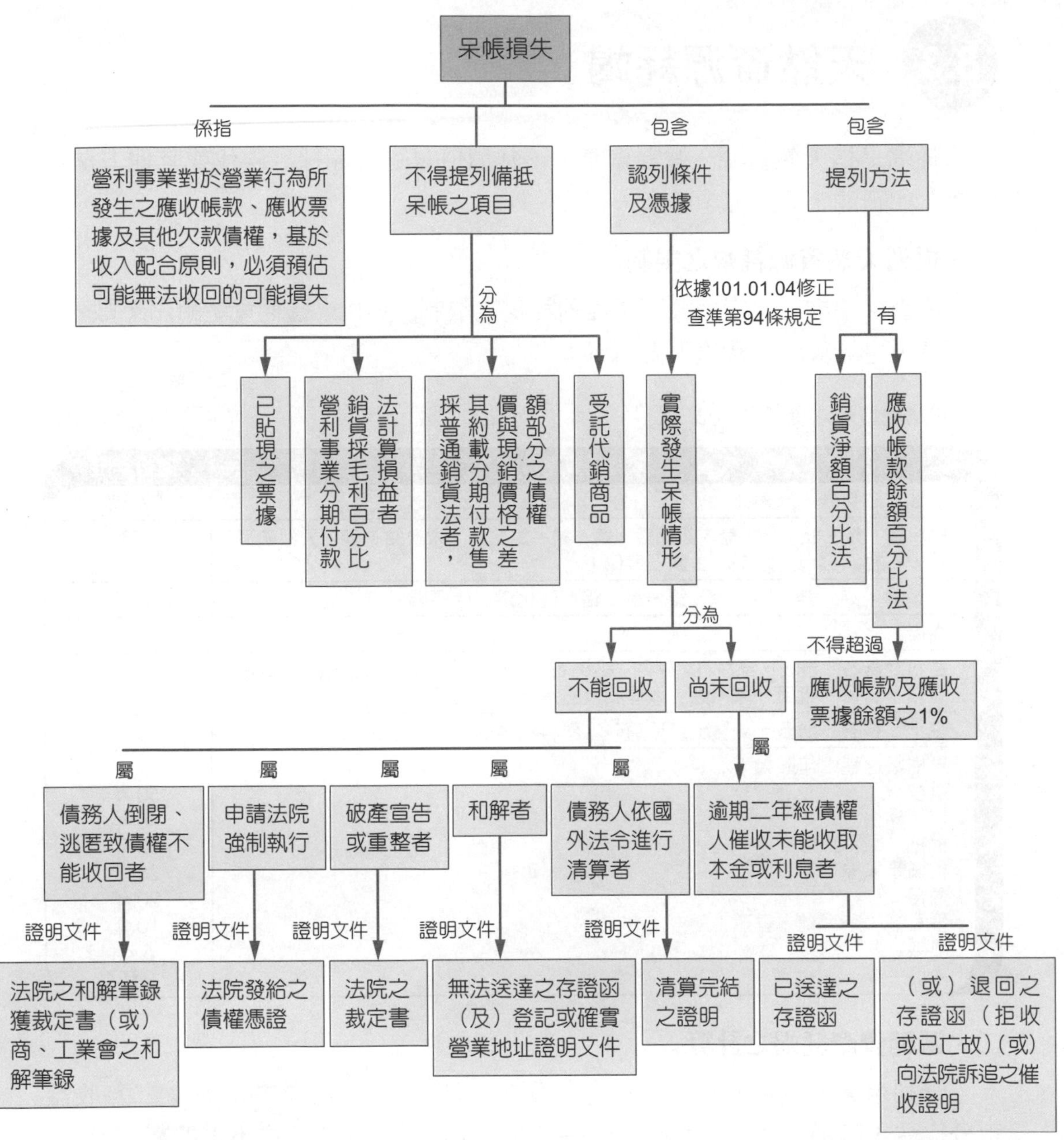

圖 8-2 呆帳損失之概念圖

8.3 天然資源耗竭

耗竭是指天然資源（遞耗資產），其價值會隨著開採、砍伐或其他方法而耗竭，如石油、天然氣、礦產…等等。

一、提列天然資源耗竭之限制

依查核準則規定對遞耗資產提列耗竭之限制，應以「遞耗資產耐用年數表」之標準規定計算耗竭費用，表如下：

表 8-4 遞耗資產之攤銷年限表

遞耗資產	攤折年限
石油、油頁岩、天然氣	27.5%
鈾、鐳、鈹、鈦、釷、鋯、釩、錳、鎢、鉻、鉬、鉍、汞、鈷、鎳、天然硫磺、錫、石棉、雲母、水晶、金鋼石等礦	23%
鐵、銅、銻、鋅、鉛、金、銀、鉑、鋁、硫化鐵、硫磺礦	15%
煤炭	12.5%
寶石及玉石、螢石、綠柱石、硼砂、鈉硝石、芒硝、重晶石、天然鹼、明礬石、鹽礦、石膏、砒礦、磷、鉀、大理石及方解石、鎂礦及白雲石	10%
瓷土、長石、滑石、火黏土、琢磨砂、顏料石等礦	5%
果樹類之耗竭年限如下：	
荔枝	50 年
柿、楊桃	40 年
枇杷、梨、檬果	30 年
柑橘類果樹	25 年
葡萄	20 年
番石榴、李、桃、香蕉	10 年
鳳梨	5 年
木瓜	2 年

二、遞延資產耗竭之計算

營利事業對於遞延資產耗竭之計算方法有二：一為成本折耗法；二為收益百分比法，兩種方法擇一採用，但一經採用後即不得變更，亦不得間斷。

（一）遞耗資產之成本折耗法：遞耗資產成本按可採掘之數量預計單位耗竭額，年終結算時，再就當年度實際採掘數量，按上項預計單位耗竭額，計算該年度應減除之耗竭額。

公式：

$$\text{耗竭額} = \frac{\text{遞耗資產成本} - \text{估計殘值}}{\text{估計可採掘總數量}} \times \text{當年度實際採掘數量}$$

範例

假設台中公司於民國 104 年 1 月 1 日以 400 萬元取得煤礦，支付開發及探勘成本為 50 萬元，預計可開採煤礦數量 5 萬噸。本年度計開採煤礦 10,000 噸，已出售 7000 頓，每噸售價為 120 元，開採費用有薪資 10 萬元，設備折舊 3 萬元，請以成本折耗法

計算耗竭以及試作 104 年有關台中公司之分錄：

【解析】

1. 取得煤礦

天然資源 - 煤礦	$4,000,000	
進項稅額	200,000	
現　金		4,200,000

2. 支付開發及探勘成本

天然資源 - 煤礦	$500,000	
進項稅額	25,000	
現　金		525,000

3. 提列折耗

折　耗	$900,000	
累計折耗		$900,000*

*（4,000,000 ＋ 500,000）÷50,000×10,000=900,000

4. 轉入存貨

存　貨	$1,030,000	
折　耗		900,000
薪　資		100,000
折　舊		30,000

5. 銷售時

現　金	$882,000	
銷項稅額		42,000
銷貨收入		840,000*

*7,000×120=840,000

銷貨成本	$721,000	
存 貨		721,000*

*1,030,000÷10,000×7,000=721,000

（二）收益百分比法：採掘或出售產品之收入總額，依規定遞耗資產之耗竭率提列折耗費用，並按年提列之。但每年度提列之耗竭額有以下限制：

1. 不得超過該資產當年度未減除耗竭前之收益額 50%。
2. 其累計折耗金額，不得超過該資產之成本。但生產石油及天然氣者，每年得就當年度出售產量收入總額依規定耗竭率提列至該項資產生產枯竭時止。

公式：

收入總額 = 採掘數量 × 售價

依比例計算之耗竭額 = 收入總額 × 法定耗竭率

耗竭額限額 = 減除耗竭前之營業淨利 ×50%

可提耗竭額＝ min（依比例計算之耗竭額或耗竭額限額，取最低者）

1. 應提耗竭額＝可提耗竭額
   本期累計耗竭額＜遞延資產成本
2. 應提耗竭額＝遞延資產成本－上期累計耗竭額
   本期累計耗竭額＞遞延資產成本

範 例

台中公司於 104 年 1 月 1 日以 400 萬元取得煤礦，支付開發及探勘成本為 50 萬元，預計可開採煤礦數量 5 萬噸。本年度計開採煤礦 10,000 噸，全出售，每噸售價為 120 元，營業費用為 30 萬元，則該公司本年度應提耗竭額為多少？（假設耗竭率為 12.5%）

【解析】

收入總額＝ 10,000×120 ＝ 1,200,000

依比例計算之耗竭額 ＝ 1,200,000 × 12.5%＝ 150,000

耗竭額限額＝ 900,000× 50%＝ 450,000

可提耗竭額＝ min（150,000；450,000）

累計耗竭額＝ 150,000 ＜ 450,000

應提耗竭額＝ 150,000

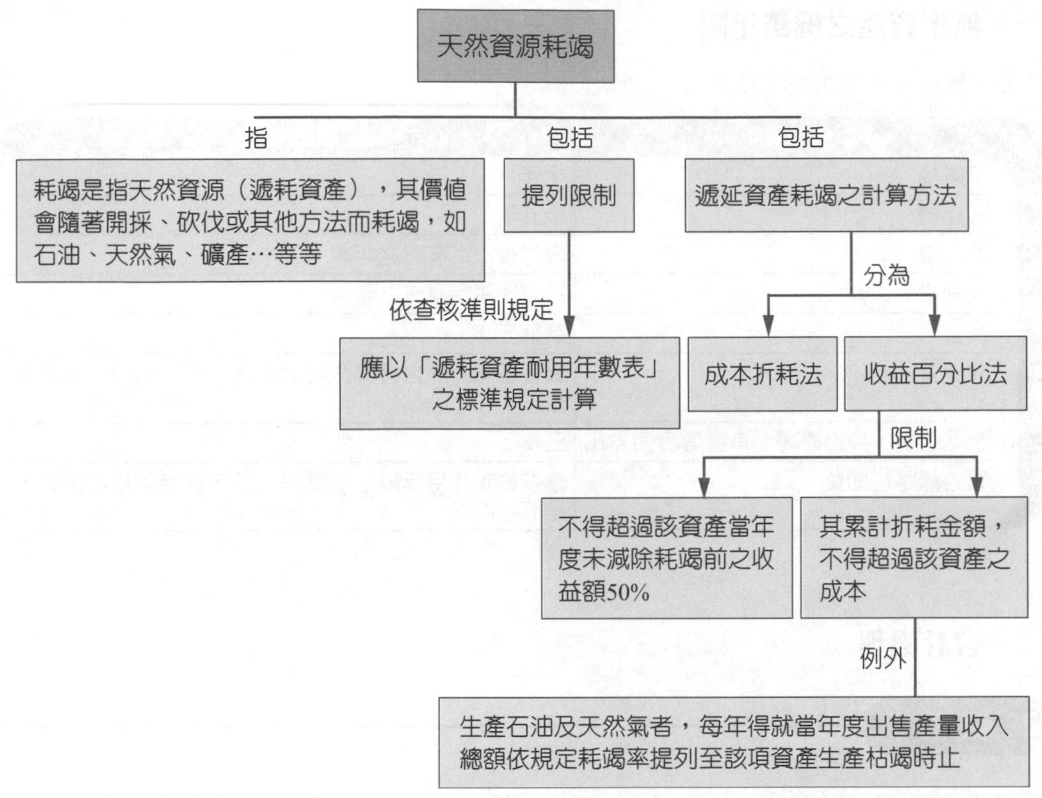

圖 8-3 天然資源耗竭之概念圖

8.4 無形資產攤銷

係指營利事業所購入之無形資產，如商標權、著作權及其他無形資產，無形資產之攤銷，應以實際取得成本於法定年限內攤銷。若自行發展而取得無形資產，僅得以申請成本作為取得成本。

一、無形資產之攤銷年限

表 8-5 無形資產之攤銷年限表

無形資產	攤折年限
營業權	十年
著作權	十五年
商標權	取得後法定享有之年數
專利權	取得後法定享有之年數
商譽	最低五年。
開辦費	最低五年，應自營業開始之年度起逐年攤提，不得間斷。
土地改良、探勘礦場、魚場等費用支出	三年
電力線路補助費	應按約定使用年限分年攤提，其未約定使用年限者，按五年攤提

二、會計處理

範 例

台中公司於 104 年 7 月 1 日以 $340,000 購入一項專利權，假設專利期間年限為 10 年攤銷，試求台中公司之相關分錄。

【解析】

		借	貸
104/7/1	專利權	340,000	
	現金		340,000
104/12/31	專利權攤銷費用	17,000	
	專利權		17,000*

*340,000÷10×6/12 ＝ 17,000

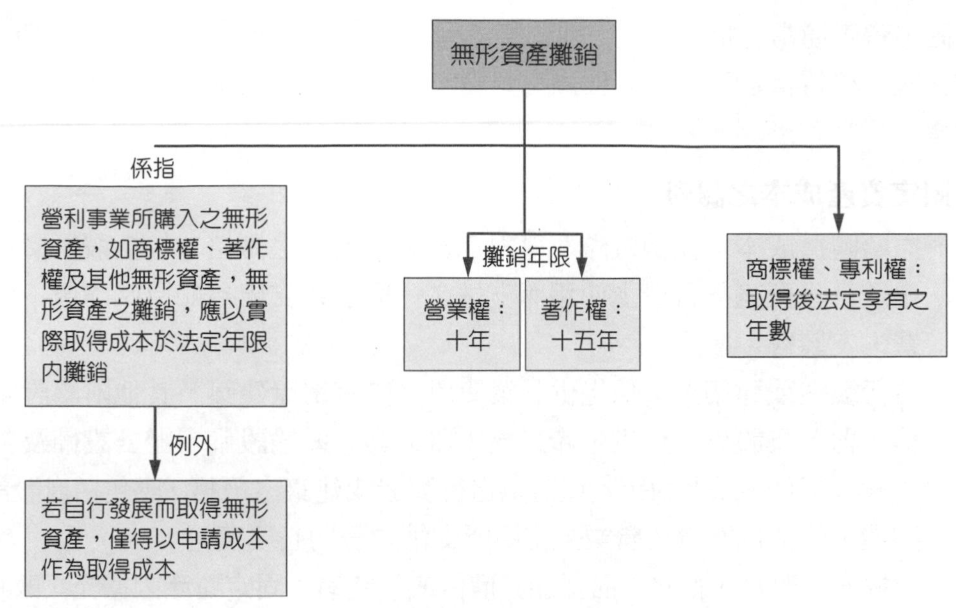

圖 8-4 無形資產攤銷之概念圖

8.5 折舊

稅務新聞 News

營利事業購進屬商品存貨性質之設備，未轉供營業上使用者，不得提列折舊費用。

台北公司公司係以銷售廚具設備為業，其財產目錄列載多筆廚房器具設備，並逐年提列折舊費用 300 餘萬元，其中多筆廚具設備係供商場展示用，該等設備於展場陳列期間仍可隨時出售，故帳列資產並逐年提列折舊。經國稅局查核發現，該等設備於展場陳列期間仍可隨時出售，並不符合商業會計處理準則第 17 條所稱「固定資產」的構成要件，供營業上使用，非以出售為目的，且使用年限在 1 年以上有形資產，其性質仍屬商品，不得列報折舊費用，案經該局剔除該項費用補徵台北公司營利事業所得稅 70 餘萬元。

資料來源網站：財政部台北國稅局

係指營利事業使用固定資產（除土地外）以賺取營業收入，該固定資產在正常情況下會隨著使用該資產，使其生產功能遞減、或因發明與技術進步而過時陳舊，使得該資產效用降低已不值得繼續使用，故需要運用合理而有系統之方法，分攤貢獻期間承認折舊費用與各期收入配合，其目的在於符合收入與費用配合原則。

固定資產通常包括土地、土地改良物、房屋及建築物、機（器）具及設備、租賃資產、租賃權益改良及其他固定資產。除了土地外其餘資產均被視為折舊性資產。

一、固定資產成本之認列

（一）原始購買成本：係指實際取得固定資產所支付之價格，包括取得價格及自取得後至適於營業上使用而支付之一切必要支出。如原始購價、保險費、安裝費、運費。

（二）自行製造或建築者：係指供營業使用之自有房屋建築、其他附屬設備及機（器）具設備，係供生產之機（器）具、運輸設備、辦公設備及各項設備零配件。以上固定資產若為自行製造或建築之價格，應包括自設計、製造、建造以至適於營業上使用所支付之一切必要費用。

（三）因擴充、改良、維修，而增加其價值或效能者：固定資產因擴充、改良、維修而增加其資產之價值或效能者，其所支付之費用併入實際購買該資產成本計算。

（四）耐用年限超過 2 年者；或支出金額超過新臺幣 8 萬元者：營利事業修繕或購置固定資產，其耐用年限不及 2 年，而支出金額超過新臺幣 8 萬元者；或整批購置大量器具，每件金額雖未超過 8 萬元，其耐用年限超過 2 年者，仍應列作資本支出（查準 § 77-1）。

（五）因受贈取得資產者：若固定資產是他人捐贈而取得該資產應按該資產公平市價入帳，並且視該資產之性質列入資本公積或列為其他收入。

（六）資產交換取得者：資產之交換，應以時價入帳，其時價無法可靠衡量時，按換出資產之帳面價值加支付之現金，或減去收到現金，作為換入資產成本入帳，並認列其資產交換利益。

上列所稱時價，應參酌下列資料認定之（查 §22）：

1. 報章雜誌所載市場價格。
2. 各縣市同業間帳載貨品同一月份之加權平均售價。
3. 時價資料同時有數種者，得以其平均數為當月份時價。
4. 進口貨物得參考同期海關完稅價格換算時價。
5. 汽車貨運業出租遊覽車之運費收入得比照前項規定之原則查核。

範例

假設該資產成本為 100 萬元、已提列折舊為 50 萬元，支付現金 20 萬元為該資產成本當時時價為 80 萬元。

目前帳面價值為＝ 50 萬元 +20 萬＝ 70 萬元

新資產價值應認列時價為＝ 80 萬元

資產交換利益＝ 10 萬元

（七）租賃權益改良：租賃權益改良指承租人對於營業租賃契約承租之租賃標的物上加以改良，以便更適合營業上使用之所支出，即為其成本。

（八）乘人小客車提列折舊之限制：

1. 營利事業新購置乘人小客車：營利事業新購置乘人小客車，依規定耐用年數計提折舊時，其實際成本以不超過新臺幣 150 萬元為限；自中華民國 93 年 1 月 1 日起新購置者，以不超過新臺幣 250 萬元為限，超提之折舊額，不予認定。
2. 經營小客車租賃業務之營利事業，新購置營業用乘人小客車：經營小客車租賃業務之營利事業，自中華民國 93 年 1 月 1 日起新購置者，以不超過新臺幣 500 萬元為限，超提之折舊額，不予認定。

上述小客車如於使用後出售，或毀滅、廢棄時，其收益或損失之計算，仍應依規定正常折舊方法計算之未折減餘額為基礎。依稅法規定營利事業購置乘人小客車所取得進項稅額，不得扣抵銷項進額，但以租賃業所購置之乘人小客車所支付的進項稅額除外。

範例

台中公司於民國 104 年 1 月 1 日購置小客車一部包括營業稅計 4,500,000 元，耐用年數 5 年，殘值為 500,000 元。該營利事業採平均法計提列折舊，請說明台中公司 104 年度結算申報依法規定可認列多少折舊金額？

【解析】

$\frac{4,500,000-500,000}{5}$ = 800,000~104 年會計帳務上認列折舊

$\frac{2,500,000-500,000}{5}$ = 400,000~104 年稅法規定可認列折舊

折舊超限：800,0000-400,000=400,000 ~ 於辦理營利事業所得稅結算申報時帳外剔除

（九）未完工程及預付購置設備款：係指正在建造或購置而尚未完竣之工程及預付購置供營業使用之固定資產款項等，其成本包括建造或裝置過程中所發生之合理必要成本。其建造成本不得高於市價。

二、耐用年限

計算折舊時，尚需估計資產耐用年限，若其他因素不變，則使用年限愈長，每年所提折舊額愈低；耐用年限愈短，每年提折舊額愈高。估計折舊年限可採用稅法規定的「固定資產耐用數表」，可避免徵納雙方爭議，其規定如下：

（一）一般耐用年限：

1. 全新之固定資產：營利事業取得全新固定資產應依行政院公布之「固定資產耐用數表」規定 辦理，其耐用年限不得短於「固定資產耐用數表」所載之年數為原則。但超過規定之年限，應於開始提列折舊之當年度辦理營利事業所得稅結算申報時，於財產目錄內註明，一經選定後不得變更。但經政府獎勵可特予縮短年現。
2. 已耐用之舊固定資產：營利事業取得已經過相當年數之資產時，應以未使用年數作為以後之耐用年限，按照規定的折舊率來計算折舊金額。
3. 取得固定資產時已超過耐用年限：在取得資產時，因特定事故，預知其無法合於規定之耐用年數者，得提出證明文件，以實際可耐用年數作為使用年數。

（二）獎勵耐用年限：營利事業所購買之固定資產，經政府獎勵特予短於「固定資產耐用數表」之年限計提折舊者，有以下項目：

1. 防止水污染或空氣污染所增置之設備，其耐用得縮短為 2 年，應取得主管機構證明文件。（所 § 51；所細 § 48-1）

2. 購置研究與發展、實驗或品質檢驗用之儀器設備及節約能源或利用新及淨潔能源之機器設備：其耐用得縮短為二年，應取得工業主管機關之證明文件（促 §5）。
3. 中小金費購置研究與發展、實驗或品質檢驗用之儀器設備：按表列耐用年數縮短 1/2；縮短後餘數不滿 1 年者，不予計算（中小 §35）。

三、折舊計算方法

固定資產之折舊方法有平均法、定率遞減法、年數合計法、生產數量法、工作時間法或其他經主管機關核定之折舊方法為準。營利事業在同一會計年度內，對不同種類之固定資產，得依照所得稅法第 51 條規定採用不同方法提列折舊。

營利事業選擇加速折舊獎勵者，以所得稅法第 51 條規定，以採用平均法及定率遞減法折舊方法為限。計算折舊方法分別說明如下：

（一）平均法（Average Method）：平均法又稱直線法，係指將固定資產成本減殘值餘額除以固定資產之估計使用年數，其每期提列的折舊額是相同的。

公式：

$$折舊=\frac{固定資產之實際成本-殘值}{（耐用年數表規定之耐用年數）}$$

範例

假設台中公司於 104 年 1 月 1 日購入機器一部，其成本為 75,000，估計殘值為 5,000，耐用年數為 10 年（未短於固定資產耐用年數表之耐用年數），而該台機器工作總時數估計為 20,000 小時，本年度實際發生工作時數為 3,000 小時。若本公司採用平均法提列折舊，則 104 年度折舊金額為多少？

【解析】

$$折舊=\frac{75{,}000-5{,}000}{10}=7{,}000$$

（二）定率遞減法（Fixed-Percentage-on-Declining-Base Method）：採定率遞減法是加速折舊法的一種，其固定資產剛購入時經濟效用較高，故提列折舊金額也較高，以後年度功能會逐年下降而致所提供之經濟效益較低，因此，所提列折舊金額也會逐年遞減。

計算折舊時應先按公式求出固定折舊率，再將每期期初資產之帳面價值乘上此固定資產以得出每期之折舊金額。

公式：

折舊率 $= 1 - \sqrt[n]{\dfrac{s}{c}}$　n 為使用年數　c 為成本　s 為殘值

範例

假設台中公司於民國 104 年 1 月 1 日購入機器一部，其成本為 54,000，該機器估計殘值 5,400，耐用年數為八年（未短於固定資產耐用年數表之耐用年數），假設台中市採定率遞減法提列折舊，則 104 年度折舊為多少？

【解析】

折舊率 $= 1 - \sqrt[8]{\dfrac{5400}{54000}} = 25.01\%$

折　舊 $= 54{,}000 \times 25.01\% = 13{,}505$

（三）工作時間法：指依固定資產成本減除殘值後之餘額再除以估計之工作總時數，算出每一單位工作時間應負擔折舊額後再乘以每年實際使用之工作總時間，求得各該期之折舊額。此法估計之工作時間不得低於「固定資產耐用數表」。

公式：

$$\text{每單位折舊額} = \frac{\text{成本} - \text{估計殘值}}{\text{估計總工作時間}}$$

每年折舊額＝各年實際工作時間 × 每單位折舊額

範 例

假設台中公司於 104 年 1 月 1 日購入機器一部，其成本為 84,000，該機器估計殘值 4,000，耐用年數為八年（未短於固定資產耐用年數表之耐用年數），而該台機器工作總時數估計為 20,000 小時，本年度實際發生工作時數為 3,000 小時。假設台中市採工作時間法提列折舊，則 104 年度折舊為多少？

【解析】

每單位折舊額 $=\dfrac{84,000-4,000}{20,000}=4$

104 年折舊額＝ 3,000 × 4 ＝ 12,000

（四）年數合計法（Sum-of-the-Years-Digits，SYD）：係指折舊性固定資產減除殘值後之餘額，乘以一遞減之分數，其分母為耐用之合計數，分子則為各使用年次之相反順序，求得各該項之折舊額為各期間之折舊費用，此法估計之工作時間不得低於「固定資產耐用數表」。折舊率之計算如下：

公式

分母＝ $n+n(n-1)+(n-2)+\cdots+2+1=\dfrac{n(n+1)}{2}$

分子各年依序為 n，（n-1），（n-2），…,2,1

範 例

假設台中公司於 104 年 1 月 1 日購入機器一部，其成本為 54,000，該機器估計殘值 6,000， 耐用年數為八年（未短於固定資產耐用年數表之耐用年數），假設台中市採年數合計法提列折舊，則 104 年度折舊為多少？

【解析】

分母 $=\dfrac{8(8+1)}{2}=36$（另法為 8+7+6+5+4+3+2+1）

分子 =8（第一年 =8，第二年為 8-1=7，第三年為 8-2=6）

第一年折舊率 $=\dfrac{8}{36}$

第一年折舊 $=\frac{8}{36}\times$（54,000-6,000）=10,667

第二年折舊 $=\frac{7}{36}\times$（54,000-6,000）=9,333

（五）生產數量法（Units-of-Output Method 或 Units of Activity）：係指固定資產成本減除殘值後之餘額除以估計之總生產量，算出一單位產量應負擔之折舊額，乘以每年實際之生產量，求得各該期之折舊額。

公式

$$每單位產量折舊額=\frac{成本-估計殘值}{估計總生產量}$$

範例

假設高雄公司在 104 年 1 月 1 日購入機器，成本為 110,000，其估計耐用年限為 10 年，估計殘值為 \$10,000，估計耐用年限內可生產產品共 20,000 單位，當年度生產 2,000 單位。

【解析】

$\frac{110,000-10,000}{20,000}=5$

101 年度折舊為 2,000×5 =10,000

四、憑證

購置或建造固定資產所取得之統一發票或收據。

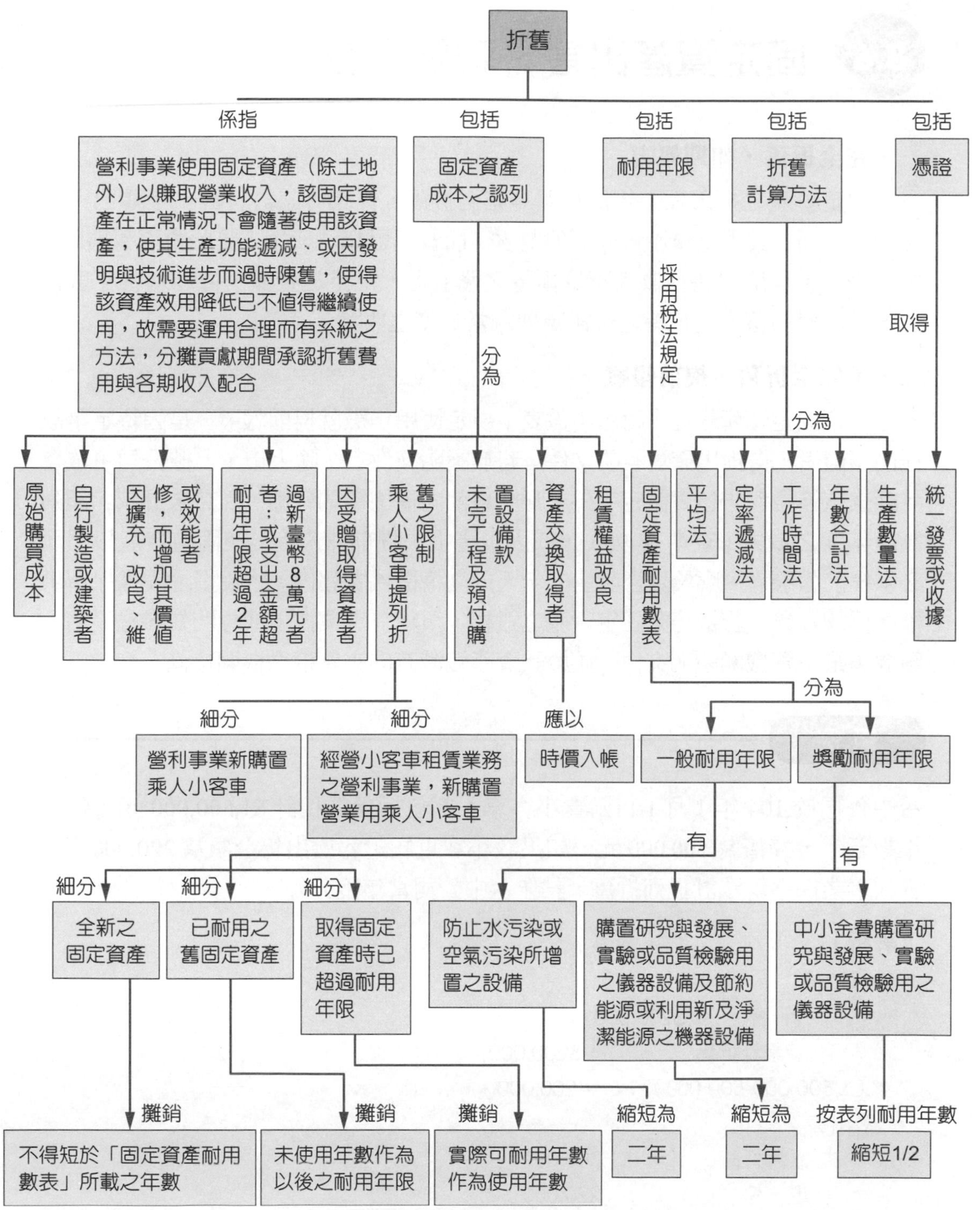

圖 8-5 折舊費用之概念圖

8.6 固定資產出售、報廢之處理

一、完全折舊，如期報廢

固定資產之折舊額全部提足即為完全折舊，係指「累計折舊」金額已與帳面金額相同，其固定資產帳面價值為零。而資產已無法使用，將此資產報廢時，無須報備。其廢料售價收入不足預留之殘值者，不足之金額，得列為當年度損失，其超過預留之殘值者之金額應列為當年度之收益。

二、不完全折舊，提前報廢

係指固定資產未達「耐用年數表」規定使用年數就提前報廢，是因特定事故提前報廢者，得提出確實證明文件，若無證明文件者，除上市、上櫃公司可依會計師查核簽證報告核實認定者外，應於事前向稽徵機關報備，以其未折減餘額列為該年度之損失（查準 § 95），或因災害損失提前報廢者，使固定資產毀損而必須提前報廢者，應於災害發生三十天內向稽徵機關報備，將毀損之設備保留供稽徵機關查驗，若是專業固定資產之毀損，須具有專業技術或專門知識鑑定者，應取事業主管機關證明文件，並於該資產毀滅時向主管稽徵機關核備。

範例

台中公司於 104 年 1 月 1 日購置小客車一部包括營業稅計 $1,500,000 元，耐用年數五年，殘值為 500,000 元，如果該小客車屆齡報廢出售金額為 220,000，該營利事業採平均法計提列折舊，試作台中公司當年度分錄。

【解析】

104/12/31

	借	貸
折　舊	$200,000	
累計折舊		$200,000 *

*（1,500,000-500,000）÷5 = 200,000

報廢出售

	借	貸
累計折舊	$1,000,000	
現　金	220,000	
出售資產損失	280,000	
運輸設備		$1,500,000

範例

台中公司於 104 年 1 月 1 日以 $300,000 購入機器一部，估計耐用年限為 4 年，無殘值，台中公司以年數合計法提列折舊。108 年 1 月 1 日該機器報廢，試作台中公司 104 及 108 年之相關分錄。

【解析】

104/12/31

	借	貸
折舊費用	120,000	
累計折舊		120,000*

*300,000×4/10 ＝ 120,000

107/12/31

	借	貸
折舊費用	30,000	
累計折舊		30,000*

*300,000×1/10 ＝ 30,000

108/01/01

	借	貸
累計折舊	300,000	
機器設備		300,000

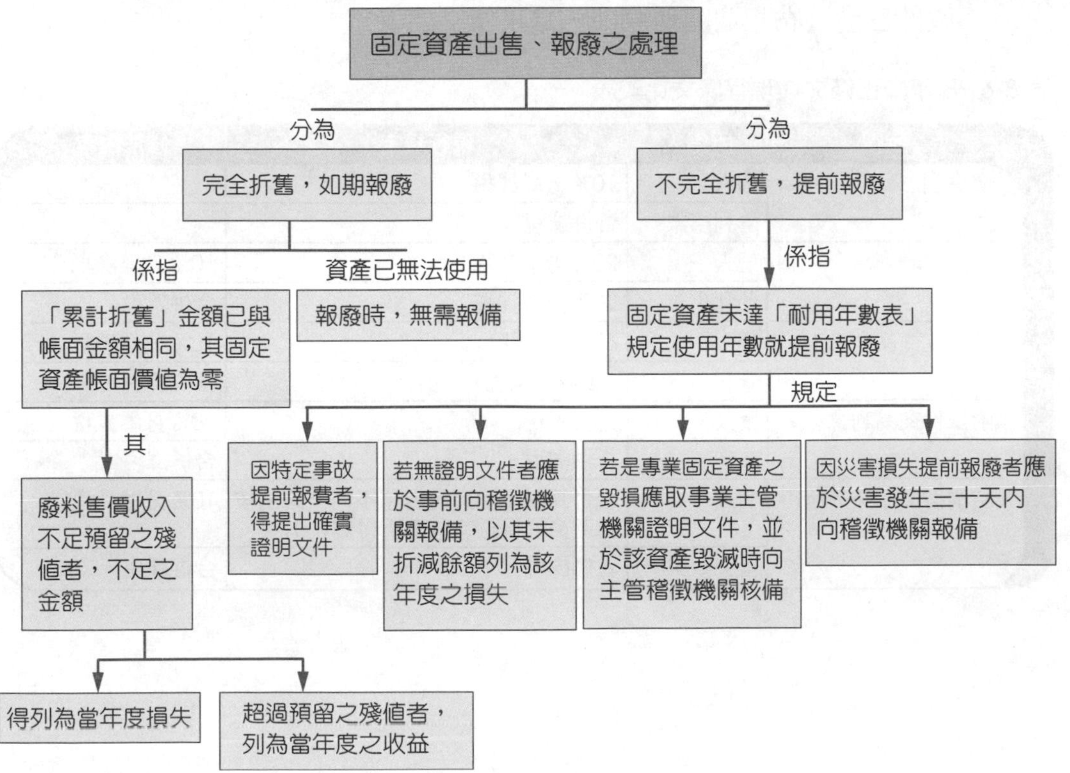

圖 8-6 固定資產出售、報廢處理之概念圖

8.7 利息收入

營利事業因存款或貸放款項給他人之孳息收入，或因購買公債、公司債、短期票券等之利息收入。

一、 利息收入之不同課稅方法

（一）原分離課稅之短期票券利息收入，自 99 年 1 月 1 日起應併計營利事業所得額課稅：一年內到期之國庫券、可轉讓之銀行定期存單、銀行承兌匯票、商業本票及其他經財政部核准之短期債務憑證等之短期票券，所取得之利息收入依稅法扣繳稅款 20% 不列入課稅所得課稅，而所扣繳之稅款亦不得申請抵繳。

所得稅法修正，自九十九年一月一日起，短期票券等利息所得及結構型商品交易所得，個人應採 10% 分離課稅，不併計綜合所得總額；而營利事業應計入營利事業所得額合併課稅，其扣繳稅款得自結算申報應納稅額中減除。惟「九十八年十二月三十一日以前發行之商品或交易，但於九十九年一月一日以後到期者」其所得應適用之課稅規定似有疑義，財政部日前公布相關處理原則，修正條文如下：

表 8-6 98 年修正條文與現行條文比較表

所得	所得人	現行規定	修法內容
債券利息	個人	10% 分離課稅	
	營利事業	合併課稅	
短期票券利息	個人	20% 分離課稅	10% 分離課稅
	營利事業	20% 分離課稅	合併課稅
證券化商品利息	個人	6% 分離課稅	10% 分離課稅
	營利事業	6% 分離課稅	合併課稅
附條件交易利息	個人	合併課稅	10% 分離課稅
	營利事業	合併課稅	合併課稅
結構型商品交易所得	個人	合併課稅（視交易對象不同，分別按財產交易損益或利息所得課稅）	10% 分離課稅
	營利事業	合併課稅	合併課稅

（二）免稅之利息收入：依據所得稅法第 4 條，營利事業取得下列利息收入，得以免稅。

1. 營利事業購買政府發行之公債，依公債發行之規定為免納所得稅之利息收入，得免予計入當年度之課稅所得額。
2. 外國政府或國際經濟開發金融機構，對中華民國政府或中華民國境內之法人所提供貸款之利息收入。
3. 外國金融機構，對其在中華民國境內之分支機構或其他中華民國境內金融事業之融資，其所得之利息。
4. 外國金融機構，對中華民國境內之法人所提供用於重要經濟建設計畫之貸款，經財政部核定者，其所得之利息。
5. 以提供出口融資或保證為專業之外國政府機構及外國金融機構，對中華民國境內之法人所提供或保證之優惠利率出口貸款，其所得之利息。

（三）設算之利息收入：

1. 公司之資金貸予股東或他人未收取利息，或約定之利息偏低者應按當年 1 月 1 日所適用臺灣銀行之基本放款利率計算利息收入課稅。
2. 但如係遭侵占，且已依法提起訴訟者，不予計算利息收入課稅（查準 § 36-1）
3. 公司組織之股東、董事、監察人代收公司款項不於相當期間照繳，或挪用公司款項，應按該等期間所屬年度 1 月 1 日臺灣銀行之基準利率計算公司利息收入課稅。

範 例

民國 103 年度資金貸與他人如何設算利息收入？請舉例說明

【解析】

1. 營業人一方面借入款項支付利息，一方面貸出款項並不收取利息，
2. 或收取利息低於所支付之利息者，對於相當於該貸出款項支付之利息或其差額，不予認定。

當無法查明數筆利率不同之借入款項，何筆係用以無息貸出時，應按加權平均法求出之平均借款利率核算之（查 § 79）。

範例

甲公司 103 年度將資金貸與乙股東，期初至期末均為 100 萬元，依法應如何調整課稅所得額？

（假設 103.1.1 台銀基準利率為 2.676%、甲向銀行借款之平均借款利率為 3% 甲借錢予非關係人丙，利率為 3.5%）

【解析】

(一) 當乙為非關係個人、非關係企業時

1.當甲尚有外來資金時（依查準 97 條 11 款剔除利息支出）

1,000,000×3%＝30,000

2.當甲僅有自有資金時（依所 §24-3 設算利息收入）

1,000,000×2.676%＝26,760

(二) 關係企業時（依所 §43-1 按營業常規調整利息收入）

1,000,000×3.5%＝35,000（國內需相對調整，國外則否）

（四）不得列為儲蓄投資特別扣除額之利息包括：

1. 私人借貸利息（包括抵押利息）。
2. 個人存放於教育、文化、公益、慈善機構或團體所取得之利息。
3. 個人因稅務行政救濟由稽徵機關加計退還之利息。
4. 納稅義務人於證券金融公司、金融機構、證券商因融券賣出股票所繳納保證金支付之利息。
5. 納稅義務人取自保險公司、票券金融公司、證券金融公司、證券公司及投資公司等之存款利息。
6. 合作社分配給社員之盈餘。

依郵政儲金匯兌法規定免稅之存簿儲金利息、分離課稅之短期票券利息、公債利息、公司債利息，金融債券利息及依金融資產證券化條例或不動產證券化條例規定之分離課稅的受益證券或資產基礎證券分配之利息所得，不計入利息收入，亦不得列計儲蓄投資特別扣除額。

（五）扣繳例外規定：利息收入其給付人於給付時應依「各類所得扣繳率標準」之規定，但也有例外，如下列項目：

1. 給付人為個人：因個人非屬所得稅法所規範之扣繳義務人，故無需扣繳稅款。

2. 銀行業貸放款之利息所得：因銀行業貸放款所取之利息，為經常性之本業收入，故無需扣繳稅款。
3. 開立統一發票所取得屬於銷售貨物或勞務範疇之利息。
   如銷售貨物或勞務因買方延遲支付貨款所加收之利息等，無須扣繳稅款。

範 例

台中公司於民國104年7月1日收到活期存款之利息收入40,000元，已扣繳2,000元實收38,000元，另外9月1日存入華南銀行一年期定期存款2,400,000元，年利率8%，其有關利息分錄如下：

【解析】

7月1日收到利息：

	借	貸
現　金	$38,000	
預付所得稅	2,000	
利息收入		$40,000

12月31日應調整分錄：

	借	貸
應收利息	$64,000	
利息收入		$64,000*

*2,400,000×8% ×4÷12 = 64,000

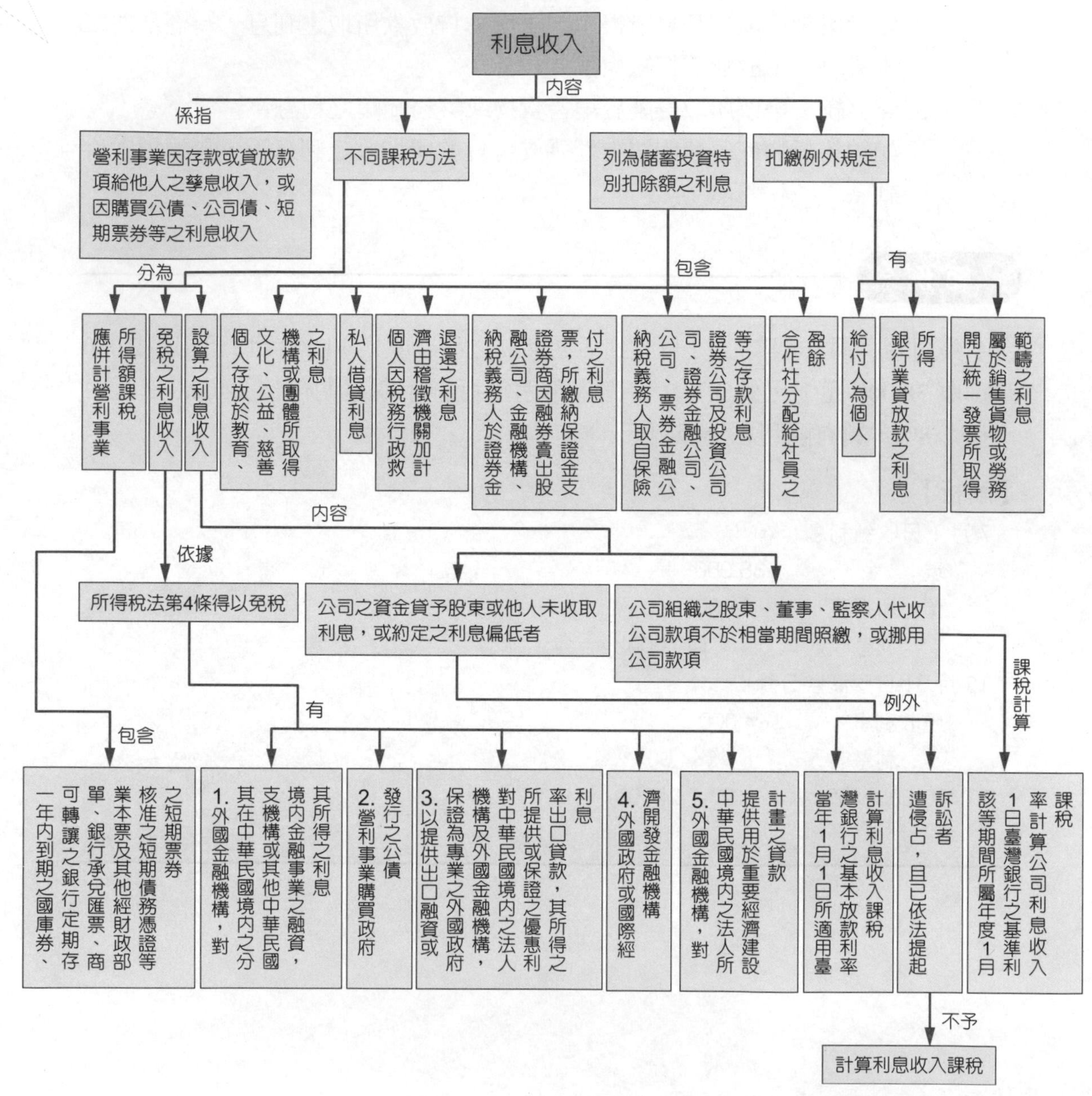

圖 8-7 利息收入之概念圖

8.8 利息費用

稅務實務 News

台中公司當年度有資金 1,000 萬元貸與同業乙公司，該部分已列報利息收入 200 萬元；該公司當年度也有向銀行借款並支付利息支出 300 萬元，惟向乙公司所收取利息收入顯低於台中公司支付銀行利息，台中公司 104 年度營利事業所得稅結算申報案件。被國稅局發現台中公司營業人一方面借入款項支付利息，一方面貸出款項並不收取利息，或收取利息低於所支付之利息者，對於相當於該貸出款項支付之利息或其差額，不予認定（營 §97），故台中公司借入款項與相當貸出款項之利息差額應不予認定。經該局依規定重新計算後，依差額調減利息支出 100 餘萬元，補徵稅額 20 餘萬元。

資料來源網站：財政部北區國稅局

營利事業的資金來源有二：一為來自自有資金；二為向外借款，其借款對象有金融機構、民間或其他營利事業取得資金而須支付之代價即為利息費用。

稅法上對於營利事業使用資金之成本而支付之利息有所規定，如有的利息支出應列為費用；有的不得列為費用，應轉列資本化。

二、利息之認列

（一）可認列利息費用：根據查準第 97 條，具備下列條件得認定利息支出，茲說明如下：

1. 在購置固定資產取得所有權後，向金融機構借款所支出之利息，例如，土地、房屋及機器設備之取得。但非屬固定資產之土地，其借款利息應以遞延費用列帳。

   上述所稱「取得」，係指辦妥所有權登記之日或實際受領之日；屬拍賣取得者，指領得執行法院所發給權利移轉證書之日。
2. 在廠房設備建造完成後，向金融機構借款所支付之利息支出。
3. 因土地以外進貨借款所支付之利息支出。
4. 代銷商及經銷商保證金，事先約定支付利息，並經查明對方列有利息收入者。
5. 因結算所列報之各項成本、費用、損失超限經核定補繳稅款，所加計之利息（所 §100）。
6. 因行政救濟終結補稅所加計之利息。

7. 營利事業向員工借款，如用於事業為營業所必需，且利率未超過非金融業借款利率之限額者。

（二）應扣繳標準：

1. 利息所得人〈存款人〉為我國境內居住的個人或在我國境內有固定營業場所的營利事業：
   (1) 軍、公、教退休（伍）金優惠存款之利息免予扣繳，但仍應依規定填報免扣繳憑單申報該管稽徵機關。
   (2) 短期票券到期兌償金額超過首次發售價格部分之利息，按給付額扣取 10%。（98 年 12 月 31 日以前 20%）
   (3) 依金融資產證券化條例或不動產證券化條例規定發行之受益證券或資產基礎證券分配之利息，按分配額扣取 10%。（98 年 12 月 31 日以前 6%）
   (4) 公債、公司債或金融債券之利息，按給付額扣取 10%。
   (5) 以前三項之有價證券或短期票券從事附條件交易，到期賣回金額超過原買入金額部分之利息，按給付額扣取 10%。
   (6) 其餘各種利息，一律按給付額扣取 10%。
2. 利息所得人為非我國境內居住的個人或在國內沒有固定營業場所之營利事業：
   (1) 短期票券到期兌償金額超過首次發售價格部分之利息，按給付額扣取 15%。（98 年 12 月 31 日以前）
   (2) 依金融資產證券化條例或不動產證券化條例規定發行之受益證券或資產基礎證券分配之利息，按分配額扣取 15%。（98 年 12 月 31 日以前 6%）
   (3) 公債、公司債或金融債券之利息，按給付額扣取 15%。（98 年 12 月 31 日以前 20%）
   (4) 以前三項之有價證券或短期票券從事附條件交易，到期賣回金額超過原買入金額部分之利息，按給付額扣取 15%。
   (5) 其餘各種利息，一律按給付額扣取 20%。

（三）不可認列利息費用：

1. 資本利息為盈餘之分配，不得列為費用或損失。
2. 非營業所必需之借款利息，不予認定。
3. 入款項未於帳內載明債權人之真實姓名與地址者，不予認定。

4. 獨資之資本主及合夥組織之合夥人，所借貸之款項，均應以資本主往來論，不得列支利息費用。
5. 營業人一方面借入款項支付利息，一方面貸出款項並不收取利息，或收取利息低於所支付之利息，對於相當於該貸出款項支付之利息或其差額，不予認定。
6. 向金融業以外之借款利息，超過利率標準部分，不予認定。
7. 國外總公司供應其在中華民國境內分公司資金，未經政府核准者，其分公司應付總公司之資金利息不予認定。
8. 因滯報、滯納而加計之利息。
9. 繳暫繳稅款所加計之利息。
10. 依稅捐稽徵法第四十八條之一規定，自動補報並補繳漏稅款所加計之利息。
11. 支付利息，記載債權人之姓名與事實不符，並查無其人者，不予認定。

（四）利息支出應轉列資本化有：

1. 因購置土地以外固定資產而借款，自付款至取得資產期間應付之利息費用，應列入該項資產之成本。
2. 因增建設備而借款，在建造期間應付之利息費用，應作為該項資產之成本以資本支出列帳。
3. 購買土地辦妥過戶前借款利息，應列為資本支出。但非屬固定資產之土地，其借款利息應以遞延費用列帳，於土地出售時，作為其收入之減項。
4. 在分期付款購置設備之利息支出，或分期付款價格與現購價格之差額，應併該項資產之實際成本。

範例

民國 104 年 1 月 1 日台中公司向台北公司借款 $1,000,000 元，開立票據乙紙，年利率 12% 期限 2 年，於 104 年 12 月 31 日支付第一次利息；105 年 12 月 31 還款並支付利息，其分錄如下：

【解析】

104 年 1 月 1 日

科目	借方	貸方
現　金	$1,000,000	
應付票據 - 借款		$1,000,000

104 年 12 月 31 日

利息支出 $120,000*

現　金 $108,000

代扣稅款 12,000 **

* 1,000,000×12%＝120,000

**120,000×10%＝ 12,000

次月繳納稅款

代扣稅款 $12,000

現　金 $12,000

105/12/31

應付票據 - 借款 $1,000,000

利息支出 120,000

現　金 $1,108,000

代扣稅款 12,000

範 例

彰化公司出租廠房一筆給台中公司，每月月初收取租金 34,650 元，並另向小小公司收押金 1,000,000 元，假設一年期定期存款利率為 2%。彰化公司開立發票金額為何？〈參考中華財政學會〉

【解析】

租金部分

34,650÷（1+5%）=33,000

33,000× 5%=1,650

押全部分銷售額 1,587 元，銷項稅額 79 元

1,000,000× 2% ÷ 12÷（1＋5%）=1,587

1,587× 5%=79

故，彰化公司每月應開立發票給台中公司連同押金之銷項稅額應為 1,729 元

三、憑證

利息支出原始憑證如下：

（一）支付金融業之利息，為金融業結算單或證明書。

（二）支付其他債權者之利息，為收息者之收據。

（三）支付國外債權人之借款利息，除應取得收息者之收據外，已辦理結匯者應有結匯證明文件；未辦結匯者，應有銀行匯付或轉付之證明文件。

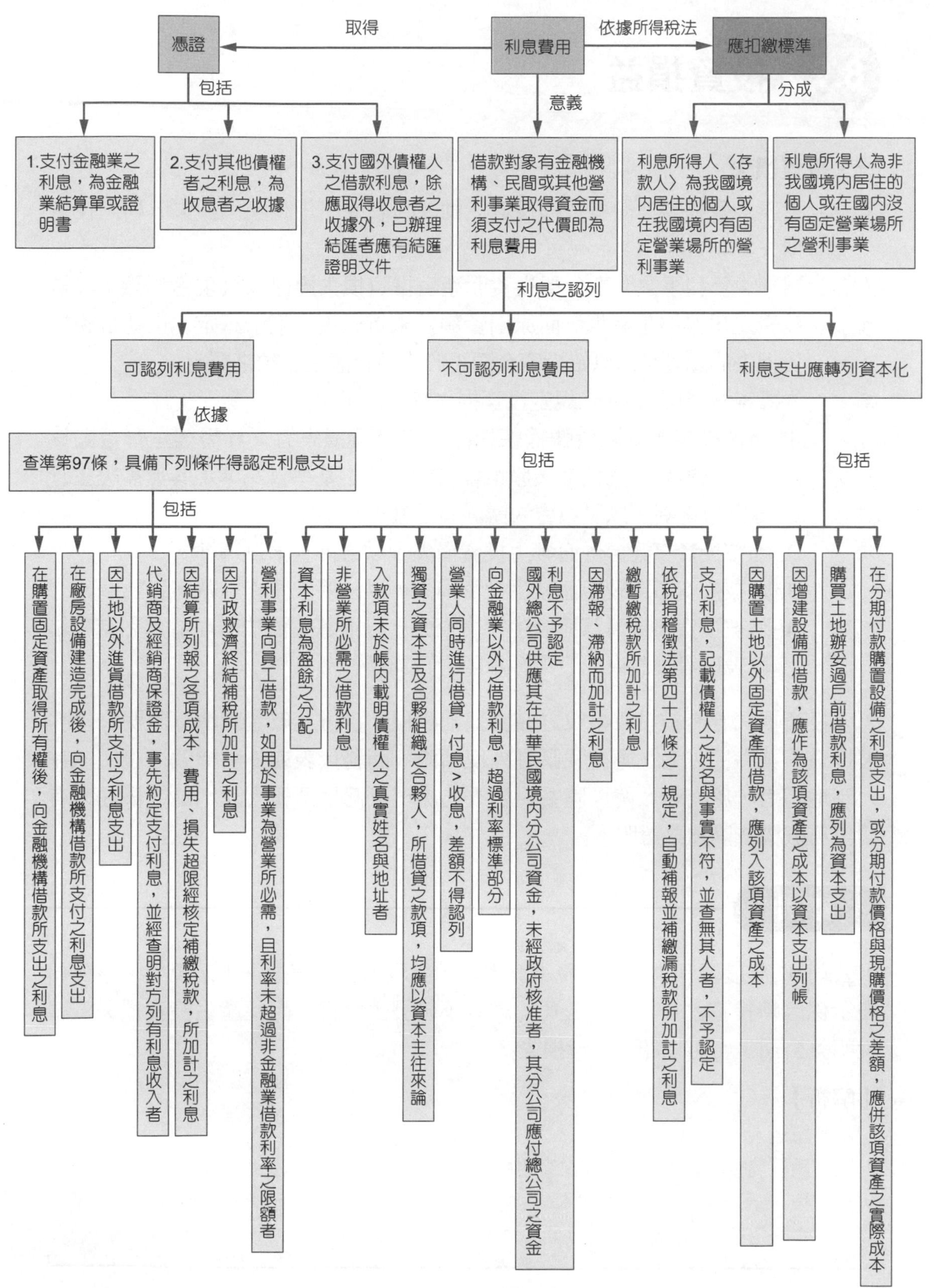

圖 8-8 利息費用之概念圖

8.9 投資損益

一、投資損失

（一）意義：營利事業從事各種投資活動，回收或出售時產生損失，稱之投資損失。

（二）認列：營利事業從事各種投資而產生投資損失應已以實現者為限；其被投資之事業發生虧損，而原出資額並未折減者，不予認定。也就是說投資損失的認列是以原始投資金額小於收回金額之差額來認定。

依據查核準則第 99 條規定投資損失認列如下：

1. 因被投資事業減資彌補虧損而發生投資損失者：其需經主管機關核准，以主管機關核准後股東會決議減資之基準日為準；其無需經主管機關核准者，以股東會決議減資之基準日為準。
2. 因被投資事業合併而發生投資損失，以合併基準日為準。
3. 因被投資事業破產而發生投資損失，以法院破產終結裁定日為準。
4. 因被投資事業清算而發生投資損失，以清算人依法辦理清算完結，結算表冊等經股東或股東會承認之日為準。

投資損失應有被投資事業之減資彌補虧損、合併、破產或清算證明文件。被投資事業在國外者，應有我國駐外使領館、商務代表或外貿機關之證明；在大陸地區者，應有行政院大陸委員會委託處理臺灣地區與大陸地區人民往來有關事務機構或團體之證明。

範 例

甲公司 97 年度營利事業所得稅結算申報，發現列報投資損失 1 千萬元，該公司表示係因轉投資乙公司，乙公司卻經營不善發生虧損，因此產生投資損失，請說明該公司是否可以認列投資損失？

【解析】

不予認定。

因經國稅局查核發現，乙公司雖發生虧損，但未辦理減資彌補虧損，甲公司原出資額於該年度未折減，亦即該筆投資損失並未實現，所以國稅局不予認定，甲公司因而補稅 200 餘萬元。（資料來自：南區國稅局）

範 例

台中公司於 104 年 5 月 1 日投資台北公司 500 萬元，占台北公司股權的 10%。台北公司經營不善，虧損甚巨，經股東會決議減資 5 分之 1，以彌補虧損，則其分錄為：

【解析】

投資損失　　$1,000,000*

　　長期投資　　　$1,000,000

* 5,000,000×1/5 = 1,000,000

（三）憑證：

1. 因所投資事業減資所產生之投資損失，須有減資後主管機關核准之公文及變更登記表或者申請公司登記證明書。國外投資損失準備之提列，應有主管機關核准投資公文。
2. 因所投資事業之清算而產生之投資損失應有清算證明文件。

二、投資收入

（一）意義：投資收益係指營利事業所從事之各種投資，其投資目的在取得投資收入，如購買公債、公司債、國庫債、短期票券、股票等。

（二）認列：根據查準第 30 條，營利事業投資項目具備下列條件得認定投資收入：

1. 營利事業投資於其他公司，倘被投資公司當年度經股東大會議決分配盈餘時，得認列為投資收益，但該投資公司當年度經股東大會議決不分配盈餘時，不得列投資收益。
2. 營利事業投資於其他公司，其投資收益，經被投資公司股東同意或股東會決議之分配數，並以被投資公司所訂分派股息及紅利基準日之年度，為權責發生年度，其未訂分派股息及紅利基準日或其所訂分派股息及紅利基準日不明確者，以同意分配股息紅利之被投資公司股東同意日或股東會決議日之年度，為權責發生年度。

以上兩者投資收益，如屬公司投資於國內其他營利事業者，其自中華民國 87 年 1 月 1 日起所獲配之股利淨額或盈餘淨額，不計入所得額。但營利事業投資於國外營利事業而獲得投資收益，應全數計入所得額課稅。

範例

明道公司於 104 年 7 月 1 日購買台北公司普通股一萬股，每股 50 元，面額每股 10 元。105 年 6 月 30 日台北公司發放現金股利每股 3 元，試作其分錄：

【解析】

100/7/1 購入時：

短期投資 - 股票 $500,000
　　現　金 $500,000

101/6/30 發放現金股利：

現　金 $30,000
　　投資收益 $30,000

※101 年度無須列入所得額課稅

範例

文化公司民國 100 年度有關短期股票投資交易事項如下：

5/1 以每股 $78 元，購入台北公司股票 10,000 股，並支付經紀人佣金 $10,000。

7/1 收到每股 $3 之現金股利。

12/5 收到東聯公司股票股利 10%。

試以上述作相關分錄：

【解析】

5/1 短期股票投資—股票 $790,000*
　　現　金 $790,000

*780,000 + 10,000 = 790,000

7/1 現　金 $30,000
　　短期股票投資—股票 $30,000

（投資當年度收到現金股利視為投資之退回）

12/5 不作分錄

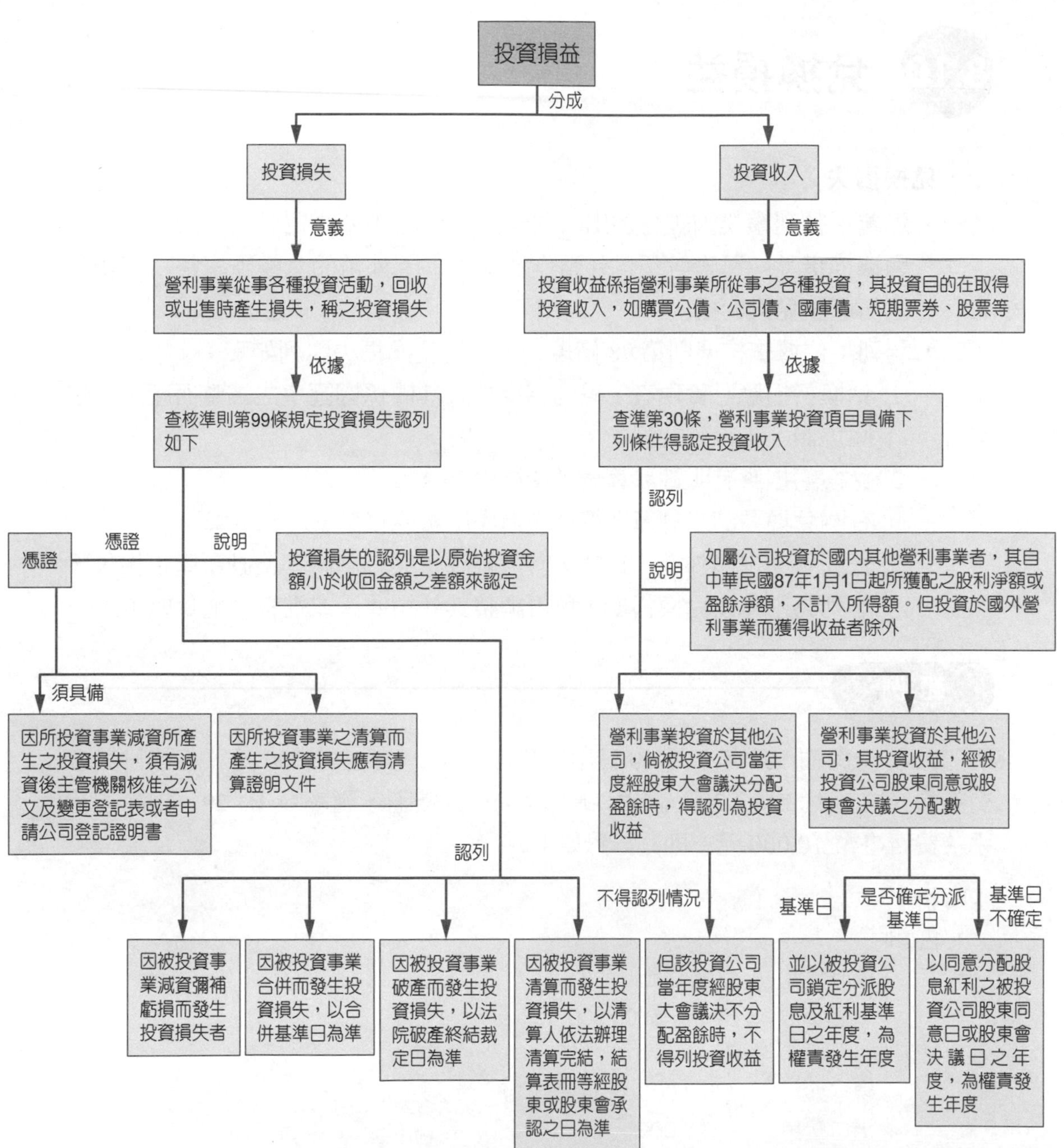

圖 8-9 投資損益之概念圖

8.10 兌換損益

一、兌換損失

（一）意義：營利事業因經營進出口業務，或因向國外購買設備，或向國外金融機構借款、募資等須以外幣作為支付，因外幣的兌換匯率常常有變動因而產生兌換虧損。

（二）認列：依據查核準則第 98 條規定，對於兌換損失認列如下：

1. 兌換虧損應已實現者，得列為損失，其僅係因匯率之調整而產生之帳面差額，不得列計損失。
2. 兌換虧損應有明細計算表以資核對。
   有關兌換盈虧之計算，得以先進先出法或移動平均法計算。
3. 營利事業之國外進、銷貨，其入帳匯率與結匯匯率變動所產生損失，應列為當年度兌換虧損，免再調整其外銷收入或進料、進貨成本。

範 例

明道公司於民國 104 年 5 月 10 日出口貨品一批，美金 20,000 元，若該日美金對新臺幣之匯兌為 1：30，該貨款於 6 月 10 日結匯，匯率為 1：29，扣除銀行手續費新臺幣 10,000 元，則其分錄如下：

【解析】

1. 出口時

科目	借方	貸方
應收帳款	$600,000	
銷貨收入		$600,000

2. 結匯時

科目	借方	貸方
現　金	$570,000	
出口費用	10,000	
兌換虧損	20,000	
應收帳款		$600,000

（三）憑證：

1. 兌換虧損或盈益應有明細計算表，以資核對。
2. 須有向銀行押匯之憑證。

二、兌換盈益

（一）意義：兌換收入係指營利事業因經營進出口業務，或因向國外購買設備，或向國外金融機構借款、募資等須以外幣作為支付，因兌換匯率常常有變動，因而產生兌換利益。

（二）認列：營利事業從事外幣交易而兌換新台幣金額因匯率變動而產生利益，以實際發生之利益認列兌換盈益，依據查核準則第 29 條有以下認列標準：

1. 兌換盈益應以實現者列為收益，其僅係因匯率調整而產生之帳面差額，免列為當年度之收益。
2. 兌換盈益應有明細計算表以資核對。有關兌換盈虧之計算，得以先進先出法或移動平均法之方式處理。
3. 營利事業國外進、銷貨，其入帳匯率與結匯匯率變動所產生之收益，應列為當年度兌換盈益，免再調整其外銷收入或進料、進貨成本。

範 例

彰化公司於民國 104 年 6 月 1 日向美國花旗銀行辦理外銷貸款 20,000 美元，該日美金及新臺幣之匯率為 1：30，該款項於本年 10 月 15 日償還，假設當時匯率為 1：29，則其分錄為：

【解析】

日期	科目	借方	貸方
6/1	現　金	$600,000	
	短期借款 - 花旗銀行		$600,000
10/15			
	短期借款 - 花旗銀行	$600,000	
	兌換盈益		$20,000
	現　金		580,000

範例

明道公司年初銷貨取得外匯存款美金 20 萬，匯率 1：31
100 年間銷貨取得美金 5 萬元存入外匯存款戶，匯率 1：32
100 年間動用外匯存款帳戶美金 15 萬購貨，匯率 1：33
年底外匯存款戶尚有美金 10 萬未動用，匯率 1：34
問財稅上各承認多少兌換損益？

【解析】

年初時：

銀行存款　6,200,000
　銷貨收入　6,200,000
*（200,000×31）

取得時：

銀行存款　1,600,000
　銷貨收入　1,600,000
*（50,000×32）

動用時：

進　貨　4,950,000*
　銀行存款　4,680,000**
　兌換盈益　270,000***
* 150,000×33
** 150,000×31.2
*** 【150,000×（33-31.2）】

年底評價時：

銀行存款　280,000 *
　兌換盈益　280,000
* 【100,000×（34-31.2）】

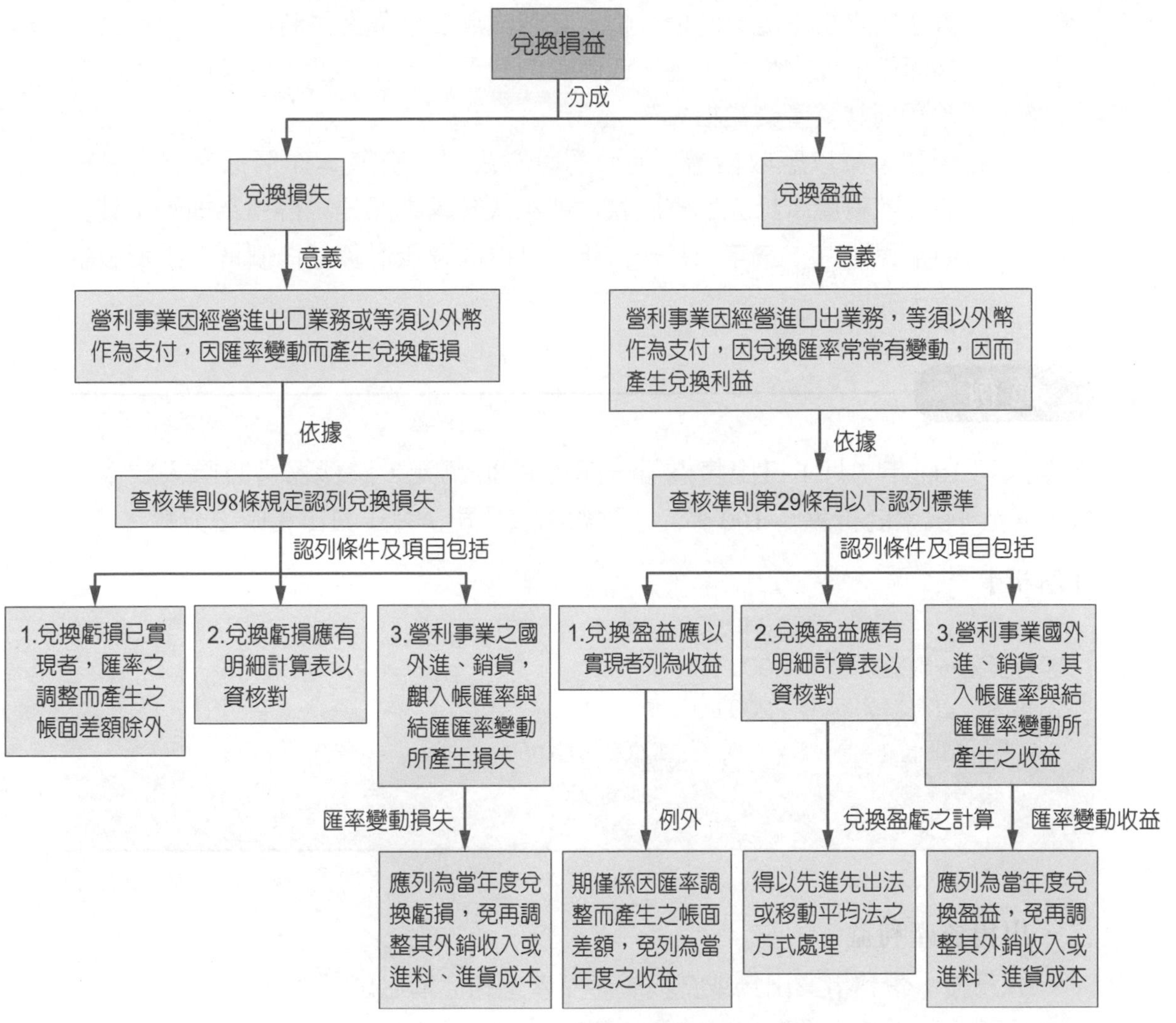

圖 8-10 兌換盈益之概念圖

8.11 出售資產損益

一、出售資產損失

（一）意義：營利事業非經常性出售或交換資產而產生損失稱之出售資產損失

（二）認列：依據查核準則第 100 條規定對於出售資產損失認列如下：

1. 資產之未折減餘額大於出售價格者，其差額得列為出售資產損失。

2. 資產之交換，應以時價入帳，其時價無法可靠衡量時，按換出資產之帳面價值加支付之現金，或減去收到現金，作為換入資產成本入帳，並認列其資產交換損失。
3. 營利事業以應收債權、他公司股票或固定資產等作價抵充出資股款者，該資產所抵充出資股款之金額低於成本部分，得列為損失；其自中華民國九十三年一月一日起，以技術等無形資產作價抵充出資股款者，亦同。

範例

明道公司 104 年 7 月 1 日出售機器一部售價 80 萬元，該機器當時購入成本為 200 萬元，已累計折舊為 100 萬元，試做明道公司 7 月 1 日出售時之分錄。

【解析】

現　金	$840,000	
累計折舊－機器	1,000,000	
出售固定資產損失	200,000	
機器設備		$2,000,000
銷項稅額		40,000

二、出售資產利益

（一）意義：營利事業出售或交換資產而產生利益稱之出售資產利益

（二）認列：根據查準第三十二條得認列出售或交換資產利益，茲說明如下：

1. 出售資產之售價，大於資產之未折減餘額部分，應列為出售資產收益課稅。

   但出售土地及依政府規定為儲備戰備物資而處理財產之增益，免納所得稅；如有損失，應自該項增益項下減除。
2. 資產之交換，應以時價入帳，其時價無法可靠衡量時，按換出資產之帳面價值加支付之現金，或減去收到現金，作為換入資產成本入帳，並認列其資產交換利益。
3. 自中華民國七十五年一月一日起，營利事業與地主合建分成、合建分售土地及房屋或自行以土地及房屋合併銷售時，其房屋款及土地款未予劃分或房屋款經查明顯較時價為低者，其房屋價格應依房屋評定標準價格占土地公告現值及房屋評定標準價格總額之比例計算。上述所稱房屋款之時價，應參酌下列資料認定之：

(1) 第二十二條第三項規定之時價參考資料。

(2) 不動產估價師之估價資料。

(3) 銀行貸款評定之房屋款價格。

(4) 臨近地區政府機關或大建築商建造房屋之成本價格，加上同業之合理利潤估算之時價。

(5) 大型仲介公司買賣資料扣除佣金加成估算之售價。

(6) 出售房屋帳載未折減餘額估算之售價。

(7) 法院拍賣或國有財產局等出售公有房地之價格。

(8) 依前述各項資料查得房地總價及土地時價所計算獲得之房屋售價。

4. 營利事業以應收債權、他公司股票或固定資產等作價抵充出資股款者，該資產所抵充出資股款之金額超過成本部分，應列為收益；其自中華民國九十三年一月一日起，以技術等無形資產作價抵充出資股款者，亦同。

（三）出售資產免納所得稅：出售之資產由於其所得免納所得稅，故如發生損失應自該出售資產利益項下減除，而不得自課稅所得項下減除，出售資產免納所得稅之項目如下：

1. 出售土地交易所得，免納所得稅，如有損失，亦不得扣除：營利事業出售土地，其交易所得免納所得稅，但如有交易損失，也不得扣除。（所 §4），又公司因政府區段徵收其所有土地，領取的土地地價補償費及按公告土地現值加發的四成獎勵金，依所得稅法第 4 條第 16 款規定，免納所得稅。

2. 依政府規定為儲備戰備物資而處理財產之利益。

範例

台中公司 100 年 7 月 1 日出售機器一部售價 20 萬元，該機器成本為 100 萬元，目前累計折舊帳面餘額為 90 萬元，試做 7 月 1 日出售時之分錄：

【解析】

現　金	210,000	
累計折舊－機器設備	900,000	
機器設備		1,000,000
出售資產增益		100,000
銷項稅額		10,000

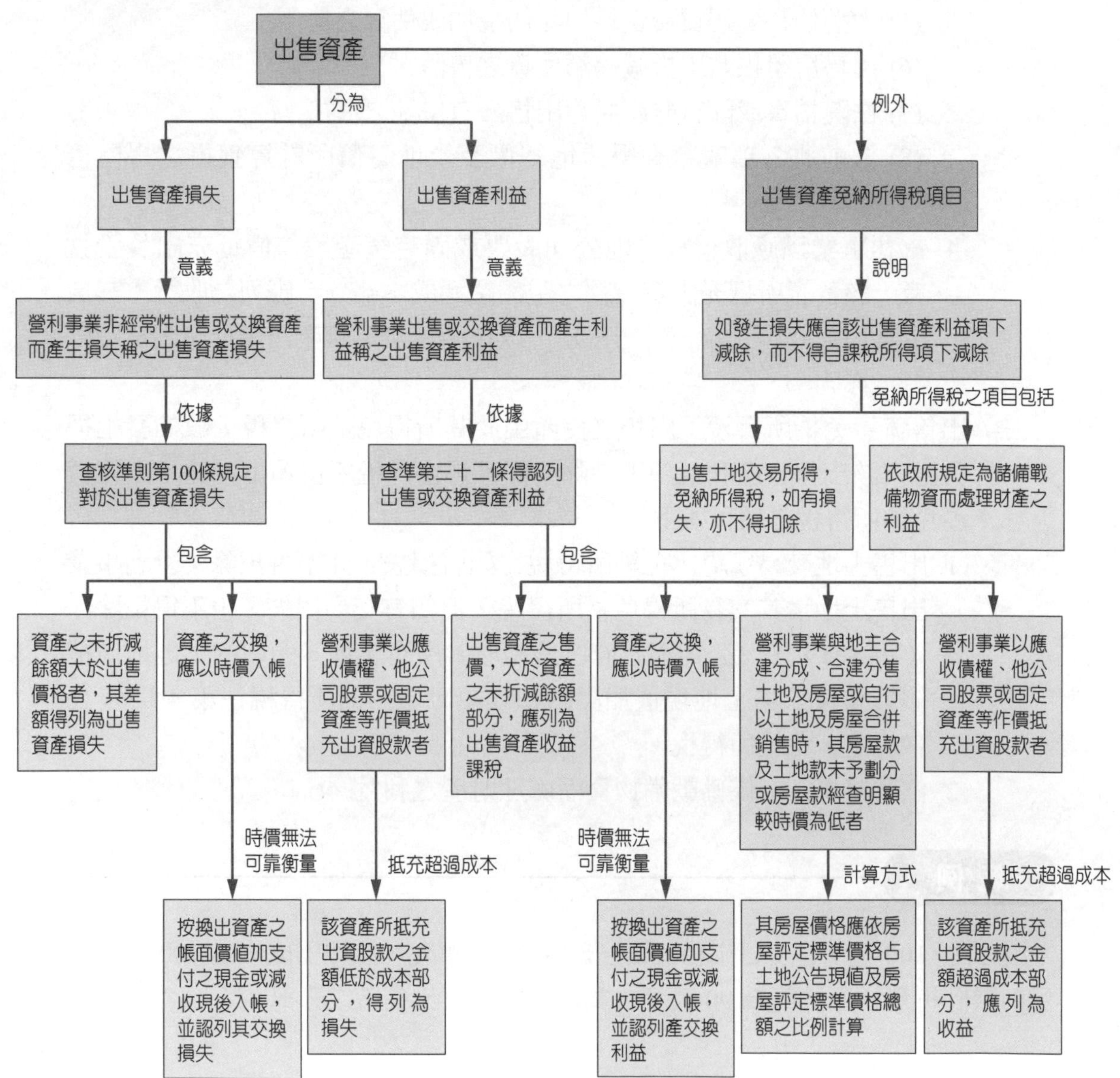

圖 8-11　出售資產損益之概念圖

8.12 災害損失、其他損失

營利事業因遭受地震、風災、水災、火災、旱災、蟲災及戰禍等不可抗力之災害損失，不常發生且事前無法預知，是人為無法抗拒的，其損失對於營利事業有重大影響（查準 §102）。

一、認列

依據查核準則第 102 條規定對於災害損失認列如下：

（一）凡遭受地震、風災、水災、火災、旱災、蟲災及戰禍等不可抗力之災害損失者，但受有保險賠償部分，不得列為費用或損失。

（二）在海外發生船舶海難、空難事件者。

（三）建築物、機械、飛機、舟車、器具之一部分遭受災害損壞應按該損壞部分占該項資產之比例，依帳面未折減餘額計算，列為當年度損失。

（四）建築物、機械、飛機、舟車、器具遭受災害全部滅失者按該項資產帳面未折減餘額計算，列為當年度損失。

（五）商品、原料、物料、在製品、半製品及在建工程等因災害而變質、損　壞、毀滅、廢棄者。

（六）員工及有關人員因遭受災害傷亡，其由各該事業支付之醫藥費、喪葬費及救濟金等費用，予以核實認定。

（七）運輸損失。

災害損失應列為當年度損失。但損失較為鉅大者，得於五年內平均攤列。

二、應具備文件

災害損失應具備下列文件，但損失較為鉅大者，得於五年內平均攤列。

（一）應實地勘查，核實認定

災害損失應於事實發生後之次日起 30 日內，檢具清單及證明文件報請主管稽徵機關派員勘查。

（二）書面審核

1. 受損標的物投有保險部分或可提供會計師簽證報告者，不論金額多寡，均予書面審核。
2. 受損標的物未投有保險部分，報備損失金額在新臺幣 350 萬元以下者。

（三）書面審核須檢附下列之證明文件及資料：

1. 災害現場及受損物毀棄之相片。
2. 保險或公證公司出具之損失清單。
3. 消防機關出具之火災證明。（非火災損失者則免）
4. 固定資產或商品、原料災害報告書。
5. 營利事業固定資產或商品、原物料災害報告表。其屬固定資產者，並須檢附截至災害發生前一日之財產目錄、回復原狀已支付之憑證影本。商品或固定資產報廢符合上述情形之一者得予書面審核，免實地勘查。

範 例

明道公司於 104/5/1 倉庫發生火災，原料全毀，該批原料成本為 $1,600,000 元，保險公司同意賠償 $500,000 元，則其分錄為：

	借	貸
應收保險賠償款	500,000	
災害損失	1,100,000	
存 貨 - 原料		1,600,000

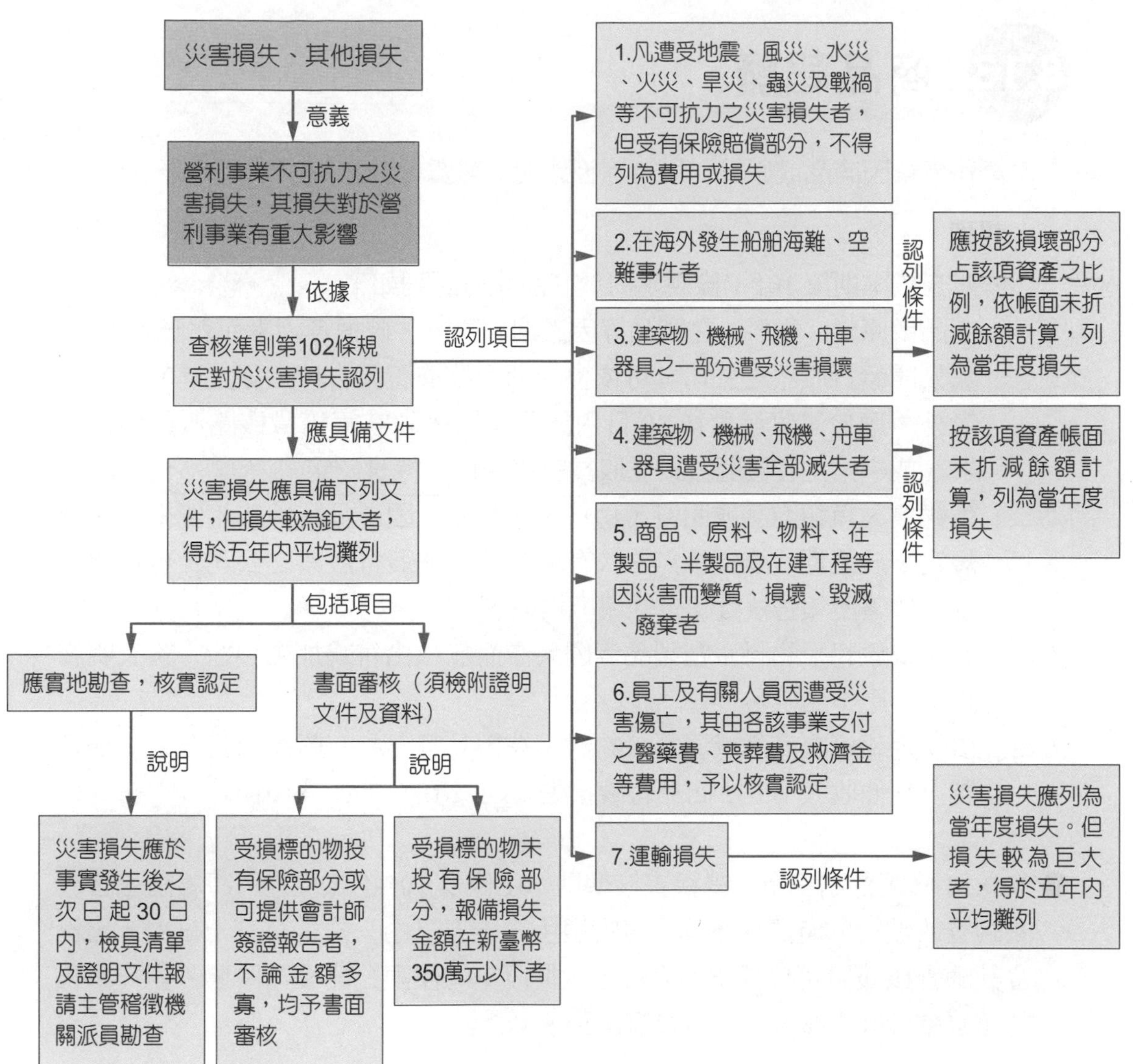

圖 8-12 災害損失、其他損失之概念圖

8.13 商品報廢

營利事業因商品或原料、物料等因過期、變質、破損等因素而報廢者。

一、認列

依據查核準則第 101-1 條規定對於商品報廢認列如下：

（一）商品或原料、物料、在製品等因過期、變質、破損等因素而報廢者：除公開發行股票之公司，可依會計師查核簽證報告核實認定其報廢損失者外，應於事實發生後 30 日內檢具清單報請該管稽徵機關派員勘查監毀，或事業主管機關監毀並取具證明文件，核實認定。

（二）生鮮農、魚類商品或原料、物料、在製品，因產品特性或相關衛生法令規定，於過期或變質後無法久存者：除公開發行股票之公司，可依會計師查核簽證報告核實認定其報廢損失。

（三）商品或原料、物料、在製品等因呆滯而無法出售或加工製造，經查明屬實者，應予認定。

（四）依規定報廢之商品或原料、物料、在製品等，如有廢品出售收入，應列為「其他收入」或「商品報廢損失」之減項（查準 §101）。

● 98.9.14 修正營利事業所得稅查核準則 101 條及 101-1 條規定，將報請主管機關調查或監毀的時間從原本的事實發生後十五日內，延長至三十日內，另經會計師查核簽證可核實認列之規定，從原本的僅限公開發行股票公司，修正為僅須會計師查核簽證即可核實認列。

範例

甲公司係從事電子產品製造及銷售業務，95 年度所得稅結算申報時，列報一批電子零件因過時而無法使用之報廢損失 100 多萬元，主管機關是否應核實認定。

【解析】

經國稅局查核發現該公司並未依照規定事先向國稅局申請核備，該公司則提出說明其 95 年度所得稅結算申報係委託會計師查核簽證申報，同時在會計師查核簽證報告亦敘明商品報廢損失的查核情形，該公司要求依會計師查核簽證報告核實認定該筆報廢損失，不過，經國稅局進一步了解後，因該公司並非屬公開發行股票公司，無法僅憑會計師查核簽證報告認定該筆報廢損失，該公司仍需補繳稅款 30 餘萬元。

範例

彰化食品公司，因食品儲存有效期間過期食品有 $50,000 元，報請主管機關請派員監毀，並取具文件，准予核實認定，其分錄如下：

【解析】

商品存貨報廢損失	150,000	
存 貨		150,000

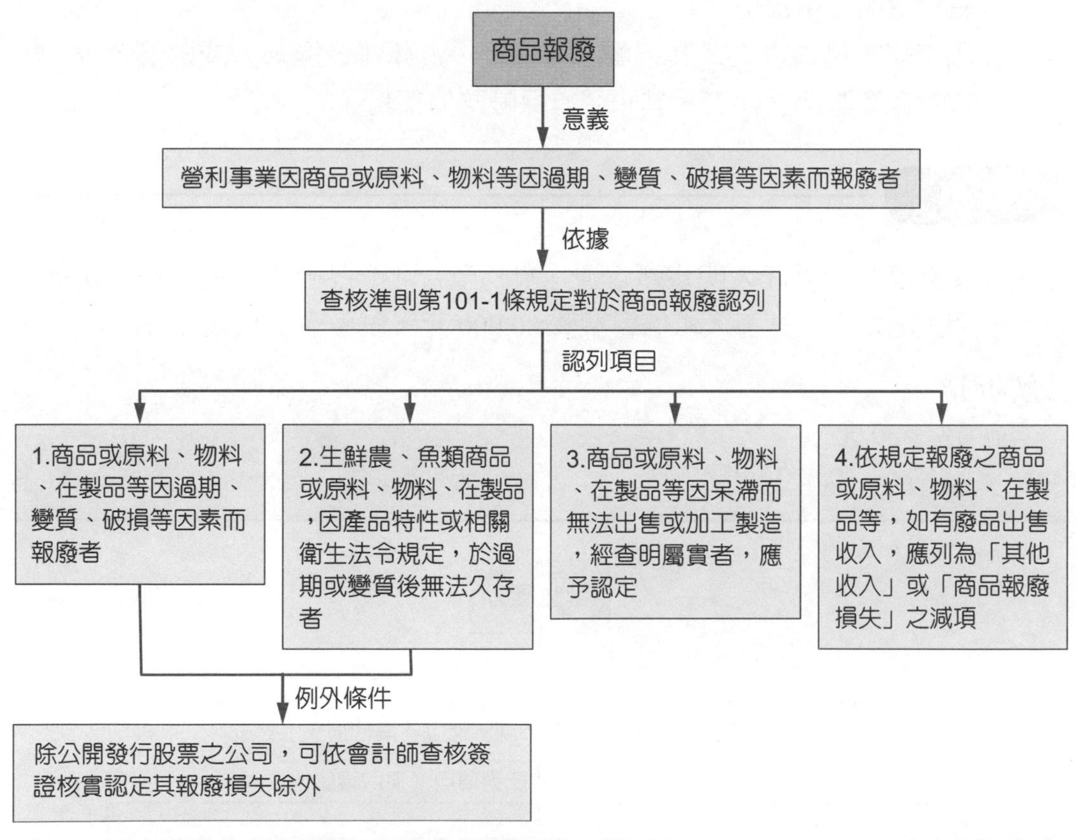

圖 8-13 商品報廢之概念圖

8.14 其他損失

根據營利事業所得稅查核準則第 103 條，下列項目，其營利事業得以「其他損失」認列：

1. 因業務關係支付員工喪葬費、撫卹費或賠償金、取得確實證明文據者。
2. 因業務需要免費發給員工之制服。
3. 違約金及沒收保證金經取得證明文據者。
4. 竊盜損失無法追回，經提出損失清單及警察機關之證明文件者、其未受有保險賠償金部份。
5. 因車禍支付被害人或其親屬之醫藥費、喪葬費、撫卹金或賠償金等，經取得確實證明文件者，其未受有保險賠償部份。

範 例

台中營養食品公司委託大明貨運行運送貨物至台北食品公司，途中發生車禍，撞到一個王老太太，被害人求償醫藥費 80,000 元。試做大明貨運行分錄：

【解析】

其他損失	80,000	
現金		80,000

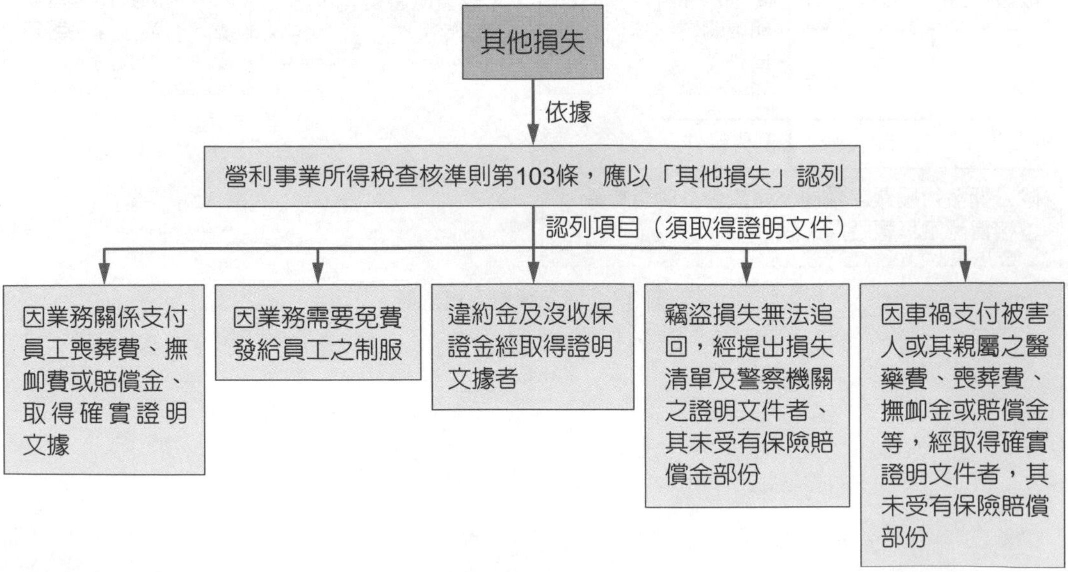

其他損失

依據

營利事業所得稅查核準則第103條，應以「其他損失」認列

認列項目（須取得證明文件）

- 因業務關係支付員工喪葬費、撫卹費或賠償金、取得確實證明文據
- 因業務需要免費發給員工之制服
- 違約金及沒收保證金經取得證明文據者
- 竊盜損失無法追回，經提出損失清單及警察機關之證明文件者、其未受有保險賠償金部份
- 因車禍支付被害人或其親屬之醫藥費、喪葬費、撫卹金或賠償金等，經取得確實證明文件者，其未受有保險賠償部份

圖 8-14 其他損失之概念圖

學習評量

一、選擇題

(　) 1. 下列何種利息，依法准予認列費用？
(A) 資本利息
(B) 廠房建造完成前應付之利息
(C) 向非金融機構借款之利息，超過利率標準部分
(D) 以保險單向銀行抵押借款之利息 【92 年特考】

(　) 2. 下列利息支出，得以費損列支？
(A) 支付金融業利息超過利率標準部分
(B) 支付非金融業利息超過利率標準部分
(C) 資本化利息
(D) 獨資組織支付資本主之利息

(　) 3. 台北公司本年度應收國外貨款為 100,000 美元，入帳時匯率 1:35，年度結算時匯率 1:34，次年度收款時匯率 1:33，則該公司申報所得稅時應如何認列本年度及次年度兌換損益？
(A) 僅於次年承認 200,000 元利益
(B) 僅於次年承認 200,000 元損失
(C) 本 年承認 100,000 元損失，次年承認 100,000 元損失
(D) 本年承認 100,000 元利益，次年承認 100,000 元利益

(　) 4. 下列有關兌換盈益之敘述，何者正確？
(A) 以實際發生之收益為準認列。
(B) 因匯率調整而發生之帳面差額，應列為當年度之收益。
(C) 以帳面增值轉作增資者，免併計其辦理增資年度之損益。
(D) 因國外進貨，入帳與結匯匯率變動所產生之收益免列為當年度兌換盈益，但應調整其進貨成本。 【94 年記帳士】

(　) 5. 營利事業災害損失認定，必須在災害發生若干天內向稽徵機關檢具損害清單，請其派員勘察，方可核認定？
(A) 10 天　　(C) 20 天
(B) 15 天　　(D) 30 天 【92年特考】

學習評量

( ) 6. 中華民國境內的營利事業取得短期票券之利息收入，應如何課稅？
(A) 併入營利事業所得額課徵營利事業所得稅
(B) 按 20% 比例稅率分離課稅
(C) 減半課稅
(D) 利息所得，免稅不用課徵 【95 年地方特考 5 等】

( ) 7. 下列何種利息，依法准予認列費用？
(A) 資本利息
(B) 廠房建造完成前應付之利息
(C) 向非金融機構借款之利息，超過利率標準部分
(D) 以保險單向銀行抵押借款之利息 【92 年特考】

( ) 8. 營利事業對於所取得已扣繳稅款之利息所得，應如何申報？
(A) 按給付淨額申報
(B) 按給付總額申報，扣繳稅款可申請抵退
(C) 按給付總額申報，扣繳稅款可作費用列支
(D) 按給付總額申報

( ) 9. 依稅法規定備抵呆帳應以應收帳款與應收票據餘額多少限度內酌量估列？
(A) 1% (C) 5%
(B) 3% (D) 由營利事業自訂 【94 年記帳士】

( ) 10. 申報所得稅時固定資產之折舊方法不包括下列何者？
(A) 定率遞減法
(B) 工作時間法
(C) 平均法
(D) 生產數量法 【95 年初考】

( ) 11. 依所得稅法規定，金融業備抵呆帳之提列限額為若干？
(A) 應收帳款餘額之百分之一
(B) 應收票據餘額之百分之一
(C) 應收帳款及應收票據餘額之百分之一
(D) 債權餘額之百分之一 【95 年記帳士】

學習評量

(　)12. 現行營利事業新購置乘人小客車，依規定耐用年數計提折舊時，其實際成本以不超過多少金額為限？
(A) 100 萬元　(C) 250 萬元
(B) 150 萬元　(D) 350 萬元　【94年記帳士】

(　)13. 折舊額提列影響本期損益之高低，下列何項為稅法上得選用之方法？
(A) 生產數量法　(C) 年數合計法
(B) 工作時間法　(D) 餘額遞減法　【94年初等考】

(　)14. 營利事業固定資產之折舊方法，其採用或變更必須提出申請，否則視為採用何種方法？
(A) 平均法　(C) 工作時間法
(B) 定率遞減法　(D) 加速折舊法　【93年初等考】

(　)15. 台中公司於 104 年 1 月 1 日購置一部設備，購價為 $400,000，另外安裝及試車成本共 $40,000，估計其可使用年限 10 年，殘值 $40,000。若台中公司採平均法提列折舊，則 104 年度之折舊費用為：
(A) $36,000　(C) $44,000
(B) $40,000　(D) $80,000

(　)16. 某機器成本 $80,000，累計折舊 $60,000，因正當理由而提前報廢估計其淨變現價值為 $19,000，則該資產有：
(A) 報廢利益 $1,000　(C) 報廢利益 $21,000
(B) 報廢損失 $1,000　(D) 報廢損失 $21,000

二、問答題

（一）營業事業購置之乘人小客車應如何提列折舊？請以自用與租賃業之客車說明？

（二）報廢損失採會計師簽認列應注意事項為何？

（三）非公開發行公司之境外資產就地報廢，已經本國會計師簽證，是否仍須於事前向國稅局報備？

（四）利息費用得根據查準第九十七條，具備哪些條件得認定利息支出？

（五）利息費用有哪些不可認列為費用？有哪些利息支出應轉列資本化？

學習評量

（六）投資損失得依據查核準則第 99 條規定投資損失認列有哪些？

（七）災害損失及商品報廢之意義為何？如何認列？

（八）何謂兌換盈益、出售資產增益？如何認列？

（九）根據查準第三十條，投資收入應具備哪些條件得以認定？

三、分錄與計算

（一）台中公司於民國 97 年 4 月 1 日與台北簽約購建一座過濾污水處理設備，金額 $12,00,000 元，簽約時先預付 40%，而於 4 月 16 日工程完工時支付 50%，4 月 21 日工程驗收合格時再支付 10%。台中公司向台灣銀行借入利率 8.1% 之款項 $5,000,000 元；此外，該公司另有利率 9% 之短期信用借款 $4,000,000 元與利率 8% 之長期擔保借款 $6,000,000 元。請計算台中公司對此設備之購置應設算多少利息資本化。

（二）台中公司 101 年 10 月 20 日進口機器設備一批，成本為美金 $25,000，約定三個月後付款，已知買進時美金對新台幣之匯率為 1：33，97 年底匯率為 1：32，則 97 年之分錄為何？

（三）試就下列各經濟事項，指出其在申報營所稅時，得否列為費用？

1. 丙公司以 10% 利率向某銀行借入 $100,000,000，並以 6% 利率借出給子公司 $5,000,000。
2. 甲商號向丁合夥人借款 $10,000,000 之利息費用。
3. 戊公司發放給員工之紅利。
4. 戊公司發放給董事及監察人之酬勞。
5. 戊公司發放給股東之紅利。
6. 己公司發行含有賣回權之轉換公司債，在賣回權執行日前因認列應付公司負債賣回溢價所認列之利息費用。

（四）台中公司於 93 年 1 月 2 日購置機器一部，購價為 $210,000，另支付安裝及試車費用 $50,000，估計此機器可使用 5 年，殘值為 $10,000，台中公司採直線法提列折舊。

試作：台中公司 93 年相關之分錄。

（五）東泥公司第 1 年 7 月 1 日，取得礦山成本為 8 百萬，估計總蘊藏量為 80 萬噸，開採完畢後土地殘值估計為 80 萬，至第 1 年底開採 8 萬噸，試作：

1. 購入分錄
2. 12 月 31 日

學習評量

（六）台北公司於 103 年 1 月 1 日購入小客車一部供租賃用，共支付成本 $378,000，耐用年限為五年。該公司採平均法提列折舊，預計殘值 $60,000 元。試說明台北公司 103 年度報所得稅時，有關該年度之折舊費用為何？

（七）博晃順股份有限公司為在中華民國境內經營之營利事業，會計年度採曆年制，依規定應課徵營利事業所得稅，下列為合格記帳士林大里先生於處理博晃順公司相關記帳代理業務時，所面臨之營利事業所得稅問題；請依我國所得稅法及相關法規規定回答下列問題：假設該公司於 95 年 6 月 1 日購入機器一部，支付成本 18,000,000 元，採平均法並依法定耐用年數 8 年計提折舊；95 年 10 月 1 日，購入小客車一輛，供總經理使用，共支付成本 3,600,000 元，採平均法，並依法定耐用年數 5 年計提折舊。請問申報 96 年度所得稅時，折舊金額為若干？【96 年記帳士】

（八）吉祥公司本年度營利事業所得稅結算申報資料如下：帳列營業毛利 $11,800,000，非營業收入 $500,000，內含捐贈支出之各項費用總額為 $8,500,000，其中對政府捐贈 $300,000，對公益團體捐贈 $600,000。請計算吉祥公司本年度應帳外調減之捐贈金額為多少？又可認列之捐贈金額總額為多少？【97 年記帳士】

（九）台中公司以一部取得成本 1,000,000 元、累計折舊 500,000 元、時價 450,000 元之設備，與台北公司交換一部取得成本 1,500,000 元、累計折舊 1,000,000 元、時價 600,000 萬元之設備，台中公司另須支付台北公司 150,000 元。請作台中公司及台北公司資產交換之會計分錄。

隨堂筆記

Chapter 09

營利事業所得稅

學習目標

9.1 營利事業所得稅概念
9.2 營利事業所得額之計算
9.3 營利事業所得稅之應納稅額計算
9.4 國外稅額扣抵法
9.5 盈虧互抵
9.6 投資抵減

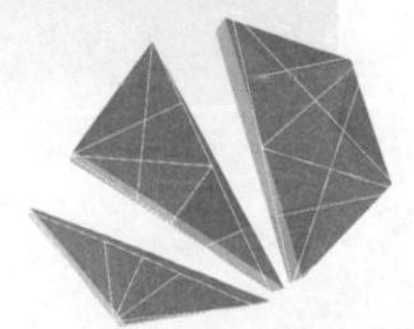

營利事業所得稅概念

所得稅分為綜合所得稅及營利事業所得稅，綜合所得稅就個人（自然人）之中華民國來源所得課徵綜合所得稅，為屬地主義簡稱綜所稅；而營利事業所得稅為營利事業就其中華民國境內外全部之所得合併課徵營利事業所得稅；總機構在境外之營利事業有中華民國來源所得者，應就其中華民國境內之所得依法課徵營利事業所得稅。因此，營利事業所得稅為屬人主義兼屬地主義簡稱營所稅。

一、營利事業所得稅之適用對象

（一）合法設立並取得營業牌號之營利事業：公營、私營或公私合營以營利為目的，具備營業牌號或場所之獨資、合夥、公司及其他組織方式之工、商、農、林、漁、牧、礦、冶等營利事業。

（二）未設立也未取得營業牌號之營利事業：即使未合法向主管機關申請並經核准設立之事業，稽徵機關仍認為營利事業應課徵營利事業所得稅。

由上述可知，凡以營利為目的無論是公營、私營之營利事業或合法及非法之營利事業均應課徵營利事業所得稅。

二、課稅範圍

（一）凡在中華民國境內經營之營利事業。

（二）營利事業之總機構在中華民國境內者。

應就其中華民國境內及境外全部營利事業所得合併課徵營利事業所得稅（屬人主義）。

（三）營利事業之總機構在中華民國境外，而有中華民國來源所得者。

應就其中華民國境內之營利事業所得，依本法規定課徵營利事業所得稅（屬地主義）。

● 我國營利事業所得稅是採屬人主義兼屬地主義，屬人主義在目前國際交易頻繁下容易造成國際間重複課稅。基於上述原因，我國目前採國外稅額扣抵法避免重複課稅的現象。

三、納稅義務人

所得稅法第七條所稱納稅義務人，係指依所得稅法規定，應申報或繳納所得稅之人（所 §7），所以營利事業為營利事業所得稅之課稅主體；而營利事業之所得為課稅客體。其營利事業所得稅有以下之納稅義務人：

（一）凡在中華民國境內經營之營利事業者。

應由境內之營利事業應負有納稅之義務人。

（二）在中華民國境內經營之境外營利事業者。

應由該固定營業場所負納稅義務之責，並以結算申報方式納稅。

指經營事業之固定場所，包括管理處、分支機構、事務所、工廠、工作場、棧房、礦場及建築工程場所。但專為採購貨品用之倉棧或保養場所，其非用以加工製造貨品者，不在此限。（所 §10）

（三）營利事業之總機構在中華民國境內，並在中華民國境內或境外設有其他固定營業場所者。

應由該營利事業之總機構向申報登記時之稽徵機關合併辦理申報。總機構在中華民國境外而有固定營業場所在中華民國境內者，應由其固定營業場所分別向申報登記地之稽徵機關辦理申報。

（四）中華民國境內無固定營業場所，而有營業代理人之營利事業，應由其營業代理人負責申報納稅。

（五）在中華民國境內無固定營業場所及營業代理人之營利事業，其應納所得稅應由扣繳義務人於給付時代為扣繳之。

（六）如有非屬第 88 條規定扣繳範圍之所得，扣繳義務人應就以下情況完成申報納稅：

1. 納稅義務人於該年度所得稅申報期限開始前離境，應由扣繳義務人於離境前向該管稽徵機關辦理申報納稅。
2. 納稅義務人在年度所得稅申報期限內尚未離境，應於申報期限內依有關規定申報納稅。

（七）大陸地區法人、團體或其他機構在台灣地區有所得者應就以下情況完成申報納稅：

1. 大陸地區法人、團體或其他機構在台灣地區有固定營業場所或營業代理人者，應就台灣地區來源所得，適用台灣地區營利事業之課稅規定，課徵營利事業所得稅。
2. 大陸地區法人、團體或其他機構在台灣地區無固定營業場所而有營業代理人者其應納之營利事業所得稅，應由營業代理人負責向該管稽徵機關申報納稅。

3. 大陸地區法人、團體或其他機構在台灣地區因從事投資，所獲配之股利淨額或盈餘淨額，應由扣繳義務人於給付時，按規定之扣繳率扣繳，不計入營利事業所得額。

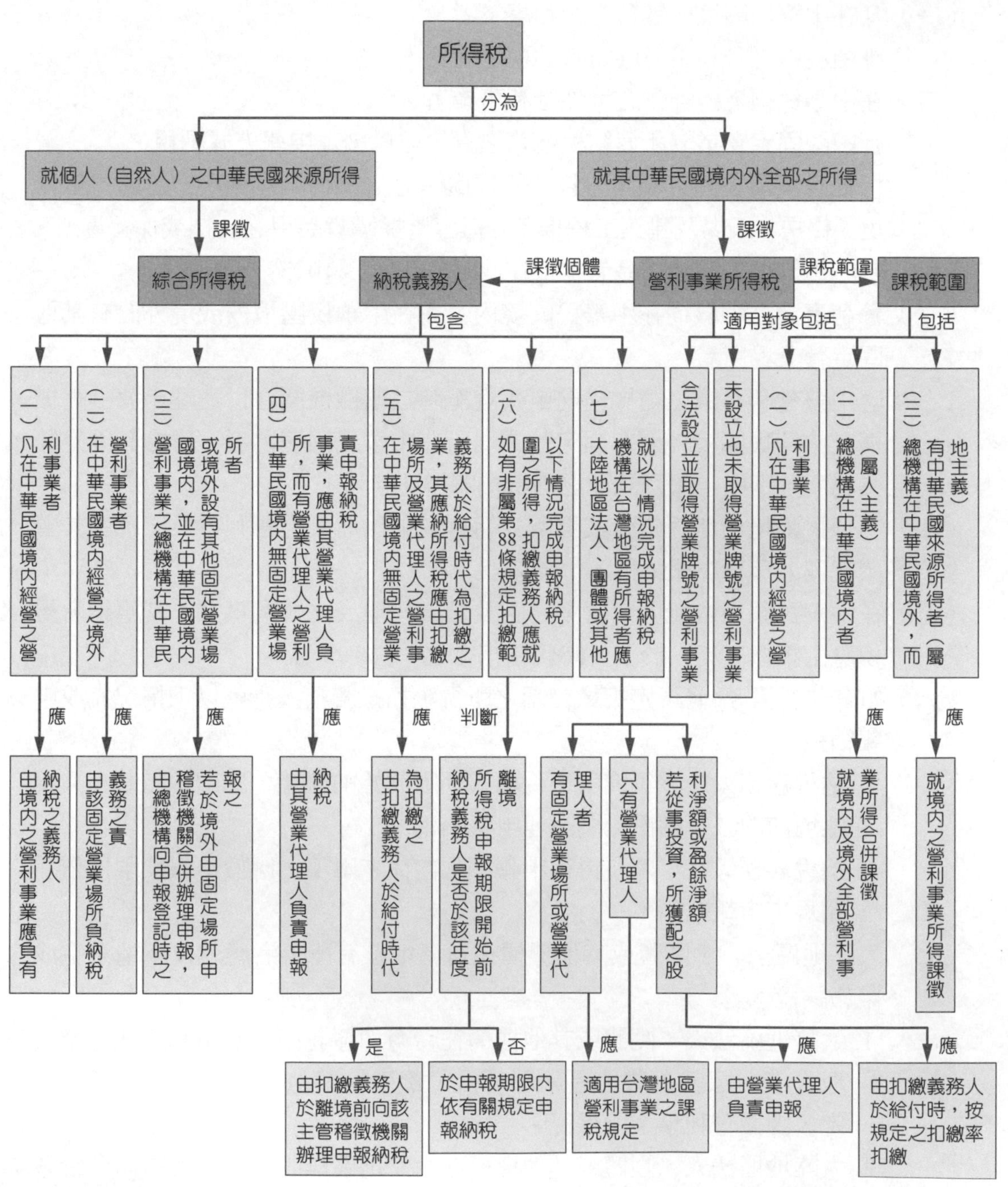

圖 9-1 營利事業所得稅概念之概念圖

9.2 營利事業所得額之計算

營利事業所得額之計算，依法有以下的規定，說明如下：

一、營利事業所得之計算是以本年度收入總額減除各項成本費用、損失及稅捐後之純益額為稅法所稱所得額。（所 §24）

二、營利事業帳載應付未付之帳款、費用、損失及其他各項債務，逾請求權時效，尚未給付者，應於時效消滅年度轉列其他收入，實際給付時，再以非營業費用列帳。（所 §24）

三、營利事業有公債、公司債、金融債券、短期票券、存款以及其他帶出款項利息之所得，除依所 §88 規定扣繳稅款外，不計入營利事業所得額；但營利事業持有之短期票券發票日在 99 年 1 月 1 日以後者，其利息所得應計入營利事業所得額課稅。（所 §24）

四、自 99 年 1 月 1 日起，營利事業持有依金融資產證券化條例或不動產證券化條例規定發行之受益證券或資產基礎證券，所獲配之利息所得應計入營利事業所得額課稅，不適用金融資產證券化條例第四十一條第二項及不動產證券化條例第五十條第三項分離課稅之規定。（所 §24）

五、總機構在中華民國境外之營利事業，因投資於國內其他營利事業，所獲配之股利淨額或盈餘淨額，除依所得稅法 §88 規定扣繳稅款外，不計入營利事業所得額。（所 §24）

六、公債、公司債及金融債券

（一）營利事業持有公債、公司債及金融債券，應按債券持有期間，依債券之面值及利率計算利息收入（所 § 24-1）。其利息收入稅額，得自營利事業所得稅之應納稅額中減除。

（二）營利事業於二付息日間購入第一項債券並於付息日前出售者，應以售價減除購進價格及依同項規定計算之利息收入後之餘額為證券交易所得或損失。（所 §24-1）

（三）自 99 年 1 月 1 日起，營利事業依法規定之有價證券或短期票券從事附條件交易，到期賣回金額超過原買入金額部分之利息所得，應依所得稅法 §88 規定扣繳稅款，並計入營利事業所得額課稅；該扣繳稅款得自營利事業所得稅結算申報應納稅額中減除。

七、認購（售）權證

（一）經目的事業主管機關核准發行認購（售）權證者，發行人發行認購（售）權證，於該權證發行日至到期日期間，基於風險管理而買賣經目的事業主管機關核可之有價證券及衍生性金融商品之交易所得或損失，應併計發行認購（售）權證之損益課稅。

（二）基於風險管理而買賣經目的事業主管機關核可之認購（售）權證與標的有價證券之交易損失及買賣依期貨交易稅條例課徵期貨交易稅之期貨之交易損失，超過發行認購（售）權證權利金收入減除各項相關發行成本與費用後之餘額部分，不得減除。（所 §24-2）

（三）經目的事業主管機關核可經營之衍生性金融商品交易，其交易損益，應於交易完成結算後，併入交易完成年度之營利事業所得額課稅。（所 §24-2）

9.2.1 實際所得額

實際所得額的計算是以其本年度收入減除各項成本費用、損失及稅捐後之純益額為營利事業之本年度申報的所得額（所 § 24）。

營利事業所得額其構成要素有：營業收入、營業成本、營業費用、非營業損益之稅前純益。全年所得額及課稅所得額之計算公式如下：

一、買賣業

（一）銷貨總額－（銷貨退回＋銷貨折讓）＝銷貨淨額

（二）期初存貨＋〔進貨－（進貨退出＋進貨折讓）〕＋進貨費用－期末存貨＝銷貨成本

（三）銷貨淨額－銷貨成本＝銷貨毛利

（四）銷貨毛利－（銷售費用＋管理費用）＝營業淨利

（五）營業淨利＋非營業收益－非營業損失＝純益額（即所得額）

二、製造業

（一）（期初存料＋進料－期末存料）＋直接人工＋製造費用＝製造成本

（二）期初在製品存貨＋製造成本－期末在製品存貨＝製成品成本

（三）期初製成品存貨＋製成品成本－期末製成品存貨＝銷貨成本

（四）銷貨總額－（銷貨退回＋銷貨折讓）＝銷貨淨額

（五）銷貨淨額－銷貨成本＝銷貨毛利

（六）銷貨毛利－（銷售費用＋管理費用）＝營業淨利

（七）營業淨利＋非營業收益－非營業損失＝純益額（即所得額）

三、其他供給勞務或信用各業

（一）營業收入－營業成本＝營業毛利

（二）營業毛利－管理或事務費用＝營業淨利

（三）營業淨利＋非營業收益－非營業損失＝純益額（即所得額）

範例

台中公司屬一家買賣業，在 105 年 12 月 31 日帳上有關科目之期末餘額，試計算出期末所得額

現金	$13,700	水電費用	$300
應收帳款	$4,900	應付票據	$13,000
銷貨收入	$9,400	應付帳款	$1,400
存貨	$2,400	交通費用	$1,200
廣告費用	$500	銷貨成本	$2,000
設備	$25,000	股本	$26,200
利息費用	$500		

【解析】

1. 銷貨淨額－銷貨成本＝銷貨毛利
2. 銷貨毛利－（銷售費用＋管理費用）＝營業淨利
3. 營業淨利＋非營業收益－非營業損失＝純益額（即所得額）

銷貨毛利

9,400 - 2,000 = 7,400

營業淨利

7,400 -（ 500 + 300 + 1,200）= 5,400

所得額

5,400 - 500 = 4,900

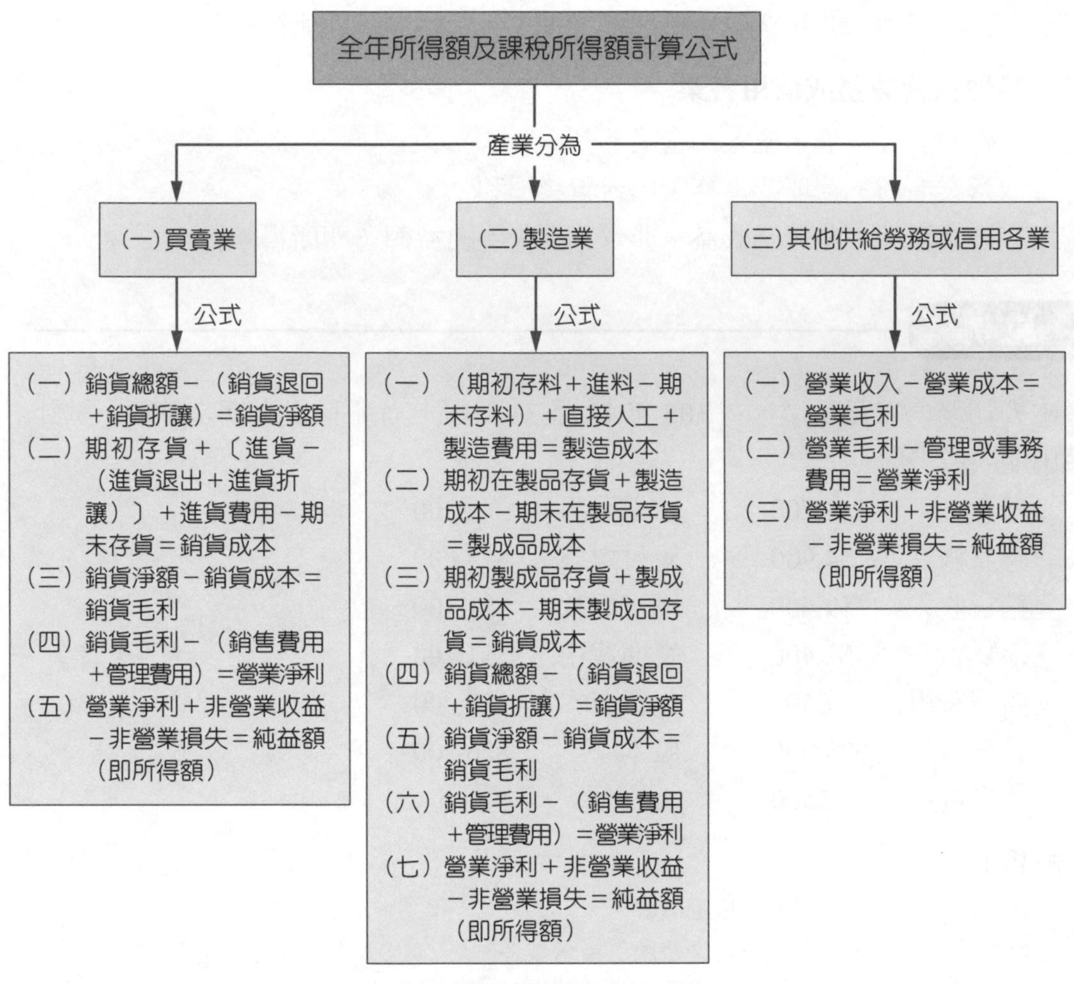

圖 9-2 營利事業所得額計算之概念圖

9.2.2 同業利潤標準之所得額

所謂同業利潤標準，係每年度由財政部各地區國稅局訂定，並報經財政部備查之所得額核定標準。當營利事業在稽徵機關進行調查或復查時，對於全部或部分證明所得額之帳簿、文據有未提示，或已提示但提示不完全、不健全或不相符者，則稽徵機關得就全部或部分證明之所得，依該行業利潤標準予以核定。同業利潤認列標準可分為淨利率標準與毛利率標準，說明如下：

一、淨利率標準

營利事業對證明營業收入、營業成本，以及營業費用之帳簿、文據均未能提示供稽徵機關查核時適用之。

淨利率計算公式：
全年所得額＝營業收入淨額 × 同業淨利率標準＋非營業收入－非營業損失及費用

範例

台中公司民國 105 年度營利事業所得稅結算申報，原申報營業收入 $3,000,000 元，營業成本 $1,500,000 元、營業費用 $1,200,000 元、非營業收入 $400,000 元、非營業損失 $300,000 元、全年所得額 $400,000 元。由於台中公司於稽徵機關查核時，未能提示相關文據供查，但已舉證非營業損失及費用之相關文據。台中公司之同業毛利率標準為 30%，同業淨利率標準為 15%，所得額及應補稅額將被核定如下：
全年所得額＝ $3,000,000× 15%＋ 400,000 － 300,000 ＝ 550,000
應補稅額＝（$550,000 － $400,000）×17%＝ $25,500

二、毛利率標準

於營利事業對證明營業收入或營業成本之帳簿、文據未能提示供稽徵機關查核，或已提示但提示不完全、不健全或不相符時適用之。

毛利率標準計算公式：
全年所得額＝營業收入淨額 × 同業毛利率標準－營業費用及損失＋非營業收入－非營業損失及費用

範例

台中公司（同上）於稽徵機關查核時，已提示全部帳簿、文據供查，但有關商品手數量經勾稽不符，則所得額及應補稅額將被核定如下：
假設台中公司資料如上，而營業費用為 600,000
＝ $3,000,000×30%－ $600,000 ＋ $400,000 － $300,000 ＝ 400,000
$400,000 ＜ $550,000
全年所得額＝ $400,000

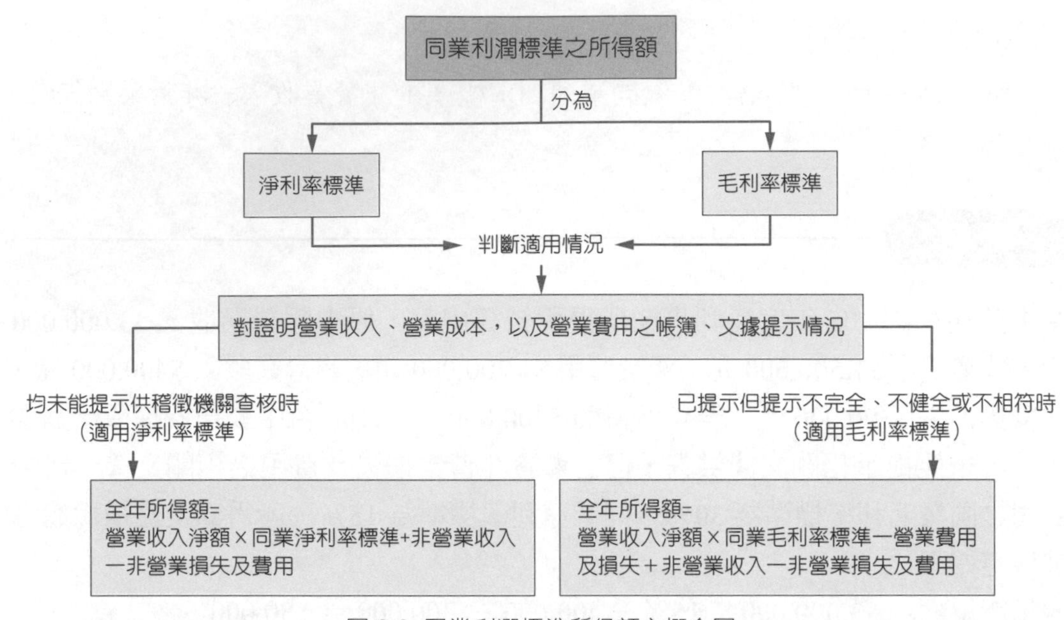

圖 9-3 同業利潤標準所得額之概念圖

9.2.3 擴大書面審核純益率標準之所得額

稅務新聞 News

營利事業未如期申報繳稅就喪失擴大書審或盈虧互抵的機會

103 年度營利事業所得稅結算申報截止日為 102 年 6 月 3 日，甲公司卻在 102 年 6 月 4 日才完成結算申報並繳清稅款，自行列報課稅所得額為 800 萬元（當年度全年所得額 1,800 萬元，扣除前 10 年虧損 1,000 萬元），經國稅局查核發現該公司逾期申報，乃否准適用前 10 年虧損扣除的規定，重新核定課稅所得額為 1,800 萬元，並補稅 170 萬元。

國稅局解釋若公司要採用擴大書面審核案件或會計師簽證案件適用盈虧互抵者，需以如期申報及繳稅為前提，必於 103 年 6 月 3 日前依限辦理申報及繳稅，即使只逾 1 天，亦不能適用前 10 年虧損扣除之規定，所以差 1 天，對公司影響就差很大。

資料來源：2014/05/22 財政部中區國稅局稅務新聞

為了簡化稽徵，推行便民服務，特由財政部每年頒訂「擴大書面審核營利事業所得稅結算申報案件實施要點」規定擴大書審純益率標準申報納稅，擴大書面審核須符合下列條件，予以書面審核：

一、全年營業收入淨額及非營業收入【不包括土地及其定著物（如房屋等）之交易增益暨依法不計入所得課稅之所得額】合計在新臺幣 3000 萬元以下之營利事業

二、其年度結算申報，書表齊全者

三、稅額應繳清無欠稅者。

營利事業採擴大書審辦理結算申報時，應以實際營業業別純益率辦理申報

（一）適用書面審核規定之行業：102 年度營利事業所得稅結算申報案件擴大書面審核實施，彙總下：

表 9-1 102 年度營利事業所得稅結算申報案件

行業別	純益率
稻米批發；農產品（花卉）批發市場承銷；農產品（活體家畜）批發市場承銷；農產品（果菜）批發市場承銷；農產品（家畜肉品、家禽）批發市場承銷；農產品（魚）批發市場承銷	1%
豆類、麥類及及其他雜糧買賣；國產菸酒批發；進口菸酒批發；金（銀）條、金（銀）塊、金（銀）錠及金（銀）幣買賣；菸酒零售；稻米零售；計程車客運	2%
未分類其他礦業及土石採取；其他食用油脂製造；其他碾穀；動物飼料配製；粗製茶；精製茶；家畜批發；家禽活體買賣；魚類批發；其他水產品批發；鹽；廢紙批發；廢五金批發；其他回收物料批發；水產品零售；汽油零售	3%
農、林、漁、牧業（農作物採收除外）；大理石採取；其他砂、石及黏土採取；金屬礦採取；硫磺礦採取；紡紗業（瓊麻絲紗（線）紡製；韌性植物纖維處理除外）；織布業（玻璃纖維梭織布製造；麻絲梭織物製造除外）；織帶織製；針織成衣製造業（針織睡衣製造除外）；竹製品製造；堆肥處理；蛋類買賣；動物飼料批發；刷子、掃帚批發；未分類其他家庭器具及用品買賣；液化石油氣批發；桶裝瓦斯零售；寵物飼料零售；遊覽車客運；汽車貨櫃貨運；搬家運送服務；其他汽車貨運；市場管理；綠化服務；未分類其他組織	4%
矽砂採取；砂石採取；冷凍冷藏水產製造；豆腐（乾、皮）製造；豆類加工食品（豆腐、豆乾、豆皮、豆腐乳、豆鼓、豆漿除外）製造；代客碾穀；紅糖製造；毛巾物製造；梭織運動服製造；襪類製造；皮革、毛皮整製；合板及組合木材製造；整地、播種及收穫機械設備製造；拉鍊製造；綜合商品批發；蔬菜買賣；水果買賣；畜肉買賣；禽肉買賣；豆腐批發；豆類製品零售；絲織、麻織、棉織、毛織品買賣；家電（視聽設備除外）買賣；家用攝影機買賣；照相機買賣；金（銀）飾買賣；砂石批發；柴油買賣；汽車輪胎買賣；超級市場；直營連鎖式便利商店；加盟連鎖式便利商店；雜貨店（以食品飲料為主）；雜貨店（非以食品飲料為主）；未分類其他綜合商品零售；零售攤販業；團膳供應；影片服務業（電視節目製作及電視節目代理及發行除外）；展示場管理；複合支援服務	5%
產業用機械設備維修及安裝業（鍋爐、金屬貯槽及壓力容器維修及安裝、船舶維修、航空器維修除外）；污染土地整治服務；營造業（住宅營建；納骨塔營建；其他建築工程；冷凍、通風、空調系統裝修工程；其他建築設備安裝除外）；加盟連鎖式便利商店（無商品進、銷貨行為）；餐盒零售；短期住宿服務業；電視節目製作；電視節目代理及發行；廣播節目製作及發行；廣播業；電視傳播及付費節目播送業；不動產投資開發、興建及租售；廣告業（其他廣告服務除外）；商業設計；燈光、舞台設計服務	7%

行業別	純益率
納骨塔營建；保健食品買賣；附駕駛之小客車租賃；報關服務；船務代理；停車場管理；運輸公證服務；倉儲業；電信業；電腦系統設計服務業；入口網站經營、資料處理、網站代管及相關服務業；其他資訊供應服務業；存款機構（其他存款機構除外）；其他金融中介業（民間融資、投資有價證券除外）；人身保險業；財產保險業；再保險業；保險及退休基金輔助業（財產保險經紀及人身保險經紀除外）；證券業；期貨業；未分類其他金融輔助；土地開發；不動產租賃；不動產轉租賃；積體電路設計； 專門設計服務業（商業設計除外）；藝人及模特兒等經紀；機械設備租賃業；運輸工具設備租賃業；個人及家庭用品租賃業；人力仲介業；人力供應業；旅行及相關代訂服務業；信用評等服務	8%
連鎖速食店；餐館；咖啡館；酒精飲料店；視唱中心（KTV）；視聽中心	9%
電力供應業；商品經紀業；多層次傳銷（佣金收入）；有娛樂節目餐廳；民間融資；財產保險經紀；人身保險經紀；證券投資顧問；其他投資顧問；不動產仲介；不動產代銷；法律服務業；管理顧問業；建築、工程服務及相關技術顧問業（積體電路設計除外）；未分類其他技術檢測及分析服務；市場研究及民意調查業；環境顧問服務； 農、林、漁、礦、食品、紡織等技術指導服務；信用調查服務；汽車駕駛訓練；其他未分類教育服務；其他教育輔助服務；醫學檢驗服務；彩券銷售；特種茶室；特種咖啡廳；酒家、酒吧；舞廳；夜總會；特種視唱、視聽中心；電動玩具店；小鋼珠（柏青哥）店；指甲彩繪；豪華理容總匯；其他美容美體服務；美姿禮儀造型設計；寵物照顧及訓練	10%
不屬於上列九款之業別	6%

- 經營兩種以上行業之營利事業，以主要業別（收入較高者）之純益率標準計算之。

（二）下列各款申報案件不適用本要點書面審核之規定：

1. 不動產買賣之申報案件。
2. 其他存款機構；投資有價證券；基金管理；專業考試補習教學；醫院；其他未分類醫療保健服務。
3. 電力供應業；商品經紀業；多層次傳銷（佣金收入）；停車場管理；電視節目製作；電視節目代理及發行；廣播節目製作及發行；廣播電台經營；電視台經營；電視頻道供應服務；金融租賃；民間融資；財產保險經紀；人身保險經紀；其他投資顧問；土地開發；不動產投資開發、興建及租售；不動產租賃；不動產轉租賃；不動產仲介；不動產代銷；法律服務業；管理顧問業；建築、工程服務及相關技術顧問業（積體電路設計除外）；未分類其他技術檢測及分析服務；市場研究及民意調查業；環境顧問服務；農、林、漁、礦、食品、紡織等技術指導服務；機械設備租賃業；運輸工具設備租賃業；個人及家庭用品租賃業；信用調查服務；汽車駕駛訓練；其他未分類教育服務；其他教育輔助服務；醫學檢驗服務等全年營業收入淨額及非營業收入合計在新臺幣一千萬元以上之申報案件。

4. 符合所得稅法第十一條第四項規定之教育、文化、公益、慈善機關或團體及其附屬作業組織或農會、漁會申報案件。
5. 國外或大陸地區營利事業在我國境內設有分支機構之申報案件。
6. 營業代理人代理國外或大陸地區營利事業申報案件。
7. 逾期申報案件。但依本要點第二點規定純益率標準調整所得額，並於申報期限截止前繳清應納稅款或無應納稅款者，可准其適用本要點規定辦理（獨資、合夥組織無須計算及繳納應納稅款，故排除本但書規定之適用）

計算公式如下：
全年所得額＝營業收入淨額＋非營業收入（不含土地附著物）× 擴大書面審核純益率標準＋土地附著物之交易所得（損失）

範 例

1. 逢甲公司經營旅館業於 104 年度全年營業收入淨額 2,000 萬元，營業外收入總額 100 萬元。逢甲公司採用擴大書面審核，則自行申報所得為何？
   假設法定純益率為 7%
   全年所得額＝（20,000,000 ＋ 1,000,000）× 7% ＝ 1,470,000
   應納稅額＝ 1,470,000 ×17%＝ 249,900
2. 台中公司營業收入 1,800,000 元，營業外收入 200,000 元，帳上所得 130,000 元，採擴大書面審核辦理結算申報，法定純益率 6%。

【解析】
（1,800,000 ＋ 200,000）× 6% ＝ 120,000
與帳上所得 130,000，兩者從高為 130,000

● 帳載所得若較高則以帳載為準。

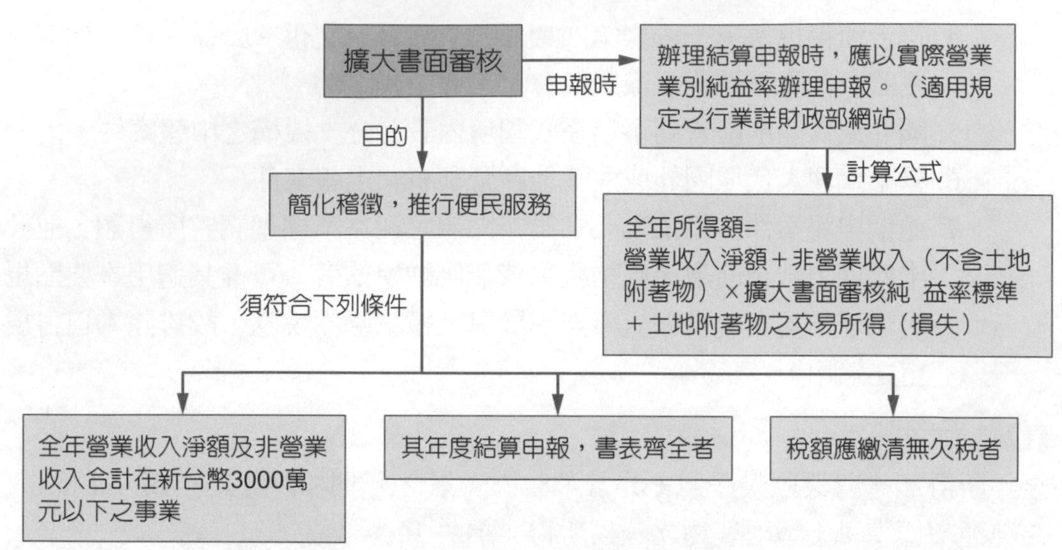

圖 9-4 擴大書面審核純益率標準所得額之概念圖

9.2.4 所得額標準

依所得稅法第 80 條，係指稽徵機關在營利事業每年度辦理結算申報後，應派員調查，核定其所得額及應納稅額，並視當地納稅人之多寡，採分業抽樣方法，核定各該業之所得額標準。該所得額標準由於係由稽徵機關依實際申報狀況調查而得，並不具懲罰性質，故一般較同業利潤標準為低，但較擴大書審純益率標準為高。營利事業申報之所得額，如在該業適用之所得額標準以上者，稽徵主管原則上應以原申報額為準書面審核。營利事業申報營業收入淨額及非營業收入合計數（不包括土地附著物之交易增益暨依法免計入所得額課稅之收入）如在 30,000,000 元以下，固得依前項擴大書審純益率標準自行調整申報，以免除稽徵機關實地查核作業。營利事業使用收銀機開立統一發票，經依規定設帳並記載，且當年度未經查獲有短漏開發票情事者，其所得額標準得降低二個百分點。

● 103/1/1 起已停止適用有關使用收銀機開立統一發票之獎勵措施於 102 年底落日，自 103 年度起至 112 年度止改由使用電子發票之營利事業繼續適用（依據財政部 101 年 9 月 27 日台財稅字第 10104609090 號令辦理）。

一、鼓勵營利事業使用收銀機開立統一發票之措施自 75 年實施以來，階段性目標已達成，爰財政部 75 年 7 月 18 日台財稅第 7526453 號函及 92 年 12 月 29 日台財稅字第 0920455413 號函予以廢止。並自 103 年度營利事業所得稅結算申報案件生效。

二、102 年 12 月 31 日以前依加值型及非加值型營業稅法第 32 條第 5 項及營業人使用收銀機辦法規定經主管稽徵機關核定使用收銀機開立統一發票之營利事業，自 103 年度起至 112 年度止，各該年度符合下列各款規定者，當年度營利事業所得稅結算申報屬適用擴大書面審核案件，適用之純益率標準得降低一個百分點；非屬適用擴大書面審核案件，適用所得額標準得降低二個百分點：

（一）經營零售業務。

（二）全部依統一發票使用辦法第 7 條第 3 項規定，以網際網路或其他電子方式開立、傳輸或接收統一發票。但遇有機器故障，致不能依上開規定辦理者，不在此限。

（三）依規定設置帳簿及記載，且當年度未經查獲有短漏開發票情事。

● 擴大書面審核實施要點之純益率標準，係指結算申報書損益表之純益率，亦即指純益率＝課稅所得額 /（營業內收入淨額＋營業外收入），而所得額標準指的是損益表之淨利率，係指營業淨利 / 營業內收入淨額，說明如下：

表 9-2 損益表之淨利率計算

項目	帳列數	依法調整數		
		擴大書審 6 %	所得額標準 8 %	
			正確算法	錯誤算法
營業收入淨額（A）	100	100	100	100
營業淨利（B）	5		8	7.8
淨利率（B/A）	5%		8 %	7.8 %
營業外收入（C）	10	10	10	10
營業外支出（D）	9		9	9
全年所得額（E）	6			
課稅所得額（F）		6.6	9	8.8
純益率	5.45%	6%	8.18 %	8 %

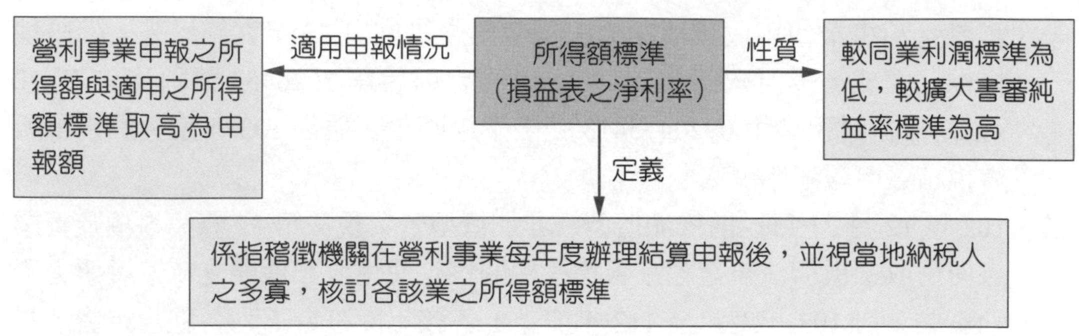

圖 9-5 所得額標準

9.2.5 總機構在境外國際運輸等事業之所得額計算

依所得稅法第 25 條規定總機關在中華民國境外之營利事業，在中華民國境內經營國際運輸、承包營建工程、提供技術服務或出租機器設備等業務，其成本費用分攤計算困難，不論其在中華民國境內是否設有分支機構或營業代理人，應按下列標準計算營利事業所得額：1. 國際運輸業務按其在中華民國境內營業收入之 10% 為境內的營利事業所得額。2. 承包營建工程、提供技術服務或出租機器設備等業務按其在中華民國境內營業收入之 15% 為中華民國營利事業所得額。

所稱在中華民國境內之營業收入，其屬於經營國際運輸業務者，依下列之規定：

一、海運事業

指自中華民國境內承運出口客貨所取得之全部票價或運費。

為順應國際間實施噸位稅趨勢，鼓勵航商國輪回籍，提升我國海運之國際競爭力，自民國 100 年度起，總機構在中華民國境內經營海運業務之營利事業，符合一定要件，經中央目的事業主管機關交通部核定者，其海運業務收入得選擇按船舶淨噸位計算營利事業所得額課徵營利事業所得稅（以下簡稱噸位稅制）。

（一）海運業之營利事業適用噸位稅制之要件：

1. 營利事業應為經交通部許可並以符合規定之船舶實際從事客貨運輸之船舶運送業。

2. 須登記擁有一艘以上中華民國船舶，且該等中華民國船舶淨噸位合計數占 該營利事業及其直接或間接持股超過 50% 之子公司所擁有全部船舶淨噸位合計數之比例，自適用噸位稅制之第 3 年度及第 5 年度決算日起，應分別達到 15% 及 30%。
3. 應僱用中華民國員工（含海上及岸勤人員）35 人以上，並依規定應配置船員總人數計算，每 15 名船員提供 2 名實習生名額，承擔船員培訓義務。

（二）噸位稅制之適用船舶、海運業務收入範圍及海運業務所得額之計算

營利事業每年度海運業務收入之營利事業所得額，得依下列標準按每年三百六十五日累計計算：

1. 各船舶之淨噸位在一千噸以下者，每一百淨噸位之每日所得額為六十七元。
2. 超過一千噸至一萬噸者，超過部分每一百淨噸位之每日所得額為四十九元。
3. 超過一萬噸至二萬五千噸者，超過部分每一百淨噸位之每日所得額為三十二元。
4. 超過二萬五千噸者，超過部分每一百淨噸位之每日所得額為十四元。

營利事業經營海運業務收入者按船舶淨噸計算海運業務收入之所得額。營利事業一經辦理結算申報選定適用噸位稅制，應連續適用 10 年，不得變更。但經交通部撤銷審定者，自不符合要件之年度起連續 5 年，不得再選擇適用噸位稅制。（所 §24-4）

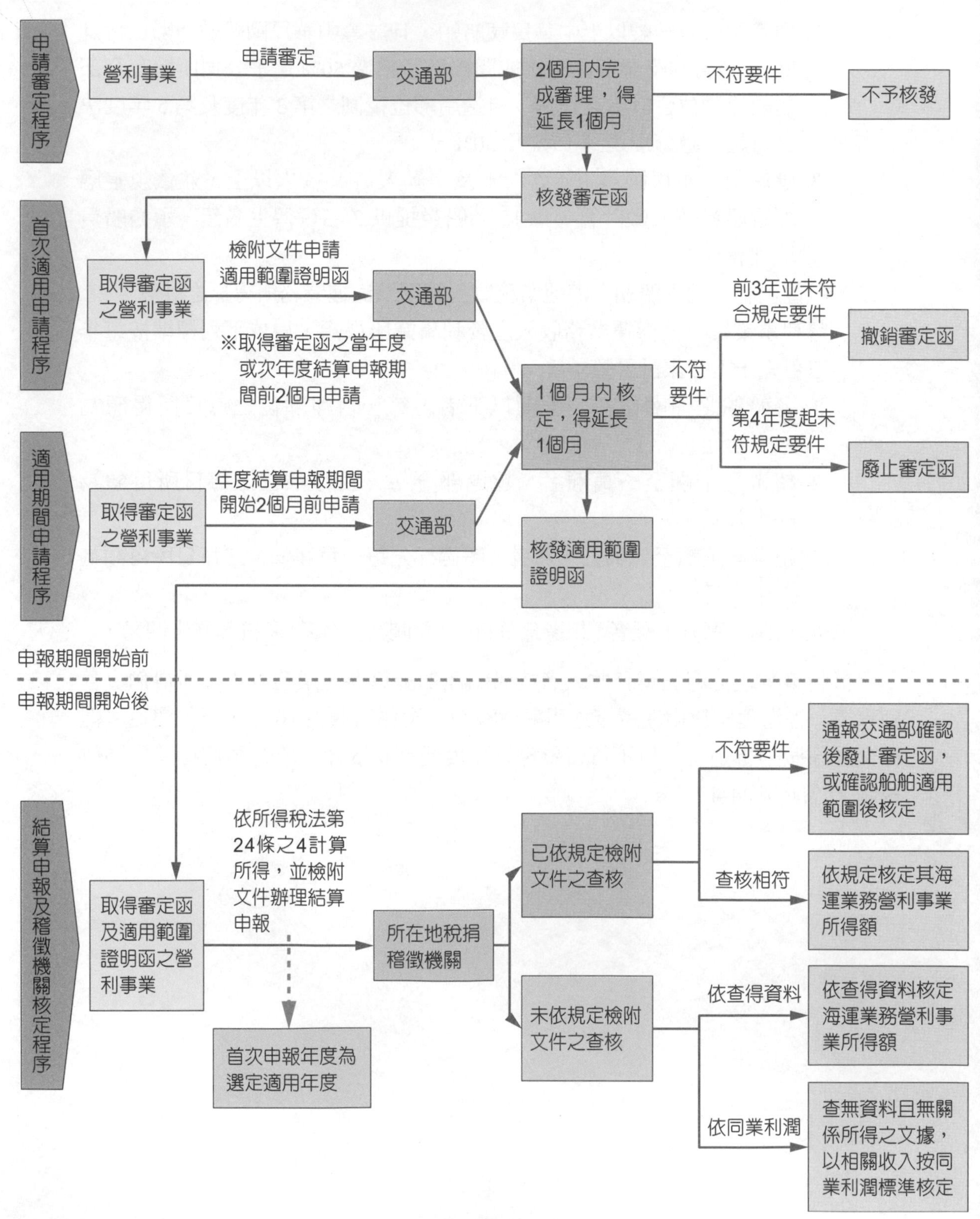

圖 9-6 營利事業所得額流程圖

二、空運事業

（一）客運：指自中華民國境內起站至中華民國境外第一站間之票價。

（二）貨運：指承運貨物之全部運費。但載貨出口之國際空運事業，如因航線限制等原因，航程中途將承運之貨物改由其他國際空運事業之航空器轉載者，按該國際空運事業實際載運之航程運費計算。

範例

新加坡外國航空公司經營國際運輸業務，有中華民國境內所得，其境內之所得額委託在中華民國境內台中運輸公司之營業代理人辦理申報，業經核准得按境內營業收入之一定比例計算所得額。

若於民國 104 年度之營利事業所得稅結算申報營業收入 7,000 萬元，則所得額為何？

【解析】

國際運輸業務之稅率為 10%

所得額 =70,000,000× 10% =7,000,000

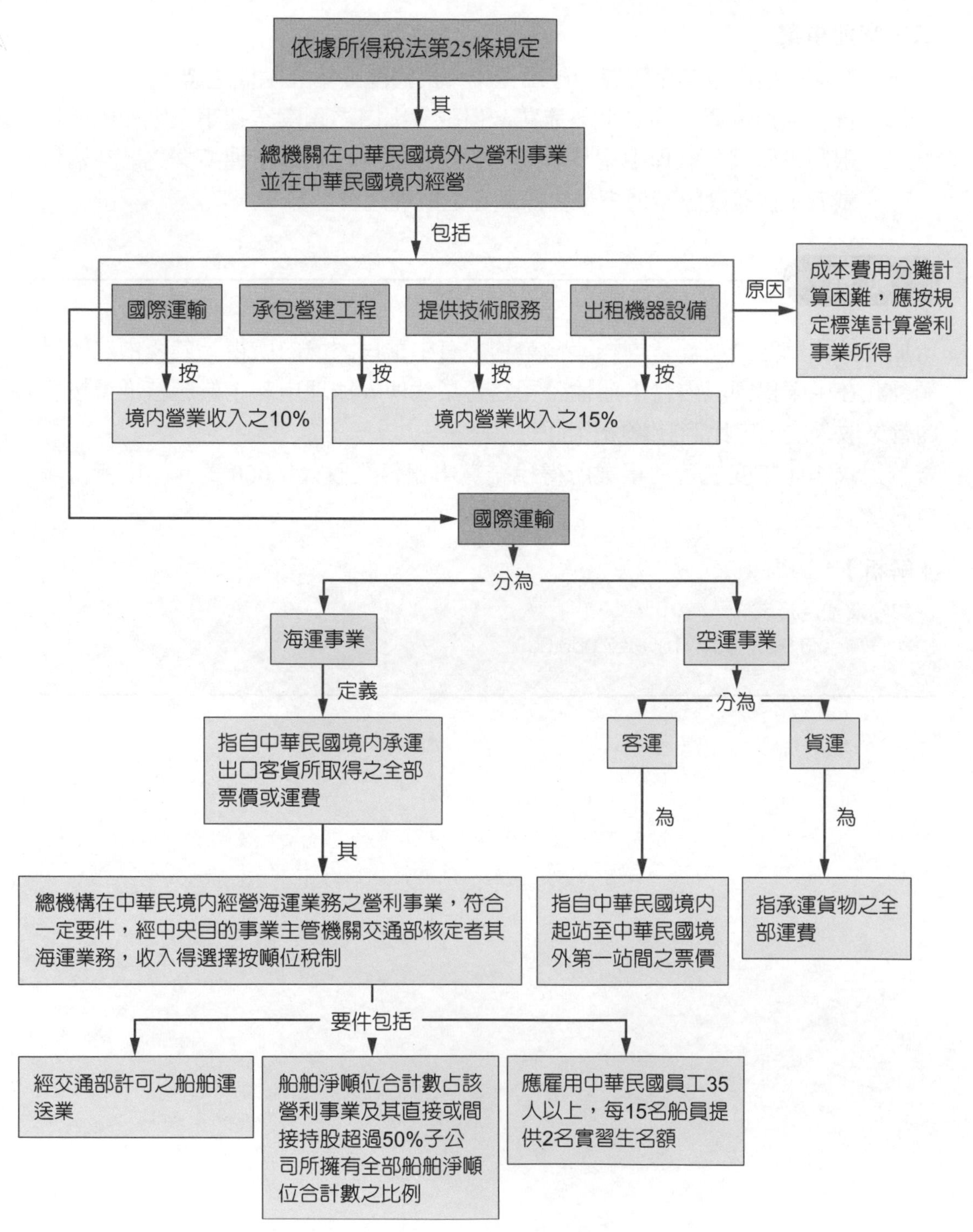

圖 9-7 總機構在境外國際運輸等事業所得額計算之概念圖

9.2.6 國外影片事業之所得額

依所得稅法第26條規定，國外影片事業在中華民國境內無分支機構者，經由營業代理人出租影片之收入，應以其二分之一為在中華民國境內之營利事業所得額，其在中華民國境內設有分支機構者，出租影片之成本，得按片租收入45%計列。

範例

1. 親親為國外影片事業在境內未設有分支機構，經由營業代理人出租影片者申報，民國104年度該片租收入3,000,000，其在中華民國境內之所得額為多少。

3,000,000×50% =1,500,000

2. 若親親在境內設有分支機構，104年度該片租收入3,000,000，其發生營業費用1,200,000元、利息收入200,000元其所得額為多少。

所得額＝片租影片收入 ×（1-45%）－營業費用＋非營業收入－非營業損失及費用

所得額＝ 3,000,000×（1-45%）－ 1,200,000 ＋ 200,000

＝ 650,000

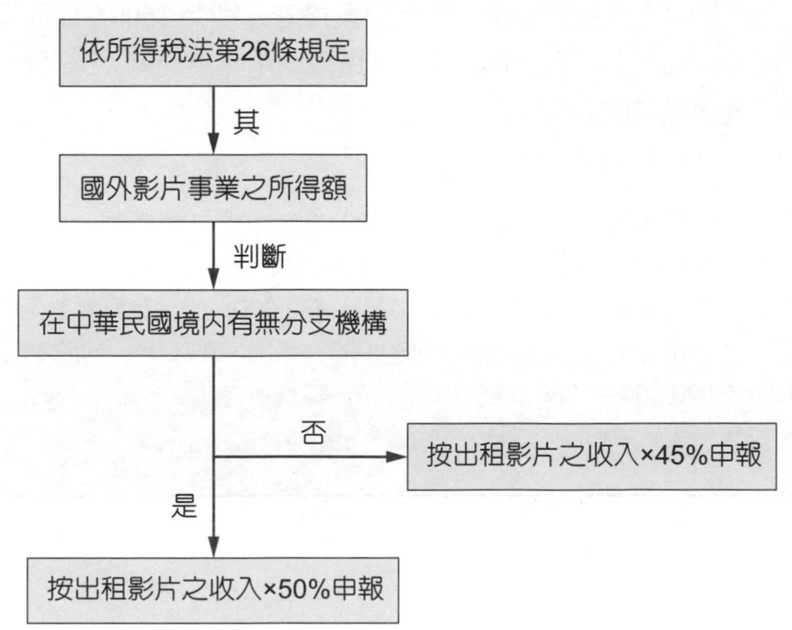

圖 9-8 國外影片事業所得額之概念圖

9.2.7 減免所得稅之所得額

減免所得稅不計入所得課稅之所得額，其土地交易損失不得自所得額中減除。分述如下：

一、減免所得稅之所得額

（一）土地交易所得（所 §4）。

（二）取自個人贈與之財產（所 §4）。

（三）依證券交易稅條例課徵證券交易稅之證券交易所得（所 §4-1）

（四）依期貨交易稅條例課徵期貨交易稅之期貨交易所得（所 §4-2）。

（五）獎勵減免所得。

（六）國際金融業務分行依國際金融業務條例第 13 條規定免徵營利事業所得稅之所得額。

（七）其他法律規定免徵營利事業所得稅之所得額。

範例

台中建設公司民國 101 年度營利事業所得稅結算申報，其相關資料如下：
申報營業收入 $10,000,000 元含土地 $6,000,000 元及房屋 $4,000,000 元。其營業成本為 $6,000,000 元，含土地 $3,500,000 元、房屋 $2,500,000 元。營業費用 $1,500,000 元，其中可直接歸屬土地及房屋負擔者分別為 $500,000 元及 $200,000 元，其他為一般性費用。則台中建設公司民國 101 年度全年所得額、免稅之土地交易所得、應納稅額為何？

【解析】

10,000,000 － 6,000,000 － 1,500,000 ＝ 2,500,000……全年所得額

6,000,000÷10,000,000 ＝ 60%　…………土地售價比例

（1,500,000 － 500,000 － 200,000）× 60%＝ 480,000…土地應分攤營業費用

6,000,000 － 3,500,000 －（500,000 ＋ 480,000）＝ 1,520,000… 土地交易所得

2,500,000 － 1,520,000 ＝ 980,000　…………課稅所得額

980,000×17% ＝ 166,600　…………應納稅額

9.3 營利事業所得稅之應納稅額計算

稅務實務 News

獨資、合夥組織之營利事業辦理結算申報，雖無須計算及繳納其應納之結算稅額，惟若有短漏報情事者，仍應處罰

甲合夥營業人在 101 年度之所得額約 19 萬餘元、營業收入 200 餘萬元，甲合夥營業人認為已歸屬綜合所得稅申報期營利所得不需要計算應納稅額與併入申報，經查得於漏報所得額約 19 萬餘元，依當年度適用之營利事業所得稅稅率 17% 計算之金額 3 萬餘元處罰鍰 1 萬餘元。

國稅局說明，獨資、合夥營利事業依所得稅法第 71 條規定辦理結算申報時，無須計算及繳納其應納之結算稅額，其營利事業所得額，由獨資資本主或合夥組織合夥人依所得稅法第 14 條第 1 項第 1 類列為營利所得，依同法規定課徵綜合所得稅，亦即在現行營利事業所得稅制下，僅係將獨資、合夥營利事業，其稅捐債務整併至資本主或合夥人之綜合所得稅階段，以簡化稽徵作業程序，並未改變該等營利事業仍為課稅主體之實質。是以獨資、合夥營利事業就依所得稅法規定應申報課稅之所得額有漏報或短報情事者，依據所得稅法第 110 條第 4 項規定，仍應就稽徵機關核定短漏之課稅所得額依當年度適用之營利事業所得稅稅率計算之金額，分別依所得稅法第 110 條第 1 項規定倍數處罰。

資料來源：2014/04/30 財政部北區國稅局

一、公司組織之應納稅額計算

我國營利事業所得稅稅率自 99 年度起，營利事業所得稅稅率由 25% 調降為 17%。我國公司之所得稅稅率較中國大陸 25% 及韓國 22% 為低，亦與新加坡 17% 及香港 16.5% 相當，有效營造低稅負並具國際競爭力之租稅環境，將可帶動整體經濟及產業發展，創造國民就業機會，進而對整體稅收應有挹注效果。

二、獨資或合夥組織之應納稅額計算

103.6.4 修正所得稅法第 71 條，獨資或合夥組織自 104 年度起須繳納應納營所稅額之半數。依所得稅法第七十一條 規定納稅義務人為獨資、合夥組織之營利事業者，以其全年應納稅額之半數，減除尚未抵繳之扣繳稅額，計算其應納之結算稅額，於申報前自行繳納；其營利事業所得額減除全年應納稅額半數後之餘額，應由獨資資本主或合夥組織合夥人依第十四條第一項第一類規定列為營利所得，依本法規定課徵綜合所得稅。但其為小規模營利事業者，無須辦理結算申報，其營利事業所得額，應由獨資資本主或合夥組織合夥人依第十四條第一項第一類規定列為營利所得，依本法規定課徵綜合所得稅。

中華民國境內居住之個人全年綜合所得總額不超過當年度規定之免稅額及標準扣除額之合計數者，得免辦理結算申報。但申請退還扣繳稅款及可扣抵稅額者，仍應辦理結算申報。

第一項及前項所稱可扣抵稅額，指股利憑單所載之可扣抵稅額。

9.3.1 所得稅稅率

我國營利事業所得稅稅率彙總如下：

表 9-3 營利事業所得稅稅率表

級距	所得額級距	稅率	試算公式
1	120,000 元以下	免稅	T= 稅額，P= 所得額
2	181,818 以下		P 在 181,818 元以下者 T=（P- 120,000 元）/2
3	181,818 以上	17%	T=17%

範 例

假設大大公司於民國 104 年度的全年所得額有下列三種：(1) $40,000 元 (2) $170,000 元 (3)$350,000 元，試計算應納稅額為多少？

(1) 應納稅額＝ 0

(2) 應納稅額＝ $25,000

(170,000-120,000) / 2 ＝ 25,000

(3) 應納稅額＝ $59,500

350,000×17% ＝ 59,500

9.3.2 營利事業營業期間不滿 1 年之計算

營業期間不滿 1 年者，應先將其課稅所得額按實際營業期間相當全年之比例換算為全年課稅所得額，依適用稅率計算稅額後，再就原比例換算為本期應納稅額。營業期間不滿 1 個月者，以 1 個月計算。以上所稱「營業期間不滿 1 年」，是指營利事業在年度進行中，新設立或因故停業或歇業而言。對於清算所得及因違反稅法規定，經稽徵機關依法勒令停業處分者，不適用營業期間不滿 1 年換算所得額之規定。

公式：

$$全年度所得額＝課稅所得額 \times \frac{12}{實際營業月數}$$

$$應納稅額＝（全年度所得額 \times 適用稅率）\times \frac{實際營業月數}{12}$$

納稅義務人申報營利事業稅時應提示有關各種證明所得額之帳簿、文據，其未提示者，稽徵機關得依查得之資料或同業利潤標準，核定其所得額，或營利事業依規定自願申報最高的所得額以免除稽徵主管查核

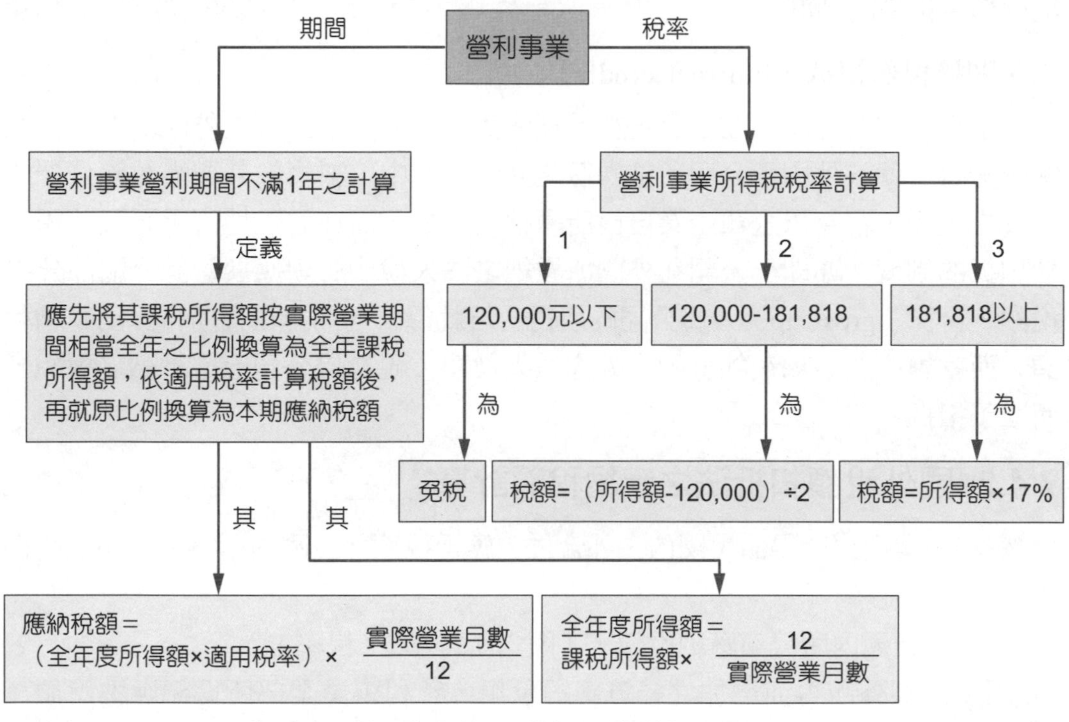

圖 9-9 營利事業所得稅之應納稅額計算之概念圖

9.4 國外稅額扣抵法

9.4.1 國外稅額扣抵法之意義與種類：

對於國民的所得，不問其來源是國內或國外均納入課稅對象時，為避免雙重課稅對於國外來源所得已經在國外繳納之稅款的相當金額，准予從國內應納稅額中扣除，即國外稅額扣抵法。可分為直接稅額扣抵法及間接稅額扣抵法。

一、直接稅額扣抵（direct credit）

是指企業對於其國外所得，在國外已經繳納之外國稅額，從居住地國之應納稅額中扣除的制度。

二、間接稅額扣抵（indirect credit）

是指企業在外國設立子公司從事經濟活動，從該子公司之外國法人取得盈餘分配時，就該外國子公司所被課徵之外國稅額中，對應於其取得盈餘分配的部分之金額，視為母公司企業自己所繳納之稅額，而在居住地國承認該外國稅額扣抵的制度。亦即子公司在外國所繳納之法人稅中，對應於盈餘分配部分之稅額，合算（gross up）入母公司的所得，再就母公司的全世界所得算出應納稅額，而就對應於該項盈餘分配之外國法人稅額，視為母公司已經繳納之稅額，而准予扣抵。

9.4.2 國外稅額扣抵法之應納稅額計算：

1. 營利事業全部所得額（國內、外合併）應納稅額＝（國內所得額＋國外所得額）× 稅率
2. 營利事業國內所得額應納稅額＝（國內所得額 × 稅率）
3. 因加計國外所得而增加之結算應納稅額＝營利事業全部所得額應納稅額－營利事業國內所得額
4. 營利事業全部所得實際應納稅額 = 營利事業（國內外合併）全部所得應納稅額－（國外繳納稅額合計數、加計國外所得而增加之應納稅額，兩者取其小。）

範例

明道公司總部設在台中，另在日本設有分公司，104 年度總部之營利事業所得額為 6,000,000 元，日本分公司所得額 5,000,000 元；若明道公司在日本已繳納以下的稅款，則明道公司應納我國之營利事業所得稅為多少？

1. 假設日本分公司在當地已納所得稅新台幣 800,000 元。
2. 假設日本分公司在當地已納所得稅新台幣 900,000 元。

【解答】

營利事業（國內外合併）全部所得應納稅額

=（6,000,000 + 5,000,000） × 17%

= 1,870,000

營利事業國內所得應納稅額

= 6,000,000×17%

= 1,020,000

因加計國外所得而增加之應納稅額

= 1,870,000 – 1,020,000

= 850,000

明道公司可扣抵之國外已納所得稅最大限額為 850,000 元。

(1)【未超過最大限額】

日本分公司已納當地所得稅新台幣 800,000 元，小於最大限額，故能全抵。

營利事業全部所得實際應納稅額

= 1,870,000 - 800,000

= 1,070,000。

(2)【已超過最大限額】

850,000 ＜國外已納所得稅額 $900,000，故只能抵 850,000 元。

營利事業全部所得實際應納稅額

= 1,870,000 - 850,000

= 1,020,000

範 例

假設仁愛公司總機構設於新竹市，103 年度國內稅前所得額為 $10,000,000。此外，仁愛公司的國外分公司稅前所得額為 $5,000,000，該分公司於國外已納所得稅 $2,000,000。請計算仁愛公司本年度因加計國外所得而增加之結算應納稅額（扣抵上限）？國外分公司已納稅額實際可抵稅額？（97 會計師改編）

【解析】

全部所得額之應納稅額：

（$10,000,000 ＋ 5,000,000）×17% ＝ $2,550,000。

國內所得額之應納稅額：

$10,000,000×17 ＝ $1,700,000。

因加計國外所得而增加之應納稅額為：

$2,550,000 － 1,700,000 ＝ $850,000 ＜國外已納所得稅額 $2,000,000，故已納稅額實際扣抵稅額為 $850,000。

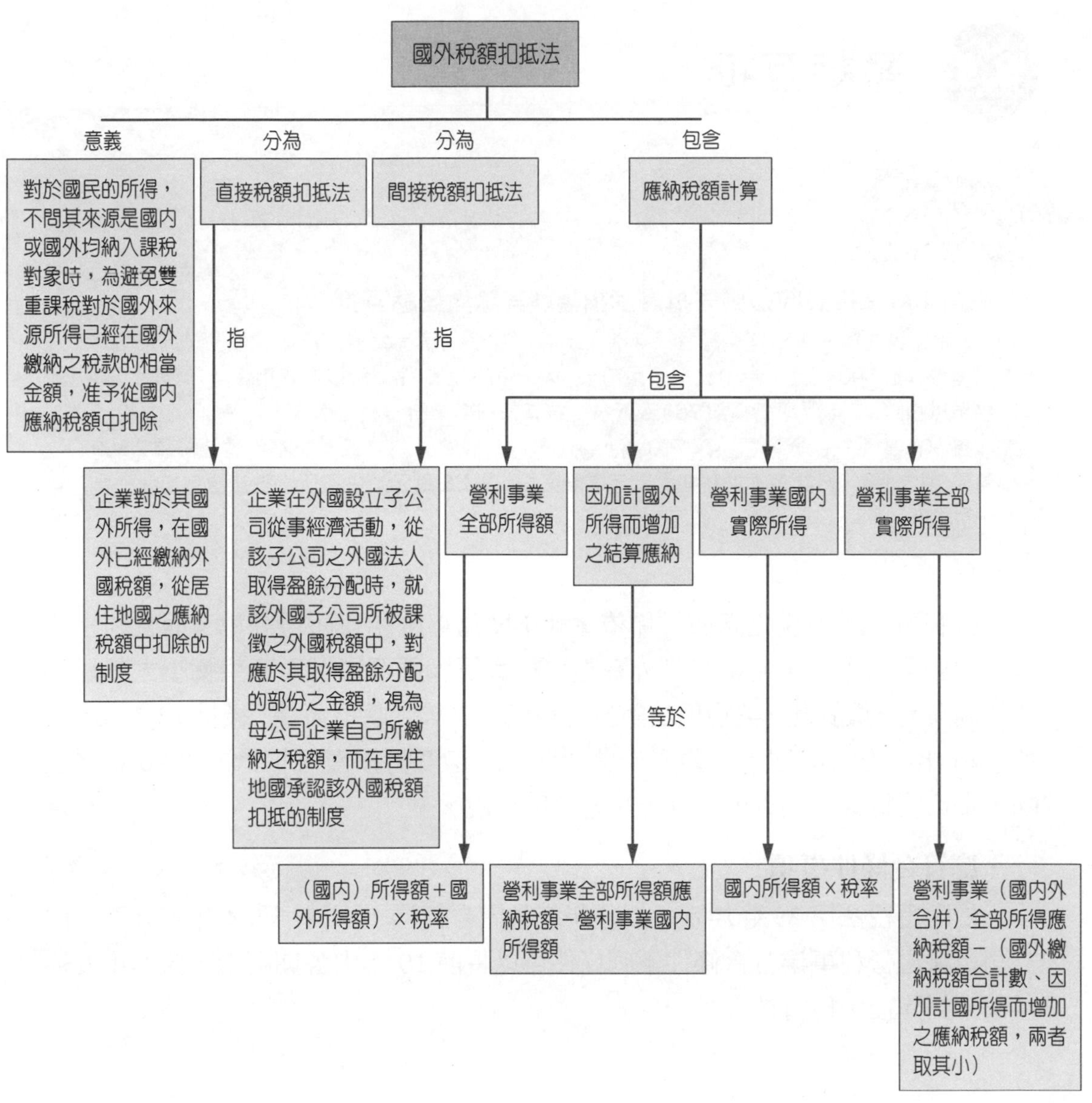

圖 9-10　國外稅額扣抵法之概念圖

9.5 盈虧互抵

稅務實務 News

虧損年度之投資收益應先抵減虧損後以其餘額盈虧互抵

台中公司申報 102 年度純益額 2,800 萬元，在 97 年度有虧損 700 萬元以及投資其他公司獲得收益 500 萬元。台中公司適用前十年虧損扣除之條件，所以申報 102 年申報時，直接予以扣除 97 年度之虧損額 700 萬元後，核算營利事業所得稅，而未先以 97 年度之投資收益 500 萬元先行抵減虧損額 700 萬元後，再以虧損餘額 200 萬元從本年度純益額 2,800 萬元中扣除後，再計算應納稅額。因而遭國稅局補稅 85 萬元，併按所得稅法規定加計利息一併徵收。

營利事業所得稅之課徵，係依會計年度為年度結算所得課稅，而營利事業各年度營業的盈虧，常會受到外在整體經濟環境循環影響而產生虧損尤其是剛開始創業者。鑑於此，美國稅法對於營利事業之年度虧損可採「後抵」3 年或「前抵」15 年之方式處理。我國對於營利事業之年度虧損僅可扣抵未來 10 年之盈餘，不可後抵或退回以前年度所繳納之所得稅。

一、應符合條件事項

依所得稅法第 39 條規定：以往年度營業之虧損，不得列入本年度計算。但公司組織之營利事業符合條件下列條件可以將前 10 年內各期虧損，自本年度純益額中扣除後，再行核課：

（一）營利事業須是公司組織。

（二）會計帳冊簿據須完備。

（三）須使用藍色申報書或經會計師查核簽證。

（四）須如期申報者並繳納稅款無欠稅者。

● 例外：短漏報課稅所得額占全年所得額之比例逾 5%，或經查獲短漏所得稅稅額超過 10 萬元不得享盈虧互抵。

範例

中部明道公司列報104年全年所得額400萬餘元，扣除前十年經核定的虧損400萬餘元後，課稅所得額及應納稅額均為0元，經中區國稅局查獲明道公司漏報會受何處分？

【解析】

經查獲明道公司漏報其他收入100萬餘元，除核定明道公司全年所得額500萬餘元外，因其漏稅額超過10萬元，且漏報所得比率超過5%（不得享盈虧互抵），因此中區國稅局核定，明道公司全年課稅所得額500萬餘元，以17%營所稅率計算，明道公司不但要補繳85萬餘元營所稅，漏報收入100萬餘元的部分，還被加處罰鍰17萬餘元。

二、短漏報情節非屬輕微者將取消盈虧互抵之資格

盈虧互抵之租稅優惠，旨在建立誠實申報納稅制度，公司所得稅結算申報須以會計帳冊簿據完備者為要件，如有短漏報所得情節非屬輕微者，將會被認定其會計帳冊簿據不完備，而被取消盈虧互抵之資格。所謂「短漏報情節非屬輕微」之認定，係以查獲短漏所得稅稅額超過10萬元及短漏報課稅所得額占全年所得額之比例超過5%為判斷標準。若取得不實憑證，以非實際交易對象憑證報稅者，只要誠實登帳並主動揭露表達；或不實憑證交易金額在120萬元以下者，在有盈餘需繳稅的年度，仍可准其先扣抵以前年度虧損後計稅。

範例

台中公司104年度營利事業所得稅結算申報，列報全年所得額1,200萬元及前10年核定虧損本年度扣除額1,200萬元，應納稅額0元。經該稽徵機關查獲漏報營業收入100萬元，按同業利潤標準毛利率65%增列所得額65萬元，核定全年所得額為1,265萬元，該公司是否會被取消盈虧互抵之資格？

【解析】

占全年所得額之比例65萬元 ÷1,265萬元＝ 5.14% ＞超過5%

台中公司短漏報所得情節非屬輕微會被取消盈虧互抵之資格。

三、盈虧扣除之期間限制

盈虧扣除所得額申請之年限以 10 年為限，其扣除順序，應自虧損之次一年度逐年順序扣除。

範 例

假設台中公司於 97 成立，歷年申報所得如下：

98	99	100	101	102	103	104
(100,000)	500,000	(2,000,000)	600,000	500,000	500,000	200,000

假設台中公司各年度均符合適用盈虧互抵之要件，則各年度課稅所得額計算如下：

98 年度＝ 0

99 年度＝ 500,000 － 100,000 ＝ 400,000

100 年度＝ 0

101 年度＝ 0 （2,000,000 － 600,000 ＝ 1,400,000 可供未來扣除）

102 年度＝ 0 （1,400,000 － 500,000 ＝ 900,000 可供未來扣除）

103 年度＝ 0 （900,000 － 500,000 ＝ 400,000 可供未來扣除）

104 年度＝ 0 （400,000 － 200,000 ＝ 200,000 可供未來扣除）

稅務實務 News

扣除免稅所得後造成虧損者，無盈虧互抵之適用。

某公司 99 年度申報前 10 年虧扣除額 3,000 萬元，依會計師簽證報告說明，該虧損扣除額係 96 年度經稽徵機關核定之虧損，惟經調閱該公司 96 年度核定資料，當年度經核定全年所得額為 3,000 萬元，扣除合於獎勵規定之免稅所得 6,000 萬元後始產生課稅所得額為虧損 3,000 萬元，依據財政部相關函釋「免稅所得大於核定所得既無虧損即無盈虧互抵之適用」規定，該公司96年度免稅所得6,000萬元大於核定全年所得3,000萬元，並未發生虧損，無盈虧互抵之適用。

營利事業列報前 10 年核定虧損扣除額時，應先檢視課稅所得額為負數之原因，倘係扣除免稅所得所致者，不得列報盈虧互抵，以免被稽徵機關查得除調整補稅外，應補稅額尚須自結算申報期限截止次日起至繳納補徵稅款之日止，依郵政儲金一年期定期儲金固定利率按日加計利息。

依照所得稅法第 39 條之規定，以往年度營業之虧損，不得列入本年度計算。但公司組織之營利事業，會計帳冊簿據完備，虧損及申報扣除年度均使用所得稅法所稱之藍色申報書或經會計師查核簽證，並如期申報者，得將經該管稽徵機關核定之前 10 年內各期虧損，自本年度純益額中扣除後，再行核課。惟倘免稅所得大於全年所得，致課稅所得為負數者，實質並無虧損產生，則無盈虧互抵之適用。

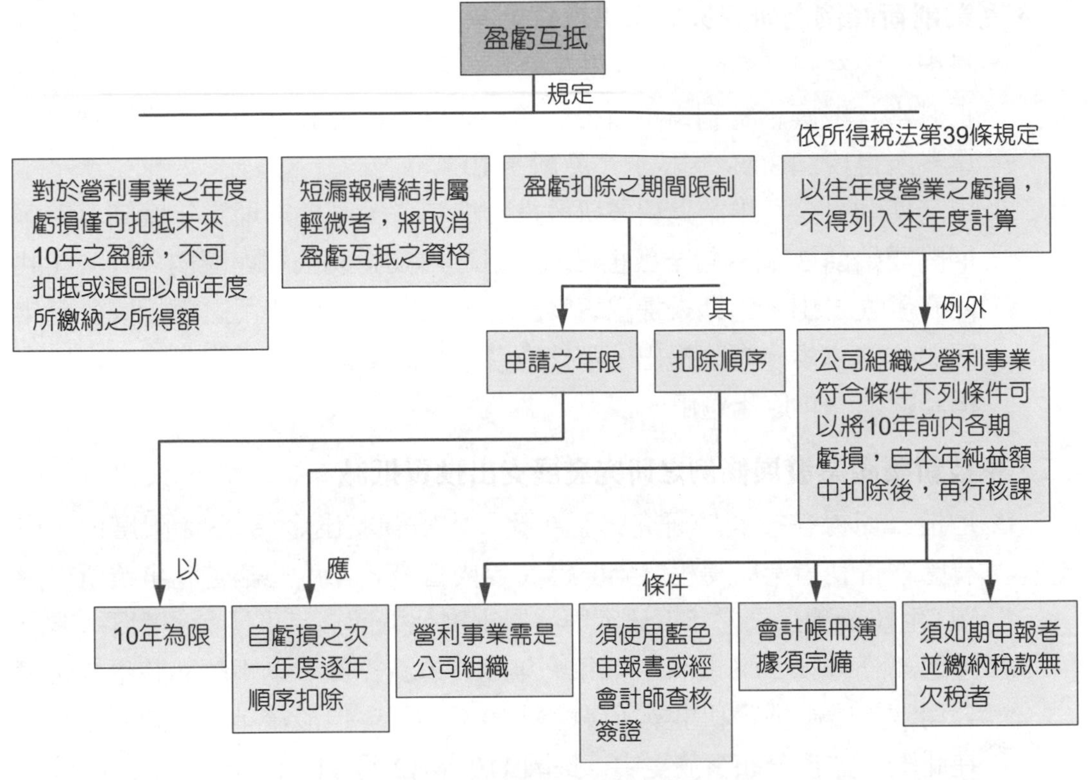

圖 9-11 盈虧互抵之概念圖

9.6 投資抵減

原屬促進產業升級條例之自動化機器設備投資抵減、新興重要策略性產業五年免稅及股東投資抵減、資源貧瘠或發展遲緩地區投資抵減，均已落日不再延續，其租稅減免相關之獎勵僅餘「研究發展支出」之投資抵減（產創§10）。目前公司尚可適用之租稅優惠有資源回收再利用法第 23 條、發展觀光條例第 50 條、生技新藥產業發展條例第 5 條及第 6 條、促進民間參與公共建設法第 36 條、第 37 條及第 40 條、獎勵民間參與交通建設條例第 28 條、第 29 條及 第 33 條、產業創新條例第 10 條、文化創意產業發展法第 27 條、電影法 第 39 條之 1、都市更新條例第 49 條、新市鎮開發條例第 14 條及第 24 條、中小企業發展條例第 35 條、自由貿易港區設置管理條例第 29 條及國際機場園區發展條例第 35 條。以下茲說明之：

一、產業創新條例之研究發展支出投資抵減

（一）是指公司在同一課稅年度內得在投資於研究發展支出金額 15 % 限度內，抵減當年度應納營利事業所得稅額，並以不超過該公司當年度應納營利事業所得稅額 30% 為限。（產創 §10）

（二）申請期間：公司申請適用該研發投資抵減者，應於辦理當年度結算申報期間開始前 3 個月起至截止日內。但專用技術及公司與國內、外公司共同研發之支出，逾期未提出專案認定申請者，得於費用之攤折或分攤年限內依前述規定期限提出，經核准者，其尚未攤折或分攤之支出自提出申請之前一年度起適用。

二、生技新藥產業發展條例之研究發展支出投資抵減

（一）是指公司得在投資於研究與發展及人才培訓支出金額 35% 限度內，自有應納營利事業所得稅之年度起 5 年內抵減各年度應納營利事業所得稅額；生技新藥公司當年度研究與發展支出超過前 2 年度研發經費平均數，超過部分得按 50% 抵減。其每一年度得抵減總額，以不超過該生技新藥公司當年度應納營利事業所得稅額 50% 為限。但最後年度抵減金額，不在此限。並自公布實施至中華民國 110 年 12 月 31 日止。

（二）申請期間：經審定為生技新藥公司者，經濟部核發生技新藥公司之審定函自核發之次日起 5 年內有效，屆期失其效力。

三、股東投資抵減

公司創立或擴充若符合生技新藥產業發展條例第 6 條、促進民間參與公共建設法第 40 條、獎勵民間參與交通建設條例第 33 條、電影法第 39 條之之規定，申請以股東投資抵減， 抵減股東當年度營利事業所得稅者 ，應取得公司所在地稅捐稽徵機關核發之股東投資抵減證明書，並於辦理當年度營利事業所得稅結算申報時，檢附股東投資抵減證明書正本一併申請之。

四、自動化機器、設備及技術投資抵減

公司若符合資源回收再利用法第 23 條第 2 項、促進民間參與公共建設法第 37 條 、獎勵民間參與交通建設條例第 29 條、新市鎮開發條例第 14 條 之規定，申請以自動化機器、設備及技術投資抵減， 抵減當年度營利事業所得稅者 ，應事先取得事業主管機關核發自動化機器、設備及技術投資抵減證明書，並於辦理當年度營利事業所得稅結算申報時，檢附自動化機器、設備及技術投資抵減證明書正本及購買之相關憑證一併申請之。

範例

假設台中生技新藥公司最近3年投入可適用投資抵減之研究與發展支出金額，民國99年為3,000,000元、100年為5,000,000元、101年為7,000,000元，則101年度可扣牴多少？（假設扣繳率為35%）

（3,000,000＋5,000,000）÷2＝4,000,000……前2年研發經費平均數

4,000,000×35%＋（7,000,000－4,000,000）×50%＝2,900,000…可抵減稅額

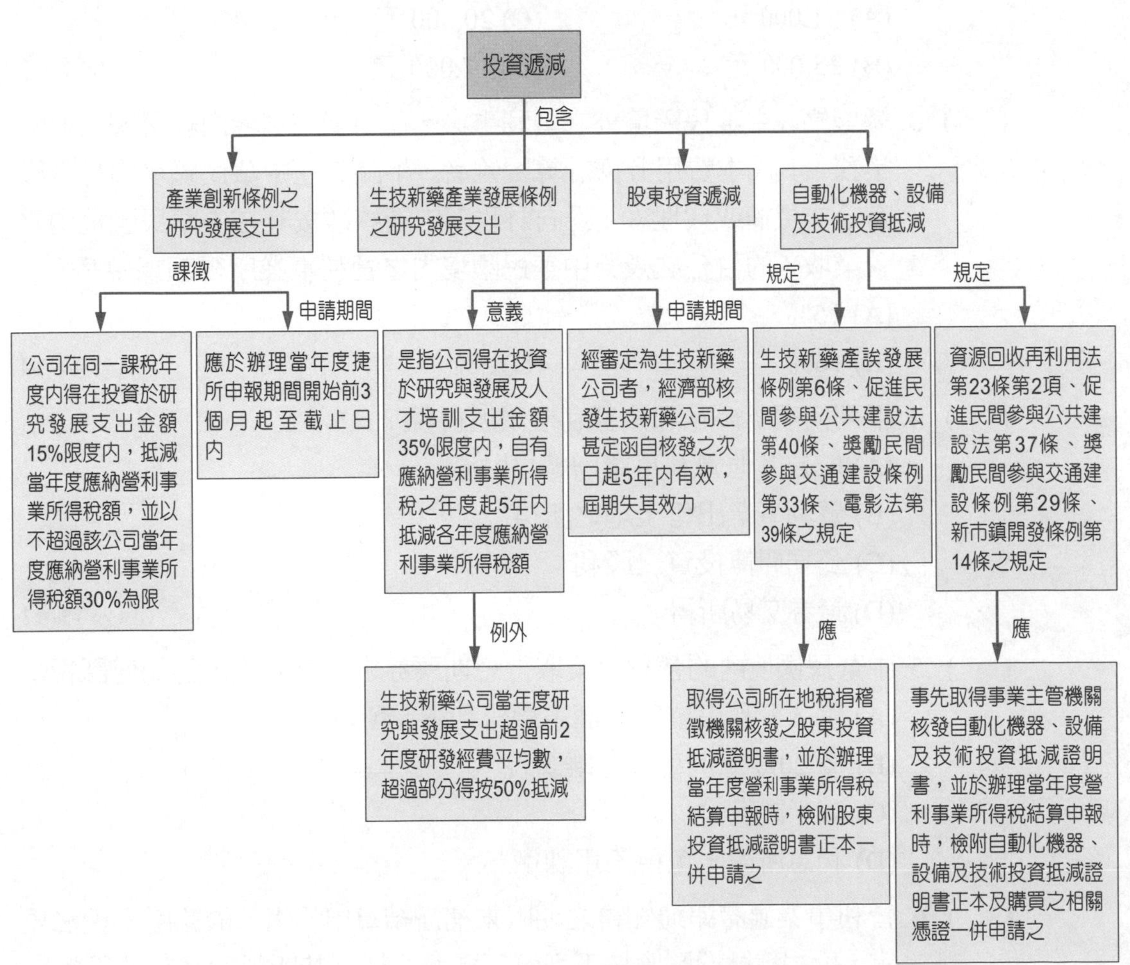

圖9-12 投資抵減之概念圖

學習評量

一、選擇題

( ) 1. 公司組織之營利事業，若其 100 年全年課稅所得額是 1,000 萬元，100 年應納營利事業所得稅額是：

(A) 100 萬元　　(C) 200 萬元

(B) 170 萬元　　(D) 250 萬元　　【101 初等考試】

( ) 2. 佳益公司於民國 100 年 9 月 8 日開業，若 100 年度有課稅所得 10 萬元，則應繳納之營利事業所得稅為多少元？

(A) 51,000 元　　(C) 20,000 元

(B) 25,000 元　　(D) 17,000 元　　【101 普考】

( ) 3. 總機構在中華民國境外之營利事業，在中華民國境內經營國際運輸業務，其成本費用分攤計算困難者，不論其在中華民國境內是否設有分支機構或代理人，得向財政部申請核准按其在中華民國境內之營業收入的百分之幾為中華民國境內之營利事業所得額課稅？

(A) 15%　　(C) 45%

(B) 10%　　(D) 5%　　【97 年初考】

( ) 4. 下列何項所得應課徵營利事業所得稅？

(A) 取自其他營利事業贈與之財產

(B) 營利事業出售土地之所得

(C) 公司間轉投資之股利

(D) 證券交易所得　　【96年初考】

( ) 5. 中華民國境內的營利事業取得短期票券之利息收入，應如何課稅？

(A) 併入營利事業所得額課徵營利事業所得稅

(B) 按 20% 比例稅率分離課稅

(C) 減半課稅

(D) 利息所得，免稅不用課徵

( ) 6. 營利事業逾滯報通知書之期限未補辦結算申報者，依據所得稅法規定，稅捐稽徵機關應按下列何項標準，核定其所得額及應納稅額？

(A) 通常所得額標準　　(C) 擴大書面審核純益率標準

(B) 各業所得額標準　　(D) 同業利潤標準　　【101 會計師】

學習評量

( ) 7. 扣繳義務人對於非中華民國境內居住個人之稅款加以扣繳後，應於何時向國庫繳納？
(A) 代扣稅款之日起 10 日內
(B) 當月 10 日前
(C) 次月 10 日前
(D) 次月 15 日前 【95 年記帳士】

( ) 8. 營利事業之帳簿文據，其關係所得額之一部未能提示，經稽徵機關就該部分按同業利潤標準核定其所得額者，以不超過下列何者為限？
(A) 當年度營業收入淨額
(B) 當年度營業收入淨額依同業利潤標準核定之所得額
(C) 當年度營業收入淨額依擴大書面審核純益率標準核定之所得額
(D) 當年度營利事業自行申報所得額 【95 年記帳士】

( ) 9. 下列何項非屬所得稅課徵範圍？
(A) 在中華民國境內有住所，並經常居住中華民國境內之個人，有中華民國境外來源所得者
(B) 在中華民國境內無住所，而於一課稅年度內在中華民國境內居留合計滿一百八十三天者，有中華民國來源所得者
(C) 營利事業總機構在中華民國境內，其中華民國境內外全部營利事業所得
(D) 營利事業總機構在中華民國境外，其中華民國境內之營利事業所得 【94 年記帳士】

( ) 10. 假設精美公司採曆年制，於民國 101 年 9 月 20 日開始營業 ,101 年度之所得額為 60 萬元，依所得稅法第 40 條規定， 該公司該年度應納稅額為多少？
(A) 120,000 元
(B) 102,000 元
(C) 25,500 元
(D) 34,000 元 【102 年普考】

學習評量

( )11. 美商A公司在中華民國境內提供技術服務，依所得稅法第25條規定向財政部申請核准，按其在我國境內 營業收入之15%為我國境內之營利事業所得額，其相關申請及適用規定下列何者正確？ 植
(A) 公司須在我國境內設有分支機構
(B) 公司須在我國境內設有營業代理人
(C) 公司不可適用所得稅法中關於虧損扣除之規定
(D) 公司在我國境內從事技術服務之成本費用分攤計算須完整清楚
【102會計師考試】

( )12. 總機構在中華民國境外之營利事業，104年度在中華民國境內經營國際運輸業務、其成本費用分攤計算困難者，向財政部申請核准，得按其在中華民國境內營業收入之多少比率作為中華民國境內之營利事業所得額？
(A) 10% (C) 25%
(B) 20% (D) 45%

( )13. 總機構在中華民國境外之營利事業，在中華民國境內提供技術服務，得向財政部申請核准，按其在境內營業收入之多少比率，作為中華民國境內之營利事業所得額？
(A) 15% (C) 25%
(B) 10% (D) 50%

( )14. 國外影片事業在中華民國境內無分支機構，經由營業代理人出租影片之收入，應以其多少比例作為在中華民國境內之營利事業所得額？
(A) 45% (C) 10%
(B) 15% (D) 50%

( )15. 總機構在中華民國境內經營海運業務之營利事業，符合一定要件，經中央目的事業主管機關核定者，得選擇按船舶噸位計算營利事業所得額，其每年應累計幾日？
(A) 365日 (C) 364日
(B) 363日 (D) 366日

學習評量

( )16. 總機構在中華民國境內經營海運業務之營利事業，符合一定要件，經中央目的事業主管機關核定者，得選擇按船舶噸位計算營利事業所得額，選定後應幾年不得變更？

(A) 8 年　　(C) 10 年
(B) 9 年　　(D) 11 年

( )17. 台中公司在 104 年購買公債、公司債及金融債券，或短期票券從事附條件交易，到期賣由金額超過原買入金額部分之利息所得，如何課稅？

(A) 辦理結算申報即可
(B) 扣繳稅款，無須辦理結算申報
(C) 扣繳稅款，並辦理結算申報
(D) 不需扣繳稅款，亦不辦理結算申報

( )18. 台中公司在 104 年購買公債、公司債及金融債券，或短期票券從事附條件交易，所獲得之利息所得，如何課稅？

(A) 扣繳稅款，並辦理結算申報即可
(B) 扣繳稅款，無須辦理結算申報
(C) 扣繳稅款即可
(D) 不需扣繳稅款，亦不辦理結算申報

( )19. 總機構在中華民國境內經營海運業務之營利事業自那一年度起，符合稅法規定之條件一定要件，並經中央目的事業主管機關核定者，得選擇按船舶噸位計算營利事業所得額？

(A) 98 年　　(C) 100 年
(B) 99 年　　(D) 102 年

二、問答題

（一）所得稅為屬人主義兼屬地主義其營利事業之課稅範圍有哪些？
（二）營利事業之買賣業及製造業的全年所得額及課稅所得額之計算公式為何？
（三）營利事業之全年課稅所得額之計算公式為何？
（四）在中華民國境內之營業收入，其屬於經營國際運輸業務者，有何規定？
（五）依稅法規定不得計入所得課稅之所得額有哪些？

學習評量

（六）公司組織適用於盈虧互抵之優惠需要符合哪些條件？

（七）營利事業所得稅之適用對象為何？

（八）營利事業可採取何種方法來計算國外稅額扣抵？

（九）如何計算營利事業營業期間不滿 1 年之所得額？

三、計算題

（一）世所公司 97 年度營利事業所得稅結算申報，原申報營業收入淨額 6,900 萬元、營業成本 5,850 萬元、營業費用 540 萬元、非營業收入 30 萬元、非營業損失及費用 60 萬元；世所公司所經營行業之同業利潤標準：同業毛利率 21%，費用率 12%，淨利率 9%，擴大書面審核純益率 6%。請計算及回答下列問題：

1. 如世所公司以帳載資料申報，則所得額為多少？
2. 如稽徵機關查核時，世所公司未能提示全部帳簿、文據供查核，亦未舉證非營業損失及費用之相關文據，則其核定所得額為多少？

【98 稅務特考三等】

（二）台中公司 100 年營業收入 1,000 萬元，營業成本 800 萬元，營業費用 150 萬元，非營業收入 20 萬元，非營業損失 30 萬元，全年所得額 40 萬元。（假設其同業利潤標準毛利率 25%，費用率 15%，淨利率 10%），該公司帳簿文據逾期未提示，依同業利潤標準核定其營業淨利。

（三）民國 103 年台中公司申報營利事業所得稅時，其國內總公司所得額為 400 萬元，美國分支機構當年度所得額為 200 萬元，已在美國當地繳納當年度所得稅 40 萬元。請說明台中公司應納稅額為何？

（四）台中公司為一跨國公司，在香港、大陸及美國各設一分公司，該公司於民國 99 年度台灣總公司所得額、各地分公司的所得額以及國外已納稅額如下表：

請計算大丈夫公司 99 年度之全部營利事業所得稅稅額及應繳（或應退）所得稅額為何？ 【95 年記帳士考試試題】

（五）博晃順股份有限公司為在中華民國境內經營之營利事業，會計年度採曆年制，依規定應課徵營利事業所得稅，下列為合格記帳士林大里先生於處理博晃順公司相關記帳代理業務時，所面臨之營利事業所得稅問題；

學習評量

請依我國所得稅法及相關法規規定回答下列問題：（各子題獨立作答）

【96 年記帳士改編】

1. 假設該公司 104 年度之所得額（結算的稅前財務會計所得）為 30,000,000 元，在當年度中發生下列事項：
   (1) 投資於國內其他營利事業，收到被投資公司發放現金股利（非在投資當年度收到）600,000 元；
   (2) 證券交易所得 1,000,000 元；
   (3) 期貨交易所得 50,000 元；
   (4) 處分長期投資之土地，處分利益為 800,000 元；
   (5) 以超過面額發行普通股溢價作為資本公積 4,000,000 元。

請問申報 96 年度所得稅時，課稅所得額為若干？

（六）高山公司於民國 104 年及 105 年申報所得資料如下（各子題相互獨立，請分別作答）：【95 年記帳士改編】

項目	104 年度	105 年度
營業收入	$4,250,000	$3,000,000
營業成本	2,000,000	2,000,000
營業費用	950,000	500,000
非營業收入	300,000	400,000
非營業損失	450,000	200,000

該公司於稽徵機關調閱帳冊查核時，發現該公司民國 104 年度未能提示全部帳冊、文據供查，但已舉證非營業損失及費用等相關文據。另外，該公司民國 105 年度全部帳冊文據均已提示，但營業成本無法查核勾稽。請計算高山公司 104、105 年度應核定的全年所得額。（該公司所營事業之同業毛利率標準為 30%，同業淨利率標準為 10%）

（七）台中公司 102 年 5 月 31 日辦理 101 年度營利事業所得稅結算申報，原申報營業收入淨額 23,000,000（其中包括商品買賣收入 20,000,000 及房屋出售收入 30,000,000、房屋出售成本 2,000,000）、營業成本 $19,500,000、營業費用 $1,800,000、非營業收入 100,000、非營業損失及費用 200,000；台中公司所經營行業之同業毛利率 24%、費用率 14%、淨利率 10%、擴大書面審核純益率 6%。

學習評量

請計算及回答有關台中公司 101 度結算申報方面各項問題：（資料來自：中華財政學會）

1. 帳載資料申報所得額及應納稅額各為多少？
2. 如稽徵機關查核時，台中公司未能提示全部帳簿、文據供查核，亦未能舉證非營業損失及費用之相關文據，則其核定所得額及應補稅額各為多少？
3. 如稽徵機關查核時，台中公司已提示全部帳簿、文據供查，但有關商品進、銷、存數量經勾稽不符，則其核定所得額及應補稅額各為多少？
4. 若台中公司採用擴大書審核純益率標準申報營所稅，則所得額及應納稅額各為多少？

Chapter 10

營利事業所得稅申報

學習目標

- 10.1 暫繳申報
- 10.2 扣繳申報
- 10.3 營利事業所得稅之結算申報
- 10.4 決算申報
- 10.5 清算申報
- 10.6 簽證申報
- 10.7 違反所得稅申報之處罰

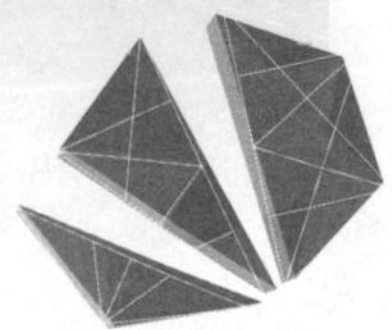

10.1 暫繳申報

營利事業所得稅之暫繳申報制度，是一種預繳方式，到了次年度結算申報營利事業所得稅時，再行扣繳所繳納之暫繳稅款；是財稅主管機關最能有效掌握所得稅稅源，故所得稅第 67 條規定，營利事業應於每年 9 月 1 日至 9 月 30 日止，按其上年度結算申報營利事業所得稅應納稅額之二分之一為暫繳稅額，自行向國庫繳納並依規定格式填具暫繳稅額申報書檢赴暫繳稅額繳款收據，一併申報該管稽徵機關。但營利事業未以投資抵減稅額、行政救濟留抵稅額及扣繳稅額抵減前項暫繳稅額者，於自行向庫繳納暫繳稅款後，得免依規定辦理申報。

一、應辦理暫繳申報單位

應納營利事業所得者應於每年 9 月 1 日起 1 個月內辦理暫繳申報及繳納稅額，但營利事業符合第 69 條規定者除外。

二、免辦理暫繳申報單位

（一）在中華民國境內無固定營業場所之營利事業，其營利事業所得稅依所得稅法第 98 條之規定，應由營業代理人或給付人扣繳者。

（二）獨資、合夥組織。

（三）小規模營利事業或 7 月 1 日前核定為小規模營利事業者。

（四）合於免稅規定之教育、文化、公益、慈善機關或團體及其附屬作業組織、未對外營業之消費合作社、公有事業。

（五）營利事業於暫繳申報期限屆滿前遇有解散、廢止、合併或轉讓情事者。

（六）小規模營利事業本年度使用統一發票者。

（七）依法免徵營利事業所得稅者。

（八）上半年營利事業無營業額者。

「營業額」，係指營利事業銷售其營業項目之貨物或勞務之營業收入，尚不包括非營業收入。上述 1-6 月營業額雖為零，但若有非營業收入仍應辦理暫繳。

（九）上年度營利事業所得稅結算申報無應納稅額或本年度上半年新開業者。

（十）其他經財政部核定之營利事業。

三、暫繳申報期間

曆年制會計年度：應於每年 9 月 1 日起 1 個月內辦理申報。若為非曆年制會計年度得比照曆年制會計年度推算，如：七月制者，應於每年 3 月 1 日起至 3 月 31 日止辦理。

四、稅額計算暫繳申報方式

營利事業可採用下列兩種方式之一辦理當年度營利事業所得稅暫繳申報：

（一）按上年度稅額計算暫繳申報之營利事業：其適用對像為一般營利事業，稅額計算按其上年度結算申報營所稅應納稅額之二分之一為暫繳稅額。暫繳稅額減除尚未抵減之各類投資抵減稅額後之餘額，即為應自繳之暫繳稅額（所 §67）。會計處理應借記「預付所得稅」，貸記「現金」

【公式】

年度結算申報營所稅應納稅額 / 2 = 應納暫繳稅額

應納暫繳稅額－抵減稅額－投資抵減稅額－行政救濟留抵稅額
= 應納暫繳稅額

【分錄】

預付所得稅	XXX	
現金		XXX

（二）按當年度稅額計算暫繳申報之營利事業：符合下列規定得以當年度前六個月之營業收入總額，依所得稅法有關營所稅之規定，試算其前半年之課稅所得額，按當年度稅率，計算其暫繳稅額。

1. 公司組織營利事業。
2. 會計帳冊簿據完備。
3. 使用藍色申報書或經會計師查核簽證。
4. 如期辦理暫繳申報者。

範例

1. 台中公司申報 100 年全年應納稅額 160 萬元，於 101 年 9 月 30 日辦理暫繳稅款 80 萬

   試作分錄為：

   101/9/30

   預付所得稅　　　800,000

   　　現 金　　　　　800,000

2. 台北公司 100 年未辦預估暫繳，10 月 30 日稅捐稽繳機關核定暫繳稅額為 300,000 元，加計一個月利息 $1,100 元於 11 月 10 日繳納，其會計處理應為：

   11/10 預付所得稅　$300,000

   　利息費用　　　　1,100

   　　現 金（或銀行存款）　　301,100

逕行核定之暫繳稅額與自行暫繳稅額同樣以預付所得稅入帳，加計利息則當期利息費用，但申報時依查核準則第九十七條規定不得列為費用，故應帳外調整減項。

10.1.1 暫繳申報程序

一、按上年度暫繳申報之程序

一般營利事業自行向公庫繳納應自繳之暫繳稅額，並依規定格式填具暫繳稅額申報書，檢附暫繳稅額繳款收據、尚未抵減之各類投資抵減稅額文件、扣繳憑單證明聯正本，一併申報該管稽徵機關。

二、按當年度暫繳申報之程序

使用藍色申報書者：自行向公庫繳納應自繳之暫繳稅額，並依規定格式，填具暫繳稅額申報書，檢附暫繳稅額繳款收據、尚未抵減之各類投資抵減稅額文件、扣繳憑單證明聯正本，一併申報該管稽徵機關。經會計師查核簽證者，除依上向使用藍色申報書者之程序外，尚須檢附當年度前六個月暫繳損益之會計師簽證申報查核報告書及委任書。

三、網路辦理暫繳申報

營利事業須依規定申請電子申報作業流程如下：

表 10-1 營利事業電子申報作業流程表

申報程序	營利事業須依規定申請電子申報身分認證，由電子申報繳稅服務網站（網址：tax.nat.gov.tw）下載申報軟體，並將申報資料上傳該網站，經檢核無誤者，即配賦收件編號，並回傳確認收件訊息。
申報時間	每年 9 月 1 日至 9 月 30 日（當日 24 時前）。
檢附資料	營利事業依所得稅法第 67 條第 1 項規定申報者，可自行列印暫繳稅款申報書收執聯留存。惟如有以「投資抵減稅額」、「行政救濟留抵稅額」或「可抵繳之扣繳稅額」等項目抵繳暫繳稅額者，應於 10 月 7 日前將應檢附之適用投資抵減相關證明文件、行政救濟留抵稅額證明書正本、扣繳憑單證明聯正本等證明文件，寄交所在地之國稅局分局或稽徵所。 營利事業依所得稅法第 67 條第 3 項規定，試算當年度前半年之營利事業所得額，計算暫繳稅額申報者，應於 10 月 7 日前將損益試算表、資產負債表及相關附件，寄交所在地之國稅局分局或稽徵所。且其若有以「投資抵減稅額」、「行政救濟留抵稅額」或「可抵繳之扣繳稅額」等項目抵繳暫繳稅額者，並應依前項之規定辦理。

四、不得採取網路暫繳申報

除下列案件不得採取暫繳申報：

（一）營利事業未以投資抵減稅額、行政救濟留抵稅額及扣繳稅額抵減暫繳稅額者，於自行向公庫繳納暫繳稅款後，得免依所得稅法第 67 條第 1 項規定辦理申報。

（二）在中華民國境內無固定營業場所之營利事業，其營利事業所得稅依所得稅法第 98 條之 1 規定，應由營業代理人或給付人扣繳者。

（三）獨資、合夥組織及經核定之小規模營利事業。

（四）依所得稅法或其他有關法律規定免徵營利事業所得稅者。

（五）營利事業於暫繳申報期間屆滿前遇有解散、廢止、合併或轉讓情事，依規定應辦理當期決算申報者。

（六）上年度營利事業所得稅結算申報無應納稅額或本年度上半年新開業者。

（七）特殊會計年度申報案件。

（八）逾期申報案件。

（九）其他經財政部核定不適用所得稅法第 67 條及第 68 條規定之營利事業。

五、免予辦理暫繳申報之營利事業

（一）獨資、合夥之營利事業及經核定之小規模營利事業。
（二）營利事業按其上年度結算申報營利事業所得稅應納稅額之二分之一之暫繳稅額在新台幣 2,000 元以下者免予辦理暫繳申報。
（三）營利事業於暫繳申報期間屆滿前遇有解散、廢止、合併或轉讓情事，依規定應辦理當期決算申報者。
（四）上年度營利事業所得稅結算申報無應納稅額。
（五）本年度上半年新開業者
（六）依本法或其他有關法律規定免徵營利事業所得稅者，如學校、寺廟以及慈善機構。
（七）組織之營利事業如未以投資抵減稅額、行政救濟留抵稅額及扣繳稅額抵減暫繳稅額者，只要自行向公庫繳納暫繳稅款後，即可免依規定向國稅局辦理暫繳申報。
（八）在中華民國境內無固定營業場所之營利事業，而有營業代理人或給付人代為扣繳者。
（九）其他經財政部核定之營利事業。

此外公司組織之營利事業如未以投資抵減稅額、行政救濟留抵稅額及扣繳稅額抵減暫繳稅額等三種情形者，僅需按其上年度結算申報營利事業所得稅應納稅額之二分之一之為暫繳稅額，自行以自動櫃員機、現金、支票或利用本人或他人持有之晶片金融卡即時扣款轉帳繳稅等方式向公庫繳納稅款即可，得免再向國稅局辦理暫繳申報。

稅務新聞 News

2 萬元以下暫繳營所稅 便利商店可繳納。

98 年度營利事業所得稅暫繳申報將於 9 月 1 日開始，稅額在新台幣 2 萬元以下，可利用便利商店繳納，方便、安全又省時。繳納稅額在 2 萬元以下，更可在稅款繳納期間截止當日午夜 24 時前（逾期及延期案件皆不適用），持附有條碼的繳款書就近到有代收稅款的統一、全家、萊爾富、來來（OK）等 4 家便利商店營業門市以現金繳納，但納稅義務人須自行負擔每筆 6 元手續費。

範例

假設甲公司係民國 104 年 9 月 30 日設立，其 104 年度申報之課稅所得額為 20,000 試問其應否辦理 105 年度之暫繳稅額？若應辦理，則其應納暫繳稅額為多少？

【解析】

（20,000÷4×12）＝ 60,000 ＜ 120,000

所以依 103 年營所稅率計算其應納稅額為零，所以亦毋需辦理 105 年度暫繳。

範例

同上例，但 104 年申報之課稅所得額為 50,000 則應否辦理 105 年度之暫繳稅額？若應辦理，則其應納暫繳稅額為多少？

【解析】

【（50,000÷4×12）－ 120,000】÷2÷12×4 ＝ 5,000（104 年應納營所稅）

5,000÷2 ＝ 2,500（105 年度應暫繳稅額）

範例

同上例，但 100 年申報之課稅所得額為 70,000 則應否辦理 101 年度之暫繳稅額？若應辦理，則其應納暫繳稅額為多少？

【解析】

（70,000÷4×12）×17％÷12×4 ＝ 11,900（100 年應納營所稅）

11,900÷2 ＝ 5,950（101 年度應暫繳稅額）

六、應辦理未辦理暫繳之處罰

（一）未照規定辦理暫繳者，由稽徵機關於 10 月 31 日前，按上年度應納稅額之一半核定暫繳稅額，通知納稅義務人於十五日內向國庫繳納。由於繳納期限較自行申報在 9 月 30 日前繳納者約慢一個月，故須加計一個月利息一併繳納。但上半年無營業額者免核定暫繳稅額。

（二）營利事業未於 10 月 31 日前期間辦理暫繳，而於十月三十一日以前已依前條第一項規定計算補報及補繳暫繳稅額者，應自十月一日起至其繳納暫繳稅額之日止，按其暫繳稅額，依郵政儲金一年期定期儲金固定利率，按日加計利息，一併徵收。

範例

台中公司其 100 年度結算全年課稅所得額為 1,532,800 元，暫繳稅額為 133,240 元，未抵繳之扣繳稅額為 46,200 元。101 年 11 月經臺北市國稅局核定之全年課稅所得額為 2,120,300 元，試作 101 年 11 月核定補繳稅額之分錄

【解析】

全年應納稅額 =$1,532,800 × 17%= $260,576

核定全年應納稅額 =$2,120,300 × 17% = $360,451

核定應補繳稅額 =$360,451- $260,576=$99,875

所得稅	99,875	
現金		99,875

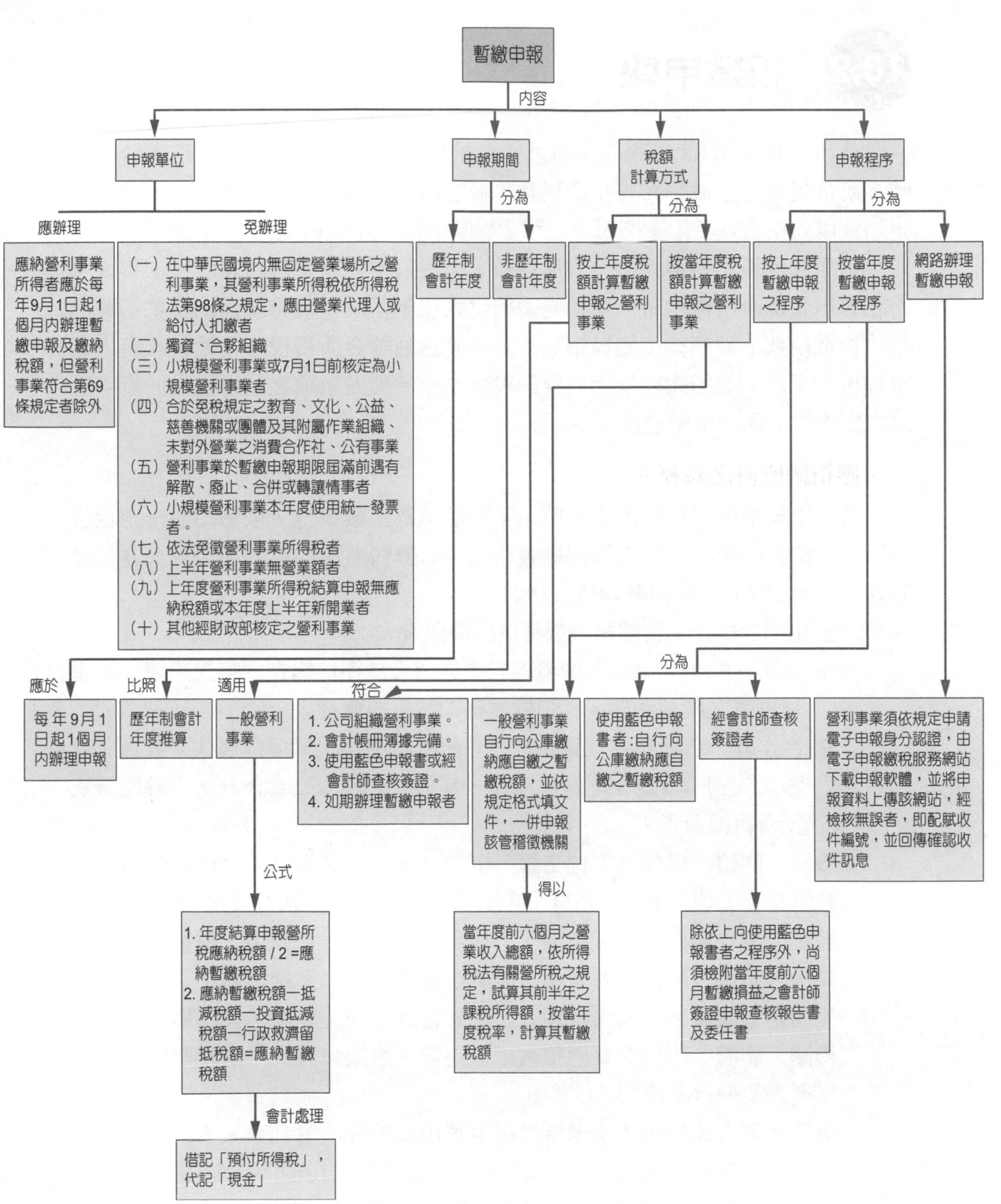

圖 10-1 暫繳申報之概念圖

10.2 扣繳申報

依所得稅法第 88 條規定，營利事業給付所得時，應由扣繳義務人於給付時，應依規定之扣繳率預先扣取稅款，並在規定的時間內向國庫繳納，且依規定格式填寫扣繳暨免扣繳憑單、向稽徵機關申報，此種過程通稱為扣繳制度。

扣繳制度規定所得人於領取所得時，所得人預先繳納所得稅，於次年 5 月份結算申報綜合所得稅時，把預先繳納稅款在申報所得稅時將應納稅款扣減已被「扣繳稅款」數額後。如被扣繳稅款少於應納綜合所得稅，則納稅義務人尚應補稅。反之，如扣繳稅款大於應納稅款，表示預先繳納之所得稅大於實際應納之所得稅，則可申請退稅。

一、應扣繳所得之義務人

營利事業把所得給與所得人時，營利事業為扣繳單位，依法扣取一定稅款並將稅款繳納國庫者，稱之為扣繳義務人。而營利事業均以公司負責人為扣繳義務人（所 §7），其扣繳義務人為：

（一）公司、合作社、合夥組織或獨資組織負責人：

1. 公司分配予非中華民國境內居住之個人及總機構在中華民國境外之營利事業之股利淨額，其扣繳義務人為公司負責人。
2. 合作社、合夥組織或獨資組織分配予非中華民國境內居住之社員、合夥人或獨資資本主之盈餘淨額，其扣繳義務人為合作社、合夥組織或獨資組織負責人。

（二）機關、團體、學校之單位主管、事業負責人、破產財團之破產管理人及執行業務者取得薪資、利息、租金、佣金、權利金、執行業務報酬、競技、競賽或機會中獎獎金或給與、退休金、資遣費、退職金、離職金、終身俸、非屬保險給付之養老金、告發或檢舉獎金，及給付在中華民國境內無固定營業場所或營業代理人之國外營利事業之所得，其扣繳義務人為機關、團體、學校之責應扣繳單位主管、事業負責人、破產財團之破產管理人及執行業務者。

（三）營業代理人或給付人：總機構在中華民國境外之營利事業者，或國外影片事業在中華民國境內無分支機構，在境內有所得額者，其扣繳義務人，為營業代理人或給付人；國外影片事業所得稅款扣繳義務人為營業代理人或給付人。

二、應扣繳之所得範圍

應依所得稅法第 88 條規定之「扣繳範圍」如下：

（一）股利及盈餘所得：公司分配予非中華民國境內居住之個人及總機構在中華民國境外之營利事業之股利淨額；合作社、合夥組織或獨資組織分配予非中華民國境內居住之社員、合夥人或獨資資本主之盈餘淨額。

（二）機關、團體、學校、事業、破產財團或執行業務者所給付之薪資、利息、佣金、權利金、競技、競賽或機會中獎之獎金或給與、退休金、資遣費、退職金、離職金、終身俸、非屬保險給付之養老金、告發或檢舉獎金、執行業務者之報酬，及給付在中華民國境內無固定營業場所或營業代理人之國外營利事業之所得。

（三）總機構在中華民國境外而在境內經營國際運輸、承包營建工程、提供技術服務或出租機器設備等業務，其代理人及給付人應依所得稅法第二十五條規定經財政部核准之百分比計算所得額，扣繳稅款。

（四）在中華民國境內無分支機構之國外影片事業，其在中華民國境內之營利事業所得額。

三、納稅義務人

對境內居住者之納稅義務人而言，扣繳只是提早繳稅，結算申報時可抵繳或退稅。政府為便民其每次應扣稅款不超過 2,000 元者免扣繳（包括個人、執行業務所得者，不含外國人、大陸人士）；而對於銀行利息、信託資金收益可享儲蓄特別扣除 27 萬元免稅者，每次給付不超過 5,000 元，可免扣繳。以下對於納稅義務人說明如下：

（一）公司分配予非中華民國境內居住之個人及總機構在中華民國境外之營事業之股利淨額，其納稅義務人為非中華民國境內居住之個人股東、總機構在中華民國境外之營利事業股東。

（二）合作社、合夥組織或獨資組織分配予非中華民國境內居住之社員、合夥人或獨資資本主之盈餘淨額，其納稅義務人為非中華民國境內居住之社員、合夥人或獨資資本主。

（三）取得薪資、利息、租金、佣金、權利金、執行業務報酬、競技、競賽或機會中獎獎金或給與、退休金、資遣費、退職金、離職金、終身俸、非屬保險給付之養老金、告發或檢舉獎金，及給付在中華民國境內無固定營業場所或營業代理人之國外營利事業之所得，其納稅義務人為取得所得者。

（四）總機構在中華民國境外之營利事業者或國外影片事業在中華民國境內無分支機構者，其納稅義務人為營業代理人或給付人。

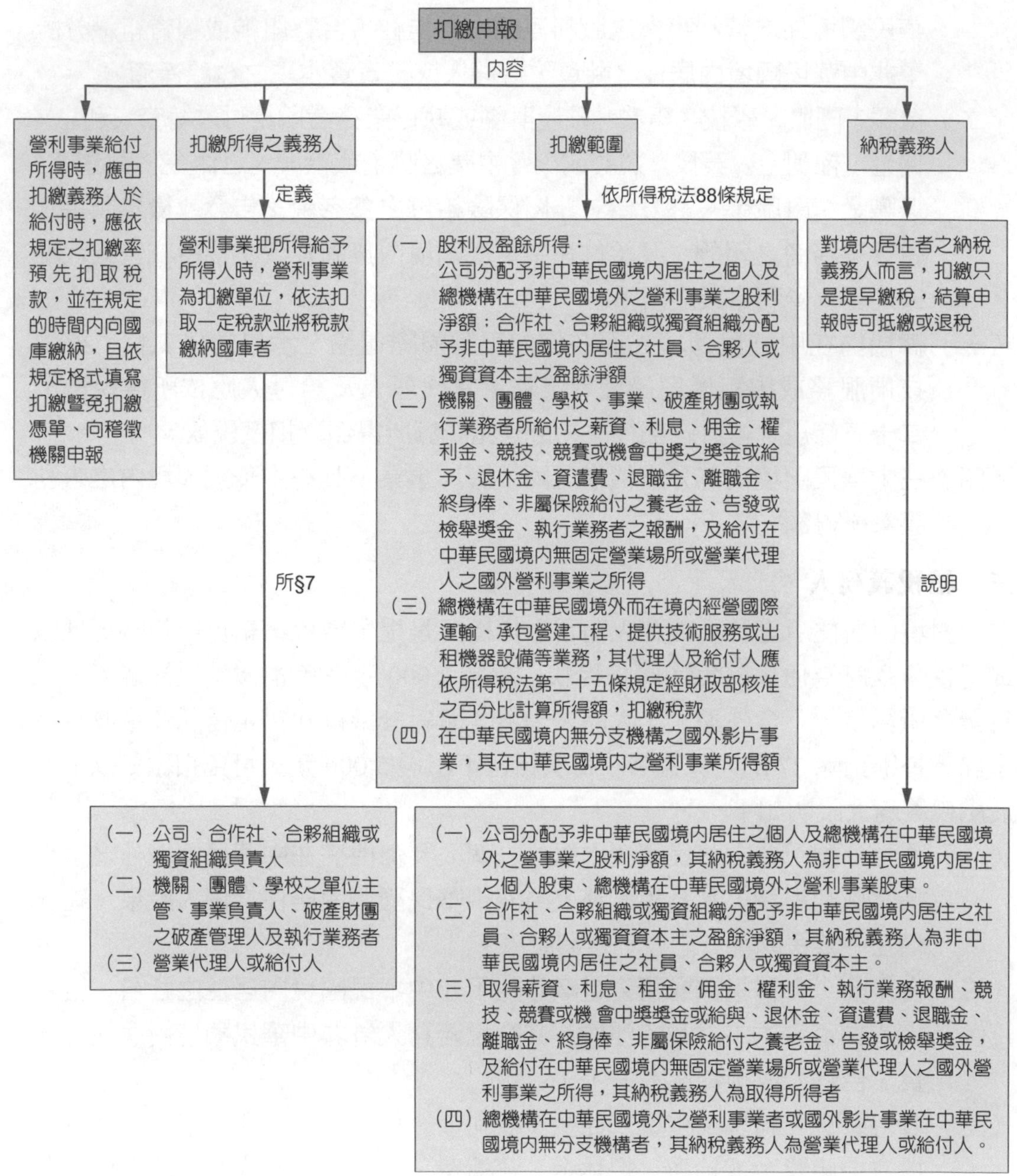

圖 10-2 扣繳申報之概念圖

10.2.1 扣繳率

扣繳義務人給付「所得」與所得人時須負責扣取稅款，其稅款與扣繳率有關。扣繳率可分：

一、給付中華民國居住者的個人或在中華民國有固定營業場所者之營利事業扣繳率；以及在中華民國居住者地區停留合計未滿 183 日者之大陸地區人民；或在中華民國居有固定營業場所者之大陸地區法人。其扣繳義務人應按下列各類所得扣繳率標準扣繳稅款：

（一）薪資按下列二種方式擇一扣繳，由納稅義務人自行選定適用之。但兼職所得及非每月給付之薪資，依薪資所得扣繳辦法之規定扣繳，免併入全月給付總額扣繳：

1. 按全月給付總額依薪資所得扣繳辦法之規定扣繳之。碼頭車站搬運工及營建業等按日計算並按日給付之臨時工，其工資免予扣繳，仍應依本法第 98 條第 3 項規定，由扣繳義務人列單申報該管稽徵機關。
2. 按全月給付總額扣取 5%。

（二）佣金按給付額扣取 10%。

（三）利息按下列規定扣繳：

1. 軍、公、教退休（伍）金優惠存款之利息免予扣繳，仍應準用本法第 89 條第 3 項規定，由扣繳義務人列單申報該管稽徵機關。
2. 短期票券到期兌償金額超過首次發售價格部分之利息，按給付額扣取 10%。
3. 依金融資產證券化條例或不動產證券化條例規定發行之受益證券或資產 基礎證券分配之利息，按分配額扣取 10%。
4. 公債、公司債或金融債券之利息，按給付額扣取 10%。
5. 以前三目之有價證券或短期票券從事附條件交易，到期賣回金額超過原買入金額部分之利息，按給付額扣取 10%。
6. 其餘各種利息，一律按給付額扣取 10%。

（四）納稅義務人及與其合併申報綜合所得稅之配偶與受其扶養之親屬有金融機構存款之利息及儲蓄性質信託資金之收益者，得依儲蓄免扣證實施要點之規定領用免扣證，持交扣繳義務人於給付時登記，累計不超過新臺幣 270,000 元部分，免予扣繳。但郵政存簿儲金之利息及依本法規定分離課稅之利息，不包括在內。

（五）租金按給付額扣取 10%。

（六）權利金按給付額扣取 10%。

（七）競技競賽機會中獎獎金或給與按給付全額扣取 10%。但政府舉辦之獎券中獎獎金，每聯（組、注）獎額不超過新臺幣 2,000 元者，免予扣繳。每聯獎額超過新臺幣 2,000 元者，應按給付全額扣取 20%。但如有下列依本法規定分離課稅之所得，仍應依規定扣繳：

1. 短期票券到期兌償金額超過首次發售價格部分之利息。
2. 依金融資產證券化條例或不動產證券化條例規定發行之受益證券或資產 基礎證券分配之利息。
3. 公債、公司債或金融債券之利息。
4. 以前三款之有價證券或短期票券從事附條件交易，到期賣回金額超過原買 入金額部分之利息。
5. 政府舉辦之獎券中獎獎金。
6. 告發或檢舉獎金。
7. 與證券商或銀行從事結構型商品交易之所得。

   扣繳義務人對同一納稅義務人全年給付前 2 項所得不超過新臺幣 1,000 元者，得免依本法第 89 條第 3 項規定，列單申報該管稽徵機關。
8. 執行業務者之報酬按給付額扣取 10%。
9. 退職所得按給付額減除定額免稅後之餘額扣取 6%。
10. 告發或檢舉獎金按給付額扣取 20%。
11. 與證券商或銀行從事結構型商品交易之所得，按所得額扣取 10%。

    本條例第 25 條第 2 項規定於一課稅年度內在臺灣地區居留、停留合計滿 183 天之大陸地區人民及同條第 3 項規定在臺灣地區有固定營業場所之大陸地區法人、團體或其他機構，取得屬前項各款之臺灣地區來源所得，適用前項規定扣繳。
12. 國際金融業務分行對中華民國境內之個人、法人、政府機關或金融機構授信之收入，應按授信收入總額 15% 扣繳率申報納稅。

二、給付非中華民國居住者及無固定營業場所者之扣繳率

大陸地區人民於一課稅年度在臺灣地區停留合計未滿一百八十三日者之地區人民；或非中華民國居住者及無固定營業場所者，其在臺灣地區無固定營業場所而有營業代理人者，其應納之營利事業所得稅，應由營業代理人負責人負責按下列各類所得扣繳率標準扣繳稅款，並向該管稽徵機關申報。

（一）非中華民國境內居住之個人，如有公司分配之股利，合作社所分配之盈餘，合夥組織營利事業合夥人每年應分配之盈餘，獨資組織營利事業資本主每年所得之盈餘，按給付額、應分配額或所得數扣取 20%。

（二）薪資按給付額扣取 18%。但符合下列各目規定之一者，不在此限：

1. 政府派駐國外工作人員所領政府發給之薪資按全月給付總額超過新臺幣三萬元部分，扣取 5%。
2. 自中華民國 98 年 1 月 1 日起，前目所定人員以外之個人全月薪資給付總額在 行政院核定每月基本工資 1.5 倍以下者，按給付額扣取 6%。（102/4/1 起基本工資調整為 19,047 元；103/7/1 起基本工資調整為 19,273 元；104/7/1 起基本工資調整為 20,008 元）

（三）佣金按給付額扣取 20%。

（四）利息按下列規定扣繳：

1. 短期票券到期兌償金額超過首次發售價格部分之利息，按給付額扣取 15 %。
2. 依金融資產證券化條例或不動產證券化條例規定發行之受益證券或資產基 礎證券分配之利息，按分配額扣取 15 %。
3. 公債、公司債或金融債券之利息，按給付額扣取 15 %。
4. 以前三目之有價證券或短期票券從事附條件交易，到期賣回金額超過原買入 金額部分之利息，按給付額扣取。
5. 其餘各種利息，一律按給付額扣取百分之 20%。

（五）租金按給付額扣取百分之 20%。

（六）權利金按給付額扣取百分之 20%。

（七）競技競賽機會中獎獎金或給與按給付全額扣取百分之 20%。但政府舉辦之獎券中獎獎金，每聯（組、注）獎額不超過新臺幣 2,000 元者得免予扣繳。

（八）執行業務者之報酬按給付額扣取百分之20%。但個人稿費、版稅、樂譜、作曲、編劇、漫畫、講演之鐘點費之收入，每次給付額不超過新臺幣 5,000 元者，得免予扣繳。

（九）與證券商或銀行從事結構型商品交易之所得，按所得額扣取 15%。

（十）在中華民國境內無固定營業場所及營業代理人之營利事業，有前九款所列各類所得以外之所得，按給付額扣取 20%。

（十一）退職所得按給付額減除定額免稅後之餘額扣取 18%。

（十二）告發或檢舉獎金按給付額扣取 20%。

（十三）股利淨額或盈餘淨額：大陸地區人民、法人、團體或其他機構於第三地區投資之公司，在臺灣地區投資所獲配之股利淨額或盈餘淨額，由扣繳義務人於給付時，按給付額扣取 20%。

（十四）中華民國境內無分支機構之國外影片事業，按其在中華民國境內之營利事業所得額扣取 20%。

（十五）財產交易所得：非中華民國境內居住之個人或營利事業應按所得額 20% 扣繳率申報納稅。如自力耕作、漁、牧、林礦所得。

茲將各類所得扣繳率表彙總說明如下：

表 10-2 各類所得扣繳率表

所得類別	扣繳率	
	中華民國居住者及有固定營業場所者	非中華民國居住者及無固定營業場所者
股利及盈餘	免扣繳	20%
薪資	5%	18%；6%；5%
執行業務所得	10%	20%
利息所得	10%	15%；20%
佣金所得	10%	20%
租金所得	10%	20%
權利金	10%	20%
競技競賽機會中獎獎金或給	1. 10% 2. 政府舉辦之獎券中獎獎金每聯獎額不超過 2,000 元者，免扣繳；超過者按給付全額扣加 20%	1. 20% 2. 政府舉辦之獎券中獎獎金每聯獎額不超過 2,000 元者，免扣繳
財產交易所得	申報納稅	20%
退職所得	減除定額免稅額後餘額之 6%	減除定額免稅額後餘額之 18%
其他所得	申報納稅	20%
告發或檢舉獎金	20%	20%
國外影片事業依法按扣繳方式納稅者	申報納稅	20%
國際金融事務分行對境內之個人、法人、政府機關或金融機構放款之利息	15%	

範例

王大明於 104 年退休，他考慮一次領取退職金或分期領取退職金，請說明以下的狀況：

【公式】

1. 一次領取退職所得者，其 100 年度所得額之計算方式如下：
   (1) 一次領取總額在169,000元乘以退職服務年資之金額以下者，所得額為0。
   (2) 超過 169,000 元乘以退職服務年資之金額，未 339,000 元乘以退職服務年資之金額部分，以其半數為所得額。
   (3) 超過 339,000 元乘以退職服務年資之金額部分，全數為所得額。
2. 分期領取退職所得者，100 年度以全年領取總額，減除 733,000 元後之餘額為所得額。

【解析】

1. 一次領取者：
   (1)假設王大明於 104 年退休，年資 10 年，一次領取退休金 1,000,000 元
   領取金額 1,000,000 元＜ 169,000×10 年＝ 1,690,000 元　課稅所得為 0
   (2)假設王大明於 104 退休，年資 10 年，一次領取退休金 3,000,000 元
   169,000×10 年＝ 1,690,000（第 1 級距）339,000×10 年＝ 3,390,000（第 2 級距）
   1,690,000 ＜領取金額 300 萬＜ 3,390,000
   課稅所得為 3,000,000 － 1,690,000 －【（ 3,000,000 － 1,690,000） ×0.5 】 ＝
   655,000 × 稅率 6 % ＝ 39,300 元（稅額）
2. 分期領取者：
   假設王大明退休時選擇月退，其每月領取月退金額為 7 萬元，全年領取退休金為：
   7 萬元 ×12（月）＝ 84 萬元
   840,000 － 733,000 元＝ 107,000 元 ----- 應稅所得
   107,000 元 ×6%＝ 6,420 元 （稅額）

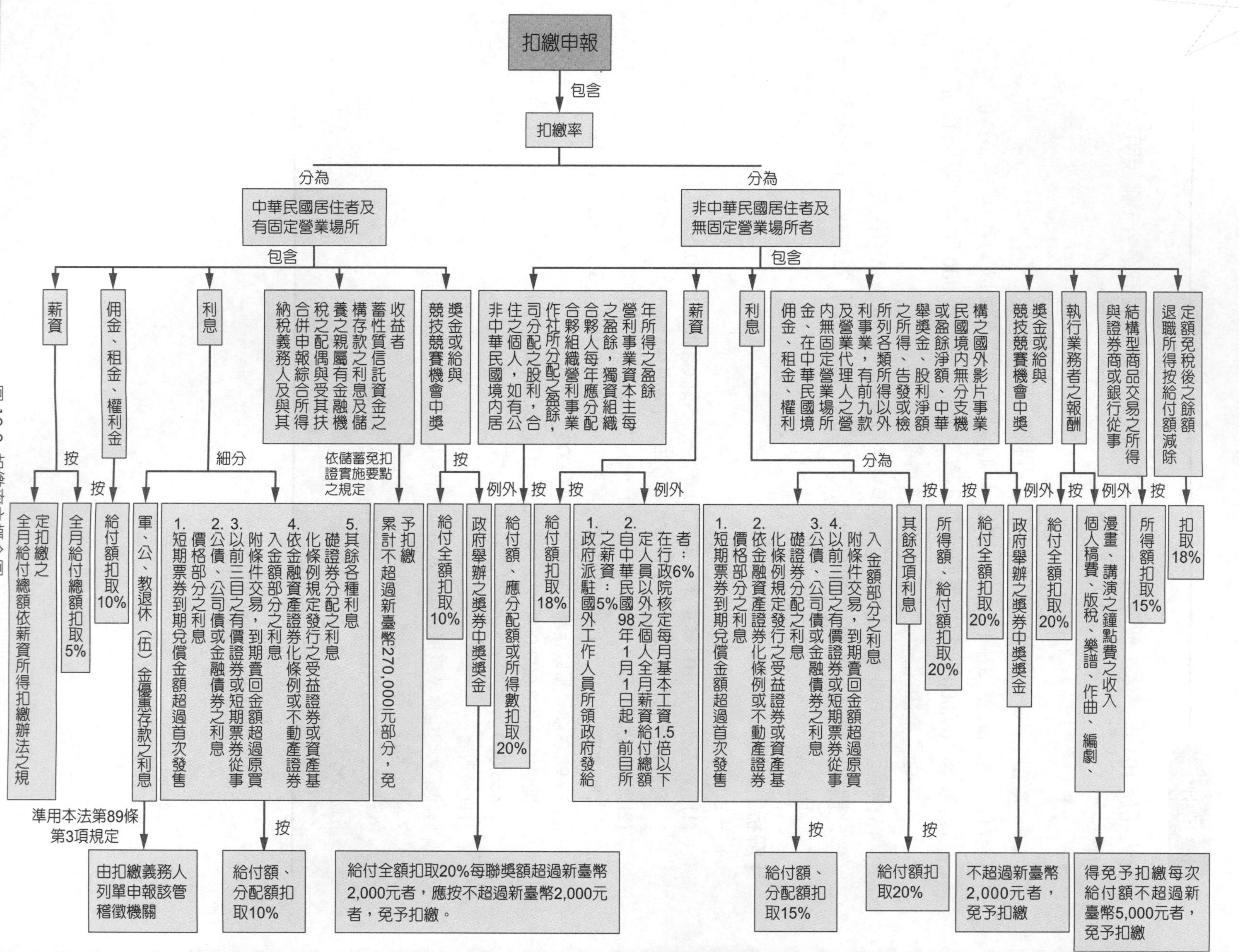

圖 10-3 扣繳率之概念圖

10.2.2 扣繳時點

扣繳稅款係於給付時辦理，因此，營利事業於年度結束時依權責發生制而尚未給付之應付員工薪資及獎金、利息或租金等費用，均無需扣繳稅款，俟實際給付時辦理扣繳。

營利事業之所得稅扣繳時點是採現金收付制，而帳面上對於費用認列時點是採權責發生制，兩者會計基礎不同，必造成差異，故應於辦理營利事業所得申報時，依規定填報「各類給付扣繳稅額、可扣繳稅額與申報金額調節表」，以調節兩者間差異。

範 例

假設逢甲公司 100 年度全年度薪資已辦理扣繳之金額 $2,500,000 元，經查應付年終獎金年初為 $200,000 元，年底為 $300,000，則應申報薪資支出為 $2,600,000 元，其調整如下：

本期扣繳申報金額	$2,500,000
加：本期應付金額	300,000
減：上期應付金額	（200,000）
	2,600,000

範 例

1. 台中公司 100 年度之上半年利息收入 $200,000 元，扣繳稅款 $20,000 元，扣除餘款後 $180,000 元直接轉入存款帳戶，其分錄為：

銀行存款	180,000	
預付所得稅	20,000*	
利息收入		200,000

*200,000 × 10%（利息扣繳率）＝ 20,000

2. 100 年 8 月 1 日台中公司支付租金 250,000 元，代扣稅款 10%，並於 9 月 10 日繳納，其有分錄為：

100/8/1	租金費用	250,000	
	現　金		225,000
	應付代收稅款		25,000
9/10	應付代收稅款	25,000	
	現 金	25,000	

● 所得給付方式

扣繳義務人於給付所得時即應扣取所得稅款。依所得稅法施行細則第 82 條規定給付分為下列 4 種：

1. 實際給付：以現金、財物或實物直接交付所得人。
2. 轉帳給付：將所得轉入所得者名下，所得者即已可支配該項所得。
   如銀行於結息日將利息轉入其帳戶；公司於發薪日將薪水轉入員工銀行帳戶。
3. 匯撥給付：將所得以匯兌或郵政劃撥方式交付。
4. 視同給付：公司之應付股利，於股東會決議分配盈餘之日起，6 個月內尚未給付者，視同給付。（收付實現制課徵綜合所得稅之外規定）

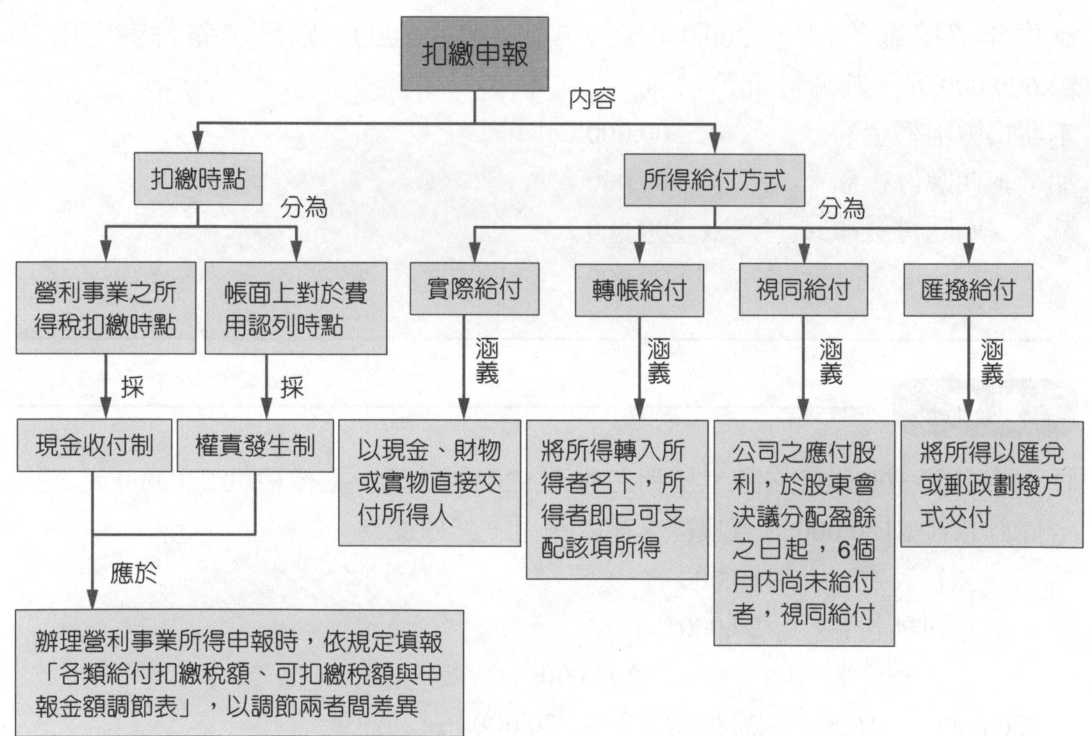

圖 10-4 扣繳申報時點與支付方式之概念圖

10.2.3 扣繳申報期限與處罰

一、應扣繳申報期限

扣繳義務人於收取稅款後，須在規定期限內繳納所扣取之稅款及申報扣繳憑單，繳納扣繳稅款及申報扣繳憑單之期限如下：

（一）境內居住之給付者：扣繳義務人於收取稅款後，應於次月十日前向國庫繳清。並於下一年度一月底前應填具扣繳憑單，彙報該管稽徵機關查核，並於2月10日前將扣繳憑單填發納稅義務人，但營利事業有解散、廢止、合併或轉讓，或機關團體裁撤、變更時，應隨時就已扣繳稅款數額，填發扣繳憑單，並於十日內向該管稽徵機關辦理申報。

（二）非中華民國境內居住之個人，或在我國境內無固定營業場所之營利事業扣繳義務人支付其應扣繳所得時，應在代扣稅款之日起十日內繳納，並開具扣繳憑單申報核驗。

範 例

假設明道食品公司與104年9月15日支付員工薪資，此員工在中華民國境內居住，或在我國境內有固定營業場所，應於何時繳納？

答：應於10月10日以前繳庫。

二、違反扣繳規定之處罰

公私機關、團體、學校、事業、破產財團或執行業務者，每年給付所得時應依所得稅法第88條規定，負有應扣繳稅款之責，其因未達起扣點，或因不屬本法規定之扣繳範圍，而未經扣繳稅款者，應於每年1月底前，將受領人姓名、住址、國民身分證統一編號及全年給付金額等依規定格式列單申報主管稽徵機關，並應於2月10日前，將免扣繳憑單填發納稅義務人（所§89-3）。營利事業若違反規定應依所得稅法第114條之處罰，說明如下：

（一）扣繳義務人未依規定應扣未扣繳稅款者之處罰：

1. 限期責令補繳繳應扣未扣或短扣之稅款。
2. 補報扣繳憑單。
3. 按應扣未扣或短扣之稅額處1倍之罰鍰。

4. 未於限期內補繳應扣未扣或短扣之稅款，或不按實補報扣繳憑單者，應按應扣未扣或短扣之稅額處 3 倍之罰鍰。（所 §114-1）

（二）扣繳義務人已依本法扣繳稅款，而未依規定按實填報或填發扣繳憑單者：

1. 限期責令補報或填發。
2. 應按扣繳稅額處 20%之罰鍰，但最高不得超過 $20,000 元，最低不得少於 1,500 元。
3. 逾期自動申報或填發者，減半處罰。
4. 若經稽徵機關限期責令補報或填發扣繳憑單，扣繳義務人未依限按實補報或填發者，應按扣繳稅額處 3 倍之罰鍰。但最高不得超過 45,000 元，最低不得少於 3,000 元。（所 §114-2）

（三）未依期限或未據實申報或未依限填發免扣繳憑單之處罰：

1. 政府機關、公立學校或公營事業未依限或未據實申報或未依限填發免扣繳憑單者，應通知其主管機關議處該機關或學校之責應扣繳單位主管或事業負責人。
2. 私人團體、私立學校、私營事業、破產財團或執行業務者，未依限填報或未據實申報或未依限填發免扣繳憑單者，處該團體或學校之責應扣繳單位主管、事業負責人、破產財團之破產管理人或執行業務者 1,500 元之罰鍰，並通知限期補報或填發；逾期不補發或填發者，應按所給付之金額處上開人員 5%之罰鍰，且最低不得少於 3,000 元，但最高不得超過 90,000 元。（所 §111）

逾期繳納扣繳稅款之處罰：扣繳義務人逾所得稅法第 92 條規定期限繳納所扣取稅款者，每逾 2 日加徵 1%滯納金。

範例

個人稿費、版稅、樂譜、作曲、編劇、漫畫、講演之鐘點費之收入，每次給付額不超過新臺幣五千元者，得免予扣繳但要列單申報。如何區分講演鐘點費與授課鐘點費

【解析】

	講演鐘點費	授課鐘點費
意義	1. 與業務無關者 2. 聘請專家、學者於公開場所所作之專題演講	1. 與業務相關之講習會。 2. 如業務講習會、訓練課程及其他具有招生性質之活動，按照排定之課程上課，屬薪資所得。
會計師公會舉辦講習邀請王教授講授稅務相關法規	V	
國父紀念館邀請黃部長專題演講		V
國際財務會計研討會邀請王審核員演說 IFRS 對於中小產業的衝擊	V	
張課長擔任國稅局教育訓練課程講師		V
許股長擔任某國立大學租稅實務申指導講師		V

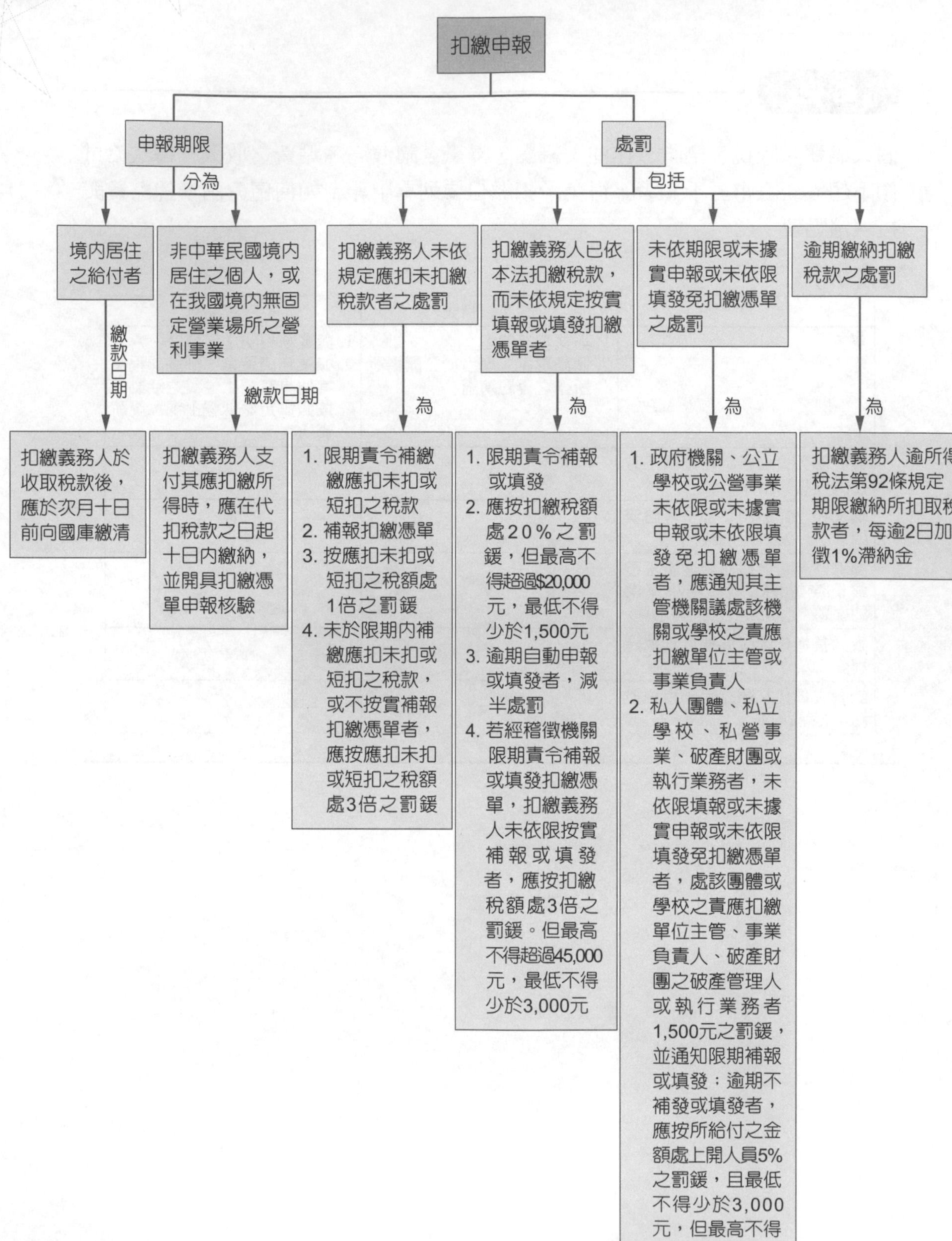

圖 10-5 扣繳申報期限與處罰之概念圖

第 1 聯(申報收據聯)：由稽徵機關加蓋印戳發還納稅義務人。

中華民國 103 年度營利事業所得稅暫繳稅額申報書

（暫繳所得期間：自民國　年　月　日起至　年　月　日止）

☐會簽申報案件　☐藍色申報案件　☐一般申報案件

營利事業名稱			會計年度	☐曆年制 ☐特殊會計年度(　月制)
營利事業統一編號		稅籍編號		
營業地址	市　縣　鄉鎮　市區　路　街　段　巷　弄　號之（　樓之　室）			

代理申報人(自行辦理申報者無須填報)	08 姓名		10 證書(登錄)字號【執業證書別】	☐會計師：(　)台財稅登字第　號；加入公會名稱及其會員證號：　公會、　號 ☐記帳士：(　)台財稅證字第　號；加入公會名稱及其會員證號：　公會、　號 ☐記帳及報稅代理業務人：　國稅登字第　號；加入公會名稱及其會員證號：　公會、　號
	09 身分證統一編號		11 電話	

項目		申報金額
01 102 年度結算申報應納稅額(依 102 年度結算申報書第 60 欄)		
02 本年度應納暫繳稅額(詳申報須知第一、三、四、八點)	所得稅法第 67 條第 1 項(02=01×1/2)	
	所得稅法第 67 條第 3 項[(　元×12/　)×　%]×　/12	
03 以前年度(非當年度)尚未抵減之各項投資抵減稅額(詳備註1)於本年度抵減額……【附證明文件及明細表　張】 尚未抵減之股東投資抵減稅額(詳備註2)於本年度抵減額……【附證明文件及明細表　張】		
04 行政救濟留抵稅額於本年度抵減額...【應提示營利事業所得稅留抵稅額證明書正本經核驗後發還】		
05 本年度抵繳之扣繳稅額(註：分離課稅所得之扣繳稅額不得抵繳)………【附扣繳憑單備查聯影本　張】		
06 本年度應自行繳納暫繳稅額(06=02-03-04-05)………【自行繳納暫繳稅額繳款書證明聯　張】		

備註：

1. 指符合廢止前促進產業升級條例第6條、第7條、第15條；獎勵民間參與交通建設條例第29條；新市鎮開發條例第14條、第24條；都市更新條例第49條；科學工業園區設置管理條例第18條；廢止前九二一震災重建暫行條例第42條；促進民間參與公共建設法第37條；發展觀光條例第50條；企業併購法第37條；資源回收再利用法第23條；生技新藥產業發展條例第5條規定者。
2. 指暫繳申報前，取得稽徵機關依廢止前促進產業升級條例第8條、獎勵民間參與交通建設條例第33條、促進民間參與公共建設法第40條、電影法第39條之1或生技新藥產業發展條例第6條及相關法規所核發之「營利事業股東投資抵減稅額證明書」者。

其他附件：

- ☐會計師簽證申報查核報告書　張
- ☐103年度營利事業所得稅暫繳損益試算表　張
- ☐暫繳資產負債表　張
- ☐103年度暫繳營業成本明細表　張
- ☐103年度暫繳其他費用及製造費用明細表　張
- ☐委任書　張

此致

財政部　國稅局　分局(稽徵所)

營利事業名稱：　(蓋章)
負責人、代表人或管理人姓名：　(蓋章)
電話：
傳真機號碼：
簽證會計師：　(蓋章)
代理申報人：　(蓋章)

蓋收件章
收件　年　月　日
收件編號

附 註：**1.委任代辦申報案件，未自行取具委任書者，請填具第 2 聯委任書。**
2.申報須知見第 2 聯背面。

營利事業名稱	負責人、代表人或管理人姓名	應納暫繳稅額	於本年度抵減(繳)之金額			自繳暫繳稅額
			尚未抵減之各項投資抵減稅額	行政救濟留抵稅額	扣繳稅額	
營業地址	市　縣　鄉鎮　市區　路　街　段　巷　弄　號之（　樓之　室）					

茲收到　公司(合作社)

- ☐103 年度營利事業所得稅暫繳稅額申報書 1 份
- ☐以前年度(非當年度)尚未抵減之各項投資抵減稅額文件　張
- ☐尚未抵減之股東投資抵減稅額證明書　張
- ☐營利事業所得稅留抵稅額證明書正本經核驗後發還
- ☐扣繳憑單備查聯影本　張
- ☐自行繳納暫繳稅額繳款書證明聯　張
- ☐會計師簽證申報查核報告書　張
- ☐103 年度營利事業所得稅暫繳損益試算表　張
- ☐暫繳資產負債表　張
- ☐103 年度暫繳營業成本明細表　張
- ☐103 年度暫繳其他費用及製造費用明細表　張
- ☐委任書　張

財政部　國稅局　分局(稽徵所)簽收
收件日期：　收件編號：

＊本聯由納稅義務人自存作為申報收據。

圖 10-6 營利事業所得稅暫繳稅額申報書

10.3 營利事業所得稅之結算申報

一、申報期間

營利事業應自動辦理結算申報，並依所得稅法第 71 條規定納稅義務人應於每年五月一日起至五月三十一日止，填具結算申報書，向主管稽徵機關，申報其上一年度內構成綜合所得總額或營利事業收入總額之項目及數額，以及有關減免、扣除之事實，並應依其全年應納稅額減除暫繳稅額、尚未抵繳之扣繳稅額及可扣抵稅額，計算其應納之結算稅額，於申報前自行繳納。但依法不併計課稅之所得之扣繳稅款，及營利事業獲配股利總額或盈餘總額所含之可扣抵稅額，不得減除。

前項納稅義務人為獨資、合夥組織之營利事業者，以其全年應納稅額之半數，減除尚未抵繳之扣繳稅額，計算其應納之結算稅額，於申報前自行繳納；其營利事業所得額減除全年應納稅額半數後之餘額，應由獨資資本主或合夥組織合夥人依第十四條第一項第一類規定列為營利所得，依本法規定課徵綜合所得稅。但其為小規模營利事業者，無須辦理結算申報，其營利事業所得額，應由獨資資本主或合夥組織合夥人依第十四條第一項第一類規定列為營利所得，依本法規定課徵綜合所得稅。（103.6.4 修正，104.1.1 實施）。稽徵機關應於催促營利事業依限期辦理結算申報，並於結算申報限期前 15 日填具催報書提示延遲申報之責任。（所 §78）

二、非曆年制申報期間

我國所得稅法規定申報期間為每年 5 月 1 日起至 5 月 31 日止，亦即從會計年度結束後第 5 個月開始起算 1 個月為申報期間，如採七月制者，其申報期間為每年 11 月 1 日至 11 月 30 日。會計年度採其他起訖期間者可以類推。營利事業變更會計年度，可以在經稽徵機關核准變更會計年度的營利事業，應於變更之日起 1 個月內，將變更前的營利事業所得額，向主管稽徵機關辦理營利事業所得稅結算申報。

三、營利事業辦理結算申報書之種類

營利事業所得稅結算申報應按下列規定選擇適用之申報書（所 §77）：

（一）藍色申報書：經稽徵機關核准適用藍色申報書之營利事業，使用藍色申報書，採用藍色申報書之條件為：

1. 依規定設帳並記載。
2. 依法自動調整並結算申報所得稅。
3. 申請年度之前一年度已辦結算申報。
4. 申請年度帳目無虛偽不實之記載。
5. 無欠繳所得稅及有關之滯報金、怠報金、滯納金、利息及罰款情事。
6. 公司有專任會計人員。

●藍色申報書之各項獎勵：

(1) 認列較高交際費列交標準：得依所得法規定，其業務所支付之交際應酬有較高之列支標準。
(2) 營利事業前 10 年虧損之規定：公司組織之營利事業可自當年度純益額中扣除以往 10 個年度核定之虧損。
(3) 計算個人綜合所得總額時，如納稅義務人及其配偶經營二個以上之營利事業，均使用藍色申報書，其中有虧損者，自核定之所得中減除，以其餘額為所得額。（所 §16）

（二）普通申報書：一般營利事業，使用普通申報書。

（三）機關團體作業組織決算申報書：教育、文化、公益、慈善機關或團體及其作業組織，使用機關團體作組織結算。

四、各項申報書表

營利事業所得稅結算申報書表可分為一般申報書表及租稅減免附冊。一般申報書表其所得稅申報之基本事項，均須填報；而稅減免附冊，若無投資抵減稅額及租稅獎勵該等事項不須檢附填報。營利事業所得稅基本事項之各類申報書表內容如下：

（一）未分配盈餘申報書。
（二）損益及稅額計算表。
（三）資產負債表。
（四）營業成本明細表。
（五）其他費用及製造費用明細表。
（六）所得稅規定有列支限額之項目標準計算表。
（七）各類給付扣繳稅額、可扣繳稅額與申報金額調整表。
（八）財產目錄。
（九）附件黏貼欄。
（十）股東股票股份轉讓通報表。

（十一）營利事業投資人明細及分配盈餘分配表。
（十二）股東可扣抵稅額帳戶變動明細申報表。
（十三）關係人結構圖。
（十四）關係人明細表。
（十五）關係人交易彙總表。
（十六）關係人交易明細表。

五、申報地點

營利事業申報地點如下（所細 §49）：

（一）總機構在中華民國境內，並在中華民國境內設有其他固定營業場所者，應由該營利事業之總機構向其申報時登記地之稽徵機關合併辦理結算申報。

（二）營利事業之總機構在中華民國境外，而有固定營業場所在中華民國境內者， 應由各固定營業場所分別向其申報時登記地之稽徵機關辦理結算申報。

（三）外國營利事業在中華民國境內無固定營業場所而有營業代理人者，應由營業代理人向其申報時登記地之稽徵機關辦理結算申報。

範 例

1. 明道食品公司之總機構設置在台中市，而在台北市及高雄市各設有分支機構之營利事業，其明道食品公司應向何處辦理營利事業所得稅結算申報？

【解析】

應向台中市國稅局辦理之。

2. 假設台中公司為國外營利事業分別在台北市及台中市各設有一分支機構，應向何處辦理結算申報？

【解析】

應由設於台北市及台中市之分支機構，分別向台北市國稅局及台中市國稅局辦理之。

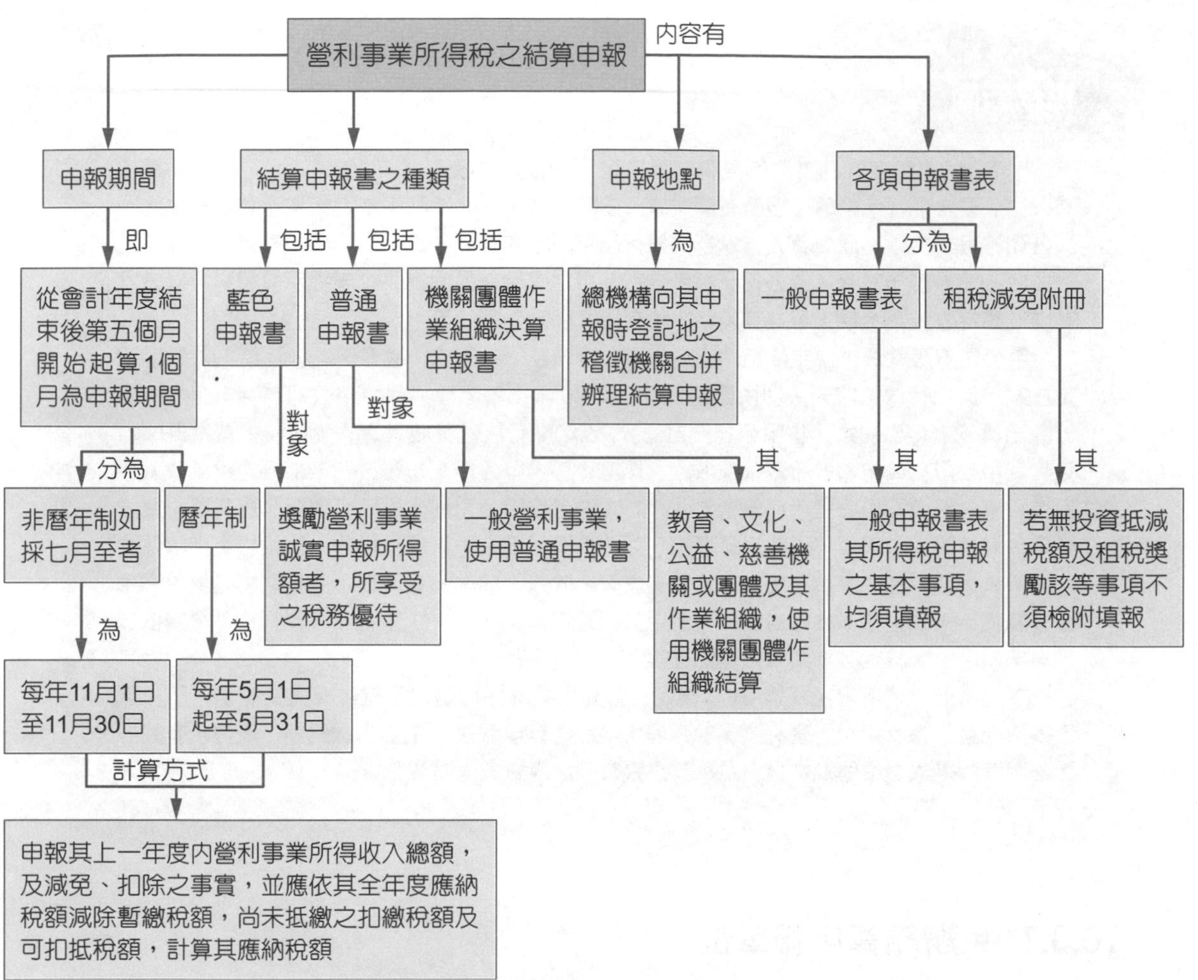

圖 10-7 營利事業所得稅之結算申報概念圖

稅務新聞 News

甲公司96年度營利事業所得稅結算申報，列報營業收入淨額69億餘元，國稅局查核時以該公司未能提示帳簿憑證及有關文據，按同業利潤標準淨利率核定營業淨利8億餘元，該公司不服，主張其原負責人曾君為向銀行詐貸而虛增營業收入，已向檢察官自首，虛增之營業收入部分應予減除，該公司僅提示自行編製之虛偽交易明細表，未提示具體事證以證實其虛增銷貨收入之金額，否准其減除，核定補徵稅額1億餘元。

甲公司不服裁決，決定依循序提起復查、訴願及行政訴訟，經最高行政法院判決駁回確定在案，最高行政法院判決理由認為，甲公司96年度營業收入係由甲公司自行申報並由會計師出具簽證報告在案，核甲公司既自認於96年度有該營業收入之事實，稅捐稽徵機關自免其就甲公司有如申報書所載營業收入之舉證責任，甲公司「事後改稱」部分之營業收入係假造，應由甲公司舉證證明何筆營業收入為虛增，惟甲公司提出之轉帳傳票、出貨單、商業發票、裝箱單、訂購單等資料只是憑證，並非帳冊，甲公司無法提供收入明細帳、應收帳款明細帳，以及對應之原始憑證，未將真正之營業收入、成本及費用提示完整之帳證供稅捐稽徵機關查核，稅捐稽徵機關自無從審酌甲公司真正營業收入之正確金額，稅捐稽徵機關依該公司申報之金額核定其營業收入自無違誤。

本局指出，依所得稅法第21條規定，營利事業應保持足以正確計算其營利事業所得額之帳簿憑證及會計紀錄，營利事業於辦理所得稅結算申報後，主張申報錯誤，應提示有關各種證明其所得額之帳簿及文據，並就其主張有利之事實負舉證責任。

資料來源：2014/04/30 財政部北區國稅局 稅務新聞

10.3.1 免辦結算申報單位

一、國外營利事業在中華民國境內無分支機構。

二、公司分配予非中華民國境內居住之個人及總機構在中華民國境外之營利事業之股利淨額，已由扣繳義務人扣取稅款者。

三、合作社、合夥組織或獨資組織分配予非中華民國境內居住之社員、合夥人或 獨資資本主之盈餘淨額，已由扣繳義務人扣取稅款者。

四、機關、團體、學校、事業、破產財團或執行業務者所給付之薪資、利息、租金、佣金、權利金、競技、競賽或機會中獎之獎金或給與、退休金、資遣費、退職金、離職金、終身俸、非屬保險給付之養老金、告發或檢舉獎金、結構型商品交易之所得、執行業務者之報酬，及給付在中華民國境內無固定營業場所或營業代理人之國外營利事業之所得。

五、符合所得稅法第11條第4項規定之各行業公會組織、同鄉會、同學會、宗親會、營利事業產業工會、社區發展協會、各工會團體、各級學校學生家長會、國際獅子會、國際扶輪社、國際青年商會、國際同濟會、國際崇她社及各縣市工業發展投資策進會、各縣市工業區廠商協進會及身心障礙福利團體等機關團體，如無任何營業或作業組織收入（包括無銷售貨物或勞務收入），僅有會費、捐贈、基金存款利息，且其財產總額及當年度收入總額均未達新臺幣 1 億元者，可免辦理結算申報。

六、宗教團體

符合下列規定者可免辦結算申報：

（一）依法立案登記之寺廟、宗教社會團體及宗教財團法人。

（二）無銷售貨物或勞務收入者。

（三）無附屬作業組織者。

七、符合儲蓄互助社法第 8 條規定免徵所得稅之儲蓄互助社可免辦結算申報。

範 例

下列公、私營營利事業及公益機關或團體，應否辦理暫繳申報？

(1) 恩主公廟宇。

(2) 台灣自來水公司。

(3) 臺大醫院。

(4) 長庚醫院。

(5) 中友百貨公司。

(6) 中華電信公司。

(7) 台灣塑膠公司（高雄仁武廠）。

(8) 台中科技大學。

(9) 台中市市政府。

【解析】

名稱	是否辦理暫繳申報
恩主公廟宇	免辦理
台灣自來水公司	應辦理
臺大醫院	免辦理
長庚醫院	免辦理
中友百貨公司	應辦理
中華電信公司	應辦理
台灣塑膠公司（高雄仁武廠）	由總公司辦理暫繳申報
台中科技大學	免辦理
台中市市政府	免辦理

10.3.2 變更會計年度之申報

依所得稅法第 74 條規定，營利事業報經該管稽徵機關核准變更其會計年度者，應於變更之日起 1 個月內，將變更前之營利事業所得額，應將其所得額按實際營業期間相當全年之比例換算全年所得額，依規定稅率計算全年度稅額，再就原比例換算其應納稅額，於提出申報書前自行繳納。

範例

台中公司原採用 7 月制會計年度，自民國 104 年 1 月 1 日起，擬變更會計年度為曆年制，並經稽徵機關核准，台中公司 103 年 7 月 1 日起至 12 月 31 日止之營利事業所得額為 $1,000,000 元，其申報應納稅額為多少：

全年所得額＝ $1,000,000× 12/6=$2,000,000

全年應納稅額 =$2,000,000× 17% =$340,000

實際應納稅額 =$340,000× 6/12=$170,000

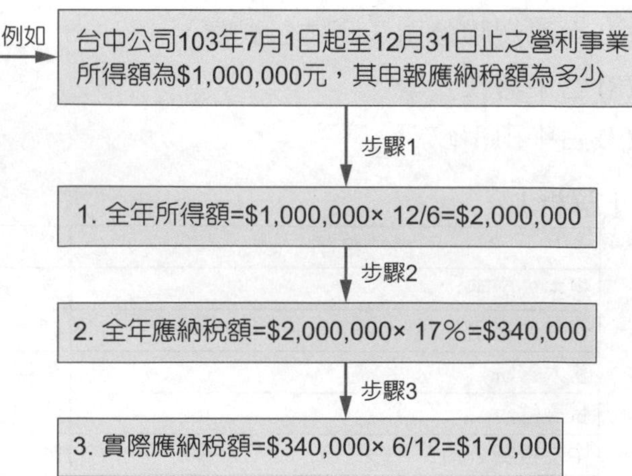

圖 10-8 變更會計年度之應納稅額計算概念圖

10.3.3 逾期申報處罰

一、滯報金處罰

營利事業納稅義務人未依規定期限辦理結算申報者，稽徵機關應即填具滯報通知書後送達納稅義務人，限於接到滯報通知書之日起 15 日內補辦申報者，經稽徵機關據以調查核定其所得額及應納稅額者，應按核定應納稅額另徵 10% 滯報金， 其屬獨資、合夥組織之營利事業應按稽徵機關調查核定之所得額按當年度適用之營利事業所得稅稅率計算之金額另徵 10% 滯報金，但該滯報金之金額最高不得超過 30,000 元，不得少於 1,500 元。（所 §108）

二、怠報金處罰

其逾期仍未辦理結算申報者，稽徵機關除應依查得之資料或同業利潤標準核定其所得額及應納稅額，應按核定應納稅額另徵 20% 怠報金。其屬獨資、合夥組織之營利事業應按稽徵機關調查核定之所得額按當年度適用之營利事業所得稅稅率計算之金額另徵 20% 怠報金。但最高不得超過 90,000 元，最低不得少於 4,500 元。（所 §108）

範 例

假設台中公司 100 年度決算所得額為 900,000 元，暫繳為 90,000 元則應納稅額為何？

【解析】

900,000×17% =153,000

153,000-90,000 = 63,000

所得稅費用	153,000	
預付所得稅		90,000
應付所得稅		63,000

範例

營利事業未依限辦理結算申報或未申報，藍色申報案件（會計師簽證案件）會有什麼影響？

【解析】

前 10 年虧損扣抵無法使用

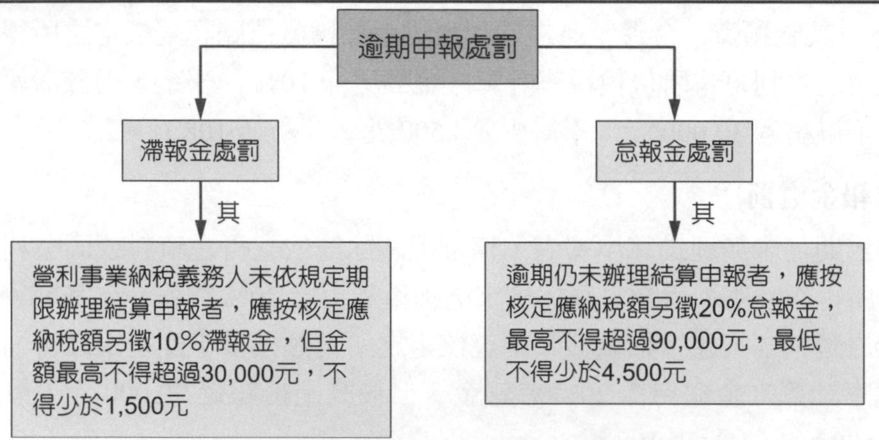

圖 10-9 逾期申報處罰之概念圖

10.4 決算申報

係指凡獨資、合夥組織營利事業因廢止或轉讓，以及公司組織營利事業因解散或合併，就截至解散、廢止、合併或轉讓日止之營利事業所得額所為之申報，稱為「決算申報」。

例如台中公司係採用曆年制會計年度之營利事業，經股東會決議以民國 100 年 6 月 30 日為解散基準日，則其自 100 年 1 月 1 日起至同年 6 月 30 日之營利事業所得額，應辦理決算申報。

一、決算申報期間及逾期申報之處理（依據 103.6.4 修正後之所得稅法第 75 條規定）：

（一）營利事業遇有解散、廢止、合併或轉讓情事時，應於截至解散、廢止、合併或轉讓之日止，辦理當期決算，於四十五日內，依規定格式，向該管稽徵機關申報其營利事業所得額及應納稅額，並於提出申報前自行繳納之。

（二）營利事業在清算期間之清算所得，應於清算結束之日起三十日內，依規定格式書表向該管稽徵機關申報，並於申報前依照當年度所適用之營利事業所得稅稅率自行計算繳納。但依其他法律得免除清算程序者，不適用之。

（三）前項所稱清算期間，其屬公司組織者，依公司法規定之期限；其非屬公司組織者，為自解散、廢止、合併或轉讓之日起三個月。

（四）獨資、合夥組織之營利事業應依第一項及第二項規定辦理當期決算或清算申報，並依第七十一條第二項規定計算應繳納之稅額，於申報前自行繳納；其營利事業所得額減除應納稅額半數後之餘額，應由獨資資本主或合夥組織合夥人依第十四條第一項第一類規定列為營利所得，依本法規定課徵綜合所得稅。但其為小規模營利事業者，無須辦理當期決算或清算申報，其營利事業所得額，應由獨資資本主或合夥組織合夥人依第十四條第一項第一類規定列為營利所得，依本法規定課徵綜合所得稅。

（五）營利事業未依第一項及第二項規定期限申報其當期決算所得額或清算所得者，稽徵機關應即依查得資料核定其所得額及應納稅額；其屬獨資、合夥組織之營利事業者，稽徵機關應核定其所得額及依第七十一條第二項規定計算應繳納之稅額；其營利事業所得額減除應納稅額半數後之餘額，歸併獨資資本主或合夥組織合夥人之營利所得，依本法規定課徵綜合所得稅。

（六）營利事業宣告破產者，應於法院公告債權登記期間截止十日前，向該管稽徵機關提出當期營利事業所得稅決算申報；其未依限申報者，稽徵機關應即依查得之資料，核定其所得額及應納稅額。法院應將前項宣告破產之營利事業，於公告債權登記之同時通知當地稽徵機關。

範例

台中公司採用曆年制會計年度，於民國 100 年 7 月 1 日為解散基準日，並經股東會通過，其稽徵機關也核准解散，假設台中公司 100 年 1 月 1 日起至 6 月 30 日止之營利事業決算所得額為 $100,000 元，100 年度其申報應納稅額為多少？

【解析】

全年所得額 =$100,000× 12/6=$200,000

全年應納稅額 =$200,000× 17% =$34,000

決算應納稅額 =$34,000× 6/12=$17,000

範 例

台中公司未在規定期限內辦理決算申報， 稽徵機關核定該公司這段期間所得額為 $2,000,000 元，適用同業利潤之淨利率標準為 10%，則稽徵機關對其決算所得額及應納稅額將核定如下：

【解析】

決算所得額 =$2,000,000× 10% =$200,000

全年所得額 =$ 200,000× 12/ 6 =$400,000

全年應納稅額 =$400,000 × 17%=$68,000

決算應納稅額 =$68,000×1/2 ＝ 34,000

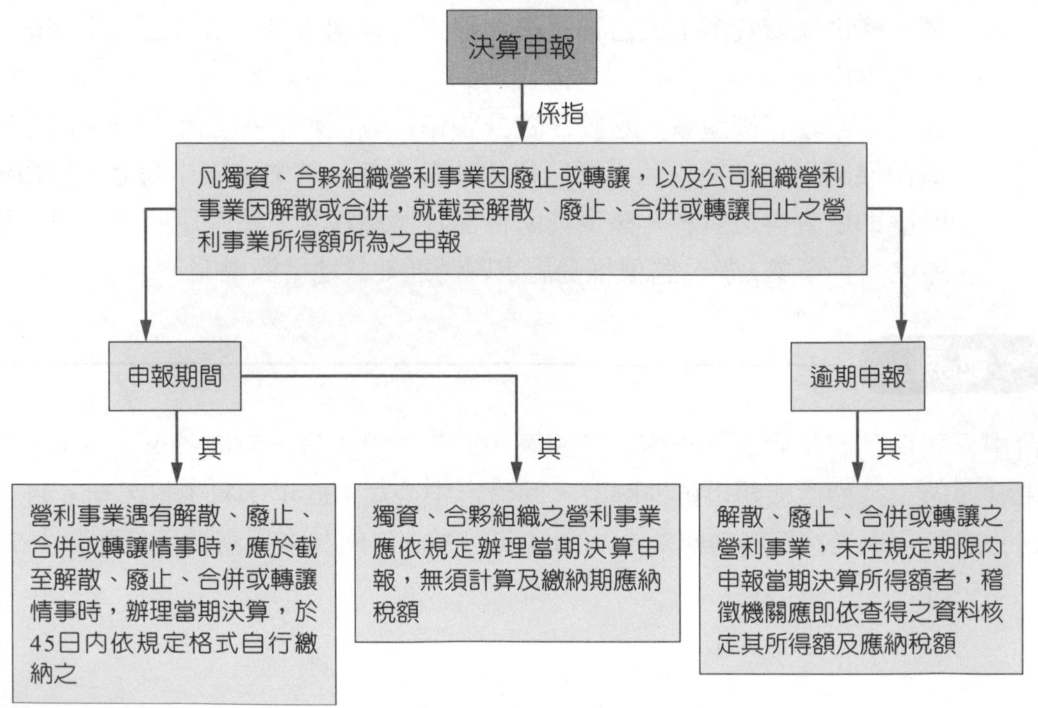

圖 10-10 決算申報之概念圖

10.5 清算申報

公司組織營利事業因解散或合併及獨資、合夥組織營利事業因廢止或轉讓，就其清算期間營利事業所得額所為之申報，稱為「清算申報」。

一、申報期間

公司組織之營利事業辦理清算，其在清算期間之清算所得，應該在清算結束之日起 30 日內，向稽徵機關辦理清算申報。其申報清算所得之時限，應以實際辦理清算完結之日為準起算。但是清算人如果未於就任之日起 6 個月內清算完結，也未報經法院核准展延期限者，應以 6 個月期間屆滿之日為準起算。

營利事業在清算期間之清算所得，應於清算結束之日起 30 日內，依規定格式書表向稽徵機關申報，並於申報前依照申報當年度所適用之營利事業所得稅稅率自行計算繳納，但依其他法律得免除清算程序者，如合併、分割或破產而解散者可免辦清算申報。所稱「清算期間」，如果是公司組織，則依公司法規定之期限為 6 個月；如非屬公司組織，則自解散、廢止、合併或轉讓之日起 3 個月為清算期間。

二、清算所得會計處理

計算公式如下（所細 §64）

存貨變現損益＝存貨變現收入－存貨變現成本

清算收益＝非存貨資產變現收益＋償還負債收益＋清算結束剩餘資產估價收益＋其他利益

清算損失＝非存貨資產變現損失＋收取債權損失＋清算結束剩餘資產估價損失＋清算費用＋其他損失

清算所得或虧損＝存貨變現損益＋清算收益－清算損失

清算課稅所得＝清算所得－依法准予扣除之前 5 年核定虧損額－各項依法免計入所得之收益－各項依法免稅之所得

範例

台中公司於民國 104 年 6 月 30 日解散，其股東可扣抵稅額帳戶餘額為 $200,000 元，清算前之資產負債表如下：

台中公司
資產負債表
民國 104 年 6 月 30 日

資產		負債及權益	
現 金	$500,000	銀行借款	$500,000
應收帳款	100,000	應付帳款	100,000
存 貨	1,000,000	合計	$600,000
固定資產	2,000,000	股本	$2,000,000
減：累積折舊	(500,000)	86 年前保留盈餘	100,000
		87 年後保留盈餘	400,000
		合計	$2,500,000
總計	$3,100,000	總計	3,100,000

【解析】

1. 存貨變現 $1,500,000

	借	貸
現　金	$1,575,000	
存貨變現收入		$1,500,000
銷項稅額		75,000
存貨變現成本	$1,000,000	
存貨		$1,000,000

2. 固定資產變現 $1,600,000

	借	貸
現　金	$1,680,000	
累計折舊	500,000	
固定資產		$2,000,000
出售資產變現利益		100,000
銷項稅額		80,000

3. 收取應收帳款

	借	貸
現 金	$100,000	
應收帳款		$100,000

4. 清償銀行借款

	借	貸
銀行借款	$500,000	
現 金		$500,000

5. 支付應付帳款

應付帳款	$100,000	
現 金		$100,000

6. 支付各項費用 $100,000 元及清算人報酬 $300,000 元（代扣所得稅 $30,000）

清算費用	$400,000	
現 金		$370,000
代扣稅款		30,000

7. 支付銷項稅額及代扣所得稅：

銷項稅額	$155,000	
代扣稅款	30,000	
現 金		$185,000

6. 結算清算損益

存貨變現收入	$1,500,000	
出售資產變現利益	100,000	
存貨變現成本		$1,000,000
清算費用		400,000
清算利益		200,000

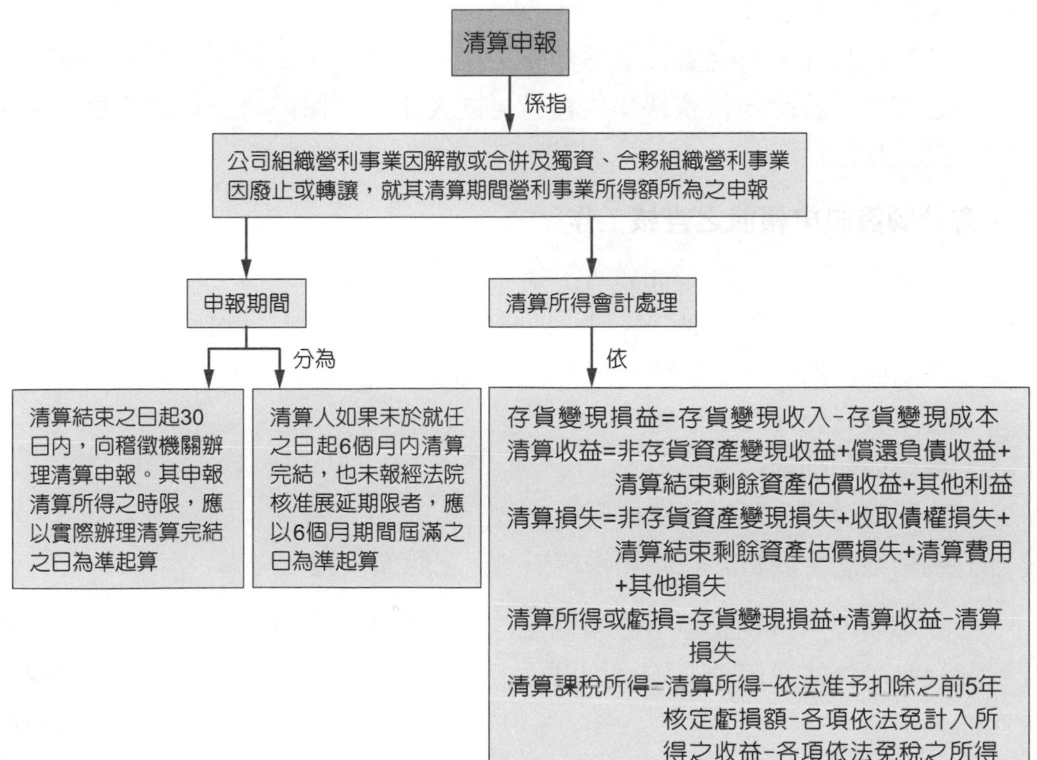

圖 10-11 清算申報之概念圖

10.6 簽證申報

係指營利事業委託會計師辦理所得稅簽證及代理營利事業所得稅申報。

一、應委託會計師查核簽證申報之營利事業

下列各營利事業所得稅結算申報，應委託經財政部核准登記為稅務代理人之會計師辦理查核簽證申報：

（一）銀行業、信用合作社業、信託投資業、票券金融業、融資性租賃業、證券業（證券投資顧問業除外）、期貨業及保險業。

（二）公開發行股票之營利事業。

（三）依原獎勵投資條例或促進產業升級條例或其他法律規定，經核准享受免徵營利事業所得稅之營利事業，其全年營業收入淨額與非營業收入在新臺幣五千萬元以上者。

（四）依金融控股公司法或企業併購法或其他法律規定，合併辦理所得稅結算申報之營利事業。

（五）不屬於以上 4 款之營利事業，其全年營業收入淨額與非營業收入在新臺幣壹億元以上者。

會計師辦理所得稅查核簽證申報工作，對於帳簿文據、所得稅申報書表之查核，簽證申報查核報告書意見之表達，須保持公正嚴謹之態度，維護公私法益。

二、會計師簽證申報前之查核工作

會計師查核前，應對委任人會計作業之真確性進行評估，選擇一個月或抽取足夠資料，依下列程序進行核對，並將核對結果及處理情形作成紀錄：

（一）傳票與原始憑證逐筆核對。

（二）傳票與日記簿逐筆核對。

（三）傳票與明細帳逐筆核對。

（四）日記簿與總分類帳逐筆核對。

（五）明細帳之合計數與總分類帳統馭科目之餘額核對。

會計師辦理所得稅查核簽證申報工作，對於委任人會計制度、內部會計控制狀況及會計作業真確性之瞭解與評估，憑以決定合宜之方法及程序，加以審查或抽查。

凡經查核發現委任人未依規定設帳記載；或原始憑證、記帳憑證、帳簿報表、相關文件、所得稅申報書表之內容不相符合、或與有關法令之規定不符、不當或不實者，應作適當之更正、調整或說明。並將所實施之查核方法、查核程序、抽查範圍、查核結果及所作處理，應具體翔詳實作成紀錄，連同所獲得之查核證據資料，彙整編訂成工作底稿，並據以提出簽證申報查核報告書。

三、代理申報

會計師向財政部申請登記為稅務代理人，經審查合格發給證書後，得受託代理下列各項與所得稅有關之事務（營利事業委託會計師查核簽證申報所得稅辦法第 3 條）：

（一）充任營利事業之設立、合併、轉讓、廢止以及變更登記之代理人。

（二）會計制度之設計以及撰擬有關稅務之商事文件。

（三）各項會計紀錄、帳表、財務狀況之查核、整理、分析、簽證、鑑定以及報告等事務。

（四）辦理資產估價、重估價以及會計方法之申請與變更。

（五）代理所得稅暫繳、結算、股東可扣抵稅額帳戶變動明細、未分配盈餘及決清算申報；納稅、退稅、留抵以及申請獎勵減免等事務。

（六）有關所得稅案件之更正、申請復查、提起訴願及行政訴訟。

（七）申請為有關所得稅法令之解釋。

（八）充任清算人、破產管理人、遺囑執行人或其他有關所得稅事務之受託人。

（九）關係人交易預先訂價協議之申請事務。

（十）其他有關所得稅事務之代理。

四、記帳士代辦申報

營利事業除了委任會計師辦理所得稅申報之外尚可委任記帳士執行代辦申報及下列之事務，但不得受委任辦理各項稅捐之查核簽證申報及訴願、行政訴訟事項。

記帳士得在登錄區域內，執行下列業務（記 §13）：

（一）受委任辦理營業、變更、註銷、停業、復業及其他登記事項。

（二）受委任辦理各項稅捐稽徵案件之申報及申請事項。

（三）受理稅務諮詢事項。

（四）受委任辦理商業會計事務。

（五）其他經主管機關核可辦理與記帳及報稅事務有關之事項。

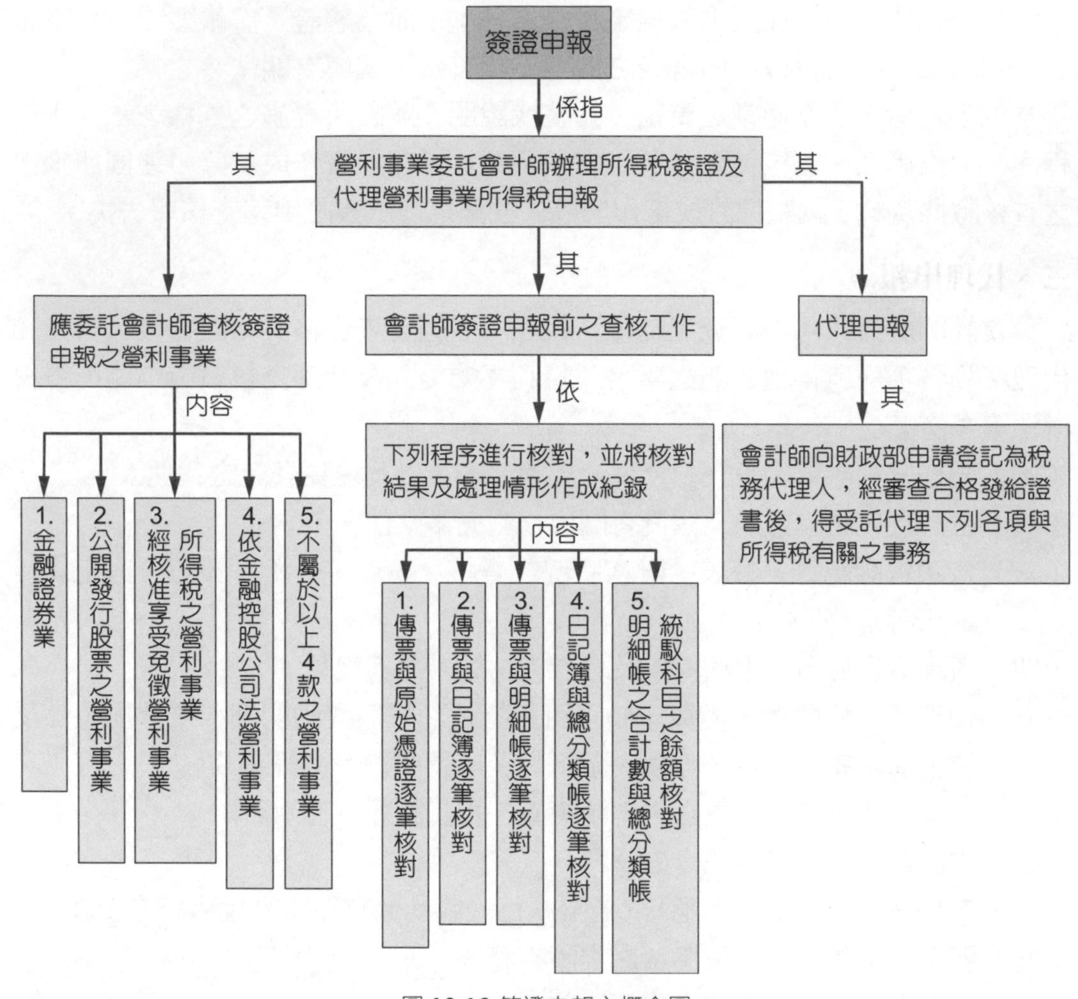

圖 10-12 簽證申報之概念圖

10.7 違反所得稅申報之處罰

一、根據所得稅法第 110 條規定對於營利事業短報或漏報之處罰如下

（一）營利事業已依所得稅法規定辦理結算申報，但對依規定應申報課稅之所得額有漏報或短報情事者，除補稅外，處以所漏稅額 2 倍以下之罰鍰。

1. 漏稅額 \$100,000 元以下：處所漏稅額 0.5 倍之罰鍰。但於裁罰處分核定前以書面承諾違章事實，並願意繳清稅款及罰鍰者，處所漏稅額 0.4 倍之罰鍰。

2. 漏稅額超過 $100,000 元：處所漏稅額 1 倍之罰鍰。但於裁罰處分核定前以書面承諾違章事實，並願意繳清稅款及罰鍰者，處所漏稅額 0.8 倍之罰鍰。

（二）營利事業未依所得稅法規定自行辦理結算、決算或清算申報，申報，而經稽徵機關調查發現 有依本法規定應課稅之所得額者，除依法核定補徵應納稅額外，應照補徵稅額，處 3 倍以下之罰鍰。

1. 漏稅額在 10 萬元以下：處所漏稅額 0.75 倍之罰鍰。但於裁罰處分核定前以書面承諾違章事實，並願意繳清稅款及罰鍰者，處所漏稅額 0.6 倍之罰鍰。
2. 漏稅額超過 10 萬元：處所漏稅額 1.5 倍之罰鍰。但於裁罰處分核定前以書面承諾違章事實，並願意繳清稅款及罰鍰者，處所漏稅額 1.2 倍之罰鍰。
3. 營利事業因受獎勵免稅或營業虧損，致加計短漏之所得額後仍無應納稅額，應就短漏之所得額依當年度適用之營利事業所得稅稅率計算之金額，分別依前二項之規定倍數處罰。最高不得超過九萬元，最低不得少於四千五百元。

第一項及第二項規定之納稅義務人為獨資、合夥組織之營利事業者，應就稽徵機關核定短漏之課稅所得額依當年度適用之營利事業所得稅稅率計算之金額，分別依第一項及第二項之規定倍數處罰，不適用前項規定。（98.05.27 增加）

二、公式

申報部分核定應納稅額 = 申報部分核定所得額 × 稅率－累進差額

全部核定應納稅額 =（申報部分核定所得額＋漏報或短報所得額）× 稅率－累進差額

漏稅額＝全部核定應納稅額－申報部分核定應納稅額－漏報或短報所得額之扣繳稅款

三、滯納之處罰

依所得稅法第 112 條規定，納稅義務人逾期繳納稅款、滯報金及怠報金者，每逾 2 日，按滯納金加徵 1% 滯納金；逾 30 日仍未繳納者，除移送強制執行外，並得停止其營業至繳納之日止。

其應納之稅款、滯報金、怠報金及滯納金，應自滯納期限屆滿之次日起至納稅義務人繳納之日止，按郵政儲金 1 年期定期存款利率，按日加計利息，併徵收。

範例

1. 甲營利事業100年度申報課稅所得額為8萬元，短漏報所得額5萬元，應處罰鍰多少？

【解析】

甲為「公司組織」時：【所 §110.Ⅰ、查準 §112.Ⅰ】

原申報所得額 80,000 未達起徵額 120,000 故稅額為「0」

【（80,000 + 50,000）－ 120,000】÷2 ＝ 5,000

5,000 － 0 ＝ 5,000 本稅

因適用稅務違章減免處罰標準第三條第一項，核定所漏稅額在 10,000 元以下免予處罰，故本案僅需補繳本稅 5,000 元免予處罰。

甲為「行號組織」時：【所 §110.ⅠV、查準 §112.Ⅱ】

（80,000 + 50,000）－ 80,000 ＝ 50,000

50,000 未達起徵額 120,000 故免罰

2. 乙營利事業100年度申報課稅所得額為－300萬元，短漏報所得額200萬元，應處罰鍰多少？

【解析】

乙為「公司組織」時：【所 §110.Ⅲ】

雖然－ 300 萬＋ 200 萬＝－ 100 萬仍虧損，但依據所得稅法第 110 條第三項規定

200 萬 × 17% ＝ 340,000 340,000 × 0.4（承諾）＝ 136,000

因為 136,000 ＞ 90,000 故應處罰鍰 90,000

乙為「行號組織」時：【所 §110.Ⅲ】

不適用所得稅法第 110 條第三項規定，故免罰。

3. 丙營利事業100年度申報課稅所得額為－120萬元，短漏報所得額150萬元，應處罰鍰多少？

【解析】

丙為「公司組織」時：【所 §110.Ⅰ、查準 §112】

（－ 120 萬＋ 150 萬）＝ 30 萬 30 萬 × 17% ＝ 51,000（本稅）

51,000 × 0.4（承諾）＝ 20,400（罰鍰）

丙為「行號組織」時：【所 §110.Ⅲ】

（－ 120 萬＋ 150 萬）－ 0 ＝ 30 萬 30 萬 × 17% ＝ 51,000

51,000 × 0.4（承諾）＝ 20,400（罰鍰）

範例

假設甲公司於民國 104 年解散，其已提撥之勞工退休準備金尚有剩餘 64 萬元，依法可領回，有以下情況：

104.01.01　104.06.18 解散　104.07.15 清算完結

----------×------------------×--------------×-------------------------

決算申報　清算申報

【狀況一】

	決算期間	清算期間
申 報	－ 1,000,000	0
核 定	－ 1,000,000	640,000

依上述，則

1. 有無應繳本稅？金額多少？
2. 有無應受處罰？若有，金額多少？

【解析】

1. 有，640,000×17%＝ 108,800……應納稅額
2. 有，108,800×1.2＝130,560 ………應處三倍以下，此例子狀況下一般裁罰為 1.2 倍。

【狀況二】

	決算期間	清算期間
申 報	－ 300,000	－ 700,000
核 定	－ 300,000	－ 60,000

1. 有無應繳本稅？金額多少？
2. 有無應受處罰？若有，金額多少？

【解析】

1. 有，640,000×17%＝ 108,800……應納稅額
2. 有，108,800 ＞ 90,000 所以僅須裁罰 90,000

【狀況三】

如上述釋例，若甲公司從原本的法人組織改為獨資或合夥時，有無短、漏報情事？

【解析】

1. 已依規定辦理申報

甲商號已依規定辦理申報，則：

640,000×17%＝108,800……應納稅額

108,800×2＝217,600……應處所漏稅額的二倍以下之罰鍰

2. 甲商號未依規定辦理申報，則：

640,000×17%＝108,800……應納稅額

108,800×3＝326,400……應處所漏稅額的三倍以下之罰鍰

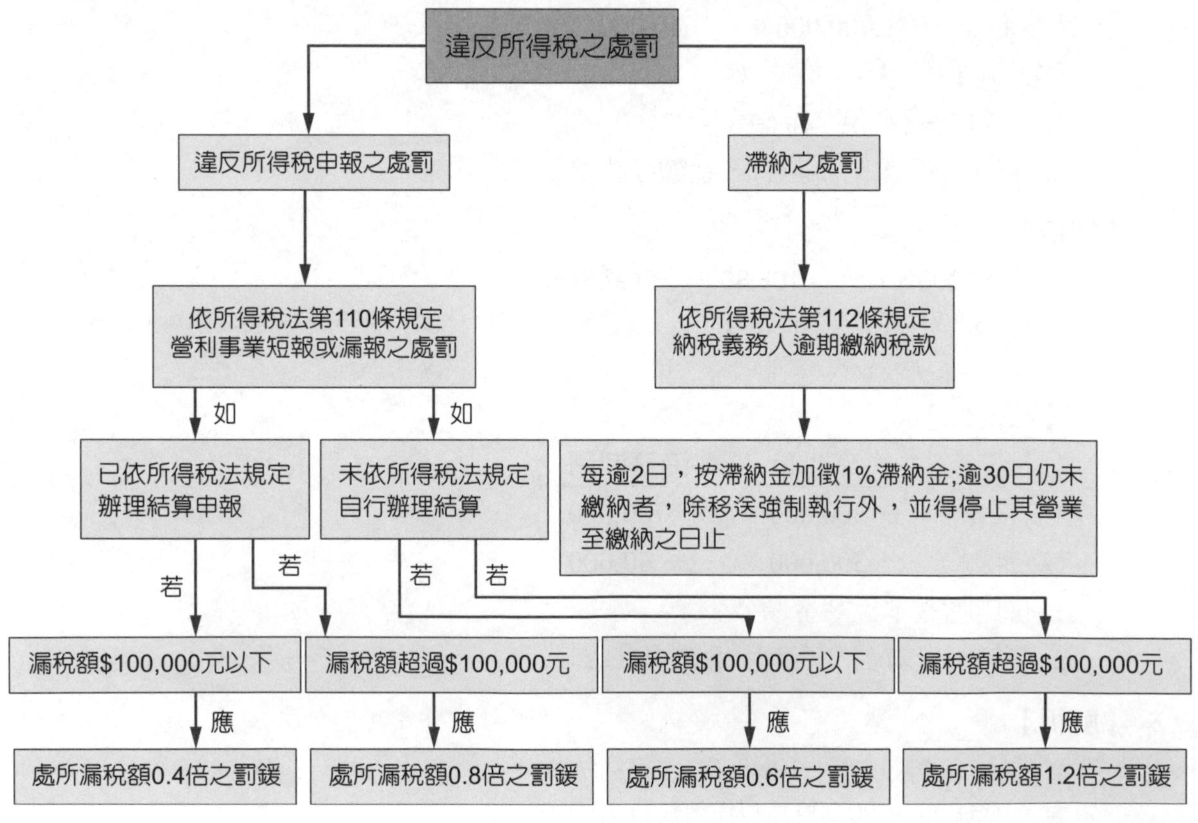

圖 10-13 違反所得稅申報處罰之概念圖

學習評量

一、選擇題

( ) 1. 設某年所得稅繳款截止日 5 月 31 日為星期六，甲公司遲至 6 月 4 日星期三才繳納其營利事業所得稅款，試問甲公司應被加徵多少滯納金？
(A) 無須被處罰滯納金 (C) 須加徵 2% 滯納金
(B) 須加徵 1% 滯納金 (D) 須加徵 3% 滯納金 【101 記帳士】

( ) 2. 乙公司會計年度採七月制，則暫繳營利事業所得稅申報期間為何時？
(A) 1 月 1 日～ 1 月 31 日
(B) 3 月 1 日～ 3 月 31 日
(C) 7 月 1 日～ 7 月 31 日
(D) 9 月 1 日～ 9 月 30 日 【101 初等】

( ) 3. 某營利事業 100 年度營利事業所得稅結算申報，嗣經原處分機關以該營利事業帳證混淆，成本無法勾稽查核，乃依同業利潤標準核定，繳款書於 101 年 11 月 26 日合法送達，繳款書上所載繳納期限屆滿日為 101 年 12 月 12 日（星期三），該營利事業不服，試問該營利事業至遲應於何時提出復查申請？
(A) 101 年 12 月 26 日前
(B) 102 年 1 月 11 日前
(C) 102 年 1 月 12 日前
(D) 102 年 1 月 13 日前 【102 四等稅務特考】

( ) 4. 我國之營利事業採曆年制會計年度者，每年應於何時辦理暫繳申報？
(A) 每年五月一日起至五月三十一日止
(B) 每年七月一日起至七月三十一日止
(C) 每年十一月一日起至十一月三十日止
(D) 每年九月一日起至九月三十日止 【97 年初考】

( ) 5. 世明公司去年度繳納 100 萬元之營利事業所得稅，試問世明公司今年度辦理暫繳申報時應繳納多少稅款？
(A) 20 萬元 (C) 15 萬元
(B) 50 萬元 (D) 25 萬元 【97 年初考】

學習評量

(　　) 6. 下列有關營利事業所得稅暫繳申報，何者敘述正確？
(A) 按上年度結算申報營利事業所得稅應納稅額之二分之一為暫繳稅
(B) 曆年制公司申報期間為每年 8 月 1 日至 8 月 31 日
(C) 暫繳申報可以申請延期一個月
(D) 當年上半年度新開業者需辦理申報　【96 年初考】

(　　) 7. 下列何者應辦所得稅暫繳申報？
(A) 小規模營利事業
(B) 獨資商店
(C) 公司組織之營利事業
(D) 上年度被逕行核定所得額之營利事業

(　　) 8. 扣繳義務人對於非中華民國境內居住個人之稅款加以扣繳後，應於何時向國庫繳納？
(A) 代扣稅款之日起 10 日內
(B) 當月 10 日前
(C) 次月 10 日前
(D) 次月 15 日前　【95 年記帳士】

(　　) 9. 四月制會計年度的營利事業，其 94 年度（94 年 4 月 1 日至 95 年 3 月 31 日）暫繳申報之最後期限為：
(A) 94 年 9 月 30 日　(C) 94 年 12 月 31 日
(B) 94 年 10 月 31 日　(D) 95 年 5 月 31 日　【94 年記帳士】

(　　)10. 營利事業申報暫繳稅額應以其上年度結算申報應納稅額之多少為暫繳稅額？
(A) 二分之一　(C) 四分之一
(B) 三分之一　(D) 五分之一　【93 年初等考】

(　　)11. 下列何種事業應辦理暫繳申報？
(A) 小規模營利事業
(B) 慈善性財團法人
(C) 公營事業
(D) 公有事業　【92 年特考】

學習評量

( )12. 採用曆年制會計年度之營利事業，下列有關暫繳申報之敘述，何者正確？
(A) 暫繳申報日期為每年 9 月 1 日起至 9 月 30 日止
(B) 暫繳申報日期為每年 7 月 1 日起至 7 月 31 日止
(C) 暫繳申報得申請延期一個月
(D) 經核定之小規模營利事業暫繳申報日期為每年 9 月 1 日至 9 月 30 日止 【92 年特考】

( )13. 營利事業逾規定期限仍未辦理暫繳申報，會受到稅捐稽徵機關哪一種行政處分？
(A) 按核定暫繳稅額加徵 10% 滯報金
(B) 按核定暫繳稅額加計利息
(C) 按核定暫繳稅額處 2 倍以下之罰鍰
(D) 按核定暫繳稅額加徵 20% 怠報金 【96 年專技會計師】

( )14. 下列何種營利事業不需辦理暫繳申報？
(A) 本年度上半年新開業之營利事業
(B) 部分所得額免徵營利事業所得稅之營利事業
(C) 總機構在我國境外，在境內有固定營業場所之營利事業
(D) 去年申報虧損之營利事業 【96 年專技會計師】

( )15. 一般營利事業如何計算營利事業所得稅暫繳稅額？
(A) 按上年度核定之暫繳稅額
(B) 按上年度結算申報營利事業所得稅應納稅額之二分之一為暫繳稅額
(C) 按上年度結算核定營利事業所得稅應納稅額之二分之一為暫繳稅額
(D) 按前二年度核定稅額平均數之半數為暫繳稅額
【96 年專技會計師】

( )16. 小規模營利事業應選用下列那一種申報書辦理結算申報？
(A) 藍色申報書 (C) 一般申報書
(B) 普通申報書 (D) 簡易申報書 【97 年初考】

學習評量

( )17. 營利事業經核准變更會計年度者，應於變更之日起多久內，將變更前之營利事業所得額申報該管稽徵機關：

(A) 一個月 (C) 三個月

(B) 二個月 (D) 四個月 【95年初考】

( )18. 營利事業本年 12 月 31 日有關帳戶餘額如下：應收票據 6,712,660 元、應收帳款 4,073,640 元、備抵呆帳 148,250 元，則該營利事業本年度結算申報時應列報其他收入金額為何？

(A) 40,387 元 (C) 107,863 元

(B) 100,000 元 (D) 148,250元 【95年會計師】

( )19. 營利事業申報營業收入與開立統一發票金額不一致時，應於營利事業所得稅結算申報書內營業收入調節欄項下調整，下列何者非屬調整減除項目？

(A) 本期預收貨款

(B) 受他人委託代銷貨物

(C) 以產製供銷售之貨物轉供自用

(D) 解散或廢止營業時所餘存之貨物按時價作為銷售者

【95 年會計師】

( )20. 納稅義務人未依限辦理所得稅申報，但已依法補辦結算申報者，應按核定應納稅額加徵多少滯報金？

(A) 5%

(B) 10%，不得少於 1500 元

(C) 15%

(D) 每二日加徵 1% 【93 年初等考】

二、問答題

（一）納稅義務人未申報基本所得額，致短漏報基本稅額者，應有何之處罰？

（二）營利事業納稅義務人採用藍色申報書，須具備哪些條件？

（三）營利事業所得稅結算申報按規定選擇適用之申報書有哪些？

（四）何謂清算申報？其清算申報計算方法有哪些？

學習評量

（五）我國所得稅法「扣繳制度」之政策目的為何？又為何另有「免予扣繳」之規定？試闡明之。【97 地方特考四等】

（六）營利事業所得稅之暫繳申報制度免申報單位為何？計算暫繳申報方式可採用何種方式辦理？

（七）何謂扣繳？營利事業應扣繳所得之義務人為何？

（八）何謂暫繳？有哪些納稅義務人不需要辦理暫繳申報？【94 記帳士改編】

（九）謂競技、競賽及機會中獎之獎金或給與？

三、分錄與計算

（一）假設台中公司於民國 100 年度營利事業所得稅結算申報，原申報課稅所得額 $6,000,000 元，經稽徵機關查核發現短報利息收入 $2,000,000 元（已扣繳稅額 $200,000 元），則應補漏稅額及應處罰鍰如下：

（二）大安公司之總公司設在臺北，分公司設在美國，101 年度總公司因營業而獲利之所得為新臺幣 500 萬元，另有出售土地一筆獲利 240 萬元，收到董事長的乾爹對大安公司的贈與 200 萬元及順利公司對大安公司的贈與 100 萬元。大安公司在美國分公司所得 350 萬元，分公司已納美國所得稅折合新臺幣為 70 萬元，大安公司 101 年度在臺灣之暫繳稅額為 12 萬元。試問：

大安公司在美國所繳之稅，可在我國營利事業所得稅中扣抵之數為多少？大安公司應自行向公庫補繳納我國 100 年度營利事業所得稅額為多少？【100 年會計師】

（三）高山公司於民國 104 年及 105 年申報所得資料如下（各子題相互獨立，請分別作答）：

項目	104 年度	105 年
營業收入	4,250,000	3,000,000
營業成本	2,000,000	2,000,000
營業費用	950,000	500,000
非營業收入	300,000	400,000
非營業損失	450,000	200,000

該公司於稽徵機關調閱帳冊查核時，發現該公司民國 104 年度未能提示全部帳冊、文據供查，但已舉證非營業損失及費用等相關文據。另外，該公司民國 105 年度全部帳冊文據均已提示，但營業成本無法查核勾稽。請計算高山公司 104、105 年度應核定的全年所得額。（該公司所營事業之同業毛利率標準為 30%，同業淨利率標準為 10%）【95 年記帳士改編】

學習評量

（四）台北公司 96 年度結算全年課稅所得額為 5,000,000 元，暫繳稅額為 220,000 元。97 年 11 月經臺北市國稅局核定之全年課稅所得額為 5,500,000 元，試作下列相關分錄。

1. 96 年 12 月 31 日之調整分錄
2. 97 年 5 月結算申報自行補繳稅額之分錄
3. 97 年 11 月核定補繳稅額之分錄

（五）台中公司 104 年 5 月 31 日辦理 103 年度營利事業所得稅結算申報，原申報營業收入淨額 23,000,000（其中包括商品買賣收入 $20,000,000 及房屋出售收入 $3,000,000、房屋出售成本 $2,000,000）、營業成本 $19,500,000、營業費用 $1,800,000、非營業收入 100,000、非營業損失及費用 $200,000；台中公司所經營行業之同業毛利率 24%、費用率 14%、淨利率 10%、擴大書面審核純益率 6%。

請計算及回答有關台中公司 103 度結算申報方面各項問題：

【2013 中華財政學會】

1. 帳載資料申報所得額及應納稅額各為多少？
2. 如稽徵機關查核時，台中公司未能提示全部帳簿、文據供查核，亦未能舉證非營業費損及費用之相關文據，則其核定所得額及應補稅額各為多少？
3. 稽徵機關查核時，台中公司已提示全部帳簿、文據供查，但有關商品進、銷、存貨數經勾稽不符，則其核定所得額及應補稅額各為多少？
4. 如台中公司採用擴大書審核純益率標準申報營所稅，則所得額及應納稅額各為多少？

Chapter 11 兩稅合一

學習目標

11.1 兩稅合一概論
11.2 股東可扣抵稅額帳戶
11.3 股東可扣抵稅額帳戶之計算
11.4 未分配盈餘
11.5 未分配盈餘申報

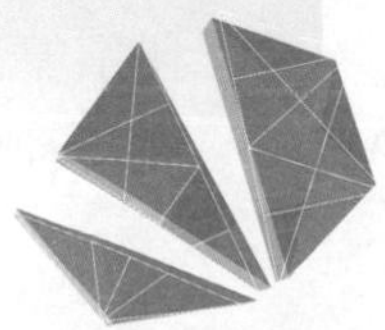

稅務新聞 News

採用 IFRS 之企業看過來～
今年申報股東可扣抵稅額帳戶及未分配盈餘課稅須知

一、股東可扣抵稅額帳戶

（一）首次採用 IFRS 之當年度計算稅額扣抵比率時，其帳載累積未分配盈餘應包含因首次採用 IFRS 產生之保留盈餘淨增加數或淨減少數。

（二）首次採用 IFRS 產生之保留盈餘淨增加數，於 102 年度，屬 99 年度以後未加徵 10% 營利事業所得稅之累積未分配盈餘，計算股利分配日稅額扣抵比率時，其稅額扣抵比率上限為 20.48%。

（三）首次採用 IFRS 產生之保留盈餘淨減少數者，無須減除其所含可扣抵稅額，至該淨減少數由營利事業自行選定沖抵盈餘所屬年度，並依所得稅法第 66 條之 6 第 2 項規定計算稅額扣抵比率上限；股利分配日帳載累積未分配盈餘為負數者，稅額扣抵比率以 0 計算。

（四）首次採用 IFRS，依金融監督管理委員會 101 年 4 月 6 日金管證發字第 1010012865 號令規定就帳列股東權益項下之未實現重估增值及累積換算調整數（利益）轉入保留盈餘所提列之特別盈餘公積，無須減除可扣抵稅額。

二、未分配盈餘課稅

自 102 會計年度開始採用 IFRS 之企業，其 101 年度之財務報表係以我國財務會計準則編制，並據以分配盈餘，因此今年 5 月申報 101 年度未分配盈餘仍以我國財務會計準則編製之損益表本期淨利為基礎，計算方式不變。至於首次採用 IFRS 產生之保留盈餘調整數係於 102 年 1 月 1 日入帳，故不會列入 101 年度未分配盈餘計算。同樣地，首次採用 IFRS 時依金融監督管理委員會規定提列之特別盈餘公積並非由 101 年度盈餘所提列，亦不得自未分配盈餘稅後純益中減除。

資料來源：2014/05/02 財政部南區國稅局 稅務新聞

11.1 兩稅合一概論

兩稅合一是指營利事業所得稅及綜合所得稅仍然各自獨立存在，企業主或股東所獲得投資收益若已繳納之營利事業所得稅，可全數抵繳應納稅額或申請退稅。我國自 87 年 1 月 1 日開始實施兩稅合一制度。

所謂兩稅，指的是民國 87 年以前的所得稅制度分成兩種，一種為營利事業所得稅，另一種為個人綜合所得稅。兩者是採獨立課稅，除對營利事業繳納營利事業所得稅外，股東取得營利事業所分配盈餘時，需再繳納綜合所得稅，造成營利所得重複課稅。

一、實施前－採獨立制

何謂獨立制度，係指營利所得於營利事業階段所繳納之營利事業所得稅，而投資人獲得所投資之組織事業所分配盈餘，應納之綜合所得稅間，二者毫不相干為「獨立課稅」，營利事業獲利繳納營利事業所得稅後，將盈餘分配投資人時，其投資人須再將所獲得之投資收益繳納綜合所得稅。

範例

台中公司之稅前盈餘所得 $100,000 元，台中公司繳納營利業所得稅 $17,000 元後，其稅後盈餘 $83,000 全額分配給股東，投資人應將所獲得之營餘所得 $83,000 繳納綜合所得額，若當時營利事業所得稅率為 17%，股東綜合所得稅率為 40%。

【解析】

如列表 11-1 說明

二、實施後－採兩稅合一制

我國兩稅合一制度係採用「全部設算扣抵法」，係指企業主或股東所獲得之投資收益已繳納之營利事業所得稅可全數抵繳應納稅額或申請退稅。兩稅合一之方式眾多，可在營利事業階段免稅，而於個人階段課徵所得稅，亦可於營利事業獲取所得時課稅，個人獲取該稅後所得時免納所得稅。而營利事業所得稅及綜合所得稅仍然各自獨立存在，營利事業須結算申報營利事業所得稅，但是所繳納之稅額於盈餘分配給投資人或股東時，營利事業所繳納之稅額，視同是盈餘已被扣繳，其本質可說是投資者之預付稅款，投資者或股東個人申報綜合所得稅時，可以抵繳應納稅額或申請退稅。

範例

台中公司之稅前盈餘所得 $100,000 元 ，台中公司繳納營利業所得稅 $17,000 元後，其稅後盈餘 $83,000 全額分配給股東，投資人應將所獲得之營餘所得 $83,000 繳納綜合所得額，若當時營利事業所得稅率為 17%；投資人綜合所得稅率為 40%，則投資人將取得 17,000 元之可扣抵稅額，其投資人應申報之盈餘所得 100,000 元這就是所謂「設算」。該投資人可扣抵稅額 17,000 元。

【解析】

表 11-1 稅制差別表

	獨立制	兩稅合一制
營利事業階段		
稅前盈餘	100,000	100,000
營利事業所得稅率 1	17,000	17,000
稅前盈餘	83,000	83,000
盈餘分配	83,000	83,000
股東可扣抵稅額	0	17,000
投資人階段		
股利所得	83,000	100,000
綜合所得稅稅率	40%	40%
綜合所得稅	33,200	40,000
減：股東可扣抵稅額	0	17,000
應納稅額 2	33,200	23,000
總稅負 1+ 2	50,200	40,000

兩稅合一制度可以避免原稅制之重複課稅問題，在原稅制下，保留盈餘不分配股利則投資人不列為所得，營利事業為了規避股東稅負，則不分配股利。而在實施兩稅合一制是採設算扣抵法各類所得間稅負一致，符合租稅公平原則。進而增進經濟效益、提高投資意願、健全股市發展，降低逃漏稅。

三、獨立制與兩稅合一制之差異

民國 87 年 1 月 1 日實施兩稅合一，申報繳納 87 年度後（含 87 年度）營利事業所得稅應採用兩稅合一；營利事業繳納 87 年度前之營利事業所得稅，不適用兩稅合一，仍採用獨立課稅的制度。獨立制與兩稅合一制兩者之差異說明如下：

（一）投資所得稅之處理：

獨立制：兩稅獨立無關係，其盈餘所得在營利事業階段及投資人階段課徵兩次所得稅。

兩稅合一制：盈餘所得在公司階段與投資階段僅課一次所得稅。

（二）營利事業間投資收益課稅：

獨立制：80%免稅；20%課稅。

兩稅合一制：不計入所得課稅 100%免稅，其轉投資收益所含稅額應記入股東可扣抵稅額帳戶餘額，教育、文化、公益、慈善機關或團體轉投資收益所含稅額不得扣抵其應納稅額，亦不得退還。

（三）可扣抵稅額帳戶：

獨立制 ：無。

兩稅合一制：自民國 87 年 1 月 1 日起設置。

兩稅合一稅額扣抵的階段在於公司之個人股東、合作社之社員、合夥事業之合夥人或獨資事業之資本主。兩稅合一實施後，營利事業獲得來自國內轉投資之投資收益，不計入該營利事業之所得額課稅（所 §42）並將投資收益所含之可扣抵稅額，另行設置「股東可扣抵稅額帳戶」記載（所 §66-3）以後年度將盈餘再分配與個人股東時，將可扣抵稅額同盈餘分配與股東扣抵其應納之綜合所得稅。

（四）保留盈餘課稅：

獨立制：營利事業得於資本額一倍或二倍限度內，保留盈餘不予分配，其超過限度者，應強制歸戶或加徵 10% 營利事業所得稅，惟該加徵之稅款不得退還。

兩稅合一制：每年度未做盈餘分配，應加徵 10% 營利事業所得稅，並不再限制保留盈餘之數額，免再強制歸戶，其加徵 10% 營利事業所得稅稅額可於往年度盈餘分配時，用以扣抵個人應納稅額。

（五）保留盈餘申報：

獨立制：1. 免申報 2. 超限時由國稅局通知。

兩稅合一制：自行申報及繳納加徵稅款。

（六）鼓勵或盈餘之內容：

獨立制：獲得分配股利淨額或盈餘淨額。

兩稅合一制：獲得分配股利總額或盈餘總額。

我國兩稅合一規定：「營利事業繳納屬國 87 年度或以後年度之營利事業所得稅，除本法另有規定外，得於盈餘分配時，由其股東、社員、合夥人或資本主將獲配股利總額或盈餘總額所含之稅額，自當年度綜合所得稅結算申報應納稅額中扣抵。」（所 §3-1）

（七）儲蓄特別扣除額：

獨立制：上市股利及利息收入適用 27 萬元免稅。

兩稅合一制：上市股利自 88 年 1 月 1 日起不適用扣除規定。

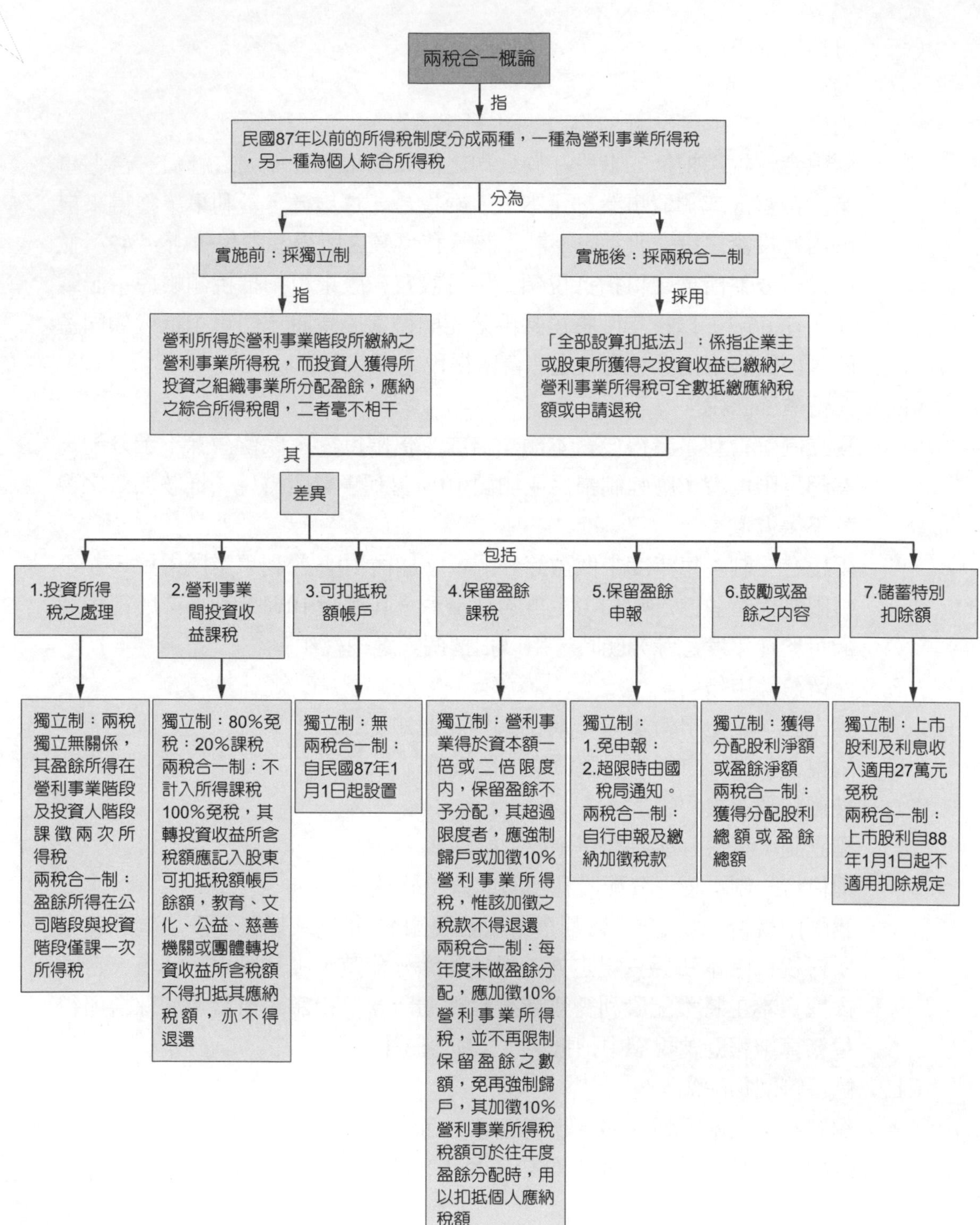

圖 11-1 兩稅合一概論之概念圖

11.2 股東可扣抵稅額帳戶

依所得稅法第 66 條之 1 規定營利事業所得稅之營利事業，應自 87 年度起，在其會計帳簿外設置「股東可扣抵稅額」帳戶，用以記錄可分配予股東或社員之所得稅額。但下列營利事業，免於設置「股東可扣抵稅額」帳戶：

一、總機構在我國境外之營利事業。

二、獨資合夥組織之營利事業。

三、教育、文化、公益、慈善機關或團體。

四、依其他法令或規定不得分配盈餘之機關、團體或組織。

● 免於設置股東可扣抵稅額帳戶之營利事業，其盈餘不能保留也不得分配，故不適用於兩稅合一制度。

一、記載期間

營利事業記載股東可扣抵稅額帳戶記載之起迄期間，為每年 1 月 1 日至 12 月 31 日，但營利事業採用非曆年度須經稽徵機關核准依其會計年度之起迄日期（所 §66-2）。股東可扣抵稅額帳戶係屬永久性帳戶。其 87 年度或新設立年度之期初餘額為零，以後年度股東可扣抵稅額帳戶期初餘額，應等於其上年度期末餘額（所 §66-2），上年度之期末餘額應結轉制下年度成為期初餘額。

二、股東可扣抵稅額帳戶之計入項目

（一）須屬「應納且已繳納」。

（二）「87 年度或以後年度」之「中華民國營利事業所得稅」

三、應記載項目及日期

依據所得稅法第 66-3 條規定營利事業下列有 6 項項目及日期如表 11-2，應計入當年度股東可扣抵稅額帳戶：

表 11-2 應計股東可扣抵稅額帳戶之項目

應記載項目	應計入帳戶日期
1. 繳納屬民國 87 年度或以後年度中華民國營利事業所得稅結算應納稅額、經稽徵機關調查核定增加之稅額及未分配盈餘加徵之稅額。	1. 以現金繳納者為繳納稅款日 2. 以暫繳稅款及扣繳稅款抵繳結算申報應納稅額者為年度決算日
2. 因投資於中華民國境內其他營利事業，獲配屬 87 年度或以後年度股利總額或盈餘總額所含之可扣抵稅額。	獲配股利或盈餘日
3. 87 年度或以後年度短期票券利息所得之扣繳稅款按持有期間計算之稅額。	短期票券轉讓日或利息兌領日
4. 以法定盈餘公積或特別盈餘公積撥充資本者，其已依第 66 條之 4 第 1 項第 3 款規定減除之可扣抵稅額。	撥充資本日
5. 因合併而承受消滅公司之股東可扣抵稅額帳戶餘額。但不得超過消滅公司帳載累積未分配盈餘，按稅額扣抵比率上限計算之稅額。	合併生效日
6. 其他經財政部核定之項目及金額。	由財政部以命令定之

上述應記載項目說明如下：

（一）繳納屬民國 87 年度或以後年度中華民國營利事業所得稅結算應納稅額、經稽徵機關調查核定增加之稅額及未分配盈餘加徵之稅額。

兩稅合一自 87 年度開始實施，因此，繳納屬 87 年度或以前年度之稅額及繳納之國外稅額不可計入股東可扣抵稅額帳戶；而繳納屬 87 年度或以後年度之稅額可計入股東可扣抵稅額帳戶之事業所得。

（二）因投資於中華民國境內其他營利事業，獲配屬 87 年度或以後年度股利總額或盈餘總額所含之可扣抵稅額。其營利事業轉投資國內公司組織所獲配之股利收入須等到隔年始接獲被投資公司所寄發之股利憑單，為避免此狀況發生，可依據被投資公司之股利分派會議議事錄或股利分派通知單等資訊，將該股利收入計算可扣抵稅額計入股東可扣抵稅額帳戶。

（三）87 年度或以後年度短期票券利息所得之扣繳稅款按持有期間計算之稅額。

短期票券利息所得採分離課稅，其扣繳率為 20% 而計入金額應按營利事業持有期間展該短期票券發行之比例計算。

公式：

$$（到期兌償－首次發售價格）\times 20\% \times \frac{持有時間}{發行期間}$$

範 例

台中公司在 101 年 6/1 在發行時以 $900,000 元買入商業本票，其商業本票於同年 5/1 首次發行並於 7/30 到期之對償金額為 $1,200,000 元，台中公司持有一個月後即賣回票券公司其可扣抵金額為多少？

【解析】

（$1,200,000-900,000）×20% ×2/3 = $40,000

（四）以法定盈餘公積或特別盈餘公積撥充資本者，其已依第 66 條之 4 第 1 項第 3 款規定減除之可扣抵稅額。

實施兩稅合一後，每年提列法定盈餘公積或特別盈餘公積時，須將提列公積數所含之可扣抵稅額，自股東可扣抵稅額帳戶減除。

（五）因合併而承受消滅公司之股東可扣抵稅額帳戶餘額。但不得超過消滅公司帳載累積未分配盈餘，按稅額扣抵比率上限計算之稅額。

範 例

台中公司在 101 年 3/1 與台北公司合併，台中公司為存續公司而台北公司為消滅公司，其台北公司辦理合併之決算申報，台北公司可扣抵稅額帳戶為 $500,000、帳載累積未分配盈餘為 $1,600,000 元，依規定不得超過消滅公司帳載累積未分配盈餘，並按稅額扣抵比率上限計算之稅額，稅額扣抵比率上限經核算為 40%則台北公司轉併於台中公司稅額為多少？

稅額扣抵比率上限為＝ $1,600,000×40%＝ $640,000

$500,000 ＜ $640,000

台北公司可扣抵稅額帳戶 $500,000 未超過帳載累積未分配盈餘按稅額扣抵比率上限計算之稅額 $640,000，故台北公司應以 $500,000 稅額轉併於台中公司可扣抵稅額帳戶。

（六）其他經財政部核定之項目及金額：計入的金額及日期由財政部核定。

四、應檢附憑證

表 11-3 營利事業應檢附憑證

項 目	計入時點	計入金額	檢附憑證
以暫繳及扣繳稅額抵繳結算申報應納稅額	年度結決算日	實際抵繳的金額	暫繳稅款繳款書及扣繳憑單證明聯
繳納結（決）算申報之自繳稅額	現金繳納稅款日或支票兌領日	繳納稅款的金額	自繳稅額繳款書
自動更正申報補繳之稅額	現金繳納稅款日或支票兌領日	繳納稅款的金額	自動補繳稅額繳款書
經稽徵機關調查核定增加之稅額	現金繳納稅款日或支票兌領日	繳納稅款的金額	營利事業所得稅稅額繳款書
申報應退稅額經調查核定減少之退稅額	核定通知書送達日	核定減少之退稅額	核定通知書
未分配盈餘加徵 10% 稅額	現金繳納稅款日或支票兌領日或會計年度末日	繳納稅款的金額或抵繳金額	未分配盈餘稅額繳款書
因合併而承受消滅公司之股東可扣抵稅額帳戶餘額	合併生效日	消滅公司合併生效日止帳載屬 87 年度或以後年度累積未分配盈餘 × 稅額扣抵比率	合併及消滅公司之合併相關文件
經稽徵機關核定補繳暫繳稅額於次年度以後繳納並用以抵繳結算應納稅額之稅額	實際繳納之日	實際繳納並抵繳結算應納稅額之金額	繳納稅款收據

五、不得計入股東可扣抵稅額帳戶

依所得稅法第 66-3 條營利事業有下列事項，不得計入當年度股東可扣抵稅額帳戶：

（一）依所得稅法第 98 條之 1 規定扣繳之營利事業所得稅。

（二）以受託身分經營信託業務所繳納之營利事業所得稅及獲配股利或盈餘之可扣抵稅額。

（三）改變為應設股東可扣抵稅額帳戶前所繳納之營利事業所得稅。

（四）繳納屬 86 年度或以前年度之營利事業所得稅。

（五）繳納之滯報金、怠報金、滯納金、罰鍰及加計之利息。

六、應計入當年度股東可扣抵稅額之減少項目及時間

依得稅法第 66 條之 4 規定，下列項目應自「股東可扣抵稅額」帳戶減除，其營利事業已繳納營所稅，若經核定退還或分配給股東，公司必須減少「股東

可扣抵稅額」帳戶餘額。故須自「股東可扣抵稅額」帳戶減除。應計入當年度股東可扣抵稅額之減少項目及時間如表 11-3

表 11-4 應計股東可扣抵稅額之減少項目

應計入減少項目	時間
1. 分配屬 87 年度或以後年度股利總額或盈餘總額所含之可扣抵稅額。	分配日
2. 87 年度或以後年度結算申報應納中華民國營利事業所得稅，經稽徵機關調查核定減少之稅額。	核定退稅通知書送達日
3. 依公司法或其他法令規定，提列法定盈餘公積、公積金、公益金或特別盈餘公積所含之當年度已納營利事業所得稅額。	提列日
4. 依公司章程規定，分派董監事職工之紅利所含已納營利事業所得稅額。	分派日
5. 其他經財政部核定之項目及金額	財政部核定

上述的 1、3、4 點的分配日、列日、分派日是指營利事業分派股息及紅利之基準日；其未定分派股息及紅利之基準日或分派股息及紅利之基準日不明確者，以營利事業股東會決議分派股息及紅利之日為準。

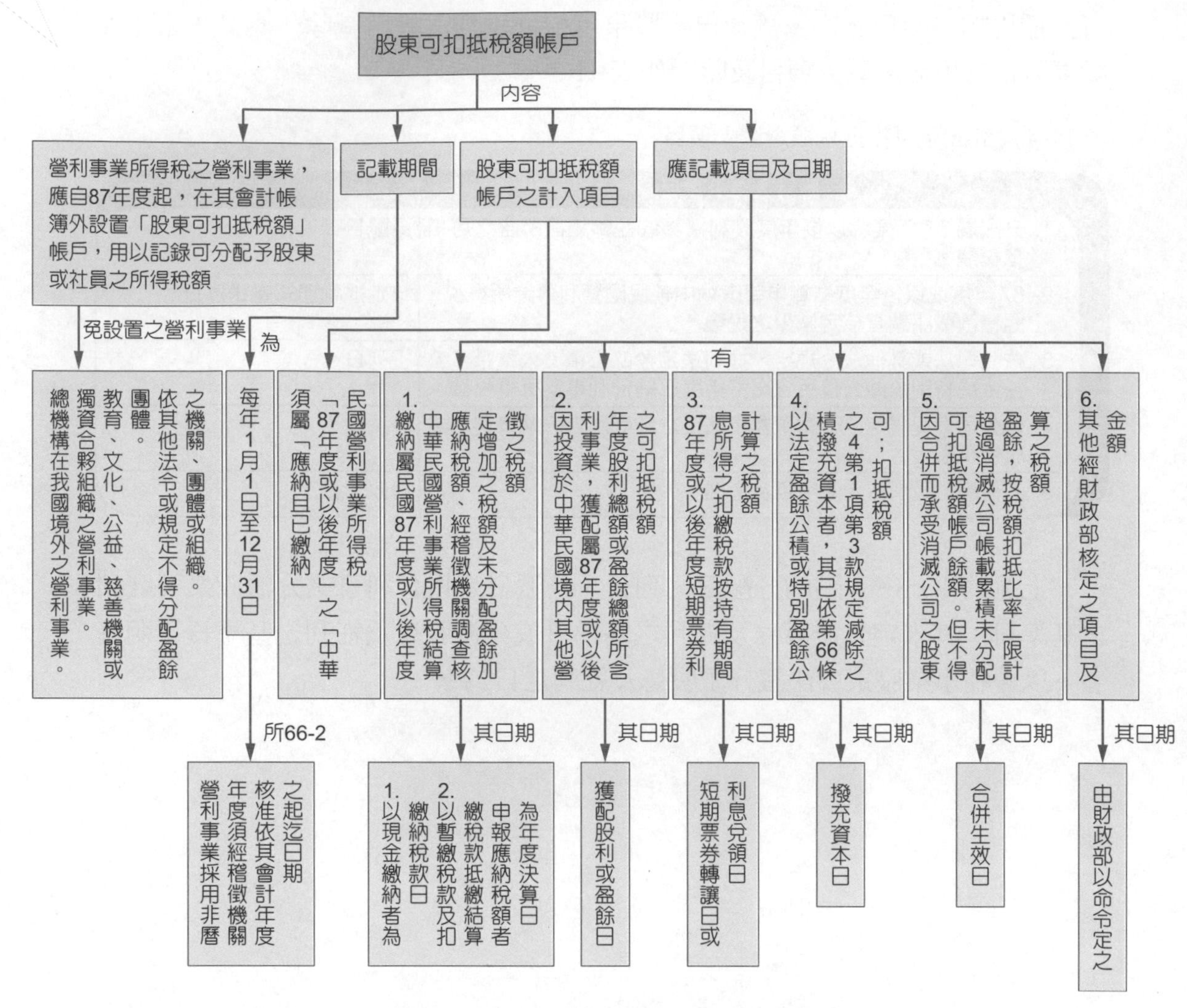

圖 11-2 股東可扣抵稅額帳戶之概念圖

11.3 股東可扣抵稅額帳戶之計算

一、稅額扣抵比率

依所得稅法第 66 條之 6 規定，營利事業分配 87 年度或以後年度之盈餘時，應以股利與盈餘分配日，其股東可扣抵稅額帳戶的餘額占其帳載累積未分配盈餘帳戶餘額的比率，作為「稅額扣抵比率」，按各股東或社員獲配股利淨額或盈餘淨額計算其可扣抵之稅額，併同股利與盈餘分配。計算公式如下：

$$稅額扣抵比率=\frac{股東可扣抵稅額帳戶餘額}{累積未分配盈餘帳戶餘額}$$

二、股東可扣抵稅額帳戶之會計處理

如何計算累積未分配盈餘帳戶餘額，應以 87 年度或以後年度所累積者為限，因屬於民國 87 年度或以後年度者，始含有可扣抵稅額。依規定公司非彌補虧損後不得分派股息及紅利，故在計算稅額扣抵比率時可減除 86 年度以前之累積虧損。

範例

假設台中公司歷年度帳載未分配之盈餘如下表，則 87 年度以後之累積未分配盈餘帳戶餘額為多少？

【解析】

各年度	情形 1	情形 2	情形 3
86 之前年度	$ 100,000	$（200,000）	500,000
87-104 年度	500,000	800,000	（600,000）
105 年度	1,000,000	1,500,000	2,000,000
總計	1,600,000	2,100,000	1,900,000

情形 1：\$500,000 ＋ \$1,000,000 ＝ \$1,500,000

情形 2：\$（200,000）＋ \$800,000 ＋ \$1,500,000 ＝ \$2,100,000

情形 3：\$（600,000）＋ \$500,000 ＋ \$2,000,000 ＝ \$1,900,000

三、股東（或社員）可扣抵稅額

營利事業稅後盈餘含有多少可扣抵稅額，以股東獲配的股利淨額或盈餘淨額，乘以稅額扣抵比率，就可計算出股東的可扣抵稅額。股東可扣抵稅額計算公式如下：

股東（或社員）可扣抵稅額＝分配之股利（盈餘）淨額 × 稅額扣抵比率

範 例

台中公司於民國 86 年度帳載累積盈餘 $200,000 元，87 至 97 年度累積盈餘為 $2,000,000 元，98 年 3 月 31 日時，台中公司股東會決議分配 87 至 97 年度盈餘 $1,500,000 元，股東可扣抵稅額帳戶餘額為 $500,000 元，假設某股東持有台中公司 12% 股權，則其股東可扣抵稅額為：

【解析】

稅額扣抵比率＝ $500,000/ 2,000,000 ＝ 25%

股東可扣抵稅額＝ $1,500,000× 12%× 25% =$45,000

惟計算股東可扣抵稅額時，稅額扣抵比率不得超過扣抵比率之上限，若超過稅額扣抵比率應以稅額扣抵比率上限計算。

四、稅額扣抵比率上限

超過扣抵比率上限者，以扣抵比率上限者為準。也可說稅額扣抵比率上限是指，「營利事業的所得全部按最高名目稅率納稅時，其每 1 元盈餘所含稅額」的比率。因此，依照盈餘有無加徵 10% 營利事業所得稅，下列稅額扣抵比率上限：

（一）累積未分配盈餘未加徵 10% 營利事業所得稅者，分配屬 98 年度以前之盈餘因目前營利事業所得稅最高名目稅率為 25%，即每 75 元的稅後盈餘已繳納的營利事業所得稅最高為 25 元，故營利事業分配該 75 元盈餘時，所含的稅額最高為 25 元，亦即每 1 元盈餘所含稅額最高為 0.3333 元，故稅額扣抵比率上限為 33.33%；分配屬 99 年度以後之盈餘因營利事業所得稅最高名目稅率為 17%，即每 83 元的稅後盈餘已繳納的營利事業所得稅最高為 17 元，故營利事業分配該 83 元盈餘時，所含的稅額最高為 17 元，亦即每 1 元盈餘所含稅額最高為 0.2048 元，故稅額扣抵比率上限為 20.48%。

（二）累積未分配盈餘均加徵 10% 營利事業所得稅者，分配屬 98 年度以前之盈餘營利事業每 100 元所得，繳納 25 元營利事業所得稅後，稅後盈餘 75 元，於加徵 10% 營利事業所得稅（亦即 7.5 元）後，營利事業可分配盈餘為 67.5 元，而營利事業所繳納的所得稅額共計為 32.5 元，故營利事業分配 67.5 元盈餘時，可分配予股東的稅額最高不得超過 32.5 元，亦即每 1 元盈餘所含稅額最高為 0.4815 元，因此稅額扣抵比率上限為 48.15%；分配屬 99 年度以後之盈餘營利事業每 100 元所得，繳納 17 元營利事業所得稅後，稅後盈餘 83 元，於加徵 10% 營利事業所得稅（亦即 8.3 元）後，營利事業可分配盈餘為 74.7 元，而營利事業所繳納的所得稅額共計為 25.3 元，故營利事業分配 74.7 元盈餘時，可分配予股東的稅額最高不得超過 25.3 元，亦即每 1 元盈餘所含稅額最高為 0.3387 元，因此稅額扣抵比率上限為 33.87%。

（三）累積未分配盈餘部分加徵、部分未加徵 10% 營利事業所得稅者，由於未加徵部分的稅額扣抵比率上限為 33.33% 及 20.48%，已加徵部分的稅額扣抵比率為 48.15% 及 33.87%，因此，將營利事業全部帳載累積未分配盈餘，區分部分屬 98 年度以前、部分屬 99 年度以後、部分加徵與部分未加徵的盈餘，再按各其占帳載累積未分配盈餘的比例，乘上規定上限合計即為稅額扣抵比率上限。前述稅額扣抵比率上限，亦可以計算公式說明如下（所 §66-6）：

1. 累積未分配盈餘未加徵 10% 營利事業所得稅者。
   98 年度以前之稅率為 25%：25% /（1-25%）＝ 33.33%
   99 年度以後之稅率為 17%：17% /（1-17%）＝ 20.48%
2. 累積未分配盈餘已加徵 10% 營利事業所得稅者。
   98 年度以前之稅率為 25%：25% +（1-25%）×10% ＝ 32.5%
   32.5 % /（1-32.5%）＝ 48.15%
   99 年度以後之稅率為 17%：17 % +（1-17%）×10% ＝ 25.3%
   25.3 % /（1-25.3%）＝ 33.87%
3. 累積未分配盈餘部分屬 98 年度以前盈餘、部分屬 99 年度以後盈餘、部分加徵、部分未加徵百分之十營利事業所得稅者，為各依其占累積未分配盈餘之比例，按前二款規定上限計算之合計數計算。

本法第六十六條之六第二項所稱稅額扣抵比率上限之計算公式如下：
稅額扣抵比率上限＝

$$\frac{\text{股利或盈餘屬 98 年前未加徵 110\% 營利事業所得稅之累積未分配盈餘}}{\text{股利或盈餘分配日累積未分配盈餘帳戶餘額}} \times 33.33\%$$

$$+\frac{\text{股利或盈餘屬 98 年度前已加徵 10\% 營利事業所得稅之累積未分配盈餘}}{\text{股利或盈餘分配日累積未分配盈餘帳戶餘額}} \times 48.15\%$$

$$+\frac{\text{股利或盈餘屬 99 年前未加徵 110\% 營利事業所得稅之累積未分配盈餘}}{\text{股利或盈餘分配日累積未分配盈餘帳戶餘額}} \times 20.48\%$$

$$+\frac{\text{股利或盈餘屬 99 年度前已加徵 10\% 營利事業所得稅之累積未分配盈餘}}{\text{股利或盈餘分配日累積未分配盈餘帳戶餘額}} \times 33.87\%$$

營利事業分配股利或盈餘日，其屬九十八年度以前未加徵或已加徵、九十九年度以後未加徵或已加徵百分之十營利事業所得稅之累積未分配盈餘占累積未分配盈餘帳戶餘額之比率超過一者，以一為準，計算稅額扣抵比率上限。

（股利或盈餘分配日屬九十八年度以前未加徵百分之十營利事業所得稅之累積未分配盈餘）

範例

台中公司於民國 86 年度帳載累積盈餘 $200,000 元，87 至 97 年度累積盈餘為 $2,000,000元，98年3月31日時，台中公司股東會決議分配87至97年度盈餘%，1,500,000 元，97 年度盈餘為 $1,000,000 元，則該公司於 98 年分配盈餘時之稅額扣抵比率上限為：

【解析】

$$\frac{\$1,000,000}{\$1,500,000} \times 33.33\% + \left(1-\frac{\$1,000,000}{1,500,000}\right) \times 48.15\%$$

$$= 38.27\%$$

範 例

甲公司股東會於 100 年 6 月 30 日決議分配盈餘，是日帳載累積未分配盈餘合計為 3,500 萬元，其中屬於 87~98 年度盈餘 3,000 萬元；屬於 99 年度盈餘 500 萬元，決議分配 99 年度盈餘 500 萬元，87~98 年度盈餘 1,000 萬元；合計共 1,500 萬元；該公司截至分配日止股東可扣抵稅額（ICA）帳戶餘額為 1,800 萬元，其稅額扣抵比率及可扣抵稅額計算如下：（資料來源：高雄國稅局）

【解析】

A. 截至分配日止依規定計算之稅額扣抵比率 1,800 萬 /3,500 萬＝ 51.43%

B. 依前揭法條規定計算之稅扣比率上限：99 年度盈餘屬未加徵 10% 營利事業所得稅（500 萬 /3,500 萬）×20.48% ＋ 87~98 年度盈餘屬已加徵 10% 營利事業所得稅（3,000 萬 /3,500 萬）×48.15% ＝ 44.20%

C. 故 100 年度之稅扣比率為 44.20%（51.43% 及 44.20% 取小認定）

本年度可扣抵稅額：1,500 萬元 ×44.20% ＝ 663 萬元

五、超額分配可扣抵稅額

（一）營利事業除應於分配股利或盈餘分配日，依所得稅法第 66 條之 6 第 1 項、第 2 項規定計算稅額扣抵比率外，所分配的扣抵稅額，亦不能超過分配日營利事業之股東可扣抵稅額帳戶的餘額。

（二）造成超額分配可扣抵稅額情形分述如次：

1. 營利事業虛增股東可扣抵稅額帳戶的餘額，或短計帳載累積未分配盈餘帳戶的餘額，或同時虛增股東可扣抵稅額帳戶的金額並短計帳載累積未分配盈餘帳戶的金額。
2. 營利事業分配予股東的扣抵稅額，超過股利或盈餘分配日股東可扣抵稅額帳戶的餘額。
3. 稅額扣抵比率計算錯誤，且超過依規定計算的比率。

（三）營利事業超額分配可扣抵稅額予其股東，扣抵股東應納的綜合所得稅額時，依所得稅法第 114 條之 2 規定，稽徵機關應責令營利事業於規定的期間內，就超額分配的稅額予以補繳，並處以 1 倍以下的罰鍰，如該營利事業已經歇業、倒閉或他遷不明時，稽徵機關應就股東超額獲配並扣抵的稅額，向股東追繳。

六、股東可扣抵稅額帳戶的註銷

營利事業設置股東可扣抵稅額帳戶由於解散與合併而註銷股東可扣抵稅額帳戶，解散時應於清算完結分派生於財產後，註銷其股東可扣抵稅額帳戶餘額；因為合併而消滅之營利事業應於合併生效日註銷其股東可扣抵稅額帳戶餘額（所 §66-5）

七、股東可扣抵稅額帳戶變動明細的申報

營利事業設置股東可扣抵稅額帳戶者，應於每年度辦理營利事業所得稅結算申報時，應依規定格式，填列上一年內股東可扣抵稅額帳戶變動明細資料，併同結算申報書申報主管稽徵機關查核。因此，股東可扣抵稅額帳戶變動明細為營利事業年度結算申報應填列的書表之一，尚不須另行辦理申報。但營利事業遇有解散者，應於清算完結日辦理申報；其為合併者，應於合併生效日辦理申報（所 §102）

稅務新聞 News

期末股東可扣抵稅額帳戶（ICA）為負數，形同企業未繳納稅款卻將稅額分配予股東者，應予補徵稅額

雲林公司於 90 年 5 月申報，並先行自繳 89 年度營利事業所得稅款 248,547 仟元，雲林公司於 90 年 12 月知悉已獲准自 89 年度起連續 5 年免徵營利事業所得稅，雲林公司依規定辦理結算申報後，更正該結算申報書內所載相關事項，且該更正事項影響「股東可扣抵稅額（以下簡稱 ICA）帳戶變動明細資料」填列之 ICA 帳戶期初餘額、當年度增加金額或減少金額明細及其餘額，併同更正後之結算申報書申報主管稽徵機關查核。於是在 91 年 1 月向國稅局申請更正並退還 89 年度營利事業所得稅 248,547 仟元，經國稅局重行核定期末股東可扣抵稅額帳戶餘額為「負 183,741 仟元」，

雲林公司明知股東可扣抵稅額帳戶已呈現「負 183,741 仟元」情形，實際上已無可供分配的餘額，卻於 91 年 6 月分配 90 年度盈餘時併同分配可扣抵稅額 183,741 仟元分配予股東，形同政府以稅收補貼公司之情形，因此國稅局作成應遂予補稅 183,741 仟元。該公司不服申請行救濟，主張所得稅法第 100 條之 1 明定僅在行政救濟後若有應退還稅款者，應以當時 ICA 帳戶餘額為限。公司截至 91 年 12 月 31 日止帳列 ICA 帳戶餘額為負數之原因，是因取得五年免稅核准函於 91 年初申請退還 89 年度已繳納之稅款，非可歸責於公司，國稅局作成應補 ICA 稅額之核定，無法令依據，應予撤銷云云。

國稅局核定補徵 91 年度股東可扣抵稅額 183,741 仟元，僅係將公司已分配予股東之可扣抵稅額予以追繳，於法尚無不合，全案業經最高行政法院判決駁回確定在案。

資料來源：2014/03/18 財政部北區國稅局 稅務新聞

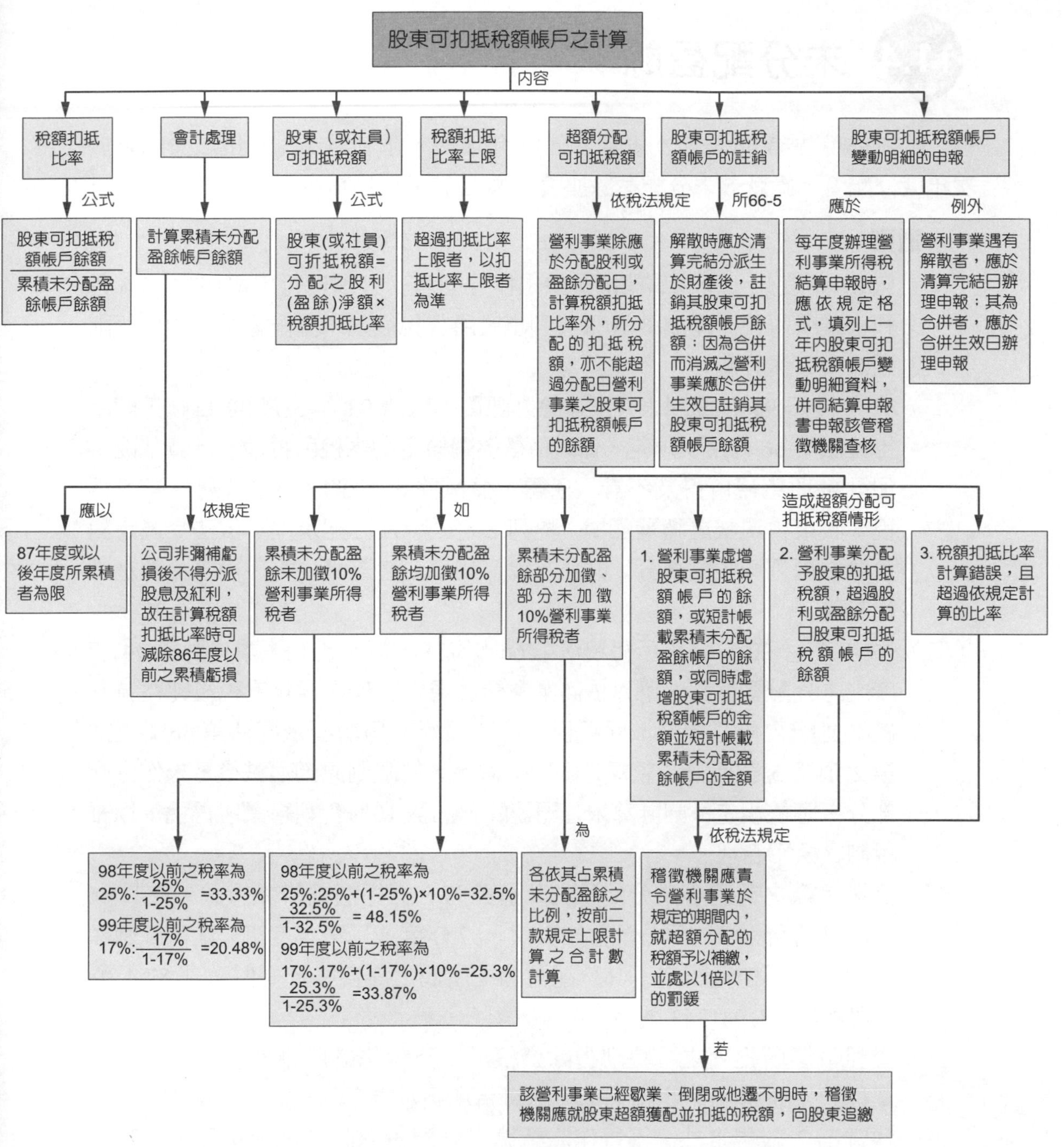

圖 11-3 股東可扣抵稅額帳戶計算之概念圖

11.4 未分配盈餘

依所得稅法第 66 條之 9 規定，自 87 年度起，營利事業當年度之盈餘未於次年度分配者，應就該未分配盈餘加徵 10% 營利事業所得稅。

一、通則

（一）自 87 年度起，營利事業的盈餘未作分配者，必須自行申報加徵 10% 營利事業所得稅，經加徵 10% 營利事業所得稅後之未分配盈餘，即可無限制保留不作分配。

（二）87 年度至 93 年度間未分配盈餘之課徵，依據 95 年 5 月 30 日修正前所得稅法第 66 條之 9 規定，係以稽徵機關核定的課稅所得額為計算基礎，加計各項免稅所得及不計入所得，並減除當年度應納之營利事業所得稅、股東會決議之彌補虧損、提列法定公積及分配事項、依法令規定對盈餘之提列與限制部分、財務及稅務間永久性差異、……後之餘額為課稅基礎。

（三）95 年 5 月 30 日修正所得稅法第 66 條之 9，規定營利事業自計算 94 年度之未分配盈餘起，應以依商業會計法規定處理之當年度稅後純益為基礎；並配合修訂相關減除項目，以資周延。另增訂依同法第 66 條之 9 第 2 項第 5 款及第 7 款規定限制之盈餘，於限制原因消滅後，未作分配部分，應依規定併同計算未分配盈餘，加徵 10%營利事業所得稅，以維稅制之公平合理。

（四）公司組織之營利事業分配股利及盈餘時，應採個別辨識方式，在其 86 年度以前所累積的可分配盈餘數額、87 年度或以後年度可分配盈餘數額的額度內「自行認定」其分配盈餘「所屬之年度」。（財政部 87.4.30. 台財稅第 871941343 號函）。

（五）營利事業所提列之「特別盈餘公積」，不論係經股東會決議、依公司章程或主管機關命令提列的，除符合所得稅法第 66 條之 9 第 2 項第 5 款暨第 7 款規定外，不得作為計算未分配盈餘時之減除項目（財政部 87.3.26. 台財稅第 871935610 號函）。

二、未分配盈餘之計算

（一）87 年度至 93 年度之未分配盈餘：

1. 會計師查核簽證依法調整後申報的課稅所得額
2. 87 年度或以後年度核定之課稅所得額
3. 結算申報自行依法調整後之課稅所得額＋ 加計項目－減除項目

（二）自 94 年度起之未分配盈餘：

未分配盈餘＝營利事業當年度依商業會計法規定處理之稅後純益＋加計項目－減除項目

《註》：未分配盈餘之計算基礎、加計項目與減除項目請詳後續之說明。

三、未分配盈餘之計算基礎

（一）87 年度至 93 年度之未分配盈餘：

1. 業經稽徵機關核定（含書審核定）者，以「核定之課稅所得額」為準。
2. 如係委託會計師簽證申報案件，則以「納稅義務人申報數」為準。
3. 在未經稽徵機關核定前，得暫以「申報時自行依法調整後之課稅所得額」為準，嗣後經稽徵機關核定調整時，再依規定退、補稅。
4. 未申報案件，則依稽徵機關「核定之課稅所得額」為準。

所謂「核定」：係指稽徵機關核定營利事業所得額及應納稅額而言，所指「核定日期」：則係以「營利事業所得稅結算申報核定通知書所載核定日期」為準（財政部 65.9.18. 台財稅第 36314 號函）。

（二）自 94 年度起之未分配盈餘：

1. 經會計師查核簽證案件，以「會計師查核簽證當年度財務報表所載之稅後純益」為準。如經主管機關查核通知調整者，以調整更正後之數額為準。
2. 當年度財務報表非經會計師查核簽證之營利事業，則以〝依商業會計法規定處理之稅後純益〞為準。

四、未分配盈餘之加計項目

（一）87 年度至 93 年度未分配盈餘之加計項目，茲列表析述如下：

1. 當年度依所得稅法或其他法律規定減免所得稅之所得額。
   (1) 出售土地交易所得。（所得稅法第 4 條第 1 項第 16 款前段）。

(2) 取得非營利事業遺贈或贈與之財產。(所得稅法第 4 條第 1 項第 17 款)。
(3) 證券交易所得。(所得稅法第 4 條之 1)。
(4) 期貨交易所得。(所得稅法第 4 條之 2)。
(5) 短期投資之有價證券採成本與市價孰低評價之跌價損失，曾列為未分配盈餘之減項其後回升之利益：
  a. 營利事業短期投資有價證券，按成本與時價孰低之估價規定，所認列之回升利益，但若屬於 86 年度或以前年度所提列之跌價損失，於 87 年度或以後年度所產生之回升利益，應免列為計算回升年度未分配盈餘之加計項目。(財政部 89.8.1 台財稅第 890453743 號函)。
  b. 營利事業之金融商品，依第 34 號財務會計準則公報及證券發行人財務報表編製準則第 7 條規定作會計科目重分類後，經歸類為流動資產項下「公平價值變動列入損益之金融資產－流動」科目之有價證券，按公平價值評價所認列之跌價損失回升利益。(財政部 95.1.10 台財稅第 09504500480 號令)
(6) 生產事業之免稅所得。(廢止前獎勵投資條例第 6 條)。
(7) 重要科技及投資事業之免稅所得。(88.12.31 修正公布前促進產業升級條例第 8 條之 1)。
(8) 科學工業之免稅所得。(90.1.20 修正公布前科學工業園區設置管理條例第 15 條、科學工業園區設置管理條例第 18 條)。
(9) 民間參與交通建設之免稅所得。(獎勵民間參與交通建設條例第 28 條)。
(10) 農業企業機構之免稅所得(89.1.26 修正公布前農業發展條例第 18 條第 2 項)。
(11) 新興重要策略性產業之免稅所得。(促進產業升級條例第 9 條)。
(12) 受讓免稅(承受其他新興重要策略性產業已核准免稅設備)之免稅所得。(促進產業升級條例第 10 條)。
(13) 承受消滅公司合併前已享有尚未屆滿之免稅所得。(促進產業升級條例第 15 條)。
(14) 營運總部之免稅所得。(促進產業升級條例第 70 條之 1)。

(15) 民間機構參與重大公共建設之免稅所得。（89.11.29 修正公布前九二一震災重建暫行條例第 40 條及促進民間參與公共建設法第 36 條）。

(16) 承受消滅公司合併前已享有尚未屆滿之免稅、公司讓與全部或主要營業或財產予他公司而產生之免稅所得、公司分割並將取得之股份全數轉讓股東而產生之免稅所得。（企業併購法第 37、39 條）。

(17) 依公債條例免徵所得稅之利息：核定金額＝屬免徵所得稅之公債利息收入。

(18) 依其他法律免徵營利事業所得稅之所得：

a. 國家賠償法之賠償金。（所得稅法第 4 條第 1 項第 3 款）。

b. 強制存款利息。（所得稅法第 4 條第 1 項第 6 款）。

c. 國際金融業務分析之免稅所得。（國際金融業務條例第 13 條）。

2. 當年度依所得稅法或其他法律規定「不計入所得課稅」之所得額。

(1) 短期票券利息所得。（所得稅法第 24 條第 2 項規定）。

(2) 獲配股利或盈餘之轉投資收益。（所得稅法第 42 條第 1 項規定）。

(3) 取得被投資公司盈餘轉增資緩課所得稅之股票股利。（參修正前促進產業升級條例第 16、17 條規定）。

(4) 國際金融業務分行依規定扣繳率申報之國內授信收入淨額。（所得稅法第 73 條之 1 規定）。

(5) 營利事業因持有依金融資產證券化條例規定發行之受益證券、資產基礎證券或依不動產證券化條例發行之受益證券，由受託機構分配之利息所得淨額。（財政部 93.8.2 台財稅第 09304103361 號令）。

3. 依所得稅法第 39 條規定扣除之核定虧損。

前十年已扣除之虧損（所得稅法第 39 條規定）。

（二）自 94 年度起未分配盈餘之加計項目：

營利事業依所得稅法第 66 條之 9 第 2 項第 5 款及第 7 款規定限制之盈餘，於限制原因消滅年度之次一會計年度結束前未作分配部分，應併同限制原因消滅年度之未分配盈餘計算，加徵百分之十營利事業所得稅。

五、未分配盈餘之減除項目

（一）87 年度至 93 年度未分配盈餘之減除項目，茲列表析述如下：

1. 依所得稅法第 4 條之 1 及其施行細則第 8 條之 4 規定，不得自所得額中減除之證券交易損失及土地交易損失。
   (1) 出售土地交易損失。（查核準則第 111 條之 1 第 1 款規定）。
   (2) 出售證券交易損失。（查核準則第 111 條之 1 第 1 款規定）。
   (3) 期貨交易損失。（所得稅法第 4 條之 2 規定）。
   (4) 營利事業短期投資有價證券，按成本與時價孰低之估價規定，所認列之跌價損失，可列為計算所得稅法第 66 條之 9 規定，應加徵 10% 營利事業所得稅之未分配盈餘之減除項目。（財政部 88.8.13. 台財稅第 881935775 號函規定）。
2. 依所得稅法第 38 條及其施行細則第 42 條之 1 規定，不得列為費用或損失之滯報金、怠報金、滯納金等及各項罰鍰。
   (1) 取得正式收據之罰鍰。
   (2) 取得正式收據之滯納金。
   (3) 取得正式收據之滯報金。
   (4) 取得正式收據之怠報金。
   （查核準則第 111 條之 1 第 2 款暨財政部 64.10.9. 台財稅第 37296 號函規定）。
3. 依所得稅法第 83 條及其施行細則第 81 條規定，按同業利潤標準核定之全部或部分所得額，與其依帳載資料申報之全部或部分所得額之差額。
   按同業利潤標準核定之全部或部分所得額，與其依帳載資料申報之全部或部分所得額之差額。（參查核準則第 111 條之 1 第 3 款規定）。
4. 依擴大書面審核營利事業所得稅結算申報實施要點，按擴大書面審核純益率自行調整之所得額，與其依帳載資料申報之所得額之差額。
   按擴大書面審核純益率自行調整之所得額，與其依帳載資料申報之所得額之差額。（參查核準則第 111 條之 1 第 4 款規定）。
5. 依所得稅法第 80 條規定之所得額標準自行調整之所得額，與其依帳載資料申報之所得額之差額。
   (1) 所得額標準係指營業淨利（淨利率，非純益率）。（財政部 79.01.11 台財稅第 791183529 號函）。

(2) 營所稅核定通知書第「33」欄自行依法調整後之金額與結算申報損益表第「33」欄帳載金額之差額。

6. 未依營利事業所得稅查核準則第 101 條第 2 款及第 101 條之 1 第 1 款規定期限報備，致未被稅捐稽徵機關認定，但有合法憑證之商品盤損及商品報廢損失。

(1) 未報備之商品盤損。（參查核準則第 111 條之 1 第 6 款暨財政部 65.3.4. 台財稅第 31368 號函規定）。

(2) 未報備之商品報廢損失。（參查核準則第 111 條之 1 第 6 款規定）。

7. 當年度損益計算項目，因超越規定之列支標準未准列支，而具有合法憑證或能提出正當理由者。

(1) 因超越規定之列支標準未准列支，而具有合法憑證或能提出正當理由者，包括：

a. 職工退休基金或勞工退休準備金超限。

b. 旅費超限。

c. 交際費超限。

d. 捐贈超限。

e. 自用乘人小客車及小客車租賃業營業用小客車之折舊超限。

f. 職工福利超限。

g. 利息支出超限。

h. 普通收據超限。

i. 原物料超耗。

(2) 必須有合法憑證。

(3) 屬超過所得稅法規定限額部分之金額，伙食費、保險費係轉列薪資支出問題，非本欄項可核認之項目。

8. 當年度應納之營利事業所得稅。

(1) 核定金額＝核定當年度營所稅結算申報應納稅額－當年度投資抵減金額＋國外來源所得已納稅額未扣抵之稅額＋大陸來源所得已納稅額未扣抵之稅額＋港澳來源所得已納稅額未扣抵之稅額。

(2) 未分配盈餘所得年度繳納以前年度之營所稅或其未分配盈餘加徵 10% 之營所稅及補繳超額分配可扣抵稅額，均不得列入減除。

(3) 前項 (1)「核定當年度營所稅結算申報應納稅額」，不以實際繳納之金額為限。

9. 依信用合作社法第 25 條規定，處分固定資產之溢價收入應轉列資本公積者，以截至各該所得年度之次一會計年度結束前已實際發生者為限。

10. 彌補以往年度之虧損。

(1) 以當年度之未分配盈餘實際彌補其以往年度累積虧損之數額（所得稅法施行細則第 48 條之 10 第 4 項規定）。

(2) 以往年度之虧損：係指含 86 年度及以前年度之「帳載」虧損數。

11. 已依公司法或其他法律規定由當年度盈餘提列之法定盈餘公積或已依合作社法規定提列之公積金及公益金。

(1) 減除金額：為已依公司法或其他法令規定由當年度盈餘實際提列之法定盈餘公積，或已依合作社法規定實際提列之公積金及公益金。

(2) 超過依公司法規定提列之法定盈餘公積，應屬特別盈餘公積，不得作為計算未分配盈餘之減除項目。（參財政部 63.8.22. 台財稅第 36192 號函）。

(3) 以截至各該所得年度之次一會計年度結束前已實際發生者為限。

12. 依證券交易法第 41 條規定，由主管機關命令自當年度盈餘已提列之特別盈餘公積。

(1) 依證券交易法第 41 條之規定，由主管機關命令自當年度盈餘已提列之特別盈餘公積。

(2) 上開係以截至各該所得年度之次一會計年度結束前〝已實際發生者〞為限。

(3) 台灣證券集中保管股份有限公司依主管機關命令提列之特別盈餘公積，及證券商或兼營期貨相關業務證券商依「證券商管理規則」第 14 條第 1 項規定提列之特別盈餘公積，非屬所得稅法第 66 條之 9 第 2 項第 5 款或第 7 款規定提列者，故不得作為未分配盈餘之減除項目。（財政部 87.5.21. 台財稅第 871941866 號函）。

(4) 台灣證券交易所股份有限公司依證券交易法第 137 條，準用第 41 條之規定，由主管機關命令自當年度盈餘已提列之特別盈餘公積，得依所得稅法第 66 條之 9 第 2 項第 7 款規定，作為計算未分配盈餘之減除項目。（財政部 88.1.7. 台財稅第 88194513 號函）。

(5) 已依證券交易法發行有價證券之證券商，依修正後之「證券商管理規則」第 14 條第 1 項規定，應依證券交易法第 41 條規定，提列之特別盈餘公積，核屬所得稅法第 66 條之 9 第 2 項第 7 款規定提列者，可作為未分配盈餘之減除項目。未依證券交易法發行有價證券之證券商，依修正後之「證券商管理規則」第 14 條第 2 項規定，提列之特別盈餘公積，非屬所得稅法第 66 條之 9 第 2 項第 5 款或第 7 款規定提列者，不得作為未分配盈餘之減除項目。（財政部 88.8.19. 台財稅第 881937451 號函）

13. 依本國與外國所訂之條約，或依本國與外國或國際機構經濟救助或貸款協約中，規定應提列之償債基金準備，或對於分配盈餘有限制者，其已由當年度盈餘提列或限制部分。

(1) 依本國與外國所訂的條約，或依本國與外國或國際機構就經濟援助或貸款協議所訂之契約中，規定應提列之償債基金準備，或對於分配盈餘有限制者，其已由當年度盈餘提列或限制部分。

(2) 上開均以截至各該所得年度之次一會計年度結束前「已實際發生者」為限。

14. 已由當年度盈餘分配之股利淨額或盈餘淨額。

(1) 減除金額：為由當年度盈餘分配之股利淨額或盈餘淨額。

(2) 係指分配 87 或以後年度之當年度盈餘，始可計入。

(3) 以截至各該所得年度之次一會計年度結束前已實際發生者為限。

(4) 公司組織之營利事業分配股利或盈餘時，應採「個別辨識方式」，在其 86 年度以前所累積的可分配盈餘數額、87 或 87 以後各年度可分配盈餘數額的額度內，「自行認定」其分配盈餘「所屬年度」。其自行認定方式，係以股東會決議之議事錄或經股東會承認之盈餘分配表附註說明，認定其分配盈餘所屬之年度。（財政部 87.4.30. 台財稅第 871941343 號函暨 88.8.5. 台財稅第 881933217 號函規定）。

15. 已依公司或合作社章程規定由當年度盈餘給付之董、理、監事職工紅利或酬勞金。

(1) 減除金額：為依公司或合作社章程規定由當年度盈餘給付之董、理、監事、職工紅利或酬勞金。
(2) 以截至各該所得年度之次一會計年度結束前〝已實際發生者〞為限。

16. 其他經財政部核准之項目。
(1) 在原以資產增值準備彌補虧損數額內，實際轉回資產增值準備科目部分。
(2) 未於規定期限內報備之災害損失。
(3) 調整增列之下腳。
(4) 經稽徵機關帳外調整關係企業往來之利息收入確未收取者。
(5) 受領股東依股權比例放棄債權或捐贈資產之贈與所得，其稅後餘額已列為資本公積者。
(6) 職工薪資及水電費具有合法憑證，但未於調查時提出而未被稽徵機關認定，薪資並已辦理扣繳或免扣繳。
(7) 分派予依職工福利金條例成立之職工福利委員會之紅利。
(8) 資金貸與股東或任何他人未收取利息或利息偏低，營利事業如確未收取者。
(9) 長期股權投資採權益法評價，致處分固定、遞耗及無形資產之溢價收入，未能於處分年度之次一會計年度結束前全數提充資本公積者，其未提充之數額。
(10) 提撥國外投資損失準備轉作收益之數額。
(11) 依營利事業所得稅查核準則第 97 條第 11 款規定未予認定之借款利息或利息差額，確有支付事實，並取具合法憑證金額。
(12) 自動補報並補繳所漏稅款加計之利息，經取具合法憑證金額。
(13) 公開發行股票公司以當年度之稅後盈餘沖抵折價發行股票面額與發行價格之差額。
(14) 金融機構經主管機關依金融法律規定限制分配盈餘者，其自當年度盈餘加以限制部分。
(15) 公司依公司法或證券交易法第 28 條之 2 規定購買庫藏股票於轉讓或註銷時之損失，依規定以當年度之稅後盈餘沖抵之金額。
(16) 因合併產生「資本公積」，屬於消滅公司合併年度當期決算所得額受證券交易法第 41 條規定限制未能撥充資本者。

（二）自 94 年度起未分配盈餘之減除項目，茲列表析述如下：

1. 彌補以往年度之虧損。
   (1) 以當年度之未分配盈餘實際彌補其以往年度累積虧損之數額。（參所得稅法施行細則第 48 條之 10 第 1 項規定）。
   (2) 所謂「累積虧損」：係指所得年度營利事業帳載「累積盈虧」科目之餘額為虧損數。
   (3) 以往年度之虧損：係指含 86 年度及以前年度之〝帳載〞虧損數。
2. 彌補經會計師查核簽證之次一年度虧損額。
   (1) 營利事業以當年度之未分配盈餘彌補經會計師查核簽證之次一年度稅後虧損之數額。
   (2) 應依所得年度之次一年度經會計師查核簽證財務報表及查核報告之查定數核認。
3. 已由當年度盈餘分配之股利淨額或盈餘淨額。
   (1) 減除金額：為由當年度盈餘分配之股利淨額或盈餘淨額。
   (2) 係指分配 87 或以後年度之當年度盈餘，始可計入。
   (3) 決議分配之除權除息基準日，須在所得年度次一會計年度結束前，方可減除。（財政部 89.05.04 台財稅第 0890453511 號函）。
   (4) 公司組織之營利事業分配股利或盈餘時，應採「個別辨識方式」，在其 86 年度以前所累積的可分配盈餘數額、87 或 87 以後各年度可分配盈餘數額的額度內，「自行認定」其分配盈餘「所屬年度」。其自行認定方式，係以股東會決議之議事錄或經股東會承認之盈餘分配表附註說明，認定其分配盈餘所屬之年度。（參財政部 87.4.30. 台財稅第 871941343 號函暨 88.8.5. 台財稅第 881933217 號函規定）。
4. 已依公司法或其他法律規定由當年度盈餘提列之法定盈餘公積或已依合作社法規定提列之公積金及公益金。
   (1) 減除金額：為已依公司法或其他法令規定由當年度盈餘實際提列之法定盈餘公積，或已依合作社法規定實際提列之公積金及公益金。
   (2) 超過依公司法規定提列之法定盈餘公積，應屬特別盈餘公積，不得作為計算未分配盈餘之減除項目。（財政部 63.8.22. 台財稅第 36192 號函）。

(3) 以截至各該所得年度之次一會計年度結束前已實際發生者為限。

5. 依本國與外國所訂之條約，或依本國與外國或國際機構經濟救助或貸款協約中，規定應提列之償債基金準備，或對於分配盈餘有限制者，其已由當年度盈餘提列或限制部分。
   (1) 依本國與外國所訂的條約，或依本國與外國或國際機構就經濟援助或貸款協議所訂之契約中，規定應提列之償債基金準備，或對於分配盈餘有限制者，其已由當年度盈餘提列或限制部分。
   (2) 上開均以截至各該所得年度之次一會計年度結束前「已實際發生者」為限。
6. 已依公司或合作社章程規定由當年度盈餘給付之董、理、監事職工紅利或酬勞金。
   (1) 減除金額：為依公司或合作社章程規定由當年度盈餘給付之董、理、監事、職工紅利或酬勞金。
   (2) 以截至各該所得年度之次一會計年度結束前「已實際發生者」為限。
7. 依其他法律規定，由主管機關命令自當年度盈餘已提列特別盈餘公積或限制分配部分。
   (1) 依證券交易法第 41 條之規定，由主管機關命令自當年度盈餘已提列之特別盈餘公積。
   (2) 上開係以截至各該所得年度之次一會計年度結束前「已實際發生者」為限。
   (3) 台灣證券交易所股份有限公司依證券交易法第 137 條，準用第 41 條之規定，由主管機關命令自當年度盈餘已提列之特別盈餘公積，得依所得稅法第 66 條之 9 第 2 項第 7 款規定，作為計算未分配盈餘之減除項目。（參財政部 88.1.7. 台財稅第 88194513 號函）。
   (4) 已依證券交易法發行有價證券之證券商，依修正後之「證券商管理規則」第 14 條第 1 項規定，應依證券交易法第 41 條規定，提列之特別盈餘公積，核屬所得稅法第 66 條之 9 第 2 項第 7 款規定提列者，可作為未分配盈餘之減除項目。未依證券交易法發行有價證券之證券商，依修正後之「證券商管理規則」第 14 條第

2 項規定，提列之特別盈餘公積，非屬所得稅法第 66 條之 9 第 2 項第 5 款或第 7 款規定提列者，不得作為未分配盈餘之減除項目。（財政部 88.8.19. 台財稅第 881937451 號函）

8. 依其他法律規定，應由稅後純益轉為資本公積者。

   依信用合作社法第 25 條規定，處分固定資產溢價收入，其稅後金額。

9. 其他經財政部核准之項目。

   (1) 在原以資產增值準備彌補虧損數額內，實際轉回資產增值準備科目部分。

   (2) 分派予依職工福利金條例成立之職工福利委員會之紅利。

   (3) 公開發行股票公司以當年度之稅後盈餘沖抵折價發行股票面額與發行價格之差額。

   (4) 公司依公司法或證券交易法第 28 條之 2 規定購買庫藏股票於轉讓或註銷時之損失，依規定以當年度之稅後盈餘沖抵之金額。

   (5) 因合併產生「資本公積」，屬於消滅公司合併年度當期決算所得額受證券交易法第 41 條規定限制未能撥充資本者。

   (6) 母公司與其 100% 持股之子公司合併，取得合併消滅之子公司淨資產超過其對消滅公司出資額部分，應視同合併消滅之子公司分配予母公司之股利所得（投資收益）中，屬於合併消滅之子公司合併當年度決算所得額或前一年度未分配盈餘部分。

   (7) 出售 87 至 93 年度取得之股票股利，其面額部份。及依財務會計準則規定認列之短期投資跌價損失，未列為 87 至 93 年度未分配盈餘之減除項目，其屬原認列短期投資跌價損失限額內之回升利益部分。

   (8) 合作社依合作社法第 24 條規定，以當年度稅後盈餘撥作公積金部分。

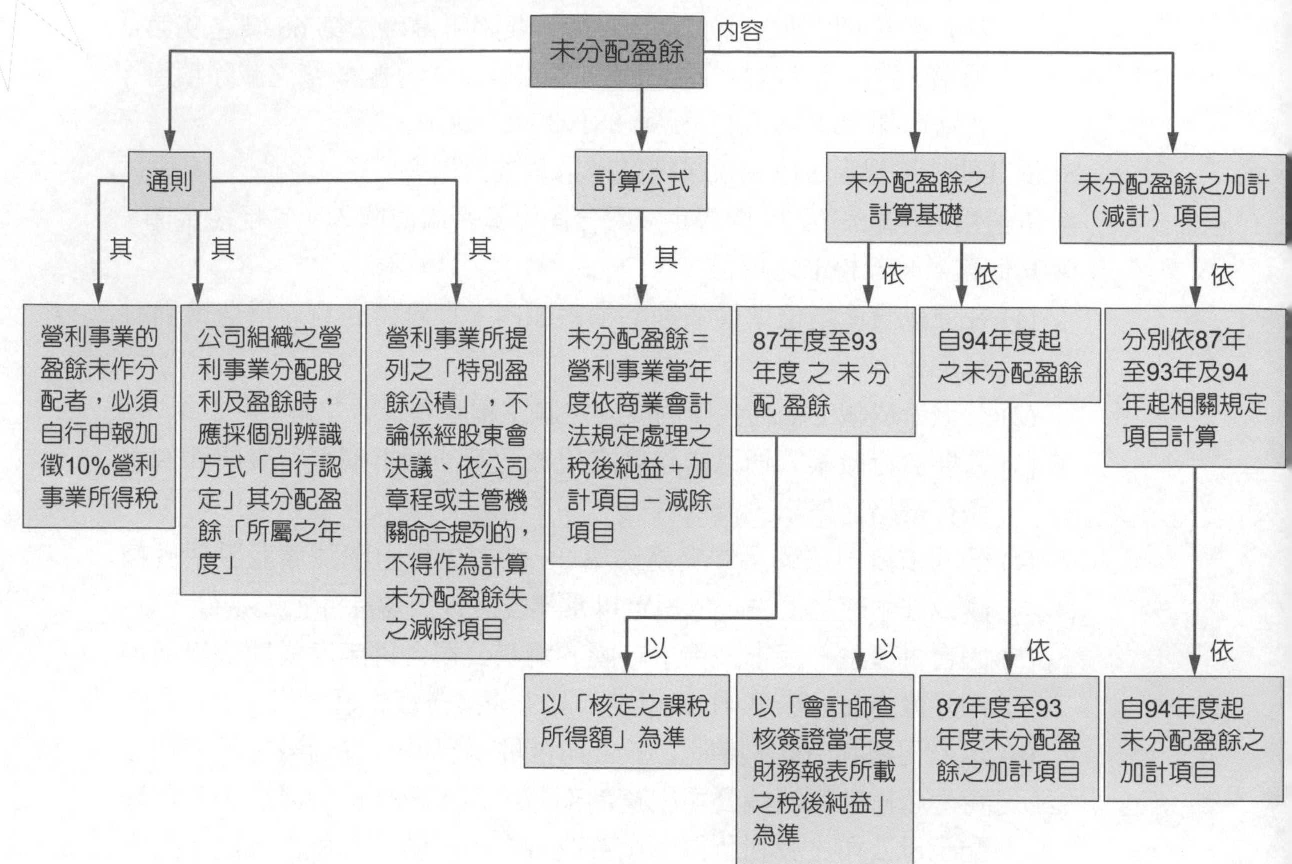

圖 11-4 未分配盈餘之概念圖

11.5 未分配盈餘申報

依據公司法規定，公司盈餘應於次一年度經股東會決議後，始得辦理分配。因此，公司每一年度盈餘於辦理分配後之剩餘數，亦須於次年底才可確知。其營利事業應於各該所得年度辦理結算申報之次年 5 月 31 日止，依所規定計算之未分配盈餘填具申報書，向該管稽徵機關申報，並計算應加徵之稅額，於申報前自行繳納。其經計算之未分配盈餘為零或負數者，仍須申報（所 §102-2）。

一、變更會計年度

依所得稅法第 122-2 條規定，營利事業於報經該管稽徵機關核准，變更其會計年度者，應就變更前尚未申報加徵 10% 營利事業所得稅之未分配盈餘前，併入變更後會計年度之未分配盈餘內計算。

二、決算申報

依所得稅法第 102 條之 1 規定，營利事業遇有解散者，應於清算完結日辦理申報，及依所得稅法第 102 條之 2 規定，營利事業辦理年度未分配盈餘申報前經解散或合併者，應於解散或合併日 45 日內，填具申報書，就截至解散日或合併日止尚未加徵 10%營利事業所得稅未分配盈餘，向該管稽徵機關申報，並計算應加徵之稅額，於申報前自行繳納。，而係併同清算後剩餘財產辦理分配；因合併而消滅之營利事業而言，其帳列未分配盈餘，應以原科目轉併存續公司，由合併後存續或另立之營利事業負繳納之義務。但依財政部解釋函令，規定營利事業解散或合併年度之當期決算所得額及前一年度之盈餘，得免依所得稅法第 102 條之 2 第 2 項規定辦理未分配盈餘申報。

三、會計處理

台中公司於民國 100 年 1 月 1 日股東可扣抵稅額帳戶及累積未分配盈餘帳戶餘額均為零，該公司 100 至 101 年發生下列交易事項，試作相關會計分錄並記可扣抵稅額帳戶。

範例

例如台中公司於 98 年中自曆年制變更為非曆年制之七月制，自 98 年 1 月 1 日至 6 月 30 日之所得固應於 7 月 30 日前辦理結算申報，但該期間之未分配盈餘應併同 98 年 7 月 1 日至 99 年 6 月 30 日之未分配盈餘於 99 年 11 月 1 日至 11 月底併同所得稅結算申報書一併申報繳納，至於 99 年度未分配盈餘仍應於 100 年 5 月份申報繳納。

交易內容		分錄
100 年度	購買短期票券 7/15 日以 $980,000 元買入面額 $1,000,000 元之 3 個月期短期票券兌償日為 10/15。	短期票券投資 $980,000 銀行存款 $980,000
	暫繳時 9/30 暫繳稅款元 $200,000 元	預付所得稅 $200,000 現金 $200,000
	票券兌償日 10/15	現 金 $996,000 所得稅費用 4,000 短期票券投資 $980,000 利息收入 20,000
	被扣繳時 11/1 銀行利息收入 $220,000 元，已被扣繳 $20,000	現 金 $200,000 預付所得稅 20,000 利息收入 $220,000

	期末時 12/31 全年帳列稅前純益 $4,000,000 元，減除土地交易免稅所得 1,000,000 元，短期票券分離課稅利息收入 20,000 元，並加計交際費超限 $220,000 元後，全年課稅所得額 $3,200,000 元，估計應納所得稅 $790,000 元。	所得稅費用 $790,000 預付所得稅 $220,000 應付所得稅 570,000
101 年度	繳納時 5/31 繳納 100 年度營利事業所得稅	應付所得稅 $570,000 現 金 $570,000
	7/1 股東會決議分配與 100 年度現金股利 $1,000,000 元，分派董監事酬勞及員工紅利各 $100,000 元，並提列 10%法定盈餘公積。	保留盈餘 $1,520,600 法定盈餘公積 * $320,600 應付股利 1,000,000 應付董監事酬勞 100,000 應付職工紅利 100,000
	稅額扣抵比率 稅額扣抵比率＝股東可扣抵稅額帳戶餘額 / 累積未分配盈餘帳戶餘額 =$794,000÷ 3,206,000 = 24.77% 上限 =24.77%>33.33%	
	法定盈餘公積應減除之可扣抵稅額 = 提列數 × 稅額扣抵比率 =$320,600 × 24.77% =$79,413 分配股利應減除之可扣抵稅額 = 分配數 × 稅額扣抵比率 =$1,000,000× 24.77% =$247,700	

＊提列法定盈餘公積＝（稅前純益一所得稅費用）× 10%
=【$4,000,000 －（$790,000 ＋ 4,000）】× 10%
=$320,600

四、解散或合併而消滅之營利事業，應按下列規定辦理未分配盈餘申報

（一）解散而消滅之營利事業：

1. 於解散日所屬之會計年度結束前辦理清算完結者，解散之當年度決算所得額及前一年度之盈餘免辦理未分配盈餘申報。

   例示：甲公司於 100 年 4 月 1 日解散，於同年 6 月 30 日辦理清算完結，則當期（100 年度）決算所得額及前一（99）年度之盈餘免辦理未分配盈餘申報。

2. 於解散日所屬之會計年度結束前尚未辦理清算完結者：

   (1) 清算完結在申報期限屆滿前（含 5 月 31 日前），前一年度之盈餘應於清算完結日前辦理未分配盈餘申報。

例示：乙公司於 100 年 11 月 1 日解散，於 101 年 1 月 30 日辦理清算完結，則前一（99）年度之盈餘應於 101 年 1 月 30 日前辦理未分配盈餘申報。另當期（100）年度之決算所得額免辦理未分配盈餘申報。

(2) 清算完結在 5 月 31 日以後，前一年度之盈餘應依所得稅法第 102 條之 2 第 1 項規定期限辦理未分配盈餘申報。

例示：丙公司於 100 年 12 月 1 日解散，於 101 年 6 月 30 日辦理清算完結，則前一（99）年度之盈餘應於 101 年 5 月 31 日前辦理未分配盈餘申報。另當期（100 年度）決算所得額免辦理未分配盈餘申報。

（二）合併而消滅之營利事業當期決算所得額及前一年度之盈餘免辦理未分配盈餘申報，但應由合併後存續或另立之營利事業，按該盈餘所屬之所得年度，依所得稅法第 102 條之 2 第 1 項規定期限辦理申報。

例示：丁及戊二公司於 100 年 5 月 1 日合併，丁公司為存續公司，戊公司為消滅公司，則戊公司前一（99）年度之盈餘及當期（100 年度）決算所得額免由戊公司辦理未分配盈餘申報，惟丁公司應各於 101 年 5 月 31 日及 102 年 5 月 31 日前代戊公司辦理未分配盈餘申報。

（備註：以上例示會計年度係採年曆年制）

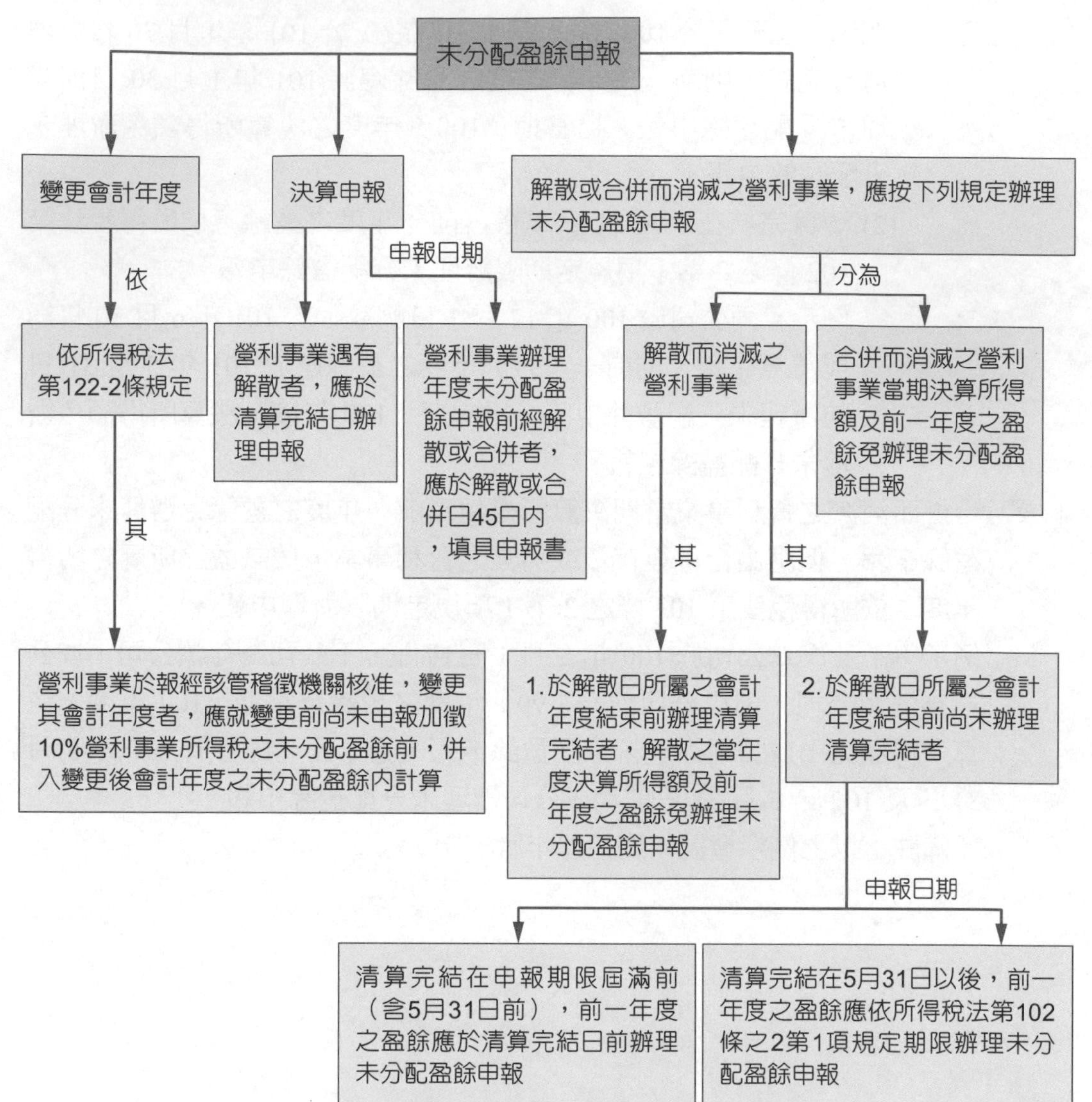

圖 11-5 未分配盈餘申報之概念圖

學習評量

一、選擇題

( ) 1. 明道公司採曆年制，其 104 年未分配盈餘帳戶餘額為零，是否要辦理未 分配盈餘之申報？

(A) 不必申報

(B) 要申報

(C) 有分配股利者要申報

(D) 無分配股利者不必申報

( ) 2. 明道公司於 103 年 10 月 1 日核准解散，該公司於 103 年 10 月 31 日清算完畢，則 102 年度之未分配盈餘之中報如何處理？

(A) 須於 103 年 10 月 31 日前辦理申報

(B) 須於 103 年 10 月 1 日前辦理申報

(C) 免申報

(D) 須於 102 年 12 月 1 日前辦理中報

( ) 3. 實施兩稅合一，下列那些項目不得計入股東可扣抵稅額帳戶？

(A) 短期票券利息所得之扣繳稅款

(B) 轉投資獲配 87 年度以後之股利所含之可扣抵稅額

(C) 未分配盈餘加徵 10% 之營利事業所得稅款

(D) 繳納之滯納金、滯報金、怠報金 【91 年初等考】

( ) 4. 營利事業因合併而承受消滅公司之股東可扣抵稅額帳戶餘額，應於下列何日計入股東可扣抵稅額帳戶？

(A) 主管機關核准合併日

(B) 消滅之營利事業辦理當期決算申報之日

(C) 存續或另立之營利事業辦理當期結算申報之日

(D) 合併中

( ) 5. 在兩稅合一所得制下，營利事業當年度之盈餘未作分配者，應就該未分配盈餘加徵多少營利事業所得稅？

(A) 5% (C) 15%

(B) 10% (D) 20% 【92 年特考】

學習評量

( ) 6. 下列營利事業（或機關團體），何者須設置股東可扣抵稅額帳戶？
(A) 獨資合夥
(B) 公益慈善團體
(C) 總機構在台灣地區之營利事業
(D) 農漁會 【92年特考】

( ) 7. 我國自民國 87 年起實施兩稅合一之後，投資公司等事業，其所得稅稅負之高低，係由：
(A) 股東的綜合所得稅之邊際稅率決定
(B) 由營利事業之邊際稅率決定
(C) 由綜合所得稅和營利事業所得稅兩者之稅率合計決定
(D) 視營業額而定 【93年特考】

( ) 8. 營利事業 94 年度結算應納營利事業所得稅 250,000 元，該年度已暫繳及扣繳之稅款 300,000 元，有關記載股東可扣抵稅額帳戶之計入時點及金額為多少？
(A) 繳納日計入 300,000 元
(B) 年度決算日計入 250,000 元
(C) 繳納日計入 300,000 元，年度決算日減除 50,000 元
(D) 結算申報日計入 250,000 元 【95年會計師】

( ) 9. 87 年度兩稅合一施行後，營利事業當年度之盈餘未作分配者，該未分配盈餘應如何處理？
(A) 強制分配給股東
(B) 加徵 10% 營利事業所得稅
(C) 強制辦理增資
(D) 在不超過資本額的範圍內無課稅問題 【95年會計師】

( ) 10. 下列何者應設立股東可扣抵稅額？
(A) 獨資商店
(B) 外國公司的台灣分公司
(C) 私立大學
(D) 信用合作社 【95年初考】

學習評量

( )11. 下列關於我國兩稅合一下股東獲配股利之敘述，何者錯誤？
(A) 個人居住者股東應將股利總額列報為營利所得。
(B) 總機構在我國境內的公司股東，其所獲配之股利淨額，不計入所得額課稅
(C) 個人非居住者股東，其獲配之股利含有依所得稅法第 66 條之 9 規定加徵 10% 營利事業所得稅之稅額時，不得抵繳該股利淨額之應扣繳稅款
(D) 總機構在我國境內的公司股東，其獲配股利所含之可扣抵稅額不得扣抵其營利事業所得稅結算申報應納稅額。【101 記帳士考試】

( )12. 自 99 年度起，若累積未分配盈餘均加徵 10% 營利事業所得稅，則股東之稅額扣抵比率上限為多少？
(A) 20.48%
(B) 48.15%
(C) 33.33%
(D) 33.87%【101 初等考試】

( )13. 在我國兩稅合一制下，營利事業於分配屬 99 年度以後之盈餘時，累積未分配盈餘未加徵 10% 營利事業所得稅及已加徵 10% 營利事業所得稅者，稅額扣抵比率上限各為何？
(A) 未加徵部分之扣抵上限為 33.33%；已加徵部分之扣抵上限為 48.15%
(B) 未加徵部分之扣抵上限為 48.15%；已加徵部分之扣抵上限為 33.33%
(C) 未加徵部分之扣抵上限為 20.48%；已加徵部分之扣抵上限為 33.87%
(D) 未加徵部分之扣抵上限為 33.87%；已加徵部分之扣抵上限為 20.48%【102 五等身障人員特考】

( )14. 明道公司 104 年度將會計年度由曆年制中准改為 3 月制，則依規定其 104 年 1 月至 3 月之未分配盈餘應於何時辦理結算申報？
(A) 104 年 4 月 1 日起一個月內
(B) 104 年 5 月 1 日至 5 月 31 日
(C) 104 年 6 月 1 日至 6 月 30 日
(D) 104 年 7 月 1 日至 7 月 31 日

學習評量

(　　)15. 明道公司採曆年制，其 103 年度之未分配盈餘應於何時申報？
(A) 102 年 5 月 1 日至 5 月 31 日
(B) 102 年 7 月 1 日至 7 月 31 日
(C) 103 年 5 月 1 日至 5 月 31 日
(D) 103 年 7 月 1 日至 7 月 31 日

(　　)16. 我國兩稅合一制度，自何時開始實施？
(A) 民國 86 年 1 月 1 日
(B) 民國 87 年 1 月 1 日
(C) 民國 88 年 1 月 1 日
(D) 民國 89 年 1 月 1 日　【91 年初等考】

(　　)17. 兩稅合一所得稅制，計算股東可扣抵稅額，累積未分配盈餘未加徵 10% 營利事業所得稅者，其稅額扣抵比率上限若干？
(A) 25%　(C) 48.15%
(B) 33.33%　(D) 35%　【92年特考】

(　　)18. 明道公司於 104 年 3 月 1 日核准解散，該公司於 104 年 9 月 1 日清算完畢，則 102 年度未分配盈餘之申報如何處理？
(A) 須於 104 年 12 月 31 日前辦理申報
(B) 免申報
(C) 104 年 3 月 1 日前辦理申報
(D) 須於 104 年 9 月 1 日前辦理申報

(　　)19. 台中公司於 l01 年 6 月 20 日發放股利淨額 $3,000,000，該日累積未分配盈餘（87 年以後）$6,000,000，屬於設該公司均未被加徵 10% 營利事業所得稅，若分配予某非居住者股東 300,000，該股東應扣繳之稅款為多少？
(A) $30,000　(C) $60,000
(B) $51,000　(D) $45,000
【中華財政學會】

(　　)20. 兩稅合一稅制股東可扣抵稅額比率上限，累積未分配盈餘均加徵 10% 營利事業所得稅者，其可扣抵比率為：
(A) 33.33%　(C) 48.15%
(B) 25%　(D) 55%　【91 年初等考】

學習評量

二、問答題

（一）我國何時實施兩稅合一制度，實施前及實施後有何不同？其差異性為何？

（二）何謂未分配盈餘？何謂決算申報？

（三）請說明股東可扣抵稅額帳戶是如何計算？計算股東可扣抵稅額時，稅額扣抵比率不得超過扣抵比率之上限為何？

（四）在兩稅合一制下，教育、文化、公益、慈善機關或團體轉投資收益是否免稅？其獲配股利或盈餘所含的可扣抵稅額，是否可用以扣抵其應納所得稅額或申請退還？

（五）實施兩稅合一後，營利事業在帳務處理方面，與兩稅合一實施前有無不同？

（六）我國實施兩稅合一為何另對未分配盈餘加徵 10% 營利事業所得稅？

三、計算題

（一）台中公司有關「未分配盈餘」計算之相關資料如下，試計算台中公司 98 年應申報 96 年度之未分配盈餘若干？（本題參考許崇源教授所著，新陸書局出版）

1. 96 年度課稅所得 25,500,000（所得稅率 25%，累進差額 $10,000）；
2. 96 年 11 月 20 日收到短期票券利息所得總額 $800,000，並依規定被扣繳 $160,000
3. 96 年 12 月 5 日出售土地，認列處分利得 $4,000,000（已扣除土地增值稅 $2,000,000）
4. 96 年課稅所得已扣除超限之交際費 $250,000，該交際費支出取具合法憑證
5. 97 年 4 月 15 日出售機器一部（固定資產），稅前處分利益為 $400,000；
6. 97 年 5 月 1 日收到現金股利淨額 $800,000，股東可扣抵稅額 $200,000；
7. 97 年 5 月 10 日依規定提列 10% 法定盈餘公積，並宣告給付董監紅利 $2,000,000，發放現金股利 15,000,000。
8. 96 年初，台中公司之未分配盈餘為 $2,000,000

學習評量

（二）甲公司 100 年 6 月間經股東會決議分配盈餘 300 萬元（其中屬 98 年度盈餘 200 萬元，99 年度盈餘 100 萬元），甲公司截至分配日（100 年 7 月 15 日）止的股東可扣抵稅額帳戶餘額 200 萬元，帳載累積未分配盈餘為 500 萬元，其中屬 87 年至 98 年度已加徵 10％營所稅的盈餘為 200 萬元、99 年度未加徵 10％營所稅的盈餘為 300 萬元。

【資料來源：南區國稅局】

（三）甲公司 101 年度股東會決議分配盈餘 400 萬元，其股東可扣抵稅額帳戶餘額為 400 萬元，公司 87 年度以後之帳載累積未分配盈餘為 1,000 萬元，其中屬 87 年度至 98 年度已加徵 10% 營利事業所得稅之累積未分配盈餘為 500 萬元，屬 99 年度已加徵 10% 營利事業所得稅之累積未分配盈餘為 300 萬元，屬 100 年度未加徵 10% 營利事業所得稅之累積未分配盈餘為 200 萬元，其稅額扣抵比率上限為何計算：

【資料來源：北區國稅局】

（四）假設明道公司 103 年度未分配盈餘及股東可扣抵稅額帳戶之期初餘額均為 0，其他資料如下：【中華財政學會】

1. 103 年 6 月 20 日，銀行定存單到期，利息收入 100 萬元，扣繳稅款 10 萬元
2. 103 年 9 月 30 日辦理所得稅暫繳申報，繳納稅款 80 萬元。
3. 103 年 12 月 31 日期末結算，本年稅前所得 800 萬元，預計應納所得稅為 136 萬元，稅後淨利為 664 萬元。
4. 104 年 5 月 31 日結算申報，應納營利事業所得稅為 136 萬元，減除扣繳與暫繳稅額後之餘額，以現金繳納。
5. 104 年 6 月 30 日股東會決議，提列法定公積 664,000 元，並發放員工紅利 100 萬元，現金股利 300 萬元。

請回答下列問題：

1. 103 年 9 月 30 日股東可扣抵稅額帳戶之餘額為若干？
2. 103 年 12 月 31 日股東可扣抵稅額帳戶之餘額為若干？
3. 104 年 8 月 3 日盈餘分配日之稅額扣抵比率為若干？
4. 104 年 8 月 3 日稅額扣抵比率上限為若干？
5. 104 年 8 月 3 日分配現金股利 300 萬元應自股東可扣抵稅額帳戶減除之金額為若干？

Chapter 12

最低稅負制與特種貨物及勞務稅

學習目標

12.1 最低稅負制
12.2 最低稅負制之計算
12.3 未申報基本所得額之處罰
12.4 特種貨物及勞務稅
12.5 特種貨物及勞務稅之稅率及稅額計算
12.6 特種貨物及勞務稅之稽徵程序
12.7 特種貨物及勞務稅之罰則

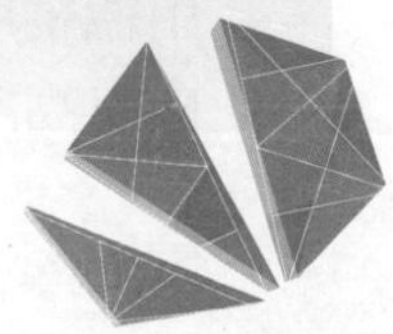

稅務實務 News

營利事業自 102 年度起出售持有滿 3 年以上股票可適用減半課稅

隨著天氣轉變，炎炎夏日將至，緊接著就邁入 5 月所得稅結算申報期間，為鼓勵長期投資，在 102 年度證券交易所得課稅之規定新增了長期持有的優惠，依所得基本稅額條例第 7 條規定，營利事業於 102 年度以後出售其持有滿 3 年以上屬所得稅法第 4 條之 1 規定之股票者，於計算當年度證券交易所得時，減除其當年度出售該持有滿 3 年以上股票之交易損失，餘額為正者，以餘額半數計入當年度證券交易所得；餘額為負者，得自發生年度之次年度起五年內，從當年度各該款所得中減除。例如，甲公司 102 年度出售持有滿 3 年以上股票交易所得 500 萬元（A）出售持有未滿 3 年股票交易所得 300 萬元、101 年度出售股票交易損失 200 萬元。計算方式如下：

1. 先加總 102 年度股票交易所得及 101 年度股票交易損失：500 萬元 +300 萬元 -200 萬元 =600 萬元（B）。
2. 計算應計入 102 年度基本所得額之證券交易所得：持有滿 3 年以上之證券交易所得減半優惠以 500 萬元（A）之半數為限，全部證券交易所得 600 萬元（B）超過 500 萬元（A）之部分，全額計入。計算式：500 萬元 ×1/2+（600 萬元 -500 萬元）=350 萬元。

資料來源：2014/06/16 財政部中區國稅局 稅務新聞

12.1 最低稅負制

最低稅負制係為使適用租稅減免規定而繳納較低之稅負甚至不用繳稅的公司或高所得個人，都能繳納所得基本稅額的一種稅制，特制定所得基本稅額條例。

最低稅負制主要適用對象為高所得者或大幅享受租稅優惠的公司，以有效改善高所得者或沒有繳稅之營利事業的不公平情形，並降低高所得者或企業以租稅減免規定規劃減輕稅負的誘因，及避免租稅減免的過度適用，有助於維護稅制公平，確保國家稅收。

一、最低稅負制起源

最低稅負制最早在 1969 年由美國提出，當時美國財政部發現高所得個人不用繳納所得稅，主要因為原先制定之租稅減免、租稅扣抵等被過度使用。為了確保高所得者繳納一定稅負，於 1969 年引進最低稅負制，針對一些常被用到的租稅減免項目另外加徵一定比率的稅負。目前實施最低稅負制的國家主要有美國、加拿大、韓國及印度等國。我國自 95 年 1 月 1 日起施行「最低稅負制」

自 94 年 12 月 28 日制定公布「所得基本稅額條例」並於 95 年 1 月 1 日起施行，凡是中華民國境內居住之個人（在境內有戶籍且經常居住在境內者）應依該條例規定申報繳納基本稅額，而個人海外所得自 99 年起始納入基本所得額中計算。

二、最低稅負制之課徵範圍

營利事業或個人除符合下列各款規定之一者外，應依本條例規定繳納所得稅（基 § 3）：

（一）獨資或合夥組織之營利事業。

（二）教育、文化、公益、慈善機關或團體，符合行政院規定標準者，其本身之所得及其附屬作業組織或團體者。

（三）依法經營不對外營業消費合作社。

（四）各級政府公有事業。

（五）非中華民國境內居住之個人，及在中華民國境內無固定營業場所及營業代理人之營利事業。

（六）辦理清算申報或宣告破產之營利事業。

（七）所得稅結算或決算申報未適用法律規定之投資抵減獎勵，且無第七條第一項各款規定所得額之營利事業。

（八）所得稅結算申報未適用法律規定之投資抵減獎勵，且無計算基本所得額之加計項目。

（九）基本所得額在新臺幣 50 萬元以下之營利事業。

（十）基本所得額在新臺幣 600 萬元以下之個人。

前項第九款及第十款規定之金額，每遇消費者物價指數較上次調整年度之指數上漲累計達百分之 10 以上時，按上漲程度調整之。調整金額以新臺幣 10 萬元為單位，未達新臺幣 10 萬元者，按萬元數四捨五入。

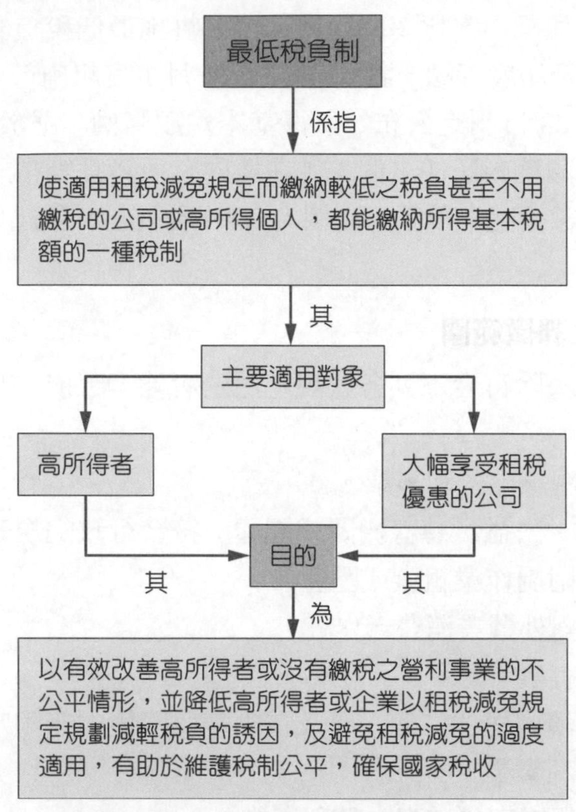

圖 12-1 最低稅負制之概念圖

12.2 最低稅負制之計算

一、基本所得額

營利事業之基本所得額，為依所得稅法規定計算之課稅所得額，加計下列各款所得額後之合計數：

（一）停止課徵貨交易所得及證券交易所得。

（二）依廢止前促進產業升級條例第 9 條、第 9 條之 2、第 10 條、第 15 條及第 70 條之 1 規定免徵營利事業所得稅之所得額。

（三）依已廢止之促進產業升級條例於中華民國 88 年 12 月 31 日修正施行前第八條之 1 規定免徵營利事業所得稅之所得額。

（四）依獎勵民間參與交通建設條例第 28 條規定免納營利事業所得稅之所得額。

（五）依促進民間參與公共建設法第 36 條規定免納營利事業所得稅之所得額。
（六）依科學工業園區設置管理條例第 18 條規定免徵營利事業所得稅之所得額。
（七）依科學工業園區設置管理條例規定免徵營利事業所得稅之所得額。
（八）依企業併購法第 37 條規定免徵營利事業所得稅之所得額。
（九）依國際金融業務條例第 13 條規定免徵營利事業所得稅之所得額。但不包括依所得稅法第 73 條之 1 規定，就其授信收入總額按規定之扣繳率申報納稅之所得額。
（十）本條例施行後法律新增之減免營利事業所得稅之所得額及不計入所得課稅之所得額，經財政部公告者。

依前項第一款及第九款規定加計之所得額，於本條例施行後發生並經稽徵機關核定之損失，得自發生年度之次年度起 5 年內，從當年度各該款所得中扣除。

營利事業於 102 年度以後出售其持有滿 3 年以上屬所得稅法第四條之一規定之股票者，於計算其當年度證券交易所得時，減除其當年度出售該持有滿三年以上股票之交易損失，餘額為正者，以餘額半數計入當年度證券交易所得；餘額為負者，依前項規定辦理。

二、免計入基本所得額之項目

符合下列規定之一者，於計算營利事業基本所得額時，得免予計入：
（一）本條例施行前已由財政部核准免稅。
（二）本條例施行前已取得中央目的事業主管機關核發完成證明函或已完成投資計畫，並於本條例施行之日起 1 年內，經財政部核准免稅。
（三）本條例施行前已取得中央目的事業主管機關核發之投資計畫核准函，並已開工，且未變更投資計畫之產品或服務項目。
（四）本條例施行前已取得中央目的事業主管機關核發之投資計畫核准函，於本條例施行之日起一年內開工，並於核准函核發之次日起三年內完成投資計畫，且未變更投資計畫之產品或服務項目。
（五）本條例施行前民間機構業與主辦機關簽訂公共建設投資契約，並於投資契約約定日期內開工及完工，且未變更投資計畫內容者。但依主辦機關要求變更投資計畫內容者，不在此限。

三、最低稅負制之稅率

營利事業最低稅負之稅率定為 12%～15%之間，其徵收率，現行徵收經行政院核定為 12%。

【公式】

基本稅額＝（基本所得額－新臺幣 50 萬元）×12%

● 基本稅額係指基本所得額減除扣除額再乘以稅率後計得之稅額，為納稅義務人應有之所得基本貢獻度。

基本稅額＝（課稅所得＋促產、獎參、促參等免稅所得＋證券、期貨交易所得＋國際金融業務分行免稅所得－新臺幣 50 萬元）×12%

範 例

萬仁公司 103 年度之課稅所得為 1,800 萬元，另有證券交易所得 6,400 萬元，轉投資之股利收入 400 萬元，短期票券稅後利息所得 120 萬元，投資抵減稅額 200 萬元。

請列式計算萬仁公司 104 年 5 月申報 95 年度稅負時，應自行繳納的基本稅額為多少元？【95 調查人員財經組三等改編】

【解析】

（1,800 萬＋ 6,400 萬－ 50 萬）×12% ＝ 978 萬…基本稅額

四、最低稅負制課徵之方法

最低稅負的課徵方式，可分為二大類：

（一）「附加式」最低稅負制（Add-on Minimum Tax）：除按現行綜合所得稅及營利事業所得稅計算稅額外，另外針對高所得者享受較多的特定租稅減免項目挑出，予以加總，若超過某一金額水準，就其超過部分加徵一定比率的補充性稅負。

（二）「替代式」最低稅負制（Alternative Minimum Tax，AMT）：將高所得者享受較多的特定租稅減免，加回其課稅所得之中，還原成應納稅的稅基，再依據另設的免稅額與稅率級距等稅額計算公式，計算其最低應繳納的稅負。如果依此計算出的稅負低於現行綜合所得稅或營利事業所得

稅所規定應繳的金額，則按現行稅制的結果繳稅；若依此計算出之稅負高於現行稅制下應繳的金額，則按最低稅負制的結果繳稅。

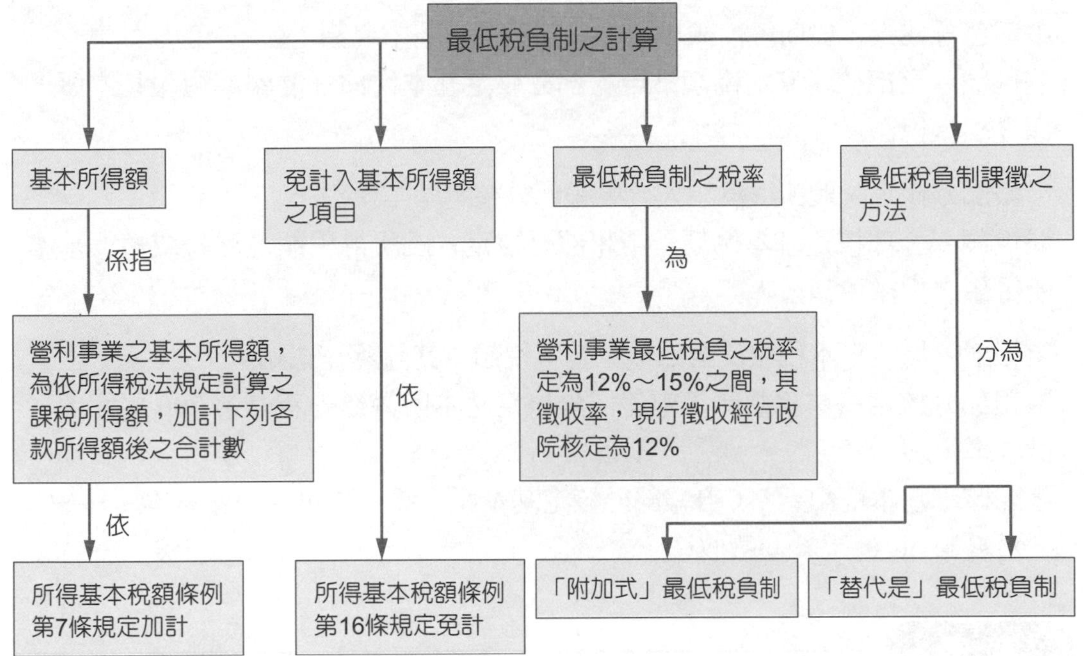

圖 12-2 最低稅負制計算之概念圖

12.3 未申報基本所得額之處罰

未申報基本所得額，致短漏報基本稅額者，有以下之處罰：

1. 營利事業或個人已依規定計算及申報基本稅額，但有漏報或短報致短漏稅之情事者，處以所漏稅額 2 倍以下之罰鍰。
2. 營利事業或個人未依規定計算及申報基本稅額，而經稽徵機關調查，發有應課稅之金額者，除依規定補徵外，應按補徵稅額，處 3 倍以下之罰鍰。
3. 最低稅負制係屬新制，為給予納稅義務人適應之緩衝期，所得基本稅額條例第 18 條爰規定，前述短漏稅額之處罰規定延緩至 96 年 1 月 1 日起施行，亦即 95 年度之申報案件如有短漏報將不予處罰，96 年度之申報案件才開始適用處罰規定。

短漏稅額之計算公式如下：

1. 稽徵機關核定之一般所得稅額高於或等於基本稅額者，應依所得稅法第110條規定處罰，不適用所得基本稅額條例之處罰規定。
2. 稽徵機關核定之一般所得稅額低於基本稅額者，其漏稅額之計算公式如下：

申報部分核定一般所得稅額小於申報部分核定基本稅額：
漏稅額＝全部核定基本稅額－申報部分核定基本稅額－漏報或短報基本所得額之扣繳稅額。

申報部分核定一般所得稅額大於申報部分核定基本稅額：
漏稅額＝全部核定基本稅額－申報部分核定一般所得稅額－漏報或短報基本所得額之扣繳稅額。

申報部分核定基本稅額及全部核定基本稅額，其計算公式如下：
申報部分核定基本稅額＝（申報部分核定基本所得額－新臺幣200萬元）×徵收率。
全部核定基本稅額＝〔（申報部分核定基本所得額＋漏報或短報基本所得額）－新臺幣50萬元〕× 徵收率。

範 例

請指出所得基本稅額制所得稅之納稅義務人？ 另請依台中公司某年度下列相關資料，列式計算其應納之基本稅額及應補納之稅額。（95地特三等改編）

1. 課稅所得……………………………2,000萬元
2. 投資抵減稅額…………………………300萬元
3. 證券交易所得…………………………1,000萬元
4. 五年免稅所得…………………………6,000萬元

【解析】

應納稅額＝2,000萬×17%＝340萬。
投資抵減限額＝340萬 × 1/2 ＝170萬 < 300萬元
所以本年度可抵減稅額為170萬
一般所得稅額＝340萬－170萬＝170萬
基本所得額＝2,000萬＋1,000萬＋6,000萬＝9,000萬
基本稅額＝（2,000萬＋1,000萬＋6,000萬－50萬）×12%＝1074萬。
故須應補納之稅額為1074萬－170萬＝904萬元。

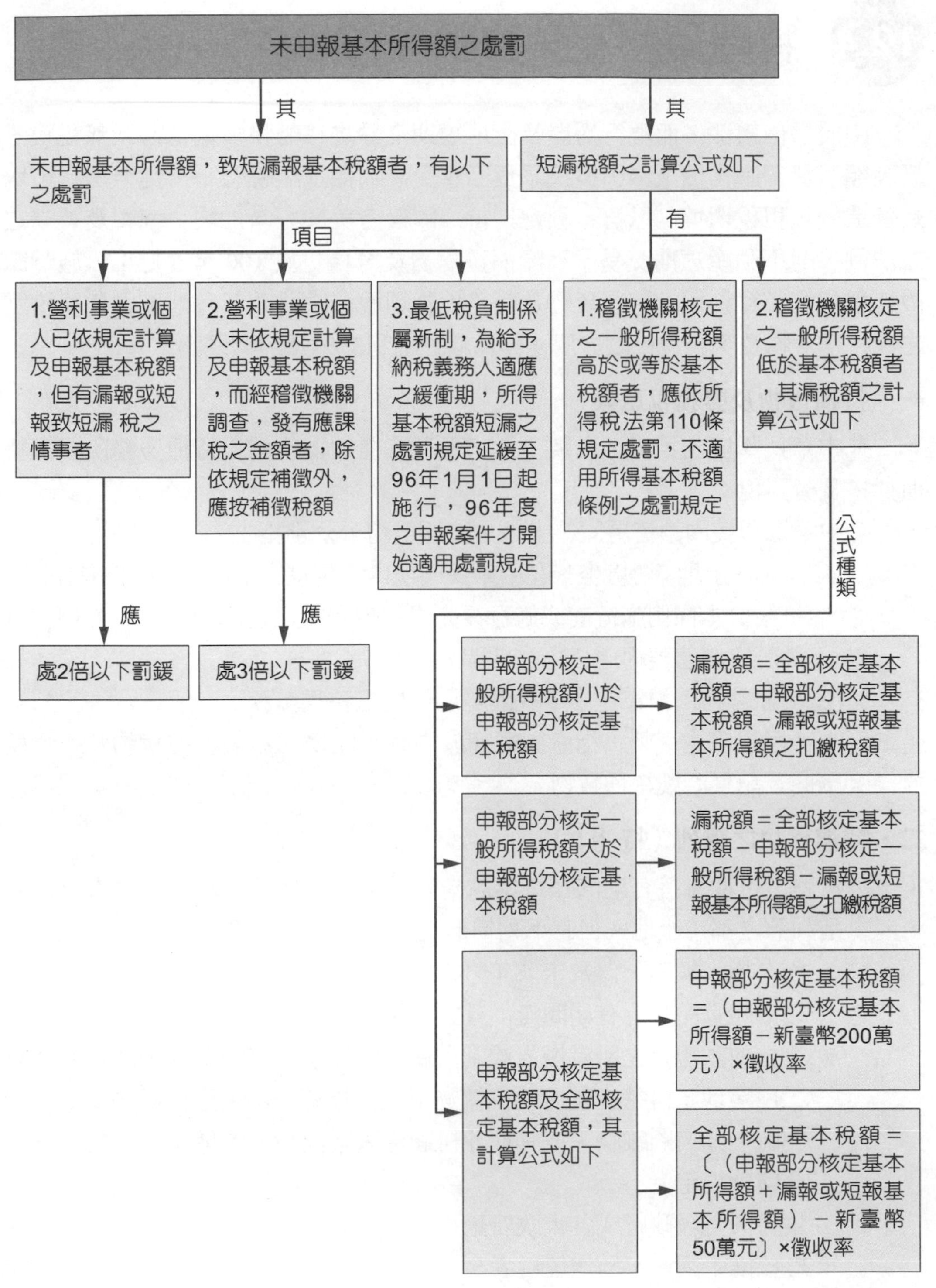

圖 12-3 未申報基本所得額處罰之概念圖

12.4 特種貨物及勞務稅

由於房價飆漲，而現行房屋及土地短期交易之移轉稅負偏低甚或無稅負，又高額消費帶動物價上漲引發民眾負面感受，為促進租稅公平，健全房屋市場及營造優質租稅環境，以符合社會期待，故參考美國、新加坡、南韓及香港之立法例，對不動產短期交易、高額消費貨物及勞務，於 100 年 6 月 1 日施行課徵特種貨物及勞務稅。特種貨物及勞務稅為國稅，由財政部各地區國稅局稽徵之、特種貨物及勞務稅稅收之用途作為社會福利支出及照顧弱勢。

一、特種貨物及勞務稅意義

在中華民國境內銷售、產製及進口下列特種貨物或銷售特種勞務所課徵特種貨物及勞務稅：

（一）中華民國境內銷售房屋、土地、特種勞務，分別指：

1. 房屋、土地：銷售坐落在中華民國境內之房屋、土地。所稱持有期間，是指自本條例施行前或施行後完成移轉登記之日起計算至本條例施行後訂定銷售契約之日止之期間。
2. 特種勞務：銷售在中華民國境內使用之特種勞務。

（二）中華民國境內產製：指產製廠商於中華民國境內辦理特種貨物及勞務稅廠商登記且產製特種貨物。

二、特種貨物之認列（特 §2）

（一）房屋、土地：持有期間在 2 年以內之房屋及其坐落基地或依法得核發建造執照之都市土地。但有下列情形之一，不屬於特種貨物：

1. 所有權人與其配偶及未成年直系親屬僅有一戶房屋及其坐落基地，辦竣戶籍登記且持有期間無供營業使用或出租者。
2. 符合前款規定之所有權人或其配偶購買房屋及其坐落基地，致共持有二戶房地，自完成新房地移轉登記之日起算一年內出售原房地，或因調職、非自願離職、或其他非自願性因素出售新房地，且出售後仍符合前款規定者。
3. 銷售與各級政府或各級政府銷售者。
4. 經核准不課徵土地增值稅者。
5. 依都市計畫法指定之公共設施保留地尚未被徵收前移轉者。
6. 銷售因繼承或受遺贈取得者。
7. 營業人興建房屋完成後第一次移轉者。

8. 依強制執行法、行政執行法或其他法律規定強制拍賣者。
9. 依銀行法第七十六條或其他法律規定處分，或依目的事業主管機關命令處分者。
10. 所有權人以其自住房地拆除改建或與營業人合建分屋銷售者。
11. 銷售依都市更新條例以權利變換方式實施都市更新分配取得更新後之房屋及其坐落基地者。

＊因應 105.1.1 起房地合一稅施行，不動產奢侈稅將同步停徵。

（二）小客車：包括駕駛人座位在內，座位在九座以下之載人汽車且每輛銷售價格或完稅價格達新臺幣三百萬元者。

（三）遊艇：每艘銷售價格或完稅價格達新臺幣三百萬元者。

（四）飛機、直昇機及超輕型載具：每架銷售價格或完稅價格達新臺幣三百萬元者。

（五）龜殼、玳瑁、珊瑚、象牙、毛皮及其產製品：每件銷售價格或完稅價格達新臺幣五十萬元者。但非屬野生動物保育法規定之保育類野生動物及其產製品，不包括之。

（六）家具：每件銷售價格或完稅價格達新臺幣五十萬元者。

（七）入會權利：每次銷售價格達新臺幣五十萬元之入會權利，屬可退還之保證金性質者，不包括之。

三、免徵特種貨物及勞務稅（特 §22）

（一）供作產製另一應稅特種貨物者。

（二）運銷國外者。

（三）參加展覽，於展覽完畢原物復運回廠或出口者。

（四）公私立各級學校、教育或研究機關，依其設立性質專供教育、研究或實驗之用，或專供參加國際比賽及訓練之用者。

（五）專供研究發展、公共安全、緊急醫療救護、或災難救助之用者。

（六）第二條第一項第四款規定之特種貨物，非供自用者，免徵特種貨物及勞務稅。

四、特種貨物及勞務稅之納稅義務人

（一）產製特種貨物者，為產製廠商。

（二）進口特種貨物者，為收貨人、提貨單或貨物持有人。

（三）法院及其他機關（構）拍賣或變賣尚未完稅之特種貨物者，為拍定人、買受人或承受人。

（四）免稅特種貨物因轉讓或移作他用而不符免稅規定者，為轉讓或移作他用之人或貨物持有人。

（五）銷售特種勞務者，為銷售之營業人。

五、特種貨物及勞務稅之課徵時點

（一）產製高額消費貨物，於出廠時課徵。

（二）進口高額消費貨物，於進口時課徵。

（三）法院及其他機關（構）拍賣或變賣尚未完稅之高額消費貨物，於拍賣或變賣時課徵。

（四）免稅高額消費貨物因轉讓或移作他用而不符合免稅規定，於轉讓或移作他用時課徵。

（五）銷售 50 萬元以上入會權利，於銷售時課徵。

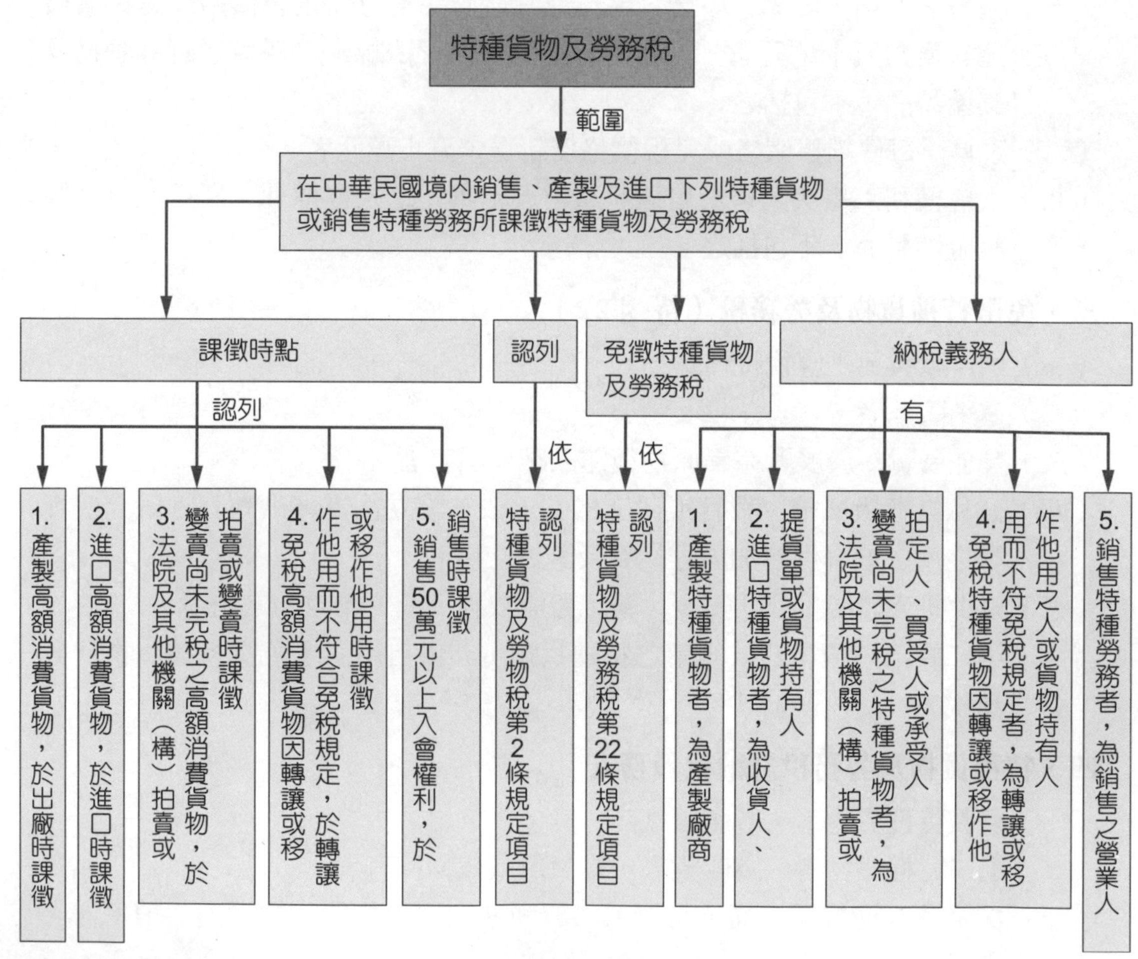

圖 12-4 特種貨物及勞務稅之概念圖

12.5 特種貨物及勞務稅之稅率及稅額計算

一、房屋、土地特種貨物及勞務稅之稅率為 10%；持有期間在一年以內者，稅率為 15%。

二、產製或進口高額消費貨物稅率為 10%。

三、銷售 50 萬元以上之入會權利稅率為 10%。

表 12-1 稅額計算表

課稅物	課稅範圍	稅率
房屋、土地	持有期間在一年以內者	15%
	持有期間在一年以上，未滿 2 年者	10%
小客車	三百萬元	10%
遊艇	三百萬元	10%
飛機、直昇機及超輕型載具	三百萬元	10%
龜殼、玳瑁、珊瑚、象牙、毛皮及其產製品	五十萬元	10%
高級家具	五十萬元	10%
入會權利	五十萬元	10%

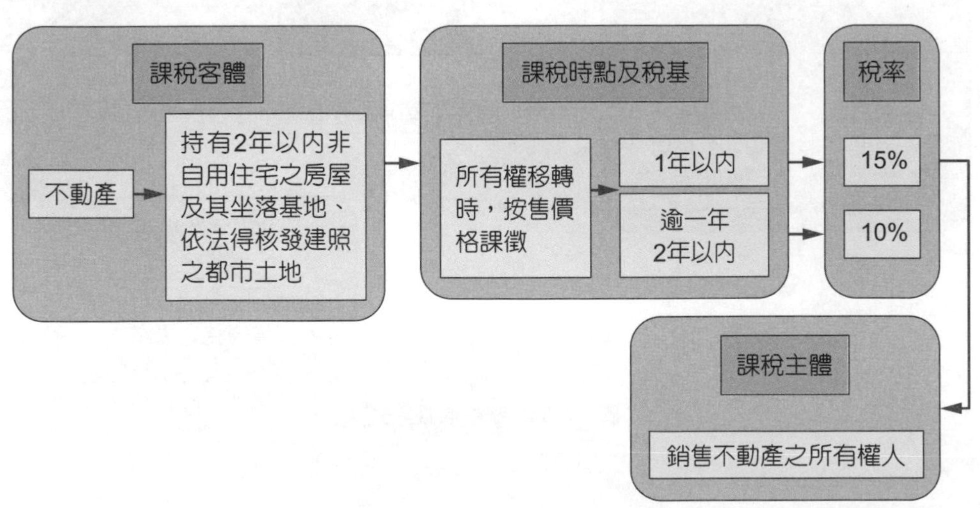

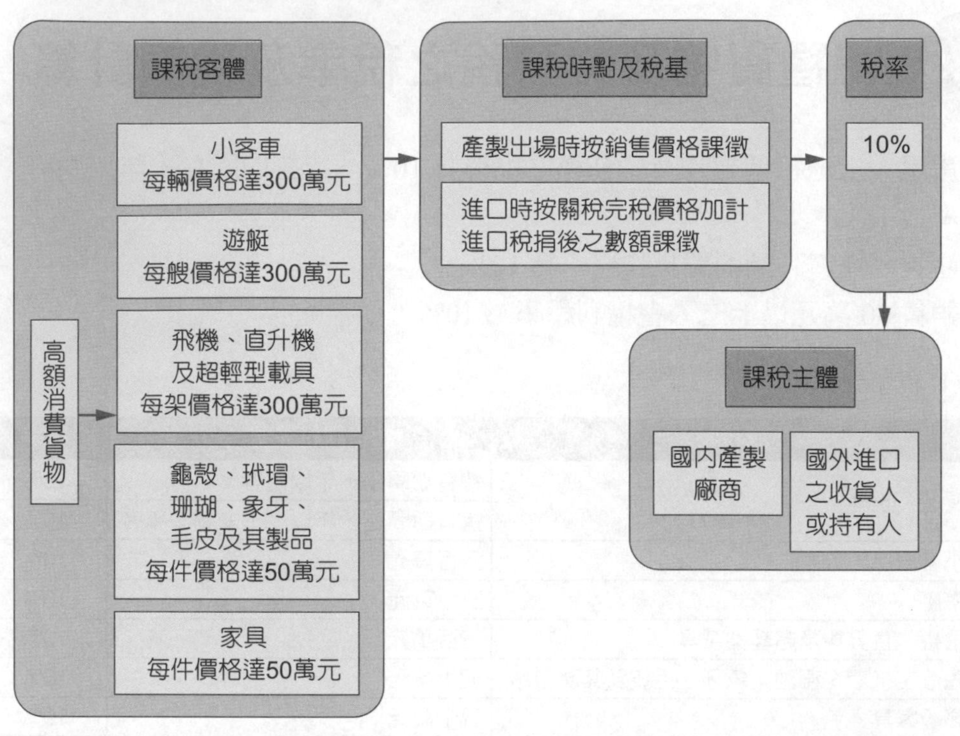

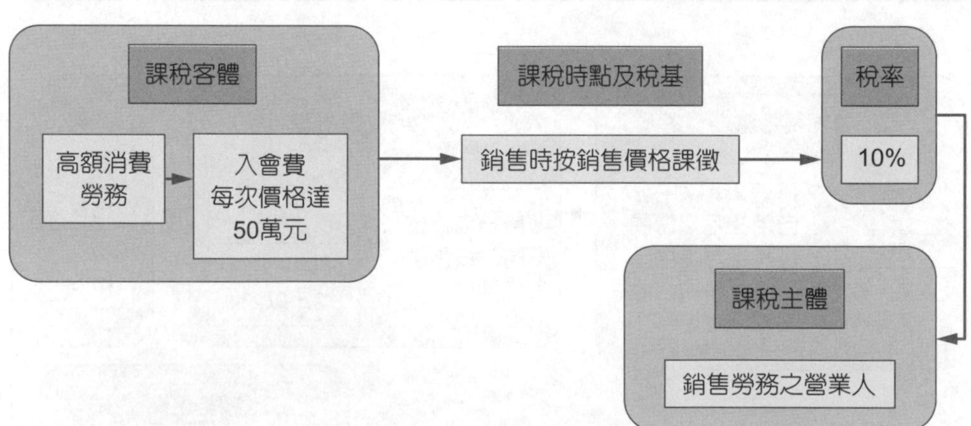

圖 12-5 課稅基本概念表

稅務實務 News

特種貨物及勞務稅持有期間之計算，係自取得房地完成移轉登記之日起計算至該條例施行後訂定銷售契約之日止，並非以銷售房地完成所有權移轉登記之日為準。

納稅義務人張君於 98 年 7 月 8 日因買賣取得桃園市房屋及其坐落基地，旋於 100 年 6 月 30 日訂定銷售契約，將該房地出售，銷售價格合計 6,800,000 元，並於 100 年 7 月 12 日將該房地移轉登記予買方，未依規定向主管稽徵機關申報銷售價格並繳納應納稅額，經本局桃園分局查獲，按銷售價格適用之稅率 10% 核定應納稅額 680,000 元發單補徵，並另處罰鍰 340,000 元。申請人主張特種貨物及勞務稅持有期間訖日之計算，應以地政機關移轉登記之日為準，而非計算至訂定銷售契約之日止，申經復查結果，經本局以張君 98 年 7 月 8 完成所有權移轉登記起算，至其 100 年 6 月 30 日訂約出售房地止，持有期間並未達 2 年，且銷售該房地時，其與配偶尚有其他房地，核無特種貨物及勞務稅條例第 5 條排除課稅規定之適用。另張君雖主張其出售房地於 100 年 7 月 12 日始完成所有權移轉登記，買進至賣出已超過 2 年，惟因與現行特種貨物及勞務稅條例規定不合，予以駁回。

資料來源：2014/05/09 財政部北區國稅局 稅務新聞

範 例

假設小客車之產製廠商甲公司，銷售小客車一輛給汽車經銷商乙公司，收取 1,155 萬元，並開立三聯式發票；乙公司銷售給丙，向丙收取 1,365 萬元，其發票應如何記載？營業稅多少？

發票之記載方式有二：

【解析】

1. 已將特銷稅 105 萬元於發票備註欄載明者，營業稅額為 60 萬元。

   甲銷售汽車一輛價格 1,000 萬，營業稅 50 萬，合計 1,050 萬，於出廠時按銷售價格 1,050 萬課徵 10% 特銷稅，計 105 萬，並於發票備註欄上記載特銷稅 105 萬，故當經銷商乙將汽車銷售予丙，並在發票備註欄位記載特銷稅 105 萬時，其營業稅金額為（1,365 萬 -105 萬）÷1.05×0.05 ＝ 60 萬。

2. 未將特銷稅 105 萬元於發票備註欄載明者，營業稅額為 65 萬元。

   甲銷售汽車一輛價格 1,000 萬，營業稅 50 萬，合計 1,050 萬，於出廠時按銷售價格 1,050 萬課徵 10% 特銷稅，計 105 萬，並於發票備註欄上記載特銷稅 105 萬，若經銷商乙將汽車銷售予丙，並未在發票備註欄位記載特銷稅 105 萬時，其營業稅金額為 1,365 萬 ÷1.05×0.05 ＝ 65 萬。

範例

1. 台中廠商產製汽車（排氣量 3000CC）出廠價格 250 萬元，貨物稅 75 萬元（稅率 30%），營業稅 16.25 萬元（稅率 5%），計算應納特種貨物及勞務稅額？

【解析】

該汽車銷售價格為 250 萬元 +75 萬元 +16.25 萬元 =341.25 萬元（符合課徵特種貨物及勞務稅之項目）

341.25 萬元 ×10% =34.125 萬元 —— 應納特種貨物及勞務稅額

2. 高雄公司是一家進口汽車（排氣量 3000CC）未含關稅之價格 220 萬元，進口關稅 38.5 萬元（稅率 17.5%），貨物稅 77.55 萬元（稅率 30%），營業稅 16.8025 萬元（稅率 5%），計算應納特種貨物及勞務稅額？

【解析】

進口高額消費貨物應納特種貨物及勞務稅額為應按完稅價格乘以 10% 稅率計算應納稅額。

「完稅價格」，指未含關稅之進口價格（即關稅完稅價格）加計關稅、貨物稅及營業稅。

該汽車完稅價格為 220 萬元 +38.5 萬元 +77.55 萬元 +16.8025 萬元 =352.8525 萬元（符合課徵特種貨物及勞務稅）

352.8525 萬 ×10% = 35.2853 萬元 —— 應納特種貨物及勞務稅額

3. 台中俱樂部銷售入會權利 60 萬元，營業稅 3 萬元（稅率 5%），計算應納特種貨物及勞務稅額？

【解析】

銷售 50 萬元以上之入會權利應按銷售價格乘以 10% 稅率計算應納稅額。所謂「銷售價格」，指銷售時收取之全部代價，包括營業稅。

該入會權利銷售價格為 60 萬元 +3 萬元 = 63 萬元

630,0000×10% = 63,000 元 —— 應納特種貨物及勞務稅額為

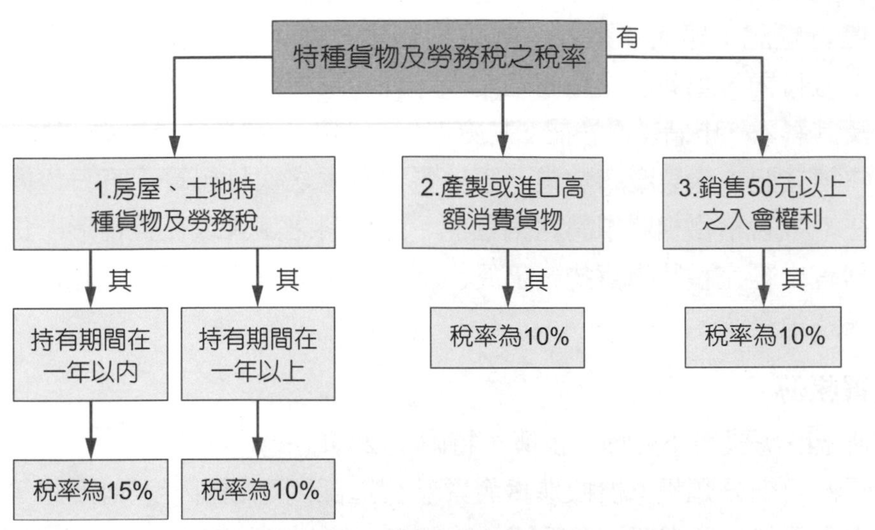

圖 12-6 特種貨物及勞務稅稅率及稅額計算之概念圖

12.6 特種貨物及勞務稅之稽徵程序

一、產製廠商有關登記

（一）申請登記：產製廠商應於特種貨物前，依規定格式填具特種貨物及勞務稅廠商設立登記申請書，檢附下列文件，送工廠所在地主管稽徵機關，經審查相符後准予登記：（特 §16）

1. 廠商登記表。
2. 公司登記或商業登記證明文件影本。
3. 工廠登記證明文件影本。但依規定免辦工廠登記者，免附前項第一款之廠商登記表，應記載下列事項：
   (1) 產製特種貨物之類別及產品名稱。
   (2) 廠商名稱、營利事業統一編號及地址。
   (3) 組織種類。
   (4) 資本總額。
   (5) 廠商負責人姓名、出生年月日、身分證統一編號、戶籍 所在地地址及其印鑑。產製廠商登記以產製工廠為登記單位，同一公司如設數廠，應分別向工廠所在地主管機關辦理登記。

（二）變更登記：廠商登記表所載事項有變更者，應於事實發生之次日起算十五日內，重新填具廠商登記表，註明變更事項，並檢送變更部分證件及其影本，申請變更登記，其處理程序與第一次辦理產製廠商登記相同。

（三）註銷登記：產製廠商歇業，應於事實發生之次日起算十五日內向工廠所在地主管稽徵機關申請註銷登記。餘原料之讓售或存置情形一併報明，其有未經完稅特種貨物，仍應繳清稅款；如有違章案件，應俟結案，始准註銷登記。

二、設置帳簿

產製廠商應設置下列輔助帳簿（特附 §20）

（一）原料明細分類帳：根據進貨發票及製造部門之領料、退料憑證等記載；主要原料均應辦理入倉手續。

（二）製成品明細分類帳：根據製造部門之交班竣工報告表，及其入倉、出廠或移付加工通知單等，按類名分別記載。

（三）倉儲登記簿：各倉棧分別設立，記載原料、製成品及半製品等收發數量。

（四）免稅登記簿：記載出廠應稅特種貨物依法免稅事項。

（五）原料免稅登記簿：記載有關以應稅特種貨物加工為另一應稅特種貨物之免稅原料，及其入廠、領用事項。

（六）退廠整理及改裝改製登記簿：根據銷貨退回及有關倉儲、加工等紀錄憑證，分按退廠整理及改裝改製情形，詳實記錄掉換、補充或損耗之數量。

產製廠商原有設立帳簿，具有前項各款帳簿之性質及功能者，得報經工廠所在地主管稽徵機關備查並繼續沿用，或酌為增減修正。規模狹小之產製廠商，對於設置第一項各款輔助帳簿確有困難者，得向工廠所在地主管稽徵機關申請核准，以規定格式之產銷日記簿替代。

三、繳納申報

（一）納稅義務人銷售特種貨物，應於訂定銷售契約之次日起三十日內計算應納稅額，自行填具繳款書向公庫繳納，並填具申報書，檢附繳納收據、契約書及其他有關文件，向主管稽徵機關申報銷售價格及應納稅額。

（二）產製廠商當月出廠特種貨物及勞務應於次月十五日以前計算應納稅額，自行填具繳款書向公庫繳納，並填具申報書，檢附繳納收據及其他有關文件，向主管稽徵機關申報銷售價格及應納稅額。

（三）第二條第一項第二款至第六款規定之特種貨物經法院及其他機關（構）拍賣或變賣尚未完稅者，拍定人、買受人或承受人應於提領前向所在地主管稽徵機關申報納稅。

（四）第四條第二項第四款所定之納稅義務人應於免稅特種貨物轉讓或移作他用之次日起三十日內，向主管稽徵機關申報納稅。營業人當月銷售特種勞務，應於次月十五日以前計算應納稅額，自行填具繳款書向公庫繳納，並填具申報書，檢附繳納收據及其他有關文件，向主管稽徵機關申報銷售價格及應納稅額。

（五）進口特種貨物應徵之稅額，納稅義務人應向海關申報，並由海關代徵之；其徵收及行政救濟程序，準用關稅法及海關緝私條例之規定辦理。

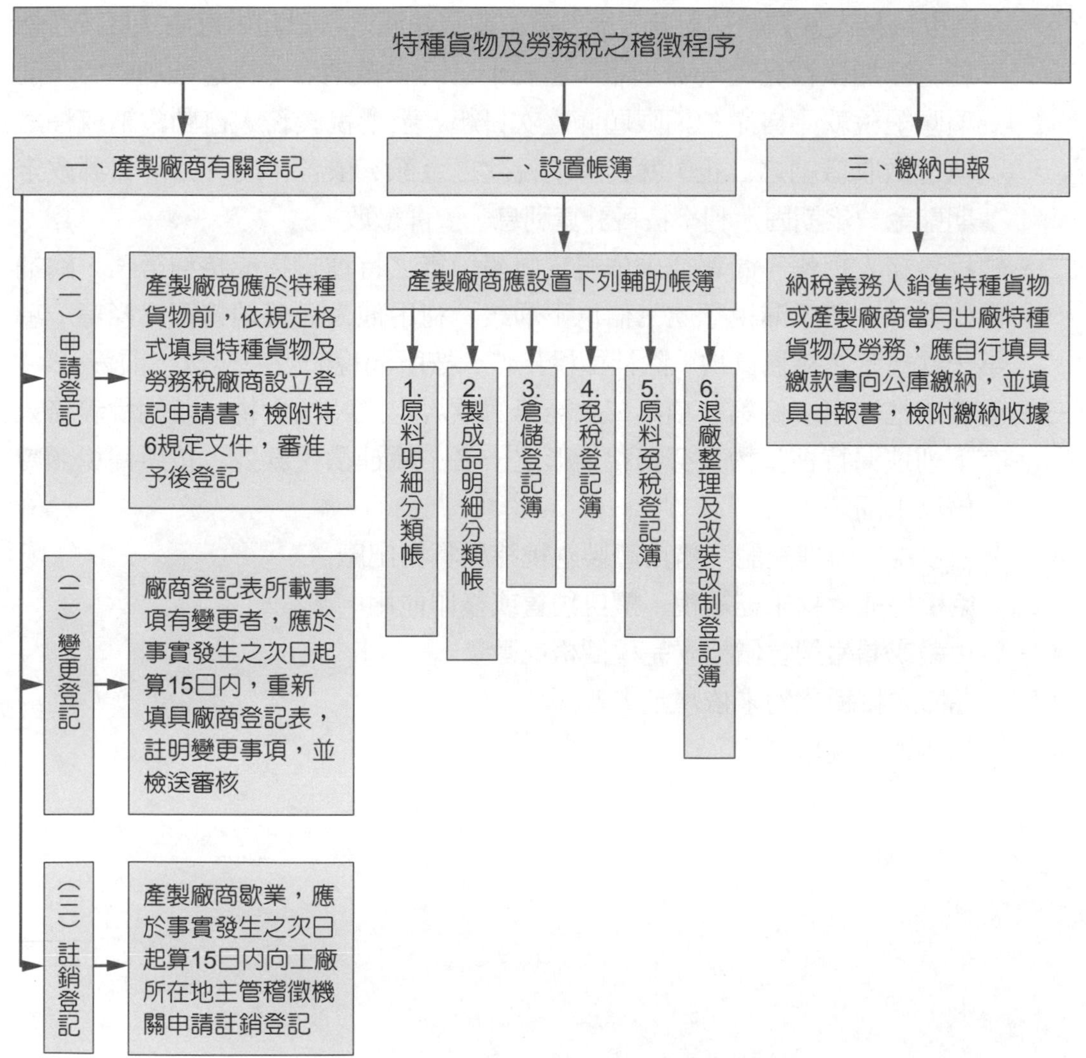

圖 12-7 特種貨物及勞務稅之稽徵程序之概念圖

12.7 特種貨物及勞務稅之罰則

一、產製廠商有下列情形之一者，主管稽徵機關應通知限期補辦或改正；屆期未補辦或改正者，處新臺幣一萬元以上三萬元以下罰鍰：（特 §20）

（一）未依第十三條規定辦理登記、變更及註銷登記。

（二）未依第十五條規定設置或保存帳簿、憑證或會計紀錄。

納稅義務人逾期繳納稅款，應自繳納期限屆滿之次日起，每逾二日按滯納之金額加徵百分之一滯納金；逾三十日仍未繳納者，移送強制執行。前項應納稅款應自滯納期限屆滿之次日起，至納稅義務人自動繳納或移送執行徵收繳納之日止，就其應納稅款之金額，依各年度一月一日郵政定期儲金一年期固定利率按日計算利息，一併徵收。

二、納稅義務人短報、漏報或未依規定申報銷售之特種貨物或特種勞務，除補徵稅款外，按所漏稅額處三倍以下罰鍰。利用他人名義銷售第二條第一項第一款規定之特種貨物，除補徵稅款外，按所漏稅額處三倍以下罰鍰。

三、產製或進口第二條第一項第二款至第六款規定之特種貨物，其納稅義務人有下列逃漏特種貨物及勞務稅情形之一者，除補徵稅款外，按所漏稅額處三倍以下罰鍰：

（一）未依規定辦理登記，擅自產製應稅特種貨物出廠。

（二）免稅特種貨物未經補稅，擅自銷售或移作他用。

（三）短報或漏報銷售價格、完稅價格或數量。

（四）進口之特種貨物未依規定申報。

（五）其他逃漏稅事實。

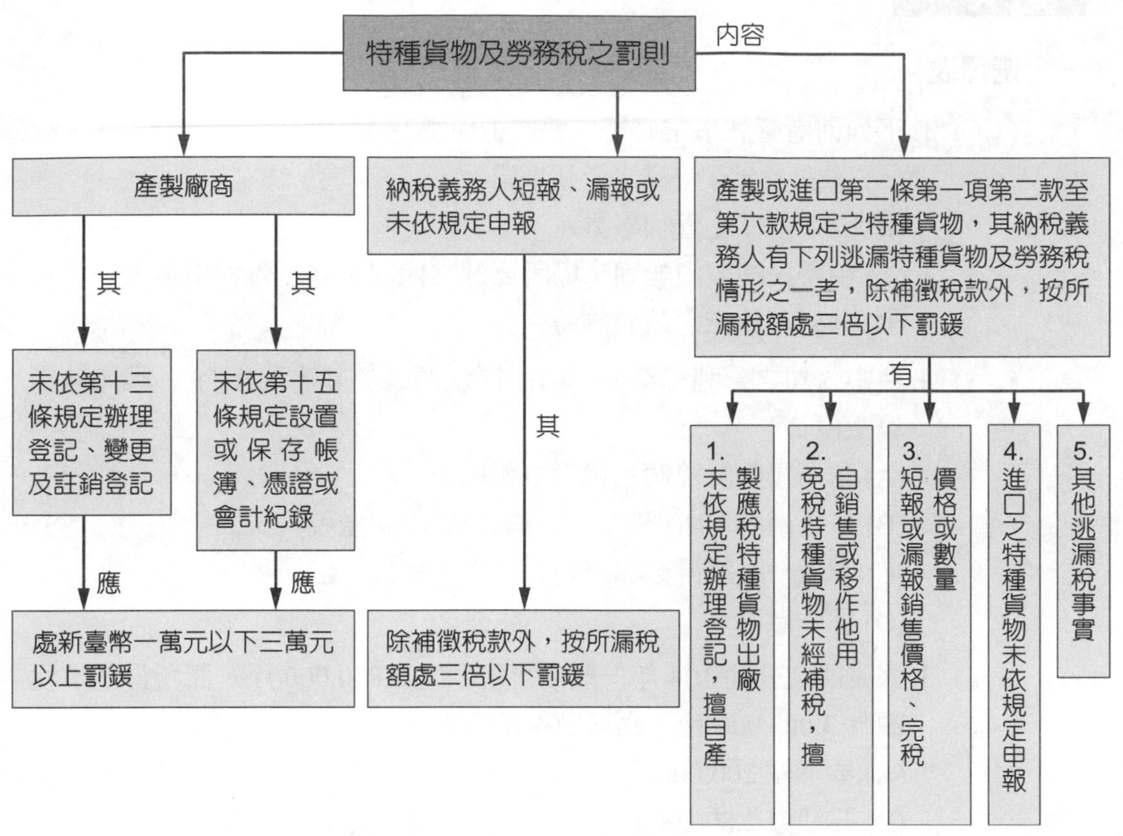

圖 12-8　特種貨物及勞務稅罰則之概念圖

學習評量

一、選擇題

( ) 1. 下列何者營利事業必需申報繳納所得基本稅額？
(A) 獨資、合夥組織之營利事業。
(B) 公司組織之營利事業。
(C) 中華民國境內無固定場所及營業代理人之之營利事業。
(D) 非營利組織之政府團體。

( ) 2. 台中公司之營利事業的一般所得稅額低於基本稅額時 ，應如何申報繳稅？
(A) 依所得額計算應納稅額申報繳稅。
(B) 依所得基本所得額計算應納稅額申報繳稅。
(C) 須繳一般所得稅額與基本稅額之差額。
(D) 擇一繳納。

( ) 3. 假設明道公司 104 年一般所得稅額為 2,800,000 元，而所得基本稅額為 3,000,000 元，應補繳稅額多少？
(A) 要補繳 200,000 元。
(B) 要補繳 2,800,000 元。
(C) 要補繳 3,000,000 元。
(D) 不必補繳稅額。

( ) 4. 自民國 102 年度起營利事業之所得基本稅額之扣除額為多少
(A) 50 萬元 (B) 100 萬元
(C) l50 萬元 (D) 200 萬元

( ) 5. 明道公司 104 年獲得期貨交易所得 200 萬元，其交易成本應採何者方法計算之
(A) 後進先出法 (C) 加權平均法
(B) 先進先出法 (D) 個別認定法

( ) 6. 合併申報後，各公司因股權變動而採個別申報時，該個別申報公司，得將經稽徵機關核定尚未減除之前幾年內各期合併之各該款之損失？
(A) 1 年 (C) 3 年
(B) 2 年 (D) 5 年

學習評量

(　) 7. 下列何者特種貨物須依規定繳稅？
(A) 房屋、土地：持有期間在一年以內之房屋及土地
(B) 小客車：包括駕駛人座位在內，座位在九座以下之載人汽車且每輛銷售價格或完稅價格達新臺幣三百萬元者
(C) 銷售遊艇，每艘價格或完稅價格為新臺幣一百萬元者
(D) 銷售每架飛機、直昇機及超輕型載具之價格或完稅價格為新臺幣五萬元者

(　) 8. 請說明納稅義務人之課徵時點何者為非？
(A) 產製特種貨物者，為產製廠商，於出廠時課徵
(B) 進口特種貨物者，為收貨人、提貨單或貨物持有人，於進口時課徵
(C) 法院及其他機關（構）拍賣或變賣尚未完稅之特種貨物者，為拍定人、買受人或承受人，於拍賣或變賣時課徵
(D) 銷售特種勞務者，為銷售之營業人，於轉讓或移作他用時課徵

(　) 9. 下列之特種貨物，何者為本法規定之特種貨物？
(A) 所有權人與其配偶及未成年直系親屬僅有一戶房屋且持有期間無供營業使用或出租者
(B) 銷售與各級政府或各級政府銷售者
(C) 因繼承或受遺贈取得者
(D) 每件家具銷售價格或完稅價格達新臺幣五十萬元者

(　)10. 產製廠商申請登記之事項有變更，或產製廠商解散或結束營業時，應於幾日內，向主管稽徵機關申請變更或註銷登記？
(A) 事實發生之次日起十五日
(B) 事實發生之次日起十日
(C) 事實發生之次日起二十日
(D) 事實發生之次日起三十日

二、問答題

（一）若張三故意向國稅局申報銷售價格低於實際交易價格，會受到什麼處罰？

學習評量

（二）美美若銷售房地應該報繳特種貨物及勞務稅，卻沒有報繳就去辦理移轉登記，以後被國稅局查獲，會受到什麼處罰？

（三）小明須繳納特種貨物及勞務稅，應如何辦理？

（四）哪些情況下，銷售不動產不是特種貨物及勞務稅之課稅範圍？

（五）特種貨物及勞務稅於 100 年 6 月 1 日施行；在 99 年 10 月 1 日（本條例施行前）購買之房屋，於 100 年 11 月 1 日（本條例施行後）賣出，會被課到特種貨物及勞務稅嗎？

（六）請說明所得基本稅額制所得稅之納稅義務人？

（七）最低稅負制的實施對象為何？

（八）未依規定計算及申報基本稅額會受到什麼處罰？

（九）102 年度起，營利事業申報基本所得額時，如何計算證券期貨交易所得？

（十）營利事業發生的證券（期貨）交易損失是否可以扣除？

三、計算題

（一）萬仁公司 103 年度之課稅所得為 1,800 萬元，另有證券交易所得 6,400 萬元，轉投資之股利收入 400 萬元，短期票券稅後利息所得 120 萬元，投資抵減稅額 200 萬元。

請列式計算萬仁公司 104 年 5 月申報 95 年度稅負時，應自行繳納的「基本稅額與一般所得稅額之差額」為多少元？

【95 調查人員財經組三等改編】

（二）大發公司 103 年度，依商業會計法計算之淨利 1,000 萬元，包括下列各項損益項目：

1. 證券交易所得 70 萬元，證券交易損失 50 萬元。
2. 出售固定資產利益 140 萬元（土地 60 萬元，房屋 80 萬元）。
3. 不計入所得之投資收益 80 萬元（可扣抵稅額 30 萬元）。
4. 依所得稅法第 39 條規定可扣除之虧損 100 萬元。

請說明以下的問題：

(1) 課稅所得額
(2) 基本所得額
(3) 基本稅額

【96 年高考】

學習評量

（三）台中公司 104 年度營業收入為 35,000,000 元，營業毛利 20,000,000 元，課稅所得額 2,500,000 元，證券交易所得 550,000 元，請計算新興公司 105 年之基本稅額為多少？；該公司依規定應補徵多少稅額？

隨堂筆記

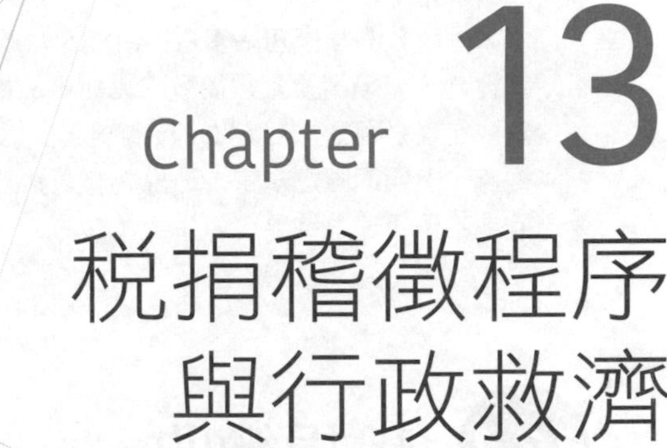

Chapter 13 稅捐稽徵程序與行政救濟

學習目標

13.1 稅捐徵收

13.2 稅捐保全

13.3 稅捐提前、分期及延期繳納

13.4 行政救濟

13.5 行政救濟後之補退稅

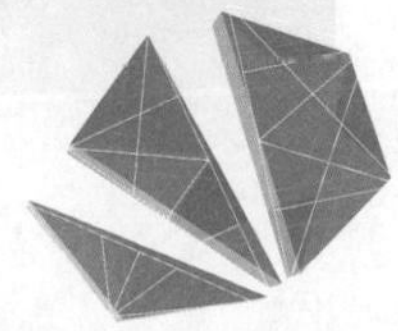

稅務新聞 News

納稅義務人對於核定稅捐之處分如有不服，其行政救濟程序為何？

納稅義務人對於核定稅捐之處分如有不服，申請復查為開啟行政救濟程序之必要程序，國稅局對符合程序規定之復查案件，將依法作實體審查，並作成復查決定，納稅義務人如對該復查決定不服，得依法提起訴願及行政訴訟，故行政救濟程序實際係包括復查、訴願及行政訴訟三個程序，且係依續進行，如納稅義務人之訴求於其中任一程序得到滿足，則後續程序自無須進行。

行政救濟程序包括復查、訴願及行政訴訟三個程序，每一程序均必須於法定期間內申請或提起，如申請復查須於繳款書所載繳納期間屆滿之翌日起 30 日內申請，提起訴願須於復查決定書送達之次日起 30 日內提起，提起行政訴訟須於訴願決定書送達之次日起 2 個月內提起，上開期限之規定，納稅義務人務必確實遵守，否則將被認定為程序不合案件，而遭駁回或不予受理之結果。

資料來源：2014/03/11 財政部北區國稅局 稅務新聞

13.1 稅捐徵收

我國各稅法對稅捐之稽徵與罰則的規定不同。因此，為統一各稅目之稽徵與罰則，乃訂定稅捐稽徵法。稅捐稽徵法屬於程序法，為營業稅法及營利事業所得稅的特別法優先於普通法適用。因此，稅捐之稽徵依稅捐稽徵法之規定，稅捐稽徵法未規定者依其他法律之規定。（稽 §1）

一、核課期間

課稅事實發生後，政府應予納稅義務人徵收之一段期間，逾此期間即喪失核課之權，謂之核課期間。

核課期間根據稅捐稽徵法第 21 條，規定如下：

（一）依法應由納稅義務人申報繳納之稅捐，已在規定期間內申報，且無故意以詐欺或其他不正當方法逃漏稅捐者，其核課期間為 5 年。

（二）依法應由納稅義務人實貼之印花稅，及應由稅捐稽徵機關依稅籍底冊或查得資料核定課徵之稅捐，其核課期間為 5 年。

（三）未於規定期間內申報，或故意以詐欺或其他不正當方法逃漏稅捐者，其核課期間為 7 年。

在前項核課期間內，經另發現應徵之稅捐者，仍應依法補徵或並予處罰，在核課期間內未經發現者，以後不得再補稅處罰。

二、核課期間之起算

核課期間之起算，依據稅捐稽徵法第 21 條，規定如下：

（一）依法應由納稅義務人申報繳納之稅捐，已在規定期間內申報者，自申報日起算。

（二）依法應由納稅義務人申報繳納之稅捐，未在規定期間內申報繳納者，自規定申報期間屆滿之翌日起算。

（三）印花稅自依法應貼用印花稅票日起算。

（四）由稅捐稽徵機關按稅籍底冊或查得資料核定徵收之稅捐，自該稅捐所屬徵期屆滿之翌日起算。

三、徵收期間

稅捐稽徵機關根據已確定納稅義務人之租稅債權，所行使徵收權之期間稱為徵收期間或追徵時效。應徵之稅捐未於徵收期間徵起者，不得再行徵收。徵收期間之起算，依據稅捐稽徵法第 23 條，規定如下：

（一）稅捐之徵收期間為五年，自繳納期間屆滿之翌日起算；應徵之稅捐未於徵收期間徵起者，不得再行徵收。（稽 §23）

（二）但於徵收期間屆滿前，已移送執行，或已依強制執行法規定聲明參與分配，或已依破產法規定申報債權尚未結案者，不在此限（不喪失稅捐徵收權）。（稽 §23）

四、欠稅追稅時限

稅捐之徵收，於徵收期間屆滿前已移送執行者，自徵收期間屆滿之翌日起，5 年內未經執行者，不再執行，其於五年期間屆滿前已開始執行，仍得繼續執行；但自五年期間屆滿之日起已逾五年尚未執行終結者，不得再執行。（稽 §23）但有下列情形之一，自 96 年 3 月 5 日起逾 10 年尚未執行終結者，不再執行：

（一）截至 101 年 3 月 4 日，納稅義務人欠繳稅捐金額達新臺幣五十萬元以上者。

（二）101 年 3 月 4 日前經法務部行政執行署所屬行政執行處，依行政執行法第 17 條規定聲請法院裁定拘提或管收義務人確定者。

（三）101 年 3 月 4 日前經法務部行政執行署所屬行政執行處，依行政執行法第 17 條之 1 第 1 項規定對義務人核發禁止命令者。

五、逾期繳納

捐稽徵法第 20 條規定，依稅法規定逾期繳納稅捐應加徵滯納金者，每逾二日按滯納數額加徵百分之一滯納金；逾三十日仍未繳納者，移送法院強制執行。逾期繳納由法院強制執行之項目如下：

（一）納稅義務人應納稅捐，於繳納期間屆滿三十日後仍未繳納者，由稅捐稽徵機關移送法院強制執行。（稽 §39）

（二）依稅法規定逾期繳納稅捐應加徵滯納金者，每逾二日按滯納數額加徵百分之一滯納金；逾三十日仍未繳納者，移送法院強制執行。（稽 §20）

（三）納稅義務人對核准延期或分期繳納之任何一期應繳稅捐，未如期繳納者，稅捐稽徵機關應於該期繳納期間屆滿之翌日起三日內，就未繳清之餘額稅款，發單通知納稅義務人，限十日內一次全部繳清；逾期仍未繳納者，移送法院強制執行。（稽 §27）

六、稅捐文書之送達

（一）送達對象：（稽 §19）

1. 為稽徵稅捐所發之各種文書，得向納稅義務人之代理人、代表人、經理人或管理人以為送達。
2. 應受送達人在服役中者，得向其父母或配偶以為送達；無父母或配偶者，得委託服役單位代為送達。
3. 為稽徵土地稅或房屋稅所發之各種文書，得以使用人為應受送達人。
4. 納稅義務人為全體公同共有人者，繳款書得僅向其中一人送達；稅捐稽徵機關應另繕發核定稅額通知書並載明繳款書受送達者及繳納期間，於開始繳納稅捐日期前送達全體公同共有人。但公同共有人有無不明者，得以公告代之，並自黏貼公告欄之翌日起發生效力。

（二）送達方式：繳納稅捐之文書，稅捐稽徵機關應於該文書所載開始稅捐日期前送達，送達方式有如下：

1. 直接送達；2. 郵寄送達；3. 寄存送達；4. 公式送達

七、退稅

（一）錯誤溢繳之退稅

納稅義務人對於因適用法令錯誤或計算錯誤溢繳之稅款，得自繳納之日起五年內提出具體證明，申請退還；逾期未申請者，不得再行申請。（稽§28）

（二）應退稅抵繳積欠

納稅義務人應退之稅捐，稅捐稽徵機關應先抵繳其積欠，並於扣抵後，應即通知該納稅義務人。（稽§29）

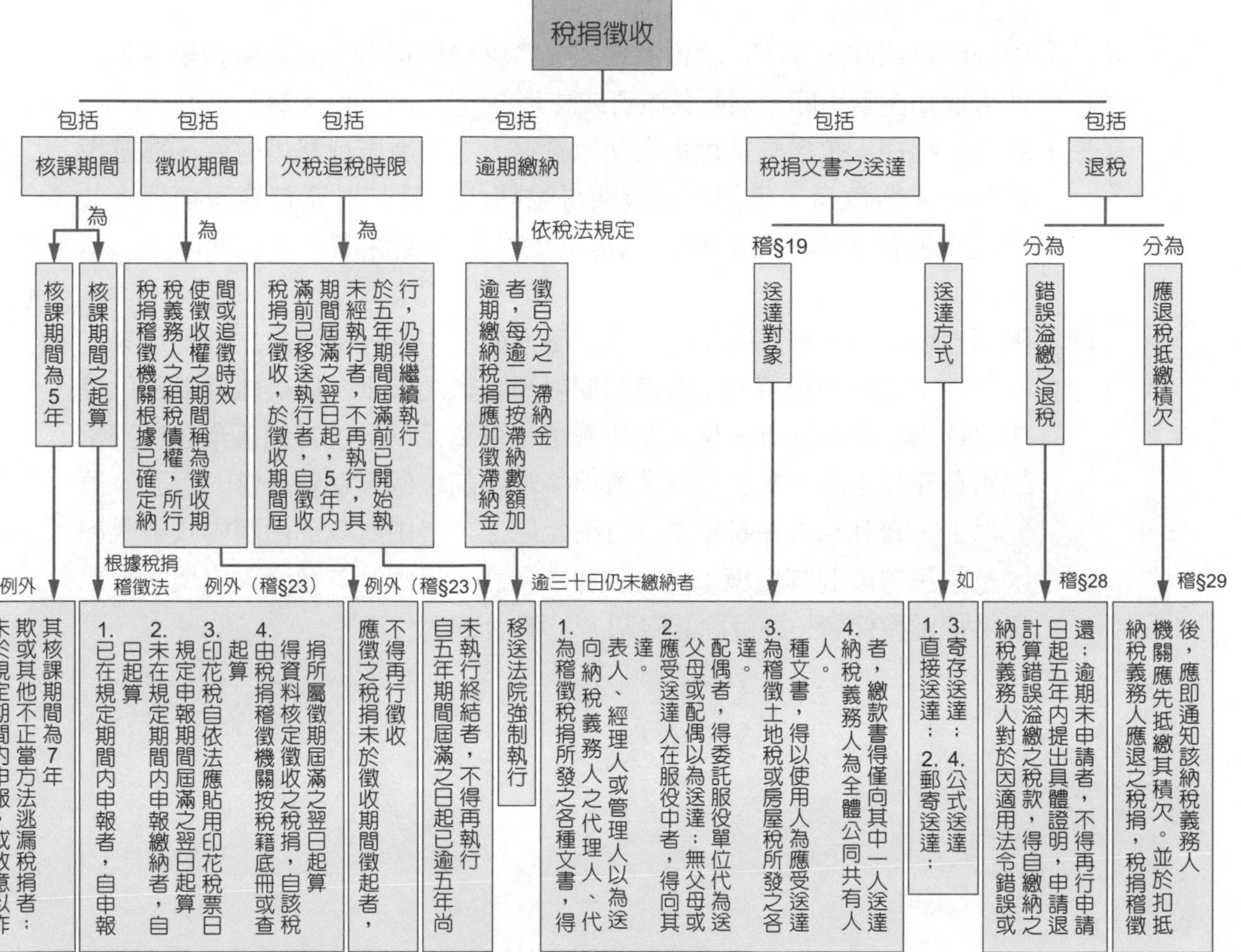

圖 13-1 稅捐徵收之概念圖

13.2 稅捐保全

依所得稅法第 6 條規定稅捐徵收，優先於普通債權。土地增值稅、地價稅、房屋稅之徵收，優先於一切債權及抵押權。其收保全租稅債權之效，以下為欠繳應納稅捐之保全

（一）不得移轉或設定他項權利：納稅義務人欠繳應納稅捐者，稅捐稽徵機關得就納稅義務人相當於應繳稅捐數額之財產，通知有關機關，不得為移轉或設定他項權利。（稽 §24）

（二）限制減資或註銷登記：納稅義務人欠繳應納稅捐者，其為營利事業者，並得通知主管機關，限制其減資或註銷之登記。（稽 §24）

（三）聲請假扣押：欠繳應納稅捐之納稅義務人，有隱匿或移轉財產、逃避稅捐執行之跡象者，稅捐稽徵機關得聲請法院就其財產實施假扣押，並免提供擔保。但納稅義務人已提供相當財產擔保者，不在此限。（稽 §24）

（四）限制出境：在中華民國境內居住之個人或在中華民國境內之營利事業，其已確定之應納稅捐逾法定繳納期限尚未繳納完畢，所欠繳稅款及已確定之罰鍰單計或合計，個人在新臺幣一百萬元以上，營利事業在新臺幣二百萬元以上者；其在行政救濟程序終結前，個人在新臺幣一百五十萬元以上，營利事業在新臺幣三百萬元以上，得由財政部函請內政部入出國及移民署限制其出境；其為營利事業者，得限制其負責人出境。但已提供相當擔保者，應解除其限制。（稽 §24）

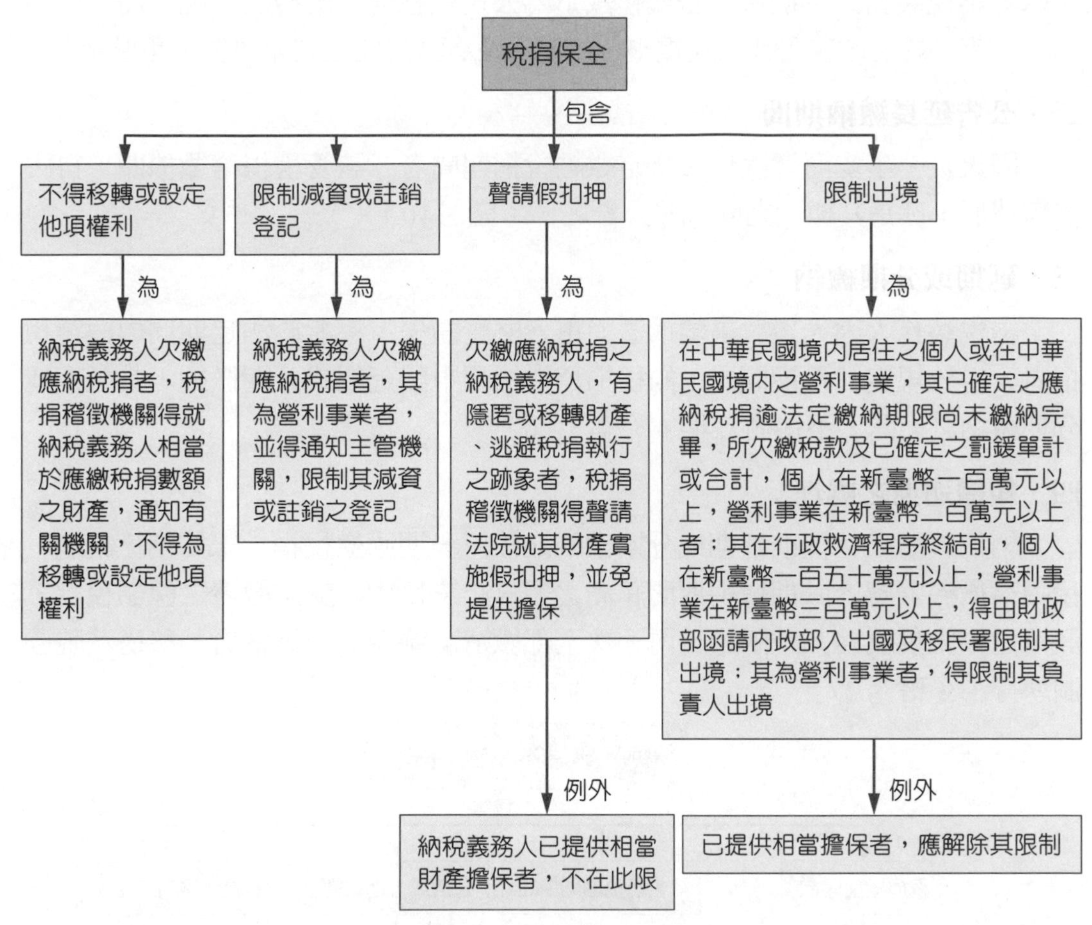

圖 13-2 稅捐保全之概念圖

13.3 稅捐提前、分期及延期繳納

一、稅捐提前開徵（稽 §25）

稅捐稽征機關對於納稅義務人之應納稅捐，在下列情形為了確保稅收，得於法定開徵日期前徵收：

（一）有下列情形之一者，稅捐稽徵機關，對於依法應徵收之稅捐，得於法定開徵日期前稽徵之。但納稅義務人能提供相當擔保者，不在此限：

1. 納稅義務人顯有隱匿或移轉財產，逃避稅捐執行之跡象者。
2. 納稅義務人於稅捐法定徵收日期前，申請離境者。
3. 因其他特殊原因，經納稅義務人申請者。

（二）納稅義務人受破產宣告或經裁定為公司重整前，應徵收之稅捐而未開徵者，於破產宣告或公司重整裁定時，視為已到期之破產債權或重整債權。

二、公告延長繳納期間

因天災、事變而遲誤依法所定繳納稅捐期間者，該管稅捐稽徵機關，得視實際情形，延長其繳納期間，並公告之。（稽 §10）

三、延期或分期繳納

納稅義務人因天災、事變或遭受重大財產損失，不能於法定期間內繳清稅捐者，得於規定納稅期間內，向稅捐稽徵機關申請延期或分期繳納，其延期或分期繳納之期間，不得逾三年。（稽 §26）

四、緩繳逾期之處理

納稅義務人對核准延期或分期繳納之任何一期應繳稅捐，未如期繳納者，稅捐稽徵機關應於該期繳納期間屆滿之翌日起三日內，就未繳清之餘額稅款，發單通知納稅義務人，限十日內一次全部繳清；逾期仍未繳納者，移送法院強制執行。（稽 §27）

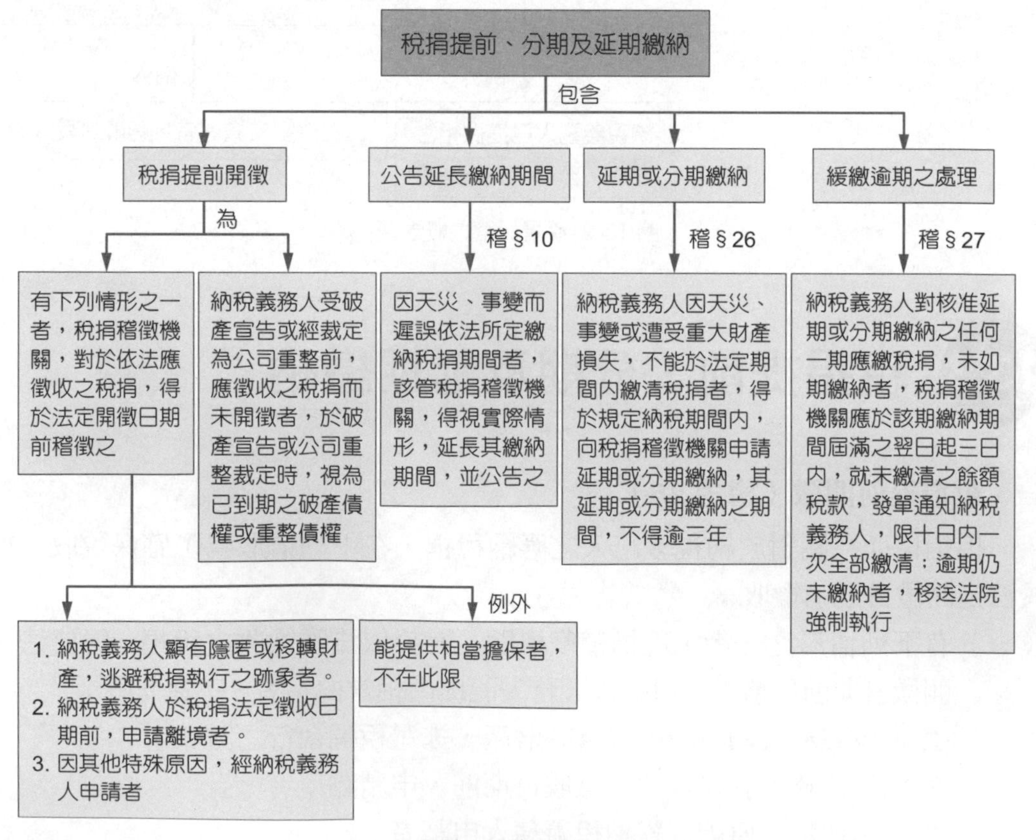

圖 13-3 稅捐提前、分期及延期繳納之概念圖

稅務新聞 News

如已就納稅義務人欠繳稅捐數額之財產禁止處分，且價值相當者，免得再限制出境。

納稅義務人欠繳應納稅捐，規定就其相當於應繳稅捐數額之財產禁止處分，且該禁止處分財產，其價值相當於納稅義務人欠繳之應納稅捐者，得免再對其為限制出境處分，惟該禁止處分之財產，其價值如不足欠繳之應納稅捐者，仍得依有關規定限制出境。

基於稅捐稽徵法第 24 條第 1 項及第 3 項規定之禁止處分與限制出境，其最終目的均在保全租稅債權，而稅捐債權依稅捐稽徵法第 6 條規定又優先於普通債權，土地增值稅以外之稅捐債權雖不優先於有擔保之物權，惟實務上稽徵機關於計算該禁止處分之財產是否與欠稅之金額相當時，均先扣除該財產所設定之擔保物權，因此對該項稅捐債權之確保已無虞，故得不再對其為限制出境處分。

資料來源：2014/04/17 財政部中區國稅局 稅務新聞

13.4 行政救濟

納稅義務人對於政府之行政處分認為不當或不服，致損害其權益者，應依於規定期限內，向原處分機關或其上級機關申請復查、訴願等提起行政救濟程序。

一、復查

納稅義務人對於核定稅捐之處分如有不服，應依規定格式，敘明理由，連同證明文件，依下列規定，申請復查：（稽 §35）

（一）依核定稅額通知書所載有應納稅額或應補徵稅額者，應於繳款書送達後，於繳納期間屆滿翌日起算 30 日內，申請復查。

（二）依核定稅額通知書所載無應納稅額或應補徵稅額者，應於核定稅額通知書送達之翌日起 30 日內，申請復查。

（三）依第十九條第三項規定受送達核定稅額通知書或以公告代之者，應於核定稅額通知書或公告所載應納稅額或應補徵稅額繳納期間屆滿之翌日起三十日內，申請復查。納稅義務人或其代理人，因天災事變或其他不可抗力之事由，遲誤申請復查期間者，於其原因消滅後一個月內，得提出具體證明，申請回復原狀。但遲誤申請復查期間已逾一年者，不得申請。前項回復原狀之申請，應同時補行申請復查期間內應為之行為。稅捐稽徵機關對有關復查之申請，應於接到申請書之翌日起二個月內復查決定，並作成決定書，通知納稅義務人；納稅義務人為全體公同共有人者，稅捐稽徵機關應於公同共有人最後得申請復查之期間屆滿之翌日起二個月內，就分別申請之數宗復查合併決定。前項期間屆滿後，稅捐稽徵機關仍未作成決定者，納稅義務人得逕行提起訴願。

二、復查申請期限

（一）補稅：繳納期限屆滿之次日起算 30 日。

（二）不補不退、退稅：應於核定稅額通知書送達後 30 日內，申請復查。

三、復查申請書應載明事項

稅捐稽徵法施行細則第 11 條：納稅義務人依本法第三十五條規定申請復查時，應將原繳款書或其繳納收據影本連同復查申請書送交稅捐稽徵機關。前項復查申請書應載明左列事項，由申請人簽名或蓋章。

（一）申請人之姓名、出生年月日、性別、身分證明文件字號、住、居所。如係法人或其他設有管理人或代表人之團體，其名稱、事務所或營業所及管理人或代表人之姓名、出生年月日、性別、住、居所。有代理人者，其姓名、出生年月日、性別、身分證明文件字號、住、居所及代理人證明文件。

（二）原處分機關。

（三）申請復查之事實及理由。

（四）證據。其為文書者應填具繕本或影本。

（五）受理復查機關。

（六）年、月、日。

四、訴願

納稅義務人對原處分之稽徵機關復查決定如有不服者，得依法提起訴願。（稽 §38）稅捐稽徵機關對有關復查之申請，應於接到申請書後 2 個月內復查決定，並作成決定書，通知納稅義務人。前項期間屆滿後，稅捐稽徵機關仍未作成決定者，納稅義務人得逕行提起訴願。（稽 §35）

申請訴願之期限：訴願之提起，應自行政處分達到或公告期滿之次日起 30 日內為之（訴 §14）。自收受訴願書之次日起，應於 3 個月內為之；必要時，得予延長，並通知訴願人及參加人。延長以 1 次為限，最長不得逾 2 個月（訴 §85）。

應檢附文件：

（一）訴願申請書（書明訴願項目及理由）。

（二）復查決定書或原行政處分書。

（三）繳款書收據（本稅繳半、罰鍰免）。

※ 未繳納半數稅款，縱依法提起訴願，仍應移送強制執行

納稅義務人不服國稅局綜合所得稅應補徵稅額之處分，申經復查駁回，嗣提起訴願，惟未依法繳納復查決定應納稅額之半數稅款或提供擔保，依稅捐稽徵法第 39 條規定，稅捐稽徵機關仍應將其欠稅案件移送執行處強制執行。

五、行政訴訟

人民因中央或地方機關之違法行政處分，認為損害其權利或法律上之利益，經依訴願法提起訴願而不服其決定或提起訴願逾三個月不為決定或延長訴願決定期間逾 2 個月不為決定者，得向高等行政法院提起撤銷訴訟。（行政訴訟法 4）即先向核發稅單之單位申請復查，納稅義務人對復查決定如有不服時，再向其上級行政機關提起訴願，納稅義務人對訴願決定如有不服時，再向高等行政法院提起行政訴訟（第一審），納稅義務人對高等行政法院的判決如有不服時，可再向最高行政法院提起行政訴訟（第二審）。聲請期限：撤銷訴訟之提起，應於訴願決定書送達後 2 個月之不變期間內為之。（行政訴訟法 106）

應檢附文件：

（一）行政訴訟狀。（行政訴訟第 105 條）

1. 書明行政訴訟項目及理由。
2. 訴之聲明。
3. 檢附證物。

（二）訴願決定書。

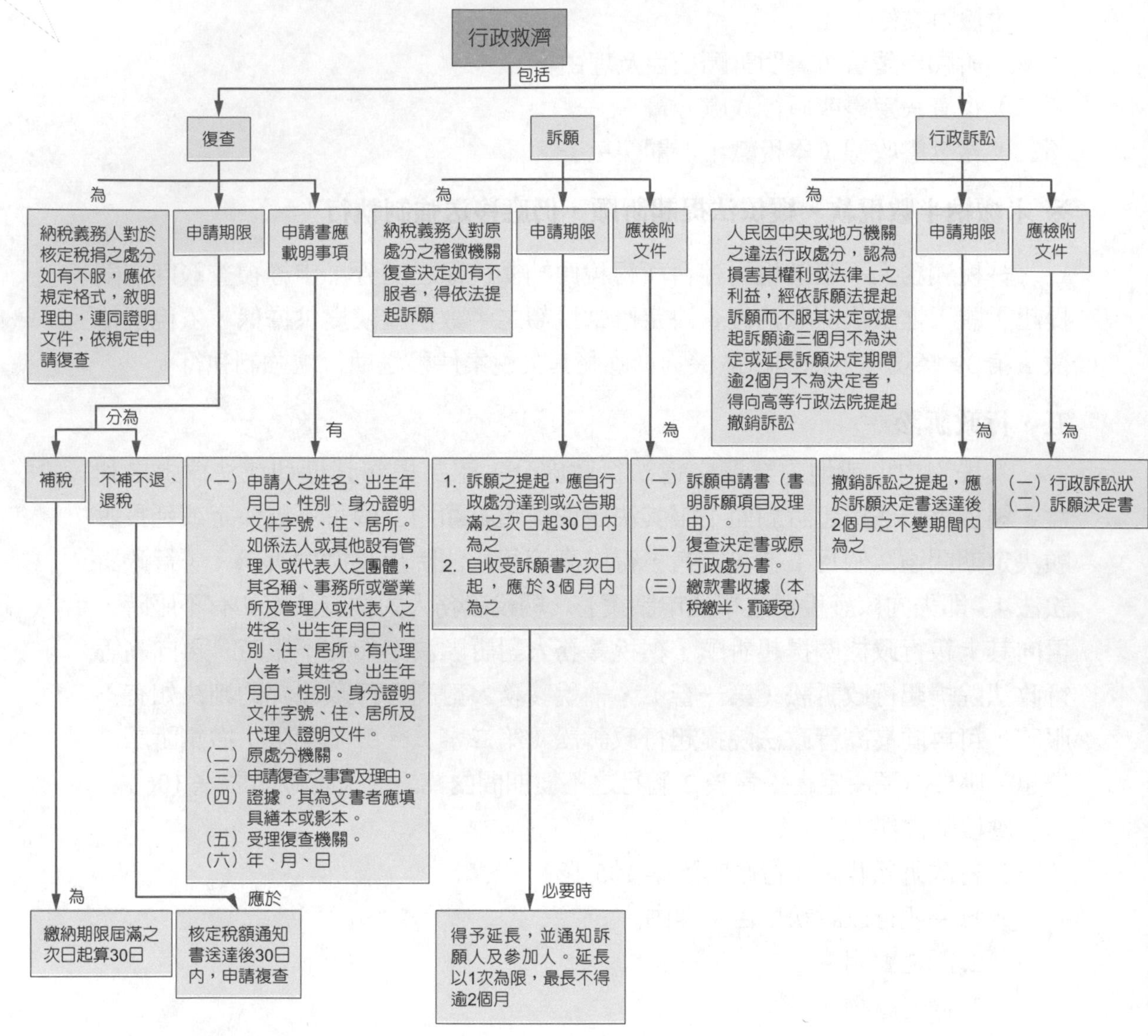

圖 13-4 行政救濟之概念圖

13.5 行政救濟後之補退稅

納稅義務人對稅捐稽徵機關之復查決定如有不服，得依法提起訴願及行政訴訟。經依復查、訴願或行政訴訟等程序終結決定或判決，應退還稅款者，稅捐稽徵機關應於復查決定，或接到訴願決定書，或行政法院判決書正本後 10 日內退回；並自納稅義務人繳納該項稅款之日起，至填發收入退還書或國庫支票之日止，按退稅額，依各年度 1 月 1 日郵政儲金 1 年期定期儲金固定利率，按日加計利息，一併退還。經依復查、訴願或行政訴訟程序終結決定或判決，應補繳稅款者，稅捐稽徵機關應於復查決定，或接到訴願決定書，或行政法院判決書正本後 10 日內，填發補繳稅款繳納通知書，通知納稅義務人繳納；並自該項補繳稅款原應繳納期間屆滿之次日起，至填發補繳稅款繳納通知書之日止，按補繳稅額，依各年度 1 月 1 日郵政儲金一年期定期儲金固定利率，按日加計利息，一併徵收。

本條中華民國 100 年 1 月 10 日修正施行前，經復查、訴願或行政訴訟程序終結，稅捐稽徵機關尚未送達收入退還書、國庫支票或補繳稅款繳納通知書之案件，或已送達惟其行政救濟利息尚未確定之案件，適用修正後之規定。但修正前之規定有利於納稅義務人者，適用修正前之規定。

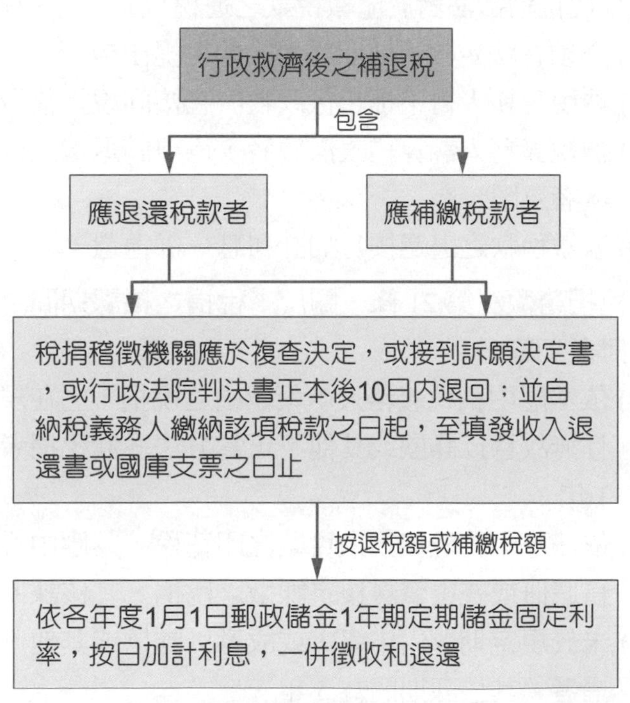

圖 13-5 行政救濟後補退稅之概念圖

學習評量

一、選擇題

( ) 1. 甲公司無進貨事實，卻於 102 年 3-4 月間向虛設行號之乙公司取具進項憑證 300 萬元扣抵銷項稅額、虛列成本與費用，並於 103 年 5 月 20 日如期申報繳納營利事業所得稅，試問甲公司 102 年度營利事業所得稅之核課期間應為幾年？

(A) 自申報日起算 7 年
(B) 自申報日起算 5 年
(C) 自規定申報期間屆滿之翌日起算 7 年
(D) 自規定申報期間屆滿之翌日起算 5 年

【102 高考三級】

( ) 2. 現行稅捐稽徵法對於溢繳稅款之退稅規定，下列敘述何者正確？

(A) 必須在法定救濟期間經過後始得提出申請。
(B) 納稅義務人得不提起行政救濟直接向稅捐稽徵機關提出申請
(C) 納稅義務人計算錯誤溢繳者，得申請退還之稅款不以 5 年內溢繳者為限
(D) 溢繳稅款之退還按月加計利息一併退還 【102 高考三級】

( ) 3. 依稅捐稽徵法第 21 條，關於「稅捐之核課期間」之規定，下列說明何者正確？

(A) 依法應由納稅義務人申報繳納之稅捐，已在規定期間內申報，且無故意以詐欺或其他不正當方法逃漏稅捐者，其核課期間為 3 年
(B) 依法應由納稅義務人實貼之印花稅，及應由稅捐稽徵機關依稅籍底冊或查得資料核定課徵之稅捐，其核課期間為 3 年
(C) 未於規定期間內申報，或故意以詐欺或其他不正當方法逃漏稅捐者，其核課期間為 5 年
(D) 在法定核課期間內，經另發現應徵之稅捐者，仍應依法補徵或並予處罰，在核課期間內未經發現者，以後不得再補稅處罰

【102 高考三級】

學習評量

( ) 4. 依稅捐稽徵法第 21 條規定，下列何者之核課期間為七年？
(A) 未於規定期間內申報，或故意以詐欺或其他不正當方法逃漏稅捐者
(B) 依法應由納稅義務人申報繳納之稅捐，已在規定期間內申報，且無故意以詐欺或其他不正當方法逃漏稅捐者
(C) 依法應由納稅義務人實貼之印花稅
(D) 應由稅捐稽徵機關依稅籍底冊或查得資料核定課徵之稅捐
【102 普通考試】

( ) 5. 依稅捐稽徵法規定，納稅義務人申報綜合所得稅時，因自己計算錯誤而多繳稅款，得申請退還稅款之規定，何者正確？
(A) 自繳納之日起五年內提出
(B) 自申報截止日起五年內提出
(C) 自申報開始日起五年內提出
(D) 自年度結束日起五年內提出
【102 普通考試】

( ) 6. 納稅義務人因遭受重大財產損失，不能於法定期間內繳清稅捐者，得於規定納稅期間內，向稅捐稽徵機關申請延期或分期繳納，其延期或分期繳納之期間，不得逾：
(A) 12 個月　(C) 24 個月
(B) 18 個月　(D) 36 個月
【102 四等稅務特考】

( ) 7. 依稅捐稽徵法規定，下列那一稅目之徵收優先於一切債權及抵押權？
(A) 所得稅　(C) 貨物稅
(B) 證券交易稅　(D) 房屋稅
【102 四等稅務特考】

( ) 8. 抵押權優先下列何項稅捐之徵收？
(A) 房屋稅　(C) 所得稅
(B) 地價稅　(D) 土地增值稅
【102 高考三級】

( ) 9. 依法應申報繳納之稅捐，已於規定期間內申報且無故意以詐欺或其他不正當方法逃漏者，其核課期間為幾年？
(A) 7 年　(C) 5 年
(B) 3 年　(D) 10 年
【97 年初考】

學習評量

(　)10. 納稅義務人應納稅捐，於繳納期間屆滿幾日後仍未繳納者，由稽徵機關移送法院強制執行？

(A) 10 日　(C) 20 日
(B) 15 日　(D) 30 日　【97 年初考】

(　)11. 稅捐之徵收，自繳納期間屆滿之翌日起算，其徵收期間為幾年？

(A) 3 年　(C) 7 年
(B) 5 年　(D) 10 年　【96 年初考】

(　)12. 依法應由稅捐稽徵機關依稅籍底冊核定課徵之稅捐，其核課期間為多少年？

(A) 3 年　(C) 7 年
(B) 5 年　(D) 10 年　【102 四等人員特考】

(　)13. 依據稅捐稽徵法之規定，關於稅捐核課期間之起算，下列何項敘述正確？

(A) 由稅捐稽徵機關依查得資料核定徵收之稅捐，自該稅捐所屬徵期屆滿之日起算
(B) 印花稅自依法應貼用印花稅票之翌日起算
(C) 依法應由納稅義務人申報繳納之稅捐，已在規定時間內申報者，自申報日起算
(D) 依法應由納稅義務人申報繳納之稅捐，未在規定時間內申報者，自規定申報期間屆滿之日起算　【102 四等稅務特考】

(　)14. 張先生於 101 年 10 月 29 日收到地價稅繳納通知書，繳納期間為 101 年 11 月 1 日至 11 月 30 日（該日為星期五），惟張先生因忙碌而遲至 101 年 12 月 14 日始向公庫繳納，試問應加徵多少滯納金？

(A) 5%　(C) 7%
(B) 6%　(D) 15%　【102 四等稅務特考】

(　)15. 納稅義務人之應納稅捐，原則上於繳納期間屆滿多少日後仍未繳納者，由稅捐稽徵機關移送法院強制執行？

(A) 10 日　(C) 20 日
(B) 15 日　(D) 30 日　【95 年地方特考】

學習評量

( )16. 依核定稅額通知書所載有應補徵稅額者，應於繳納期間屆滿翌日起算多久時間內申請復查？

(A) 15 天　(C) 2 個月

(B) 30 天　(D) 3 個月　【95年地方特考】

( )17. 現行租稅行政救濟程序，不包括下列何者？

(A) 復查　(C) 再訴願

(B) 訴願　(D) 行政訴訟　【95 年地方特考】

( )18. 稅捐之徵收，優先於：

(A) 一切債權　(C) 普通債權

(B) 抵押權　(D) 重整債權　【95年初考】

( )19. 稅籍在台北市之營業人，對營業稅之復查決定書不服，應向那一個機關提出訴願？

(A) 台北市國稅局　(C) 財政部

(B) 台北市政府　(D) 高等行政法院　【95 年記帳士】

( )20. 納稅義務人逾期繳納稅捐者，應如何加徵滯納金？

(A) 每逾 2 日加徵 1%滯納金

(B) 每逾 1 日加徵 1%滯納金

(C) 每逾 3 日加徵 1%滯納金

(D) 每逾 2 日加徵 2%滯納金　【95 年記帳士】

二、問答題

(一) 何謂「稅捐保全」？我國稅捐稽徵法規定之稅捐保全方式有幾種？請說明之。【96 年稅務特考 4 等】

(二) 請依據稅捐稽徵法規定，說明何謂「核課期間」與「徵收期間」？並說明對於已於規定期間內申報之所得稅其核課期間應為幾年？

(三) 納稅義務人在何種情況下可提起訴願？應向何處提出申請？

(四) 復查程序不合規定，稅捐稽徵機關如何處理？

(五) 納稅義務人拒絕收受稽徵文書或行蹤不明時，稽徵機關有哪些送達方式？

(六) 納稅義務人宣告破產時，其應納稅捐是否可以優先受清償？

隨堂筆記

隨堂筆記

國家圖書館出版品預行編目資料

稅務會計 / 田麗珠 邱垂昌 魏吉民 編著. - -
初版. - - 新北市：全華.
2015.11
面 ； 公分
參考書目：面
ISBN 978-957-21-9847-6(平裝)
1. 稅務會計
567.1 104007331

稅務會計

作者 / 田麗珠、邱垂昌、魏吉民
發行人 / 陳本源
執行編輯 / 陳諮毓
封面設計 / 楊昭琅
出版者 / 全華圖書股份有限公司
郵政帳號 / 0100836-1 號
印刷者 / 宏懋打字印刷股份有限公司
圖書編號 / 08198
初版一刷 / 2015 年 11 月
定價 / 新台幣 580 元
ISBN / 978-957-21-9847-6 (平裝)
全華圖書 / www.chwa.com.tw
全華網路書店 Open Tech / www.opentech.com.tw
若您對書籍內容、排版印刷有任何問題，歡迎來信指導 book@chwa.com.tw

臺北總公司(北區營業處)
地址：23671 新北市土城區忠義路 21 號
電話：(02) 2262-5666
傳真：(02) 6637-3695、6637-3696

南區營業處
地址：80769 高雄市三民區應安街 12 號
電話：(07) 381-1377
傳真：(07) 862-5562

中區營業處
地址：40256 臺中市南區樹義一巷 26 號
電話：(04) 2261-8485
傳真：(04) 3600-9806

讀者回函卡

填寫日期：　　/　　/

姓名：＿＿＿＿　生日：西元＿＿年＿＿月＿＿日　性別：□男 □女

電話：（　）＿＿＿＿　傳真：（　）＿＿＿＿　手機：＿＿＿＿

e-mail：（必填）＿＿＿＿

註：數字零，請用 Φ 表示，數字 1 與英文 L 請另註明並書寫端正，謝謝。

通訊處：□□□□□＿＿＿＿

學歷：□博士　□碩士　□大學　□專科　□高中・職

職業：□工程師　□教師　□學生　□軍・公　□其他

學校 / 公司：＿＿＿＿　科系 / 部門：＿＿＿＿

・需求書類：

□A. 電子 □B. 電機 □C. 計算機工程 □D. 資訊 □E. 機械 □F. 汽車 □I. 工管 □J. 土木

□K. 化工 □L. 設計 □M. 商管 □N. 日文 □O. 美容 □P. 休閒 □Q. 餐飲 □B. 其他

・本次購買圖書為：＿＿＿＿　書號：＿＿＿＿

・您對本書的評價：

封面設計：□非常滿意　□滿意　□尚可　□需改善，請說明＿＿＿＿

內容表達：□非常滿意　□滿意　□尚可　□需改善，請說明＿＿＿＿

版面編排：□非常滿意　□滿意　□尚可　□需改善，請說明＿＿＿＿

印刷品質：□非常滿意　□滿意　□尚可　□需改善，請說明＿＿＿＿

書籍定價：□非常滿意　□滿意　□尚可　□需改善，請說明＿＿＿＿

整體評價：請說明＿＿＿＿

・您在何處購買本書？

□書局　□網路書店　□書展　□團購　□其他＿＿＿＿

・您購買本書的原因？（可複選）

□個人需要　□幫公司採購　□親友推薦　□老師指定之課本　□其他＿＿＿＿

・您希望全華以何種方式提供出版訊息及特惠活動？

□電子報　□DM　□廣告（媒體名稱＿＿＿＿）

・您是否上過全華網路書店？（www.opentech.com.tw）

□是　□否　您的建議＿＿＿＿

・您希望全華出版那方面書籍？＿＿＿＿

・您希望全華加強那些服務？＿＿＿＿

～感謝您提供寶貴意見，全華將秉持服務的熱忱，出版更多好書，以饗讀者。

全華網路書店 http://www.opentech.com.tw　　客服信箱 service@chwa.com.tw

2011.03 修訂

親愛的讀者：

感謝您對全華圖書的支持與愛護，雖然我們很慎重的處理每一本書，但恐仍有疏漏之處，若您發現本書有任何錯誤，請填寫於勘誤表內寄回，我們將於再版時修正，您的批評與指教是我們進步的原動力，謝謝！

全華圖書　敬上

勘誤表

書號		書名		作者	
頁數	行數	錯誤或不當之詞句		建議修改之詞句	

我有話要說：（其它之批評與建議，如封面、編排、內容、印刷品質等・・・）